Das BGB-Zahlungsdiensterecht im Kontext der Single Euro Payments Area

Saarbrücker Studien
zum Privat- und Wirtschaftsrecht

Herausgegeben von Johann Paul Bauer,
Michael Martinek (geschäftsführender Herausgeber)
und Helmut Rüßmann

Band 74

PETER LANG
Frankfurt am Main · Berlin · Bern · Bruxelles · New York · Oxford · Wien

Bernd Steffen Bertelmann

Das BGB-Zahlungsdiensterecht im Kontext der Single Euro Payments Area

Leitlinien zur richtlinienkonformen Auslegung unter vergleichender Berücksichtigung des britischen und französischen Rechts

PETER LANG
Internationaler Verlag der Wissenschaften

Bibliografische Information der Deutschen Nationalbibliothek
Die Deutsche Nationalbibliothek verzeichnet diese Publikation in der Deutschen Nationalbibliografie; detaillierte bibliografische Daten sind im Internet über http://dnb.d-nb.de abrufbar.

Zugl.: Saarbrücken, Univ., Diss., 2011

Gedruckt auf alterungsbeständigem, säurefreiem Papier.

D 291
ISSN 1433-8866
ISBN 978-3-631-63053-2

www.peterlang.de

In varietate concordia

- Motto der Europäischen Union -

Danksagung

Mein Dank gilt zunächst meinem Doktorvater Professor Dr. Dr. Dr. h.c. mult. Michael Martinek für seine unkomplizierte Betreuung bei der Erstellung dieser Arbeit sowie seine Unterstützung im Promotionsverfahren und bei der Veröffentlichung. Herrn Professor Dr. Louis Pahlow danke ich für die Erstellung des Zweitgutachtens.

In finanzieller Hinsicht war das Stipendium der Graduiertenförderung der Universität des Saarlandes eine große Hilfe, für die ich ebenfalls sehr dankbar bin. In diesem Zusammenhang danke ich auch Herrn Professor Dr. Dr. h.c. Helmut Rüßmann für seine wohlwollende Empfehlung im Rahmen der Bewerbung um das Stipendium.

Ohne meine Eltern Dr. Brigitte und Wilhelm Bertelmann wäre die Realisierung der Promotion nicht denkbar gewesen. Sie haben mich zum einen in materieller Hinsicht unterstützt, vor allem aber waren sie stets offene Ansprechpartner und haben mir das nötige Zutrauen vermittelt, um das Projekt zu Ende zu führen. Mein Vater war bei der Erarbeitung des Zahlungsdiensterechts auch für fachliche Rücksprache von großer Bedeutung. Für all dies danke ich beiden von Herzen. Ebenso danke ich meiner Schwester Brit Stella Bertelmann für ihre Beratung in Fragen der Formatierung bei der Erstellung der Druckfassung.

Professor Dr. Filippo Ranieri danke ich dafür, dass er während meiner Mitarbeit an seinem Lehrstuhl mein Interesse für rechtsvergleichende und europarechtliche Fragen geweckt und mir stets ein Beispiel für akribisches wissenschaftliches Arbeiten gegeben hat.

Schließlich gilt mein Dank allen Freunden und Familienmitgliedern, die mir während der Erstellung der Dissertation zum notwendigen gedanklichen Ausgleich verholfen und mir dadurch den Spaß an der Arbeit erhalten haben.

Zu guter Letzt danke ich meinem lieben Freund Matthias Schmidt – für nichts.

Inhaltsübersicht

Inhaltsverzeichnis

Einleitung

Primärer Gegenstand der vorliegenden Arbeit sind die §§ 675c-676c BGB[1], welche mit Wirkung vom 31.10.2009 Eingang ins BGB gefunden haben. Die Vorschriften dienen der Umsetzung des zivilrechtlichen Teils der Richtlinie 2007/64/EG über Zahlungsdienste im Binnenmarkt[2] (im Folgenden: PSD[3] oder „Richtlinie“). Vorrangig betrifft der zivilrechtliche Teil des harmonisierten Zahlungsdiensterechts, wie noch näher auszuführen sein wird[4], die im „Retail-Geschäft“ – also zwischen Privatkunden und Kreditinstituten[5] – anfallenden Rechtsbeziehungen.

Allein der Umfang des neuen Untertitels „Zahlungsdienste“[6] macht diese Neuregelung zu einer der schwerwiegendsten Änderungen des BGB seit der Schuldrechtsreform.[7] Die praktische und rechtliche Bedeutung der Materie ergibt sich zudem aus der wirtschaftlichen Relevanz des elektronischen Zahlungsverkehrs: in Deutschland wurden im Jahr 2009 durch Nichtbanken mittels bargeldloser Zahlungsinstrumente Transaktionen im Wert von etwa 67 Billionen Euro initiiert, die sich auf eine Gesamtzahl von ca. 17 Milliarden Transaktionen aufteilten.[8] Dabei stellen sich die elektronischen Geldflüsse – im Duktus der

1 Eingeführt durch Art. 1 des Gesetzes Gesetz zur Umsetzung der Verbraucherkreditrichtlinie, des zivilrechtlichen Teils der Zahlungsdiensterichtlinie sowie zur Neuordnung der Vorschriften über das Widerrufs- und Rückgaberecht vom 29.7.2009, BGBl. I S. 2355.

2 Richtlinie 2007/64/EG des Europäischen Parlaments und des Rates vom 13. November 2007 über Zahlungsdienste im Binnenmarkt, zur Änderung der Richtlinien 97/7/EG, 2002/65/EG, 2005/60/EG und 2006/48/EG sowie zur Aufhebung der Richtlinie 97/5/EG, Abl. EG, Nr. L 319 vom 5.12.2007 S. 1 – 36.

3 PSD steht für den englischen Titel der Zahlungsdiensterichtlinie, „Payment Services Directive“, und hat sich als Abkürzung auch im deutschen Sprachgebrauch etabliert.

4 Vgl. unten Teil 1, Kap. 3, Abschnitt A.I. sowie Kap. 3, Abschnitt B.II.

5 Vergleiche zum Bereich des Retail-Geschäfts in Abgrenzung zum Wholesale-Geschäft im Interbanken- bzw. Großkundenverhältnis, Bartmann/ Nirschl/ Peters, Retail Banking, Frankfurt a.M. 2008, S. 17 ff.

6 Der Untertitel „Zahlungsdienste“ wurde ins Geschäftsbesorgungsvertragsrecht des Buches 2, Titel 12, des BGB eingefügt.

7 Vgl. in diesem Sinne z.B. Rühl, Weitreichende Änderungen im Verbraucherdarlehensrecht und Recht der Zahlungsdienste, DStR 2009, S.2256 (2261).

8 Vgl. Deutsche Bundesbank Zahlungsverkehrs- und Wertpapierabwicklungsstatistiken in Deutschland 2007 bis 2009 Stand: August 2010, Tabellen 6 und 7. Die Zahlungsverkehrsstatistiken der Bundesbank sind online unter http://www.bundesbank.de/statistik/statistik_banken_zahlungsverkehr.php einsehbar.

EU-Kommission[9] – als Öl auf den Zahnrädern des realwirtschaftlichen Austauschs dar, was ihren herausgehobenen makroökonomischen Stellenwert begründet.[10]

Durch die Harmonisierung des Zahlungsdiensterechts werden die im Deckungs- bzw. Inkassoverhältnis der Bankkunden zu Kreditinstituten[11] anfallenden Rechtsgeschäfte einer einheitlichen hoheitlichen Ausgestaltung zugeführt.[12] Angesichts der Weite dieses Regelungsbereichs ist es erforderlich, Erkenntnisziele und methodische Grundzüge der vorliegenden Dissertation näher zu bestimmen. Bevor das Arbeitsprogramm jedoch in der Tiefe spezifiziert werden kann, ist zunächst eine Einschränkung des Untersuchungsgegenstandes in der Breite geboten.

Das Zahlungsdiensterecht, verstanden als Gesamtheit der Vorschriften im Regelungsbereich der PSD, geht über die ins BGB eingegangenen Normen weit hinaus. Insbesondere umfasst es ein aufsichtsrechtliches Regime, welches durch

---

9 Vgl. die Internetseiten der Kommission zu Zahlungsdiensten, wo von Zahlungen als „Öl auf den Zahnrädern des Binnenmarktes" die Rede ist: http://ec.europa.eu/internal_market/payments/index_de.htm

10 Die funktionale Beziehung zwischen einem reibungslosen bargeldlosen Zahlungsverkehr und der weiteren Realisierung des gemeinsamen Binnenmarktes wird in den einschlägigen Publikationen der EU-Kommission stets betont; vgl. z.B. Grünbuch über Finanzdienstleistungen für Privatkunden im Binnenmarkt, Brüssel, 30.4.2007, KOM(2007) 226 endg., S. 4; Mitteilung der Kommission vom 28.10.2008, „Finanzdienstleistungen – Abstecken eines Aktionsrahmens", S. 3 ff.; Mitteilung der Kommission vom 11. Mai 1999 „Umsetzung des Finanzmarktrahmens: Aktionsplan", KOM(1999) 232 endg.

11 Die Bezeichnungen „Bank" sowie „Kreditinstitut" werden im Rahmen der Arbeit der Einfachheit halber untechnisch als Oberbegriff für die jeweils in Betracht kommenden Zahlungsdienstleister verwandt; die sonstigen in § 1 Abs. 1 ZAG aufgezählten Zahlungsdienstleister – insbesondere die neue Kategorie der „Zahlungsinstitute" (vgl. § 1 Abs. 1 Nr. 5 ZAG) – sollen hierdurch nicht von den Ausführungen ausgeschlossen werden.

12 Diese Aussage ist insofern einzuschränken, als solche Rechtsgeschäfte von der Anwendung des Zahlungsdiensterechts ausgeschlossen sind, die keine „Zahlungsdienste" darstellen. Schecks beispielsweise sind daher vom einheitlichen Regelungsregime ausgenommen. Zum Begriff des Zahlungsdiensts vgl. Derleder, Die vollharmonisierende Europäisierung des Rechts der Zahlungsdienste und des Verbraucherkredits NJW 2009, S. 3195 (3195) ; Margerit, La directive sur les services de paiement, Bulletin de la Banque de France, Nr. 164 (2007), S. 67 (67 f.); Comité consultatif du secteur financier – Rapport 2008-2009 – Chapitre 3 : Les services de paiement à l'échelle européenne, S. 56 f. ; Geva, The EU Payment Services Directive : An Outsider's View, in : Eeckhout/Tridimas/De Búrca (Hrsg.), Yearbook of European Law, Oxford 2009, S. 177 ff. (179 f.) sowie unten Teil 1, Kap. 3, Abschnitt A.II.

das neu geschaffene „Zahlungsdiensteaufsichtsgesetz“[13] (im Folgenden: ZAG) umgesetzt wurde[14], sowie ein umfassendes System von Informationspflichten[15], welches ins EGBGB (Art. 248) übernommen wurde.[16] Diese Aspekte des Zahlungsdiensterechts werden im Rahmen der vorliegenden Arbeit außer Acht bleiben oder allenfalls am Rande behandelt.[17] Eine solche Beschränkung auf die einschlägigen Vorschriften des BGB ist erforderlich, um inhaltliche Konsistenz zu wahren und nicht durch die schiere Masse der Rechtsmaterie an einer fundierten Auseinandersetzung gehindert zu werden.

Schon der BGB-Untertitel „Zahlungsdienste“[18] für sich hat einen materiellen Regelungsumfang, der zu einer selektiven Herangehensweise zwingt. Eine Schwerpunktsetzung bei der inhaltlichen Analyse des BGB-Zahlungsdiensterechts entspricht zudem dem zentralen Erkenntnisziel der Arbeit, das darin besteht, Maßgaben für die Auslegung der §§ 675c ff. BGB zu entwickeln, welche im Zuge der Rechtsanwendung generell als methodische Leitsätze dienen können. Diese auslegungstheoretischen Grundlinien sollen freilich nicht im Wege der abstrakten Beschreibung des Rechtsgebietes gewonnen werden, sondern durch praktische Übung der Auslegung am Beispiel spezifischer Rechtsprobleme.[19] Insofern wird es im anvisierten Erkenntnissinteresse ausreichend oder gar zuträglich sein, das BGB-Zahlungsdiensterecht[20] nicht im Stile eines

---

13 Gesetz über die Beaufsichtigung von Zahlungsdiensten (Zahlungsdiensteaufsichtsgesetz – ZAG) vom 25.6.2009, BGBl. I S. 1506, verkündet als Art. 1 des Gesetzes zur Umsetzung der aufsichtsrechtlichen Vorschriften der Zahlungsdiensterichtlinie.

14 Vgl. hierzu u.a. Brogl, Das neue Zahlungsdiensteaufsichtsgesetz (ZAG) – Aktueller Entscheidungs- und Handlungsbedarf mit Blick auf den künftigen aufsichtsrechtlichen Rahmen für Zahlungsdienste, jurisPR-BKR 7/2009 Anm. 4; Schäfer/Lang, Die aufsichtsrechtliche Umsetzung der Zahlungsdiensterichtlinie und die Einführung des Zahlungsinstituts, BKR 2009, S. 11 ff.

15 Vgl. hierzu Rösler/Werner, Erhebliche Neuerungen im zivilen Bankrecht: Umsetzung von Verbraucherkredit- und Zahlungsdiensterichtlinie - Überblick über den Umsetzungsbedarf in der Bankpraxis anhand der vorliegenden Gesetzentwürfe, BKR 2009, S. 1 (7 f.).

16 Darüber hinaus zieht die Umsetzung der PSD auch Änderungen des Unterlassungsklagengesetzes, der Schlichtungsstellenverfahrensverordnung, des Bundesdatenschutzgesetzes sowie der Preisangabeverordnung nach sich, vgl. Art. 3-7 des Gesetzes vom 29.7.2009, BGBl. I S. 2355.

17 Wenn also im Folgenden vom „Zahlungsdiensterecht“ die Rede ist, so ist im Zweifel der ins BGB eingeflossene Teil des Zahlungsdiensterechts gemeint.

18 Buch 2. Titel 12. Untertitel 3. BGB.

19 Eingehender zur Methodik der Arbeit vgl. unten Teil 1, Kap. 1., Methodische Vergewisserung.

20 Zum Zeitpunkt der Abgabe der Arbeit sind die §§ 675c ff BGB bereits Gegenstand aktueller Kommentierungen u.a. in Palandt, 69. Aufl., München 2010; Prüt-

Kommentars in seiner Gesamtheit abzuarbeiten, sondern stichprobenartig Einzelfragen zur konzentrierten Analyse heranzuziehen.

Im Ergebnis soll ein dogmatisch-methodischer Rahmen für die Auslegung zahlungsdiensterechtlicher Normen entstehen. Einer solchen Auslegungsanleitung bedarf es deshalb, weil sich die Materie in einen spezifischen europäischen Kontext fügt, dessen Implikationen für die Rechtsanwendung keineswegs evident sind. Die klassischen Auslegungskriterien im Sinne der tradierten Methodik der deutschen Rechtswissenschaft[21] greifen schon deshalb zu kurz, weil bei der Anwendung nationaler Umsetzungsnormen die Erfordernisse der Richtlinienkonformität zu beachten sind.[22] Während die Pflicht zur richtlinienkonformen Auslegung jedoch auf alle durch Richtlinien harmonisierten Regelungsbereiche zutrifft, existiert im Fall des Zahlungsdiensterechts darüber hinaus ein besonderer Hintergrund rechtspolitischer und privatwirtschaftlicher Art, der ebenfalls auf seine Auslegungsrelevanz hin zu untersuchen ist.

Namentlich stellt die PSD ein Element des Prozesses der Schaffung eines einheitlichen europäischen Zahlungsverkehrsraumes (Single Euro Payments Area, im Folgenden: SEPA) dar.[23] Das SEPA-Projekt dient der Ersetzung der länderspezifischen Zahlungsverfahren durch einheitliche europäische Instrumente sowie der Festlegung abgestimmter technischer Standards und einheitlicher Geschäftspraktiken im Zahlungsverkehr.[24] Es wird in der einschlägigen Literatur teilweise als weltweit ambitioniertestes Harmonisierungsvorhaben auf dem Gebiet des Zahlungsverkehrs eingestuft.[25] Die Vereinheitlichung des bargeldlosen

---

ting/Wegen/Weirich, 5. Aufl., Köln 2010; Schulze, Handkommentar, 6. Aufl., Baden-Baden 2009; Kropholler, Studienkommentar, 12. Aufl., München 2010.

21 Vgl. für einen knappen Überblick Zippelius, Juristische Methodenlehre, München 2005, S. 42 ff.; sowie Wank, Die Auslegung von Gesetzen, Köln/München 2008, S. 41 ff.

22 Vgl. hierzu grundlegend Müller/Christensen, Juristische Methodik, Band II – Europarecht, Berlin 2007, S. 163 ff; Magnus in: Grabitz/Hilf, Band IV, München, Stand Oktober 2009 (40. EL), A. 15, Vorbemerkungen vor Art. 1, Rn. 30 f.; Babusiaux, Die richtlinienkonforme Auslegung im deutschen und französischen Zivilrecht – Ein rechtsvergleichender Beitrag zur europäischen Methodendiskussion, Baden-Baden 2007, S.37 ff. sowie unten Teil 1, Kap. 1, Abschnitt B.

23 Eine Einführung in Zweck, Mittel und Inhalte des SEPA-Projekts findet sich bei Dippel/ Lohmann/ Peschke, SEPA, Köln 2008, Rn. 20/1 ff., vgl. hierzu auch unten Teil 1, Kap. 2, Abschnitt B.

24 Vgl. „Der einheitliche Euro-Zahlungsverkehrsraum (SEPA) – Ein integrierter Markt für Massenzahlungen“, Europäische Zentralbank, Frankfurt a.M. 2009, S. 7.

25 Vgl. etwa Wandhöfer, The PSD - Support or challenge for SEPA?, EUREDIA 1/2009, S.21 ff; Meckel, Das neue zivile Zahlungsverkehrsrecht: Umsetzung der EU-Zahlungsdiensterichtlinie (Payment Services Directive – PSD) in das nationale deutsche Recht (Teil 1) – Hintergründe, Praxisprobleme und Ausblicke, juris PraxisReport,

Zahlungsverkehrs soll den durch Einführung des Euro als Barzahlungsmittel begonnenen Integrationsprozess komplettieren.[26]

Durch die Angleichung der rechtlichen Rahmenbedingungen für die Abwicklung von Euro-Zahlungen[27] sollen Reibungsverluste innerhalb des SEPA ausgeräumt werden, die einstweilen aufgrund der Inkompatibilität der einzelstaatlichen Zahlungsverfahren entstehen.[28] Aufgrund des höheren Zeit-, Kosten- und Verwaltungsaufwands, der mit grenzüberschreitenden Zahlungen im Vergleich zu innerstaatlichen verbunden ist, kann das Potential des Binnenmarktes nicht ausgeschöpft werden.[29] Die fragmentierte Rechtslage behindert einerseits Wettbewerb und Innovation auf dem europäischen Binnenmarkt der Zahlungsdienste selbst, andererseits auch eine intensivere Ausnutzung der Grundfreiheiten zum grenzüberschreitenden realwirtschaftlichen Austausch.[30]

Das SEPA-Projekt wird zum einen von der Kreditwirtschaft getragen, die sich auf europäischer Ebene koordiniert und gemeinsame SEPA-Zahlungs-

---

11/2009, S. 1; Rühl, DStR 2009, op.cit., S. 2256. Für eine Gegenüberstellung mit dem amerikanischen Uniform Commercial Code, Art. 4A, vgl. Geva, The harmonization of payment services law in Europe and uniform and federal funds transfer legislation in the USA: Which is a better model for reform?, EUREDIA 4/2009, S. 700 ff.

26 Manger-Nestler, Der einheitliche europäische Zahlungsverkehrsraum vor dem Hintergrund der Payment Service Directive, EuZW 2008, S. 332 (332 ff.); Grünbuch der Kommission über Finanzdienstleistungen für Privatkunden im Binnenmarkt, Brüssel, 30.4.2007, KOM(2007) 226 endg., S. 5.

27 Das SEPA-Projekt betrifft nur Zahlungen in Euro, während die PSD als gemeinverbindlicher europäischer Rechtsakt auch für die Nicht-Euro-Mitgliedsstaaten gilt; vgl. zu dieser Diskrepanz Teil 1, Kap. 3, Abschnitt A.I.

28 Vgl. EU-Kommission, Grünbuch über Finanzdienstleistungen für Privatkunden im Binnenmarkt, op.cit., S. 6; Dippel/ Lohmann/ Peschke, op.cit., Rn. 20/1 und 20/8. Zur rechtlichen Zersplitterung des europäischen Zahlungsverkehrs vgl. auch Bericht der „Beratergruppe für technische Entwicklungen im Zahlungsverkehr“ („Payment Systems Technical Development Group – PSTDG) an die Kommission vom 20.2.1992, Abschnitt C – Kernfragen, III. Rechtsfragen sowie Anhang 4 – Rechtliche Hindernisse.

29 Vgl. zu diesem Zusammenhang Usher, The Law of Money and Financial Services in the European Community, Oxford 2000, S. 7: “It is self-evident that the free movement of goods would be nugatory if a purchaser in one Member State was not able to pay a supplier in another Member state, and the same holds true for the other Treaty ‘freedoms’” Vgl. zur ökonomischen Analyse des einheitlichen Zahlungsverkehrsraumes de Grauwe, Economics of Monetary Union, 7. Aufl., Oxford 2007, S. 63 ff.

30 Vgl. Prüm, Après l’euro, l’espace unique européen des paiements, Revue de droit bancaire et financier n° 3, mai 2007, alerte 5 ; Margerit, La directive sur les services de paiement, op.cit., S. 67 (69 f.).

verfahren, namentlich für die Überweisung[31], Lastschrift[32] und Kartenzahlung[33], entwickelt hat. Zur praktischen Etablierung der auf privatdispositiver Ebene vereinbarten Verfahrensregeln im Zahlungsverkehr bedurfte es jedoch zum anderen der hoheitlichen Setzung eines harmonisierten Rechtsrahmens. Ebendiese Voraussetzung sollte durch die PSD geschaffen werden.[34] Die Richtlinie ist mithin in ihrer Funktion als Säule des SEPA-Projekts zu würdigen und offenbart sich teilweise auch inhaltlich erst vor diesem Hintergrund.[35]

Speziell die Zusammenhänge zwischen dem SEPA-Projekt und der Richtlinie sowie die hieraus folgenden Auswirkungen auf die Auslegung auch des nationalen Zahlungsdiensterechts, sollen durch die vorliegende Arbeit herausgearbeitet und exemplifiziert werden. In diesem Bestreben wird die Dissertation die folgenden, aufeinander aufbauenden Arbeitsschritte vollziehen:

Zunächst ist in einem einleitenden Abschnitt eine methodentheoretische Ausgangsbasis zu legen, wobei insbesondere auf die Auswirkungen der Pflicht zur richtlinienkonformen Auslegung auf das methodische Vorgehen bei der Anwendung von Richtlinienumsetzungsnormen einzugehen ist. Gerade im Fall des Zahlungsdiensterechts ist die einheitliche Umsetzung in den Mitgliedsstaaten conditio sine qua non für die Erreichung der Richtlinienziele, da bei inhaltlichen Abweichungen zwischen den Umsetzungsakten die vorherige Fragmentierung lediglich durch eine neue ersetzt, dem Problem der Inkompatibilität mit-

---

31 SEPA Credit Transfer Scheme (SCT); die Regeln für die SEPA-Überweisung sind dem SCT-Rulebook zu entnehmen, das in stetig aktualisierter Fassung auf der Internetseite des European Payments Council zur Verfügung steht, www.europeanpaymentscouncil.eu/. Vgl hierzu auch unten Teil 1, Kap.2, Abschnitt B.II.

32 SEPA Direct Debit Scheme (SDD); vgl. SDD-Rulebook, www.europeanpaymentscoun cil.eu/.

33 SEPA Card Framework (SCF); vgl. www.europeanpaymentscouncil.eu/.

34 Vgl. zu dieser Funktion der PSD z.B. Manger-Nestler, Der einheitliche europäische Zahlungsverkehrsraum vor dem Hintergrund der Payment Service Directive, EuZW 2008, S. 332 (333 f.); Margerit, op.cit., S. 67 (70); sowie unten Teil 1, Kap.2, Abschnitt C.II.

35 Vgl. Schinkels, Zahlungsdienste (§§ 675c bis 676c BGB); Wertpapierübertragung (§ 675b BGB), in: Gebauer/Wiedmann (Hrsg.), Zivilrecht unter europäischem Einfluss – Die richtlinienkonforme Auslegung des BGB und anderer Gesetze – Kommentierung der wichtigsten EU-Verordnungen, 2. Aufl., Stuttgart 2010, S. 749 ff. (796 f.), wo der funktionale Zusammenhang zwischen SEPA und (speziell Titeln III und IV) der PSD unterstrichen wird. Eine Darstellung der Entwicklung des SEPA-Projekts und der einschlägigen Rechtssetzungsaktivitäten der Kommission sowie der Zusammenhänge zwischen beiden findet sich bei van Empel, Retail Payments – the Lisbon Agenda and SEPA, EUREDIA 1/2006, S. 51 ff.

gliedsstaatlicher Zahlungsdiensterechtssysteme mithin nicht abgeholfen würde.[36] Diesem zentralen Interesse an der Wahrung der Richtlinienkonformität ist, wie im Einzelnen darzulegen sein wird, schon hinsichtlich des Aufbaus jeder rechtlichen Prüfung auf diesem Gebiet Rechnung zu tragen (Teil 1, Kapitel 1).

Anschließend sind die bereits angedeuteten Implikationen des SEPA-Projektes für die Auslegung des BGB-Zahlungsdiensterechts zu konkretisieren. Namentlich ist festzustellen, im Rahmen welchen Auslegungskriteriums die Funktion der PSD als Säule des einheitlichen Zahlungsverkehrsraums Berücksichtigung finden kann, ohne die Gebote der methodischen Korrektheit zu verletzen (Teil 1, Kapitel 2).

Ausgehend von diesen generellen theoretischen Vorarbeiten werden in einem dritten Abschnitt die systematischen und inhaltlichen Grundzüge des zivilrechtlichen Teils der PSD und ihrer Umsetzung ins BGB darzustellen sein. Diese knappe Gesamtschau des einschlägigen Regelungskörpers dient dem umschriebenen Erkenntnisinteresse der Dissertation aus mehreren Gründen: zum einen soll hierdurch der erforderliche Überblick hergestellt werden, der es erlaubt, konkrete Rechtsprobleme in einen größeren normativen Zusammenhang einzuordnen. Zudem kann im Rahmen der einzelfallbezogenen Rechtsauslegung stets auf die generellen teleologischen und systematischen Motive des Zahlungsdiensterechts rekurriert werden; diese Grundparameter sind ebenfalls im dritten Abschnitt darzulegen. Schließlich wird es die zusammenfassende Rekapitulation der zentralen zivilrechtlichen Vorschriften des Zahlungsdiensterechts auch erlauben, den zuvor im methodentheoretischen Teil erarbeiteten Prüfungsaufbau an einem ersten Auslegungsbeispiel bündig zu demonstrieren (Teil 1, Kapitel 3).

Die derart skizzierten ersten Kapitel sollen das Fundament für die darauffolgende Befassung mit speziellen Rechtsproblemen bilden. Letztere sind im Wege der Auslegung bestimmter Vorschriften des BGB-Zahlungsdiensterechts exemplarisch zu beurteilen (Teil 2). Im Rahmen dieses Abschnitts sollen die Partikularitäten der Auslegung im Bereich des BGB-Zahlungsdiensterechts hervortreten und einer methodischen Lösung zugeführt werden, welche – soweit dies ohne gedankliche Sprünge möglich ist – als Basis zur generalisierenden Herausbildung von Auslegungsleitlinien dienen sollen. Zum Zwecke dieser Demonstration werden Rechtsfragen gewählt, die schon vor Umsetzung der PSD Gegenstand rechtlicher Auseinandersetzung waren. Dies erlaubt eine vergleichende Gegenüberstellung mit dem neuen Rechtsrahmen und ein Herausarbeiten der Un-

36 Vgl. zur Gefahr einer fragmentierten Umsetzung der PSD in den Mitgliedsstaaten Vanden Bosch/ Mathey, La directive sur les services de paiement, Revue de Droit bancaire et financier n° 4, juillet 2007, dossier 19.

terschiede zu diesem. Zudem sollen sich die behandelten Einzelfragen auf verschiedene Verfahrensarten beziehen, um – obgleich die Konzentration auf einzelne Auslegungsfragen freilich keine umfassende Einbindung aller Vorschriften zulässt – ein möglichst breites Panorama der verschiedenen Teile des Untertitels „Zahlungsdienste“ zu erfassen.[37] So wird hinsichtlich der Kartenzahlung die Frage zu beantworten sein, ob die Anscheinsbeweisrechtsprechung im Kontext missbräuchlicher Kartennutzung künftig aufrecht erhalten werden kann (Teil 2, Kapitel 1); daneben wird die Kompatibilität des Einzugsermächtigungsverfahrens mit dem neuen Regelungsregime zu prüfen sein, wobei insbesondere das klassische Problem der dogmatischen Qualifikation der Einzugsermächtigung in neuem Lichte zu betrachten ist (Teil 2, Kapitel 2); schließlich wird festzustellen sein, ob die Inkassostelle bei der Überweisung trotz Geltung des § 675r Abs. 1 BGB zum Abgleich von angegebenem Empfängernamen und Kontonummer verpflichtet bleibt (Teil 2, Kapitel 3). Jedes Anwendungsbeispiel wird Gelegenheit geben, bestimmte auslegungsrelevante Aspekte zu beleuchten und verallgemeinernde Rückschlüsse zu ziehen, welche schließlich in Thesenform zusammengefasst werden. Aus der Gesamtheit der hierdurch gewonnen Erkenntnisse sollen sich die gesuchten allgemeinen methodischen Leitlinien zur Auslegung des BGB-Zahlungsdiensterechts fügen.

Der somit umrissene Aufbau der Arbeit wird sogleich im ersten Kapitel zur methodischen Vergewisserung im Einzelnen gerechtfertigt.

---

37 Eine „vertikale“ Gliederung dieses Abschnitts nach den verschiedenen Zahlungsinstrumenten verspricht auch deshalb effektiv zu sein, weil sie der „horizontalen“ Regelungsstruktur des zahlungsdiensterechtlichen Normensystems zuwiderläuft. Dieser Ansatz wird sogleich in Teil 1, Kapitel 1 näher erläutert. Die horizontale Struktur des zivilrechtlichen Teils der PSD sowie des Untertitels „Zahlungsdienste“ werden in Teil 1, Kapitel 3 eingehend behandelt.

Teil 1. Der methodische, rechtspolitische, wirtschaftliche und normative Rahmen der Anwendung des neuen BGB-Zahlungsdiensterechts

Kapitel 1. Auslegungsmethodische Vergewisserung

Verständnis und Anwendung von Rechtsnormen setzen zwingend ihre Auslegung voraus.[38] Der Gegenstand der vorliegenden Arbeit, die Erschließung von Leitlinien zur Anwendung der neuen zahlungsdiensterechtlichen BGB-Normen, ist folglich auf ebendiesem Gebiet der Rechtsauslegung anzusiedeln.

Im Falle des harmonisierten Zahlungsdiensterechts stellen sich auf verschiedenen Ebenen auslegungsmethodische Vorfragen, die im Sinne der Verständlichkeit der darauffolgenden materiellen Ausführungen vorab zu klären sind. Zwar ist ein rechtsmethodisches Vorgehen, da stets an der Ergebnisfindung im konkreten Fall ausgerichtet, im Grunde aus sich selbst heraus verständlich[39]; doch stellt bei der vorliegenden Arbeit die methodische Herangehensweise an das neue Normensystem gerade den substantiellen Kern dar.[40] Die behandelten materiellen Rechtsfragen werden folglich nicht lediglich um ihrer selbst willen begutachtet, sondern insbesondere auch als Medium zum Gewinn abstrakter Erkenntnisse hinsichtlich des methodischen Umgangs mit der Rechtsmaterie insgesamt genutzt. Die Arbeit wird sich also als Prozess der Auslegung im Dienste künftiger Auslegung darstellen.

Der anschließenden Befassung mit speziellen Rechtsproblemen sind daher einige klarstellende Ausführungen zur Metaebene der Auslegung voranzustellen.[41] Zum einen ist in diesem Abschnitt zu beschreiben, nach welchem Prüfungsmuster die erstrebten Anwendungsleitlinien gewonnen werden sollen (A), zum anderen ist auf dem – auch nach vieljähriger jurisprudenzieller und dogmatischer Bearbeitung noch von Unklarheiten geprägten[42] – Feld der richtlinien-

---

38 Vgl. Terré, Introduction générale au droit, 8. Aufl., Paris 2009, S. 462 : „La règle de droit suppose, dans le passage du général au particulier, un processus intermédiaire d'interprétation. "

39 Vgl. in diesem Sinne Hassemer, Gesetzesbindung und Methodenlehre, ZRP 2007, S. 215.

40 Ungeachtet ihrer dienenden Funktion stellt die juristische Methodenlehre eine eigenständige Disziplin dar, die durch ihre theoretische Vorarbeit die Voraussetzungen für eine stringente, aus sich selbst heraus schlüssige Prüfung schafft, vgl. Kramer, Juristische Methodenlehre, 3. Aufl., München 2010, S. 36 ff.

41 Vgl. zur Unterscheidung der Ebenen des Auslegungsobjekts und der Auslegungsmethodik, Wank, Objektsprache und Metasprache – Geltungsprobleme bei Verfassungen und Rechtsgeschäften, Rechtstheorie 1982, S. 465 ff. m.w.N.

42 Vgl. Canaris, Die Richtlinienkonforme Auslegung und Rechtsfortbildung im System der juristischen Methodenlehre, in: Festschrift Bydlinski, Wien 2002, S. 47 ff. (48).

konformen Auslegung hinsichtlich einiger neuralgischer Fragen Stellung zu beziehen (B). Schließlich sind hinsichtlich der Auslegung der Richtlinie selbst, welche die Grundlage der richtlinienkonformen Auslegung bildet, methodische Besonderheiten zu beachten, die sich in Inhalt und Aufbau der Dissertation widerspiegeln werden (C).

A. Grundsätzlicher Erkenntnisansatz: Induktive Schlussfolgerung auf Basis der problembezogenen Anwendung des BGB-Zahlungsdiensterechts

Die Erarbeitung von Maßgaben zur Anwendung des neuen Zahlungsdiensterechts richtet sich im Rahmen der vorliegenden Arbeit nach folgendem Grundmuster: Ausgehend von konkreten Problemen, die schon aus der früheren Rechtspraxis bekannt sind – etwa die Frage des Anscheinsbeweises bei missbräuchlicher Nutzung von Zahlungskarten[43] – wird die Auslegung der neuen Normen zunächst konkret vollzogen; aufgrund der hierbei gewärtigten Schwierigkeiten und gefundenen Lösungen werden verallgemeinernde Rückschlüsse hinsichtlich der Anwendung des neuen Rechts gezogen, welche schließlich in zusammenfassenden Thesen festgehalten werden.

Der beschriebene induktive Ansatz[44] rechtfertigt sich durch die damit erreichbare Nachvollziehbarkeit des Vorgehens bei Erschließung des neuen Rechts sowie durch die im Kontext der Zahlungsdiensterichtlinie optimalen Erkenntnismöglichkeiten:

Indem die Analyse vom konkreten Anwendungsfall aus entwickelt wird, erhält sie die notwendige Substanz, um eine von den Bedürfnissen der Rechtspraxis losgelöste Abstraktheit der Ausführungen zu vermeiden. Stets können die Überlegungen auf ihren Bezugspunkt zurückgeführt, gleichsam „geerdet" und damit die gezogenen Schlussfolgerungen auf ihre Verwertbarkeit hin überprüft werden. Eine solche induktive Methode liegt bei der Befassung mit einem neuen Normensystem nahe, da der effiziente methodische Umgang mit diesem in ei-

43 Hierzu siehe im Einzelnen unten, Teil 2, Kap.1.

44 Vgl. zum Begriff der Induktion im Gegensatz zur Deduktion in der juristischen Methodik Bergel, Théorie générale du droit, 3. Aufl., Paris 1999, S. 268 ff. Der induktive Schluss vom Besonderen auf das Allgemeine ist als Mittel zur Auslegung materieller Normen nicht unumstritten (vgl. Larenz, Methodenlehre der Rechtswissenschaft, 6. Aufl., Berlin u.a. 1991, S. 384 f. (385)); auf der Metaebene der Auslegungsmethodik ist er hingegen legitim, da diese stets Allgemeingültigkeit beansprucht – ansonsten wäre die Methodenbeliebigkeit schon in der Beschreibung der Auslegungsmethodik als Wissenschaftsdisziplin angelegt.

nem Prozess des tastenden Voranschreitens erst ausgelotet werden muss. Eine deduktive Vorgehensweise, im Rahmen derer vorgefertigte allgemeine Thesen auf ihre Anwendungsfähigkeit im konkreten Fall hin überprüft werden, drohte wegen der weitgehenden Unerschlossenheit der Materie an den möglicherweise zunächst unabsehbaren besonderen Anforderungen des neuen Normensystems vorbeizugehen.[45] Der Nutzen für den Rechtsanwender und die Nachvollziehbarkeit wären damit gefährdet.

Neben diesen generell auf die methodische Auseinandersetzung mit neu eingeführten Rechtsnormen übertragbaren Überlegungen sprechen auch spezifische, in den Eigenarten des Gegenstandes der vorliegenden Arbeit wurzelnde Gründe für die beschriebene Vorgehensweise der Gewinnung allgemeiner Erkenntnisse aus der Rechtsanwendung im konkreten Fall: Die PSD und die deutschen Umsetzungsnormen unterwerfen gemäß ihrem „horizontalen Regelungsansatz" alle in ihren sachlichen Anwendungsbereich fallenden Zahlungsvorgänge grundsätzlich denselben Vorschriften[46], was zu einer vielerorts als künstlich kritisierten Abstraktheit der Normen und Begriffe führt[47]. Namentlich werden Überweisung, Lastschrift und Kartenzahlung in ein einziges Regelungskorsett geschnürt. Mit Blick auf die Rechtsanwender, welche gezwungen sind, normative Vorgaben auf den Einzelfall herunterzubrechen, dient es jedoch der Erkenntnismaximierung, die einschlägigen Normen hinsichtlich einzelner Zahlungsverfahren auszulegen. Da praktische Rechtsprobleme notwendig in Bezug auf einen bestimmten Lebenssachverhalt entstehen, sich im Kontext des elektronischen

45 Vgl. zu den methodischen Kritikpunkten am Mittel des deduktiven Schlusses, Bydlinski, Juristische Methodenlehre und Rechtsbegriff, Wien 1991, S. 41 ff. Was die Auslegung materieller Rechtsnormen angeht, so verspricht ein deduktiver Begründungsansatz freilich die größere – im theoretischen Idealfall gar formallogische – Stringenz, vgl. Koch/Rüßmann, Juristische Begründungslehre, München 1982, S. 15 ff., 24 ff. Die Deduktion ist hinsichtlich der materiellen Auslegung schon im Grundansatz der Subsumtion verwurzelt, der vom abstrakten Rechtsbegriff ausgeht. Dieses Modell wird hier nicht in Frage gestellt, sondern im Rahmen der Anwendungsbeispiele (siehe unten, Teil 2) praktiziert. Stellt hingegen nicht die Subsumtion eines Sachverhalts unter eine Rechtsnorm das Erkenntnisziel dar, sondern die Bestimmung auslegungsmethodischer Leitlinien, so ist die deduktive Schlusskette ein weniger geeignetes Mittel, da das Ergebnis – und nicht der Ausgangspunkt – der Ableitung abstrakter Natur ist.

46 Zu dieser Regelungssystematik vgl. Meckel, Das neue zivile Zahlungsverkehrsrecht; Umsetzung der EU-Zahlungsdiensterichtlinie (Payment Services Directive – PSD) in das nationale deutsche Recht – Hintergründe, Praxisprobleme und Ausblicke (Teil 2), jurisPR-BKR 12/2009 Anm. 1, unter 3.5; und im Einzelnen unten, Teil 1, Kap. 3, Abschnitt A.II.1.

47 Siehe z.B. Mathey, La réforme des services de paiement, Revue de droit bancaire et financier n°1, janvier 2010, étude 1 ; Wandhöfer, EUREDIA 1/2009, op.cit., S. 21 ff.

Zahlungsverkehrs also stets auf ein bestimmtes Zahlungsinstrument beziehen, erscheint eine nach den verschiedenen Zahlungsverfahren gegliederte Beantwortung spezieller Rechtsfragen fruchtbarer, als eine der Systematik der Richtlinie folgende gleichsetzende Betrachtung. Durch diese – sozusagen vertikale – Auftrennung der Zahlungsdienste wird das neue Regelungsregime gewissermaßen „gegen den Strich gekämmt", so dass Anwendungsschwierigkeiten deutlich hervortreten, wohingegen ein bloßes Nachvollziehen der vorgegebenen „horizontalen" Systemlogik in dieser gefangen bliebe. Die nach Zahlungsinstrumenten gegliederte Betrachtung ist jedoch nur möglich, wenn sie vom konkreten materiellrechtlichen Problemfall ausgeht und im Wege des induktiven Schlusses allgemeine auslegungsmethodische Leitlinien erarbeitet. Hingegen schlösse ein Ausgehen von der abstrakten These diese strukturelle Differenzierung aus.

Dem beschriebenen Ansatz entsprechend werden daher in gesonderten Abschnitten Rechtsfragen hinsichtlich Überweisung und Lastschrift behandelt sowie – ebenfalls in einem speziellen Teil – Probleme im Zusammenhang mit der Zahlung per Karte betrachtet. Diese Kategorien greifen eine Einteilung auf, welche der deutsche Gesetzgeber zur Bestimmung des Begriffs des Zahlungsdienstes[48] aus dem Anhang der PSD ins ZAG übernimmt. Namentlich zählt § 1 Abs. 2 ZAG auf:

> Zahlungsdienste sind:
>
> (...)
>
> 2. die Ausführung von Zahlungsvorgängen einschließlich der Übermittlung von Geldbeträgen auf ein Zahlungskonto beim Zahlungsdienstleister des Zahlungsdienstnutzers oder bei einem anderen Zahlungsdienstleister durch
>
> a) die Ausführung von Lastschriften einschließlich einmaliger Lastschriften (**Lastschriftgeschäft**)
>
> b) die Ausführung von Überweisungen einschließlich Daueraufträgen (**Überweisungsgeschäft**),
>
> c) die Ausführung von Zahlungsvorgängen mittels einer Zahlungskarte oder eines ähnlichen Zahlungsinstruments (**Zahlungskartengeschäft**),
>
> (...)

Die Herausstellung der Modalität „Kartenzahlung" weicht insofern von der „vertikalen" Gliederung der Arbeit nach Zahlungsverfahren ab, als sich Kartenzahlungen rechtlich oftmals einem der anderen genannten Instrumente zurechnen lassen – so stellen sich etwa Zahlungen per EC-Karte, die nicht im POS-

48 Vgl. Anhang der PSD, der unter Bezugnahme auf die Begriffsbestimmung in Art. 4 Nr. 3 der Richtlinie die einzelnen Zahlungsdienste aufzählt.

Verfahren durchgeführt werden, als Lastschriften dar.[49] Indem die Arbeit also Problemen im Zusammenhang mit „der Kartenzahlung“ einen Abschnitt widmet, kehrt sie gewissermaßen zur horizontalen Struktur der PSD zurück. Dennoch erscheint, wie im betreffenden Abschnitt zu zeigen ist[50], diese Einteilung im Sinne einer praxisgerechten Erfassung der neuen Regeln gerechtfertigt, wenn sie auch nicht in Anspruch nimmt, die alleinig zielführende Methode zum Studium des Zahlungsdiensterechts darzustellen.[51]

Die Schablone des induktiven Schlusses bildet im Rahmen dieser Arbeit indes nur die methodische Klammer der auslegungsmethodischen Untersuchung. Keineswegs ist damit ausgeschlossen, dass im Zuge der konkreten materiellen Subsumtion deduktive Rückschlüsse von allgemeinen Prinzipien auf den jeweiligen Fall vorgenommen werden.[52] Auch für andere methodische Ansätze bleibt Raum; so werden etwa die in der französischen und englischen Rechtsordnung bezüglich der betrachteten Probleme verfolgten Lösungen – zwar nicht als imperative Auslegungsmaßstäbe, jedoch, im Sinne der vom Richtliniengeber angestrebten Rechtsvereinheitlichung[53], als durchaus bedenkenswerte Erkenntnisquellen – rechtsvergleichend herangezogen.[54]

---

49 Vgl. Staudinger/ Martinek, § 676h, Rn 90 ff.

50 Vgl. unten Teil 2.

51 Die Beanspruchung normativer Autorität für auslegungsmethodische Vorgaben ist nur dort gerechtfertigt, wo sich letztere aus dem Gesetz ergeben; nur dann kann von einem „Recht der Methode“, bzw. – im italienischen oder englischen Duktus – von „norme sulle norme“ oder „secondary rules“ die Rede sein, vgl. m.w.N. Kramer, op.cit., S. 38 ff. Wo sich Auslegungsmethoden aus der Anwendungspraxis bzw. nicht positivierten Maßgaben der Logik und Hermeneutik speisen, ist die Beanspruchung exklusiver Gültigkeit nicht gerechtfertigt.

52 Vgl. hierzu bereits oben, Fn. 44.

53 Vgl. Erwägungsgrund (1) bis (4) PSD. Zur Ausprägung der Rechtsvergleichung als „funktionelle Rechtsvergleichung“ im Dienste der juristischen Problemlösung, vgl. Rheinstein, Einführung in die Rechtsvergleichung, 2. Aufl. München 1987, S. 25 ff. Zur Bedeutung der Rechtsvergleichung als Mittel der Rechtsvereinheitlichung, vgl. Rainer, Europäisches Privatrecht – Die Rechtsvergleichung, Frankfurt a.M. u.a. 2002, S. 74 ff. Zur Rolle der Rechtsvergleichung speziell im Rahmen der richtlinienkonformen Auslegung durch mitgliedsstaatliche Gerichte, vgl. Schwartze, Die Rechtsvergleichung, in: Riesenhuber (Hrsg.), Europäische Methodenlehre, 2. Aufl. Berlin/New York 2010, S. 112 ff. (126 ff.).

54 Zur Rechtsvergleichung im Kontext der Auslegung harmonisierten Rechts, vgl. auch Mansel, Rechtsvergleichung und europäische Rechtseinheit, JZ 1991, S. 529; Kötz, Rechtsvergleichung und gemeineuropäisches Privatrecht, in: Müller-Graff, Gemeinsames Privatrecht in der Europäischen Gemeinschaft, 2. Aufl., Baden-Baden 1999, S. 149 ff. Zweigert sieht die Rechtsvergleichung als Mittel, zu verifizieren, ob eine bestimmte

Darüber hinaus werden die im Zuge einer Subsumtion aufkommenden Annexfragen Anlass zu Exkursen geben, im Rahmen derer herausragende Änderungen durch das neue Zahlungsdiensterecht abstrakt dargestellt werden. Die Einführung dieser Ebene globaler Betrachtung soll es erlauben, an geeigneter Stelle gleichsam zurückzutreten, um den Blick für eine Gesamtschau des Normensystems oder zumindest größerer Ausschnitte zu weiten. Durch diese zwischengeschobenen Überblickspassagen wird die jeweilige konkrete Rechtsfrage in ihren legislativen und dogmatischen Kontext eingeordnet.

Schließlich können im Rahmen solcher allgemeiner, über die zur Klärung einer bestimmten Rechtslage hinausgehender Abschnitte auch Gegenüberstellungen zum alten – also vor Einführung der §§ 675c ff. BGB geltenden – Recht angestellt werden. Gerade hierdurch treten Veränderungen besonders deutlich hervor.

B. Besonderheiten der richtlinienkonformen Auslegung: methodischer Vorrang[55]

I. Das Gebot richtlinienkonformer Auslegung

Das BGB-Zahlungsdiensterecht dient der Umsetzung der Zahlungsdiensterichtlinie und ist daher richtlinienkonform auszulegen. Dieses Gebot der richtlinienkonformen Auslegung wurde vom Europäischen Gerichtshof[56] (im Folgenden: EuGH) schon 1984 explizit statuiert[57] und ist seither in seinem Bestand kaum

---

Auslegung des nationalen Rechts im Einklang mit der Maxime der Rechtsvereinheitlichung steht, vgl. Zweigert, Rechtsvergleichung als universale Interpretationsmethode, RabelsZ 15 (1949/50), S. 17 f.; ebenso Aubin, Die rechtsvergleichende Interpretation autonom-internen Rechts in der deutschen Rechtsprechung, RabelsZ 34 (1970) S. 458.

55 Die begrifflichen Kategorien der folgenden Ausführungen zur Methodik der richtlinienkonformen Auslegung orientieren sich an Canaris, in: Festschrift Bydlinski, op.cit., S. 47 ff.

56 Unter dem aktuell geltenden Vertrag über die Europäische Union (Fassung aufgrund des am 1.12.2009 in Kraft getretenen Vertrages von Lissabon, ABl. EG Nr. C 115 vom 9.5.2008, S. 13), Art. 19 Abs. 1, wird der Europäische Gerichtshof nur mehr als „Gerichtshof" bezeichnet, um eine klare Abgrenzung zum „Gerichtshof der Europäischen Union" zu gewährleisten. Unter „Gerichtshof der Europäischen Union" ist das gesamte Gerichtssystem der Union zu verstehen, welches die Einzelorgane „Gerichtshof", „Gericht" (vormals: „Gericht erster Instanz") und die Fachgerichte (derzeit nur das „Gericht für den öffentlichen Dienst") umfasst.

57 Vgl. grundlegend EuGH vom 10.4.84 – Rs 14/83 – Slg 1984, I-1891, 1909 („von Colson und Kamann") und EuGH vom 10.4.84 – Rs. 79/83 – Slg 1984, I-1921, 1942

bestritten. Der EuGH nennt namentlich die Pflicht des nationalen Richters, *„das zur Durchführung der Richtlinie erlassene Gesetz unter voller Ausschöpfung des Beurteilungsspielraums, den ihm das nationale Recht einräumt, in Übereinstimmung mit den Anforderungen des Gemeinschaftsrechts auszulegen und anzuwenden."*[58]

Das Gebot der richtlinienkonformen Auslegung ergibt sich insbesondere aus der Verbindlichkeit von Richtlinien hinsichtlich ihres Ziels[59] gemäß Art. 288 Abs. 3 AEUV[60] im Zusammenspiel mit der Loyalitätspflicht[61] nach Art. 4 Abs. 3 EUV[62], welche für alle Träger hoheitlicher Gewalt – also gerade auch für die Rechtsprechung – gelten. Als Prinzip des Unionsrechts verknüpft der EuGH die Pflicht zur richtlinienkonformen Auslegung mit dem Gebot effektiven Rechtsschutzes und dem unionsrechtlichen Effektivitätsgrundsatz.[63] Die Erstreckung der Verpflichtungswirkung des Art. 288 Abs. 3 AEUV auf die Gerichte ergibt sich aus dem Ziel der Norm – also der effektiven Umsetzung von Richtlinien – welches ohne Einbeziehung der Rechtsprechung kaum erreichbar wäre, da Rechtsnormen in der Praxis erst durch judikative Entscheidungen inhaltlich ausgefüllt werden.[64] Die Umsetzung erschöpft sich also nicht in einem einmaligen

(„Harz"). Zuvor hatte der EuGH bereits betont, dass eine richtlinienkonforme Auslegung wünschenswert bzw. „zweckmäßig" sei, ohne allerdings eine dahingehende unionsrechtliche Pflicht zu postulieren, vgl. etwa EuGH vom 20.5.76 – Rs.111/75 – Slg. 1976, S.675 ff (Rn.7/11) („Mazzalai/Ferrovia del Renon").

58 EuGH, „von Colson und Kamann", op.cit., Leitsatz 3 Satz 2.

59 Zur Rechtsnatur und Bindungswirkung von Richtlinien, siehe Ruffert, in: Callies, EU-Verfassungsrecht, München 2007, Art. 249 EGV, Rn. 48-71 und 73-121; Nettesheim, in: Grabitz/Hilf, Band I, München 2009, Art. 249 EGV, Rn. 124 ff.

60 Vormals Art. 249 Abs. 3 EGV

61 Zur Loyalitätspflicht siehe z.B. Unruh, Die Unionstreue – Anmerkungen zu einem Rechtsgrundsatz der Europäischen Union, EuR 2002, S. 41. Abweichende Ansätze zur Herleitung der Pflicht zur richtlinienkonformen Auslegung ziehen respektive den Vorrang des Unionsrechts oder den Umsetzungswillen des nationalen Gesetzgebers heran; für eine Darstellung der verschiedenen Begründungsansätze siehe Gänswein, Der Grundsatz unionsrechtskonformer Auslegung nationalen Rechts – Erscheinungsformen und dogmatische Grundlage eines Rechtsprinzips des Unionsrechts, Frankfurt a.M. 2009, S. 30 ff.

62 Ehemals Art. 10 EGV.

63 In diesem Sinne der aktuelle Präsident des EuGH Skouris, Effet Utile Versus Legal Certainty: The Case-law of the Court of Justice on the Direct Effect of Directives,17 EBLR 2006, 241 (250).

64 Siehe für eine eingehende Befassung mit Grundlagen und Geltungsweise des Richterrechts m.w.N. Staudinger/Coing/Honsell, Einleitung zum BGB, Rn. 200 ff. Zur wachsenden Bedeutung des Richterrechts, vgl. Heldrich, 50 Jahre Rechtsprechung des BGH

gesetzgeberischen Akt, sondern setzt sich in jeder Anwendung des nationalen Rechts im Anwendungsbereich der Richtlinie durch Träger hoheitlicher Gewalt fort.[65]

Die Pflicht zur richtlinienkonformen Auslegung greift mit Ablauf der Umsetzungsfrist ein.[66] Sie ist ein Unterfall der gemeinschaftsrechtskonformen Auslegung[67], beruht jedoch – anders als die Pflicht zur Anwendung des Primärrechts – nicht auf dem Vorrang des Gemeinschaftsrechts und führt auch nicht zur Unanwendbarkeit des nationalen Rechts.[68]

In methodischer Hinsicht stellt die richtlinienkonforme Auslegung einen eigenständigen Kanon dar, der nicht im System der klassischen Methoden der grammatischen, historischen, systematischen und teleologischen Auslegung[69] aufgeht oder in diese zu integrieren ist, sondern neben diesen steht.[70] Denn sie hat, wie im Folgenden genauer ausgeführt wird, einen eigenständigen Geltungsgrund, ein eigenständiges Ziel und eine eigenständige Wirkungsweise.

II. Auswirkungen der methodischen Konzeption des Gebots richtlinienkonformer Auslegung auf Inhalt und Aufbau der rechtlichen Prüfung im Regelungsbereich von Richtlinien

Während die Existenz des Gebots richtlinienkonformer Auslegung weithin anerkannt ist, wird die Frage, welche Auswirkungen sich aus ihm für die Auslegung

– Auf dem Weg zu einem Präjudizienrecht? – Festvortrag zum 50-jährigen Bestehen des BGH, ZRP 2000, S. 497.

65 Roth, Die richtlinienkonforme Auslegung, in: Riesenhuber (Hrsg.), Europäische Methodenlehre, op.cit., S. 393 ff. (395/396).

66 Vgl. EuGH vom 27.6.2999, verbundene Rs. C-240/98 bis C-244/98 – Slg. 2000, I-4941, Rn. 31 (Océano Grupo Editorial SA, u.a.); EuGH vom 22.11.2005 – Rs. C.144/04 – Slg. 2005, I-9981, Rn. 74 ff. (Mangold).

67 EuGH vom 5.10.2004 – verbundene Rs. C-397/10 bis C-403/10 – Slg. 2004, I-8835, Rn. 114 (Pfeiffer u.a.); EuGH vom 16.6.2005 – Rs. C-105/03 – Slg. 2005, I-5285, Rn. 32, 34, 38 (Pupino).

68 Hierzu im Einzelnen sogleich Teil 1, Kap. 1, Abschnitt B.III.

69 Eine Darstellung der klassischen Auslegungsmethoden findet sich u.a. bei Schwintowski, Juristische Methodenlehre, Frankfurt a.M. 2005, S. 65 ff.; Huber, Savignys Lehre von der Auslegung der Gesetze in heutiger Sicht, JZ 2003, S. 1.

70 So auch Lutter, Die Auslegung angeglichenen Rechts, JZ 1992, S. 593 (604); Schmidt, Privatrechtsangleichende EU-Richtlinien und nationale Auslegungsmethoden, RabelsZ 59 (1995), S. 569; Ehricke, Die richtlinienkonforme und die gemeinschaftsrechtskonforme Auslegung nationalen Rechts, RabelsZ 59 (1995), S. 598 ff.

des nationalen Rechts ergeben, nicht einheitlich beantwortet.[71] Insbesondere ist für die weitere Befassung mit den zahlungsdiensterechtlichen Normen zu klären, ob und inwieweit der richtlinienkonformen Auslegung Vorrang vor den anderen, „klassischen“ Auslegungsmethoden zu gewähren ist. Diese Diskussion ist vorab abstrakt zu führen, da sich aus der methodischen Weichenstellung Vorgaben hinsichtlich des Inhalts und Aufbaus der materiellen Prüfung ergeben.

In Betracht kommen einerseits ein „derogatorischer“ Anwendungsvorrang, demzufolge sich die Geltung der Richtlinie auf Ebene der materiellen Normen im Sinne des Satzes „lex superior derogat legi inferiori“– also auch dann, wenn die entsprechende Auslegung mit dem nationalen Recht nicht in Einklang zu bringen ist und letzteres faktisch zugunsten der Befolgung der Richtlinienvorgaben außer Kraft gesetzt wird – durchsetzt[72] und andererseits ein lediglich „interpretatorischer“ Vorrang auf Ebene der Auslegungsmethoden, nach dem die richtlinienkonforme Auslegung den klassischen Methoden vorgeht.[73] Schließlich ist es auch denkbar, die richtlinienkonforme Auslegung gleichberechtigt neben die anderen Methoden zu stellen und das durch sie gebotene Auslegungsergebnis ebenso wie etwaige abweichende Resultate, die sich aus der Anwendung der klassischen Methoden ergeben, in eine Gesamtabwägung einzustellen.[74]

Für die im Rahmen dieser Arbeit vorzunehmende Auslegung des Zahlungsdiensterechts ist eine Festlegung auf eine dieser Konzeptionen erforderlich, da sich die Handhabung der Auslegungskriterien unterschiedlich gestaltet, je nachdem, welches Verständnis des Gebots richtlinienkonformer Ausbildung zugrundegelegt wird:

71 Darstellungen dieses Diskussionsfeldes mit umfangreichen Quellennachweisen finden sich bei Brechmann, Die richtlinienkonforme Auslegung – zugleich ein Beitrag zur Dogmatik der EG-Richtlinie, München 1994, S.127 ff. sowie bei Franzen, Privatrechtsangleichung durch die Europäische Gemeinschaft, Berlin u.a.1999, S.292 ff.; siehe auch Grundmann, Richtlinienkonforme Auslegung im Bereich des Privatrechts – insbesondere: der Kanon der nationalen Auslegungsmethoden als Grenze?, ZEuP 1996, S. 399 ff.

72 Darstellung dieses Ansatzes bei Brechmann, op.cit., S.131 ff.

73 Die Trennung zwischen diesen fundamental unterschiedlichen Arten von Vorrangregeln wird oft nicht sauber durchgehalten, was zu ungereimten Ergebnissen führt, wie etwa bei Müller-Graf, Das Privatrecht in der europäischen Integration, NJW 1993, S. 13 (21); Di Fabio, Richtlinienkonformität als ranghöchstes Normauslegungsprinzip? Überlegungen zum Einfluß des indirekten Gemeinschaftsrechts auf die nationale Rechtsordnung, NJW 1990, S. 947 (953).

74 Canaris bezeichnet diese dritte Variante als „interpretatorische Abwägungslösung“, siehe Canaris, in; FS Bydlinski, op.cit., S. 47 ff. (64 ff.).

Bei Bejahung eines derogatorischen Anwendungsvorrangs würde sich die Anwendung sonstiger Auslegungsmethoden in Bezug auf das nationale Recht erübrigen, da sich das durch Auslegung der PSD ermittelte Ergebnis ausnahmslos durchsetzte. Die Handhabung des neuen Zahlungsdiensterechtes könnte sich damit auf die Auswertung der Richtlinie beschränken.

Die Annahme eines interpretatorischen Vorrangs der richtlinienkonformen Auslegung wirkte sich hingegen dergestalt aus, dass im Anwendungsbereich der PSD das nationale Recht zunächst im Einklang mit der Richtlinie auszulegen ist. Das hierdurch gefundene Ergebnis hätte allerdings nur Geltung, soweit sich ein entsprechendes Verständnis der jeweiligen nationalen Norm unter Ausschöpfung des Auslegungsspielraums, welcher dem Rechtsanwender von der im nationalen System geltenden Methodenlehre eingeräumt wird, noch mit den Grenzen judikativer Zuständigkeit in Einklang bringen lässt. Ein „Contra-Legem-Judizieren" ließe sich – anders als bei Auffassung der richtlinienkonformen Auslegung als derogatorische Vorrangregel – also nicht rechtfertigen.[75] Die „klassische" Auslegung des nationalen Rechts hat bei Zugrundelegung eines interpretatorischen Vorrangs dementsprechend die Funktion, die Grenze des unzulässigen „Contra-Legem-Judizierens" zu bestimmen. Soweit diese Schwelle nicht überschritten ist, ist dem Ergebnis der richtlinienkonformen Auslegung aufgrund ihres methodischen Vorrangs stets Geltung einzuräumen, ohne dass es einer Abwägung mit entgegenstehenden Ergebnissen etwa der teleologischen oder systematischen Auslegung bedarf.

Schließlich: Wird die richtlinienkonforme Auslegung als nur einer der im Rahmen der Interpretation gleichermaßen zu berücksichtigenden Ansatzpunkte gesehen, so wäre das nationale Recht im Anwendungsbereich der Richtlinie stets unter Heranziehung aller Methoden auszulegen und bei einander widersprechenden Ergebnissen einer Abwägungslösung zuzuführen, welche den widerstreitenden Argumenten zu möglichst weitgehender Berücksichtigung verhilft. Eine feste Rangfolge der Auslegungsmethoden bestünde bei dieser Abwägung nicht – wenngleich auf methodentheoretischer Ebene vielfach der Versuch unternommen wurde, die Auslegungskriterien in ein feststehendes Rangverhältnis zu setzen.[76]

75 Vgl. zur Gewaltenteilung und verfassungsmäßigen Kompetenzzuweisung als Grenze richterlicher Rechtsfortbildung Larenz, op.cit., S. 426 ff.

76 Vgl. zum Problem der Rangfolge m.w.N. Kramer, op.cit., S. 170 ff., wo zwar die Notwendigkeit von auslegungsmethodischen „Vorfahrtsregeln" betont, jedoch zugestanden wird, dass es keine allgemeingültige Lösung hierzu gibt. Vgl. ebenso Staudinger/Coing/Honsell, Einleitung zum BGB, Rn. 154, wo allerdings eine grundsätzliche Vorrangigkeit der teleologischen Auslegung befürwortet wird.

III. Die Vorzugswürdigkeit des Verständnisses des Gebots richtlinienkonformer Auslegung als interpretatorische Vorrangregel

1. Ablehnung der Qualifikation des Gebots richtlinienkonformer Auslegung als derogatorische Vorrangregel

Ein Festhalten am Ergebnis der richtlinienkonformen Auslegung auch bei Unvereinbarkeit mit dem (weitestgehend ausgelegten) Wortlaut der einschlägigen Norm erscheint dann konsequent, wenn als Grundlage des Gebots richtlinienkonformer Auslegung der Vorrang des Unionsrechts herangezogen wird.[77] Werden auch Richtlinien unter dieses Prinzip gefasst, so kommt ihren inhaltlichen Vorgaben auch über die „Contra-Legem-Grenze" hinaus Priorität zu.

Jedoch entspricht diese Einordnung nicht der Charakteristik der Richtlinie als umsetzungsbedürftigem Rechtsakt[78]: Zwar ist sie als Teil des Unionsrechts dem nationalen Recht tatsächlich übergeordnet; jedoch fehlt ihr die für die Anwendung des Satzes „lex superior derogat legi inferiori" erforderliche unmittelbare Gesetzeswirkung. Im „Stufenbau der Rechtsordnung"[79] befinden sich Richtlinie und nationale Umsetzungsnormen nicht in derselben Hierarchie, so dass eine Derogationswirkung systematisch ausgeschlossen ist.[80]

Dieses Ergebnis kann zudem auf die Formulierungen des EuGH in seinen Grundsatzentscheidungen zur richtlinienkonformen Auslegung[81] gestützt werden: der Gerichtshof fordert eine *„Ausschöpfung des Beurteilungsspielraums"* durch die Gerichte, jedoch nur *„im Rahmen ihrer Zuständigkeiten"*. Damit be-

77 Zum Grundsatz des Vorrangs des Unionsrechts grundlegend EuGH vom 15.07.1964 – Rs. 6/64 – Slg. 1964, 1251, 1269 („Costa/ENEL"); hierzu siehe von Danwitz in: Handbuch EU-Wirtschaftsrecht, Stand Juni 2010 (26. Ergänzungslieferung), B. II., Rn. 6 f.

78 Zur Rechtsnatur und Bindungswirkung der Richtlinie, siehe Ruffert, in: Calliess, EU-Verfassungsrecht, Art. 249 EGV, Rn. 48-71 und 73-121.

79 Vgl. Öhlinger, Der Stufenbau der Rechtsordnung – rechtstheoretische und ideologische Aspekte, Wien 1975, S.15 ff.; Kelsen, Reine Rechtslehre, 2. Aufl., Leipzig/Wien, 1960, S. 228 ff.

80 Davon unabhängig ist die Konstellation der unmittelbaren Anwendbarkeit von Richtlinien zu sehen, vgl. EuGH v. 19.1.82 – Rs 8/81 – Slg. 1982, I-53 Rn.57 ff. („Becker/Finanzamt Münster-Innenstadt"). Unter den in grundgesetzkonformer Rechtsfortbildung entwickelten Bedingungen wirken Richtlinien unmittelbar, also wie Verordnungen, so dass ihnen ein derogativer Anwendungsvorrang im Sinne einer „lex superior" zuwächst. Zur Differenzierung der Direktwirkung von der richtlinienkonformen Auslegung, vgl. Rörig, Die Direktwirkung von Richtlinien in Privatrechtsverhältnissen - eine Abgrenzung der richtlinienkonformen Auslegung vom Phänomen der Direktwirkung, Baden-Baden 2001.

81 „Von Colsson und Kamann" bzw. „Harz", op.cit.

grenzt der EuGH die Pflicht zur richtlinienkonformen Auslegung auf Fälle, in denen eine solche durchführbar ist, ohne die von der nationalen Rechtsordnung vorgesehene Aufteilung der Kompetenzen zwischen Gesetzgeber und Rechtsprechung zu verletzen.[82] Der vom deutschen Recht eingeräumte Beurteilungsspielraum endet an der „Contra-Legem-Grenze"; setzt sich der Richter darüber hinweg und maßt sich im Zuge einer richtlinienkonformen Derogation die Rolle einer normsetzenden Instanz an, so verstößt er gegen den von Art. 20 Abs. 3 GG geschützten Vorrang des Gesetzes gegenüber der Judikative.[83] Eine solche Kompetenzverschiebung ist weder vom EuGH gefordert, noch in der deutschen Rechtsordnung zulässig, denn die gemäß Art. 79 Abs. 3 GG auch Art. 20 Abs. 3 GG erfassende Ewigkeitsklausel gilt nach Art. 23 Abs. 1 S. 3 GG auch im Verhältnis zum Unionsrecht.[84]

Mittlerweile hat der EuGH sogar explizit bestätigt, dass das Gebot zur richtlinienkonformen Auslegung nicht zur Rechtsprechung „contra legem" zwingt.[85] Ein Bedürfnis nach automatischer Unanwendbarkeit von nationalen Normen, die im Widerspruch zu Richtlinien stehen, besteht ohnehin schon deswegen nicht, weil mit dem Institut des unionsrechtlichen Schadensersatzanspruchs[86] und dem

82 Ein dementsprechendes kompetenzielles Verständnis der Formulierung des EuGH „im Rahmen ihrer Zuständigkeiten" vertreten auch Jarass, Grundfragen der innerstaatlichen Bedeutung des EG-Rechts: die Vorgaben des Rechts der Europäischen Gemeinschaft für die nationale Rechtsanwendung und die nationale Rechtsetzung nach Maastricht, Köln u.a. 1994, S. 94 und Rüffler, Richtlinienkonforme Auslegung nationalen Rechts, ÖJZ 1997, S. 121 (126).

83 Zu den Grenzen des richterlichen Beurteilungsspielraums, siehe Grosche/ Höft, Richtlinienkonforme Rechtsfortbildung ohne Grenzen? – Zugleich Besprechung von BGH, NJW 2009, S. 427 – Quelle, NJOZ 2009, S. 2294 ff.; Kissel, Grenzen der rechtsprechenden Gewalt, NJW 1982, S. 1777 ff.; Unberath, Die richtlinienkonforme Auslegung am Beispiel der Kaufrechtsrichtlinie, ZEuP 2005, S. 5 ff.; Maunz/ Dürig/ Hillgruber, Band VI, Art. 97, Rn. 25 ff.

84 Vgl. hierzu Epping/ Hillgruber/von Heinegg, Beck'scher Online-Kommentar Grundgesetz, Stand 1.6.2010, Art. 23 Rn. 24 f.

85 EuGH vom 16.6.05 – Rs. C-105/03, Slg.2005, I-5285 Rn.47 („Pupino"); EuGH vom 5.10.2004 – Rs. C-397/01 bis C-403/01, Slg. 2004, I-8835 („Pfeiffer u.a."); siehe auch den Schlussantrag der Generalanwältin Eleanor Sharpston vom 30.11.2006 in der Rs.C-432/05 („Unibet"), Slg. 2007, I-2271 ff. (Rn.55).

86 Vgl. zum unionsrechtlichen Schadensersatzanspruch Mickel/ Bergmann, Handlexikon der Europäischen Union, 2005, unter dem Stichwort „Staatshaftung bei Gemeinschaftsrechtsverletzung"; Schoißwohl, Staatshaftung wegen Gemeinschaftsrechtsverletzung – Anspruchsgrundlage und materielle Voraussetzungen, Wien 2002; Kremer, Staatshaftung für Verstöße gegen Gemeinschaftsrecht durch letztinstanzliche Gerichte, NJW 2004, S. 480 ff.

Vertragsverletzungsverfahren[87] alternative Möglichkeiten zur Durchsetzung der Pflicht aus Art. 288 Abs. 3 AEUV bestehen.[88]

2. Bejahung einer interpretatorischen Vorrangregel

Nachdem eine derogative Wirkung verworfen ist, verbleibt zu entscheiden, ob dem richtlinienkonformen Verständnis einer Rechtsnorm gegenüber abweichenden Auslegungsergebnissen, die durch die Anwendung anderer Methoden ermittelt wurden, ein automatischer Vorrang zukommt, soweit es sich diesseits der Grenze des „Contra-Legem-Judizierens" bewegt, oder ob sämtliche Auslegungsergebnisse ohne apriorische Rangfolge in eine Gesamtabwägung einfließen.

Diese für die weitere Analyse des Zahlungsdiensterechts maßgebliche methodische Grundsatzentscheidung ist, ausgehend von den Vorgaben des EuGH, unter Berücksichtigung der im deutschen Rechtssystem etablierten Methoden der Normanwendung zu treffen.

Indem der EuGH die *„volle Ausschöpfung des vom nationalen Recht eingeräumten Beurteilungsspielraums"* verlangt, macht er deutlich, dass, soweit das Gericht im Rahmen seiner Kompetenzen zu einem Auslegungsergebnis *„in Übereinstimmung mit dem Gemeinschaftsrecht"* gelangen kann, diese Möglichkeit auch genutzt werden muss.[89] Die Pflicht zur Befolgung des richtlinienkonformen Auslegungsergebnisses wird vom Gerichtshof also einzig unter die Bedingung gestellt, dass das auslegende Rechtsprechungsorgan die ihm zugewiesenen Kompetenzen nicht überschreitet, also die Grenzen des ihm eingeräumten Beurteilungsspielraums wahrt. Keineswegs ist diese Pflicht hingegen an die Voraussetzung geknüpft, dass das richtlinienkonforme Auslegungsergebnis aus einer Abwägung mit dem durch Anwendung des klassischen nationalen Auslegungsinstrumentariums ermittelten Resultat hervorgeht. Letztlich richtet sich die Tragweite des Gebots daher nach dem Umfang des dem Richter zustehenden Auslegungsspielraums und damit nach der Auslegungsfähigkeit der jeweiligen Norm mit den durch das nationale Recht zur Verfügung gestellten methodischen Mitteln.[90] Lässt das nationale Recht die vorrangige Berücksichtigung eines be-

87 Vgl. hierzu Burgi, in: Handbuch des Rechtsschutzes in der EU, München 2003, § 6, Rn. 1-56.

88 So auch Gänswein, op.cit., S. 63 ff.

89 Roth, op.cit. in: Riesenhuber (Hrsg.), Europäische Methodenlehre, S. 393 ff. (405).

90 Zur „Grenze der Auslegungsfähigkeit" siehe de Burca, Giving Effect to European Community Directives, Modern Law Review 55, 1992, S. 215 (218); Lorenzmeier, Der

stimmten Auslegungsergebnisses – natürlich stets unter Berücksichtigung des Verbots des „Contra-Legem-Judizierens“ – zu, so besteht auch die Pflicht, diese Option im Sinne der Richtlinienkonformität auszuschöpfen.

Tatsächlich kennt die deutsche Methodenlehre keine abstrakte Rangordnung der Auslegungskriterien[91]; einzelne Vorrangregeln sind indes anerkannt.[92] So hat das Bundesverfassungsgericht eine Vorzugsregel etwa hinsichtlich der Auslegung des Grundgesetzes zugunsten der Konformität mit der Europäischen Menschenrechtskonvention aufgestellt.[93] Weichen die Ergebnisse der Normauslegung nach verschiedenen Methoden im Ergebnis voneinander ab, so ist es dem Richter also nicht verwehrt, der einen oder anderen Methode Priorität zuzubilligen und das durch sie erreichte Ergebnis ohne weitere materielle Abwägung als gültig anzuerkennen. Die Setzung einer interpretatorischen Vorrangregel ist mithin grundsätzlich vom richterlichen Beurteilungsspielraum erfasst. Demgemäß ergibt sich aus dem im Sinne des EuGH verstandenen Gebot der richtlinienkonformen Auslegung auch die Pflicht, die Vereinbarkeit der angewandten nationalen Vorschrift mit den unionsrechtlichen Vorgaben auf diesem Wege sicherzustellen.[94]

Dieses auf die Wortwahl des EuGH in den Grundsatzurteilen *„von Colsson und Kamann“* und *„Harz“* gestützte Verständnis des Gebots richtlinienkonformer Auslegung scheint indes durch die spätere Rechtsprechung des Gerichtshofs selbst in Frage gestellt: In der Entscheidung *„Marleasing“*[95] fasst er die Pflicht der nationalen Träger hoheitlicher Gewalt weiter, indem er feststellt, dass *„ein nationales Gericht sein nationales Recht unter Berücksichtigung des Wortlauts*

Rahmenbeschluss als Handlungsform der Europäischen Union und seine Rechtswirkungen, ZIS 2006, S. 576 (581).

91 Vgl. hierzu Kramer, op.cit., S. 170 ff. (insbesondere Fn. 501 mit zahlreichen Nachweisen).

92 Vgl. Bydlinski, op.cit., S. 533 ff.: Bydlinski nimmt beispielsweise einen grundsätzlichen Vorrang der jeweils einfacheren, also mit leichter und verlässlicher zu ermittelnden normativen Prämissen arbeitenden Methode vor allen anderen Methoden an, sofern sie zur Lösung des juristischen Problems führe. Damit sei der objektiven sprachlichen und systematischen Auslegung Vorrang vor der subjektiven historischen zu geben; vgl. auch VwGH JBl. 1975, S. 613; Coing und Honsell gehen von einem grundsätzlichen Vorrang der teleologischen Auslegung aus, vgl. Staudinger/Coing/Honsell, Einleitung zum BGB, Rn. 154.

93 BVerfG NJW 2004, S. 3407 ff.

94 So im Ergebnis auch Langenbucher, Europarechtliche Methodenlehre, in: Langenbucher (Hrsg.), Europarechtliche Bezüge des Privatrechts, 2. Aufl., Baden-Baden 2008, S. 1 ff. (28 ff.).

95 EuGH vom 13.11.1990 – Rs. C-106/89; Slg. 1990, I-4135 („Marleasing“).

und des Zwecks der Richtlinie auslegen muss, um ein mit dieser unvereinbares Ergebnis zu verhindern.“[96] Diese Formulierung wurde teils als Ausdehnung des Gebots richtlinienkonformer Auslegung auf eine auch derogative Wirkung gegenüber dem nationalen Recht verstanden.[97] Hätte der Gerichtshof damit tatsächlich eine Pflicht der nationalen Gerichte auch zum „Contra-Legem-Judizieren“ statuiert, so wäre fraglich, ob er hierdurch nicht die ihm zustehende Kompetenz – bestehend in der Überwachung der Einhaltung europarechtlicher Pflichten, Art. 19 EUV – überschritten hätte.[98] In diesem Fall hätte er den nationalen Gerichten nämlich die Möglichkeit genommen, die ihnen in den jeweiligen Rechtsordnungen auferlegten kompetenziellen und methodischen Schranken einzuhalten.

Eine solche Einmischung in die nationale Rechtsfindung wird bei verständiger Lektüre der EuGH-Entscheidung jedoch gar nicht begangen: So geht der Gerichtshof an gleicher Stelle von der Pflicht der mitgliedsstaatlichen Judikative aus, die Auslegung des nationalen Rechts *„soweit wie möglich“* mit den Richtlinienvorgaben in Übereinstimmung zu bringen.[99] In diesem Vorbehalt klingt dieselbe Grenzziehung an, wie schon in *„Von Colsson und Kamann“* und *„Harz“*, namentlich die Einhaltung der nationalen Kompetenzverteilung. Das aus den Formulierungen des Gerichtshofs in seinen Grundsatzentscheidungen gezogene Verständnis des Gebots richtlinienkonformer Auslegung muss also nicht revidiert werden.

Ein weiteres Argument zugunsten eines interpretatorischen Vorrangs der richtlinienkonformen Auslegung lässt sich aus dem Vorrang des Unionsrechts[100] herleiten, der auch Richtlinien als Bestandteile des Unionsrechts erfasst.[101] Mangels

96 Ebenda, Slg. 1990, I-4159 f., Rn. 9 und 13.

97 Vgl. etwa die Anmerkung von Stuyck/Wytinck, zum ‚Marleasing‘-Urteil des EuGH, „Comment on case C-106/89 – Marleasing“, 28 CMLRev 1991, S. 205 (11).

98 Denn nach eigener ständiger Rechtsprechung kommt dem EuGH nicht die Befugnis zu, über die Auslegungsfähigkeit des innerstaatlichen Rechts zu befinden, vgl. z.B. EuGH vom 25.02.1999, Rs. C-131/97, Slg. 1999, I-1103 ff. („Carbonari u.a.“); EuGH vom 15.04.2008, Rs. C-268/06, Slg. 2008, I-2483 ff. („Impact“). Vgl. zu den Grenzen der Zuständigkeiten des EuGH neuerlich Wieland, Der EuGH im Spannungsverhältnis zwischen Rechtsanwendung und Rechtsgestaltung, NJW 2009, S. 1841 ff. Zu den Zuständigkeiten des EuGH generell, vgl. Pechstein, EU-/EG-Prozessrecht, 3. Aufl., Tübingen 2007, S. 7 ff.

99 „Marleasing“, op.cit., Slg. I-4159 Rn. 8.

100 Grundlegend zu diesem Prinzip EuGH, „Costa/ENEL“, op.cit.

101 Nicht zu verwechseln ist diese Aussage über die Zugehörigkeit der Richtlinien zum generell vorrangigen Unionsrecht mit der Frage der Herleitung der Pflicht zur richtlinienkonformen Auslegung: letztere hat ihren Geltungsgrund nicht im Vorrang des Unions-

unmittelbarer Wirkweise der Richtlinien führt ihre Vorrangigkeit zwar nicht zu einer Überlagerung des in ihren Anwendungsbereich fallenden nationalen Rechts; jedoch kann eine Bindung der Gerichte jedenfalls insoweit angenommen werden, als sie im Rahmen der Anwendung nationalen Rechts nicht einer den Richtlinienvorgaben widersprechenden Auslegung folgen dürfen, obwohl sie unter Einhaltung ihrer Kompetenzen auch ein unionsrechtskonformes Ergebnis vertreten könnten.[102]

Schließlich streiten auch praktische Erwägungen für die Umsetzung des Gebots richtlinienkonformer Auslegung als interpretatorische Vorrangregel: die Pflicht zur getreuen Umsetzung der Richtlinien nach Art. 288 Abs. 3 AEUV kann im Wege der Auslegung durch die Rechtsprechung bei Weitem unkomplizierter und effektiver erfüllt werden, als es möglich wäre, wenn bei jedem neu entdeckten Umsetzungsmangel ein korrigierendes Gesetzgebungsverfahren eingeleitet werden müsste. Dieser Aspekt ist nicht zuletzt aufgrund des Interesses, einer Staatshaftung wegen Verletzung der Umsetzungspflicht[103] zu entgehen, von Gewicht.

Sämtliche Erwägungen, die für die Geltung einer interpretatorischen Vorrangregel angeführt wurden, stehen gleichzeitig dem Verständnis des Gebots richtlinienkonformer Auslegung als bloßes Zusatzkriterium neben den weiterhin gleichermaßen in einer Gesamtabwägung zu berücksichtigenden klassischen Auslegungsmethoden entgegen.[104]

Aus dem Grundsatz der Gewaltenteilung hergeleitete Bedenken gegen das Verständnis des Gebots der richtlinienkonformen Auslegung als interpretatori-

---

rechts, sondern, wie bereits ausgeführt, in der Umsetzungspflicht und Loyalitätspflicht der Mitgliedsstaaten.

102 So auch Canaris, in: FS Bydlinski, op.cit., S. 47 ff. (68 und 69).

103 Zur Staatshaftung wegen mangelhafter Umsetzung von Richtlinien grundlegend EuGH vom 19.11.1991 – Rs. C-6/90 und C-9/90, Slg. 1991, I-5357 („Francovich"); hierzu Prieß, Die Haftung der EG-Mitgliedstaaten bei Verstößen gegen das Gemeinschaftsrecht, NVwZ 1993, S. 118 ff.; Thalmair, Staatshaftung aufgrund nicht oder fehlerhaft umgesetzten bzw. angewandten EG–Rechts, DStR 1996, S. 1975 ff.

104 Gegen eine Gleichrangigkeit von Richtlinienkonformität und anderen Auslegungskriterien auch Gebauer, Methodik – Auslegung und Direktwirkung des europäischen Rechts – Richtlinienkonforme Auslegung und Fortbildung des nationalen Rechts, in: Gebauer/Wiedmann (Hrsg.), Zivilrecht unter europäischen Einfluss – Die richtlinienkonforme Auslegung des BGB und anderer Gesetze – Kommentierung der wichtigsten EU-Verordnungen, 2. Aufl., Stuttgart 2010, S. 111 ff. (129).

sche Vorrangregel[105] greifen nicht durch, ist es doch die eigentliche Aufgabe richterlicher Tätigkeit – namentlich die Anpassung der gesetzlichen Vorgaben an sich wandelnde Umstände nach Maßgabe juristischer Methodik[106] – welche in der vorrangigen Berücksichtigung der Richtlinienkonformität zum Ausdruck kommt. Im materiellen Teil der vorliegenden Arbeit wird demgemäß der richtlinienkonformen Auslegung eine entsprechende Priorität eingeräumt.

Die Grenze des richterlichen Beurteilungsspielraums – und damit die Schwelle zum unzulässigen „Contra-Legem-Judizieren" – ist dabei, wohl gemerkt, nicht generell schon erreicht, wenn der Wortlaut der jeweiligen nationalen Norm nicht mit der Richtlinie in Einklang steht.[107] Dann ist durch eine Auslegung „im engeren Sinne" zwar keine Konformität herzustellen, doch stehen dem Richter die Instrumente der zulässigen Rechtsfortbildung über den Wortlaut hinaus[108] zu Gebote. Ist eine solche ohne Überschreitung der judikativen Kompetenzen möglich, so besteht nach dem Gebot der richtlinienkonformen Ausbildung die Pflicht zur Ausschöpfung auch dieser Möglichkeit.[109] Richtlinienkonforme „Auslegung" ist also in einem umfassenderen Sinne zu verstehen, als es der enge Auslegungsbegriff der deutschen Methodenlehre mit seiner Differenzierung zwischen „Auslegung" und „Rechtsfortbildung" nahelegt.[110] Dass der tradierte deutsche Auslegungsbegriff für das Verständnis der richtlinienkonformen Auslegung nicht maßgeblich ist, sondern eine objektive Erschließung dieser Methode im

---

105 Vgl. etwa Jarass, Richtlinienkonforme bzw EG-rechtskonforme Auslegung nationalen Rechts, EuR 1991, S. 211 (218); Scherzberg, Die innerstaatlichen Wirkungen von Richtlinien, Jura 1993, S. 225 (232).

106 Vgl. hierzu Larenz, op.cit., S. 366 ff., der darauf hindeutet, dass jede Konkretisierung eines ausfüllungsbedürftigen Maßstabes in der Beurteilung eines Einzelfalls durch die Rechtsprechung eine Rechtsfortbildung bedeutet. Die Rechtsfortbildung ist daher nicht nur legitimer, sondern auch notwendiger Bestandteil der richterlichen Tätigkeit.

107 Vgl. Herrmann, Richtlinienumsetzung durch die Rechtsprechung, Berlin 2003, S. 89 ff.

108 Zu den auslegungsmethodischen Kriterien der Rechtsfortbildung – teleologische Extension, teleologische Reduktion, Analogie, Bildung von Fallnormen – siehe ebenda, Rn. 125 ff.

109 Odersky, Rechtsfragen zur Anwendung von Recht der Europäischen Union im Mitgliedstaat, ZEuP 1998, S. 485; Möllers, Doppelte Rechtsfortbildung contra legem? - Zur Umgestaltung des Bürgerlichen Gesetzbuches durch den EuGH und nationale Gerichte, EuR 1998, S. 44

110 Ebenso Riesenhuber/Domröse, Richtlinienkonforme Rechtsfindung und nationale Methodenlehre - Zugleich eine Besprechung von EuGH, Urt. v. 5.10.2004 verb. Rs. C-397/01 bis 403/01 Pfeiffer u.a., RIW 2005, S. 47 (50), die von „Richtlinienkonformer Rechtsfindung" sprechen. Zum Themenkomplex vgl. auch Herresthal, Rechtsfortbildung im europarechtlichen Bezugsrahmen, München 2006, S. 6 ff.

unionsrechtlichen Kontext angezeigt ist, ergibt sich schon daraus, dass im Sinne der dadurch angestrebten Harmonisierung das Gebot richtlinienkonformer Auslegung nicht einer von einer nationalen Begriffsmethodik zur anderen variierenden Bedeutung unterworfen werden kann.[111]

Eine äußere Grenze der zulässigen Rechtsfortbildung setzt letztlich der „Wortsinn“ der nationalen Norm, also der am Wortlaut festgemachte Regelungszweck des Gesetzgebers.[112]

Eine verbindliche vorrangige Orientierung an den Richtlinienvorgaben bei der Anwendung nationalen Umsetzungsrechts erscheint auch im Hinblick auf das Problem der Methodenvielfalt in der Europäischen Union geboten. Da die Methodenlehre sich nie im Sinne einer „*science pure*“ in völliger Abstraktheit von den jeweiligen Rechtsordnungen entwickelt hat, sondern eine wechselseitige Prägung unvermeidbar ist[113], existieren innerhalb der zunehmend harmonisierten europäischen Rechtsordnung verschiedene Auslegungsmethoden.[114] Freilich bringt die gemeinsame „Civil Law“-Tradition vieler Mitgliedsstaaten eine gewisse Konvergenz[115], doch ändert dies nichts an dem grundsätzlichen Befund, dass ein differierendes methodisches Vorgehen bei der Rechtsanwendung zu abweichenden Auslegungsergebnissen führen kann. Die Methodenvielfalt steht damit im Widerspruch zum Ziel der Rechtsvereinheitlichung, welches europäischen Rechtsakten stets zugrundeliegt. Die Schaffung einer infolgedessen erforderlichen europäischen Methodenlehre[116], würde einen beträchtlichen Schritt näher rücken, wenn sich der Konsensbedarf auf die Auslegung der europäischen Rechtsakte beschränken würde. Denn wäre eine einheitliche Auslegung der Richtlinien durch Anwendung eines gemeinsamen methodischen Rahmens gewährleistet, so folgte hieraus aufgrund des interpretatorischen Vorrangs automatisch eine einheitliche Anwendung des Umsetzungsrechts, da sich die Vorgaben der Richtlinie stets als maßgebliches Auslegungskriterium durchsetzen.

---

111 So auch Dänzer-Vanotti, Die richtlinienkonforme Auslegung deutschen Rechts hat keinen rechtlichen Vorrang - Zugleich eine Erwiderung auf den Beitrag von Spetzler (RIW 1991, S. 579), RIW 1991, S. 754.

112 Vgl. BGH, VersR 2002, S.1035 – „Heininger-Urteil“.

113 Vgl. Kramer, op.cit., S. 42 f.

114 Vgl. für einen Einblick in die rechtsvergleichende Methodenlehre, MacCormick/Summers, Interpreting Statutes: A Comparative Study, Dartmouth 1991.

115 Vgl. Hager, Rechtsmethoden in Europa, Tübingen 2009, S. 13 ff.

116 Vgl. Rüthers/Fischer, Rechtstheorie, 5. Aufl., München 2010, S. 412 f., wo dieses Erfordernis insbesondere mit der fehlenden Methodenstringenz des EuGH begründet wird, vgl. zu letzterem auch Jahn, Europarichter überziehen ihre Konsequenzen, NJW 2008, S. 1788 ff., wo von „Methodenwillkür“ der Luxemburger Richter die Rede ist.

Die interpretatorische Vorrangregel zugunsten der richtlinienkonformen Auslegung gilt freilich nur, soweit durch die Richtlinie ein bestimmtes Ergebnis imperativ vorgegeben ist. Wirken die einschlägigen Richtliniennormen nur fakultativ, besteht also kein Umsetzungszwang, so ist der Vorrangigkeit der richtlinienkonformen Auslegung die Grundlage entzogen. Der Richtlinie kommt zwar auch insoweit Erkenntniswert im Rahmen der Auslegung zu. Der Rechtsanwender kann dann jedoch eine freie Abwägung zwischen den Auslegungskriterien vornehmen.[117]

Schranken unionsrechtlicher Art findet die richtlinienkonforme Auslegung in den vom Unionsrecht anerkannten allgemeinen Rechtsgrundsätzen wie Rückwirkungsverbot, Rechtssicherheit[118], Bestimmtheit und Vertrauensschutz[119] sowie in den Unionsgrundrechten[120].

---

117 Vgl. Canaris, in: FS Bydlinski, op.cit., S. 47 ff. (77/78).

118 Eine Ausprägung dieser Prinzipien stellt das Verbot belastender Drittwirkung nicht umgesetzter Richtlinien gegenüber Privatrechtssubjekten dar: nach ständiger Rechtsprechung des EuGH darf die richtlinienkonforme Auslegung nicht dazu führen, dass dem Einzelnen aus einer nicht umgesetzten Richtlinie oder aus einem bei der Umsetzung ausgesparten Teil Verpflichtungen entgegengehalten werden. Vgl. z.B. EuGH vom 26.09.1996, Rs. C-168/95, Slg. 1996, I-4705 ff. („Arcaro"); EuGH vom 28.06.2005, verbundene Rs. C-189/02, C-202/02, C-205/02 bis C-208/02 und C-213/02, Slg. 2005, I-5425 ff. („Dansk Rorindustri u.a."); zur Grenze der horizontalen Direktwirkung bei der richtlinienkonformen Auslegung als Ausdruck des Gedankens der Rechtssicherheit siehe auch Müller/Christensen, op.cit., Rn. 585.

119 Hierzu vgl. Everling, Zur Auslegung des durch EG-Richtlinien angeglichenen nationalen Rechts, ZGR 1992, S. 376 (384/388).

120 Gemäß der Entscheidung des EuGH vom 29.1.08, Rs. C-275/06, Slg. 2008 S.I-271 ff. („Promusicae") haben die Träger hoheitlicher Gewalt der Mitgliedsstaaten bei der Umsetzung der Richtlinie darauf zu achten, „dass sie sich nicht auf eine Auslegung der Richtlinien stützen, die mit durch die EG-Rechtsordnung geschützten Grundrechten oder den anderen Grundsätzen des EG-Rechts, wie etwa dem Grundsatz der Verhältnismäßigkeit, kollidiert." Im Rahmen der richtlinienkonformen Auslegung erlangen die Unionsgrundrechte also indirekt über die grundrechtskonforme Auslegung der Richtlinie Bedeutung.

IV. Konsequenzen für die Anwendung des Zahlungsdiensterechts

Bei der Anwendung des BGB-Zahlungsdiensterechts sowie jeglicher in den Anwendungsbereich der Zahlungsdiensterichtlinie fallender nationaler Normen[121] ist den Ergebnissen richtlinienkonformer Auslegung, im Sinne der wohlverstandenen unionsrechtlichen Pflicht hierzu, Vorrang vor etwaigen abweichenden Auslegungsergebnissen einzuräumen. Die klassischen Auslegungsmethoden – insbesondere die grammatische und die teleologische – definieren die Grenze der Auslegungsfähigkeit und damit zum unzulässigen „Contra-Legem-Judizieren", wobei in den richterlichen Beurteilungsspielraum auch die Mittel der Rechtsfortbildung einzubeziehen sind.[122]

Der richtlinienkonformen Auslegung kommt aufgrund ihres spezifischen Geltungsgrundes (der Umsetzungspflicht nach Art. 288 Abs. 3 AEUV), ihrer besonderen Wirkweise (als interpretatorische Vorzugsregel) und ihres eigenständigen Ziels (Vermeidung eines Verstoßes gegen die Richtlinienvorgaben) der Status eines eigenständigen Auslegungskriteriums zu. Als Vorrangregel stellt die Pflicht zur richtlinienkonformen Auslegung für die nationalen Rechtsanwender eine Verhaltensmaßgabe dar, die eine Abwägung zwischen unterschiedlichen Auslegungskriterien erübrigt.

Praktisch wird sich die vorrangige Maßgeblichkeit der richtlinienkonformen Auslegung v.a. im Zuge des Ausfüllens von Generalklauseln und unbestimmten Rechtsbegriffen ausprägen, da diese dem Rechtsanwender durch ihre Offenheit weitgehend gestatten, der richtlinienkonformen Auslegung zu folgen, ohne in die Nähe eines Übergriffs auf die Rechtssetzungskompetenz der Legislative zu geraten.[123] Doch auch bei tatbestandlich präzisen Normen ist es denkbar, dass ein Beurteilungsspielraum besteht, der es dem Rechtsanwender gebietet, der richtlinienkonformen Auslegung zu folgen. Dieser Automatismus wird, entsprechend der dargestellten methodischen Ausgangsentscheidung, im Folgenden

121 Das Gebot richtlinienkonformer Auslegung gilt nicht nur für das in Umsetzung der Richtlinie erlassene, sondern auch für das übrige, auch ältere nationale Recht im Anwendungsbereich der Richtlinie, EuGH „Marleasing", op.cit. Slg. 1990, I-4159 Rn. 8; EuGH vom 5.10.2004 – Rs. C-397/01 bis C-403/01, („Pfeiffer u.a."), Slg. 2004, I-8835. Gegen diese Erstreckung des Wirkungsbereichs richtete sich Generalanwalt Jean Mischo in seinem Schlussantrag zur Rechtssache 80/86, „Kolpinghuis Nijmegen", Slg. 1987, S. 3969 ff.; vgl. hierzu auch de Burca, Modern Law Review 55, 1992, op.cit., S. 215 (221).

122 Vgl. Schnorbus, Die richtlinienkonforme Rechtsfortbildung im nationalen Privatrecht - Eine Untersuchung zur europarechtlich bedingten Lücke im Gesetz, AcP 201 (2001), S. 860 ff.

123 Vgl. Rüffler, ÖJZ 1997, op.cit., S. 121 (128).

auch dann beachtet, wenn die a priori stärkeren Argumente für ein abweichendes Auslegungsergebnis sprechen. Dies deshalb, weil eine Abwägung eben gerade nicht geboten ist.

Die Auslegung der zahlungsdiensterechtlichen Normen wird im Rahmen der vorliegenden Arbeit aus den angeführten Erwägungen heraus nach folgendem Muster vollzogen: Zuerst wird die richtlinienkonforme Auslegung ermittelt, wobei dieser der seinerseits zunächst auszulegende Inhalt der Richtlinie zugrundegelegt wird. Sodann wird anhand der klassischen Auslegungsmethoden und gegebenenfalls den Mitteln richterlicher Rechtsfortbildung überprüft, ob das erste Ergebnis sich noch in den Grenzen des Beurteilungsspielraums der Judikative bewegt oder schon gesetzgeberische Kompetenzen usurpiert.[124] Bei Anwendung der klassischen Auslegungskriterien – v.a. bei Auslegung nach Wortlaut und Zweck der nationalen Norm – hat die Richtlinie freilich keine privilegierte Bedeutung und definiert insbesondere nicht vorrangig den Telos der Norm. Ansonsten wäre eine methodengetreue Verifikation der Einhaltung der „Contra-Legem-Schwelle“ nicht gewährleistet, die Richtlinie würde gleichzeitig den Auslegungs- und Kontrollmaßstab bilden.[125] Dessen ungeachtet betont der EuGH, dass der nationale Richter davon auszugehen hat, dass der Gesetzgeber bei der Umsetzung die Absicht hat, den sich aus der Richtlinie ergebenden Pflichten in vollem Umfang nachzukommen[126]; dieser vermutete Wille soll sich dem Gerichtshof zufolge gar gegenüber entgegengesetzten Anhaltspunkten, welche sich aus den nationalen Gesetzesmaterialien ergeben und auf eine abweichende Zwecksetzung schließen lassen, durchsetzen[127]. Es wird deutlich, dass

---

124 Canaris, in: FS Bydlinski, op.cit., S. 47 ff. (80/81) schlägt ein hiervon abweichendes Vorgehen in drei Stufen vor, demzufolge zunächst eine „klassische“ Auslegung vorzunehmen ist und in einem zweiten Schritt festzustellen ist, ob das so gewonnene Ergebnis in Einklang mit der richtlinienkonformen Auslegung steht. Zeigt sich auf der zweiten Stufe ein Widerspruch, so solle überprüft werden, ob im Lichte des Unionsrechts nicht doch ein ausreichender Beurteilungsspielraum besteht („Hin- und Her-Wandern“ des Blickes zwischen richtlinienkonformer und klassischer Auslegung). Dies sei im Interesse der Methodenehrlichkeit geboten, da ansonsten die „klassische Auslegung“ stets schon unter dem Blickwinkel des Ergebnisses der richtlinienkonformen Auslegung stehe. Gerade das Erfordernis der Trennschärfe zwischen den Methoden legt es aber m.E. nahe, ein „Hin- und Her-Wandern“ zu vermeiden; natürlich ist stets darauf zu achten, dass die Grenze des „Contra-Legem-Judizierens“ nicht überschritten wird.

125 Zur hieraus folgenden Zirkelschlussgefahr, vgl. eingehend unten Teil 1, Kap.1, Abschnitt B.IV.

126 EuGH vom 16.12.1993 – Rs. C-334/92, Slg. 1993, I-6911 Rn.20 („Wagner Miret“).

127 EuGH vom 29.4.2004 – Rs. C-371/02, Slg. 2004, I-5791 Rn.13 („Björnekulla Fruktindustrier AB“); in diesem Sinne auch Grundmann, ZEuP 1996, op.cit., S. 399 (422).

im Spannungsfeld der richtlinienkonformen Auslegung ein besonderes Risiko der Verwischung von Auslegungskriterien und Erkenntnisquellen besteht, welches ein besonderes Maß an Methodenreflexion und -ehrlichkeit erfordert, um interpretatorische Zirkelschlüsse zu vermeiden.

C. Methodische Vorbemerkungen hinsichtlich der Auslegung der Zahlungsdiensterichtlinie

Die PSD bildet nach den bisherigen Ausführungen den vorrangigen inhaltlichen Ausgangspunkt für die Auslegung des neuen deutschen Zahlungsdiensterechts. Zur Feststellung der Richtlinienvorgaben muss die Richtlinie notwendigerweise ihrerseits ausgelegt werden. Dabei sind wiederum einige Besonderheiten zu beachten, die – wie schon die richtlinienkonforme Auslegung – Anforderungen hinsichtlich des Prüfungsaufbaus und -inhalts mit sich bringen, welche im Rahmen des materiellen Teils der Arbeit zu berücksichtigen sind.

I. Methodische Besonderheiten

Im Grundsatz sind die Richtliniennormen nach denselben methodischen Kriterien auszulegen, wie andere Rechtsnormen.[128] Aus dem supranationalen Kontext der Richtlinie sowie den von nationalen Rechtsakten abweichenden Spezifika der Ausarbeitung und formalen Fassung ergeben sich bei der Anwendung der Auslegungskriterien jedoch methodische Schwierigkeiten[129]:

1. Auslegung nach dem Wortlaut der Richtlinie

Im Rahmen der grammatischen Auslegung erwächst das bedeutendste Problem aus der Sprachenvielfalt: Die Zahlungsdiensterichtlinie liegt in 22 der 23 offiziellen Amtssprachen der EU vor[130], wobei allen Fassungen gleichrangige Auto-

128 Vgl. Müller/Christensen, op.cit., S. 24 ff.; Vogenauer, Eine gemeineuropäische Methodenlehre des Rechts – Plädoyer und Programm, ZEuP 2005, S. 234 ff.

129 Vgl. hierzu Schmidt, RabelsZ 59 (1995), op.cit., S. 569 ff.

130 Das Irische ist seit dem 1.1.2007 zwar Amts- und Arbeitssprache der EU (Vertragssprache schon seit dem Beitritt Irlands im Jahre 1973); aus praktischen Gründen wurde jedoch beschlossen, dass neben dem Primärrecht der EU nur im Mitentscheidungsverfahren angenommene Verordnungen auf Irisch verfügbar sein müssen. Für andere Rechts-

rität zukommt und sie folglich grundsätzlich gleichermaßen in die Auslegung des Wortlauts einbezogen werden müssen.[131] Dies folgt aus dem Prinzip der größtmöglichen Gleichbehandlung der Amtssprachen, das der EuGH als Ergänzung zum Prinzip der Einheitlichkeit der Gemeinschaftsrechtsordnung ansieht.[132] Zudem ist die Sprachenvielfalt ein konstituierendes Merkmal europäischer Identität, wie von Art. 22 der Europäischen Grundrechtecharta explizit betont wird.[133] Die dem Motto der Union „In Vielfalt geeint"[134] entsprechende Egalität der Einzelsprachen soll nicht durch eine unterschiedliche Gewichtung im Rahmen der Auslegung europäischer Rechtstexte gefährdet werden.

---

akte gilt während eines Übergangszeitraums von fünf Jahren eine Ausnahmeregelung, um die Rekrutierung bzw. Ausbildung von Übersetzern zu erlauben, welche sich bei einer solch kleinen Sprache naturgemäß schwierig gestaltet – Online-Quellen zufolge sprechen heute weniger als 400.000 Menschen „Gaeilge". Rechtsgrundlage für diese Regelung ist die Verordnung (EG) Nr. 920/2005 vom 12.6.2005 zur Änderung der Verordnung Nr. 1 vom 15.4.1958 zur Regelung der Sprachenfrage für die EWG und der Verordnung Nr. 1 vom 15.4.1958 zur Regelung der Sprachenfrage für die Europäische Atomgemeinschaft sowie zur Einführung befristeter Ausnahmeregelungen zu diesen Verordnungen, Abl. L 156 v. 18.6.2005, S. 3-4.

131 Art. 55 Abs. 1 HS. 1 EUV lautet: „Dieser Vertrag ist in einer Urschrift in bulgarischer, dänischer, deutscher, englischer, estnischer, finnischer, französischer, griechischer, irischer, italienischer, lettischer, litauischer, maltesischer, niederländischer, polnischer, portugiesischer, rumänischer, schwedischer, slowakischer, slowenischer, spanischer, tschechischer und ungarischer Sprache abgefasst, wobei jeder Wortlaut gleichermaßen verbindlich ist; er wird im Archiv der Regierung der Italienischen Republik hinterlegt." Vgl. hierzu EuGH vom 27.01.2005, Rs. C-188/03, Slg. 2005, I-855, Rn.33 („Junk"); siehe ferner Schübel-Pfister, Sprache und Gemeinschaftsrecht – Die Auslegung der mehrsprachig verbindlichen Rechtstexte durch den Europäischen Gerichtshof, Berlin 2004.

132 Vgl. EuGH, Slg. 1962, S. 401 (430) („Worms/Hohe Behörde") sowie Dickschat, Problèmes d'interprétation des traités européens résultant de leur plurilingualisme, Revue belge de droit international 1968, S. 40 (55).

133 Art. 22 der Grundrechtecharta lautet: „Die Union achtet die Vielfalt der Kulturen, Religionen und Sprachen." Vgl. hierzu auch Fenet, Diversité linguistique et construction européenne, Revue trimestrielle du droit européen, avril-juin 2002, S. 235 ff. Die Sprachenvielfalt wird auch durch den EUV in der Fassung des Vertrages von Lissabon betont, vgl. Art. 3 Abs. 3 S. 6 EUV.

134 Das Europamotto war in Art. I-8 des Vertrages über eine Verfassung für Europa noch als eines der Symbole der Union vorgesehen. Im Vertrag von Lissabon wurden diese Symbole – da vergleichbar mit staatlichen Hoheitszeichen – weggelassen, um die Staatsähnlichkeit der EU nicht in den Vordergrund zu stellen. Vgl. hierzu Müller, Mut zur Staatlichkeit. Volk, Demokratie und Staatlichkeit in der Verfassungsdebatte, in: Beckmann/Dieringer/Hufeld (Hrsg.), Eine Verfassung für Europa, 2. Aufl., Tübingen 2005, S. 119 ff.

Auch der Sprache, die als Arbeitssprache im Rahmen der Vorbereitung eines Richtlinientextes verwandt wird, kommt keine übergeordnete Indizwirkung hinsichtlich der zutreffenden Auslegung zu, da ein solches Kriterium angesichts der Freiheit der befassten Gremien, ihre Arbeitssprache jederzeit beliebig neu zu bestimmen, nicht die erforderliche Härte und Verlässlichkeit aufweist.[135] Zudem werden Informationen darüber, welche Sprache im konkreten Fall als Arbeitssprache gedient hat, nicht offiziell veröffentlicht, was darauf schließen lässt, dass der Normgeber gerade keine derartigen inhaltlichen Rückschlüsse wünscht.[136] Zudem wird die Vielsprachigkeit europäischer Rechtstexte im Normalfall – und so auch bei der PSD – nicht erst am Ende des Entstehungsprozesses durch Übersetzung herbeigeführt; die Erarbeitung der verschiedenen Fassungen eines Vorschlags erfolgt auf Grundlage des Ausgangstexts durch die *„juristes linguistes"* noch vor der offiziellen Annahme.[137] Daher besteht auch keine größere Legitimation hinsichtlich der Arbeitssprache. Weichen die Sprachfassungen inhaltlich voneinander ab, so kann der Widerspruch folglich nicht durch Rückgriff auf die Arbeitssprache aufgelöst werden; die Entscheidung ist durch Verwendung anderer Auslegungsmethoden herbeizuführen.[138] Sprachliche Differenzen sind also nicht vorrangig auf sprachlicher Ebene, sondern anhand anderer juristischer Methoden zu überwinden.[139]

Für Bedeutungsdivergenzen ist aufgrund der Gleichberechtigung verschiedener Sprachfassungen eine hohe Wahrscheinlichkeit gegeben.[140] Zudem ist es für den einzelstaatlichen Richter (sowie in geringerem Maße für den wissenschaftlichen Betrachter) schon aufgrund der mangelnden Sprachkompetenz und zeitlichen Ressourcen kaum zu leisten, bei der Auslegung harmonisierter Nor-

---

135 Vgl. Gruber, Methoden des internationalen Einheitsrechts, Tübingen 2004, S. 139-142.

136 Riesenhuber, Die Auslegung, in Riesenhuber (Hrsg.), Europäische Methodenlehre, op.cit., S. 315 ff. (323/324).

137 Vgl. zur Arbeit des Übersetzungsdienstes im Rahmen des Rechtssetzungsverfahrens auf EU-Ebene Burr/Gallas, Zur Textproduktion im Gemeinschaftsrecht, in: Müller/Burr (Hrsg.), Rechtssprache Europas – Reflexion der Praxis von Sprache und Mehrsprachigkeit im supranationalen Recht, Berlin 2004, S. 195 ff. (199 f.).

138 Vgl. zur Handhabung von Sprachdivergenzen in der Rechtsprechung des EuGH Berteloot, Die Europäische Union und ihre mehrsprachigen Rechtstexte, in: Müller/Burr (Hrsg.), Rechtssprache Europas, op.cit., S. 179 ff. (184 f.).

139 Christensen/ Sokolowski, Juristisches Entscheiden unter der Vorgabe von Mehrsprachigkeit, in: Müller/Burr (Hrsg.), Rechtssprache Europas, op.cit., S. 113 ff. (125).

140 Vgl. Christensen/Müller, Mehrsprachigkeit oder das eine Recht in vielen Sprachen, in: Müller/Burr (Hrsg.), Rechtssprache Europas, op.cit., S. 9 ff. (11).

men alle Sprachfassungen gleichermaßen zu berücksichtigen.[141] Der mit der Vielfalt gleichrangiger Sprachfassungen einhergehenden Deutungsunsicherheit[142] ist bei Auslegung der Richtlinie dadurch Rechnung zu tragen, dass dem Wortlaut gegenüber anderen Auslegungskriterien – insbesondere dem Regelungszweck – geringere Bedeutung als in einem einsprachigen Rechtssystem zugemessen[143] und das aus ihm gezogene Ergebnis stets anhand anderer Kriterien überprüft wird.[144] Der Mehrsprachigkeit ist mit dem Instrumentarium juristischer Methodik beizukommen, indem gerade dem Zweck der Vorschrift Raum und Gewicht zugemessen wird, da das teleologische Argument geeignet ist, sprachliche Gräben zu überbrücken und so die erstrebte Einheitlichkeit der Rechtsanwendung herzustellen.[145]

2. Systematische Auslegung der Richtlinie

Wie bei der Anwendung nationaler Vorschriften ist auch bei Auslegung des europäischen Sekundärrechts der rechtlich-systematische Kontext der Normen zu berücksichtigen. Zum Verständnis der Einzelnorm ist sowohl das Regelungs-

141 Vgl. zum drastisch erhöhten Auslegungsaufwand bei Anwendung mehrsprachiger Rechtstexte Christensen/ Sokolowski, in: Müller/Burr (Hrsg.), op.cit., S. 113 ff. (135 ff.).

142 Vgl. zu den Risiken der Mehrsprachigkeit im Hinblick auf die Rechtssicherheit Baumann, Europäische Sprachenvielfalt und das Recht oder Vormarsch des Englischen und der Bilder, in: Festschrift zum 60. Geburtstag von Roger Zäch, Zürich 1999, S. 15 ff. (21).

143 Vgl. zum geringeren Stellenwert der grammatischen Auslegung etwa EuGH vom 17.03.1998, Rs. C-45/96, Slg. 1998, I-1199, Rn.19 („Bayerische Hypotheken- und Wechselbank / Dietzinger"); Frenz, Handbuch Europarecht – Band 5. Wirkungen und Rechtsschutz, Berlin/Heidelberg 2010, S. 127 f.; Kropholler, Internationales Einheitsrecht, Tübingen 1975, S. 276.

144 Hingegen vertreten Müller/Christensen, Juristische Methodik, Band II, op.cit., S. 36 ff., den Standpunkt, dass das Wortlautkriterium bei Auslegung des Gemeinschaftsrechts in der Literatur unterschätzt werde und dem Wortlaut vielmehr durch ein Verwerten der Mehrsprachigkeit zu einer „gemeinschaftsbezogenen Bedeutung" verholfen werden solle. Ein solcher Ansatz bedarf jedoch aufwendiger sprachvergleichender Vorarbeiten. Die Praktikabilität in der alltäglichen Auslegung des harmonisierten Rechts durch Rechtsprechung und Anwaltschaft erscheint äußerst fraglich.

145 Vgl. zur Orientierung des EuGH an speziellen Regelungszwecken und generellen Integrationszwecken bei der Auslegung europäischen Rechts Bengoetxea/ MacCormickl/ Moral Soriano, Integration and Integrity in the Legal Reasoning of the European Court of Justice, in: de Búrca/ Weiler (Hrsg.), The European Court of Justice, Oxford 2001, S. 43 ff.

ganze der Richtlinie als auch der sonstige Bestand einschlägigen Unionsrechts in Betracht zu ziehen. Obwohl dies unter Hinweis auf den – freilich durch die fortschreitende Rechtssetzungsaktivität auf Unionsebene laufend verringerten – fragmentarischen Charakter des europäischen Privatrechts teilweise bezweifelt wurde[146], ist davon auszugehen, dass der europäische Normgeber ein kohärentes Gesamtsystem anstrebt, so dass es für die Auslegung durchaus fruchtbar sein kann, festzustellen, ob ein bestimmtes Normverständnis sich stimmig in das bestehende Recht einfügt.[147]

Die Betrachtung der Richtlinienmaterialien[148] ist nicht der systematischen, sondern allenfalls der historischen Auslegung zuzurechnen, weil der Text im Entwurfsstadium mangels Legitimation durch eine dem primärrechtlich vorgesehenen Verfahren entsprechende Verabschiedung eben noch nicht Rechtsaktqualität erlangt und damit auch noch nicht Teil des Normensystems geworden ist.[149]

3. Historische Richtlinienauslegung

Auch im Falle von Richtlinien muss der Wille des Gesetzgebers Berücksichtigung finden, wobei die Analyse des Ausarbeitungsprozess Aufschluss hinsichtlich der Bedeutung einzelner Normen geben kann.

Fraglich ist indes, welche Dokumente zum Zwecke der historischen Richtlinienauslegung herangezogen werden können. Dies mit Bestimmtheit zu beantworten ist deshalb kritisch, weil die Entwicklung von Richtlinienentwürfen nach der institutionellen Aufgabenverteilung der Union der Kommission zukommt (vgl. Art. 289 Abs. 1 AEUV) und eine ausführliche Begründung – oftmals ausschließlich – aus dem Kommissionsvorschlag und den im Zuge seiner Erstellung gesammelten Stellungnahmen und sonstigen Materialien hervorgeht. Die Kommission ist indes formal nicht „Gesetzgeber“ der Richtlinie, da deren Rechtskraft nicht von der Zustimmung der Kommission, sondern von jener des Rates und des Parlaments (Art. 289 Abs. 1, Art. 294[150] AEUV) getragen wird. Da jedoch mittels historischer Auslegung der Wille *des Gesetzgebers* erfasst werden

---

146 Colneric, Auslegung des Gemeinschaftsrechts und gemeinschaftsrechtskonforme Auslegung, ZEuP 2005, S. 225 (230); Flessner, Juristische Methode und europäisches Privatrecht, JZ 2002, S. 14 (15 f.); Vogenauer, ZEuP 2005, op.cit., S. 234 (252).

147 EuGH vom 06.10.1982, Rs.283/81, Slg. 1982, I-3415, Rn.20 („C.I.L.F.I.T.“).

148 z.B. Richtlinienvorschlag der Kommission und frühere Vorarbeiten.

149 EuGH vom 12.3.1996, Rs. C-441/93, Slg. 1996, I-1347 („Pafitis“).

150 Ehemals Art. 251 EGV.

soll[151], können nur solche Dokumente Eingang finden, die sich die zuständigen Organe zu Eigen gemacht, gleichsam in ihren Willen aufgenommen haben.[152] Generell können daher nur die von diesen Stellen öffentlich zugänglich gemachten Unterlagen berücksichtigt werden, denn von der Veröffentlichung ausgenommene Dokumente sollen offenkundig gerade nicht dem Willen des Gesetzgebers zugerechnet werden.[153]

Für die Zwecke dieser Arbeit wird insbesondere hinsichtlich derjenigen Materialien, aus denen die funktionelle Verbindung zwischen Zahlungsdiensterichtlinie und dem SEPA-Projekt der Kreditwirtschaft hervorgeht, zu prüfen sein, ob sie vom Willen der Gesetzgebungsorgane umfasst und folglich für die historische Auslegung einschlägig sind.[154]

Ohne Zweifel können die der Richtlinie vorangestellten und gemeinsam mit den eigentlichen Normen im Amtsblatt veröffentlichten Erwägungsgründe zur Herleitung des gesetzgeberischen Willens genutzt werden. Die Erwägungsgründe stellen eine unionsrechtliche Besonderheit dar: durch ihre Aufnahme in den amtlichen Textkörper wächst ihnen ein Maß an Autorität und Verbindlichkeit zu, welches über das Gewicht sonstiger Gesetzesmaterialien hinausgeht.[155] Gleichwohl ist die Funktion der Erwägungsgründe auf die einer Auslegungshilfe beschränkt: sie sind nicht Bestandteil des normativen Rechtsakts, so dass aus ihnen mangels Regelungscharakters keine individuellen Rechte gezogen werden können.[156]

Darüber hinaus ist eine spezielle Konstellation geeignet, zu auslegungsmethodischen Fehlschlüssen im Rahmen der Ermittlung des historischen Willens des Gesetzgebers zu führen: Nicht selten scheint eine bestimmte Richtliniennorm von einer zuvor in der Rechtsordnung eines Mitgliedsstaats bestehenden Regelung inspiriert oder gar gänzlich nach deren Vorbild konstruiert.[157] Eine

151 Vgl. Leisner, Die subjektiv-historische Auslegung des Gemeinschaftsrechts – Der „Wille des Gesetzgebers" in der Judikatur des EuGH, EuR 2007, S. 689 ff.

152 Franzen, Privatrechtsangleichung durch die Europäische Gemeinschaft, op.cit., S. 451 f.

153 Vgl. Gruber, Methoden des Einheitsrechts, op.cit., S. 173-177; Schroeder, Auslegung des EU-Rechts, JuS 2004, S. 180 (183).

154 Hierzu im Einzelnen unten, Teil 1, Kap.2, Abschnitt C.II.1.

155 Vgl. Köndgen, Die Rechtsquellen des Europäischen Privatrechts, in: Riesenhuber (Hrsg.), Europäische Methodenlehre, op.cit., S. 189 ff. (212 ff.).

156 Siehe hierzu den Schlussantrag der Generalanwältin Stix-Hackl in der Rs. C-222/02 („Paul"), Slg. 2004, I-9425.

157 Als Beispiel sei die Modellfunktion des deutschen Rechts für die Handelsvertreterrichtlinie genannt, vgl. hierzu Ebenroth/Boujong/Joost/Strohn/ Hakenberg, Handelsgesetzbuch – Band I, Vor § 84 - Anhang - Die europäische Handelsvertreter-Richtlinie, Rn. 2; Eckert, Das neue Recht der Handelsvertreter - Die Umsetzung der EG-Richtlinie in deutsches Recht, NZA 1990, S. 384.

solche Parallele mag dazu verleiten, die frühere Auslegung des betreffenden nationalen Rechts im Wege der historischen Auslegung auf die Richtlinie zu übertragen. Ein derartiges Vorgehen ist aber vom Willen des europäischen Gesetzgebers grundsätzlich nicht gedeckt, steht es doch der Ausbildung einer autonomen Rechtsordnung auf Ebene der Europäischen Union entgegen.[158] Aus nationalen Regelungen gewonnene Anregungen sollen nicht auf die Auslegung der Richtlinie durchwirken und so die Rechtsanwendung im Sinne einzelner mitgliedsstaatlicher Vorbilder dominieren; der einer solchen Auslegung entgegenstehende Wille der Unionsorgane zeigt sich schon daran, dass – selbst wenn sie offensichtlich ist – eine derartige Nachbildung kaum offen zugestanden wird.[159]

Damit sei jedoch nicht gesagt, dass die vor Erlass der Richtlinie in den Mitgliedsstaaten geltende Rechtslage keinesfalls im Rahmen der historischen Auslegung Bedeutung erlangen kann; dies kommt namentlich dann in Betracht, wenn die Richtlinie auf die Behebung eines spezifischen Missstands zugeschnitten ist oder eine bestimmte Regelungssituation in den Mitgliedsstaaten zugrundelegt.[160]

4. Teleologische Auslegung der Richtlinie

Bei der Auslegung von Richtliniennormen ist, ebenso wie bei nationalen Vorschriften, der jeweils verfolgte Zweck von zentraler Wichtigkeit. Einerseits muss die Erreichung des generellen, der Richtlinie zugrundeliegenden Ziels als Auslegungskriterium genutzt werden, andererseits ist der konkrete, der spezifischen Norm eigene Zweck festzustellen. Im Gegensatz zur historischen („subjektiv-teleologischen") Auslegung ist im Rahmen der teleologischen Auslegung der objektive Regelungsweck zu ermitteln. „Objektiv" ist dabei indes nicht im Sinne von „neutral" zu verstehen, sondern bedeutet, dass die Suche nach den Regelungszielen nicht bei den nominellen Motiven stehenbleiben darf, die weitgehend in den Erwägungsgründen aufgezählt sind, sondern – zumal durch Auswertung der rechtspolitischen und normativen Hintergründe – die tatsächliche Funktion der Richtlinie zu etablieren hat. Dabei ist durchaus davon auszugehen,

---

158 Vgl. Frenz, Handbuch Europarecht – Band 5, op.cit., S. 130/131. Zum Grundsatz der Autonomie des Unionsrechts im Allgemeinen siehe Röben, in: Grabitz/Hilf, Band I, Vorbemerkung zu Titel VI, Rn. 21; von Danwitz in: Handbuch EU-Wirtschaftsrecht, Band I, op.cit., B. II., Rn. 4.

159 Vgl. Lutter, op.cit., S. 602

160 Vgl. Riesenhuber, op.cit., in: Riesenhuber (Hrsg.),Europäische Methodenlehre, S. 315 ff. (333).

dass sich die Richtlinie nach dem Grundsatz des „effet utile“[161] in das übergeordnete Projekt der wirtschaftlichen und rechtlichen Integration einfügt. In diesem Sinne ist die teleologische Auslegung von Richtlinien also keineswegs „objektiv“. Vielmehr ist eine „dynamische Interpretation“ von EG-Rechtsakten geboten, die anhand des Regelungszwecks jeweils zu dem Auslegungsergebnis gelangt, welches für die Vertiefung der europäischen Integration am produktivsten ist.[162] Auf diese Dynamik der teleologischen Auslegung gründet die Rolle des EuGH als „Motor der Integration“.[163]

Lässt die normspezifische Zwecksetzung im Einzelfall Raum für allgemeinere Erwägungen, so kann für die teleologische Auslegung subsidiär auf Zielbestimmungen abgestellt werden, die als formale Leitbilder auf jede Privatrechtsangleichung durch die Europäische Union zutreffen, wie zum Beispiel die Rechtsvereinheitlichung[164] und die weitere Integration des Binnenmarktes[165]. Insbesondere in Fällen, in denen mehrere Regelungszwecke einander entgegengesetzt sind, kann auf solche formalen Grundgedanken der europäischen Rechtssetzung zurückgegriffen werden, um den Ausschlag zugunsten der integrationsfreundlichen Interpretation zu begründen.[166] Auch abstrakte Leitbilder wie etwa der Verbraucherschutz[167] können zur Bestimmung des Regelungszwecks unterstützend herangezogen werden, müssen jedoch, um der Auslegung effektiv dienen zu können, anhand der spezifischen Regelungszwecke konkretisiert werden.[168]

161 Vgl. hierzu Potacs, Effet utile als Auslegungsgrundsatz, EuR 2009, S. 465 ff.

162 Vgl. Kirchner, Die ökonomische Theorie, in: Riesenhuber (Hrsg.), Europäische Methodenlehre, op.cit., S. 132 ff. (139).

163 Vgl. hierzu von der Groeben/ Schwarze/ Zuleeg, Kommentar zum Vertrag über die Europäische Union und zur Gründung der Europäischen Gemeinschaft, Baden-Baden 2003, Band 1, Art. 1 Rn. 35 ff.; Borchardt, Der Gerichtshof als Ersatzgesetzgeber? in: Eichenhofer/ Zuleeg, Die Rechtsprechung des Europäischen Gerichtshofs zum Arbeits- und Sozialrecht im Streit, Köln 1995, S. 53 ff.; Ukrow, Richterliche Rechtsfortbildung durch den EuGH, Baden-Baden 1995.

164 Hierzu vgl. Canaris, Die Bedeutung allgemeiner Auslegungs- und Rechtsfortbildungskriterien im Wechselrecht - Zugleich eine Besprechung der Urteile des BGH vom 26.5.1986, II ZR 260/85 und vom 27-10-1986, II ZR 103/86, JZ 1987, S. 543 (549).

165 Vgl. EuGH vom 02.02.1994, Rs. C-315/92, Slg. 1994, I-317, Rn. 12 f. („Clinique“).

166 Vgl. Schmidt, RabelsZ 1995, op.cit., S. 569 (580).

167 Vgl. EuGH vom 28.11.1999 – Rs. C-303/97, Slg. 1999, I-513 („Kessler“).

168 Siehe hierzu sowie kritisch zur Tauglichkeit des Verbraucherschutzes als Maxime hoheitlicher Rechtssetzung, Martinek, Unsystematische Überregulierung und kontraintentionale Effekte im europäischen Verbraucherschutzrecht oder: weniger wäre mehr, in: Grundmann (Hrsg.), Systembildung und Systemlücken in Kerngebieten des europäi-

Kriterien der ökonomischen Analyse können dann in die historische Auslegung einfließen, wenn sich ein Regelungszweck erschließen lässt, der eine wirtschaftsdienende Funktion der jeweils fraglichen Norm offenbart.[169] Hinsichtlich der PSD ist dies zu bejahen: Zwar ist die Tatsache, dass sich der Richtliniengeber auf seine Zuständigkeit im Bereich der Binnenmarktintegration stützt[170], allein nicht ausreichend, um eine Auslegung anhand ökonomischer Maßstäbe zu begründen. Doch geht aus dem Kommissionsvorschlag[171] deutlich hervor, dass die PSD zur Erzielung wirtschaftlicher Vorteile führen soll. Namentlich heißt es in der Begründung des Entwurfs[172]:

> Moderne Volkswirtschaften basieren auf effizienten und sicheren Zahlungsverkehrssystemen. Zahlungsverkehrssysteme erleichtern den Erwerb von Waren und Dienstleistungen. (...) Mit den derzeitigen Zahlungssystemen sind jedoch hohe Kosten verbunden. Ziel der Kommission ist die Schaffung eines gemeinsamen Zahlungsverkehrsmarkts, in dem bessere Skaleneffekte und mehr Wettbewerb zur Kostensenkung beitragen würden. (...) Eine moderne, technologiebasierte Volkswirtschaft braucht ein effizientes, modernes Zahlungsverkehrssystem. Ein solches System wird die Wettbewerbsfähigkeit des Finanzsektors unmittelbar begünstigen und die Wettbewerbsfähigkeit der Wirtschaft insgesamt verbessern.

Diese explizit wirtschaftliche Ausrichtung der PSD rechtfertigt es, auch ökonomische Auswirkungsprognosen als Hilfsargumente im Zuge der teleologischen Auslegung der Richtlinie heranzuziehen.[173]

---

schen Privatrechts, Tübingen 2000, S. 518-530, Schäfer, Grenzen des Verbraucherschutzes und adverse Effekte des europäischen Verbraucherrechts, ebenda, S. 559.

169 Vgl. zur Funktion der ökonomischen Analyse im Rahmen der juristischen Auslegung Lieth, Die ökonomische Analyse des Rechts im Spiegelbild klassischer Argumentationsrestriktionen des Rechts und seiner Methodenlehre, Baden-Baden 2007.

170 Namentlich gründet der Richtliniengeber seine Rechtssetzungskompetenz auf Art. 47 Abs. 2 S. 1 und 3 sowie Art. 95 des zum Zeitpunkt des Erlasses (13.11.2007) noch geltenden EGV.

171 Brüssel, den 1.12.2005, KOM(2005) 603 endgültig.

172 Ebenda, S. 1.

173 Vgl. zur Funktionsfähigkeit der Märkte als Ziel des europäischen Vertragsrechts, Grundmann, Europäisches Schuldvertragsrecht - Struktur und Bestand, NJW 2000, S.14 und ders., Privatautonomie im Binnenmarkt – Information als Instrument, JZ 2000, S. 1133.

5. Besonderes Rangverhältnis zwischen den Auslegungskriterien bei der Richtlinienauslegung?

Wie erwähnt, kennt die deutsche Auslegungsmethodik keine generell-abstrakte Gewichtung der klassischen Auslegungskriterien.[174] Dies trifft im Ergebnis auch hinsichtlich der Auslegung von Richtlinien zu. Zwar mögen im Einzelfall Kollisions- bzw. Vorrangregeln – beispielsweise zugunsten der verbraucherfreundlichen[175] Auslegung – eine sachdienliche Priorisierung ermöglichen[176], doch ist die Anwendung solcher im konkreten Fall zu rechtfertigen. Ein pauschaler „One-size-fits-all-Ansatz" ist hingegen abzulehnen, da er notwendig der im Einzelfall erforderlichen Präzision ermangelt. Letztlich erlauben die Auslegungskriterien nur ein strukturiertes Erfassen der maßgeblichen Aspekte und nehmen – anders als im Kontext der richtlinienkonformen Auslegung, wo, wie dargestellt, eine feste Vorrangregel die umfassende Abwägung erübrigt[177] – die Gewichtung der Argumente keineswegs vorweg.

II. Konsequenzen für die inhaltliche Analyse der Zahlungsdiensterichtlinie

Bei der Auslegung nach dem Wortlaut der Richtlinie ist nicht nur die deutsche Sprachfassung als maßgeblich zugrundezulegen. Eine Berücksichtigung sämtlicher Amtssprachen, welche angesichts ihrer Gleichrangigkeit im Sinne der methodischen Exaktheit eigentlich verlangt wäre, kann im Rahmen dieser Arbeit – und bei realistischer Sichtweise wohl auch in der Praxis der Rechtsprechung – jedoch nicht geleistet werden. Um ein Mindestmaß an sprachlicher Vergleichstiefe zu schaffen, werden bezüglich entscheidender Begriffe die englische und französische Fassung, als faktisch bedeutendste Versionen, herangezogen. Da über den Wortlaut auf diesem Wege keine letztgültige Sicherheit hergestellt werden kann, werden die daraus gezogenen Erkenntnisse mit Vorsicht zu verwerten und jedenfalls anhand anderer Auslegungskriterien zu überprüfen sein.

In systematischer Hinsicht ist durch die Auslegung der Richtlinie die innere Stimmigkeit des Normensystems des europäischen Privatrechts zu wahren.

---

174 Hierzu schon oben Teil 1, Kap.1, Abschnitt B.II.

175 Zum Meinungsstreit über eine Zweifelsregel „in dubio pro consumente", siehe Riesenhuber, op.cit., in: Riesenhuber (Hrsg.), Europäische Methodenlehre, S. 315 ff. (343 ff.) mit weiteren Quellennachweisen.

176 Einen Überblick der in der Dogmatik und Rechtsprechung vorgeschlagenen Kollisionsregeln findet sich ebenda, S. 262 ff.

177 Vgl. oben Teil 1, Kap.1, Abschnitt B.III.

Die Ermittlung des Willens des Gesetzgebers durch historische Auslegung darf sich nur auf solche Materialien stützen, die auch tatsächlich von den gesetzgebenden Organen – also Parlament und Rat – übernommen und durch Veröffentlichung geäußert worden sind. Bevor also Informationsquellen, die im Laufe der Ausarbeitung der Richtlinie geschaffen wurden, als Auslegungsindizien fruchtbar gemacht werden, ist stets anhand dieses Maßstabs zu prüfen, ob ihre Verwendung den Anforderungen einer stringenten historischen Auslegung genügt. Die überkommene Auslegung einer nationalen Norm kann nicht mit der Begründung auf die Richtlinie übertragen werden, dass der europäische Gesetzgeber sich bei ihrer Schaffung auf das mitgliedsstaatliche Vorbild gestützt habe.

Im Rahmen der teleologischen Auslegung ist zunächst der richtlinien- und normspezifische Regelungszweck, wie er aus dem Richtlinientext selbst hervorgeht, herzuleiten. Subsidiär können auch allgemeinere Ziele der europarechtlichen Harmonisierung zur Zweckbestimmung herangezogen werden.

D. **Fazit zu Kapitel 1**

Bei Anwendung des BGB-Zahlungsdiensterechts ist in methodischer Hinsicht folgendermaßen vorzugehen: Zunächst ist die der fraglichen Norm zugrundeliegende Richtlinienvorschrift im Hinblick auf die jeweilige Rechtsfrage auszulegen. Dabei ist den Besonderheiten der Auslegung von Richtlinien Rechnung zu tragen. Insbesondere ergeben sich aus der Vielzahl gleichrangiger sprachlicher Fassungen Vorbehalte hinsichtlich der grammatischen Auslegung. Zur methodenstringenten Wortlautauslegung müssten grundsätzlich alle Sprachfassungen ausgewertet und in einem Ergebnis zusammengeführt werden, welches keinem Wortlaut widerspricht. Dies ist in der Anwendungspraxis – und selbst im Rahmen der wissenschaftlichen Auseinandersetzung mit europäischem Recht – kaum zu leisten, weshalb dem Wortlaut teils nur indikative, jedenfalls aber nicht die überragende Verbindlichkeit zukommt wie bei einsprachigen Rechtsakten. Umso größeres Gewicht erlangt die teleologische Auslegung, in die auch ökonomische und rechtspolitische Regelungszwecke im Sinne der praktischen Wirksamkeit der Richtlinie („effet utile“) einfließen können.

Das durch Auswertung der Richtlinie gefundene Auslegungsergebnis ist auf das deutsche Recht zu übertragen. Es kann jedoch dann keine Gültigkeit haben, wenn es mit der einschlägigen Umsetzungsnorm bei voller Ausnutzung des richterlichen Auslegungs- und Beurteilungsspielraums nicht in Einklang zu bringen ist. Der Rechtsanwender muss stets auf dem Boden des verbindlichen einzelstaatlichen Rechts stehen, da er sich andernfalls eine mit der Gewaltenteilung unvereinbare Rechtsschöpfung anmaßen würde („Contra-Legem-Grenze“). Ob dies der Fall ist, ist anhand einer kontrollierenden Anwendung der in der deutschen Auslegungsmethodik etablierten Kriterien zu ermitteln.

Der geschilderte Prüfungsaufbau ergibt sich aus dem Gebot der richtlinienkonformen Auslegung, welches sich als interpretatorische Vorrangregel auswirkt. Eine Abwägung zwischen dem richtlinienkonformen Auslegungsergebnis und etwaigen abweichenden Ergebnissen ist aufgrund dieser Wirkweise nicht anzustellen. Soweit die richtlinienkonforme Auslegung ohne Überschreitung der „Contra-Legem-Grenze“ haltbar ist, ist sie automatisch als gültig vorauszusetzen.

Ein solches Vorgehen mag a priori impraktikabel erscheinen, da es den Rechtsanwender zwingt, sich stets zunächst mit den Richtlinienvorschriften auseinanderzusetzen, bevor er sich einer traditionellen Auslegung des nationalen Rechts zuwendet. Jedoch ist nur auf diesem Wege sicherzustellen, dass die notwendigerweise zu berücksichtigenden Vorgaben der PSD ausreichend in die Auslegung eingehen. Bei Fixierung auf die jeweiligen nationalen Umsetzungsnormen drohte die Gefahr, dass die Rechtsanwender in den Mitgliedsstaaten – möglicherweise unbewusst – aufgrund der disparaten rechtlichen Vorbildungen unterschiedliche Weichenstellungen vornähmen. Eine permanente Reflexion der zugrundeliegenden Richtliniennormen ist daher unerlässlich, um den Zielen des Rechtsakts – namentlich der Schaffung einheitlicher rechtlicher Rahmenbedingungen für den europäischen Zahlungsverkehr – gerecht zu werden. Dies aber ist nicht nur im Sinne der europäischen Integration erstrebenswert, sondern stellt eine Pflicht der nationalen Gerichte unter dem EUV und dem AEUV dar, deren Missachtung Anlass zu einer Vertragsverletzungshaftung bzw. zu individuellen Schadensersatzansprüchen geben kann.

Zudem bringt das beschriebene methodische Vorgehen bei der Auslegung des Zahlungsdiensterechts insofern eine Rationalisierung mit sich, als sich ein wertungslastiger Abwägungsprozess zwischen einander widersprechenden Auslegungsmethoden aufgrund der Vorrangigkeit der richtlinienkonformen Auslegung in der Regel erübrigt. Eine Abwägung ist freilich dennoch zu leisten, und zwar schon auf Ebene der Auslegung der einschlägigen Richtliniennorm selbst, wobei die genannten Partikularitäten zu beachten sind.

Zusammenfassung der Ergebnisse in Thesenform. Kapitel 1

Bei Auslegung der §§ 675c ff. BGB ist das Gebot richtlinienkonformer Auslegung zu beachten.

Das Gebot richtlinienkonformer Auslegung ist als interpretatorische Vorrangregel aufzufassen.

Zunächst sind im Falle von Auslegungsproblemen im Bereich des deutschen Zahlungsdiensterechts die jeweils zugrundeliegenden PSD-Normen ihrerseits auszulegen.

Bei der Auslegung der PSD sind die Gleichrangigkeit der verschiedenen Sprachfassungen und die hieraus möglicherweise resultierende Bedeutungsambivalenz zu berücksichtigen.

Besonderes Gewicht kommt bei der Auslegung der Richtlinie der objektiv-teleologischen Auslegung zu, in welche auch Erkenntnisquellen einfließen können, die über den vom Richtliniengeber explizit geäußerten Regelungswillen hinausgehen.

Im Falle der PSD erlaubt es der Effektivitätsgrundsatz (effet utile), auch wirtschaftliche Auswirkungsprognosen in die Auslegung einzustellen, da die Förderung des Binnenmarktes das überragende indirekte Regelungsziel der Richtlinie darstellt.

Das durch Auslegung der Richtlinie gefundene Ergebnis ist auf das nationale Recht zu übertragen, soweit dies kein „Contra-legem-Judizieren" mit sich bringt.

Die Grenze zum unzulässigen „Contra-Legem-Judizieren" ist erreicht, wenn selbst bei voller Ausschöpfung des richterlichen Auslegungs- und Beurteilungsspielraums kein Ergebnis zu rechtfertigen ist, welches mit der Richtlinie in Einklang steht.

Die Einhaltung der „Contra-Legem-Grenze" ist anhand der in der deutschen Auslegungsmethodik etablierten Kriterien zu überprüfen.

Ergänzend sind Vergleiche mit den einschlägigen Lösungen europäischer Nachbarrechtsordnungen zu ziehen, um die Wahrung der vom Richtliniengeber angestrebten Rechtseinheitlichkeit zu überprüfen.

Kapitel 2. Der einheitliche Euro-Zahlungsverkehrsraum – auslegungsrelevanter privatrechtlicher und rechtspolitischer Kontext der Zahlungsdiensterichtlinie

A. Einleitung

Das SEPA-Projekt bildet den wirtschaftlichen, technischen und vertragsrechtlichen Hintergrund der Harmonisierung des Zahlungsverkehrsrechts.[178] In der Initiative sind hoheitliche EU-Rechtssetzung und privatwirtschaftliche Integrationsbeiträge seit ihrem Ursprung verwoben. Um im Anschluss untersuchen zu können, ob und inwiefern das Zusammenspiel von SEPA und Richtlinie die Anwendung des deutschen Zahlungsdiensterechts beeinflussen kann, sind zunächst die für diese Frage erheblichen Grundzüge des Projekts darzustellen.

Namentlich wird durch einen Blick auf die Entstehungsgeschichte der SEPA-Initiative die gegenseitige Bedingtheit von Richtlinie und Verwirklichung des einheitlichen Zahlungsverkehrsraums deutlich. Andererseits lassen sich die auf Realisierung des SEPA gerichteten Maßnahmen systematisch nach ihrer Funktionsweise und Rechtsnatur trennen; insbesondere die Unterscheidung zwischen hoheitlichen und privatwirtschaftlichen Elementen erlaubt es, die Zahlungsdiensterichtlinie klar vom SEPA-Projekt in seiner Gesamtheit abzuheben (B).

Ausgehend von dieser Einordnung des SEPA-Projekts wird in einem nächsten Schritt zu prüfen sein, ob und inwiefern die Verwirklichung des einheitlichen Zahlungsverkehrsraumes als Regelungszweck in die teleologische Auslegung der Richtlinie hineinspielt und damit über die richtlinienkonforme Auslegung auch für die Anwendung der nationalen Normen relevant ist (C).

---

178 Vgl. Beau/Chabassol/Colles, La marche vers l'Europe des moyens de paiement scripturaux: le projet SEPA, Bulletin de la Banque de France, Nr. 147 (2006), S. 25 ff. ; Manger-Nestler, EuZW 2008, op.cit., S. 332 (332 f.).

B. Entstehungsgeschichte, Ziele und Mechanismen des SEPA-Projekts

I. Ursprung und Entwicklung des SEPA-Projekts

1. Ziele des SEPA-Projekts

Mit seiner Verwirklichung soll der einheitliche Euro-Zahlungsverkehrsraum eine aus 32 europäischen Staaten[179] bestehende Zone sein, innerhalb derer elektronische Zahlungen in Euro, wie es bisher nur bei inländischen Zahlungen der Fall war, zu identischen Bedingungen vorgenommen werden, unabhängig davon, in welchem der zugehörigen Einzelstaaten der Zahlungsauftrag erteilt, bzw. das Konto des Zahlungsempfängers geführt wird. Die PSD ist in die Entwicklungslogik des SEPA einzuordnen, um die Auslegungsrelevanz des SEPA-Projektes auch für das deutsche Zahlungsdiensterecht beurteilen zu können. Zu diesem Zwecke ist zunächst der – weiterhin laufende[180] – Prozess der Realisierung des SEPA als faktischer Hintergrund zu rekapitulieren.

Ausgangsidee und tragender Gedanke jeglicher Bemühungen um die Harmonisierung des europäischen Zahlungsverkehrs ist, dass durch die Inkompatibilität der technischen und rechtlichen Zahlungsinfrastrukturen der Mitgliedsstaaten Reibungsverluste entstehen, welche das Ausschöpfen des Potentials der Wirtschaftsunion hemmen.[181] Grenzüberschreitende Zahlungen sind demnach notwendiger Bestandteil des freien Austauschs von Waren und Dienstleistungen – gleichsam das Öl auf den Zahnrädern des Binnenmarktes – und bedürfen zum effektiven Zusammenspiel der Harmonisierung.[182] Dementsprechend wurde die

179 Im Einzelnen: Den 27 EU-Mitgliedsstaaten, den drei übrigen Länder des Europäischen Wirtschaftsraumes, Island, Liechtenstein und Norwegen, sowie Monaco und der Schweiz.

180 Als vollendet wird das Projekt erst betrachtet, wenn die länderspezifischen Zahlungsverfahren vollständig durch SEPA-Zahlungsinstrumente ersetzt sind (Migration). Ein fixer Termin für die vollständige Migration konnte bisher noch nicht festgesetzt werden; vgl. zum Stand der Migration zuletzt Second Annual Progress Report on the State of SEPA Migration in 2009, Brussels, 9 November 2009, MARKT/H3/ZK/GH D(2009); Zu den Plänen der hoheitlichen Setzung eines „Migration End-Date“ durch EU-Verordnung vgl. Working Paper on SEPA Migration End-Date, Brüssel, 2.6.2010.

181 Vgl. Single Euro Payments Area - Joint statement from the European Commission and the European Central Bank, Frankfurt a.M., 4.5.2006; Dippel/Lohmann/Peschke, op.cit., Rn. 20/1 und 20/8.

182 Vgl. in diesem Sinne Seyad, A critical assessment of the Payment Services Directive, Journal of International Banking Law and Regulation, 2008, S. 218 ff.

Vereinheitlichung der Zahlungsdienste in der „Lissabon-Agenda“ von 2000[183] als Vorbedingung für das Erreichen der anvisierten Integrationsziele identifiziert und seither in mehreren Strategiepapieren als Schlüsselmaßnahme herausgestellt[184]. Das SEPA-Projekt fügt sich also in das Leitbild der Binnenmarktintegration ein. Im Einzelnen sollen Verbraucher, Unternehmer und speziell Anbieter von Zahlungsdiensten von dem entstehenden europäischen Markt profitieren[185]:

Aus Konsumentensicht soll der geschaffene Wettbewerbsrahmen mittelbar eine größere Produktqualität und -vielfalt sowie sinkende Transaktionskosten bewirken. Zudem soll die Harmonisierung eine vereinfachte grenzüberschreitende Zahlungsabwicklung über ein einziges Konto und größere Transparenz der Rechte und Pflichten von Banken und Kunden gestatten.

Für Zahlungsdienstleister erscheinen insbesondere die erstrebten Einspareffekte durch gesteigerte Automatisierung und Effizienz der Zahlungssysteme[186] und die Ausweitung der erschließbaren Märkte vorteilhaft.

Schließlich soll der grenzüberschreitende Austausch von Waren und Dienstleistungen von der gesteigerten Schnelligkeit von Auslandszahlungen und der durch die Einheitlichkeit gewährleisteten Rechtssicherheit profitieren.

Gleichzeitig kann die hinsichtlich Barzahlungen – zumindest in den Euroländern – schon vollzogene Währungsunion[187] nicht als vollständig betrachtet

183 Die Lissabon-Strategie ist in den „Schlussfolgerungen des Rates“ zusammengefasst, die u.a. auf dessen Internetseite www.consilium.europa.eu einsehbar sind.

184 Siehe z.B. „Mitteilung der Kommission an den Rat und das Europäische Parlament - Gemeinsame Maßnahmen für Wachstum und Beschäftigung : das Lissabon-Programm der Gemeinschaft“, KOM/2005/330 endg.; siehe auch „Binnenmarktstrategie - Vorrangige Aufgaben 2003-2006“, KOM/2003/238 endg.; beide Dokumente verfügbar über Eur-Lex.

185 Die anschließende Kurzdarstellung der SEPA-Zielbestimmungen ist der Internetseite der Kommission http://ec.europa.eu/internal_market/payments/sepa/benefits_de.htm entnommen und wird an dieser Stelle weitgehend ohne kritische Analyse der Geeignetheit der Mittel zusammengefasst. Einen Überblick über Entwicklung, Ziele und Wirkungsmechanismen des SEPA findet sich auch bei Lammer/Pammer, SEPA- Auf dem Weg zu einem einheitlichen Euro-Zahlungsverkehrsraum, in: Lammer, Handbuch E-Money, E-Payment and M-Payment, Heidelberg 2006, S. 143 ff.

186 In der Begründung zum Richtlinienvorschlag der Kommission vom 01.12.2005, KOM/2005/603 endg., S. 2 und 3, werden „Angaben der Wirtschaft“ zitiert, denen zufolge sich durch weitergehende Automatisierung der Zahlungsvorgänge jährlich 50 bis 100 Mrd. Euro einsparen ließen.

187 Insofern erscheint der differenzierende Begriff „Single Euro Cash Area“ passend. Vgl. hierzu insbesondere Scheller, Von der Wechselkursfixierung zum Euro als gesetzlichem Zahlungsmittel, in: Francke, Europäische Währungsunion – von der Konzeption zur Gestaltung, Berlin 1998, S. 201; Walkhoff, Perspektiven des Zahlungsverkehrs in der Währungsunion, ebenda, S. 251.

werden, solange grenzüberschreitende elektronische Zahlungen zeitaufwendiger sind und andere Zahlungsformate verlangen als inländische.[188] Folglich kann das SEPA-Projekt auch als Weiterführung der Währungsintegration eingestuft werden.[189]

2. Entwicklungsgang des Projekts

Die Bedeutung der zahlungstechnischen Rahmenbedingungen für die Effektivität des wirtschaftlichen Austauschs wurde schon Mitte der 80er Jahre problematisiert, als die Europäische Kommission – zunächst mit dem unverbindlichen Instrument der Empfehlung – begann, auf die Einebnung der uneinheitlichen Rechtslage hinzuwirken.[190] Nachdem die Bedeutung integrierter Massenzahlungssysteme für effiziente, grenzüberschreitende elektronische Zahlungen bereits im „Aktionsplan für Finanzdienstleistungen (FSAP)" vom 11. Mai 1999 Erwähnung fand, wurde am 9.11.2000 ein „runder Tisch" zur Schaffung eines europäischen Zahlungsverkehrsraumes gehalten. Bis zu diesem Tag reichen die Wurzeln der PSD zurück, da die Kommission in der folgenden Presseerklärung ankündigte, sich im Rahmen ihrer Möglichkeiten für die Schaffung eines einheitlichen Zahlungsverkehrsraumes einzusetzen. Dieser anfängliche Initiativwille der Kommission ist im Gefüge europäischer Rechtssetzung conditio sine qua non für Schaffung und Verwirklichung eines Regelungsvorhabens und mag daher als der Samen bezeichnet werden, aus dem die PSD in den darauffolgenden Jahren erwachsen ist.

Dynamik gewann der Prozess jedoch erst mit Erlass der Richtlinie über grenzüberschreitende Überweisungen[191] und der Verordnung über grenzüberschreitende Zahlungen in Euro[192], gängig als „EU-Preisverordnung" bezeichnet.

188 Vgl. Broschüre der EZB, „Der einheitliche Euro-Zahlungsverkehrsraum (SEPA) – ein integrierter Raum für Massenzahlungen", op.cit., S. 10.

189 So z.B. Prüm, Après l'euro, l'espace unique européen des paiements, RD bancaire et financier 2007, alerte 2. Meckel, juris PraxisReport, 11/2009, op.cit. S. 1 (3).

190 Genannt seien Empfehlung 87/598/EWG vom 08.12.1987 für einen Verhaltenskodex im Bereich des elektronischen Zahlungsverkehrs, ABl. L 365 vom 24/12/1987 S. 72, und Empfehlung 88/590/EWG vom 17.11.1988 zu Zahlungssystemen, insbesondere zu den Beziehungen zwischen Karteninhabern und Kartenausstellern, ABl. L 317 vom 24.11.1988, S. 55. Vgl. zur zweiten Empfehlung Thunis, The second European recommendation concerning payment systems: new obligations for card issuers?, Journal of International Banking Law 1992, S. 101 ff.

191 Richtlinie 97/5/EG vom 27.01.1997, ABl. L 043 vom 14.02.1997 S. 25 ff.

192 Verordnung Nr. 2560/2001 vom 19.12.2001, ABl. L 344 vom 28.12.2001, S. 13 ff. Die EU-Preisverordnung ist zum 1.11.2009 durch die Verordnung (EG) Nr. 924/2009 des

Ziel dieser Rechtsakte war es nominell, grenzüberschreitende Zahlungen zur Förderung des Binnenmarktes transparenter, verlässlicher und kostengünstiger zu gestalten.[193] Dies sollte zum einen durch Einführung harmonisierter Mindeststandards für Überweisungen, zum anderen durch den Grundsatz der Gebührengleichheit von inländischen und grenzüberschreitenden Zahlungen erreicht werden.[194] Darüber hinaus hatte insbesondere die EU-Preisverordnung noch einen weiteren, von der Kommission durchaus erwünschten, Effekt: Durch das Gleichpreisgebot wurden gerade die Kreditinstitute, welche dank einer besonders effizienten und ausgereiften Zahlungsinfrastruktur im Mitgliedsstaat ihres Sitzes überdurchschnittlich günstige Konditionen für Inlandszahlungen anboten, gegenüber teureren Wettbewerbern in anderen Ländern benachteiligt, da sie nun grenzüberschreitende Zahlungen zu gleichermaßen niedrigen Preisen anbieten mussten.[195] Angesichts des bei Auslandszahlungen ungleich höheren Verwaltungsaufwands konnten diese oftmals nicht mehr kostendeckend ausgeführt werden. Diese Situation mag wirtschaftspolitisch kontraproduktiv und dem sonst von der Kommission hochgehaltenen Wettbewerbsgedanken zuwiderlaufend erscheinen.[196] Doch entstand dadurch gerade für die marktmächtigsten Akteure der Kreditwirtschaft ein Anreiz und erhöhter Handlungsdruck, die Ursachen für die größere Komplexität grenzüberschreitender Zahlungen zu beheben, d.h. die Inkompatibilität der nationalen Zahlungssysteme auszuräumen.

Die in den darauffolgenden Jahren durch die Kreditwirtschaft im Wege der Selbstregulierung unternommenen Anstrengungen zur Schaffung eines einheitlichen Euro-Zahlungsverkehrsraums finden also ihre Erstursache und – mangels

---

Europäischen Parlaments und des Rates vom 16. September 2009 über grenzüberschreitende Zahlungen in der Gemeinschaft und zur Aufhebung der Verordnung (EG) Nr. 2560/2001, ABl. L 266 vom 9.10.2009, S. 11–18, ersetzt worden. Diese ist auch auf Lastschriften anwendbar und verpflichtet die Zahlungsdienstleister, spätestens ab November 2010 für SEPA-Lastschriften erreichbar zu sein.

193 Vgl. Erwägungsgründe (7) und (9) Überweisungsrichtlinie; Erwägungsgründe (1) und (8) EU-PreisVO. Zur Überweisungsrichtlinie vgl. Ehmann/ Hadding, EG-Überweisungs-Richtlinie und Umsetzung, WM 1999, Sonderbeilage 3, S. 4; Einsele, Das neue Recht der Banküberweisung, JZ 2000, S. 9; Mavromati, The Law of Payment Services in the EU, 2007, S. 66 ff.

194 Art. 3 EU-PreisVO.

195 Vgl. zur EU-Preis-VO kritisch Hoffmann, Preiskontrolle oder Wettbewerb? - Zur Verordnung über grenzüberschreitende Zahlungen in Euro, EuZW 2002, S. 69; Becher, Verordnung des Europäischen Parlaments und des Rates über grenzüberschreitende Zahlungen in Euro, BKR 2001, S. 113 (114).

196 Vgl. in diesem Sinne auch Stellungnahme der Europäischen Zentralbank v. 26. 10. 2001 zu einem Vorschlag für eine Verordnung des Europäischen Parlaments und des Rates über grenzüberschreitende Zahlungen in Euro, COM/2001/34.

eines durch natürliche Nachfrage entstandenen "business case" für die Abstimmung der Zahlungsinfrastruktur – wohl auch conditio sine qua non in dem durch die EU-Preisverordnung hoheitlich geschaffenen Koordinierungsdruck.[197] Namentlich führte die 2002 im Forum des neu geschaffenen „European Payments Council" (im Folgenden: EPC)[198] aufgenommene Selbstregulierung der Kreditwirtschaft zur Ausarbeitung gemeinsamer Regeln für Zahlungsinstrumente[199], Verständigung auf technische Standards[200] und Angleichung der Geschäftspraktiken.

Vorgesehen war die Einführung einheitlicher Bedingungen für Überweisungen, Kartenzahlungen und Lastschriften und mittelfristig die vollständige Umstellung auf die SEPA-Zahlungsinstrumente. Die entsprechenden Produkte konnten für Kartenzahlungen und Überweisungen auf dem Boden des bestehenden Rechts entwickelt werden und sind seit Januar 2008 für die Nutzer verfügbar.[201] Hingegen wurde bei den Vorbereitungen für die Einführung eines vereinheitlichten Lastschriftverfahrens deutlich, dass dessen Umsetzung mangels abgestimmter gesetzlicher Grundlage in den beteiligten Staaten nicht möglich war.[202] Um das SEPA-Projekt weiter vorantreiben zu können, bedurfte es also der Einführung einer harmonisierten Rechtsgrundlage für Lastschriftzahlungen. Vor diesem Hintergrund initiierte die Kommission schon 2002 auf Basis des Arbeitsdokuments *„Ein möglicher Rechtsrahmen für einen einheitlichen Zahlungsverkehrsraum im Binnenmarkt"*[203] einen Konsultationsprozess, im Rahmen dessen sämtliche „Stakeholders" – also Vertreter der Kreditwirtschaft, Verbraucherverbände und öffentliche Institutionen wie Zentralbanken – zur Stellungnahme aufgerufen waren.

---

197 Vgl. hierzu Meckel, Das neue zivile Zahlungsverkehrsrecht: Umsetzung der EU-Zahlungsdiensterichtlinie (Payment Services Directive – PSD) in das nationale deutsche Recht – Hintergründe, Praxisprobleme und Ausblicke (Teil 3), juris PraxisReport 1/2010, Anm. 1., S. 3, 5.

198 Hierzu siehe sogleich im Abschnitt „Instrumente und Wirkungsmechanismen".

199 Sog. „SEPA-Rulebooks" und „SEPA Card Framework", siehe hierzu ebenfalls unten, Abschnitt „Instrumente und Wirkungsmechanismen".

200 Hinsichtlich der Gewährleistung der Interoperabilität der Zahlungsinfrastrukturen ist darüber hinaus auch die Initiative der Clearing- und Abwicklungsbranche, die sich im Rahmen der „European Automated Clearing House Association (EACHA)" bzw. der „Euro Banking Association (EBA)" zum Zwecke der Selbstregulierung institutionalisiert hat, zu nennen; siehe http://www.eacha.org/ bzw. https://www.abe-eba.eu/.

201 Vgl. Annual Progress Report on the State of SEPA Migration in 2008, S. 4 ff., verfügbar über http://ec.europa.eu/internal_market/payments/sepa/

202 Vgl. hierzu Van den Bosch/ Matheys, Revue de Droit bancaire et financier, 2007, op.cit., dossier 19.

203 Vom 07.05.2002, MARKT/208/2001.

Nach Auswertung der eingegangenen Beiträge[204] wurde in der Kommissionsmitteilung *„Ein neuer Rechtsrahmen für den Zahlungsverkehr im Binnenmarkt"* vom 2.12.2003[205] das Bedürfnis nach Schaffung von Rechtssicherheit als Basis der Verwirklichung des SEPA betont.[206] Diese Erkenntnis mündete schließlich in die Ausarbeitung eines PSD-Vorschlags, welcher in seiner Reichweite freilich weit über die – zur Weiterführung des SEPA-Projekts als Selbstregulierungsinitiative einzig erforderlichen – Regelungen zum Lastschriftverfahren hinausging.[207]

Mit Umsetzung der Richtlinie begann die Kreditwirtschaft im November 2009, auch das SEPA-Lastschriftverfahren (SEPA-Direct-Debit-Scheme, SDD) anzubieten. Mit Inkrafttreten der Verordnung über grenzüberschreitende Zahlungen in der Gemeinschaft[208] zum 1.11.2009 begann eine Jahresfrist zur Schaffung der Voraussetzungen zur Erreichbarkeit für SEPA-Lastschriften (vgl. Art. 8 der Verordnung). Seit dem 1.11.2010 greift die Pflicht zur Erreichbarkeit für alle Zahlungsdienstleister, die auch inländische Lastschriften bearbeiten, ein.

Die Entwicklungsgeschichte des SEPA-Projekts setzt sich also aus hoheitlicher Regulierung und privatwirtschaftlicher Selbstregulierung zusammen, wobei das jeweilige Vorgehen beiderseits stets kommentierend begleitet und in gemeinsamen Foren abgestimmt wurde. So wurden während der Ausarbeitung des PSD-Vorschlags zwei ständige Expertengruppen, in denen Vertreter der Zahlungsverkehrsbranche, des Einzelhandels, der Verbraucher sowie unabhängige Exper-

---

204 Alle Beiträge sowie eine Zusammenfassung sind auf der Internetseite der Kommission http://ec.europa.eu/internal_market/payments/framework/archive_de.htm einsehbar.

205 KOM/2003/718 endg.

206 Vgl. hierzu den Beitrag von Langner, Mitteilung der Kommission an den Rat und das Europäische Parlament: Ein neuer Rechtsrahmen für den Zahlungsverkehr im Binnenmarkt - so genannte SEPA (Single European Payment Area)-Initiative, BKR 2004, S. 131 ff.; eine Analyse des damaligen Standes des SEPA-Projekts findet sich auch bei Prüm, Vers un espace européen des paiements, RD bancaire et financier 2004, S. 168 ff.

207 Vgl. zu diesem ausgreifenden Regelungsanspruch des Kommissionsvorschlags die kritische Stellungnahme des ZKA zum Kommissionsvorschlag: Comments of the Zentraler Kreditausschuss on the proposal by the European Commission for a "Directive of the European Parliament and of the Council on payment services in the internal market and amending Directives 97/7/EC, 2000/12/EC and 2002/65/EC" of 1 December 2005 (COM[2005] 603 final), 6.2.2006; vgl. ebenso Stellungnahme der Deutschen Bundesbank vom 31.7.2002 zum Arbeitsdokument „Ein möglicher Rechtsrahmen für einen einheitlichen Zahlungsverkehrsraum im Binnenmarkt".

208 Verordnung (EG) Nr. 924/2009 des Europäischen Parlaments und des Rates vom 16. September 2009 über grenzüberschreitende Zahlungen in der Gemeinschaft und zur Aufhebung der Verordnung (EG) Nr. 2560/2001, ABl. Nr. L 266 S. 11.

ten vertreten waren (namentlich die *„Payment System Government Group"* und die *„Payment System Market Group"*), fortlaufend konsultiert. Dieser marktnahe Ansatz wird unter den – v.a. aus dem Bereich des Wettbewerbs- und Kartellrechts geläufigen – Begriff des *„More Economic Approach"*[209] gefasst.

Spiegelbildlich zur Beteiligung privater Akteure im Normschaffungsverfahren sieht sich die Kommission hinsichtlich der Selbstregulierung der Kreditwirtschaft als Beobachter und „Pannenhelfer", wie aus einer Beschreibung im „Grünbuch Finanzdienstleistungen"[210] von 2007 hervorgeht:

> „Die Zahlungsverkehrsbranche erstellt nach dem Prinzip der Selbstregulierung die erforderlichen technischen und geschäftlichen Regelungen (...). Die Kommission verfolgt diesen Prozess aufmerksam. In einer Mitteilung (...) wird die Kommission den Fortschritt bewerten und weitere Maßnahmen erwägen, um den Erfolg des einheitlichen Euro-Zahlungsverkehrsraums zum Vorteil der Verbraucher zu gewährleisten."[211]

Das Zusammenspiel von öffentlichen und privaten Akteuren findet sich auch auf nationaler Ebene wieder; in Deutschland arbeiten die im Zentralen Kreditausschuss organisierten Vertreter der Kreditwirtschaft in Zahlungsverkehrsfragen eng mit der Deutschen Bundesbank zusammen, wofür beispielsweise gemeinsame Arbeitskreise zu SEPA-Fragen gegründet wurden.[212]

Das SEPA-Projekt kann nach alldem nicht eindeutig als politisches oder privatinitiatives Unterfangen qualifiziert werden, denn seit sich die Kreditwirtschaft das Vereinheitlichungsziel zu Eigen gemacht hat, wird es sowohl von öffentlichen Organen – insbesondere Kommission und Europäischer Zentralbank – als auch privaten Marktteilnehmern getragen. Desgleichen umfassen die von der Europäischen Zentralbank genannten Elemente des SEPA neben den Bereichen, die der Selbstregulierung der Kreditwirtschaft unterfallen, auch – als Konstitutivmerkmal schlechthin – die gemeinsame Währung sowie eine harmonisierte Rechtsgrundlage.[213] Diese Janusköpfigkeit lässt sich besonders anschaulich anhand der Internetauftritte der Europäischen Kommission[214] einerseits und des

209 Vgl. Hierzu Schmidtchen, Der More Economic Approach in der Wettbewerbspolitik, WuW 2006, S. 6; Immenga, Der „more economic approach" als Wettbewerbspolitik, WuW 2006, S. 463.

210 KOM/2007/226 endg., op.cit.

211 Ebenda, S. 11.

212 Vgl. ZKA-Papier „Umsetzungsplan des einheitlichen Euro-Zahlungsverkehrsraumes (SEPA) in Deutschland", Berlin 2007, S. 5.

213 Vgl. EZB-Broschüre „Der einheitliche europäische Zahlungsverkehrsraum – ein integrierter Markt für Massenzahlunge", op.cit, S. 7.

214 http://ec.europa.eu/internal_market/payments/sepa/index_de.htm

EPC[215] andererseits nachvollziehen: So deklariert die Kommission das europäische Bankwesen als Initiator des SEPA-Projekts:

> „Der einheitliche Euro-Zahlungsverkehrsraum (SEPA) ist eine Initiative des europäischen Bankwesens, durch die der elektronische Zahlungsverkehr im Euro-Währungsgebiet genauso einfach wird wie innerhalb eines Landes – wie beispielweise bei Kreditkarten, Debitkarten, Banküberweisungen oder Lastschriften. Das SEPA-Projekt wird von der Europäischen Kommission und der Europäischen Zentralbank unterstützt."

Hingegen stellt das Koordinierungsorgan der europäischen Kreditwirtschaft den SEPA als politisches EU-Projekt dar:

> „SEPA is a policy-maker-driven EU integration initiative in the area of payments designed to achieve the completion of the EU internal market and monetary union. (...) Following the introduction of euro notes and coins in 2002 the political drivers of the SEPA process - the ECOFIN, the European Commission, the European Parliament and the European Central Bank - therefore called on the payments industry to bolster the common currency by developing a set of harmonised schemes and frameworks for electronic euro payments."

Während sich also alle Beteiligten gern in der Rolle des selbstlosen Unterstützers sehen, kann jedenfalls hinsichtlich der Ursprünge des SEPA-Prozesses bilanziert werden, dass der erste Anstoß vonseiten der EU-Organe ausging und das Projekt unter ihrer ständigen Patronage steht.[216] Es mag gar unterstellt werden, dass die von der Kreditwirtschaft fortgesetzt unternommenen Harmonisierungsanstrengungen nicht zuletzt durch das Damoklesschwert möglicher weitergehender gesetzgeberischer Interventionen durch die EU motiviert werden[217], sich die Kreditinstitute also, nachdem sie die Unvermeidbarkeit der Verwirklichung des SEPA erkannt haben, notgedrungen darum bemühen, den Prozess zumindest weitestmöglich im Wege der Selbstregulierung zu gestalten.[218]

---

215 http://www.europeanpaymentscouncil.eu/

216 Meckel, jurisPR-BKR 11/2009 Anm. 1, op.cit., S. 5 spricht gar davon, dass „die europäische Kreditwirtschaft und ihre finanziellen Ressourcen (...) im Ergebnis für ‚höhere', eindeutig politisch motivierte Ziele instrumentalisiert (wurden)."

217 Vgl. neuerdings die Initiative der Europäischen Kommission zur hoheitlichen Setzung eines verbindlichen Enddatums der vollständigen SEPA-Migration: Working Paper on SEPA Migration End-Date, op.cit.

218 So, ebenda, S. 7.

II. Instrumente und Wirkungsmechanismen des SEPA-Projekts

Während die Rahmenbedingungen des SEPA-Prozesses mittels der bekannten Instrumente europäischer Rechtssetzung (insbesondere Verordnung: EU-Preisverordnung, und Richtlinie: PSD) geschaffen wurden, fällt die Entwicklung einheitlicher Zahlungsinstrumente der Kreditwirtschaft zu.

Aus diesem Grund haben sich im Juni 2002 anfänglich 50 Vertreter[219] der europäischen Kreditwirtschaft – namentlich einige Großbanken sowie europäische und nationale Bankenverbände – im EPC organisatorisch verfasst. Dieser wurde mit Sitz in Brüssel als „Association International Sans But Lucratif" (AISBL) nach belgischem Recht gegründet, also als nicht gewinnorientierter Verein.[220]

Zweck des EPC ist die Bündelung von Expertise zur Entwicklung einheitlicher Zahlungsinstrumente und die Bereitstellung eines Forums zur Koordinierung und Abstimmung der Lösungen. Kritikwürdig erscheint der Umstand, dass der EPC nicht auch Vertreter anderer Interessengruppen als der Kreditwirtschaft einbezieht.[221] Dadurch ist einerseits die Ausgewogenheit der neuen Verfahren in Frage gestellt[222] und andererseits erscheint die Eindimensionalität des EPC geeignet, das Bekanntwerden der neuen SEPA-Produkte sowie das Vertrauen der Zahlungsdienstnutzer in diese zu gefährden.

Die Initiative beschränkt ihre Harmonisierungsaktivitäten auf die für zukunftsträchtig erachteten Zahlungsverfahren der Überweisung, Kartenzahlung und Lastschrift.[223] Da den privaten Akteuren keine allgemeinverbindliche Rechtssetzungskompetenz zu Gebote steht, bewegen sie sich auf vertragsrechtlichem Gebiet: Für die SEPA-Lastschrift[224] und die SEPA-Überweisung[225] wer-

---

219 Mittlerweile hat der EPC 74 Mitglieder, vgl. http://www.europeanpaymentscouncil.eu/

220 Rechtsgrundlagen dieser Vereinsform sind: „Loi du 27 juin 1921 sur les associations sans but lucratif", Moniteur belge du 1er juillet 1921; geändert durch : „Loi du 2 mai 2002 relative aux associations sans but lucratif (A.S.B.L.), aux associations internationales sans but lucratif (A.I.S.B.L.) et aux fondations ", Moniteur belge du 11 décembre 2002.

221 Dippel/Lohmann/Peschke, op.cit., Rn. 20/11.

222 Ebenda.

223 Vgl. zu dieser Selektion Turing/Crown, 21st Century Payments in Europe: The Payment Services Directive, Journal Payment Systems Law, 2007, S. 1 (2).

224 Eine Einführung zum SEPA-Lastschriftverfahren liefert Hartmann, Rechtliche Aspekte des neuen SEPA-Lastschriftverfahrens, in: Habersack/Mülbert/Nobbe/Wittig (Hrsg.), Die zivilrechtliche Umsetzung der Zahlungsdiensterichtlinie: Finanzmarktkrise und Umsetzung der Verbraucherkreditrichtlinie. Bankrechtstag 2009, Berlin 2010, S. 61 ff. sowie Engel, Neuerungen und aktuelle Problemfelder im Lastschriftverfahren, in: Kon-

den in Arbeitsgruppen sogenannte „Rulebooks“ als Rechtsgrundlagen der neuen paneuropäischen Produkte erarbeitet.[226] Als multilaterale, in Ausübung der Privatautonomie der Parteien ausgehandelte Verträge sind die „Rulebooks“ mit den deutschen Interbankenabkommen vergleichbar – wobei sie aufgrund einer integrierten Rechtswahlabrede (vgl. Art. 27 EGBGB) dem belgischen Recht unterfallen.[227] Bindungswirkung entfalten sie nur inter partes, also bezüglich der Institute, die ihr Einverständnis erklären.[228] Jedoch wird den Rulebooks mit der Verwirklichung des SEPA eine faktisch umfassende normative Kraft zuwachsen, da mit der vollständigen Umstellung auf die SEPA-Zahlungsverfahren (Migration) die Verwendung dieser Produkte für Anbieter von Zahlungsdiensten unausweichlich, der Beitritt zu den Regelwerken also Vorbedingung jeglicher Marktteilnahme ist.[229] Die Aussicht auf eine vollständige Migration hat sich durch die

---

toführung und Zahlungsverkehr – Rechtsfragen aus der Bankpraxis, 3. Aufl., Heidelberg 2008, S. 477 ff. (501 ff.).

225 Für eine Einführung zur SEPA-Überweisung, vgl. Dippel/Lohmann/Peschke, op.cit., Rn. 20/20 ff. sowie Toussaint, Das Recht des Zahlungsverkehrs im Überblick, Berlin 2009, S. 123 f.

226 Die „Rulebooks“ werden fortlaufend optimiert; die jeweils aktuellen Fassungen des „SEPA Credit Transfer Scheme Rulebook“ sowie der „Rulebooks“ zu den „SEPA Direct Debit Schemes“ (hinsichtlich der SEPA-Lastschrift wurden separate Regelwerke für Verbraucher und Unternehmer geschaffen) sind auf der Internetseite http://www.europeanpaymentscouncil.eu/ verfügbar.

227 Vgl. Hadding, Herkömmliche Einzugsermächtigungslastschrift – Fortbestand nach Umsetzung der EU-Zahlungsdiensterichtlinie oder Wegfall nach europäischen Interbankenabkommen (SEPA-Rulebook), in: FS Hüffer, München 2010, S. 274 ff (283).

228 Zahlungsdienstleister, die nicht im EPC involviert sind – also die überwältigende Mehrheit der europäischen Institute – werden durch die „Rulebooks“ mithin nicht automatisch gebunden; es bedarf sogenannter „adherence agreements“, durch die das Einverständnis mit der Geltung kundgetan wird, um rechtliche Verbindlichkeit zu erzeugen. Die Beitrittserklärungen der einzelnen Institute werden auf Ebene der Einzelstaaten von sogenannten „National Adherence Support Organisations (NASO)“ gebündelt und an den EPC weitergereicht. In Deutschland fungiert der Zentrale Kreditausschuss (ZKA) als NASO.
In dieser Hinsicht unterscheiden sich die SEPA-Rulebooks also von den Zahlungsverkehrsabkommen der deutschen Kreditwirtschaft, welche auf Ebene der Spitzenverbände aufgrund vorab erteilter Mandate abgeschlossen werden und für die Verbandsmitglieder allein dadurch verbindlich werden, dass sie ihnen nicht innerhalb kurzer Frist widersprechen, vgl. hierzu Hadding, in: FS Hüffer, op.cit., S. 283.

229 Zu den durch das SEPA-Projekt an die Zahlungsdienstleister gestellten Anforderungen, vgl. Coenca/Bailey, Êtes-vous-prêts pour le SEPA?, Revue Banque 2005, Nr.675, S. 42. Zum mit dem SEPA-Projekt einhergehenden Konsolidierungsdruck vgl. Steinmüller, Konsolidierung im deutschen Zahlungsverkehr – Notwendigkeit oder Chance, Kreditwesen 2009, S. 845 ff.

bereits zitierte Initiative für eine SEPA-Migration-End-Date-Verordnung konkretisiert; die vollständige Umstellung auf SEPA-Projekte – wahrscheinlich mit Ablauf des Jahres 2013 – ist hierdurch absehbar geworden.[230]

Aus Sicht der Zahlungsdienstnutzer ergibt sich eine vergleichbare Situation: Formal entfalten die „Rulebooks“ keine abstrakt-generelle Wirkung – die Rechtslage zwischen Kunden und Instituten ergibt sich – soweit keine gesetzlichen Regelungen eingreifen – weiterhin einzig aus der zwischen diesen getroffenen vertraglichen Vereinbarung sowie aus dem Gesetz.[231] Die privatautonome Abschluss- und Gestaltungsfreiheit der Nutzer ist indes angesichts der praktischen Unverzichtbarkeit elektronischer Zahlungen im modernen Wirtschaftsverkehr und des – nach vollständiger Migration – exklusiven Angebots der SEPA-Produkte nicht realisierbar. Zudem wirken die Regelwerke insofern stärker als die nationalen Zahlungsverkehrsabkommen in die Vertragsbeziehungen zwischen Bank und Kunden hinein, als sie die wesentlichen Eigenschaften der SEPA-Produkte niederlegen, die einzuhalten sich die Kreditinstitute durch ihre Beitrittserklärung verpflichten.[232]

Perspektivisch erlangen die SEPA-Rulebooks trotz ihres Vertragscharakters folglich eine durchaus universelle Bindungswirkung, wobei einschränkend anzumerken ist, dass ein Enddatum der Migration noch nicht definitiv feststeht[233] und die schleppende Verbreitung der neuen Zahlungsverfahren eine der Hauptbaustellen des SEPA-Projektes ist.[234] Einstweilen werden ganz überwiegend die etablierten nationalen Verfahren genutzt, weshalb diese bei der Untersuchung des Zahlungsdiensterechts im Rahmen der vorliegenden Arbeit auch im Vordergrund stehen werden.

Im Gegensatz zu Lastschrift und Überweisung wurde die SEPA-Kartenzahlung nicht mittels eines (inter partes) rechtlich bindenden „Rulebook“ vereinheitlicht, sondern nur auf das „SEPA Card Framework (SCF)“ gegründet.[235] Dabei han-

---

230 Vgl. Working Paper on SEPA Migration End-Date, op.cit., S. 6.

231 Vgl. zur ausschließlichen Inter-Partes-Bindungswirkung der Interbankenabkommen Krepold/Fischbeck, Bankrecht – Konto, Zahlungsverkehr, Darlehensvertrag, Kreditsicherheiten, München 2009, S. 72.

232 Vgl. zur inhaltlichen Ausgestaltung des SEPA-Überweisungsverfahrens durch das SCT-Rulebook, Dippel/Lohmann/Peschke, op.cit., Rn. 20/36 ff.

233 Eine Konkretisierung des End-Date kann, wie oben angemerkt, jedoch bereits dem Working Paper on SEPA Migration End-Date, op.cit, entnommen werden.

234 Zum Problem der Migration vgl. Martin, SEPA-Voraussetzungen für eine Erfolgsgeschichte, Kreditwesen 2009, S. 838 ff. sowie „Mitteilung der Kommission - Vollendung des Einheitlichen Euro-Zahlungsverkehrsraums SEPA: Fahrplan 2009-2012“, Brüssel, 10.9.2009, KOM(2009) 471 endg., S. 3 ff.

235 Einsehbar auf http://www.europeanpaymentscouncil.eu/

delt es sich um Leitlinien für die Angleichung der Kartenzahlungsverfahren, deren Beachtung jedoch zur freien Disposition der Zahlungsdienstleister steht. Rechtlich stellt das „SEPA Card Framework“ damit nicht mehr als eine Orientierungshilfe für die Kartenemittenten dar.[236] Die Mitglieder des EPC haben sich zur Einhaltung der Vorgaben unverbindlich bereiterklärt.

Während bei Beschreibung des SEPA-Projektes die hoheitlichen Instrumente einerseits und die privatrechtlichen Rechtsakte andererseits ihrer Rechtsnatur und Wirkweise nach strikt zu trennen sind, wird, dessen ungeachtet, allseitig Einfluss ausgeübt. Die Verflechtung des EPC in den Prozess der Ausarbeitung des PSD-Vorschlags wird schon daran deutlich, dass die SEPA-Rulebooks nach Verabschiedung der Richtlinie nur marginal angepasst werden mussten, während die entscheidenden Parameter unverändert blieben, was auf eine Abstimmung der Regelwerke schon im Vorbereitungsstadium schließen lässt.[237]

III. Systematische Absonderung der Zahlungsdiensterichtlinie von den sonstigen Maßnahmen zur Verwirklichung des SEPA-Prozesses

Im Rahmen der Anwendung des deutschen Zahlungsdiensterechtes ist es, wie im ersten Kapitel gezeigt wurde, von maßgeblicher Bedeutung, die PSD ihrerseits auszulegen, um eine richtlinienkonforme Auslegung vornehmen zu können. Zu diesem Zwecke ist die PSD als mit autonomer Bindungswirkung ausgestatteter Rechtsakt zunächst vom SEPA-Gesamtprojekt zu isolieren. Die Auslegung darf sich nicht den SEPA zum Ausgangspunkt nehmen, sondern muss, im Gegenteil, von der Richtlinie selbst ausgehen, um diese mit der gebotenen methodischen Konsequenz analysieren zu können. Andernfalls bestünde die Gefahr, die PSD-Vorschriften stets automatisch in der Logik des SEPA-Prozesses zu sehen, also gewissermaßen in eine „SEPA-konforme Auslegung“ zu verfallen.

In Anbetracht des in den vorangehenden Abschnitten Ausgeführten erscheint es aus mehreren Gründen schwierig, die PSD als isolierten Auslegungsgegenstand vom SEPA-Gesamtprojekt zu trennen:

Zunächst bildet die Richtlinie einen tragenden Teil des Vereinheitlichungsprozesses, wäre ohne sie doch zumindest das gemeinsame Lastschriftverfahren

---

236 Eine Einführung zum SEPA Cards Framework hinsichtlich Rechtsnatur und Inhalt findet sich bei Dippel/Lohmann/Peschke, op.cit., Rn. 20/134 ff.

237 Vgl. zur Zusammenarbeit von europäischen Gesetzgeber und europäischer Kreditwirtschaft im Rahmen des SEPA-Prozesses Dippel/Frey/Walz, A Single Euro Payments Area (SEPA), in: Kontoführung und Zahlungsverkehr – Rechtsfragen aus der Bankpraxis, op.cit., S. 653 ff. (682 ff.).

nicht realisierbar gewesen[238]; diesen Teil zum Zwecke der Auslegung gleichsam aus dem SEPA-Fundament zu reißen, wirkt a priori artifiziell. Zudem waren sämtliche Akteure, die als Stakeholder mehr oder weniger prägend in den SEPA-Prozess eingebunden sind, auch an der Ausarbeitung der PSD beteiligt, was den Eindruck, dass die Richtlinie im Gesamtprojekt aufgeht, verfestigt. Wie der Blick auf die einschlägige Literatur zeigt, birgt diese Parallelität die Gefahr einer Konfusion; zuweilen werden PSD und SEPA begrifflich und sachlich leichthin gleichgesetzt.[239]

Dennoch ist es möglich, die PSD anhand mehrerer greifbarer Ansatzpunkte klar vom SEPA-Projekt abzuheben, um eine unvorbelastete Auslegung zu ermöglichen[240]:

Dies deshalb, weil die PSD wegen ihres formalen Status als hoheitlicher Rechtsakt auch dann mit gleicher Autorität fortbestehen würde, wenn das sonstige SEPA-Projekt beendet und rückabgewickelt würde. Die vollständige Verwirklichung des einheitlichen Euro-Zahlungsverkehrsraums ist zwar, wie dargestellt, ohne die PSD nicht denkbar; vice versa besteht diese existentielle Abhängigkeit jedoch nicht (wobei hiermit allerdings nicht gesagt ist, dass das SEPA-Projekt nicht raison d'être der PSD ist).

Darüber hinaus ist der räumliche und sachliche Anwendungsbereich der Richtlinie vom einheitlichen Euro-Zahlungsraum verschieden, was ihre Alleinstellung unter einem weiteren klar bestimmbaren Aspekt erlaubt:

Die einheitlichen SEPA-Regeln für Zahlungsverfahren, wie sie sich insbesondere aus den „Rulebooks" ergeben, greifen nur bei Zahlungen *in Euro* ein.[241] Hingegen legt Art. 2 Abs. 2 PSD fest:

---

238 Vgl. zur Abhängigkeit des SEPA-Lastschriftverfahrens von der PSD Dippel/Lohmann/Peschke, op.cit., Rn. 20/86.

239 Der verbreitet anzutreffenden Hang, SEPA und PSD als ein identisches Projekt aufzufassen und entsprechend zu behandeln, lässt sich am Münchner Kommentar zum BGB, Band 4, 5. Aufl. 2009, exemplifizieren: In den Vorbemerkungen zu den §§ 676a – 676g BGB a.F. schreibt Casper über die „anstehende Reform durch SEPA" und verweist auf die „neue Richtlinie über Zahlungsdienste (2007/64/EG – SEPA)" (Rn. 26); zu § 676h wird ein Ausblick auf die Umsetzung der PSD unter der Überschrift „Zu erwartende Änderungen durch die Richtlinie über Zahlungsdienste (SEPA)" gegeben (Rn. 4).

240 Die Trennung zwischen den verschiedenen SEPA-Bausteinen nach ihrer Rechtsnatur – also zwischen hoheitlicher Regulierung oder vertraglicher Gestaltung – wurde schon auf dem Bankrechtstag 2009 betont, vgl. Fabritius, SEPA im Spannungsverhältnis zwischen Marktinitiative und Regulierung, in: Habersack/Mülbert/Nobbe/Wittig (Hrsg.), op.cit., S. 1 ff.

241 Vgl. SCT-Rulebook, Version 4.1, Punkt 2.4 („Currency"): "All transactions are in euro in all process stages, including all exception handling, i.e. Rejects, Returns and Re-

„Die Titel III und IV gelten für Zahlungsdienste, die in Euro **oder in der Währung eines Mitgliedstaats außerhalb der Eurozone** erbracht werden."

Die von Art. 2 Abs. 2 PSD erwähnten Titel III („Transparenz der Vertragsbedingungen und Informationspflichten für Zahlungsdienste") und v.a. IV („Rechte und Pflichten bei der Erbbringung und Nutzung von Zahlungsdiensten") enthalten die für das zivile Zahlungsdiensterecht relevanten – und damit für diese Arbeit einschlägigen – Normen.

Zudem erstreckt sich der SEPA in räumlicher Hinsicht auf alle Staaten des Europäischen Wirtschaftsraumes sowie Monaco und die Schweiz.[242] Dabei bildet – schon wegen der sachlichen Beschränkung auf Euro-Zahlungen – das Euro-Währungsgebiet den Rumpfbereich, während sich die übrigen teilnehmenden Staaten den SEPA-Zielen aufgrund ihrer engen wirtschaftlichen Verstrickung angeschlossen haben.[243]

Hingegen erzeugt die PSD als EU-Rechtsakt direkte Bindungswirkung in Form der Umsetzungspflicht nach Art. 288 Abs. 3 AEUV natürlich nur für die Mitgliedsstaaten. Die anderen in den SEPA-Prozess eingebundenen Staaten können die PSD-Regeln indes durch bilaterale Abkommen mit der Union übernehmen (Art. 218 AEUV[244]). Diesen Weg haben Norwegen, Island und Liechtenstein als Staaten des Europäischen Wirtschaftsraums gewählt, während die Schweiz sich nicht zur Übernahme des harmonisierten Zahlungsverkehrsrechts verpflichtet hat.[245]

Es bestehen also trotz der weitgehenden faktischen Verbindung der PSD mit dem SEPA-Projekt in formaler Hinsicht wesentliche Unterschiede, die eine Behandlung der Richtlinie als separaten Rechtsakt ermöglichen und in methodischer Hinsicht auch hierzu verpflichten.

---

calls." Sowie Core-SDD-Rulebook, Version 4.1., Punkt 2.5 („Currency"): „The Scheme operates in euro. All transactions will be in euro at the inter-bank level in all process stages, including all exception handling, covering Rejects, Returns, Reversals, Refunds and Revocations."

242 Vgl. zu den verschiedenen räumlichen Anwendungsbereichen von PSD und SEPA Dippel/Lohmann/Peschke, op.cit., Rn. 20/3.

243 Ebenda.

244 Vormals Art. 300 EGV.

245 Vgl. „Working Document – Member States Plans for Transposition", in fortlaufend aktualisierter Fassung über die Kommissions-Internetseite http://ec.europa.eu/internal_market/payments/ einsehbar.

C. Grundsätzliche Relevanz des SEPA-Projekts für die Anwendung des deutschen Zahlungsdiensterechts

I. Methodisches Einfallstor: der Regelungszweck

Zur Auseinandersetzung mit dem neuen Zahlungsdiensterecht anhand konkreter Rechtsfragen ist auf Grundlage des zum Verhältnis der PSD zum SEPA-Projekt Gesagten vorab zu beurteilen, ob und inwiefern das Ziel der Verwirklichung des SEPA in die Auslegung der Richtlinie eingehen und damit auch für die Auslegung des deutschen Rechts Bedeutung erlangen kann.

Um diese Vorfrage zu beantworten, steht in methodischer Hinsicht zunächst das Auslegungskriterium zu bestimmen, unter welchem der Einfluss des SEPA-Projektes zu diskutieren ist.[246]

Auf dem Boden der grammatischen Auslegung wäre eine Berücksichtigung des SEPA-Projektes nur möglich, wenn die Richtlinie ausdrücklich darauf Bezug nähme; da dies nicht der Fall ist, wird die Wortlautauslegung eine Einbeziehung kaum gestatten.

Auch die systematische Auslegung bietet keinen tauglichen Ansatzpunkt, da das SEPA-Projekt, soweit es auf privatautonome Selbstregulierung aufbaut, keinen Teil des unionsrechtlichen Regelungssystems darstellt, so dass eine Inhaltsbestimmung auf dieser Grundlage auslegungsmethodisch unzulässig wäre.[247] Auch soweit das SEPA-Projekt auf früheren hoheitlichen Rechtsakten fußt, ist für Auslegungszwecke nur auf deren Zusammenspiel *untereinander* abzustellen. Diese Trennung der Rechtssatzebenen versperrt eine Berücksichtigung des SEPA-Projekts im Rahmen der systematischen Auslegung.

Methodisch kommt eine Berücksichtigung des SEPA daher nur unter der Kategorie des Regelungszwecks in Betracht. Das Auslegungskriterium des Zwecks bestimmt zum einen die teleologische Auslegung, im Zuge derer der Richtlinientext an sich auf seinen objektiven Zweck hin untersucht wird. Andererseits bemüht sich aber auch die historische Auslegung um eine Bestimmung des Regelungszwecks, wie er sich *aus dem gesetzgeberischen Willen* ergibt.

246 Zu den Kriterien der Richtlinienauslegung und den diesbezüglich zu beachtenden Besonderheiten, vgl. oben Teil 1, Kap.1, Abschnitt B.

247 Vgl. zum methodischen Vorgehen bei der teleologischen Auslegung von Richtlinien Gebauer, in: Zivilrecht unter europäischen Einfluss, op.cit., S. 111 ff.

Dieser Teil der historischen Auslegung mag als „subjektiv-teleologisch" bezeichnet werden.[248]

Problematisch erscheint, auf welche Erkenntnisquellen zurückgegriffen werden kann, um zu ermitteln, ob die Verwirklichung des einheitlichen Euro-Zahlungsverkehrsraums als Regelungszweck auslegungsrelevant ist. Denn es ist, wie bereits ausgeführt, zur Bestimmung des subjektiven Regelungszwecks auf die Erwägungsgründe und sonstigen *in den gesetzgeberischen Regelungswillen einbezogenen* Materialien abzustellen.[249] Jedenfalls im Rahmen der historischen Auslegung können also nur Dokumente verwandt werden, die durch mit Gesetzgebungskompetenz betraute Institutionen veröffentlicht oder unzweifelhaft in Bezug genommen worden sind.[250]

Bei der teleologischen Auslegung ist der aus der Norm hervorgehende Zweck zwar objektiv zu ermitteln. Insofern könnte auch die Tatsache, dass die PSD sich funktional in den SEPA-Prozess einordnet und das Gesamtprojekt den faktischen Kontext der Richtlinie bildet, als Grundlage dafür ausreichen, SEPA als ausregelungsrelevanten Regelungszweck zu qualifizieren. Eine Zweckbestimmung, die aus Unterlagen gewonnen wird, welche der Gesetzgeber explizit nicht in seinen Absichtshorizont einbezogen hat, erscheint dennoch fragwürdig. Gerade im Kontext der Gesetzgebung auf EU-Ebene, welche, wie noch genauer auszuführen sein wird, eine umfassende Veröffentlichung einschlägiger Materialen sicherstellt, gewinnt eine durch die legislativen Institutionen vorgenommene Selektion besondere Bedeutung. Denn würde man diese im Rahmen der Auslegung ignorieren, so entzöge man den für die normative Bindungskraft der Richtlinie maßgeblichen Stellen den ihnen kraft Primärrechts zustehenden Einfluss auf den Regelungsgehalt.[251] Die Verwendung beliebiger Quellen im Rahmen der teleologischen Auslegung wäre zumal aus Gesichtspunkten der Vorhersehbarkeit und Rechtssicherheit bedenklich. Jedenfalls ein rein faktischer Ursachenzu-

248 Vgl. zur methodischen Differenzierung zwischen subjektiv-teleologischer (historischer) und objektiv-teleologischer Auslegung, Bydlinski, Juristische Methodenlehre und Rechtsbegriff, op.cit., S. 449 ff. und 453 ff.

249 Vgl. zur Maßgeblichkeit des gesetzgeberischen Willen im Hinblick auf die zulässigen Auslegungsmaterialien Larenz/Canaris, Methodenlehre der Rechtswissenschaft, 3. Aufl., Berlin u.a. 1995, S. 149 ff. Zum Numerus Clausus der für die Auslegung zugänglichen Materialien speziell im Kontext der historischen Auslegung von Unionsrechtsakten vgl. Riesenhuber, op.cit., in: Riesenhuber (Hrsg.), Europäische Methodenlehre, S. 315 ff. (331 ff.)

250 Vgl. hierzu Herdegen, Auslegende Erklärungen von Gemeinschaftsorganen und Mitgliedstaaten zu EG-Rechtsakten, ZHR 155 (1991), 52 (64).

251 So auch Riesenhuber, op.cit., in Riesenhuber, Europäische Methodenlehre, S. 315 ff. (332).

sammenhang zwischen SEPA-Prozess und PSD kann insofern nicht genügen, um eine Auslegung im Lichte des SEPA vorzunehmen.

In diesem Erkenntnisquellenproblem spiegelt sich ein generelles Auslegungsproblem, nämlich dass, wie Karl Engisch es formuliert, *„auf allen diesen Stufen (...) uns die Alternative (entgegentritt): Gesetzgeber oder Gesetz“.*[252] Die Herleitung eines objektiven Zwecks unter Missachtung des gesetzgeberischen Willens erscheint – insbesondere bei jungen Rechtsakten wie der PSD – künstlich und aus rechtsstaatlichen Gesichtspunkten zweifelhaft.[253]

Bei der Beantwortung der Frage, ob und wie SEPA als Regelungszweck der PSD in deren Auslegung einzubeziehen ist, ist daher wie folgt vorzugehen: Der objektive Kontext der Richtlinie, welcher maßgeblich durch die Schaffung eines einheitlichen Euro-Zahlungsraumes geprägt ist, ist im Rahmen der teleologischen Auslegung zu berücksichtigen, allerdings nur insoweit, als er sich in den durch die Legislativorgane der EU öffentlich zugänglich gemachten Dokumenten direkt oder indirekt ausdrückt. Die historische – oder „subjektiv-teleologische“ – Auslegung wird sich hingegen ausschließlich auf die durch Rat oder Parlament selbst produzierten Dokumente, also deren Änderungsvorschläge oder Stellungnahmen, sowie die Erwägungsgründe der Richtlinie stützen. Nur insofern das SEPA-Projekt in diesen Quellen als Zielbestimmung genannt wird, wird es die historische Auslegung prägen. Dies deshalb, weil ansonsten ein erneuter Argumentationsaufwand dahingehend entstehen würde, ob sonstige, von diesen Organen zwar durch Publikation übernommene, aber nicht selbst erstellte, Materialien dem genuinen gesetzgeberischen Willen zuzurechnen ist. Obgleich letzteres wohl durchaus begründbar wäre, erscheint es klarer und methodisch unbedenklich, das SEPA-Projekt, wie es sich in den im Laufe des Ausarbeitungsprozesses entstandenen Materialien darstellt, als objektiven Regelungszweck im Rahmen der teleologischen Auslegung zu behandeln, soweit sich nicht aus dem durch den Gesetzgeber zugänglich gemachten Quellen ergibt, dass dies seinem Willen *zuwiderläuft*. Entsprechend dieser Maßgaben ist im Folgenden zu prüfen, inwieweit der Regelungszweck „Verwirklichung des SEPA-Projekts“ zur Auslegung verwertbar ist.

---

252 Engisch, Einführung in das juristische Denken, 10. Auflage, Stuttgart 2005, S. 125.

253 Insbesondere droht eine unbedachte Konstruktion objektiver Regelungszwecke im Rahmen der Rechtsanwendung durch die Rechtsprechung das Gesetzgebungsmonopol der Legislative zu beschädigen, vgl. zur Rolle der Gewaltenteilung im Rahmen der Auslegung eingehend Herresthal, Rechtsfortbildung im europarechtlichen Bezugsrahmen, op.cit., S. 179 ff.
Zur Gewaltenteilung im institutionellen Gefüge der EU vgl. Konstadinides, Division of Powers in European Union Law: the Delimination of Internal Comepetence between the EU and the Member States, 2009, S. 51 ff.

II. Verwirklichung des einheitlichen Zahlungsverkehrsraums als auslegungsrelevanter Regelungszweck

Im Rahmen der methodischen Vorarbeit zur konkreten Anwendungsübung ist noch nicht zu klären, inwiefern sich Erfordernisse des SEPA-Projekts auf die Auslegung bestimmten Einzelnormen im Hinblick auf eine bestimmte Rechtsfrage auswirken. Einstweilen ist die historische und teleologische Auslegung vorzubereiten, indem jeweils durch Auswertung der einschlägigen Dokumente geprüft wird, ob die Verwirklichung des einheitlichen Euro-Zahlungsraums als genereller, der gesamten Richtlinie zugrundeliegender Regelungszweck in Betracht kommt, der durch entsprechende Auslegung der Einzelnormen zu berücksichtigen ist.

1. Die Verwirklichung des SEPA als subjektiver Regelungszweck – Relevanz des SEPA-Projekts im Rahmen der historischen Auslegung

Die Erwägungsgründe der Richtlinie beziehen sich mit einem Satz auf das SEPA-Projekt (Erwägungsgrund 4). Dieser scheint das Verständnis des SEPA-Projekts als vom EU-Gesetzgeber anvisierter Regelungszweck in Frage zu stellen, indem er betont:

> „Auf Gemeinschaftsebene sollte deshalb unbedingt ein moderner und kohärenter Rahmen für Zahlungsdienste – unabhängig davon, ob diese Dienste mit dem aufgrund der Initiative des Finanzsektors zur Einführung eines einheitlichen Euro-Zahlungsverkehrsraumes entwickelten System vereinbar sind oder nicht – geschaffen werden, (...)."

Der Erwägungsgrund bezieht sich auf den sachlichen Regelungsgegenstand der PSD, die Zahlungsdienste. Er stellt explizit klar, dass die Anwendbarkeit der Richtlinie nicht auf Zahlungsverfahren beschränkt ist, die den SEPA-„Rulebooks" entsprechen, sondern dass alle unter die Definition des Zahlungsdienstes (Art. 4 Nr. 3 in Verbindung mit dem Anhang der PSD) zu subsumierenden Vorgänge erfasst sind. Damit setzt sich die Endfassung der Erwägungsgründe vom Kommissionsentwurf[254] ab, welcher diese Unabhängigkeit noch nicht eigens betont hatte. Hieraus könnte zu folgern sein, dass der Richtliniengeber die Verwirklichung des einheitlichen Euro-Zahlungsverkehrsraumes als Regelungsziel verworfen hat.

254 KOM(2005) 603 endgültig, op.cit.

Ein solcher Schluss auf den gesetzgeberischen Willen ist jedoch aus mehreren Gründen abzulehnen:

Zunächst ergibt die Auswertung des Wortsinns keineswegs, dass die Richtlinie auf SEPA-Produkte nicht anwendbar sein soll. Im Gegenteil hält der Gesetzgeber es für nötig, ausdrücklich festzustellen, dass die PSD *auch* auf andere Zahlungsdienste Anwendung findet. Aus dieser Hinzufügung, welche erstmals im Bericht des Parlaments zum Kommissionsvorschlag vom 20.09.2006[255], allerdings ohne weitere Begründung, auftaucht, geht e contrario hervor, dass der parlamentarische Berichterstatter Jean-Paul Gauzès von der Anwendbarkeit auf SEPA-Produkte als Selbstverständlichkeit ausgegangen ist. Die Klarstellung in Erwägungsgrund (4) trägt der Gefahr Rechnung, dass die mit der Umsetzung betrauten mitgliedsstaatlichen Stellen sowie in der Folge die Rechtsanwender der Judikative automatisch davon ausgehen könnten, dass der Anwendungsbereich auf die für den SEPA entwickelten einheitlichen Zahlungsdienste zugeschnitten ist. Dieses Risiko erwuchs aus dem Umstand, dass im Rahmen der Vorarbeiten zum Richtlinienentwurf die Rolle der PSD als Baustein des SEPA allgegenwärtig war[256] und daher das Gesamtprojekt bei Umgang mit der PSD stets mitgedacht wurde.[257] Um einer falschen „SEPA-konformen" Auslegung der Richtlinie dahingehend, dass überkommene Zahlungsverfahren gar nicht erst in den einheitlichen Rechtsrahmen einbezogen werden sollten, vorzubeugen, wurde die Anpassung des Erwägungsgrundes (4) vorgenommen, da ansonsten der erwünschte Harmonisierungseffekt gefährdet gewesen wäre.

Eine solcherart motivierte Klarstellung zeigt aber lediglich, dass auch der EU-Gesetzgeber die Verwurzelung der PSD im SEPA-Projekt anerkannt hat und einem Verständnis des Regelwerks als bloßes Vehikel des europäischen Kooperationsprojekts der Kreditwirtschaft – und gar einer „Rulebook-konformen Auslegung" – vorgreifen wollte.

Keineswegs lässt Erwägungsgrund (4) hingegen Rückschlüsse auf eine dem SEPA-Projekt enthobene Zwecksetzung zu. Schon die verständige Lektüre des Erwägungsgrundes entkräftet also die Unterstellung, der EU-Gesetzgeber habe die PSD vom SEPA abspalten wollen.

---

255 Bericht über den Vorschlag für eine Richtlinie des Europäischen Parlaments und des Rates über Zahlungsdienste im Binnenmarkt, 20.09.2006, Ausschuss für Wirtschaft und Währung Berichterstatter: Jean-Paul Gauzès, A6-0298/2006 endg., S. 6, Änderungsantrag 2.

256 Hierzu genauer sogleich unter 2.

257 Zur Gefahr, die PSD eindimensional als Element des SEPA auszulegen, siehe schon oben, Teil 1, Kap. 2, Abschnitt B.III.

Zur historischen Auslegung der PSD sind neben den Erwägungsgründen auch sonstige, durch die Legislativorgane im Hinblick auf das Richtlinienprojekt verfasste Dokumente zu verwenden. Parlament und Rat gewähren der Öffentlichkeit, entsprechend den in Art. 15 Abs. 3 AEUV (ehem. Art. 255 EGV) vorgesehenen Transparenzgrundsätzen[258], umfassenden Einblick in die Dokumente, die das Gesetzgebungsverfahren betreffen.[259] Dieser Pflicht kommen die Institutionen gemäß ihren Geschäftsordnungen[260] durch Führung öffentlicher Register im Internet nach.[261]

Dem durch das Parlament geführten Online-Archiv ist insbesondere der bereits erwähnte Bericht des Ausschusses für Wirtschaft und Währung vom 20.09.2006 zu entnehmen, in dem es heißt:

> „Er *(Anm.: der Berichterstatter)* ist der Ansicht, dass dieser Richtlinienvorschlag zu einem günstigen Zeitpunkt vorgelegt wird, um den Erfolg der Initiative des Bankensektors im Hinblick auf die Schaffung eines Einheitlichen Euro-Zahlungsraumes (Single Euro Payment Area – SEPA) zu ermöglichen, mit dem die nationalen Zahlungsinfrastrukturen und -produkte innerhalb der Eurozone integriert werden sollen. (...)“[262]

Im selben Dokument wird zudem betont:

> „Die Angleichung der nationalen Rechtssysteme in Bezug auf Zahlungen würde es erlauben, die Bemühungen des Bankensektors zur Einführung des Einheitlichen Euro-Zahlungsraumes SEPA zu unterstützen. Diese Initiative hat auch die Unterstützung Ihres Berichterstatters.“[263]

Die funktionale Verbindung zwischen dem SEPA-Projekt und der PSD kann demnach als dem Parlament bewusst vorausgesetzt werden. Die ebenfalls öffent-

258 Die Publizitäts- und Transparenzziele wurden konkretisiert durch Verordnung (EG) Nr. 1049/2001 vom 30.05.2001 über den Zugang der Öffentlichkeit zu Dokumenten des Europäischen Parlaments, des Rates und der Kommission, Abl. L 145 vom 31.05.2001, S.43.

259 Vgl. hierzu auch Bartelt/Zeitler, Zugang zu Dokumenten der EU, EuR 2003, S. 487 ff. sowie Riehm, Zugang zu den relevanten Materialien im Internet, in: Langenbucher (Hrsg.), Europarechtliche Bezüge des Privatrechts, 2. Auflage, Baden-Baden 2008, S. 526 ff.

260 Art. 10 Geschäftsordnung des Rates; Art. 104 Geschäftsordnung des Parlaments.

261 http://www.consilium.europa.eu/showPage.aspx?id=1279&lang=de bzw. http://www.europarl.europa.eu/RegWeb/application/registre/simpleSearch.faces

262 Bericht über den Vorschlag für eine Richtlinie des Europäischen Parlaments und des Rates über Zahlungsdienste im Binnenmarkt, op.cit., S. 112.

263 Ebenda, S. 115.

lich einsehbare Plenardebatte vom 23.4.2007[264] stützt dieses Résumé. Im Rahmen dieser Debatte erinnert der damalige Binnenmarktkommissar Charlie McCreevy das Plenum daran, dass „die Annahme der vorgeschlagenen Richtlinie für die erfolgreiche Errichtung des SEPA von entscheidender Bedeutung" ist. Auch mehrere Parlamentsabgeordnete erwähnen in ihren Redebeiträgen das SEPA-Projekt.

Auch im Online-Archiv des Rates finden sich Dokumente von Interesse für die subjektiv-teleologische Einordnung des SEPA. Namentlich ist im Eckpunktepapier vom 07.02.2006[265] anerkannt:

> „Weitere Verbesserungen mit Blick auf die Herstellung gleicher Bedingungen und wirtschaftliche Vorteile ließen sich durch die Schaffung eines einheitlichen europäischen Zahlungsverkehrsraums (SEPA), den Abbau der Hemmnisse für das Clearing- und Abrechnungswesen für die Abwicklung von Wertpapiergeschäften und die Verbesserung der Rahmenbedingungen für die grenzüberschreitende Aufsicht erreichen."

Darüber hinaus äußert sich der Rat im „Entwurf von Schlussfolgerungen des Rates zum einheitlichen Euro-Zahlungsverkehrsraum" vom 03.10.2006[266] folgendermaßen zum SEPA:

> "Der Rat
>
> – UNTERSTÜTZT das Ziel des einheitlichen Euro-Zahlungsverkehrsraums (SEPA—Single Euro Payment Area), nämlich die Schaffung eines integrierten Marktes für Zahlungsdienste in Euro, auf dem ein wirksamer Wettbewerb herrscht und innerhalb der EU nicht zwischen grenzüberschreitenden und innerstaatlichen Zahlungen in Euro unterschieden wird; (...)
>
> – STELLT FEST, dass zur Vollendung des einheitlichen Euro-Zahlungsverkehrsraums alle technischen, rechtlichen und handelspolitischen Schranken zwischen den gegenwärtigen einzelstaatlichen Zahlungsverkehrsmärkten beseitigt werden müssen; (...)
>
> – SAGT ZU, dass er sich gemeinsam mit dem Europäischen Parlament um eine baldige Annahme des Vorschlags für eine Richtlinie über Zahlungsdienste bemühen wird; (...)"

Zudem sind im Online-Archiv des Rates Dokumente zugänglich gemacht, die zwar von anderen Institutionen stammen, durch diese Veröffentlichung jedoch

264 Aussprache CRE 23/04/2007 – 16.

265 Eckpunktepapier für den Rat (Wirtschaft und Finanzen) mit Blick auf die Frühjahrstagung des Europäischen Rates, 07.02 2006, 6116/06, S. 7.

266 Dokument 13544/06, verfügbar im Online-Archiv des Rates.

nachweisbar auch aus Sicht des Rates in den Regelungshorizont der PSD einbezogen sind.[267]

Auch mit Blick auf den Rat ist daher festzustellen, dass der Richtlinienzweck, die Verwirklichung des SEPA zu gestatten, bekannt und in den gesetzgeberischen Willen eingegangen ist.[268]

Es ergibt sich für die Auslegung der Richtlinie mithin folgendes Ergebnis: Die Verwirklichung des SEPA könnte, gestützt auf die in den Archiven der Gesetzgebungsorgane zugänglich gemachten Materialien, durchaus im Zuge einer subjektiv-teleologischen, also historischen, Auslegung Berücksichtigung finden. Parlament und Rat haben sich dieses Ziel in selbst verfassten Texten bzw. durch Verweis auf andere Materialien zu Eigen gemacht. Die historische Auslegung muss also keineswegs abstrakt vom objektiven Kontext der Richtlinie – dem SEPA-Projekt – erfolgen.

Dennoch wird für die Zwecke dieser Arbeit das SEPA-Projekt vorrangig in das Auslegungskriterium des objektiven Zwecks, d.h. in die teleologische Auslegung, einfließen. Dies aus folgender Erwägung: Um die Bedeutung des SEPA für die Auslegung einer konkreten Richtliniennorm und im Hinblick auf eine spezielle Rechtsfrage beurteilen zu können, ist es entscheidend, das Projekt auch in seinen Details erfassen zu können. Diese mögen sich aber teilweise aus Quellen ergeben, welche von den Gesetzgebungsorganen weder eigens verfasst noch in Bezug genommen wurden, so dass sie im Rahmen der historischen Auslegung bei strenger Beachtung des Numerus Clausus der Quellen historischer Auslegung nicht herangezogen werden dürften.[269] Auf objektiv-teleologischer Auslegungsebene ist es hingegen nicht erforderlich, jedes ausgewertete Dokument auf

---

267 So etwa Weißbuch für Finanzdienstleistungspolitik 2005-2010, vom 01.12.2005, KOM(2005) 629 endg. (im online-Archiv des Rates veröffentlicht am 02.12.2005, 15345/05); KOM-Vorschlag, vom 01.12.2005, KOM(2005) 603 endg.; Stellungnahme der Europäischen Zentralbank vom 26.04.2006 zu einem Vorschlag für eine Richtlinie über Zahlungsdienste im Binnenmarkt (CON/2006/21).

268 Dieses Fazit wird bestätigt durch die am 22.01.2008 veröffentlichten Schlussfolgerungen des Rates zum SEPA, welche zwar nicht in die historische Auslegung einfließen können, da sie dem Erlass der Richtlinie zeitlich nachfolgen, jedoch die Befürwortung des Rates ex-post bekräftigen; siehe Finanzdienstleistungen – Euro-Zahlungsverkehrsraum – Schlussfolgerungen des Rates, Mitteilung an die Presse, 2844. Tagung des Rates Wirtschaft und Finanzen, 22.01.2008, S. 14/15.

269 Insbesondere stellen die SEPA-Rulebooks zentrale inhaltliche Determinanten des SEPA dar, wurden aber nicht explizit in den gesetzgeberischen Willen der Legislativorgane einbezogen.

den Willen des Gesetzgebers zurückzuführen.[270] Zum Zwecke der Konkretisierung der im Sinne des SEPA gebotenen Richtlinienauslegung ist es in methodischer Hinsicht unproblematisch, im Rahmen der teleologischen Auslegung auch solche Quellen zu nutzen, bei denen ein konkreter Nachweis der Einbeziehung in den gesetzgeberischen Willen nicht möglich ist, da die *generelle* Billigung des SEPA als Regelungsziel klar aus den historischen Quellen hergeleitet werden konnte. Es erscheint daher praktikabel, die Implikationen des SEPA-Projektes vertieft auf objektiv-teleologischer Auslegungsebene auszuwerten.

2. Die Verwirklichung des SEPA als objektiver Regelungszweck – Relevanz im Rahmen der teleologischen Auslegung

Wie zuvor in Abschnitt B dieses Kapitels dargestellt, lässt sich die PSD in den Prozess der Schaffung eines einheitlichen europäischen Zahlungsverkehrsraumes einordnen. Dies wird von der Mehrzahl der Kommentare zur Richtlinie ohne weitere Substantiierung umstandslos festgestellt.[271] Im Laufe der Vorarbeiten wurde die Bedeutung des SEPA als Zweck der PSD an zahlreichen Stellen deutlich. Zum Beleg seien nur zwei der bedeutendsten Quellen zitiert:

Die Begründung des Kommissionsvorschlags vom 01.12.2005 betont ausdrücklich:

> „Mit dem vorliegenden Kommissionsvorschlag soll der Weg für diese Investitionen und den Euro-Zahlungsverkehrsraum geebnet werden. (…)
>
> Eine Standardisierung der (…) rechtlichen Anforderungen würde es den Banken ermöglichen, eine schnellere und wirtschaftlichere automatisierbare Zahlungsabwicklung von einem Ende der Zahlungskette zum anderen anzubieten (…).“[272]

Desgleichen führt die EZB in ihrer Stellungnahme zum Kommissionsvorschlag vom 26.04.2006 aus:

> „Gegenwärtig erschwert die Vielzahl verschiedener nationaler Rechtsvorschriften zum Zahlungsverkehr die Umsetzung des einheitlichen Euro-

---

270 Vgl. zur Reichweite des teleologischen Arguments, insbesondere zur Dynamik des Zweckkriteriums sowie zu den Grenzen in Form der vertikalen und horizontalen Gewaltenteilung, Müller/Christensen, op.cit., S. 320 ff.

271 Vgl. z.B. Vanden Bosch/ Mathey, op.cit.; Rühl, DStR 2009, op.cit., S.2256.; Derleder, NJW 2009, op.cit., S. 3195. Teils wird die PSD gar als „SEPA-Richtlinie“ bezeichnet; vgl. z.B. „La directive SEPA est transposée“, in: Revue Lamy Droit des Affaires, octobre 2009, S. 45.

272 Kommissionsvorschlag, op.cit., S. 3.

> Zahlungsverkehrsraums (Single Euro Payments Area (SEPA)). Die Harmonisierung der nationalen rechtlichen Anforderungen für den Zahlungsverkehr wird daher den Bankensektor bei seinen Bemühungen zur Schaffung des SEPA unterstützen. (...)
>
> Sollte sich die Verabschiedung des Richtlinienvorschlags verzögern, könnte dies die Einführung nationaler SEPA-konformer Verfahren (...) gefährden. In diesem Zusammenhang sind die Titel III und IV des Richtlinienvorschlags von entscheidender Bedeutung, da sie harmonisierte Vorschriften über Informationsanforderungen, Zulassung, Ausführung und Haftung bei Zahlungsvorgängen einführen. (...) Sollten die Verhandlungen andauern, könnte die Möglichkeit erwogen werden, den Richtlinienvorschlag aufzuteilen, wobei der Verabschiedung der für eine erfolgreiche Umsetzung des SEPA erforderlichen Teile Vorrang eingeräumt werden sollte."[273]

Hieraus geht die Vordringlichkeit des SEPA-Projektes für die Ausgestaltung der PSD klar hervor. Insbesondere den zivilrechtlichen Regelungen über die Ausführung von Zahlungsvorgängen, welche auch den materiellen Gegenstand dieser Arbeit bilden, kommt insofern eine Schlüsselrolle zu, da sie die Umsetzung des SEPA-Lastschriftverfahren erst ermöglicht und auch für die Harmonisierung der anderen Zahlungsverfahren den rechtlichen Rahmen gesetzt haben.

Bei der objektiv-teleologischen Auslegung der PSD hat daher (auch) das Ziel der Verwirklichung des SEPA Berücksichtigung zu finden. Wie sich diese rechts- und wirtschaftspolitische Funktion der Richtlinie auf die Anwendung einzelner Normen auswirkt, ist in jedem Einzelfall unter Vergegenwärtigung der Ziele und Wirkungsmechanismen des SEPA zu konkretisieren. Aufgrund des Gebots der richtlinienkonformen Auslegung schlägt das SEPA-Projekt auch auf die Auslegung des deutschen Zahlungsdiensterechts durch.

Eine mögliche Einschränkung der Auslegungsrelevanz des SEPA-Projekts als Regelungszweck könnte im Zuge der abstrakten Vorüberlegungen allenfalls dahingehend in Betracht kommen, dass es nur insofern zu berücksichtigen ist, wie die Regulierung des Zahlungsdiensterechts zur Verwirklichung des Projekts erforderlich ist. Dies trifft bei einschränkender formaler Betrachtung nur auf die Harmonisierung der rechtlichen Rahmenbedingungen des Lastschriftverfahrens zu, da nur bei diesem die Einführung des SEPA-Verfahrens ohne die PSD nicht realisierbar gewesen wäre.[274]

Aus mehreren Gründen kann jedoch die teleologische Auslegung im Lichte des SEPA-Prozesses nicht von vornherein unter diesen Pauschalvorbehalt gestellt werden:

---

273 EZB-Stellungnahme, op.cit., S. 1 und 2.

274 Vgl. hierzu Dippel/Lohmann/Peschke, op.cit., Rn. 20/86.

Zum einen folgt der zivilrechtliche Teil der Richtlinie einer horizontalen Gliederungssystematik nach den Phasen des Zahlungsvorgangs, d.h. alle Zahlungsverfahrensarten sind grundsätzlich von denselben Regeln erfasst.[275] Abgesehen von wenigen speziellen Vorschriften (vgl. z.B. Art. 62 Abs. 1 S. 4 PSD) erfährt das Lastschriftverfahren somit keine gesonderte Regulierung, so dass eine differenzierende Anwendung des SEPA als Normzweck nicht generell an den Regelungsgegenstand anknüpfen kann. Das aus dem horizontalen Ansatz ersichtliche Bestreben des Richtliniengebers, einen einheitlichen Rechtsrahmen für alle erfassten Zahlungsinstrumente zu schaffen, steht einer Sonderbehandlung der Lastschrift im Rahmen der Auslegung offenkundig entgegen, da eine solche im Ergebnis zu einer differenzierenden Anwendung der Normen führen könnte.

Zum anderen stellt das Ziel der Verwirklichung des SEPA eine übergreifende Zweckbestimmung des harmonisierten Zahlungsdiensterechts dar, vergleichbar etwa mit dem Ziel des Verbraucherschutzes (vgl. Erwägungsgründe 18 ff. PSD) oder der Förderung des Wettbewerbs (vgl. Erwägungsgrund 4 PSD). Ein solches pauschales Grundmotiv ist in seiner Auslegungsrelevanz nicht von vornherein durch ein abstraktes Kriterium zu beschränken, sondern kann in seiner Bedeutung nur im Rahmen der Anwendung bestimmter Normen konkretisiert werden.

Schließlich ist einer auslegungsmethodischen Sonderbehandlung des Lastschriftverfahrens im Hinblick auf den Regelungszweck entgegenzuhalten, dass das SEPA-Projekt – wie oben bereits hervorgehoben[276] – eben nicht ausschließlich aus den Selbstregulierungsinitiativen der Kreditwirtschaft besteht, welche in der Tat gerade der Schaffung einer einheitlichen Rechtsbasis für das Lastschriftverfahren bedurfte. Die Realisierung eines einheitlichen Zahlungsverkehrsraums hängt über die einheitliche Ausgestaltung der Zahlungsinstrumente hinaus eng mit den rechtlichen Rahmenbedingungen der Zahlungsabwicklung zusammen, da diese maßgeblich für die Rechtssicherheit und Transparenz bei grenzüberschreitenden Zahlungen sind.

Die Bedeutung der PSD für das SEPA-Projekt – und vice versa – lässt sich mithin nicht a priori auf das Lastschriftverfahren reduzieren. Es bleibt folglich dabei, dass im Rahmen der teleologischen Auslegung für jeden Einzelfall zu prüfen ist, ob und inwiefern das Ziel der Verwirklichung des SEPA die Anwendung der PSD-Normen beeinflusst.

---

275 Im Einzelnen hierzu unten, Teil 1, Kap.3, Abschnitt A.II.1.

276 Vgl. oben Teil 1, Kap.2, Abschnitt B.

D. Fazit zu Kapitel 2

Der Blick auf die Entwicklung des SEPA-Projektes zeigt, dass die Vereinheitlichung der rechtlichen Rahmenbedingungen für Euro-Zahlungen maßgeblich von den EU-Organen vorangetrieben und getragen wird. Auch die PSD ist in diesen funktionalen Kontext einzuordnen. Sie dient der Etablierung insbesondere des SEPA-Lastschriftverfahrens, stellt jedoch auch darüber hinaus eine mit der Kreditwirtschaft abgestimmte Grundlage für die Realisierung des SEPA-Projektes dar. Die Richtlinie ist damit ein tragendes Element des SEPA-Projektes, da ohne einen allgemein verbindlichen normativen Rahmen eine Vollendung des Vereinheitlichungsprozesses auf dem Gebiet des elektronischen Zahlungsverkehrs nicht möglich wäre. Dieser Regelungszweck stand im Rahmen der Ausarbeitung der Richtlinie im Vordergrund. Auch die Legislativorgane haben sich das Ziel eines einheitlichen europäischen Zahlungsverkehrsraums zu Eigen gemacht.

Bei der teleologischen Auslegung der Richtlinie können Belange des SEPA-Projekts daher grundsätzlich berücksichtigt werden. Die Maximen der Automatisierung und Beschleunigung der Abwicklung grenzüberschreitender elektronischer Zahlungen stehen als Ziele des SEPA-Projektes im Mittelpunkt. Durch die kompatible Ausrichtung der rechtlichen und technischen Systeme soll die weitere Vertiefung des Binnenmarktes ermöglicht werden, was mittelbar auch den Zahlungsdienstnutzern zugute kommen soll, da mit einem neuen grenzüberschreitenden Wettbewerb auch Kostendruck für die Zahlungsdienstleister einhergehen soll.

Jedoch ist eine eindimensionale Sichtweise in Form einer ausschließlich „SEPA-konformen" teleologischen Auslegung zu vermeiden: die PSD ist trotz ihrer funktionalen Verstrickung ein eigenständiger hoheitlicher Rechtsakt, dessen Inhalt anhand der üblichen Auslegungsmethoden zu ermitteln ist. Das SEPA-Projekt stellt einen auslegungsrelevanten Hintergrund der PSD dar, es besteht jedoch keineswegs Identität zwischen SEPA und PSD: dies folgt in formaler Hinsicht schon daraus, dass die Richtlinie auch auf Nicht-Euro-Zahlungen Anwendung findet und nur für die EU-Mitgliedsstaaten Bindungswirkung entfaltet, während die SEPA-Zahlungsverfahren nur für Euro-Zahlungen und nur für die privatwirtschaftlichen Teilnehmer gelten, die ihnen beigetreten sind.

Inwiefern sich die Erfordernisse des SEPA-Projekts auf die Auslegung des deutschen Zahlungsdiensterechts auswirken, ist hinsichtlich konkreter Rechtsfragen im Zuge der richtlinienkonformen Auslegung zu bestimmen.

Zusammenfassung der Ergebnisse in Thesenform. Kapitel 2

Die Herstellung eines einheitlichen Euro-Zahlungsverkehrsraumes ist ein sowohl auf privatwirtschaftlicher als auch politischer Ebene betriebenes Projekt, welches auf die Herstellung einheitlicher rechtlicher und technischer Bedingungen für elektronische Zahlungen in Euro abzielt.

Durch Angleichung der rechtlichen Rahmenbedingungen soll im Zuge des SEPA-Projekts eine effizientere, automatisierte Abwicklung von Zahlungen ermöglicht und so der realwirtschaftliche Austausch im Binnenmarkt befördert werden.

Die Europäische Kommission und die Legislativorgane der EU fördern den SEPA-Realisierungsprozess durch Schaffung hoheitlicher Rechtsakte.

Die Kreditwirtschaft hat auf vertragsrechtlicher Ebene einheitliche SEPA-Zahlungsverfahren für Lastschrift, Überweisung und Kartenzahlung geschaffen, welche zunächst neben den überkommenen einzelstaatlichen Verfahren bestehen und diese später ganz ersetzen sollen.

Die PSD stellt sich funktional als Säule des SEPA-Projekts dar, ist jedoch aufgrund ihrer abweichenden Rechtsnatur und ihres auf die Mitgliedsstaaten beschränkten Anwendungsbereichs von den vertragsrechtlichen Elementen des SEPA zu unterscheiden.

Bei der Auslegung der PSD kann das SEPA-Projekt als grundlegender Regelungszweck Berücksichtigung finden, da es in den gesetzgeberischen Willen einbezogen wurde.

Als Erkenntnisquellen im Rahmen der teleologischen Auslegung stehen umfangreiche Dokumentationen der Kommission und des European Payments Council zur öffentlichen Verfügung, aus denen die Implikationen des SEPA-Projekts für die Anwendung der Richtlinie und Umsetzungsakte hergeleitet werden können.

Die Verwirklichung des SEPA stellt nicht das alleinige Ziel der PSD dar; folglich ist die teleologische Auslegung der Richtlinie nicht auf eine „SEPA-konforme“ Auslegung zu reduzieren.

Indem es – als Kriterium der teleologischen Richtlinienauslegung – das Verständnis der PSD mit prägt, ist das SEPA-Projekt grundsätzlich geeignet, über das Medium der richtlinienkonformen Auslegung auch das Verständnis der deutschen Umsetzungsnormen zu beeinflussen.

Kapitel 3. Grundparameter des zivilrechtlichen Teils der Zahlungsdiensterichtlinie und der Umsetzung ins deutsche Recht

Nachdem die methodischen Implikationen der richtlinienkonformen Auslegung sowie die Bedeutung des SEPA-Projekts für die Anwendung des Zahlungsdiensterechts dargestellt sind, werden in einem nächsten Schritt die prägenden Regelungsparameter der PSD (A) sowie die Grundzüge der Umsetzung ins deutsche Recht (B) aufgezeigt.

Hierdurch wird zum einen der eigentliche Gegenstand der Arbeit – das ins BGB eingeführte Regime für Zahlungsverfahren – im Gesamtsystem des neuen Zahlungsdiensterechts verortet. Zum anderen wird in diesem Abschnitt das Fundament für die darauffolgende Anwendung von Einzelnormen gelegt, da später immer wieder auf die Grundmotive der Richtlinie zurückzugreifen sein wird. Neben den redaktionellen und systematischen Leitlinien des neuen Zahlungsdiensterechts werden dabei auch bereits wichtige Begriffe in ihrem normativen Kontext dargestellt. Hierdurch wird die spätere Verwendung dieser Begriffe in Bezug auf konkrete Rechtsprobleme vorbereitet. Schließlich soll der knappe Überblick des BGB-Zahlungsdiensterechts in seiner Gesamtheit gewährleisten, dass die gesuchten Maßgaben zur Auslegung vor einem geschlossenen normativen Hintergrund erarbeitet werden können.

A. Regelungstechnische und inhaltliche Grundparameter der Zahlungsdiensterichtlinie

Zunächst ist die Richtlinie in Aufbau und Anwendungsbereich (I), sodann die systematischen Grundmotive des Regelwerks (II) darzustellen, bevor wesentliche inhaltliche Vorgaben knapp umrissen werden (III).

I. Struktur und Anwendungsbereich der Richtlinie

Die Zahlungsdiensterichtlinie setzt sich aus 96 Artikeln zusammen und ist in sechs Titel aufgeteilt. Titel I enthält Regelungen betreffend *„Gegenstand, Anwendungsbereich, Begriffsbestimmungen“*, Titel II (*„Zahlungsdienstleister“*) ist den Voraussetzungen für den Zugang von Nichtbanken als Zahlungsdienstleister gewidmet, Titel III sieht Informations- und Transparenzpflichten gegenüber

Zahlungsdienstnutzern vor und Titel IV regelt *„Rechte und Pflichten bei der Erbringung und Nutzung von Zahlungsdiensten“*.[277] Die aus den Titelüberschriften hervorgehenden Regelungsgegenstände der Richtlinie werden in Art. 1 PSD explizit aufgeführt. Im Hinblick auf das materielle Zivilrecht steht Titel IV im Vordergrund, der daher bei den Auslegungsübungen im Rahmen der vorliegenden Arbeit die größte Rolle spielen wird. Die Vorschriften des Titels II, welcher insbesondere die neue Gattung der „Zahlungsinstitute“ einführt, um den Wettbewerb im Bereich der Zahlungsdienste zu intensivieren, stellen zwar ein unter aufsichtsrechtlichen Gesichtspunkten sehr ergiebiges Studienobjekt dar[278]. Das Zahlungsdiensteaufsichtsgesetz (ZAG)[279], durch das die Vorgaben des Titels II vorrangig umgesetzt wurden[280], fällt jedoch nicht unter das Thema der vorliegenden Arbeit; die Befassung mit diesem Gegenstand würde den Rahmen eines möglichen Exkurses sprengen.[281]

Die Regelungen zum Anwendungsbereich der PSD sind – ebenso wie Legaldefinitionen der richtlinienspezifischen Begriffe (Art. 4) – in Titel I angesiedelt. Die aus diversen EG-Rechtsakten bekannte Technik, diese Aspekte „vor

277 Titel V und VI sind mit „Verfahren bei Änderungen der Richtlinie, Einsetzung eines Zahlungsverkehrsausschusses“ sowie „Schlussbestimmungen“ überschrieben.

278 Siehe zur lebhaften Kritik der nationalen Notenbanken und etablierten Kreditinstitute an den Regelungsvorschlägen der Kommission bezüglich milderen Zulassungsvoraussetzungen für Zahlungsinstitute z.B. Stellungnahme der Deutschen Bundesbank zum Arbeitsdokument „Ein möglicher Rechtsrahmen für einen einheitlichen Zahlungsverkehrsraum im Binnenmarkt“, op.cit., S.5; sowie Stellungnahme der Fédération Bancaire Francaise (FBF): „Position des banques francaises sur le document de la commission ‚A possible lgeal framework for the single payment area in the internal market‘“, S. 3.

279 Gesetz über die Beaufsichtigung von Zahlungsdiensten (Zahlungsdiensteaufsichtsgesetz - ZAG) vom 25.06.2009, BGBl. I S. 1506.

280 Darüber hinaus schlagen sich die aufsichtsrechtlichen Vorgaben der PSD in marginalen Änderungen einiger bestehender Gesetze nieder, insbesondere des Kreditwesengesetzes und des Finanzdienstleistungsaufsichtsgesetzes. Die „Gesetzgebung zur Umsetzung der aufsichtsrechtlichen Vorschriften der Zahlungsdiensterichtlinie“ ist im gleichnamigen Gesetzentwurf der Bundesregierung zum „Zahlungsdiensteumsetzungsgesetz“ zusammengefasst, verfügbar auf der Internetseite des Bundesfinanzministeriums (http://www.bundesfinanzministerium.de/).

281 Vgl. zur Umsetzung des aufsichtsrechtlichen Teils der PSD Brogl, jurisPR-BKR 7/2009 Anm. 4., op.cit., Schäfer/Lang, BKR 2009, op.cit., S. 11. Besondere Bedenken wurden hinsichtlich des aufsichtsrechtlichen Teils der PSD ob der Einführung der neuen Kategorie der „Zahlungsinstitute“ laut, vgl. etwa Mecatti, Payment Services Directive – Potential Implications of the New Category of Payment Services Providers in the United Kingdom, EUREDIA, 4/2009, S. 677 ff. sowie Gruner, Transposition française de la directive services de paiement (2e partie): le nouveau statut des acteurs non bancaires (les „établissements de paiement“), Revue Lamy Droit des Affaires 45 (2010), S. 27 ff.

die Klammer zu ziehen", soll für größere Übersichtlichkeit sorgen und die Richtlinie aus sich heraus verständlich machen.[282]

Eine Prüfung der Anwendbarkeit hat an Art. 2 der Richtlinie („*Anwendungsbereich*") anzusetzen.[283] In sachlicher Hinsicht ist die Richtlinie auf Zahlungsdienste anwendbar, die innerhalb der Gemeinschaft geleistet werden (Art. 2 Abs. 1 S. 1 PSD). Im Gegensatz zur Überweisungsrichtlinie[284] erfasst die PSD also auch Zahlungen, welche die Grenzen eines Mitgliedsstaates nicht überschreiten. Da inländische Zahlungen den Hauptanteil des Gesamtvolumens der elektronischen Geldtransfers ausmachen[285], ist dieser flächendeckende Ansatz für die Schaffung eines einheitlichen Zahlungsraumes entscheidend.

Zahlungsdienste sind gemäß dem Anhang zur Richtlinie: Dienste, die Bareinzahlungen oder -abhebungen ermöglichen, die Ausführung von Zahlungsvorgängen mittels Lastschrift, Zahlungskarte oder per Überweisung, die Ausgabe von Zahlungsinstrumenten sowie Finanztransfers und Online-Banking.[286] Die im Anhang verwandten Begriffe sind wiederum in Art. 4 PSD legaldefiniert. Der dergestalt umrissene Anwendungsbereich wird durch Art. 3 („*Vom Anwendungsbereich ausgenommene Tätigkeiten*") in negativer Hinsicht präzisiert. Explizit ausgeschlossen werden insbesondere solche papiergestützten Zahlungsmethoden, die aufgrund ihrer Kosten- und Zeitintensität als nicht zukunftsträchtig gelten, namentlich Scheck und Wechsel. Die Ausrichtung des Anwendungsbereichs nach den Maximen der Kosteneffizienz und Automatisierung wird in einer diesbezüglichen Stellungnahme der „Fédération Bancaire Française" zum Kommissionsentwurf deutlich: *„Le chèque est un instrument domestique, économiquement inefficace, et sans sécurité. Il se doit se disparaître à terme, compte tenu de ces handicaps. Il doit rester hors du champ du cadre juridi-*

---

282 Vgl. zu den Anforderungen an Strukturierung und Aufbau von Rechtsakten zur bestmöglichen Verständlichkeit, insbesondere zur Funktion der Legaldefinitionen aus rechtshistorischer Sicht Mertens, Gesetzgebungskunst im Zeitalter der Kodifikationen, Tübingen 2004, S. 421 ff. (insbesondere 458 ff.).

283 Vgl. zum Anwendungsbereich der Richtlinie Seyad, Journal of Banking Law and Regulation 2008, op.cit., S. 218 (219 f.); Franck/Massari, Die Zahlungsdiensterichtlinie: Günstigere und schnellere Zahlungen durch besseres Vertragsrecht?, WM 2009, S. 1117 (1118 f.).

284 Richtlinie 97/5/EG, op.cit.

285 Vgl. für eine Gegenüberstellung der Zahlungen ins bzw. aus dem Ausland mit den inländischen Zahlungen: Deutsche Bundesbank Zahlungsverkehrs- und Wertpapierabwicklungsstatistiken in Deutschland 2007 bis 2009 Stand: August 2010, Tabellen 6 und 7.

286 Zum Begriff des Zahlungsdiensts vgl. schon Priesemann, Proposal for a Directive on Payment Services in the Internal Market. Overview and Initial Comments, EUREDIA 1/2006, S. 15 (26 ff.).

que."[287] Nichtsdestoweniger wird in der einschlägigen Literatur teilweise angeregt, auch die Handhabung der vom Anwendungsbereich ausgeschlossenen Zahlungsverfahren in der Praxis an den Richtlinienvorgaben zu orientieren, um die Transparenz und Einheitlichkeit des Rechtsbereichs zu fördern.[288]

Die Anwendbarkeit speziell der materiellen zivilrechtlichen Normen (Titel III und IV) wird durch Art. 2 Abs. 1 S. 2, Abs. 2 PSD weiter eingeschränkt. Die Norm knüpft zum einen an den Sitz der an einem Zahlungsvorgang beteiligten Zahlungsdienstleister[289], zum anderen an die Währung, in der die betreffende Zahlung erbracht wird an.

Gemäß Art. 2 Abs. 1 S. 2 sind Titel III und IV nur anwendbar, *„(...) wenn sowohl der Zahlungsdienstleister des Zahlers als auch der des Zahlungsempfängers in der Gemeinschaft ansässig sind (...)"*. Damit geht die Richtlinie in ihrer geografischen Reichweite erheblich hinter den Richtlinienvorschlag der Kommission zurück, dessen Art. 2 noch keinen derartigen Vorbehalt enthalten hatte.[290] Die Kommission hatte eine Anwendbarkeit der neuen Vorschriften auf Zahlungsvorgänge vorgesehen, bei denen lediglich *„(...) mindestens einer der Zahlungsdienstleister seinen Sitz in der Gemeinschaft hat (...)"*. Ein solch umfassender Regelungsanspruch wurde von den EU-Legislativorganen als impraktikabel verworfen.[291] Dies deshalb, weil ansonsten bei Zahlungsvorgängen mit Drittstaatenbezug das Risiko einer unbilligen Asymmetrie zwischen den Pflich-

287 Stellungnahme Fédération Bancaire Française zum Arbeitsdokument „Ein möglicher Rechtsrahmen für einen einheitlichen Zahlungsverkehrsraum im Binnenmarkt", op.cit., S. 2.

288 Siehe z.B. Mathey, La réforme des services de paiement, Revue de droit bancaire et financier n°1, janvier 2010, étude 1, S. 2, wo von einer Angleichung der „bonnes pratiques dans le domaine des chèques" die Rede ist.

289 Der Begriff des Zahlungsdienstleisters erfasst gemäß Art. 4 Nr. 9 i.V.m. Art. 1 Abs. 1 PSD die „Kreditinstitute" im Sinne von Art. 4 Nr.1 lit.a der Richtlinie 2006/48/EG, die „E-Geld-Institute" im Sinne von Art.1 Abs.3 lit.a der Richtlinie 2000/46/EG, die „Zahlungsinstitute" im Sinne der PSD, die Europäischen Zentralbank und die nationalen Zentralbanken, wenn sie nicht in ihrer Eigenschaft als Währungsbehörden oder andere Behörden handeln, sowie die Mitgliedstaaten oder ihre regionalen oder lokalen Gebietskörperschaften, wenn sie nicht in ihrer Eigenschaft als Behörden handeln.

290 Vgl. zur Regelung der Anwendbarkeit durch den Kommissionsvorschlag Anning, Payment Services Directive: A Detailed Proposal by the European Comission for a New legal Framework, Journal of International Banking Law and Regulation 2006, S. 344 ff.; Burgard, Der Vorschlag der Kommission für eine Richtlinie über Zahlungsdienste im Binnenmarkt, WM 2009, S. 2065 (2066).

291 Diese Abänderung ist anhand des Berichts über den Vorschlag für eine Richtlinie des Europäischen Parlaments und des Rates über Zahlungsdienste im Binnenmarkt vom 20.09.2006, op.cit., Änderungsantrag 34, nachvollziehbar.

ten des in der Union ansässigen Zahlungsdienstleisters im Verhältnis zum Zahlungsdienstnutzer und seinen korrespondierenden Rechten gegenüber anderen beteiligten Zahlungsdienstleistern mit Sitz in einem Drittstaat bestanden hätte. Namentlich hätte sich der Zahlungsdienstnutzer gegenüber seinem in der Union ansässigen Institut auf das volle Leistungsprogramm der PSD berufen können, da in diesem Rechtsverhältnis die Richtlinie Anwendung gefunden hätte; demgegenüber wäre die Anwendbarkeit der PSD – und insbesondere des Regressanspruchs nach Art. 77 Abs. 1 PSD – im Interbankenverhältnis keineswegs gesichert gewesen: Bei Drittstaatensachverhalten ist zunächst nach den Regeln des Internationalen Privatrechts zu prüfen, ob im konkreten Fall grundsätzlich Unionsrecht anwendbar ist.[292] Erst wenn dies bejaht wurde, ist nach den Vorschriften der PSD zur Anwendbarkeit zu bestimmen, ob die Richtlinie im Hinblick auf einen fraglichen Zahlungsvorgang einschlägig ist. Der in der Union ansässige Zahlungsdienstleister hätte also mit der Schwierigkeit konfrontiert werden können, die nach der PSD dem Zahlungsdienstnutzer geschuldeten Leistungen nicht erbringen zu können, weil die hierzu erforderlichen Mitwirkungshandlungen mangels Anwendbarkeit der Richtlinie im Interbankenverhältnis gegenüber Instituten, die in Drittstaaten beheimatet sind, nicht erzwingbar gewesen wären.[293] Die Kommission hatte bei Verfassung ihres Vorschlags die Tatsache nicht hinreichend bedacht, dass die Einbeziehung von Zahlungen mit Drittstaatenbezug nicht zu einer korrespondierenden erweiterten Bindungswirkung außerhalb des EG-Rechtsraumes hätte führen können. Durch die Beschränkung auf unionsinterne Zahlungsvorgänge ist sichergestellt, dass die unterschiedlichen Beteiligten ein und demselben Regelwerk unterworfen sind.

Auch was das Anwendungskriterium der Währung angeht wurde der Kommissionsvorschlag in seiner Reichweite zurückgestutzt: Gemäß Art. 2 Abs. 2 PSD gelten Titel III und IV *„(...) für Zahlungsdienste, die in Euro oder in der Währung eines Mitgliedstaats außerhalb der Eurozone erbracht werden.“* Im Richtlinienentwurf war noch vorgesehen: *„Sofern nichts anderes bestimmt ist, gilt diese Richtlinie für Zahlungsdienste gleich welcher Währung“*. Hierzu führt der dem Parlament vorgelegte Bericht vom 20.09.2006 aus:

---

292 Vgl. hierzu grundlegend Rauscher, Internationales Privatrecht mit internationalem und europäischen Verfahrensrecht, Heidelberg 2009, S. 3. Zur Rolle des Begriffs des Drittstaatensachverhalts im internationalen Privatrecht, Münchner Kommentar BGB/ Sonnenberger, EGBGB – Vorbemerkung, Rn. 1 f.; zur Drittstaatenproblematik vgl. grundlegend Grolimund, Drittstaatenproblematik des europäischen Zivilverfahrensrechts, Tübingen 2000, S. 11 ff.

293 Zu den Problemen der Durchsetzung internationaler Ansprüche vgl. die rechtsvergleichende Studie von Nelle, Anspruch, Titel und Vollstreckung im internationalen Rechtsverkehr, Tübingen 2000, S. 10 ff.

„Das Ansinnen der Kommission, Regeln auszugeben, die für die Zahlungsdienste in Bezug auf sämtliche Währungen aller Länder der Welt gelten, ist zur Zeit unrealistisch oder wenigstens verfrüht. Der verschwindend geringe Anteil von grenzüberschreitenden Zahlungen außerhalb der Gemeinschaft für die von der Richtlinie betroffenen Benutzerkategorien rechtfertigt nicht, dass die vorgelegten Bestimmungen einen derart ausladenden Anwendungsbereich wie im ursprünglichen Richtlinienentwurf vorsehen.“[294]

Das Regelungsvorhaben der Kommission wurde im weiteren Verfahren also gleichsam geerdet und auf sein Kernanliegen – die rechtliche Ausgestaltung der Bank-Kunde-Beziehung – zurückgeführt. Im Retail-Bereich entbehrt die globale Erfassung von Drittwährungen und unionsüberschreitenden Zahlungen in der Tat der praktischen Rechtfertigung.

II. Regelungstechnische Grundentscheidungen der Zahlungsdiensterichtlinie: horizontaler Regelungsansatz und Vollharmonisierung

Hinsichtlich des zivilrechtlichen Teils der PSD hat die Kommission bei Ausarbeitung des Richtlinienvorschlags zwei prägende regelungstechnische Weichenstellungen vorgenommen: Zum einen sind die Vorschriften zu Rechten und Pflichten bei der Erbringung und Nutzung von Zahlungsdiensten horizontal gegliedert, d.h. grundsätzlich greifen für alle Verfahrensarten dieselben Regeln ein; zum anderen verfolgt die Richtlinie einen Vollharmonisierungsansatz, d.h. die Mitgliedsstaaten dürfen, sofern dies nicht ausdrücklich vorgesehen ist, *„(...) in den Bereichen, in denen diese Richtlinie harmonisierte Bestimmungen enthält, keine anderen als die in dieser Richtlinie festgelegten Bestimmungen beibehalten oder einführen“* (Art. 86 Abs. 1 PSD).

1. Der horizontale Aufbau

Indem sie Einzelvorschriften nicht an die verschiedenen Zahlungsverfahren anknüpft, sondern nach den sukzessiven Schritten des Zahlungsverfahrens ordnet, schafft die Richtlinie eine grundlegend neue Konzeption der Girogeschäfte. Bislang knüpfte die rechtliche Beurteilung elektrischer Zahlungen zunächst daran an, welches Verfahren zur Ausführung der Zahlung genutzt wurde; je nachdem

294 Siehe Bericht über den Vorschlag für eine Richtlinie des Europäischen Parlaments und des Rates über Zahlungsdienste im Binnenmarkt vom 20.09.2006, op.cit., Abschnitt „Begründung“.

ob z.B. eine Überweisung eingeleitet oder eine Bezahlung per EC-Karte erfolgen sollte, variierten die einschlägigen Regeln.[295] Diese Differenzierung steht nun nicht mehr am Anfang der rechtlichen Würdigung. Stattdessen ist nach der Richtlinie an den verschiedenen Phasen der Zahlung anzusetzen, um zu bestimmen, ob die Vorschriften zu *„Autorisierung von Zahlungsvorgängen"* (Titel IV, Kapitel 2) oder *„Ausführung von Zahlungsvorängen"* (Kapitel 3) anzuwenden sind. Die Orientierung an den sukzessiven Etappen des Überweisungsvorgangs wird in der weiteren Unterteilung des Kapitels 3 zur Ausführung von Zahlungsvorgängen in Abschnitte zu *„Autorisierung"*, *„Ausführungsfrist und Wertstellungsdatum"* sowie *„Haftung"* deutlich. Der horizontale Ansatz sichert eine flächendeckende Erfassung der elektronischen Zahlungsverfahren und sorgt damit nicht zuletzt für eine umfassende Letztentscheidungskompetenz des EuGH hinsichtlich der Auslegungsfragen auf diesem Gebiet.[296] Hieraus folgt eine gesteigerte Notwendigkeit, bei Anwendung des in Umsetzung der PSD eingeführten Zahlungsdiensterechts die Vorgaben des EuGH zur richtlinienkonformen Auslegung und Bindung an die Richtlinienziele zu berücksichtigen.[297]

Die systemische Neufassung wird teilweise als die eigentliche überragende Änderung durch die PSD angesehen.[298] Sie hat prima facie das Verdienst einer gesteigerten Kompaktheit und Übersichtlichkeit des Zahlungsdiensterechts. Zudem mag die unterschiedliche Behandlung eigentlich übereinstimmender Rechtsfragen hinsichtlich verschiedener Zahlungsverfahren nicht in jedem Fall sachlich gerechtfertigt gewesen sein. Es fragt sich jedoch, ob der EU-Gesetzgeber in seinem Bemühen um ein von Grund auf neues, umfassendes Normensystem nicht das Kind mit dem Bade ausgeschüttet hat. Denn einerseits kann der Versuch, verschiedene Rechtsfiguren in ein einziges Korsett zu schnüren, nicht durchgehalten werden: Wegen der jeweiligen Besonderheiten der Zahlungsverfahren war es unvermeidbar, spezielle Regeln hinzuzufügen, die nur auf einzelne Verfahrensarten anwendbar sind.[299] Andererseits sind die allgemeinen

---

295 Wobei diese Materien freilich – von der Überweisung abgesehen – nicht gesetzlich geregelt waren, sondern anhand privatautonomer Rechtsquellen, namentlich den Überweisungsabkommen und Geschäftsbedingungen der Banken, zu beurteilen waren, vgl. zu den Rechtsquellen des Bankrechts: Schwintowski/ Schäfer, Bankrecht – Commercial Banking – Investment Banking, Köln u.a. 2004, S. 229 ff., 385 ff., 417 ff.

296 Zur Zuständigkeit des EuGH im Bereich der Auslegung von Richtlinien, vgl. Pechstein, EU-/EG-Prozessrecht, op.cit., S. 128 ff. sowie Brown/Kennedy, The Court of Justice of the European Communities, London 2000, S. 117 ff. (beide zum ehem. Art. 226 EGV).

297 Vgl. hierzu oben, Teil 1, Kap. 1, Abschnitt B.

298 So z.B. Grundmann, Das neue Recht der Zahlungsdienste – Teil I, WM 2009, S. 1109 (1110).

299 Z.B. Art. 66 Abs. 3 PSD zur Widerrufbarkeit des Zahlungsauftrags bei Lastschriften; Art. 61 PSD zur Haftung bei nicht autorisierter Nutzung eines Zahlungsinstruments.

Regeln zwangsläufig durch ein höheres Maß an Abstraktheit gekennzeichnet, als es bei für spezifische Zahlungsverfahren konzipierten Vorschriften erforderlich gewesen wäre.[300]

Über die Systematik des horizontalen Ansatzes hinaus war auch der damit einhergehende lückenlose Regelungsumfang im Vorbereitungsstadium der Richtlinie nicht unumstritten. So trat die Deutsche Bundesbank der lückenlosen Regulierung von Lastschrift, Überweisung und Kartenzahlung schon zu Beginn des Projektes mit grundsätzlichen Überlegungen entgegen[301]: zum einen solle sich eine – in mancher Hinsicht anerkanntermaßen benötigte – Harmonisierung auf die Rechtsbereiche beschränken, in denen sie zwingend erforderlich sei. Zudem sei eine von den Marktteilnehmern initiierte Selbstverpflichtung auch im Interesse der Innovation neuer technischer Standards im Feld der Zahlungsdienste zu bevorzugen. Im Übrigen bestehe die Gefahr, durch eine zu weitgehende hoheitliche Rechtssetzung auf EG-Ebene die Beibehaltung funktionierender, in nationalen Märkten etablierter Zahlungsverfahren rechtlich unmöglich zu machen.[302]

Über den Tellerrand des Zahlungsdiensterechts hinaus ist die mittels der PSD erprobte Technik eines „differenzierenden allgemeinen Teils" im Hinblick auf die Bestrebungen zur Entwicklung eines europäischen Zivilrechts[303] von Interes-

300 Insofern kritisch Vanden Bosch/ Mathey, Revue de Droit bancaire et financier, 2007, op.cit., dossier 19 : „(...) vice méthodologique de la démarche de la Commission qui sous prétexte de neutralité impose des règles d'une abstraction extrême." ; siehe in diesem Sinne auch Rühl, DStR 2009, op.cit., S.2256.

301 Siehe Beitrag der Bundesbank vom 31.07.2002 zum Arbeitsdokument „Ein möglicher Rechtsrahmen für einen einheitlichen Zahlungsverkehrsraum im Binnenmarkt", op.cit.

302 Weiterhin gemahnt die Bundesbank den europäischen Gesetzgeber in ihrem Beitrag zum Arbeitsdokument, sich gerade im Hinblick auf die anvisierte Einführung eines SEPA-Lastschriftverfahrens zu zügeln: vorzugsweise solle sich ein europäisches Verfahren auf eine Ergänzung der bewährten nationalen Verfahren beschränken und möglichst nur auf den grenzüberschreitenden Zahlungsverkehr Anwendung finden. Betreffend den Bereich der Kartenzahlung warnt die Bundesbank in ihrer Stellungnahme davor, ohne zwingenden Grund in die zivilrechtlichen Beziehungen zwischen den Parteien einzugreifen; die praktizierten Zahlungsverfahren seien mit ihren jeweiligen Vor- und Nachteilen hinlänglich bekannt, so dass sich die Kunden im Sinne der Vertragsfreiheit bewusst für oder gegen eine Nutzung bestimmter Zahlungsdienste entscheiden könnten – einer gesetzlichen Fixierung der Rechtspositionen bedürfe es daher nicht. Vgl. zur Kompatibilität des Einzugsermächtigungsverfahren mit dem neuen Rechtsrahmen unten, Teil 2, Kap. 2.

303 Für einen Überblick der Projekte zur Entwicklung eines europäischen Zivilgesetzbuchs, siehe Ranieri, Europäisches Obligationenrecht – ein Handbuch mit Texten und Materialien, 3. Aufl., Wien 2009, S. 100 ff.; Collins, The European Civil Code – The Way

se: Perspektivisch könnte der Ansatz, vertragsrechtliche Regelungsgegenstände grundsätzlich demselben Regime zu unterwerfen, diesen allgemeinen Regeln jedoch den Besonderheiten einzelner Vertragstypen entsprechende Modifikationen hinzuzufügen, auch in einem europäischen Zivilgesetzbuch zum Einsatz kommen.[304] Insbesondere könnte die jurisprudentielle Anwendungspraxis auf dem Feld des Zahlungsdiensterechts darüber Aufschluss geben, ob der EuGH einem möglicherweise exponentiellen Anstieg der Zahl von Richtervorlagen, die mit der flächendeckenden Harmonisierung durch einen Allgemeinen Teil einhergehen könnte, gewachsen ist.[305]

2. *Vollharmonisierung durch die PSD*

Aufgrund des vollharmonisierenden Charakters der Richtlinie blieb den Mitgliedsstaaten bei der Umsetzung – unbeschadet der explizit eingeräumten Spielräume[306] – keine inhaltliche Entscheidungsfreiheit.[307] Die Bindung der einzelstaatlichen Gesetzgeber an die Richtlinienvorgaben erfasst auch den Detaillierungsgrad der Normen und verpflichtet, Generalklauseln in ihrer vom Richtliniengeber intendierten Offenheit zu übernehmen.[308]

Die Entscheidung für eine Vollharmonisierung erklärt sich aus dem Hinwirken des Richtliniengebers auf Rechtseinheitlichkeit und Rechtssicherheit im Anwendungsbereich der Normen.[309] Diese Maximen treffen zwar generell auf

---

Forward, Cambridge u.a. 2008; Informationsmöglichkeiten zu aktuellen Entwicklungen bieten u.a. die Internetseiten der „Study Group on a European Civil Code“, http://www.sgecc.net/ sowie des Max-Planck-Instituts für Ausländisches und Internationales Privatrecht, http://www.mpipriv.de/ww/de/pub/aktuelles.cfm

304 Grundmann spricht insofern von einem „Probelauf“, Grundmann, Das neue Recht der Zahlungsdienste – Teil I, WM 2009, op.cit., S. 1109 ff. (1112).

305 Vgl. zur steigenden Arbeitsbelastung des EuGH: „Statistics concerning Judicial Activity in 2009 - The number of judgments delivered in 2009 is one of the highest in the Court of Justice's history”, Court of Justice of the European Union, PRESS RELEASE No 29/10, Luxembourg, 15 March 2010; sowie die Rechtsprechungsstatistiken des Gerichtshofs auf http://curia.europa.eu/ (Links: Gerichtshof, Rechtsprechungsstatistiken).

306 Eine Liste der Optionen, die den Mitgliedsstaaten bei der Umsetzung freistanden, ist auf der einschlägigen Kommissionsinternetseite http://ec.europa.eu/internal_market/payments/framework/options_de.htm einsehbar.

307 Vgl. zu Aufgabe und Funktion des mitgliedsstaatlichen Gesetzgebers bei der Umsetzung vollharmonisierender Richtlinien Buchmann, Umsetzung vollharmonisierender Richtlinien – Zugleich ein Beitrag zur Normenkonkretisierung im Anwendungsbereich des Lamfalussy-Verfahrens, Baden-Baden 2008, S. 166 ff.

308 Vgl. ebenda, S. 173 f., 180 ff.

309 Vgl. Erwägungsgründe (1) und (2) PSD.

EU-Rechtsakte zu, doch treten im Falle der PSD konkrete Zielbestimmungen hinzu, welche dem Bedürfnis nach vollständiger Einheitlichkeit besonderes Gewicht verleihen: Namentlich soll die Richtlinie eine weitergehende Automatisierung der Ausführung von Zahlungsvorgängen gewährleisten, wodurch die Effizienz der Zahlungsdienste gesteigert und infolgedessen Bearbeitungskosten und -zeit eingespart werden sollen.[310] Ersichtlich erfordert eine automatisierte Weiterverarbeitung grenzüberschreitender Zahlungsaufträge, dass in den Rechtsordnungen des Zahlers und Empfängers dieselben Regeln gelten, so dass sich aufwendige rechtliche Prüfungen erübrigen. Die notwendige Transparenz und Verlässlichkeit soll durch den Vollharmonisierungsansatz gewährleistet werden.

Der globale Regelungsanspruch erscheint mit Blick auf das Subsidiaritätsprinzip (Art. 5 Abs. 1 und 3 EUV) durchaus bedenklich.[311] Dahingehende Einwende werden jedoch in Erwägungsgrund (60) der PSD lapidar verworfen:

> „Da das Ziel dieser Richtlinie, nämlich die Schaffung eines Binnenmarktes für Zahlungsdienste, auf Ebene der Mitgliedstaaten nicht ausreichend verwirklicht werden kann, weil hierfür die Harmonisierung einer Vielzahl unterschiedlicher Rechtsvorschriften der verschiedenen Mitgliedstaaten erforderlich ist, und daher besser auf Gemeinschaftsebene zu verwirklichen ist, kann die Gemeinschaft im Einklang mit dem in Artikel 5 des Vertrags niedergelegten Subsidiaritätsprinzips tätig werden. (…)“

Dieses selbstverständliche Hinweggehen über das rechtlich verbindliche[312] Subsidiaritätsprinzip könnte als Ausdruck einer generellen Attitüde der Kompetenzabsorption gedeutet werden, welche – sofern sie tatsächlich vorhanden ist[313] – im Widerspruch zur nominellen Funktion des Prinzips steht, die Befugnisse von Union und Mitgliedsstaaten deutlich voneinander abzugrenzen.[314] Freilich wäre eine substantiierte Rechtfertigung der Unionszuständigkeit hinsichtlich der

---

310 Vgl. u.a. Erwägungsgründe (38) und (40) PSD.

311 Vgl. kritisch zur Handhabung des Subsidiaritäsprinzip Lefebvre, Le principe de subsidiarité et l'Union européenne, in : Hrbek (Hrsg.), Die Anwendung des Subsidiaritätsprinzips in der Europäischen Union – Erfahrungen und Perspektiven, Baden-Baden 1995, S. 35 ff. sowie Cahn, The UK experience, ebenda, S. 45 ff.

312 Vgl. zur rechtlichen Verbindlichkeit des Subsidiaritätsprinzips Jarass, EG-Kompetenzen und das Prinzip der Subsidiarität nach Schaffung der Europäischen Union, EuGRZ 1994, S. 209 (211).

313 Vgl. für eine Darstellung der Anwendung des Subsidiaritätsprinzips aus Sicht der Kommission Ciavarini Azzi, L'expérience de la Commission en matière d'application du principe de subsidiarité, in: Hrbek (Hrsg.), Die Anwendung des Subsidiaritätsprinzips in der Europäischen Union – Erfahrungen und Perspektiven, Baden-Baden 1995, S. 59 ff.

314 Vgl. zu dieser Funktion des Subsidiaritätsprinzips Stein, Subsidiarität als Rechtsprinzip, in: Mertens (Hrsg.), Die Subsidiarität Europas, Berlin 1994, S. 23 ff. (31).

Harmonisierung des Zahlungsdiensterechts angesichts der offenkundigen Relevanz der Materie für die Vollendung des Binnemarktes nicht schwergefallen.[315]

III. Inhaltliche Grundzüge der zivilrechtlichen Vorschriften der PSD

Jene zahlungsdiensterechtlichen Vorschriften der PSD, welche durch die Umsetzung Eingang ins BGB gefunden haben, stellen den Kerngegenstand der Arbeit dar. Primär gehen diese Normen auf Titel IV der Richtlinie zurück. Jedoch enthält auch Titel III („*Transparenz der Vertragsbedingungen und Informationspflichten bei Zahlungsdiensten*“) zivilrechtliche Vorschriften, die allerdings größtenteils im EGBGB umgesetzt wurden.[316] Die folgende Darstellung zeichnet die Regelungen in ihren Grundzusammenhängen nach, um die folgenden Ausführungen zu den BGB-Vorschriften im Fundament der Richtlinie verankern zu können; es handelt sich keineswegs um eine erschöpfende inhaltliche Wiedergabe der PSD.

1. Titel 3 PSD: Verbraucherschutz durch Vorabinformation

Titel III trägt insbesondere dem Regelungsziel des Schutzes der Zahlungsdienstnutzer und somit v.a. des Verbraucherschutzes Rechnung. Die dezidiert diesem Zweck gewidmeten Normen machen einen verhältnismäßig umfangreichen Teil der PSD aus (Artt. 30-50).[317] Dies ändert freilich per se nicht daran, dass vorrangiges Regelungsmotiv die Binnenmarktintegration ist: die Beeinträchtigung der Marktfreiheiten durch das fragmentierte Zahlungsverkehrsrecht war Anlass für die Initiierung sowohl des Richtlinienvorhabens als auch des SEPA-Projekts.[318] Diese Grundausrichtung der PSD geht schon aus der Zuständigkeit

---

315 Für eine umfassende Zuständigkeit der Union für binnenmarktrelevante Rechtsgebiet plädieren z.B. Toth, The Principle of Subsidiarity in the Maastricht Treaty, Common Market Law Review 1992, S. 1079 (1091 f.) und Pipkorn, Das Subsidiaritätsprinzip im Vertrag über die EU – rechtliche Bedeutung und gerichtliche Überprüfbarkeit, EuZW 1992, S. 697 (699).

316 Zur Umsetzung sogleich im Einzelnen unter Teil 1, Kap. 3. Abschnitt B.

317 Vgl. zum Verbraucherschutz unter dem harmonisierten Zahlungsdiensterechts z.B. Payan/Farah/de Gracia, Transposition de la DSP – Client gagnant!, Revue Banque 2009, Nr. 718, S. 51 ff., Sciarrone Alibrandi, Contractual Regulations – Rights and Obligations of Users and Providers of Payment Services, EUREDIA 4/2009, S. 635 ff. Zu den Implikationen des SEPA-Projekts für Zahlungsdienstnutzer vgl. Annuscheit, Stand und Bedeutung von Sepa für Kunden und Verbraucher, Kreditwesen 17/2009, S. 816 ff..

318 Vgl. hierzu schon oben Teil 1, Kap.2., Abschnitte B. und C.

der Generaldirektion Binnenmarkt für die Erarbeitung des Richtlinienentwurfs hervor.[319]

Wie in Erwägungsgrund (21) deutlich wird, sind, entsprechend dem europarechtlichen Leitbild des *„aufgeklärten, situationsangemessen informierten Verbrauchers“*[320], Informationspflichten das Mittel der Wahl[321]:

> „In dieser Richtlinie sollten die Informationspflichten der Zahlungsdienstleister gegenüber den Zahlungsdienstnutzern festgelegt werden, damit Letztere ein gleich hohes Maß an verständlichen Informationen über Zahlungsdienste erhalten und so die Konditionen der verschiedenen Anbieter in der EU vergleichen und ihre Wahl in voller Kenntnis der Sachlage treffen können. (...)“

Die Nutzer von Zahlungsdiensten sollen durch wohldosierte – oder, wie es die Kommission ausdrückt, *„vollständige, richtige, klare, angemessene, verständliche und rechtzeitige“*[322] – Information über Bedingungen und Risiken eines in Erwägung gezogenen Vertrages in die Lage versetzt werden, eine ihren wahren Interessen entsprechende, bewusste Entscheidung zu treffen. Hiermit soll den Fehlallokationen begegnet werden, die mit der gegenwärtigen *„niedrigen finanziellen Allgemeinbildung“*[323] einhergehen. Die EU-weite Einheitlichkeit der

---

319 Vgl. Kulke, Die Zahlungsdiensterichtlinie und ihre Konsequenzen für den Verbraucher, VuR 2007, 364.

320 Zum Anforderungsprofil des mündigen, situationsadäquat informierten Verbrauchers vgl. grundlegend EuGH, Slg. 1995, I, S. 1923 („Mars“). Zur Entwicklung des Verbraucherbildes in der Rechtsprechung des EuGH siehe Denkinger, Der Verbraucherbegriff - eine Analyse persönlicher Geltungsbereiche von verbraucherrechtlichen Schutzvorschriften in Europa, Berlin 2007, S. 314 ff, sowie zu den verschiedenen Verbraucherleitbildern im Allgemeinen ebenda, S. 109 ff.; vertiefend vgl. Kilian, Der Verbraucherbegriff in der Europäischen Union, Augsburg 1998. Kritisch zur Information als Instrument des Verbraucherschutzes schon Albrecht, Konsumerismus und Konsumenteninformation - eine kritische Analyse der Konsumenteninformation als verbraucherpolitisches Instrument, Zürich 1979. Zum europäischen Verbraucherschutz im Bereich der Bankdienstleistungen und des privaten Zahlungsverkehrs im Binnenmarkt vgl. Reich/Micklitz, Europäisches Verbraucherecht, Baden-Baden 2003, S. 761 ff.

321 Scheibengruber/Breidenstein sprechen diesbezüglich vom „Primat der Information“, vgl. SEPA - Eine Zumutung für Verbraucher? - Ein Beitrag zur Analyse der Veränderung der Verteilung des Rückerlangungsrisikos bei fehlgeleiteten Überweisungen durch die Zahlungsdienstrichtlinie, WM 2009, S. 1393 (1397). Dieser Ansatz entspricht auch dem grundsätzlichen Respekt des europäischen Gesetzgebers vor Inhalts- und Vertragsfreiheit, vgl. Riesenhuber, Europäisches Vertragsrecht, 2. Aufl., Berlin 2006, Rn. 913.

322 Vgl. Grünbuch Finanzdienstleistungen, KOM/2007/226 endg., S.19.

323 Ebenda, S.18.

Verbraucherinformationen[324] wird durch den Vollharmonisierungsansatz gewährleistet, welcher im Hinblick auf die Informationspflichten in Erwägungsgrund (20) eigens bekräftigt wird. Es bleibt den Mitgliedsstaaten jedoch unbenommen, über das Schutzniveau der Richtlinie hinausgehende Informationspflichten vorzusehen. In Anbetracht der umfänglichen Listen obligatorischer Informationen, die von der PSD vorgegeben werden, erscheint es allerdings zumindest zweifelhaft, ob das richtige Maß nicht schon überschritten wurde; es besteht die Gefahr eines kontraproduktiven „Information Overkill".[325] Die Gefahr der Überforderung der Zahlungsdienstnutzer hat die Kommission durchaus erkannt und führt deshalb in Erwägungsgrund (27) aus:

> „Die Art und Weise, in der der Zahlungsdienstleister den Zahlungsdienstnutzer informieren muss, sollte den Erfordernissen des Nutzers (...) Rechnung tragen. Daher sollte in dieser Richtlinie zwischen zwei Arten unterschieden werden, auf denen Informationen vom Zahlungsdienstleister gegeben werden müssen. Entweder sollte die Information mitgeteilt, d.h. vom Zahlungsdienstleister zu dem in dieser Richtlinie geforderten Zeitpunkt von sich aus übermittelt werden, ohne dass der Zahlungsdienstnutzer sie ausdrücklich anfordern muss, oder die Information sollte dem Zahlungsdienstnutzer unter Berücksichtigung seiner etwaigen Ersuchens um nähere Informationen zugänglich gemacht werden."

Die Richtlinie differenziert also nach der Art der Informationsbereitstellung: Je nachdem, wie unter bestimmten Gegebenheiten dem Informationsinteresse des Zahlungsdienstnutzers angesichts der Dauer, auf die der abzuschließende Vertrag ausgelegt ist, sowie der einzugehenden Vertragspflichten, besser gerecht zu werden ist, soll der Zahlungsdienstleister zur aktiven Übermittlung oder nur zum passiven Bereithalten der Informationen verpflichtet sein. So muss der Zahlungsdienstnutzer vor Abschluss eines *„Rahmenvertrages"*[326] durch *Mitteilung* von bestimmten Informationen in Papierform oder auf einem anderen dauerhaften Datenträger unterrichtet werden (Art. 42 PSD). Hingegen lässt Art. 36 PSD im Hinblick auf *„Einzelzahlungsverträge"* das *Zugänglichmachen* der von Art.

---

324 Für Unternehmern und Organisationen sind die Informationspflichten verhandelbar, vgl. Art. 30 Abs. 1 PSD.

325 So auch schon Burgard, WM 2006, op.cit., S.2065 (2067); grundsätzlich zum Problem der Effektivität von Informationspflichten als Mittel zum Verbraucherschutz siehe Hufschmied, Verbraucherinformation - kontingenztheoretische Erklärung der Informationsnutzung von Konsumenten als Ansatzpunkt der Gestaltung und Beurteilung verbraucherpolitischer Informationsstrategien, Siegen 1981.

326 Der Begriff des Rahmenvertrages ist in Art. 4 Nr. 12 PSD definiert als: „Zahlungsdienstvertrag, der die zukünftige Ausführung einzelner und aufeinander folgender Zahlungsvorgänge regelt und die Verpflichtung zur Einrichtung eines Zahlungskontos und die entsprechenden Bedingungen enthalten kann".

37 PSD genannten vorvertraglichen Informationen in leicht abrufbarer Form genügen. Die Pflicht zum Mitteilen ist dabei als Schickschuld, jene zum Zugänglichmachen als Holschuld zu qualifizieren.[327]

Aus diesen Beispielen geht ein weiteres prägende Differenzierungsmerkmal hervor: Die PSD gliedert Titel III in Kapitel zu Einzelzahlungen bzw. Rahmenverträgen. Diese Unterscheidung wird in den Erwägungsgründen (24) und (25) der Richtlinie begründet:

> (24) In der Praxis sind Rahmenverträge und darunter fallende Zahlungsvorgänge weitaus häufiger und fallen wirtschaftlich mehr ins Gewicht als Einzelzahlungen. Bei Zahlungskonten oder bestimmten Zahlungsinstrumenten ist ein Rahmenvertrag erforderlich. Daher sollten die Vorabinformationspflichten bei Rahmenverträgen recht umfassend sein und die Informationen sollten immer auf Papier oder einem anderen dauerhaften Datenträger mitgeteilt werden (...).
>
> (25) Bei Einzelzahlungen sollte der Zahlungsdienstleister lediglich die wichtigsten Informationen stets von sich aus geben müssen. Da der Zahler in der Regel anwesend ist, wenn er den Zahlungsauftrag erteilt, braucht nicht vorgeschrieben zu werden, dass die Informationen in jedem Fall auf Papier oder einem anderen dauerhaften Datenträger gegeben werden müssen. Der Zahlungsdienstleister kann entweder mündlich am Schalter Auskunft erteilen oder dafür sorgen, dass die Informationen anderweitig leicht zugänglich sind, indem er beispielsweise eine Tafel mit den Vertragsbedingungen in seinen Geschäftsräumen anbringt. (...)

Die Differenzierung zwischen diesen beiden Konstellationen hat, wie unten weiter ausgeführt wird[328], Anlass zur Aufnahme neuer Vertragsdenominationen ins BGB gegeben.

2. Titel 4 PSD: Rechte und Pflichten bei der Erbringung und Nutzung von Zahlungsdiensten

Titel IV der Richtlinie enthält den zivilrechtlichen Kern der Richtlinie.

Unter der Überschrift des ersten Kapitels *„Gemeinsame Bestimmungen"* sieht er insbesondere die vertragliche Abdingbarkeit bestimmter Normen vor, welche allerdings nur eingreift, wenn der Zahlungsdienstnutzer kein Verbraucher ist; folglich sind sämtliche Vorschriften des Titels gegenüber Verbrauchern unabdingbar.

---

327 Vgl. zu den Begriffen des Mitteilens bzw. Zugänglichmachens Münchner Kommentar BGB/Casper, Art. 248 § 4 EGBGB Rn. 1 f. bzw. Art. 248 § 12 EGBGB, Rn. 1 f. Die Bezeichnung der Arten der Unterrichtung als Hol- bzw. Bringschuld findet sich z.B. bei Meckel, juris-PR-BKR 12/2009, op.cit., Anm. 1 (unter 3.2).

328 Siehe Teil 1, Kap. 3, Abschnitt B.II.1.

Das darauffolgende Kapitel *„Autorisierung von Zahlungsvorgängen"* führt das grundlegende Erfordernis der Zustimmung des Zahlungsdienstnutzers zum Zahlungsvorgang ein, bei dessen Fehlen der Zahlungsvorgang gemäß Art. 54 Abs. 2 Unterabs. 2 PSD als nicht autorisiert gilt, was wiederum die Haftungsfolge des Art. 60 PSD auslöst. Die Zustimmung kann vor oder – bei Vorliegen einer dahingehenden Vereinbarung – auch nach der Ausführung des Zahlungsvorgangs erteilt werden (Art. 54 Abs. 1 S. 2 PSD). Diese Möglichkeit zur nachträglichen Autorisierung ist insbesondere vor dem Hintergrund des Einzugsermächtigungsverfahrens von Bedeutung, wie im entsprechenden Abschnitt der Arbeit näher auszuführen ist.[329] Zudem verlangt die Richtlinie – anders als der ursprüngliche Entwurf der Kommission – keine ausdrückliche Autorisierung jeder Zahlungstransaktion: die Form der Zustimmung wird durch Parteivereinbarung bestimmt (Art. 54 Abs. 2 Unterabs. 1 PSD). Ist streitig, ob der haftungsauslösende Tatbestand der fehlenden Autorisierung erfüllt ist, so trägt der Zahlungsdienstleister gemäß Art. 59 Abs. 1 PSD die Beweislast hierfür. Er hat nachzuweisen, *„(...) dass der Zahlungsvorgang authentifiziert war, ordnungsgemäß aufgezeichnet und verbucht und nicht durch einen technischen Zusammenbruch oder eine andere Panne beeinträchtigt wurde"*. „Authentifizierung" ist nach der Definition des Art. 4 Nr. 19 PSD gegeben, wenn die Nutzung eines bestimmten „Zahlungsinstruments" mittels eines geeigneten Verfahrens überprüfbar ist.[330] Wie Art. 59 Abs. 2 PSD explizit herausstellt, reicht für den Nachweis der Autorisierung des Zahlungsvorgangs bzw. des Vorliegens der Voraussetzungen für eine unbeschränkte Haftung des Zahlers nach Art. 61 Abs. 2 PSD die aufgezeichnete Nutzung eines Zahlungsinstruments für sich gesehen *„nicht notwendigerweise"* aus. Diese Vorschrift wird auf mögliche Implikationen für die beweisrechtliche Handhabung von Fällen missbräuchlicher Nutzung von Zahlungskarten zu untersuchen sein.[331]

Über die bei fehlender Autorisierung gemäß Art. 60 Abs. 1 PSD eingreifenden Haftungsfolgen – namentlich Erstattungspflicht bzw. Pflicht zur Rückbuchung des Zahlungsbetrags – hinausgehende Entschädigungsforderungen (etwa auf Ersatz mittelbarer Schäden gerichtete Sekundäransprüche) richten sich gemäß Art. 60 Abs. 2 *„(...) nach dem auf den Vertrag zwischen dem Zahler und seinem Zahlungsdienstleister anwendbaren Recht (...)"*. Unbeschadet der Voll-

329 Vgl. unten Teil 2, Kap. 2.

330 Der Begriff des „Zahlungsinstruments" ist wiederum in Art. 4 Nr.23 als „jedes personalisierte Instrument und jeder personalisierte Verfahrensablauf, das bzw. der zwischen dem Zahlungsdienstnutzer und dem Zahlungsdienstleister vereinbart wurde und das bzw. der vom Zahlungsdienstnutzer eingesetzt werden kann, um einen Zahlungsauftrag zu erteilen" definiert.

331 Vgl. unten Teil 2, Kap. 1.

harmonisierung durch die PSD ist also hinsichtlich solcher Schäden, die von den Anspruchsgrundlagen der Richtlinie nicht erfasst sind, auf das im nationalen Recht bestehende Haftungssystem zurückzugreifen, im deutschen Recht somit insbesondere auf §§ 280 ff. BGB.

Auch für den Fall, dass bei Ausführung eines Zahlungsvorgangs eine Autorisierung vorlag, sieht Art. 62 Abs. 1 PSD einen Erstattungsanspruch des Zahlungsdienstnutzers vor. Diese Anspruchsgrundlage greift allerdings von vornherein nur bei Zahlungen, die *„von oder über einen Zahlungsempfänger angewiesen"* wurden[332] ein und steht unter folgenden Voraussetzungen:

> a) Bei der Autorisierung wurde der genaue Betrag des Zahlungsvorgangs nicht angegeben; und
>
> b) der Betrag des Zahlungsvorgangs übersteigt den Betrag, den der Zahler entsprechend seinem bisherigen Ausgabeverhalten, den Bedingungen seines Rahmenvertrags und den jeweiligen Umständen des Einzelfalls vernünftigerweise hätte erwarten können.

Dieser Anspruch stellt eine grundlegende Neuerung durch die PSD dar. Bislang stand dem Zahlungspflichtigen kraft des harmonisierten Überweisungsrechts nur ein mit der Ausführung der Zahlung erlöschendes Recht zum Widerruf seiner Weisung, bzw. – in der Terminologie der deutschen Umsetzung der Überweisungsrichtlinie – zur Kündigung des Überweisungsvertrages[333], zu.[334] Zudem konnte er den Zahlungsbetrag nicht zurückverlangen, wenn die ausgeführte Zahlung von der erteilten Weisung gedeckt war.

Die rechtliche Qualifikation des Art. 62 Abs. 1 PSD ist keineswegs evident: so kann die Norm einerseits als hoheitliche Verlängerung des girovertraglichen Rechts auf Widerruf der Weisung, andererseits als selbständige, auf Rückabwicklung eines bereits unwiderrufbar wirksam gewordenen Geldtransfers gerichtete Anspruchsgrundlage gesehen werden.[335]

---

332 Sog. „Pull-Zahlungen"; Hauptfall dieser Kategorie ist die Lastschrift.

333 Vgl. hierzu van Look in: Claussen, Bank- und Börsenrecht – Für Studium und Praxis, 4. Aufl. München 2008, S. 165 ff. zum Rechtsinstitut des Überweisungsvertrages und seinem Schicksal unter dem neuen Zahlungsdiensterecht, vgl. auch Teil 1, Kap. 3, Abschnitt B.III.2.b., Exkurs „Die Systematik des Überweisungsvorgangs unter dem neuen Zahlungsdiensterechts – Rückkehr zum Auftragsmodell".

334 Vgl. § 676a Abs. 4 S. 1 BGb a.F.

335 Vgl. hierzu Lohmann in: Hellner/Steuer, Bankrecht und Bankpraxis, Rn. 20/107; Obermüller/Kuder, SEPA-Lastschriften in der Insolvenz nach dem neuen Recht der Zahlungsdienste, ZIP 2010, S. 349 (354); insoweit missverständlich Grundmann, WM 2009, op.cit., S. 1157 (1160); ders. in Ebenroth/Boujong/Joost/Strohn, Band II, BankR

Hinsichtlich der im deutschen Recht gebräuchlichen Lastschriftverfahren wirkt sich Art. 62 PSD zweifellos auf das Abbuchungsauftragsverfahren aus; ob auch das Einzugsermächtigungsverfahren erfasst ist, hängt davon ab, ob dieses als *„autorisierte Zahlung"* im Sinne der Norm zu qualifizieren ist.[336]

Der Erstattungsanspruch bei autorisierten Pull-Zahlungen ist gemäß Art. 63 PSD auf acht Wochen zu befristen.

Grundsätzlich handhabt die Richtlinie die Widerrufbarkeit von Zahlungsaufträgen im Vergleich zur vormaligen deutschen Rechtslage restriktiv: Gemäß Art. 66 PSD tritt Unwiderruflichkeit bei „Push-Zahlungen" (also vom Zahler ausgelösten Zahlungen) mit dem Eingang des Zahlungsauftrags beim Zahlungsdienstleister des Zahlers (Abs. 1), bei „Pull-Zahlungen" mit Übermittlung des Auftrags bzw. der Zustimmung an den Zahlungsempfänger (Abs. 2), ein.[337] Diese Regelung kommt dem im französischen Recht geltenden *„principe de l'irrévocabilité de l'ordre"*[338] nahe. Dennoch wird gerade die Regelung der Unwiderruflichkeit von französischen Kommentatoren als Beispiel dafür herangezogen, dass eine „horizontale" Parallelregelung verschiedener Zahlungsverfahren schwer praktikabel sei.[339]

Die auf die Abgabe des Zahlungsauftrags folgende Phase des Zahlungsvorgangs, die *„Ausführung von Zahlungsvorgängen"* ist im darauffolgenden Kapitel 3 (Artt. 64 ff.) geregelt, welches zunächst Vorschriften zur weiteren Handhabung

II Rn. 149b; siehe zu Art. 62 Abs. 1 PSD eingehender unten Teil 2, Kap.2, Abschnitt C.II.

336 Die insoweit maßgebliche Qualifikation der Einzugsermächtigung unter dem neuen Zahlungsdiensterecht wirft den diesbezüglichen altbekannten Theorienstreit neu auf (vgl. nur Köhler, Lastschriftverfahren in der Insolvenz, Frankfurt a.M. 2010, S. 8 ff.) und zwingt zur Einbeziehung der geänderten rechtlichen Rahmenbedingungen. Dies sorgt in der einschlägigen Literatur für einige Verwirrung, vgl. etwa Einsele, Lastschriften mit Einzugsermächtigung als autorisierte Zahlungsvorgänge, AcP 209 (2009), S. 719 (741 ff.). Diese Frage wird im Abschnitt zur Lastschrift behandelt, siehe hierzu – sowie zum Versuch einer klärenden Lösung des Problems – Teil 2, Kap.3.

337 Vgl. Zur Widerrufbarkeit unter dem neuen Zahlungsdiensterecht aus französischer Sicht Torck, L'exécution et la contestation des opérations de paiement, JCP E 2010, S. 1033.

338 Vgl. hierzu Jeantin/ Le Cannu, Droit commercial – Instruments de paiement et de crédit, Paris 2003, S. 138 ff.

339 Siehe Mathey, La réforme des services de paiement, op.cit., der die Frage aufwirft, ob mit der hoheitlichen Festlegung des Zeitpunkts der Unwiderrufbarkeit auch die Verortung der Vollendung der Zahlung („réalisation du paiement "), welche für die Erfüllungswirkung im Valutaverhältnis ausschlaggebend ist, neu zu beurteilen ist; vgl. zur Erfüllungswirkung bei Überweisungen im deutschen, britischen und französischen Recht, unten Teil 2, Kap.3, Abschnitt A.

des Zahlungsauftrags nach Eingang beim Zahlungsdienstleister des Zahlers (namentlich: Zeitpunkt des Eingangs[340], Recht zur Ablehnung[341], Pflicht zum Transfer des Zahlungsbetrags ohne Abzug von Entgelten[342] – *Abschnitt 1*), sodann Regeln zu *„Ausführungsfrist und Wertstellung"* (*Abschnitt 2*) vorhält. Letztere sind durch Art. 68 PSD in ihrem Anwendungsbereich ausdrücklich auf

> „a) Zahlungsvorgänge in Euro;
>
> b) innerstaatliche Zahlungsvorgänge in der Währung des betreffenden Mitgliedstaats außerhalb der Eurozone; und
>
> c) Zahlungsvorgänge, bei denen nur eine Währungsumrechnung zwischen dem Euro und der Währung eines nicht dem Euro-Währungsgebiet angehörenden Mitgliedstaats stattfindet, (...)"

begrenzt.

Gemäß Art. 69 Abs. 1 S. 1 PSD hat der Zahlungsdienstleister Zahlungsaufträge bis zum Ende des Geschäftstags[343] auszuführen, der auf den in Art. 64 Abs. 1 PSD genauer bestimmten Zeitpunkt des Auftragseingangs folgt. Diese Frist kann bis 2012 noch durch Vereinbarung mit dem Zahlungsdienstnutzer auf drei Geschäftstage verlängert werden, Art. 69 Abs. 1 S. 2 PSD. Die in absehbarer Zeit strikte Reduzierung der zulässigen Ausführungsfrist auf einen Geschäftstag verlangt den Zahlungsdienstleistern – zumindest bei grenzüberschreitenden Zahlungen – eine erhebliche organisatorische Straffung des Verarbeitungsprozesses ab, die nur durch eine weitgehende Automatisierung der Zahlungsabwicklung zu erreichen ist.[344] Immerhin erstreckt sich der von der Ausführungspflicht erfasste Verantwortungsbereich des Zahlungsdienstleisters des Zahlers nicht, wie es im Kommissionsentwurf noch vorgesehen war, auf die Gutschrift des Zahlungsbetrags auf dem Konto des Begünstigten[345], sondern beschränkt sich auf den Transfer bis zum Konto des Zahlungsdienstleisters des Zahlungsempfängers. Diese Aufteilung der Pflichtensphären von Zahl- bzw. Inkassostelle kommt insbesondere auch in der Haftungsvorschrift des Art. 75 PSD zum Ausdruck.[346]

---

340 Art. 64 PSD.

341 Art. 65 PSD.

342 Art. 67 PSD.

343 siehe zum Begriff des Geschäftstags Palandt/Sprau, § 675n Rn.2 ff.

344 Vgl. kritisch zur Regelung der Ausführungsfrist Geva, in: Yearbook of European Law 2009, op.cit., S. 177 ff. (207 f.).

345 Vgl. Art. 61 Abs. 1 Kommissionsvorschlag, op.cit.

346 Vgl. zur Aufteilung nach Verantwortungssphären auch unten, Teil 2, Kap. 3, Abschnitt A. zum Erfüllungszeitpunkt bei der Überweisung.

Hinsichtlich der Wertstellung[347] schreibt Art. 73 Abs. 1 Unterabs. 1 PSD vor,

> „dass das Datum der Wertstellung einer Gutschrift auf dem Zahlungskonto des Zahlungsempfängers spätestens der Geschäftstag ist, an dem der Betrag, der Gegenstand des Zahlungsvorgangs ist, dem Konto des Zahlungsdienstleisters des Zahlungsempfängers gutgeschrieben wird.“

Darüber hinaus muss der Zahlungsbetrag dem Zahlungsempfänger gemäß Art. 73 Abs. 1 UA 2 PSD unverzüglich nach Gutschrift „zur Verfügung stehen“.

Kapitel IV Abschnitt 3 („*Haftung*“) schließlich komplettiert das von der Richtlinie entwickelte System von Sekundäransprüchen. Zentrale Haftungsnorm für die nicht erfolgte oder fehlerhafte Ausführung eines Zahlungsauftrags ist Art. 75 PSD, welcher zwischen Push-Zahlungen (Abs. 1) und Pull-Zahlungen (Abs. 2) differenziert. Danach haften die Zahlungsdienstleister gegenüber den Zahlungsdienstnutzern für die Befolgung der ihnen durch die PSD auferlegten Pflichten bei der Ausführung von Zahlungsvorgängen. Bei Verletzung dieser Pflichten sind die Institute zu Erstattung und Nachholung der Ausführung verpflichtet. Der Verantwortungsbereich des Zahlungsdienstleisters des Zahlers erstreckt sich bis zum Eingang des Betrags beim Zahlungsdienstleister des Zahlungsempfängers; er haftet also auch, wenn die Pflichtverletzung durch eine andere in die Zahlungskette eingebundene Stelle verursacht wurde. Das Konzept der PSD folgt damit im Grundsatz der bereits nach der Überweisungsrichtlinie geltenden Haftungsverteilung nach Risikosphären.[348] Die in Art. 61 Abs. 1 des Kommissionsvorschlags vorgesehene Haftung des Zahlungsdienstleisters des Zahlers für die rechtzeitige Gutschrift auf dem Konto des Zahlungsempfängers ist als zu weitreichend verworfen worden, da es primär in die Zuständigkeit des Zahlungsdienstleisters des Empfängers fällt, eingegangene Zahlungsbeträge verfügbar zu machen, Art. 73 Abs. 1 S. 2 PSD.[349]

---

347 Die Bestimmung von Wertstellungsdaten ist im französischen Recht umstritten; entsprechende vertragliche Klauseln hat die Cour de Cassation als rechtsgrundlos („dépourvu de cause“) verworfen, vgl. Cour de Cassation, Chambre Commerciale, 6 avril 1993, Bull civ 1993, IV, n° 138; JCP 1993, II, 22062.

348 Vgl. zu den Haftungsvorschriften des alten Überweisungsrechts, Becher, Das Überweisungsgesetz - Eine Übersicht, DStR 1999, S. 1360 (1362 f.); für eine knappe Darstellung der alten Haftungsregelungen in ihrer praktischen Bedeutung, vgl. Rotter/Placzek, Beck'sches Mandats-Handbuch Bankrecht – Ansprüche, Verfahren, Strategie, München 2009, S. 29/30.

349 Dieser Rechtsgedanke kann namentlich für die Frage des Erfüllungszeitpunkts im Valutaverhältnis bei Zahlungen mittels Überweisung fruchtbar gemacht werden, vgl. hierzu unten Teil 2, Kap. 3, Abschnitt A.I.

Gemäß Art. 58 PSD ist die Haftung nach Art. 75 PSD dann ausgeschlossen, wenn der Zahlungsdienstnutzer nicht unverzüglich nach Feststellung der anspruchsbegründenden fehlerhaften Ausführung, spätestens jedoch 13 Monate nach dem Tag der Belastung, seinen Zahlungsdienstleister hiervon unterrichtet.

Über die in Art. 75 PSD vorgesehenen Rechtsfolgen hinausgehende Ansprüche – gerichtet etwa auf den Ersatz von Schäden, die dem Zahler dadurch entstehen, dass er im Valutaverhältnis aufgrund einer durch seinen Zahlungsdienstleister nicht ausgeführten Zahlung ersatzpflichtig wird – sind von der PSD nicht spezifisch geregelt. Sie sind daher auf das einzelstaatliche Schuldrecht, im deutschen Zivilrecht insbesondere §§ 280 ff. BGB, zu stützen. Dies ist gemäß Art.76 PSD ausdrücklich zulässig.

B. **Die Umsetzung ins deutsche Zivilrecht**

Als Fundament der Auslegung der zahlungsdiensterechtlichen Vorschriften des BGB – insbesondere der historischen und systematischen Auslegung – ist die Umsetzung der PSD durch den deutschen Gesetzgeber in ihren Grundzügen zu vergegenwärtigen (I), wobei auf die spezifischen Hintergründe der Umsetzung einzelner Normen allerdings noch nicht vertieft einzugehen ist.

Ebenso dient es der Klarheit der folgenden Auslegungsbeispiele, vorab Anwendungsbereich und Struktur der zivilrechtlichen Umsetzungsnormen darzustellen (II) und einen knappen Überblick des wesentlichen materiellen Regelungsinhalts zu geben (III). Dabei kann freilich oftmals auf die Ausführungen zur PSD verwiesen werden.

I. Überblick der gesetzgeberischen Maßnahmen

Die Gesetzgebungskompetenz des Bundes für die Umsetzung des zivilrechtlichen Teils der Zahlungsdiensterichtlinie ergab sich aus Art. 74 Nr. 1 GG, welcher die Zuständigkeit für das bürgerliche Recht einschließlich des Verfahrensrechts zuweist.[350]

Die Umsetzung ins deutsche Recht erfolgte durch das „Gesetz zur Umsetzung der Verbraucherkreditrichtlinie[351], des zivilrechtlichen Teils der Zahlungs-

350 Zum Inhalt dieser Kompetenzzuweisung, vgl. Maunz/Dürig/Maunz, Band V, Art. 74 Rn. 53 ff.

351 Richtlinie 2008/48/EG des Europäischen Parlaments und des Rates vom 23.04.2008 über Verbraucherkreditverträge und zur Aufhebung der Richtlinie 87/102/EWG des Rates Verbraucherkreditrichtlinie – ABl. EU Nr. L 133 S. 66)

diensterichtlinie sowie zur Neuordnung der Vorschriften über das Widerrufs- und Rückgaberecht“ vom 29.07.2009[352]. Dieses Gesetz sieht Änderungen des BGB (Art. 1), EGBGB (Art. 2), UKlaG (Art. 3) sowie der SchlichtVerfV (Art. 4), des BDSG (Art. 5), der PAngV (Art. 6) und des KWG (Art. 7) vor. Die schuldrechtlichen Vorgaben der PSD werden vorrangig Bestandteil des BGB, wohingegen die Änderungen des UKlaG und der SchlichtVerfV verfahrensrechtlicher Natur sind und die außergerichtliche Schlichtung bei Streitigkeiten auf dem Gebiet des Zahlungsdiensterechts betreffen.[353] Durch eine Anpassung des § 14 UKlaG wird die Zuständigkeit der Schlichtungsstelle bei der Deutschen Bundesbank auf Zahlungsdienste erweitert; die einheitliche Rechtsanwendung im Sinne der erwünschten Rechtssicherheit und Vollharmonisierung soll durch die in § 6a SchlichtVerfO vorgesehene Zusammenarbeit der Stellen zur außergerichtlichen Streitbeilegung gefördert werden. Die Änderungen des BDSG, der PAngV sowie des KWG gehen auf die Verbraucherkreditrichtlinie zurück. Wegen der unterschiedlichen Umsetzungsfristen der PSD (bis zum 31.10.2009) und der Verbraucherkreditrichtlinie (bis zum 11.06.2010) traten die Normen zu versetzten Zeitpunkten in Kraft, je nachdem, zur Umsetzung welcher Richtlinie sie dienen.[354]

Durch ein gesondertes „Gesetz zur Umsetzung der aufsichtsrechtlichen Vorschriften der Zahlungsdiensterichtlinie“ vom 25.06.2009[355] wurden die aufsichtsrechtlichen Vorschriften der PSD ins deutsche Recht überführt. Dessen Hauptbestandteil, das ZAG, ist in zivilrechtlicher Hinsicht nur insoweit interessant, als einige relevante Legaldefinitionen der PSD in § 1 ZAG („Begriffsbestimmungen und Anwendungsbereich“) eingegangen sind.[356]

Im Laufe des Gesetzgebungsverfahrens sind umfangreiche Arbeitsmaterialien entstanden, die zur Ermittlung des vom Gesetzgeber verfolgten Regelungs-

---

352 BGBl. I 2009, S. 2355.

353 Vgl. zur zuständigen Schlichtungsstelle bei der deutschen Bundesbank „Merkblatt – Die Schlichtungsstelle bei der Deutschen Bundesbank“, Stand November 2009; verfügbar über http://www.bundesbank.de/schlichtungsstelle/schlichtungsstelle.php

354 Vgl. zur Umsetzung der Verbraucherkreditrichtlinie Kulke, Der Gesetzesentwurf der Bundesregierung zur Umsetzung der Verbraucherkreditrichtlinie, des zivilrechtlichen Teils der Zahlungsdiensterichtlinie sowie zur Neuordnung der Vorschriften über das Widerrufs- und Rückgaberecht - Teil 1, VuR 2009, S. 12; Ady/ Paetz, Die Umsetzung der Verbraucherkreditrichtlinie in deutsches Recht und besondere verbraucherpolitische Aspekte, WM 2009, S. 1061.

355 BGBl. I 2009, S. 1506.

356 Z.B. die Begriffe des Zahlungsdienstleisters, Zahlungsdienstes und Zahlungskontos sowie der Lastschrift und des Zahlungsauthentifizierungsinstruments; ein Überblick der Begrifflichkeiten des Zahlungsdiensterechts findet sich bei Koch in: Fischer/Klanten, Bankrecht – Grundlagen der Rechtspraxis, 4. Aufl., Köln 2010, S. 665 ff.

zwecks, aber auch zur Erschließung des objektiven Zwecks der Normen im Zuge der teleologischen Auslegung herangezogen werden können.[357] Als Erkenntnisquellen hervorzuheben sind insbesondere der Regierungsentwurf vom 5.11.2008[358], die Stellungnahme des Bundesrates[359] sowie die Beschlussempfehlung und der Bericht des Rechtsausschusses[360].

Aufschlussreich können darüber hinaus auch Stellungnahmen nicht legislativer Stellen sein, die von dem Gesetzesprojekt in ihren Interessen und Zuständigkeiten betroffen waren, wie etwa jene des Zentralen Kreditausschusses vom 26.11.2008 oder des Bundesverbandes Verbraucherzentrale vom 20.3.2009.[361]

II. Struktur und Anwendungsbereich der zivilrechtlichen Regeln

1. Aufbau des Regelsystems und Zusammenspiel mit Art. 248 EGBGB

Zur Umsetzung der PSD wurde ins 2. Buch, Abschnitt 8, Titel 12 BGB (nunmehr *„Auftrag, Geschäftsbesorgungsvertrag und Zahlungsdienste“*[362]) ein neuer Untertitel 3. *„Zahlungsdienste“* eingeführt. Er verdrängt die ehemaligen §§ 676 – 676g ff. BGB, welche auf der durch die PSD ersetzten Überweisungsrichtlinie beruhten[363]. Zwar handelt es sich bei Verträgen über die Erbringung von Zahlungsdiensten vertragstypologisch lediglich um eine Ausprägung des Geschäftsbesorgungsvertrags (§ 675c Abs. 1 BGB spricht von einem *„Geschäftsbesorgungsvertrag, der die Erbringung von Zahlungsdiensten zum Gegenstand hat“*), so dass die neuen Normen auch unter den Untertitel 2 *„Geschäftsbesorgungs-*

357 Alle im Folgenden genannten Dokumente sind auf der Internetseite des Bundestages, http://www.bundestag.de bzw. des Bundesjustizministeriums, http://www.bmj.de einzusehen.

358 Drs. 16/11643 vom 21.01.2009.

359 Drs. 848/08 vom 19.12.2008.

360 Drs. 16/13669 vom 01.07.2009.

361 Stellungnahmen zur Gesetzentwürfen sind auf den Internetseiten des Bundestages http://www.bundestag.de/bundestag/index.jsp über die Dokumenten-Suchfunktion verfügbar.

362 Vormals lautete die Überschrift „Auftrag und Geschäftsbesorgung“.

363 Der ebenfalls ersetzte § 676h BGB a.F. („Missbrauch von Zahlungskarten“) war in Umsetzung des Art. 8 der Richtlinie 97/7/EG über den Verbraucherschutz bei Vertragsschlüssen im Fernabsatz („Fernabsatzrichtlinie“), ABl. EG Nr. L 144, S. 19, bzw. des wortgleichen Art. 8 der Richtlinie 2002/65/EG über den Fernabsatz von Finanzdienstleistungen im Fernabsatz, ABl. EG Nr. L 271, S. 16, geschaffen worden.

vertrag" hätten gefasst werden können[364]. Jedoch sah sich der Gesetzgeber sowohl aus dem Bestreben heraus, den umfang- und detailreichen Vorgaben der PSD gerecht zu werden, als auch durch die besondere wirtschaftliche Bedeutung dieses speziellen Geschäftsbesorgungsvertragsgegenstandes bewogen, den Umsetzungsnormen einen eigenen Untertitel zu widmen.[365]

Der Aufbau des Untertitels „Zahlungsdienste" orientiert sich weitgehend am Vorbild der PSD. So gliedert sich der Untertitel in die drei Kapitel *„Allgemeine Vorschriften"*, *„Zahlungsdienstevertrag"* und *„Erbringung und Nutzung von Zahlungsdiensten"*. Kapitel 3 wiederum, welches auf Titel IV PSD zurückzuführen ist, ist in drei Unterkapitel geteilt: *„Autorisierung von Zahlungsvorgängen, Zahlungsauthentifizierungsinstrumente"*, *„Ausführung von Zahlungsvorgängen"* und *„Haftung"*. Die horizontale Struktur des zivilrechtlichen Teils der Richtlinie wird also ins BGB übernommen.

Hingegen sind die in Titel III der PSD vorgesehenen einzelnen Informationspflichten nicht ins BGB eingegangen. Stattdessen sind sie in den neuen Art. 248 EGBGB (*„Informationspflichten bei der Erbringung von Zahlungsdiensten"*) ausgelagert worden und wirken ins BGB über die Verweisnormen der §§ 675d, 675g und 675h BGB hinein.[366]

Bei der Umsetzung der PSD wurde damit der mit der Schuldrechtsmodernisierung eingeschlagene Weg fortgeführt, die wesentlichen materiellen Regelungen in das BGB einzufügen, umfangreiche Detailregelungen – wie eben die Informationspflichten bei Zahlungsdiensteverträgen – hingegen in andere Gesetze abzuschieben.[367] Dabei hat sich der deutsche Gesetzgeber gegen eine Aufnahme der Vorschriften in die BGB-InfoV[368] entschieden.

Die gewählte Lösung wird in der Begründung zum Regierungsentwurf auf die Erwägung gestützt, dass die Richtlinie das System der Informationspflichten so erheblich ausdehnt, dass eine Übernahme ins BGB den im Interesse der Übersichtlichkeit gebotenen Rahmen gesprengt hätte.[369] Schon die Aufnahme

364 Die in Umsetzung der Überweisungsrichtlinie ins BGB eingeführten Kategorien des Überweisungsvertrags, Zahlungsvertrags und Girovertrags waren noch als Kapitel dem Untertitel „Geschäftsbesorgungsvertrag" untergeordnet worden.

365 Vgl. BT-Drs. 16/11643, S. 98.

366 Ein knapper Überblick der Informationspflichten findet sich bei Koch in Fischer/Klanten, op.cit., S. 678 ff.

367 Vgl. Rühl, op.cit., S. 2256.

368 BGB-Informationspflichten-Verordnung in der Fassung der Bekanntmachung vom 5. August 2002 (BGBl. I S. 3002), zuletzt geändert durch Artikel 4 des Gesetzes vom 29. Juli 2009 (BGBl. I S. 2413) geändert worden ist

369 BT-Drs. 16/11643, S. 97.

der Vorschriften des Titels IV der PSD ins BGB erreicht eine im Hinblick auf die redaktionelle Qualität kritische Masse.[370]

Gegen eine Umsetzung in der BGB-InfoV sprach derweil folgende Erfahrung: Wegen des bloßen Verordnungscharakters der InfoV können die Gerichte darin enthaltene Musterbelehrungen inhaltlich auf ihre Vereinbarkeit mit der Ermächtigungsgrundlage hin überprüfen und bei negativem Befund wegen Unwirksamkeit unangewendet lassen[371]; infolgedessen hätte die mit der Formulierung von Mustern bezweckte Rechtssicherheit für die Zahlungsverkehrsteilnehmer durch die Verordnung nicht hinreichend gewährt werden können. Ergo befand es der Gesetzgeber für erforderlich, den Informationspflichten Gesetzesrang zu verleihen.[372]

Art. 248 EGBGB bündelt die Informationspflichten der Zahlungsdienstleister gegenüber den Zahlungsdienstnutzern.[373] Die Norm entspricht im Wesentlichen der Struktur des Titels III der PSD, was sich daraus ergibt, dass es dem nationalen Gesetzgeber aufgrund des vollharmonisierenden Charakters der Richtlinie verwehrt ist, vom vorgegebenen Pflichtenkatalog abzuweichen. Folglich übernimmt Art. 248 PSD auch die grundsätzliche Differenzierung zwischen *„Zahlungsdiensterahmenverträgen"* (Abschnitt 2) und *„Einzelzahlungsverträgen"* (Abschnitt 3), bei denen jeweils spezielle Informationspflichten einschlägig sind. Gemäß Art. 248 § 1 EGBGB gelten die speziellen zahlungsdiensterechtlichen Informationspflichten bei konkurrierender Einschlägigkeit des § 1 BGB-InfoV i.V.m. § 312 c Abs. 1 BGB exklusiv.[374]

---

370 Vgl. zum Problem der redaktionellen Qualität und Verständlichkeit neuer Rechtsvorschriften Schröder/Würdemann, Verständlichere Gesetzessprache – Institutionalisierung der Sprachprüfung im Gesetzgebungsverfahren, ZRP 2007, S. 231 ff.; Hauck/ Lötscher, Verständlichkeit von Gesetzen als Problem der Gesetzgebung, in: Gesetzgebung heute 2 (1994), S. 91.

371 Zur Befugnis unterinstanzlicher Gerichte, Rechtsverordnungen unangewendet zu lassen, vgl. BVerfGE18, 52, 59; hierzu Münchner Kommentar ZPO/Zimmermann, Band 3, GVG § 1, Rn. 39.

372 BT-Drs. 16/11643, S. 97/98.

373 Eine aktuelle Kommentierung des Art. 248 EGBGB findet sich z.B. schon in Rebmann/Säcker/Rixecker (Hrsg.), Münchner Kommentar zum BGB – Band 11 – Internationales Privatrecht, Internationales Wirtschaftsrecht, Einführungsgesetz zum BGB (Art. 85-248), 5. Aufl., München 2010.

374 Zu den Informationspflichten bei Fernabsatzverträgen mit Verbrauchern, siehe Rott, BB-Gesetzgebungsreport: Die Umsetzung der Richtlinie über den Fernabsatz von Finanzdienstleistungen im deutschen Recht, BB 2005, S. 53 sowie vertiefend Rünz, Verbraucherschutz im Fernabsatz – Informationspflichten und Widerrufsrecht als Schutzinstrumente deutscher und europäischer Vorschriften, Münster 2004, S. 49 ff.

Die Einbeziehung des Art. 248 EGBGB ins BGB-Zahlungsdiensterecht wird durch die Verweisnorm des § 675d BGB hergestellt, welcher in Abs. 2 auch eine Beweislastregel zugunsten des Zahlungsdienstnutzers enthält[375] sowie in Abs. 3 das Prinzip der Unentgeltlichkeit pflichtgemäßer Information vorsieht.[376] Während die Informationspflichten den Zahlungsdienstleistern gemäß § 675d Abs. 1 S. 1 BGB grundsätzlich bei der Erbringung von Zahlungsdiensten auferlegt werden, nimmt § 675 d Abs. 1 S. 2 BGB *„(...) die Erbringung von Zahlungsdiensten in der Währung eines Staates außerhalb des Europäischen Wirtschaftsraums oder die Erbringung von Zahlungsdiensten, bei denen der Zahlungsdienstleister des Zahlers oder des Zahlungsempfängers außerhalb des Europäischen Wirtschaftsraums belegen ist“* von der Geltung der Informationspflichten aus.

2. Anwendbarkeit des BGB-Zahlungsdiensterechts

Hervorzuheben ist zunächst, dass durch die zahlungsdiensterechtlichen Normen – und insbesondere jene, die die Anwendbarkeit regeln – nicht etwa die Anwendbarkeit des BGB erweitert wird; diese wird vielmehr durch die PSD-Umsetzungsnormen gar nicht behandelt und muss wie bisher anhand der Regeln des Internationalen Privatrechts festgestellt werden.[377] Erst wenn die Frage, ob auf einen bestimmten Sachverhalt deutsches Zivilrecht anwendbar ist, aufgrund des Kollisionsrechts positiv beantwortet wurde, ist weiter zu untersuchen, ob die Vorschriften über Zahlungsdienste einschlägig sind.

Zudem seien einige Bemerkungen zur vertraglichen Abdingbarkeit der Normen des Untertitels „Zahlungsdienste“ vorangestellt, welchen dann Relevanz zukommt, wenn §§ 675 c ff. BGB grundsätzlich anwendbar sind:

Eine privatdispositive Vereinbarung, die zulasten des Zahlungsdienstnutzers von den gesetzlichen Regeln abweicht, ist gemäß § 675e Abs. 1 BGB, wie von der PSD vorgesehen (Art. 86 Abs. 3 S. 1), vorbehaltlich expliziter gesetzlicher Ausnahmen ausgeschlossen:

---

375 Mit dieser Regelung macht der deutsche Gesetzgeber von der durch Art. 33 PSD eingeräumten Option Gebrauch. Art. 33 sieht unter der Überschrift „Beweislast bei den Anforderungen über die Bereitstellung von Informationen“ vor: „Die Mitgliedstaaten können vorschreiben, dass der Zahlungsdienstleister den Nachweis zu erbringen hat, dass er den Anforderungen dieses Titels über die Bereitstellung von Informationen nachgekommen ist.“

376 Vgl. hierzu Meckel, jurisPR-BKR 1/2010, op.cit., Anm. 1 (unter Punkt 16.).

377 Zur internationalen Anwendbarkeit als Vorfrage der materiellen Prüfung, vgl. grundlegend Kropholler, Internationales Privatrecht, op.cit., S. 1 ff..

> „Soweit nichts anderes bestimmt ist, darf von den Vorschriften dieses Untertitels nicht zum Nachteil des Zahlungsdienstnutzers abgewichen werden.“

Hieraus folgt im Umkehrschluss, dass ein Abweichen zu Gunsten der Zahlungsdienstnutzer stets möglich ist. Eine ausdrückliche Einräumung der Dispositionsfreiheit zu Gunsten der Bankkunden, wie sie die PSD in Art. 86 Abs. 3 S. 2 vornimmt, hält der deutsche Gesetzgeber angesichts des evidenten Gegenschlusses zu § 675 e Abs. 1 BGB für nicht erforderlich.[378]

Eine weitere Ausnahme von der unabdingbaren Geltung des gesetzlichen Zahlungsdiensterechts sieht § 675e Abs. 4 BGB hinsichtlich bestimmter Normen[379] für Zahlungsdienste vor, bei denen der Zahlungsdienstnutzer kein Verbraucher ist. Hierdurch werden Art. 30 Abs. 1 und Art. 51 Abs. 1 PSD umgesetzt, wobei der deutsche Gesetzgeber, wie aus der Begründung zum Regierungsentwurf hervorgeht, einen vorgeblich dem Richtliniengeber unterlaufenen Fehler korrigiert hat:

> „Abweichend vom Richtlinienwortlaut in Artikel 51 Abs. 1 wird in § 675e Abs. 4 BGB-E die Möglichkeit zur abweichenden Vereinbarung von § 675j Abs. 2 BGB-E anstatt von § 675j Abs. 1 BGBE zugelassen. Denn hier ist es noch kurz vor Veröffentlichung der Richtlinie zu einem falschen Verweis gekommen. Artikel 51 Abs. 1 der Zahlungsdiensterichtlinie müsste anstatt Artikel 54 Abs. 2 Unterabsatz 2 Artikel 54 Abs. 3 erwähnen. Denn es soll abgewichen werden können von der Möglichkeit, die Zustimmung jederzeit zu widerrufen, nicht jedoch von dem allgemeinen Grundsatz, der in der Richtlinie letztlich nur deklaratorisch aufgeführt wird, dass ein Zahlungsvorgang ohne Zustimmung als nicht autorisiert gilt.“[380]

Der Regierungsentwurf geht also von einem Redaktionsversehen des Richtliniengebers aus, welches bei Nachverfolgung der Entstehungsgeschichte des Art. 51 Abs. 1 PSD tatsächlich naheliegend erscheint: Der ursprüngliche Kommissionsentwurf enthielt noch keine Auflistung präziser Einzelnormen, von denen eine Abweichung gegenüber Unternehmern zulässig sein sollte. In den Änderungsvorschlägen des Parlaments[381] wurden erstmals solche expliziten Verweisungen eingefügt (namentlich in einen neuen Art. 40b, der in der endgültigen Nummerierung zu Art. 51 PSD wurde). Insbesondere sahen die Änderungsvor-

---

378 BT-Drs.16/11643, S. 101.

379 Namentlich: § 675d Abs. 1 Satz 1, Abs. 2 bis 4, § 675f Abs. 4 Satz 2, die §§ 675g, 675h, 675j Abs. 2 und § 675p sowie die §§ 675v bis 676 und die Fristenregelung des § 676b BGB.

380 BT-Drs. 16/11643, S. 101/102.

381 Veröffentlicht als „Ergebnisse der ersten Lesung (Straßburg 22.-26. April 2007)“, Dokument 8718/07 vom 08.05.2007 (einsehbar in den Registern des Rates und des Parlaments).

schläge eine Abdingbarkeit des Art. 41 *Abs. 3* der geänderten Entwurfsfassung vor. Ein solcher Absatz existierte jedoch nicht, stattdessen sah ein Art. 41 *Abs. 2a* die jederzeitige Widerrufbarkeit des Zahlungsauftrags vor, während Art. 41 Abs. 2 Unterabs. 2 bereits den Grundsatz enthielt, dass ein Zahlungsvorgang ohne Zustimmung als nicht autorisiert gilt. Diese irrtümliche Fehlverweisung scheint sich in der Endfassung der Richtlinie in Art. 51 Abs. 1 niedergeschlagen zu haben.

Zur Feststellung der Anwendbarkeit der Normen des Untertitels „Zahlungsdienste" ist zunächst auf § 675c Abs. 1 BGB abzustellen. Dieser sieht vor, dass die Vorschriften auf Geschäftsbesorgungsverträge anwendbar sind, welche die Erbringung von Zahlungsdiensten zum Gegenstand haben. Subsidiär finden – ebenfalls gemäß § 675c Abs. 1 BGB – die allgemeineren Regelungen der §§ 663, 665 bis 670 und 672 bis 674 BGB Anwendung. Zur Subsumtion unter den somit maßgeblichen Begriff des „Zahlungsdiensts" ist auf die Begriffsbestimmung der §§ 1 Abs. 2, 10 ZAG zurückzugreifen.[382] Diese sowie die sonstigen Begriffsbestimmungen des ZAG und des KWG sind gemäß § 675c Abs. 3 BGB auf §§ 675c ff. BGB anwendbar.

§ 1 Abs. 2 ZAG füllt den Begriff des Zahlungsdienstes durch Nennung mehrerer Geschäftstypen aus, welche als Subkategorien aufgelistet werden, z.B. das *„Ein- und Auszahlungsgeschäft"*, das *„Zahlungsgeschäft"* (mit den Varianten *„Lastschriftgeschäft"*, *„Überweisungsgeschäft"* und *„Zahlungskartengeschäft"*) oder das *„Zahlungsauthentifizierungsgeschäft"*. Die zum Verständnis dieser Begriffe wiederum erforderlichen Definitionen werden in den darauffolgenden Absätzen gegeben. In § 1 Abs. 10 ZAG schließlich werden, den Vorgaben der PSD entsprechend, bestimmte Vorgänge vom Begriff des Zahlungsdienstes explizit ausgenommen, z.B. die unmittelbare Bargeldzahlung vom Zahler an den Zahlungsempfänger sowie Zahlungen per Scheck oder Wechsel.[383]

---

382 Vgl. zu den einschlägigen Begriffsbestimmungen des ZAG und zum Anwendungsbereich des Zahlungsdiensterechts Koch in: Fischer/Klanten, op.cit., S. 665 ff.

383 § 1 Abs. 10 Nr. 6 ZAG, in Umsetzung des Art. 3 lit. g PSD. Erfasst werden hierdurch Schecks in Papierform im Sinne des Scheckgesetzes oder ein vergleichbarer Scheck nach dem Recht eines EU- oder EWR-Staates, der nicht Vertragspartei des Genfer Abkommens vom 19. März 1931 über das einheitliche Scheckgesetz (RGBl. 1933 II S. 537) ist. Ebenso erfasst werden Wechsel in Papierform im Sinne des Wechselgesetzes oder ein vergleichbarer Wechsel in Papierform nach dem Recht eines EU- oder EWR-Staates, der nicht Mitglied des Genfer Abkommens vom 7. Juni 1930 über das einheitliche Wechselgesetz (RGBl. 1933 II S. 377) ist, vgl. BT-Drs. 16/11613, S. 38.

§ 675c Abs. 2 BGB stellt im Hinblick auf den sachlichen Anwendungsbereich fest:

> „Die Vorschriften dieses Untertitels sind auch auf einen Vertrag über die Ausgabe und Nutzung von elektronischem Geld anzuwenden.“

Diese explizite Einbeziehung wurde vom Gesetzgeber deshalb für erforderlich gehalten[384], weil der Einsatz elektronischen Geldes[385] im Anhang der PSD nicht als Zahlungsdienst im Sinne der Richtlinie erwähnt wird und infolgedessen auch nicht in die Begriffsbestimmung des § 1 ZAG aufgenommen wurde. Hieraus ergibt sich jedoch keineswegs, dass die zivilrechtlichen Vorschriften der Richtlinie nicht auf E-Geld-Geschäfte Anwendung finden sollten. Eine solches Ergebnis wird zum einen durch Erwägungsgründe (8) und (9) PSD entkräftet. Gemäß Erwägungsgrund (8) sollen E-Geld-Institute weiterhin den aufsichtsrechtlichen Anforderungen der Richtlinie 2000/46/EG über die Aufnahme, Ausübung und Beaufsichtigung der Tätigkeit von E-Geld-Instituten[386] genügen. Das *aufsichtsrechtliche* Regime für E-Geld-Institute sollte mithin durch die PSD nicht verändert werden. Hieraus kann im Umkehrschluss gefolgert werden, dass die *zivilrechtlichen* Bestandteile der Richtlinie durchaus auf E-Geld-Geschäfte angewandt werden sollten. Dieses Ergebnis wird durch Erwägungsgrund (9) bestätigt:

> „Diese Richtlinie sollte die Ausführung von Zahlungsvorgängen regeln, soweit es sich bei den Geldbeträgen um elektronisches Geld im Sinne von Artikel 1 Absatz 3 Buchstabe b der Richtlinie 2000/46/EG handelt. Sie sollte jedoch weder die Ausgabe von elektronischem Geld regeln noch die Regeln für die Beaufsichtigung der E-Geld-Institute nach der Richtlinie 2000/46/EG ändern.“

Zum anderen zeigt die Definition des Begriffs „Geldbetrag“ in Art. 4 Nr. 15 PSD (*„Banknoten und Münzen, Giralgeld und elektronisches Geld“*), dass elektronisches Geld nicht grundsätzlich von den anderen zur Durchführung von Zahlungsvorgängen verwandten Wertträgern abgesondert werden sollte. Die Einbeziehung des Einsatzes elektronischen Geldes in den Anwendungsbereich des Untertitels „Zahlungsdienste“ steht folglich im Einklang mit der Richtlinie und hat klarstellenden Charakter.

---

384 Vgl. BT-Drs. 16/11643, S. 99.

385 Siehe für die Definition des Begriffs „elektronisches Geld“ § 1 Abs. 14 KWG, Boos/Fischer/Schulte-Mattler/Schäfer, § 1 KWG Rn. 234 ff. Zum Begriff des elektronischen Geldes vgl. auch Treude, Elektronisches Geld, Norderstedt 2005, S. 4.

386 Vom 18.09.2000, ABl. EG Nr. L 275, S. 39.

§ 675e Abs. 2 BGB schließlich schränkt die Anwendbarkeit für Zahlungsdienste mit Drittstaatenbezug im Sinne des § 675d Abs. 1 S. 2 BGB – also bei Belegenheit eines beteiligten Zahlungsdienstleisters in einem Drittstaat[387] oder Erbringung eines Zahlungsdienstes in einer Fremdwährung[388] – ein. § 675e Abs. 2 S. 1 BGB schließt zunächst die Anwendbarkeit bestimmter Normen auf solche Sachverhalte aus.[389] Gemäß § 675e Abs. 2 S. 2 BGB darf im Übrigen bei Bestehen eines Drittstaatenbezugs von den Vorschriften des Untertitels auch zum Nachteil des Zahlungsdienstnutzers vertraglich abgewichen werden. Diese Sonderbehandlung von Drittstaatensachverhalten geht auf die oben[390] hinsichtlich der PSD dargestellte Ratio zurück, dass sowohl die technischen Voraussetzungen, die für eine Erfüllung der Pflichten nach dem vereinheitlichten Zahlungsdiensterecht erforderlich sind[391], als auch die Durchsetzbarkeit der entsprechenden (Regress-)Ansprüche[392] teils mangels Anwendbarkeit des harmonisierten Zahlungsdiensterechts im Interbankenverhältnis nicht zu gewährleisten sind, wenn ein beteiligter Zahlungsdienstleister außerhalb des Europäischen Wirtschaftsraums belegen ist. Jedoch ergibt sich aus der Systematik der Sätze 1 und 2 des § 675e Abs. 2 BGB, dass grundsätzlich auch bei Drittstaatensachverhalten die Vorschriften des Untertitels eingreifen sollen. Unbeschadet der Abdingbarkeit nach § 675e Abs. 2 S. 2 BGB soll das gesetzliche Leitbild auch insofern – insbesondere als Maßstab der AGB-Inhaltskontrolle – eingreifen.[393] Nur bei solchen Regelungen, deren Leitbilder auf Drittstaatenkonstellationen nicht sinnvoll angewandt werden können, ist die Anwendung durch § 675e Abs. 2 S. 1 BGB von vornherein ausgeschlossen.[394] Diese Handhabung soll eine möglichst weitge-

---

387 Drittstaatendienstleister im Sinne der Norm sind solche, die außerhalb des EWR belegen sind (Mitgliedsstaaten des EWR sind die EU-Staaten sowie Island, Liechtenstein und Norwegen); vgl. Palandt/Sprau, § 675d Rn. 3.

388 Fremdwährungen im Sinne der Norm sind solche von Staaten, die nicht zum EWR gehören (Drittstaaten). Vgl. Palandt/Sprau, § 675d Rn. 3.

389 Namentlich: § 675q Abs. 1 und 3, § 675s Abs. 1, § 675t Abs. 2, § 675x Abs. 1 und § 675y Abs. 1 und 2 sowie § 675z Satz 3 BGB.

390 Siehe oben Teil 1, Kap.3, Abschnitt A.I.

391 Vgl. z.B. die Pflichten zur fristgerechten Ausführung und Wertstellung, §§ 675s Abs. 1 und 675t Abs. 2 BGB.

392 Vgl. z.B. Erstattungsanspruch nach § 675x Abs. 1 BGB und Haftung nach § 675y Abs. 1 BGB.

393 Vgl. BT-Drs. 16/11643, S. 99.

394 Die in § 675e Abs. 2 S. 1 BGB genannten Normen betreffen: Entgeltregelungen, Ausführungsfristen, Verfügbarkeits- und Wertstellungsregelungen, Erstattungsvorschriften in Fällen bereits autorisierter vom Zahlungsempfänger angestoßener Zahlungen, die Haftung des Zahlungsdienstleisters des Zahlers für die Fälle nicht erfolgter oder fehlerhafter Ausführung eines von ihm angestoßenen Zahlungsvorgangs („Push-Zahlung")

hende Konsistenz der Rechtslage auch bei Drittstaatenbezug sicherstellen, um die Nutzung grenzüberschreitender Zahlungsdienste durch Herstellung einer verlässlichen einheitlichen Rechtsbasis zu begünstigen; angesichts der zahlreichen Ausnahmen leidet indes die Übersichtlichkeit, was der vereinfachten Nutzbarkeit gerade zuwiderläuft.

III. Grundzüge des materiellen Regelungsinhalts

Wie bereits erwähnt, ist der Untertitel „Zahlungsdienste" strukturell von der horizontalen Regelungssystematik des Titels IV PSD beherrscht. Die Vorschriften orientieren sich also an den verschiedenen aufeinanderfolgenden Phasen der Zahlungsdienste. Lediglich die Kapitel 1 und 2 des Untertitels sind hiervon auszunehmen: Während Kapitel 1 vor allem Anwendbarkeit und Abdingbarkeit der Normen regelt, ist Kapitel 2 (§§ 675f – 675i BGB) dem *„Zahlungsdienstevertrag"* gewidmet.

1. Eine neuer Vertragstyp – der „Zahlungsdienstevertrag" (§§ 675f – 675i BGB)

Der Zahlungsdienstevertrag stellt einen neuen gesetzlichen Vertragstypus dar.[395] Er untergliedert sich, dem PSD-Modell entsprechend, in die Subkategorien *„Einzelzahlungsvertrag"* (§ 675f Abs. 1 BGB) und *„Zahlungsdiensterahmenvertrag"* (§ 675f Abs. 2 BGB):

> „(1) Durch einen Einzelzahlungsvertrag wird der Zahlungsdienstleister verpflichtet, für die Person, die einen Zahlungsdienst als Zahler, Zahlungsempfänger oder in beiden Eigenschaften in Anspruch nimmt (Zahlungsdienstnutzer), einen Zahlungsvorgang auszuführen.
>
> (2) Durch einen Zahlungsdiensterahmenvertrag wird der Zahlungsdienstleister verpflichtet, für den Zahlungsdienstnutzer einzelne und aufeinander folgende Zahlungsvorgänge auszuführen sowie gegebenenfalls für den Zahlungsdienstnutzer ein auf dessen Namen oder die Namen mehrerer Zahlungsdienstnutzer lautendes Zahlungskonto zu führen. (…)"

---

sowie die Zurechnung des Verschuldens zwischengeschalteter Stellen für den Zahlungsdienstleister bei Folgeansprüchen des Zahlungsdienstnutzers.

395 Vgl. hierzu Derleder, NJW 2009, op.cit., 3195 (3196) sowie Rösler/Werner, BKR 2009, op.cit., S. 1 (7).

Diese Beschreibungen verwenden weitere neue Rechtsbegriffe, wie jene des Zahlungsdienstleisters und des Zahlungsvorgangs, die an anderer Stelle ebenfalls gesetzlich ausgefüllt werden: Teilweise wurden Definitionen direkt ins BGB eingefügt (z.B. § 675f Abs. 3 – *„Zahlungsvorgang"* bzw. *„Zahlungsauftrag"*), größtenteils ist auf § 1 ZAG zurückzugreifen (z.B. § 1 Abs. 1 ZAG – *„Zahlungsdienstleister"*, bzw. § 1 Abs. 3 ZAG – *„Zahlungskonto"*).[396] Die Führung eines „Zahlungskontos" als Gegenstand des Zahlungsdiensterahmenvertrages weist auf den praktischen Hauptfall dieses Vertragstyps hin: das Girokonto.[397] Jedoch lässt § 675f Abs. 2 S. 2 BGB auch sonstige vertragliche Ausgestaltungen – etwa die Verbindung mit einem anderen Vertrag – zu.[398]

Die Unterscheidung zwischen den beiden Untergruppen des Zahlungsdienstevertrages ist insbesondere für die Bestimmung der jeweils einschlägigen Informationsanforderungen nach Art. 248 EGBGB relevant, welche über die Verweisnormen der §§ 675d, 675g und 675h BGB einbezogen werden.[399] Die Voraussetzungen für eine Änderung oder Kündigung des Zahlungsdiensterahmenvertrages sind in § 675g bzw. § 675h BGB speziell geregelt. Die Erfüllung der gesetzlich vorgesehenen Nebenpflichten hat gemäß § 675f Abs. 4 BGB, sofern nicht andernorts ausdrücklich zugelassen, kostenlos zu erfolgen.

Hinsichtlich der Änderung von Zahlungsdiensterahmenverträgen ist bemerkenswert, dass nach § 675g Abs. 2 BGB die Fiktion der Zustimmung des Zahlungsdienstnutzers hierzu vereinbart werden kann. Hierdurch soll die praktische Handhabbarkeit des Girokontogeschäfts für die Zahlungsdienstleister gewährleistet werden.[400] Derselben Ratio folgt § 675g Abs. 3 BGB, indem er die Änderung von Zinssätzen und Wechselkursen von den vorstehenden Bedingungen ausnimmt, soweit dies im Zahlungsdiensterahmenvertrag vereinbart wurde. Diese Befreiung war schon durch praktische Erwägungen geboten, da sich sonst mehrmals täglich Informationspflichten ergeben hätten, welche im Ergebnis zur

---

396 Vgl. Teil 1, Kap.3, Abschnitt E „Zur Begrifflichkeit des neuen Zahlungsdiensterechts".

397 Vgl. zum Girokontovertrag Huber, Bankrecht – Bankensystem, Bankenaufsicht, Recht der Bankgeschäfte – Ein Handbuch für die Praxis, Baden-Baden 2001, S. 478 ff. sowie Hüffer/van Look, Rechtsfragen zum Bankkonto, 4. Aufl., Köln 2000, S. 1 ff. In der Regierungsbegründung zum Referentenentwurf des Überweisungsgesetzes wird der „Girovertrag" als „gemischt-typischer Geschäftsbesorgungsvertrag eigener Art" bezeichnet, vgl. BR-Drs. 163/99, S. 12.

398 Vgl. BT-Drs. 16/11643, S. 102.

399 Art. 248 EGBGB ist nach ebendiesen vertraglichen Typen gegliedert: Abschnitt 2 sieht Informations- und Formerfordernisse bei Zahlungsdiensterahmenverträgen vor, Abschnitt 3 solche bei Einzelzahlungsverträgen.

400 Vgl. zur Zustimmungsfiktion bei Änderung des Zahlungsdiensterahmenvertrages auch BGB-Handkommentar/Schulte-Nölke/Schulze, § 675g Rn. 3; Meckel, jurisPR-BKR 12/2009, op.cit., Anm.1, unter 5.

Verwirrung und Überforderung des Zahlungsdienstnutzers geführt hätten und seinem effektiven Informationsstand eher abträglich gewesen wären.[401]

Was die Ausgestaltung der ordentlichen Kündigung in § 675h BGB angeht, so fällt neben dem jederzeitigen fristlosen Kündigungsrecht des Zahlungsdienstnutzers (Abs. 1)[402] insbesondere Abs. 2 Satz 1 auf, der bestimmt:

> „Der Zahlungsdienstleister kann den Zahlungsdiensterahmenvertrag nur kündigen, wenn der Vertrag auf unbestimmte Zeit geschlossen wurde und das Kündigungsrecht vereinbart wurde."

Diese Regelung setzt Art. 45 Abs. 3 PSD um. Nach ihrem klaren Wortlaut bleibt dem Zahlungsdienstleister bei Rahmenverträgen mit fester Laufzeit oder bei fehlender Kündigungsvereinbarung – letzteres erscheint insbesondere dann denkbar, wenn entsprechende AGB-Klauseln für unwirksam befunden werden – nur die Möglichkeit der außerordentlichen Kündigung[403]. Es erscheint fraglich, ob eine derartige vertragliche Bindung ohne ordentliche Kündigungsmöglichkeit vor § 138 BGB Bestand haben kann.[404]

2. Regelungen zur „Erbringung und Nutzung von Zahlungsdiensten" (§§ 675j – 675c BGB)

Nach dem Aufbau des Kapitels 3 des Untertitels „Zahlungsdienste" gliedert sich die Erbringung und Nutzung von Zahlungsdiensten – dem horizontalen Regelungsansatz entsprechend – unabhängig von der Art des verwandten Zahlungsverfahrens in die Etappen *„Autorisierung"*, *„Ausführung"* und schließlich *„Haftung"*.

---

401 Zum Problem der Verbraucherinformation, insbesondere des „Information Overkill", vgl. Grundmann/ Kerber/ Weatherill, Berlin/New York 2001, Party autonomy and the role of information in the internal market, S. 27 ff.

402 Hierdurch soll der Anbieterwechsel erleichtert und damit ein lebhafterer Wettbewerb zwischen den Zahlungsdienstleistern begünstigt werden. Vertraglich kann eine Kündigungsfrist von höchstens einem Monat vereinbart werden (§ 675h Abs. 1 S. 2 BGB).

403 Das Recht zur außerordentlichen Kündigung kann entweder gesetzlich vorgesehen sein (vgl. z.B. § 675g Abs. 2 S. 2 BGB) oder sich aus einem wichtigen Grund ergeben (als Rechtsgrundlage ist dann § 313 Abs. 3 S. 2 BGB bzw. § 314 BGB heranzuziehen).

404 Vgl. Palandt/Sprau, § 675h Rn. 3. Zur Unwirksamkeit von einseitig nicht zu beendenden vertraglichen Bindungen, vgl. Bydlinski, Zulässigkeit und Schranken „ewiger" und extrem langdauernder Vertragsbindung, 1991; Großfeld/Gersch, Zeitliche Grenzen von privaten Schuldverträgen, JZ 1988, S. 937 ff.; Wiedemann/Schultz, Grenzen der Bindung bei langfristigen Kooperationen, ZIP 1999, S. 1 (5 ff.).

a. Die Autorisierung von Zahlungsvorgängen

Grundlegend stellt § 675j Abs. 1 1 BGB fest, dass die Wirksamkeit eines Zahlungsvorgangs gegenüber dem Zahler von dessen Zustimmung (Autorisierung) abhängt.[405] Bezüglich Form und Zeitpunkt der Autorisierung führen § 675j Abs. 1 1-3 BGB aus:

> „Die Zustimmung kann entweder als Einwilligung oder, sofern zwischen dem Zahler und seinem Zahlungsdienstleister zuvor vereinbart, als Genehmigung erteilt werden. Art und Weise der Zustimmung sind zwischen dem Zahler und seinem Zahlungsdienstleister zu vereinbaren. Insbesondere kann vereinbart werden, dass die Zustimmung mittels eines bestimmten Zahlungsauthentifizierungsinstruments erteilt werden kann."

Die „*Zustimmung*" im Sinne der Norm kann, ebenso wie die gleichfalls verwandten Begriffe der „*Einwilligung*" und der „*Genehmigung*", nicht zwanglos mit den im Allgemeinen Teil des BGB eingeführten Instituten (§§ 182-184 BGB) gleichgesetzt werden.[406] Dies deshalb, weil sich die Zustimmung nach § 675j Abs. 1 BGB auf einen „Zahlungsvorgang" bezieht, also gemäß § 675f Abs. 3 S. 1 BGB auf *„jede Bereitstellung, Übermittlung oder Abhebung eines Geldbetrags, unabhängig von der zugrunde liegenden Rechtsbeziehung zwischen Zahler und Zahlungsempfänger"*, wohingegen die Zustimmung im Sinne des § 182 Abs. 1 BGB maßgeblich für die Wirksamkeit *„eines Vertrags oder eines einseitigen Rechtsgeschäfts"* ist.

Obwohl die Zustimmung nach § 675j Abs. 1 BGB also einen tatsächlichen Vorgang zum Gegenstand hat – und die Vorschriften der §§ 182-184 BGB mithin allenfalls sinngemäß heranzuziehen sind[407] – ist sie nichtsdestoweniger auf die Herbeiführung rechtlicher Erfolge gerichtet und damit als Willenserklärung einzustufen.[408] Die Rechtsfolge der Zustimmung liegt namentlich darin, dass die Haftung nach § 675u BGB nicht eintritt[409]; zudem entsteht mit der Zustimmung des Zahlers ein Aufwendungsersatzanspruch gemäß § 670 BGB zugunsten des

405 Vgl. zum Begriff der Autorisierung Palandt/Sprau, § 675j Rn. 2.

406 So aber BGB-Handkommentar/Schulte-Nölke/Schulze § 675j Rn.1, wo die Autorisierung als „eine spezielle Art der Zustimmung (§ 182) für den Regelungsbereich der Zahlungsdienste" bezeichnet wird, ohne auf den unterschiedlichen Bezugsgegenstand der „Zustimmungen" nach § 675j bzw. § 182 BGB einzugehen.

407 So Palandt/ Sprau, § 675j Rn.3.

408 Zum Rechtsinstitut der Willenserklärung, vgl. grundlegend Münchner Kommentar BGB/Kramer, Vorbemerkung zu Titel 2, Rn. 18 ff.; Brehmer, Wille und Erklärung: zu Geltungsgrund, Tatbestand und Zurechnung der Willenserklärung, Baden-Baden 1992.

409 Vgl. Koch in: Fischer/Klanten, op.cit., S. 686.

Zahlungsdienstleisters[410]. Aufgrund der Einordnung der Zustimmung als Willenserklärung greifen etwa hinsichtlich Zugang und Anfechtung die allgemeinen Regeln ein.

Die in § 675j Abs. 1 S. 3, 4 BGB aufgenommene Feststellung, dass sich die Form der Autorisierung nach der freien Parteienabrede richtet, die Erklärung mithin auch konkludent oder mittels eines Zahlungsauthentifizierungsinstruments erfolgen kann, ist letztlich deklaratorisch, da sich selbiges mangels abweichender Regelung bereits aus dem allgemeinen Grundsatz der Vertragsfreiheit ergibt.[411] Dennoch hielt es der Gesetzgeber im Sinne größerer Klarheit für nötig, die Sätze 3 und 4 anzufügen und damit die grundsätzliche Zulässigkeit der Vereinbarung einer stillschweigenden nachträglichen Autorisierung – gerade auch mittels AGB – zweifelsfrei zu stellen.[412] Damit sollte wohl die Gefahr einer entgegengesetzten historischen Auslegung gebannt werden, welche sich auf den ursprünglichen Kommissionsentwurf hätte stützen können, dessen Art. 41 S. 2 noch eine ausdrückliche Zustimmung verlangt hatte. Ausweislich der Begründung zum Regierungsentwurf sollte durch die Herausnahme dieses Formerfordernisses die weitere Nutzbarkeit tradierter nationaler Zahlungsverfahren – in Deutschland namentlich des Einzugsermächtigungslastschriftverfahrens – ermöglicht werden.[413]

§§ 675l und 675m BGB gehen speziell auf das „*Zahlungsauthentifizierungsinstrument*"[414] und die diesbezüglich bestehenden Pflichten des Zahlers und des Zahlungsdienstleisters ein, welche sich insbesondere auf die Unterrichtung bei Verlust des Instruments sowie die Sorgfalt beim Umgang mit diesem richten. Hierauf wird im Abschnitt zur Kartenzahlung im Einzelnen einzugehen sein.[415]

---

410 Vgl. ebenda, S. 680.

411 Vgl. zum Grundsatz der Formfreiheit von Willenserklärungen Münchner Kommentar BGB/Einsele, § 125 Rn. 1. Zur Geltung und Rolle der Vertragsfreiheit im Recht der EU, vgl. grundlegend Frenz, Handbuch Europarecht: Band 4 – Europäische Grundrechte, Berlin/Heidelberg 2009, S. 797, Rn. 2698 ff.; vgl. hierzu auch Hassemer, Zwingendes europäisches Vertragsrecht: Zivilrecht ohne Vertragsfreiheit?, in: Jahrbuch Junger Zivilrechtswissenschafter 2004 – Europäisches Vertragsrecht, Nehren 2005, S. 121 ff., der schwerwiegende Eingriffe in die Vertragsfreiheit attestiert und einen Rückzug der Privatautonomie befürchtet.

412 Vgl. BT-Drs. 16/11643, S. 105/106.

413 Ebenda. Der Regierungsentwurf nimmt auch Bezug auf die diesbezüglichen Änderungsvorschläge, welche im Zuge des Ausarbeitungsprozesses der Richtlinie auf EG-Ebene zum Wegfall des Ausdrücklichkeitserfordernisses geführt haben.

414 Zu diesem Begriff eingehend unten Teil 1, Kap. 3, Abschnitt E.II.

415 Siehe unten, ebenda.

b. Die Ausführung von Zahlungsvorgängen

Im Gegensatz zu § 675j BGB, welcher die „Autorisierung" regelt, bestimmt § 675n Abs. 1 S. 1 BGB den Zeitpunkt der Wirksamkeit von *„Zahlungsaufträgen"*:

> „ Ein Zahlungsauftrag wird wirksam, wenn er dem Zahlungsdienstleister des Zahlers zugeht."

Im Einklang mit § 130 Abs. 1 1 BGB ist also der Zugang beim Adressaten ausschlaggebend.

Der Zahlungsauftrag umfasst inhaltlich die Zustimmung zum Zahlungsvorgang, ist aber nicht darauf beschränkt. Wie aus der Legaldefinition des § 675f Abs. 3 S. 2 BGB hervorgeht, kommt dem Zahlungsauftrag über die Autorisierungsfunktion hinaus auch die Funktion zu, die Ausführung des Zahlungsvorgangs anzuordnen[416]:

> „Zahlungsauftrag ist jeder Auftrag, den ein Zahler seinem Zahlungsdienstleister zur Ausführung eines Zahlungsvorgangs entweder unmittelbar oder mittelbar über den Zahlungsempfänger erteilt."

Wird der Zahlungsauftrag – wie es in der Praxis regelmäßig der Fall ist – im Rahmen eines bestehenden Zahlungsdiensterahmenvertrags erteilt[417], so ist er als Weisung im Sinne des § 665 BGB zu qualifizieren.[418] Nach dem Wortlaut des § 675 Abs. 3 S. 2 BGB kann der Zahlungsauftrag ausschließlich durch den Zahler erteilt werden. Damit weicht das BGB von der Begriffsbestimmung der PSD ab, welche den Zahlungsauftrag noch als *„jeden Auftrag, den ein Zahler* ***oder Zahlungsempfänger*** *seinem Zahlungsdienstleister zur Ausführung eines Zahlungsvorgangs erteilt"* definiert hat. Die Regierungsbegründung stützt ihr Verständnis des „Zahlungsauftrags" auf das Argument, dass die Wirksamkeit eines Zahlungsvorgangs (§ 675j Abs. 1 1 BGB) in den Händen desjenigen liegen müsse, der im Ergebnis durch den Transfer belastet wird.[419] Dies hindere freilich nicht

416 Wobei die Ausführung freilich unter Bedingungen – wie etwa die Auslösung durch den Zahlungsempfänger bei der Lastschrift – gestellt werden kann.

417 Liegt ausnahmsweise ein Einzelzahlungsvertrag vor, so ergibt sich der Zahlungsauftrag bereits unmittelbar aus dem Vertrag.

418 Zu den Implikationen der Regelung des Zahlungsauftrags für die Systematik des Überweisungsvorgangs, siehe Teil 1, Kap. 3, Abschnitt B.III.2.b, Exkurs „Die Systematik des Überweisungsvorgangs unter dem neuen Zahlungsdiensterechts – Rückkehr zum Auftragsmodell".

419 BT-Drs. 16/11643, S. 102.

die Erteilung des Zahlungsauftrags mittelbar „über den Zahlungsempfänger" (Pull-Zahlung).[420]

Die Befassung mit dem Begriff des Zahlungsauftrags gibt Anlass zu folgendem, auf die Überweisung bezogenen

Exkurs. Die Systematik des Überweisungsvorgangs unter dem neuen Zahlungsdiensterechts – Rückkehr zum Auftragsmodell

Im Kontext des § 675n Abs. 1 S. 1 BGB ist auf die Qualifikation des Überweisungsauftrags als auftragsrechtliche Weisung angesichts der vergangenen Verwirrungen in dieser Frage näher einzugehen. Die fortschreitende Positivierung des Bankrechts zwingt zu einer immer neuen Vergewisserung über die rechtsgeschäftliche Einordnung der Ausführung von Überweisungen. Insbesondere die rechtliche Qualifizierung der Abläufe im Verhältnis des Überweisenden zu seiner Bank ist von praktischer Relevanz, da auf ihrem Grund die Wirksamkeit der Initiierung des Zahlungsvorgangs zu beurteilen ist.

Die Schwierigkeit der rechtlichen Einordnung der Initiierung einer Überweisung zeigt sich auch im britischen Recht, wo namentlich eine Subsumtion unter das Rechtsinstitut der Anweisung („*assignment*") erwogen, letztlich jedoch verworfen wurde.[421] Dogmatische Sicherheit durch eine positive Definition der „*payment order*" bestand vor Umsetzung der PSD im britischen Recht nicht; immerhin wurde die Ausführung einer Überweisung dem Stellvertretungsrecht („*law of agency*") unterstellt[422], was auf eine Behandlung des Überweisungsauftrags als Vollmacht zur Vornahme der erforderlichen Buchungen hindeutet.

Auch die französische Literatur zögert, die „*ordre de virement*" einem bestimmten Vertrags- bzw. Erklärungstyp zuzuordnen.[423] Der Überweisungsauftrag wird jedoch, ähnlich wie im deutschen Recht, als Weisung eines Kontoinhabers im Rahmen eines bestehenden Dauervertragsverhältnisses zur Zahlstelle

420 Auf den Begriff des Zahlungsauftrags wird im Kontext der Einzugsermächtigungslastschrift zurückzukommen sein. Insbesondere gilt es zu prüfen, ob die Einzugsermächtigung unter die Begriffe des Zahlungsauftrags bzw. der Autorisierung subsumiert werden kann, siehe unten Teil 2, Kap. 2, Abschnitt C.

421 Vgl. Royal Products Ltd. v. Midland Bank Ltd., (1981) 2 Lloyds's Reports, S. 194 (198); Barclays Bank plc v. Quincecare Ltd. (1992) 4 All England Reports, S. 363 (375); Ellinger/ Lomnicka, op.cit, S. 495 ff.

422 Ellinger/ Lomnicka, op.cit, S. 491.

423 Vgl. etwa Gavalda/ Stoufflet, Instruments de paiement et de crédit, op.cit., S. 413 ff.

behandelt[424] und zuweilen als *„mandat"* bezeichnet, was sowohl mit „Auftrag" im Sinne der Art. 1984 ff. Code Civil, als auch mit „Vollmacht" oder „Anweisung" übersetzt werden kann.

Zur Veranschaulichung der Problematik sei im Folgenden betrachtet, wie sich die dogmatische Qualifikation des „Überweisungsauftrags" im deutschen Recht bisher entwickelt hat und wie er sich unter dem neuen Zahlungsverkehrsrecht in die Rechtsgeschäftslehre fügt.

Vor Inkrafttreten der §§ 676a ff. BGB a.F. wurde der Überweisungsauftrag als auftragsrechtliche Weisung im Sinne des § 665 BGB qualifiziert.[425] Er wurde also als einseitiges empfangsbedürftiges Rechtsgeschäft angesehen, welches die Bank allein durch Zugang – also ohne gesonderte Annahme ihrerseits – rechtlich band. Die vertragliche Basis für die Weisung bildete der Girovertrag, dem die generelle Verpflichtung der Bank im Sinne des § 675 BGB entnommen wurde, die Geschäfte des Kunden zu besorgen.[426] Diese Pflicht wurde durch die Weisung des Kontoinhabers inhaltlich konkretisiert.[427] Der Überweisungsauftrag war demnach eine rechtsgestaltende Erklärung des Überweisenden, durch die eine aus dem Girovertrag fließende generelle Pflicht, initiierte Überweisungen auszuführen, in eine konkrete Speziesschuld überführt wurde.[428]

Die (über den Verweis des § 675 BGB auch im Rahmen von Geschäftsbesorgungsverträgen geltende) Bindung des Auftragnehmers an Weisungen des Auftraggebers ist allgemein anerkannt, obwohl sie nicht in § 662 BGB als ein Hauptmerkmal des Auftrags eingegangen ist und auch in § 665 S.1 BGB nur mittelbar angesprochen wird. Da es sich bei der Weisungsbefugnis um ein kennzeichnendes Element des Auftragsverhältnisses handelt, wird der Umstand, dass sie nicht als solches normiert wurde, als Redaktionsversehen des Gesetzgebers angesehen.[429]

Der allgemeine gebrauchte Begriff „Überweisungsauftrag" war also schon vor Inkrafttreten des Überweisungsgesetzes insofern missverständlich als er ei-

424 Ebenda.

425 Vgl. Gößmann, Recht des Zahlungsverkehrs, op.cit., S.30.

426 Vgl. BGH WM 1991, S. 317.

427 Siehe hierzu Canaris, Bankvertragsrecht, Rn. 320; Meyer-Cording, Das Recht der Banküberweisung unter besonderer Berücksichtigung der steckengebliebenen Überweisungen, Tübingen 1951, S. 32; Blissenbach, Giroüberweisung als Anweisungsgeschäft, Konsequenzen für den Bereicherungsausgleich, Göttingern 2008, S. 34/35; BGHZ 10, S. 319 (322).

428 Blissenbach, op.cit., S. 34/35.

429 Häuser, Der Widerruf des "Überweisungsauftrags" im Giroverhältnis, NJW 1994, S.3121 (3122).

gentlich keinen Auftrag im Sinne der schuldrechtlichen Begrifflichkeit (§ 662 BGB), sondern eine einseitige Weisung im Rahmen eines bestehenden Geschäftsbesorgungsverhältnisses (§ 665 BGB) bezeichnete.

Die Umsetzung der Richtlinie 97/5/EG über grenzüberschreitende Überweisungen brachte hinsichtlich des Überweisungsauftrags erhebliche dogmatische Konfusion mit sich. Durch das Überweisungsgesetz wurde ein Kapitel 2 „Überweisungsvertrag" (§§ 676a-676c BGB a.F.) in den Untertitel 2 „Geschäftsbesorgungsvertrag" eingeführt. Zusammen mit dem „Zahlungsvertrag" (Kapitel 3) und dem „Girovertrag" (Kapitel 4) bildete dieser nunmehr das vertragliche Korsett des Überweisungsvorgangs. Obwohl dem neugeordneten Überweisungsrecht dieselben Rechtsbeziehungen zugrundelagen wie unter dem alten Weisungsmodell[430], sorgte der Begriff des Überweisungsvertrages für erhebliche dogmatische Unsicherheiten, da die bewährte Einordnung des Überweisungsauftrags als Weisung im Rahmen eines bestehenden Geschäftsbesorgungsverhältnisses mit dem Konstrukt prima facie unvereinbar war. Dies deshalb, weil ein „Vertrag" im Sinne der §§ 145 ff. BGB kein einseitiges Rechtsgeschäft sein kann.[431] Rein begrifflich erforderte daher jede Überweisung nach dem Überweisungsgesetz einen Antrag auf Abschluss eines Überweisungsvertrages und eine korrespondierende Annahme.[432] Der Überweisungsauftrag des Kunden musste in der Systematik der Neuregelung mithin als Antrag im Sinne des § 145 BGB eingeordnet werden, während die Annahme nach § 151 BGB dem Kreditinstitut zufiel.[433]

Weil jedoch die Schaffung des Rechtsinstituts des Überweisungsvertrages auf einer Fehlinterpretation des deutschen Gesetzgebers beruhte, der irrtümlich annahm, durch die Richtlinie zu dieser Neustrukturierung gezwungen zu sein, wurde in der Literatur teils gefordert, entgegen dem Gesetzeswortlaut am Weisungsmodell festzuhalten.[434] Zur Verdeutlichung der dogmatischen Unsicherheit, die mit der Abkehr vom Weisungsmodell hereinbrach, sei kurz rekapituliert, wie es zur Einführung des „Überweisungsvertrags" kam und welche Ar-

---

430 Vgl. Nobbe, WM 2001, Sonderbeilage Nr. 4, op.cit., S.3.

431 Vgl. zum Begriff des Vertrages als rechtsgeschäftliche Einigung mehrerer Parteien Pawlowski, Allgemeiner Teil des BGB – Grundlehren des bürgerlichen Rechts, 7. Aufl., Heidelberg 2003, S. 170 ff.

432 Vgl. Amtl. Begründung, BR-Drs. 163/99, S.23

433 Siehe hierzu, insbesondere auch zur konkludenten Annahme des Kreditinstituts bzw. zur Annahme durch Stillschweigen nach § 362 Abs. 1 HGB, van Look, in: Claussen, op.cit., S.166 mit weiteren Quellennachweisen in Fn.28 und 29.

434 Vgl. Schimansky, in: Bankrechts-Handbuch, Band I, § 49, Rn. 3 ff..

gumente für und wider eine Änderung der rechtsgeschäftlichen Qualifikation des Überweisungsauftrags vorgetragen wurden.

Die Überzeugung des Gesetzgebers, die Beibehaltung des etablierten Modells des Überweisungsauftrags als girovertraglicher Weisung sei unvereinbar mit Richtlinie 97/5/EG, fußt auf Art. 5 der Überweisungsrichtlinie, demzufolge ein Institut auf Ersuchen eines Kunden hinsichtlich einer grenzüberschreitenden Überweisung bindende Zusagen machen müsse, es sei denn, es wünsche keine *„Geschäftsbeziehungen"* zu dem betreffenden Kunden aufzunehmen. Bei der Auslegung des Begriffs „Geschäftsbeziehung" in diesem Zusammenhang gelangte der deutsche Gesetzgeber zu der Erkenntnis, dass hiermit nur ein *„Überweisungsvertrag"* gemeint sein könne, da ein Girokontovertrag zwischen Kreditinstitut und „Kunden" im Zeitpunkt der Vornahme einer Überweisung schließlich schon bestehe.[435] Diese Folgerung geht allerdings auf ein Fehlverständnis des Kundenbegriffs der Überweisungsrichtlinie zurück: Gemäß Art. 2 lit.j der Richtlinie ist „Kunde" der Oberbegriff für Auftraggeber und Begünstigten, unabhängig davon, ob der jeweils Gemeinte schon Kunde des Instituts ist oder nicht. Geschäftsbeziehung im Sinne von Art. 5 ist also bei korrekter Lesart der Girovertrag. Die Norm sollte den Kreditinstituten keineswegs vertragliche Abschlussfreiheit hinsichtlich jedes Überweisungsauftrags der Girokontoinhaber einräumen, sondern nur klarstellen, dass gegenüber institutsfremden Personen, die eine Barüberweisung aufgeben, keine Pflicht zu bindenden Zusagen bestand.[436] Die Frage der rechtsgeschäftlichen Einordnung des Überweisungsauftrags ist mithin von dieser Vorschrift gar nicht berührt.[437]

Darüber hinaus offenbart Art. 2 lit. g Richtlinie 97/5/EG ein Begriffsverständnis des Richtliniengebers, welches eher mit der vormals im deutschen Recht anerkannten Einordnung des Überweisungsauftrags als girovertragliche Weisung im Sinne des § 665 BGB, als mit dem durch das Überweisungsgesetz etablierten Modell des „Überweisungsvertrags" vereinbar scheint: Danach bezeichnet der Begriff *„Auftrag für eine grenzüberschreitende Überweisung"* eine von einem Auftraggeber unmittelbar an ein Institut erteilte unbedingte Anweisung in beliebiger Form, eine grenzüberschreitende Überweisung auszuführen.

Der Vertragskonstruktion des deutschen Gesetzgebers konnte sich auch nicht darauf stützen, dass die Überweisungsrichtlinie eine *„Annahme des Auftrags für die Überweisung"* vorsieht (vgl. Art. 6 Richtlinie 97/5/EG). Mit der „Annahme" sollte namentlich nicht auf eine Vertragsannahme im Sinne der §§ 147 ff. BGB abgestellt werden. Dies ergibt sich schon aus Art. 2 lit. l der Über-

---

435 BT-Drucks. 14/745, S.11.

436 Langenbucher in: Zahlungsverkehr – Handbuch, S.4.

437 Schimansky, in: Bankrechts-Handbuch, Band I, § 49 Rn. 3 ff.

weisungsrichtlinie, welcher als „Tag der Annahme“ automatisch jenen Tag festlegt, an dem die für die Ausführung einer Überweisung gestellten Bedingungen erfüllt sind. Eine gesonderte Erklärung des Kreditinstituts setzt die Annahme in diesem Sinne also nicht voraus, so dass die Vertragskonstruktion des deutschen Überweisungsgesetzes jedenfalls begrifflich nicht unausweichlich war. Vielmehr hätte die Pflicht zur effektiven Umsetzung europäischer Rechtsakte (Art. 10 EGV) geboten, gerade kein vertragliches Einverständnis für die wirksame Verpflichtung des Kreditinstituts zu verlangen, da es andernfalls in der Hand des Instituts lag, den Beginn der Ausführungsfrist beliebig hinauszuzögern. Dadurch würde das in Erwägungsgrund (9) der Überweisungsrichtline formulierte Ziel, *„die Fristen bei der Ausführung von grenzüberschreitenden Überweisungen zu verkürzen“*, welches durch die Regelung des Art.6 Richtlinie 97/5/EG erreicht werden sollte, untergraben.

Aus alldem kann geschlossen werden, dass der deutsche Gesetzgeber zu Unrecht davon ausgegangen ist, durch die Überweisungsrichtlinie zur Schaffung eines Überweisungsvertrages verpflichtet zu sein.[438]

Dies bestätigt auch ein Blick auf die Umsetzung ins britische bzw. französische Recht:

Beide Mitgliedsstaaten beschränkten sich auf eine Regulierung grenzüberschreitender Überweisungen, anstatt – wie der deutsche Gesetzgeber – über die Harmonisierungsanforderungen der Richtlinie hinauszugehen und auch inländische Überweisungen zu erfassen. Ins britische Recht wurde die Überweisungsrichtlinie durch die *„Cross-border Credit Transfers Regulations 1999“*[439] umgesetzt. Der Bericht über die Umsetzung der Richtlinie vom 11.10.2001[440] betont, dass die „Regulations“ die Definition von *„credit transfer order“*[441] übernommen haben und die Grundsätze des Common Law, denen zufolge ein Kreditinstitut den Überweisungsauftrags eines Kontoinhabers nur unter bestimmten Voraussetzungen zurückweisen darf[442], auch hinsichtlich grenzüberschreitender Überweisungen Anwendung finden. Hieran zeigt sich, dass im britischen Recht

438 So im Ergebnis auch Bydlinski, Bemerkungen zum Regierungsentwurf eines Überweisungsgesetzes: Pflichten - Bankenhaftung - Grenzen vertraglicher Abweichung, WM IV 1999, S.1046 (1048), Einsele, JZ 2000, op.cit., S.9 (10), Langenbucher, Die Risikozuordnung im bargeldlosen Zahlungsverkehr, op.cit., S.134.

439 S.I. 1999/1876.

440 Verfügbar auf der Internetseite der Kommission http://ec.europa.eu/internal_market/payments/credittransfers/

441 „An unconditional instruction in any form, given directly by an originator to an institution to execute a cross-border credit transfer“, Art. 2 lit. g Richtlinie 97/5/EG.

442 Libyan Arab Foreign Bank v Bankers Trust Co [1989] QB 728 (749).

kein §§ 676a ff. BGB a.F. entsprechender Paradigmenwechsel zu einem „Überweisungsvertrag“ vollzogen wurde.

Während diese Fehlinterpretation der Überweisungsrichtlinie seitens des deutschen Gesetzgebers, die zur Schaffung der Figur des Überweisungsvertrages führte, weitgehend unbestritten ist[443], war unklar, welche Konsequenzen hieraus für die rechtgeschäftliche Systematisierung des Überweisungsvorgangs zu ziehen waren.

Denkbar erschien zum einen eine korrigierende richtlinienkonforme Auslegung des Begriffs „Überweisungsvertrag“ dahingehend, dass eine einseitige Weisung zur Verpflichtung des Kreditinstituts weiterhin ausreichte, wenn sie vom Kontoinhaber im Rahmen eines schon bestehenden Girovertragsverhältnisses erteilt wurde.[444] Für diesen radikalen Weg, der über die Mittel der klassischen Auslegung hinausführte und eher als Rechtsfortbildung einzustufen war, spricht, dass eine umfassende Vertragsfreiheit der Kreditinstitute hinsichtlich jedes Überweisungsvorgangs mit der Fristenregelung des Art. 6 RL 97/5/EG nicht in Einklang zu bringen war und das Erfordernis einer beiderseitigen Einigung zwischen Überweisendem und Kreditinstitut über jede Einzelüberweisung praxisfremd erscheint.[445] Gegen ein generelles Festhalten am bewährten Weisungsmodell wurde indes angeführt, dass hierdurch eine vom Gesetzgeber – wenn auch aufgrund irrtümlich angenommener Prämissen – bewusst eingeführte dogmatische Konstruktion zwanglos übergangen würde. Tatsächlich erschien ein Festhalten am Auftragsmodell in methodischer Hinsicht kritisch, da das Verständnis des vom deutschen Gesetzgeber gewählten Begriffs „Vertrag“ als Weisung im auftragsrechtlichen Sinne die Grenzen der Auslegung sprengte. Die von Schimansky vorgeschlagene richtlinienkonforme „Auslegung“ verließ den Rahmen des erklärten gesetzgeberischen Willens.[446] Dieser musste jedoch jeden-

443 Vgl. etwa Häuser, Zur Umsetzung der Richtlinie über grenzüberschreitende Überweisungen (97/5/EG) in deutsches Recht, WM 1999, S. 1037, Wilkens, Das Überweisungsgesetz, MDR 1999, S. 1236, Ehmann/Hadding, EG-Überweisungs-Richtlinie und Umsetzung, WM 1999, Sonderbeilage 3, S. 4.

444 So Schimansky, in Bankrechts-Handbuch, Band I, § 49 Rn. 4 ff.

445 So auch van Look, in: Claussen, op.cit., S.168, Häuser, WM 1999, op.cit., S.1037 (1041).

446 Siehe hierzu Grundmann, ZEuP 1996, op.cit. S. 399 ff. Neuerlich wurde dieser Problemkreis im Kontext des Aufwendungsersatzanspruchs des Verkäufers im Falle der Nachlieferung praktisch relevant – hierzu sowie zur „richtlinienkonformen Rechtsfortbildung“ siehe EuGH, Urteil C-404/06, NJW 2008, S. 1433 ("Quelle AG/Bundesverband der Verbraucherzentralen und Verbraucherverbände"); Thode, Richtlinienkonforme Rechtsfortbildung gegen Wortlaut des nationalen Gesetzes, jurisPR-PrivBauR 4/2009 Anm. 1; Gröning, Richtlinienkonforme Auslegung contra legem?, jurisPR-WettbR 1/2010 Anm. 2. Generell zu den Grenzen der gemeinschafts-

falls dann gewahrt bleiben, wenn eine mit der Richtlinie vereinbare Rechtslage auch auf schonenderem Wege erreichbar war. Nach überzeugender und wohl auch herrschender Ansicht[447] war dies möglich: durch die Annahme eines Kontrahierungszwangs in allen nicht besonders risikoreichen Fällen der Standardüberweisung konnte die Konstruktion des § 676a BGB a.F. aufrecht erhalten werden, ohne dem Kreditinstitut die Möglichkeit zu belassen, jeden Überweisungsauftrag abzulehnen. Hierdurch konnte zum einen der Tatsache Rechnung getragen werden, dass durchaus Ausnahmekonstellationen denkbar sind, in denen dem Kreditinstitut billigerweise die Möglichkeit gegeben sein sollte, die Ausführung von Überweisungen zu verweigern.[448] Zum anderen konnte so mit dem Instrument einer – wenn auch massiv korrigierend eingreifenden – Auslegung auf dem Boden des § 676a BGB eine Rechtslage hergestellt werden, die mit dem von der Richtlinie selbst gesetzten Ziel eines effizienteren und zügigeren Überweisungsverkehrs[449] korrespondierte. Ohne die Anerkennung eines weitgehenden Kontrahierungszwangs widersprach das Modell des Überweisungsvertrages den Vorgaben der Richtlinie, welche den Kreditinstituten in ihren Artikeln 5 und 6 klare Zusagen über die Ausführung von Überweisungen auferlegte. Die dadurch angestrebten Zwecke des Schutzes des Überweisenden sowie der Realisierung eines straffen, zuverlässigen Überweisungsverkehrs würden durch eine allgemeine Entscheidungsfreiheit der Kreditinstitute vereitelt, da sie dazu hätten übergehen können, nur noch solche Überweisungsaufträge zu bearbeiten, bei denen von vornherein feststand, dass sie fristgemäß ausgeführt werden konnten.

Die dargestellte Lösung sah sich dem Einwand ausgesetzt, dass einerseits die Vertragsfreiheit als überragendes Rechtsgut des BGB für den Überweisungsvertrag außer Kraft gesetzt würde[450] und andererseits durch den Kontrahierungszwang als gesetzlich nicht angelegtem Institut contra legem judiziert wür-

---

rechtskonformen Rechtsfortbildung vgl. Herresthal, Rechtsfortbildung im europarechtlichen Bezugsrahmen – Methoden, Kompetenzen, Grenzen dargestellt am Beispiel des Privatrechts, op.cit., S. 289 ff.

447 Vgl. etwa Palandt/Sprau, 63. Aufl., § 676a Rz.11, Münchner Kommentar/Casper, § 676a Rz.16, Gößmann/ Van Look, Die Banküberweisung nach dem Überweisungsgesetz, op.cit., S. 3 (22); Schulz, Das neue Recht der Banküberweisung, ZBB 1999, S.287 (291), Ortmanns, Zum neuen Recht der Banküberweisung - Überweisungsvertrag und Haftung des überweisenden Kreditinstituts, Köln 2002, S.190 ff.

448 Etwa in besonders risikoreichen Fällen, in denen die Haftung nach § 676b BGB unzumutbar wurde. Die Voraussetzungen für eine Ablehnung eines Zahlungsauftrags regelt das neue Zahlungsdiensterecht nunmehr explizit (§ 675o Abs. 2 BGB).

449 Vgl. Vgl. Erwägungsgründe (6) und (9) Richtlinie 97/5/EG.

450 So Risse/Lindner, Haftung der Banken nach dem neuen Überweisungsrecht, BB 1999, S. 2201 (2202); Einsele, JZ 2000, op.cit., S. 9 (10).

de[451]. Insbesondere stützten sich die gegen einen Kontrahierungszwang gewandten Argumentationen auf den Wortlaut des § 676f S.1 BGB a.F., der die Kreditinstitute ausdrücklich nur zur Ausführung „abgeschlossener Überweisungsverträge" verpflichtete, sowie darauf, dass sich an die Ausführung eines Überweisungsvertrages die Einstandspflicht des § 676b BGB a.F. knüpfte, weshalb die Kreditinstitute zur Beherrschung ihrer Risiken der Abschlussfreiheit bedürften. Jedoch griffen diese Bedenken im Ergebnis nicht durch: Die Kreditinstitute übten ihre Vertragsfreiheit durch den Abschluss des Girovertrages aus und konnten die Bedingungen der Einzelüberweisungen durch ihre AGB umfassend gestalten. Der Vorwurf des Contra-Legem-Judizierens stand ebenfalls auf tönernen Füßen, da erstens der Gesetzgeber die mit der Einführung des Überweisungsvertrags verbundenen Risiken wohl schon nicht erkannt und entsprechend diesbezüglich auch keine bewusste Entscheidung getroffen hat[452] und zweitens der Kontrahierungszwang keinen Verstoß gegen die Wertungen des Gesetzgebers darstellt.[453] Vielmehr wird den einschlägigen Wertungen, welche im Falle einer Richtlinienumsetzung dem zugrundeliegenden supranationalen Rechtsakt zu entnehmen sind, durch diese Auslegung erst zu Beachtung und Wirksamkeit verholfen.

Es bleibt daher zu resümieren, dass der durch das Überweisungsgesetz ins BGB eingeführten Einstufung des Überweisungsauftrags als Angebot auf Abschluss eines Überweisungsvertrages zwar durch eine praxisorientierte, korrigierende Anwendung die Schärfe genommen wurde, die dogmatische Neustrukturierung des Überweisungsvorgangs jedoch nicht in die hergebrachte Schablone des Weisungsmodells gepresst werden konnte.

Mit Umsetzung der PSD ins deutsche Recht hat sich die aufgrund der Überweisungsrichtlinie entbrannte Diskussion um die dogmatische Behandlung des Überweisungsvertrags nunmehr erledigt. Das neue Zahlungsdiensterecht löst die Unklarheiten der §§ 676a–676c BGB a.F. auf und ermöglicht eine Rückkehr

451 Vgl. Baumbach/Hopt, Bankgeschäfte A/6, C/2, C/3; Bamberger/Roth/Schmalenbach, § 676a BGB Rz.19.

452 Der Gesetzgeber ging ohne weiteres davon aus, die Ablehnung eines Überweisungsvertrages werde die Ausnahme, seine Annahme die Regel bilden (BT-Drucksache 14/745, S.19). Diese Überzeugung leitet sich aus einem Vertrauen in die Zwänge des Marktes ab; dabei zog der Gesetzgeber jedoch nicht die Möglichkeit in Betracht, dass individuelle Gewinninteressen der Kreditinstitute dem Wohl der Gesamtheit der Marktteilnehmer zuwiderlaufen könnten.

453 Ein solcher Verstoß ist aber Voraussetzung für die Qualifikation einer Rechtsanwendung als „contra legem", vgl. Larenz/Canaris, Methodenlehre der Rechtswissenschaft, 3. Aufl. 1995, S.250 ff.

zum Weisungsmodell.[454] Dabei bildet mit dem Zahlungsdiensterahmenvertrag (§ 675f Abs. 2 BGB) wiederum ein dauerhafter Geschäftsbesorgungsvertrag die schuldrechtliche Basis für die Pflicht der Zahlungsinstitute, Überweisungsaufträge auszuführen. Die vom Kontoinhaber erteilten Überweisungsaufträge fallen nun unter die Kategorie der „Zahlungsaufträge" im Sinne des § 675f Abs. 3 S. 2 BGB. Nach Wortlaut und Gesetzesbegründung ist ein Zahlungsauftrag immer nur die Weisung des Zahlers an seinen Zahlungsdienstleister.[455] Im Hinblick auf die rechtsgeschäftliche Einordnung des Überweisungsauftrags kann daher wieder § 665 BGB herangezogen werden, welcher über den Verweis des § 675c Abs. 1 BGB entsprechende Anwendung findet.

Auch die unter dem überholten Regime des Überweisungsvertrags hochumstrittene Frage, ob Kreditinstitute die Ausführung von im Rahmen eines Giroverhältnisses erteilten Überweisungsaufträgen ablehnen können, ist nun kraft gesetzlicher Regelung geklärt. § 675o Abs. 2 BGB sieht diesbezüglich vor:

> Der Zahlungsdienstleister des Zahlers ist nicht berechtigt, die Ausführung eines autorisierten Zahlungsauftrags abzulehnen, wenn die im Zahlungsdiensterahmenvertrag festgelegten Ausführungsbedingungen erfüllt sind und die Ausführung nicht gegen sonstige Rechtsvorschriften verstößt.

Die aufgrund des horizontalen Ansatzes notwendige Abstraktheit der neuen Begrifflichkeit[456] mag die Zugänglichkeit des Zahlungsdiensterechts zwar erschweren. Hinsichtlich der rechtlich-dogmatischen Fassung der Überweisung tragen die neuen Regeln jedoch zu einer Wiederherstellung abhanden gekommener Klarheit bei. Das reaktivierte auftragsrechtliche Überweisungsmodell entspricht auch den dogmatischen Vorstellungen des europäischen Richtliniengebers, die schon der Überweisungsrichtlinie zugrundelagen. Die PSD hat dem deutschen Gesetzgeber Gelegenheit gegeben, die Fehlinterpretation der europäischen Vorgaben, die zur Schaffung des unstimmigen Rechtsinstituts des „Überweisungsvertrags" geführt hatte, zu korrigieren.

Größere Klarheit entsteht auch im europäischen Rechtsvergleich. Namentlich wurde die Definition der „payment order" aus Art. 4 Nr. 16 PSD in Regulation (2) des britischen PSD-Umsetzungsakts (Payment Services Regulations, PSR) übernommen. Der französische Umsetzungsakt sieht zwar in Art. L133-3 Code

454 Vgl. hierzu ausführlich Grundmann, WM 2009, op.cit. S. 1109 (1110 f.).

455 Zur Diskrepanz zwischen dem Auftragsbegriff des § 675f Abs. 3 S. 2 BGB und jenem der PSD (Art. 4 Nr. 16), siehe unten, Teil 2, Kap. 3, Abschnitte B und C.

456 Vgl. etwa Meckel, juris PraxisReport 12/2009, op.cit., S. 2, der den aufgehobenen Vorschriften des Überweisungsrechts attestiert, konkreter gefasst und gar allgemeinverständlicher formuliert gewesen zu sein, als die neuen Normen.

Monétaire et Financier keine explizite Begriffsbestimmung vor. Doch entspricht die Verwendung des Begriffs „ordre de paiement" der Systematik der Richtlinie. An diesen Beispielen zeigt sich, dass die rechtliche Einordnung des Überweisungsauftrags mit Umsetzung der PSD im Sinne des auftragsrechtlichen Modells EU-weit harmonisiert wurde.

Ende des Exkurses

§ 675n Abs. 1 2-4, Abs. 2 BGB regeln im Einzelnen, wie der Zeitpunkt des Zugangs des Zahlungsauftrags zu bestimmen ist.[457] Dabei ist insbesondere der Begriff des *„Geschäftstags"* von Bedeutung, welcher nach der Definition des Abs. 1 Satz 4 vom *„für die Ausführung von Zahlungsvorgängen erforderlichen Geschäftsbetrieb"* geprägt ist. Letztlich konkretisiert die Norm also lediglich das allgemeine Zugangserfordernis der „Möglichkeit der Kenntnisnahme".[458] Der Zugang des Zahlungsauftrags ist vor allem für den Lauf der Ausführungsfrist nach § 675s BGB relevant.

Die von Abgabe und Empfang des Zahlungsauftrags bestimmte Phase im Vorfeld der eigentlichen Ausführung des Zahlungstransfers ist auch Gegenstand der §§ 675o und 675p BGB. Diese regeln Voraussetzungen und Rechtsfolgen der Ablehnung der Ausführung eines Zahlungsauftrags durch den Zahlungsdienstleister (§ 675o) sowie die Widerrufbarkeit des Zahlungsauftrags durch den Zahlungsdienstnutzer (§ 675p).

Hinsichtlich des systematischen Zusammenspiels der Normen ist insbesondere § 675o Abs. 3 BGB von Bedeutung, der die Rechtsfolgen einer berechtigten Ablehnung nennt:

457 § 675n Abs. 1 S. 3 BGB sieht zudem vor, dass der Zahlungsdienstleister festlegen kann, dass Zahlungsaufträge, die nach einem bestimmten Zeitpunkt am Ende eines Geschäftstages zugehen, für die Zwecke des § 675s Abs. 1 am darauffolgenden Geschäftstag zugegangen gelten. Diese Möglichkeit soll es den Zahlungsdienstleistern erlauben, den täglichen Rechnungsabschluss innerhalb der Geschäftszeiten zu erstellen und die Zahlungsvorfälle des Tages auszuweisen. Hierfür wurde bislang das Ende des physischen Kundenverkehrs als „Cut-Off"-Zeitpunkt für die Berücksichtigung von Zahlungsaufträgen festgesetzt. Diese Praxis ist wegen § 675n Abs. 1 S. 3 BGB auch weiterhin zulässig, vgl. BT-Drs. 16/11643, S. 107.

458 Siehe zum Erfordernis der „Möglichkeit der Kenntnisnahme" bereits John, Grundsätzliches zum Wirksamwerden empfangsbedürftiger Willenserklärungen, AcP 184 (1984), S. 385

„Für die Zwecke der §§ 675s, 675y und 675z gilt ein Zahlungsauftrag, dessen Ausführung berechtigterweise abgelehnt wurde, als nicht zugegangen.“

Die Ausführungsfrist beginnt also nicht zu laufen und die von den §§ 675y und 675z BGB vorgesehenen Haftungsfolgen einer nicht erfolgten Ausführung greifen nicht ein.

Der Zeitpunkt der Unwiderrufbarkeit des Zahlungsauftrags wird gegenüber der alten Rechtslage (§ 676a Abs. 4 BGB a.F.) vorverlagert, und zwar auf den Moment des Zugangs beim Zahlungsdienstleister des Zahlers. Dies entspricht Art. 66 PSD sowie den Regelungsmaximen der Automatisierung und Beschleunigung des Zahlungsverkehrs.[459] Ausnahmen gelten gemäß § 675p Abs. 2 BGB für Pull-Zahlungen[460], bei denen grundsätzlich schon mit der Übermittlung des Zahlungsauftrags bzw. der Zustimmung zum Zahlungsvorgang an den Zahlungsempfänger Unwiderrufbarkeit eintritt (Satz 1)[461], im Falle von Lastschriften jedoch erst mit dem Ende des vereinbarten Fälligkeitstags (Satz 2).[462]

Alle an der Ausführung des Zahlungsvorgangs beteiligten Zahlungsdienstleister trifft gemäß § 675q Abs. 1 BGB die Pflicht zur ungekürzten Weiterleitung des Zahlungsbetrags vom Zahler an den Zahlungsempfänger.[463] Diese Regelung sieht indes keineswegs eine allgemeine Entgeltfreiheit vor, sondern soll im Sinne einer besseren Ersichtlichkeit der erhobenen Entgelte lediglich zur separaten Rechnungsstellung zwingen. Es handelt sich mithin nicht um ein Entgeltverbot,

---

459 Vgl. hierzu bereits oben Teil 1, Kap.3., Abschnitt A.

460 Pull-Zahlungen sind „vom oder über den Zahlungsempfänger ausgelöste Zahlungen“. Wird die Zahlung „vom Zahlungsempfänger“ ausgelöst, tritt er also nicht bloß als Übermittler eines Zahlungsauftrags des Zahlers auf, so stellt die Auslösung keinen Zahlungsauftrag im Sinne des Gesetzes dar – ihr kommt keine Autorisierungswirkung zu. Leitet der Zahlungsempfänger hingegen eine Autorisierung des Zahlers lediglich weiter, so fallen Auslösung und Autorisierung in dieser Handlung zusammen; vgl. Palandt/Sprau, § 675f Rn. 14 ff. sowie unten Teil 2, Kap. 2, Abschnitt C.

461 Hiermit soll der besonderen Interessenslage bei garantierten Zahlungen (etwa per Kreditkarte) Rechnung getragen werden.

462 Für Teilnehmer an „Zahlungsverkehrssystemen“ richtet sich die Widerrufbarkeit gemäß § 675p Abs. 5 BGB nach den Regeln des Systems. Zur Bestimmung des Begriffs des „Zahlungsverkehrssystems“ ist auf § 1 Abs. 6 ZAG zurückzugreifen: „(...) System zum Zwecke von Verarbeitung, Clearing, Verrechnung und Abwicklung von Zahlungsvorgängen auf Basis einer förmlichen Vereinbarung mit gemeinsamen Regeln, die zwischen einer Partei, die das System betreibt (Betreiber) und mindestens drei Teilnehmern zur Übermittlung von Geldbeträgen getroffen wurde (...). Teilnehmer können nur Zahlungsdienstleister sein.“

463 Dieser Grundsatz ist aus dem französischen Recht als „principe du versement intégral“ bekannt.

sondern ein „Entgeltabzugsverbot".[464] Zwischen dem Zahlungsempfänger und seinem Zahlungsdienstleister ist § 675q Abs. 1 BGB gemäß Abs. 2 der Norm abdingbar.[465]

Die anfallenden Entgelte werden den Zahlungsdienstnutzern durch § 675q Abs. 3 BGB entsprechend der „SHARE"-Regel[466] zugewiesen:

> „Bei einem Zahlungsvorgang, der mit keiner Währungsumrechnung verbunden ist, tragen Zahlungsempfänger und Zahler jeweils die von ihrem Zahlungsdienstleister erhobenen Entgelte."

Während die Begründung zum Regierungsentwurf hinsichtlich der Beweggründe für die Einführung der „SHARE"-Entgeltregel schweigt[467], lässt sich Erwägungsgrund (41) der PSD entnehmen:

> „Eine Aufteilung der Entgelte zwischen Zahler und Zahlungsempfänger ist erfahrungsgemäß der beste Weg, da sie die vollautomatisierte Abwicklung von Zahlungen erleichtert. (…)"

Einen weiteren Ausweis dafür, dass die Automatisierung der Zahlungstransfers und – dadurch begünstigt – verkürzte Ausführungsfristen[468], ein beherrschendes Regelungsmotiv des neuen Zahlungsdiensterechts darstellen, liefert § 675r Abs. 1 BGB, demzufolge die beteiligten Zahlungsdienstleister berechtigt sind,

> „…einen Zahlungsvorgang ausschließlich anhand der von dem Zahlungsdienstnutzer angegebenen Kundenkennungen auszuführen. Wird ein Zahlungsauftrag in Übereinstimmung mit dieser Kundenkennung ausgeführt, so gilt er im Hinblick auf den durch die Kundenkennung bezeichneten Zahlungsempfänger als ordnungsgemäß ausgeführt."

---

464 Koch in: Fischer/Klanten, op.cit., S. 683.

465 Haben die Parteien einen sofortigen Abzug des Entgelts vor Gutschrift vereinbart, so treffen den Zahlungsdienstleister die Ausweispflichten nach Art. 248 §§ 8 und 15 EGBGB.

466 Nach den Standardbedingungen für grenzüberschreitende „EUROPA-Überweisungen" galt die SHARE-Entgeltteilung schon zuvor, vgl. hierzu Häberle in: Häberle, Handbuch für Kaufrecht, Rechtsdurchsetzung und Zahlungssicherung im Außenhandel, München/Wien/Oldenbourg 2002, S. 654 f.

467 Vgl. BT-Drs. 16/11643 S. 110.

468 Gemäß § 675s BGB muss der Zahlungsbetrag am dem Zugang folgenden Geschäftstag beim Zahlungsdienstleister des Zahlungsempfängers eingehen; bis zum 01.01.2012 kann allerdings noch eine dreitägige Ausführungsfrist vertraglich vereinbart werden. Dabei setzt die Wendung „Zahlungsdienstleister des Empfängers" für die Zwecke der Norm nicht etwa voraus, dass zwischen dem Zahlungsempfänger und dem Zahlungsdienstleister ein Rahmenvertrag im Sinne des § 675f Abs. 2 BGB besteht.

Im Haftungssystem des Unterkapitels 3 korrespondiert zu § 675r Abs. 1 BGB der Haftungsausschluss des § 675y Abs. 3 S. 1 BGB:

> „Ansprüche des Zahlungsdienstnutzers gegen seinen Zahlungsdienstleister nach Absatz 1 Satz 1 und 2 sowie Absatz 2 Satz 2 bestehen nicht, soweit der Zahlungsauftrag in Übereinstimmung mit der vom Zahlungsdienstnutzer angegebenen fehlerhaften Kundenkennung ausgeführt wurde."

Lediglich bei erkennbarer Unausführbarkeit des Zahlungsauftrags infolge der Angabe einer falschen Empfängerkennung ist der Zahlungsdienstleister des Zahlers gemäß § 675r Abs. 3 BGB verpflichtet, hierüber zu unterrichten und den Zahlungsbetrag herauszugeben. Eine „Erkennbarkeit" im Sinne dieser Norm ist indes nur dann anzunehmen, wenn die Unmöglichkeit der Zuordnung einer Zahlung aus einer automatisierten technischen Überprüfung ersichtlich ist.[469]

Der für § 675r BGB zentrale Begriff der *„Kundenkennung"* ist in Abs. 2 definiert als

> „(…) eine Abfolge aus Buchstaben, Zahlen oder Symbolen, die dem Zahlungsdienstnutzer vom Zahlungsdienstleister mitgeteilt wird und die der Zahlungsdienstnutzer angeben muss, damit der andere am Zahlungsvorgang beteiligte Zahlungsdienstnutzer oder dessen Zahlungskonto zweifelsfrei ermittelt werden kann."

Auf diesen Begriff sowie die Implikationen des § 675r BGB für die bisher bestehende Pflicht des Empfängerinstituts zum Abgleich des bei der Überweisung angegebenen Empfängernamens mit der Kontonummer[470] wird im entsprechenden Abschnitt dieser Arbeit im Einzelnen einzugehen sein.[471]

§ 675s BGB, welcher in Abs. 1 die auf einen Tag verkürzte Frist zur Ausführung von Zahlungsvorgängen vorsieht, ist insbesondere aufgrund seines Abs. 2 insoweit interessant, als er gewisse Einblicke in die Mechanismen der Kompromiss-

---

469 Vgl. Palandt/Sprau, § 675r, Rn. 5. Im Einzelnen hierzu unten, Teil 2, Kap. 3, Abschnitt C.III.

470 Im Hinblick auf das Verlustrisiko bei falsch angegebener Kontonummer hat § 675r Abs. 1 BGB heftige Reaktionen ausgelöst, vgl. nur Derleder, NJW 2009, op.cit., S. 3195 (3197); Rauhut, Fehlüberweisung wegen falscher Kontodaten ,ZBB 2009, S. 32 (42); Pauli, Wenn der Empfänger zur (Konto-)Nummer wird - Ein kleiner Fehler des AG München und ein gravierender Fehler des europäischen Gesetzgebers, NJW 2008, S. 2229 (2231); Wolters, Geld weg bei falscher Kontonummer?, VuR 2009, S. 16.

471 Siehe unten, Teil 2, Kap.3.

findung im Rahmen des Rechtsschaffungsprozesses auf Unionsebene erlaubt.[472] Die Norm scheint durch die Feststellung

> „Bei einem vom oder über den Zahlungsempfänger ausgelösten Zahlungsvorgang ist der Zahlungsdienstleister des Zahlungsempfängers verpflichtet, den Zahlungsauftrag dem Zahlungsdienstleister des Zahlers innerhalb der zwischen dem Zahlungsempfänger und seinem Zahlungsdienstleister vereinbarten Fristen zu übermitteln (...)"

eine vollkommene Selbstverständlichkeit zu rekapitulieren, dass nämlich der Zahlungsdienstleister des Zahlungsempfängers auch in diesem Fall zur Einhaltung seiner vertraglichen Pflichten gegenüber dem Zahlungsempfänger verpflichtet sei – „pacta sunt servanda". Der deutsche Gesetzgeber hielt, obgleich die entgegengesetzte Lösung bei Erarbeitung des Umsetzungsgesetzes durchaus erwogen wurde, die Aufnahme des Satzes ins Gesetz nicht für redundant. Die Begründung des Regierungsentwurfs führt hierzu aus:

> „Letztlich soll sich Artikel 69 Abs. 3 der Zahlungsdiensterichtlinie jedoch auch im Wortlaut des Umsetzungsgesetzes wiederfinden. Dieser Absatz war in den Ratsverhandlungen eine zentrale Kompromissregelung. Von der einen Seite wurde befürchtet, dass Zahlungsdienstleister auf der Zahlungsempfängerseite ohne eine vergleichbare Regelung womöglich Einzugsaufträge unbearbeitet liegen lassen. Von der anderen Seite wurde vorgetragen, dass die Festlegung einer konkreten Weitergabefrist für die Weiterleitung von Einzugs- oder Inkassoaufträgen – ähnlich der Ausführungsfrist in Artikel 69 Abs. 1 der Zahlungsdiensterichtlinie – den verschiedenen „Pull"-Zahlungsverfahren (z.B. Lastschriftverfahren, Kreditkartenzahlung) nicht ausreichend Rechnung hätte tragen können."[473]

Im Bewusstsein, dass bei der Anwendung der neuen zahlungsdiensterechtlichen BGB-Vorschriften eine richtlinienkonforme Auslegung auch anhand der bei Ausarbeitung der PSD entstandenen Materialien erfolgen würde[474], erschien dem deutschen Gesetzgeber also hinsichtlich der Pull-Zahlungen die Klarstellung erforderlich, dass zwischen dem Zahlungsempfänger und seinem Zahlungsdienstleister die vereinbarte Weiterleitungsfrist die ausschlaggebende ist.

---

472 Vgl. zu den Abläufen der Rechtsetzung auf Unionsebene Härtel, Handbuch europäische Rechtssetzung, Berlin/Heidelberg 2006, S. 353 ff. Speziell zu den Möglichkeiten der Einflussnahme auf die inhaltliche Ausgestaltung europäischer Rechtsakte vgl. Gündisch/Mathijsen, Rechtsetzung und Interessenvertretung in der Europäischen Union. Verfahren, Mitwirkung, Qualität, Legitimation, Stuttgart u.a. 1999, S. 155 ff.

473 BT-Drs. 16/11643, S. 112.

474 Vgl. zur historischen bzw. teleologischen Richtlinienauslegung im Dienste der richtlinienkonformen Auslegung nationalen Rechts oben Teil 1, Kap.1., Abschnitt C.I.3. und 4.

Die letzte Buchungsetappe, die der Zahlungsbetrag nach Eingang beim Zahlungsdienstleister des Zahlungsempfängers noch zurücklegt, ist die Herstellung der Verfügbarkeit für den Begünstigten. Diese ist, zusammen mit der Wertstellung, in § 675t BGB geregelt. Nach Satz 1 dieser Norm ist der Zahlungsdienstleister des Zahlungsempfängers verpflichtet,

> „(...) dem Zahlungsempfänger den Zahlungsbetrag unverzüglich verfügbar zu machen, nachdem er auf dem Konto des Zahlungsdienstleisters eingegangen ist."

Dieser Anspruch auf *„Verfügbarmachen"*[475] des Zahlungsbetrages tritt an die Stelle des bisherigen Anspruchs „auf die Gutschrift" (§§ 675 Abs. 1, 667 BGB).[476] Die Inkassostelle muss, um ihrer Pflicht nach § 676t Abs. 1 S. 1 BGB zu genügen, gewährleisten, dass der Zahlungsempfänger mittels der üblichen Formen der Kontonutzung – z.B. Abhebung oder Überweisung – über den Zahlungsbetrag verfügen kann.[477] Jedoch besteht die Pflicht des Zahlungsdienstleisters nur in dem rechtlichen Umfang, in dem er selbst den Zahlungsbetrag erhalten hat. Besteht etwa im Verhältnis zwischen den beteiligten Zahlungsdienstleistern noch ein Vorbehalt, so kann der Zahlungsbetrag – wie etwa bei der Lastschrift – unter einer entsprechenden Bedingung verfügbar gemacht werden.[478] Desgleichen steht § 675t Abs. 1 S. 1 BGB nicht der Einbringung eines eingegangen Zahlungsbetrages in ein Kontokorrent entgegen; auch die Vereinbarung von Pfand-, Zurückbehaltungs- oder Aufrechnungsrechten bleibt zulässig.[479] Bei Vorliegen einer dahingehenden vertraglichen Abrede sind Zahlungsbeträge, die der Erfüllung einer vom Zahlungsempfänger an seinen Zahlungsdienstleister abgetretenen Forderung dienen, nicht als „für den Zahlungsempfänger eingegangen" im Sinne des § 675t Abs. 1 S. 1 BGB anzusehen.[480] Im Verhältnis zwischen diesen ist der Zahlungsdienstleister der Berechtigte, so dass die Pflicht zum unverzüglichen Verfügbarmachen nicht eingreift. Dies kann ins-

---

475 Der Einfachheit halber wird im Folgenden die wenig elegante Wortschöpfung des „Verfügbarmachens" verwandt, die auch von der Regierunsgbegründung gebraucht wird, BT-Drs. 16/11643, S. 169.

476 Zu den wohl auch weiterhin gebräuchlichen Begriffen des „Anspruchs auf Gutschrift" und „Anspruchs aus der Gutschrift", vgl. Meder in: Derleder/Knops/Bamberger, S. 1267 ff.

477 Vgl. Palandt/Sprau, § 675t, Rn. 4

478 Ebenda, § 675t, Rn. 4.

479 Vgl. BT-Drs. 16/11643, S. 112.

480 Vgl. Rühl, DStR 2009, op.cit., S. 2256 (2259).

besondere im Rahmen der Abwicklung von Kreditkartenzahlungen von Bedeutung sein.[481]

Die Frage, wer Inhaber des Anspruchs auf Verfügbarmachen des Zahlungsbetrages ist, ist dann nicht trivial, wenn der Zahlungsauftrag den Empfänger nicht fehlerfrei bezeichnet – also etwa wenn die vom Zahler angegebene Kundenkennung nicht zum gleichfalls angegebenen Namen passt. Hierauf wird im Abschnitt zur Überweisung genauer einzugehen sein.[482]

Die Bestimmung des Wertstellungsdatums bei Gutschrift auf dem Konto des Zahlungsempfängers (§ 675t Abs. 1 S. 2 BGB) entspricht der nach § 676g Abs. 1 S. 4 BGB a.F. – die Wertstellung hat demnach spätestens mit Wirkung für den Geschäftstag zu erfolgen, an dem der Betrag auf dem Konto des Zahlungsdienstleisters des Zahlungsempfängers eingegangen ist; anders als bisher ist die Wertstellungsregel indes nicht mehr abdingbar.[483]

Hinsichtlich abfließender Zahlungen ist bemerkenswert, dass die Belastung des Zahlerkontos gemäß § 675t Abs. 3 BGB nicht mehr als Vorschuss (§ 669 BGB) erfolgen kann, sondern vom Zahlungsdienstleister des Zahlers erst als Aufwendungsersatzanspruch (§ 670 BGB) geltend gemacht werden kann, wenn der Betrag der in der Zahlungskette nachfolgenden Stelle gutgeschrieben wird.[484]

c. Das Haftungssystem der §§ 675u ff. BGB

Im sukzessiven Ablauf eines Zahlungsvorgangs steht die Geltendmachung von etwaigen Sekundäransprüchen als letzte Phase – oder Annex – der eigentlichen Ausführung des Geldtransfers an letzter Stelle. Im horizontalen Gliederungssystem der PSD, welches der deutsche Gesetzgeber sich (wohl oder übel) zu Eigen gemacht hat, stellt das Unterkapital „Haftung“ dementsprechend ebenfalls am Schluss (§§ 675u ff. BGB).

---

481 Vgl. hierzu Beschlussempfehlung und Bericht des Rechtsausschusses zum Gesetzentwurf der Bundesregierung, vom 01. 07. 2009, BT-Drs. 16/13669, S. 129.

482 Siehe unten, Teil 2, Kap. 3.

483 Diese Wertstellungsregel geht auf eine Rechtsprechung des BGH zurück, wonach AGB-Klauseln, die eine längere Wertstellungsfrist vorsahen, unwirksam waren, vgl. BGH NJW 1997, S. 2042; NJW 1997, S. 3168; hierzu Borges, Die Wertstellung im Giroverhältnis - zugleich eine Besprechung der BGH-Urteile vom 6. Mai und 17. Juni 1997, WM 1998, S. 105, (108 f.); Becher, DStR 1999, op.cit., S. 1360 (1365).

484 Vgl. Martinek, BGB aktuell 2010/2011, in: Eckpfeiler des Zivilrechts, Neubearbeitung 2011, Berlin 2010, S. 1 ff. (Rn. 43).

Die Vorschriften zur Haftung bei Zahlungsdiensten differenzieren zwischen verschiedenen anspruchsbegründenden Tatbeständen, für die jeweils spezielle Regeln gelten. Namentlich sind Ansprüche der Zahlungsdienstnutzer aufgrund nicht autorisierter Zahlungsvorgänge (§ 675u BGB), bei missbräuchlicher Nutzung eines Zahlungsauthentifizierungsinstruments (§ 675v BGB), bei Pull-Zahlungen (§ 675x BGB) sowie wegen nicht erfolgter oder fehlerhafter Ausführung eines Zahlungsauftrags (§ 675y BGB) vorgesehen. Ansprüche, die von diesen Spezialvorschriften nicht erfasst sind, können gemäß § 675z BGB nach den allgemeinen schuldrechtlichen Anspruchsgrundlagen geltend gemacht werden.

Fehlt bei einem Zahlungsvorgang die nach § 675j BGB erforderliche Autorisierung, so entspricht die von § 675u BGB vorgesehene Anspruchslage der schon vorher im deutschen Recht geltenden Rechtslage:

> „Im Fall eines nicht autorisierten Zahlungsvorgangs hat der Zahlungsdienstleister des Zahlers gegen diesen keinen Anspruch auf Erstattung seiner Aufwendungen. Er ist verpflichtet, dem Zahler den Zahlungsbetrag unverzüglich zu erstatten und, sofern der Betrag einem Zahlungskonto belastet worden ist, dieses Zahlungskonto wieder auf den Stand zu bringen, auf dem es sich ohne die Belastung durch den nicht autorisierten Zahlungsvorgang befunden hätte."

Aufgrund des vollharmonisierenden Charakters der zugrundeliegenden Richtliniennormen, welcher über § 675z S. 1 („*Die §§ 675u und 675y sind hinsichtlich der dort geregelten Ansprüche eines Zahlungsdienstnutzers abschließend.*") Eingang ins BGB gefunden hat, sind neben § 675u BGB keine auf dieselbe Rechtsfolge gerichteten Anspruchsgrundlagen – etwa aus den Regeln über die ungerechtfertigte Bereicherung – anwendbar. Obwohl das deutsche Recht materiell auch ohne ausdrückliche Umsetzung des Art. 60 PSD mit der Richtlinie in Einklang gestanden hätte, wurde § 675u in das BGB aufgenommen, da hierdurch in den Augen des Gesetzgebers das Verständnis der §§ 675v und 675w BGB erleichtert wird.[485]

Desgleichen kodifiziert auch § 675v BGB, welcher Art. 61 PSD umsetzt, weitgehend Haftungsregeln, die sich bisher aus den Allgemeinen Geschäftsbedingungen für Zahlungskarten ergeben haben[486], wobei sich § 675v BGB freilich nicht exklusiv auf Zahlungskarten bezieht, sondern auf alle Arten von Zahlungsauthentifizierungsinstrumenten – also alle unter die Definition des § 1 Abs. 5 ZAG fallenden Instrumente und Verfahren – Anwendung findet.[487] Wie § 675u

485 BT-Drs. 16/11643, S. 113.

486 Vgl. Koch in Fischer/Klanten, op.cit., S. 686.

487 Zum Begriff des Zahlungsauthentifizierungsinstruments näher unter Teil 1, Kap. 3, Abschnitt E.II.

BGB bezieht sich § 675v BGB auf die mangelnde Autorisierung des Zahlungsvorgangs – namentlich auf den Spezialfall der missbräuchlichen Nutzung eines Zahlungsauthentifizierungsinstruments – und betrifft folglich das Deckungsverhältnis zwischen dem Zahler und seinem Zahlungsdienstleister. Im Einzelnen sieht Abs. 1 eine auf 150 Euro limitierte und Abs. 2 eine unbeschränkte Haftung des Zahlers vor.[488] Jegliche Haftung nach diesen Absätzen ist jedoch gemäß Abs. 3 ausgeschlossen, wenn der Zahler den Verlust des Zahlungsauthentifizierungsinstruments entsprechend § 675l S. 2 BGB angezeigt hat oder der Zahlungsdienstleister seine Pflicht gemäß § 675m Abs. 1 Nr.3 BGB, jederzeit die Möglichkeit zur Vornahme einer Anzeige sicherzustellen, missachtet hat.

Die von § 675v Abs. 1 S. 1 BGB eingeräumte Möglichkeit, den Zahler trotz fehlender Autorisierung in Höhe von 150 Euro in Anspruch zu nehmen, sofern die fraglichen Zahlungsvorgänge auf der Nutzung eines verlorengegangenen, gestohlenen oder sonst abhanden gekommenen Zahlungsauthentifizierungsinstruments beruhen, stellt eine Ausnahme zur durch § 675u BGB grundsätzlich dem Zahlungsdienstleister auferlegten Haftung bei fehlender Autorisierung dar. Die Ratio der verschuldensunabhängigen Haftung in Höhe von 150 Euro nach § 675v Abs. 1 BGB liegt darin, den Nutzer dazu zu motivieren, durch eine schnelle Verlustanzeige den Haftungsausschluss nach § 675v Abs. 3 BGB herbeizuführen.[489] Gemäß § 675v Abs. 1 S. 2 BGB gilt dasselbe,

> „(...) wenn der Schaden infolge einer sonstigen missbräuchlichen Verwendung eines Zahlungsauthentifizierungsinstruments entstanden ist und der Zahler die personalisierten Sicherheitsmerkmale nicht sicher aufbewahrt hat."

Während der auf Verlust oder Diebstahl abstellende Satz 1 auf die körperlich gegenständlichen Zahlungsauthentifizierungsinstrumente (wie v.a. Karten) zu-

488 Casper/Pfeifle, Missbrauch der Kreditkarte im Präsenz- und Mail-Oder-Verfahren nach neuem Recht, WM 2009, S. 2343 (2347) diskutieren die Frage, ob die Haftung i.H.v. 150 Euro sich auf den Gesamtschaden bezieht oder hinsichtlich jeder einzelnen missbräuchlichen Verwendung des Zahlungsauthentifizierungsinstruments neu eingreift. Nach dem Wortlaut der Richtlinie sei auch die zweite Lesart denkbar. Diese werde insbesondere von den französischen und englischen Richtlinienfassungen gestützt (die einschlägigen Passagen lauten: „Le payeur supporte (...) les pertes liées à toute opération de paiement non autorisée (...)" bzw. „(...) the payer shall bear the losses relating to any unauthorised payment transactions (...)"). Dem Regelungszweck, der in der Setzung eines Anreizes zur schnellstmöglichen Verlustmeldung liege, sei aber mit einer einmaligen Zahlung von 150 Euro Genüge getan. Zudem sei eine Variation der Haftungshöhe in Abhängigkeit zur Anzahl der missbräuchlichen Verwendungsakte aus Sicht des Zahlungsdienstnutzers willkürlich und daher ungerechtfertigt.

489 Vgl. BT-Drs. 16/11643, S. 113 und Erwägungsgrund (32) PSD.

geschnitten ist, ist mit *„sonstiger missbräuchlicher Verwendung“* die Durchführung eines Authentifizierungsverfahrens mittels eines personalisierten Sicherheitsmerkmals wie einer PIN oder TAN gemeint.[490] Hier soll eine Haftung nach § 675v Abs. 1 BGB nur eintreten, wenn gegen die in § 675l S.1 BGB normierte Pflicht, personalisierte Sicherheitsmerkmale vor unbefugtem Zugriff zu schützen, soweit dies durch zumutbare Maßnahmen zu erreichen ist, verstoßen wurde. Es tritt also ein über die Voraussetzungen des Satzes 1 hinausgehendes Verschuldenselement hinzu.

Dem Verschulden kommt im Rahmen des § 675v Abs. 2 BGB noch größere Bedeutung zu: bei Betrugsabsicht oder vorsätzlicher bzw. grob fahrlässiger Verletzung der Pflichten nach § 675l BGB oder der Vertragsbedingungen ist eine Haftung für den gesamten, infolge des nicht autorisierten Zahlungsvorgangs entstandenen Schaden vorgesehen. Die Ausfüllung des Merkmals „grobe Fahrlässigkeit“ wird hierbei den nationalen Rechtssystemen der Mitgliedsstaaten überlassen.[491] Somit können die von der deutschen Rechtsprechung entwickelten Grundsätze, wonach grobe Fahrlässigkeit nur dann vorliegt, wenn die im Verkehr erforderliche Sorgfalt in ungewöhnlich hohem Maße verletzt wurde, wenn also ganz naheliegende Überlegungen nicht angestellt wurden und somit dasjenige unbeachtet geblieben ist, was sich im gegebenen Fall jedem aufgedrängt hätte,[492] weiterhin herangezogen werden.[493]

Hinsichtlich der für die Haftung nach § 675v Abs. 1, 2 BGB maßgeblichen Frage, ob der betreffende Zahlungsvorgang durch den Einsatz eines Zahlungsauthentifizierungsinstruments autorisiert worden ist, sieht § 675w BGB eine Beweislastregel vor. Nach Satz 1 der Norm gilt:

> „Ist die Autorisierung eines ausgeführten Zahlungsvorgangs streitig, hat der Zahlungsdienstleister nachzuweisen, dass eine Authentifizierung erfolgt ist und der Zahlungsvorgang ordnungsgemäß aufgezeichnet, verbucht sowie nicht durch eine Störung beeinträchtigt wurde.“

---

490 BT-Drs. 16/11643, S. 113.

491 Ebenda.

492 Vgl. zur Bestimmung des Begriffs der groben Fahrlässigkeit Jauernig/ Stadler, Bürgerliches Gesetzbuch - Kommentar, München 2009, § 276 Rn. 33. und mit einem Überblick der einschlägigen Kasuistik Baumbach/Hopt/ Hopt, Handelsgesetzbuch, München 2010, 2. Teil V. Bankgeschäfte, Rn. F/31.

493 Vgl. zum parallelen – jedoch nicht deckungsgleichen – Begriff der „faute lourde“ sowie zu den sonstigen Verschuldenskategorien im französischen Zivilrecht Wurmnest, Grundzüge eines europäischen Haftungsrechts, Tübingen 2003, S. 149 f. Zum Begriff der „Gross Negligence“ sowie den anderen „degrees of negligence“ im Common Law, vgl. Percy/Walton, Charlesworth & Percy on Negligence, 9. Aufl., London 1997, S. 9 Rn. 1-11.

Für den Fall, dass dem Zahlungsdienstleister der Nachweis der Authentifizierung gelingt, schränkt § 675w S. 3 BGB die Reichweite der Beweiswirkung ein:

> „Wurde der Zahlungsvorgang mittels eines Zahlungsauthentifizierungsinstruments ausgelöst, reicht die Aufzeichnung der Nutzung des Zahlungsauthentifizierungsinstruments einschließlich der Authentifizierung durch den Zahlungsdienstleister allein nicht notwendigerweise aus, um nachzuweisen, dass der Zahler
> 1. den Zahlungsvorgang autorisiert,
> 2. in betrügerischer Absicht gehandelt,
> 3. eine oder mehrere Pflichten gemäß § 675l verletzt oder
> 4. vorsätzlich oder grob fahrlässig gegen eine oder mehrere Bedingungen für die Ausgabe und Nutzung des Zahlungsauthentifizierungsinstruments verstoßen hat."

Die Haftung des Zahlers nach § 675v Abs. 1 Abs. 2 BGB ergibt sich also nicht zwanglos aus der aufgezeichneten Nutzung eines Zahlungsauthentifizierungsinstruments; diese ist nur eine notwendige Bedingung der Ansprüche des Zahlungsdienstleisters gegen den Karteninhaber auf Aufwendungs- bzw. Schadensersatz, jedoch nicht zwingend eine hinreichende. Es hat stets eine gesonderte Prüfung der Anspruchsvoraussetzungen zu erfolgen, wobei die Beweisfrage sich neu stellt.

Die Bedeutung des § 675w BGB ist, um seine Rolle im Normensystem des Untertitels „Zahlungsdienste" klar herauszuarbeiten, in zweierlei Hinsicht einzugrenzen: Zum einen liefert er keine allgemeine Regelung der Beweislastverteilung hinsichtlich der Autorisierung von Zahlungsvorgängen, sondern ist nur dann anwendbar, wenn die Authentifizierung mittels eines Zahlungsauthentifizierungsinstruments streitig ist. Zum anderen betrifft die Vorschrift auch bei gegebener Anwendbarkeit nicht den Nachweis der Autorisierung, sondern eben nur der Authentifizierung, wie deutlich aus § 675w S. 3 Nr. 1 BGB hervorgeht.[494] Mit dem Nachweis der Authentifizierung nach § 675w S. 1 BGB ist die Autorisierung des Zahlungsvorgangs nicht automatisch mit bewiesen. Hinsichtlich der Umstände, die nicht von § 675w BGB erfasst sind – also insbesondere eben der Autorisierung von Zahlungsvorgängen – gelten die allgemeinen Be-

494 Teilweise wird zwischen dem Nachweis der Authentifizierung mittels Zahlungsauthentifizierungsinstrument und dem Nachweis der Autorisierung nicht weiter differenziert, vgl. z.B. BGB-Handkommentar/Schulze/Schulte-Nölke, § 675w Rn. 2. Leicht kann infolgedessen der Fehlschluss unterlaufen, dass mit dem Nachweis der Authentifizierung nach § 675w BGB auch die Autorisierung bewiesen wäre. Dies ist, wie unten (Teil 2, Kap.1, Abschnitt C.I. und Kap.3, Abschnitt B.) näher auszuführen ist, jedoch gerade nicht der Fall.

weisregeln des nationalen Rechts.[495] Auf die Implikationen des § 675w BGB für die Beweislage im deutschen Recht wird im Abschnitt zur Kartenzahlung noch näher einzugehen sein.[496]

Schließlich ist § 675w BGB auch von § 676 BGB abzugrenzen, der sich auf den *„Nachweis der Ausführung von Zahlungsvorgängen"* bezieht. § 676 BGB erlegt dem Zahlungsdienstleister im Falle der Streitigkeit der ordnungsgemäßen Ausführung den Nachweis der Abwicklung des Zahlungsvorgangs – d. h. ordnungsgemäße Aufzeichnung, Buchung und vertragsgemäße Durchführung – auf (über diese Mindestvoraussetzung hinaus greifen auch hinsichtlich der Ausführung von Zahlungsvorgängen die allgemeinen Beweislastregeln).[497] Hingegen kommt § 676 BGB keine Bedeutung hinsichtlich der Autorisierung des Zahlungsvorgangs zu.

Entgegen §§ 675u und 675v BGB, die auf das Fehlen der Autorisierung abstellen, hat der Erstattungsanspruch nach § 675x BGB einen völlig anderen Ansatzpunkt. Er steht dem Zahler gegenüber seinem Zahlungsdienstleister bei autorisierten Pull-Zahlungen zu, wenn

> „1. bei der Autorisierung der genaue Betrag nicht angegeben wurde und
>
> 2. der Zahlungsbetrag den Betrag übersteigt, den der Zahler entsprechend seinem bisherigen Ausgabeverhalten, den Bedingungen des Zahlungsdiensterahmenvertrags und den jeweiligen Umständen des Einzelfalls hätte erwarten können; mit einem etwaigen Währungsumtausch zusammenhängende Gründe bleiben außer Betracht, wenn der zwischen den Parteien vereinbarte Referenzwechselkurs zugrunde gelegt wurde."[498]

Von besonderem Interesse ist, ob § 675x BGB auf Lastschriftzahlungen im Einzugsermächtigungsverfahren anwendbar ist. Dies wird im einschlägigen Abschnitt der vorliegenden Arbeit zu untersuchen sein.[499] Als unzweifelhaftes Anwendungsfeld verbleiben Kreditkartenzahlungen, Lastschriftzahlungen im Abbuchungsauftragsverfahren und Zahlungen mittels des neuen SEPA-Lastschriftverfahrens.[500]

---

495 Vgl. Erwägungsgrund (33) PSD; BT-Drs. 16/11643, S. 114/115.

496 Siehe unten, Teil 2, Kap.1, Abschnitt C.

497 Vgl. Palandt/ Sprau, § 676, Rn. 2. Zu den Beweislastregeln vgl. grundsätzlich Laumen/Prütting, Handbuch der Beweislast – Band 1 Grundlagen, Köln/München 2009, S. 142 ff.

498 § 675x Abs. 1 S. 1 HS 3 und 4.

499 Siehe unten, Teil 2, Kap.2.C.

500 Vgl. BT-Drs. 16/11643, S. 115.

Bezüglich der Anspruchsvoraussetzungen des § 675x Abs. 1 S. 1 BGB trifft den Zahler auf Verlangen seines Zahlungsdienstleisters eine Substantiierungspflicht, § 675x Abs. 1 S. 2 BGB. Dabei kommen, wie von Art. 62 PSD vorgegeben, für die Bestimmung seines objektiven Erwartungshorizonts hinsichtlich der Höhe des Zahlungsbetrages sein bisheriges Ausgabeverhalten, die Bedingungen des Rahmenvertrages und die Umstände des Einzelfalls als zu berücksichtigende Tatsachen in Betracht. Als denkbare praktische Anwendungsfälle dieser Anspruchsgrundlage schwebten der Europäischen Kommission bei der Ausarbeitung der ersten Entwurfsfassung Mietwagen- oder Hotelbuchungen vor, bei denen schon vor Vertragsschluss – etwa im Zeitpunkt der Reservierung – Kreditkartendaten übermittelt werden.[501] Der Anspruch nach § 675x Abs. 1 S. 1 BGB lässt die im Valutaverhältnis bestehenden Ansprüche unberührt. Auch können gemäß § 675x Abs. 2 BGB für Lastschriftzahlungen die Voraussetzungen des Abs. 1 Satz. 1 Nr. 1 und 2 BGB abbedungen und damit ein weitergehender Erstattungsanspruch – etwa infolge eines ausgeübten Widerspruchsrechts – vereinbart werden.

Auf der anderen Seite räumt § 675x Abs. 3 BGB im Falle von Lastschriften, bei denen der Zahler seine Zustimmung zum Zahlungsvorgang unmittelbar seinem Zahlungsdienstleister mitgeteilt hat, die Möglichkeit ein, den Erstattungsanspruch des § 675x Abs. 1 S. 1 BGB auszuschließen. Diese Abdingbarkeit soll vor allem die weitere Nutzung des Abbuchungsauftragsverfahrens auch durch Verbraucher (ist der Zahler Unternehmer, so ist § 675x Abs. 1 BGB ohnehin gemäß § 675e Abs. 4 BGB abdingbar) begünstigen: Dem künftigen Gebrauch des Abbuchungsauftragsverfahrens hätte, wäre § 675x Abs. 1 S. 1 BGB zwingend, entgegengestanden, dass die verfahrensspezifischen Vorteile für den Zahlungsempfänger – namentlich die frühere Endgültigkeit des Zahlungsvorgangs – weggefallen wären.[502]

Hinsichtlich der Geltendmachung des Anspruchs nach § 675x Abs. 1 S. 1 BGB gilt die achtwöchige Ausschlussfrist des § 675x Abs. 4 BGB.

Als letzte spezielle Haftungsnorm des BGB-Zahlungsdiensterechts enthält § 675y BGB Ansprüche sowohl des Zahlers als auch des Zahlungsempfängers bei nicht erfolgter oder fehlerhafter Ausführung eines Zahlungsauftrags. Die von der Norm vorgesehenen Rechtsfolgen sind den jeweiligen Zahlungsdienstleistern zugewiesen, wobei eine Aufteilung nach Verantwortungssphären erfolgt.[503] Jeder Zahlungsdienstleister soll nur für die Fehler haften, die in seinen Einflussbe-

501 Vgl. BT-Drs. 16/11643, S. 115.

502 BT-Drs. 16/11643, S. 116.

503 Zur Sphärenhaftung vgl. grundlegend Canaris, Bankvertragsrecht, Teil 1, Rn. 527 ff.

reich fallen. Dementsprechend haftet der Zahlungsdienstleister des Zahlers nach § 675y Abs. 1 S. 1-3 BGB für die fehlerfreie Ausführung eines vom Zahler ausgelösten Zahlungsvorgangs, es sei denn er weist gemäß Abs. 1 S. 4 nach, *„dass der Zahlungsbetrag rechtzeitig und ungekürzt beim Zahlungsdienstleister des Zahlungsempfängers eingegangen ist"*. Damit folgt § 675y Abs. 1 BGB den Vorgaben der PSD (Art. 75), welche die auf Erstattung des Zahlungsbetrages und Kontoberichtigung gerichtete Haftung des Zahlungsdienstleisters des Zahlers – selbst ohne dass sein Verschulden nachgewiesen werden muss – aus den in Erwägungsgrund (46) ausgeführten Gründen für sachgerecht erachtet:

> „(…) In der Regel ist der Zahlungsdienstleister in der Lage, die mit einem Zahlungsvorgang verbundenen Risiken einzuschätzen. Er ist es, der das Zahlungssystem vorgibt, Vorkehrungen trifft, um fehlgeleitete oder falsch zugewiesene Geldbeträge zurückzurufen, und in den meisten Fällen darüber entscheidet, welche zwischengeschalteten Stellen an der Ausführung eines Zahlungsvorgangs beteiligt werden. Daher ist es außer im Falle ungewöhnlicher und unvorhersehbarer Ereignisse voll und ganz gerechtfertigt, dem Zahlungsdienstleister für die Ausführung eines vom Nutzer entgegengenommenen Zahlungsauftrags die Haftung zu übertragen, wobei die Handlungen und Unterlassungen des Zahlungsdienstleisters des Zahlungsempfängers, für deren Auswahl allein der Zahlungsempfänger verantwortlich ist, ausgenommen sind. (…)"

Derselben Ratio folgend haftet der Zahlungsdienstleister des Zahlungsempfängers nach § 675y Abs. 2 S. 1 BGB bei Pull-Zahlungen für die unverzügliche Weiterleitung des vom oder über den Zahlungsempfänger zu erteilenden Zahlungsauftrags an den Zahlungsdienstleister des Zahlers. Über die Weiterleitung des Auftrags hinaus haftet die Inkassostelle indes nicht, da sie noch „kein Geld in Händen hält".[504]

Der Anspruch des Zahlungsempfängers nach § 675y Abs. 2 S. 1 BGB ist ausgeschlossen, wenn der Anspruchsgegner (ergo: sein Zahlungsdienstleister) nachweist, dass er die ihm bei der Ausführung des Zahlungsvorgangs obliegenden Pflichten erfüllt hat, § 675y Abs. 2 S. 2 HS 1 BGB. In diesem Fall fällt die Verantwortung in die Sphäre des anderen Zahlungsdienstleisters (sprich: der Zahlstelle), so dass dieser gegenüber seinem Zahlungsdienstnutzer auf Erstattung des Zahlungsbetrages haftet, § 675y Abs. 2 S. 2 HS 2 BGB.

Gemäß § 675y Abs. 3 S. 1 BGB sind Ansprüche gegen den Zahlungsdienstleister des Zahlers aufgrund von § 675y Abs. 1, 2 S. 2 BGB generell ausgeschlossen, wenn der Zahlungsdienstleister den Zahlungsauftrag in Übereinstim-

504 Vgl. BT-Drs. 16/11643, S. 117.

mung mit einer vom Zahlungsdienstnutzer angegebenen fehlerhaften Kundenkennung ausgeführt hat.

Dieser Haftungsausschluss korrespondiert mit dem von § 675r Abs. 1 S. 2 BGB eingeräumten Recht des Zahlungsdienstleisters, einen Zahlungsvorgang ausschließlich anhand der von dem Zahlungsdienstnutzer angegebenen Kundenkennung auszuführen. Dem Zahler verbleibt nur das Recht, zu verlangen, dass sein Zahlungsdienstleister sich *„im Rahmen seiner Möglichkeiten darum bemüht, den Zahlungsbetrag wiederzuerlangen“*, § 675y Abs. 3 S. 2 BGB. Die Formulierung der Richtlinie, welche dem Zahlungsdienstleister auferlegt, den Zahler bei der Wiedererlangung zu unterstützen, *„soweit ihm dies vernünftigerweise zugemutet werden kann“* (Art. 74 Abs. 2 S. 2 PSD), wird in der deutschen Umsetzung bewusst nicht übernommen, da eine Anwendung der strengen Maßstäbe, welche im deutschen Recht an die Schwelle der Zumutbarkeit (etwa im Rahmen der §§ 275, 282 oder 313 BGB) angelegt werden[505], dem Willen des europäischen Gesetzgebers nicht entsprochen hätten.[506] Spätestens dann, wenn der durch die fehlerhafte Kennung identifizierte (falsche) Zahlungsempfänger den Zahlungsbetrag erhalten hat, soll der Zahlungsdienstleister des Zahlers jedenfalls nicht mehr zur Erstattung verpflichtet sein. Seine Pflicht, *„sich zu bemühen“*, beschränkt sich dann auf Informationen und Stornobuchungen im Rahmen des rechtlich Zulässigen.[507]

Neben den Erstattungsansprüchen der Absätze 1, 2 und 4 gibt § 675y Abs. 5 BGB dem Zahlungsdienstnutzer, durch oder über den ein nicht oder fehlerhaft ausgeführter Zahlungsvorgang ausgelöst wurde, einen Informationsanspruch gegen seinen Zahlungsdienstleister, der diesen verpflichtet, Nachforschungen über den fraglichen Zahlungsvorgang anzustellen und seinen Zahlungsdienstnutzer über das Ergebnis zu unterrichten.

Das von den §§ 675u und y BGB aufgestellte Haftungssystem ist hinsichtlich der dort geregelten Ansprüche gemäß § 675z S.1 BGB abschließend. Für Schäden hingegen, die von diesen Anspruchsgrundlagen nicht erfasst sind, lässt die Richtlinie (namentlich Artt. 60 Abs. 2 und 76 PSD) eine „finanzielle Entschädigung“ nach einzelstaatlichem Recht zu. Folglich können im Falle von Schäden, die zwar infolge einer nicht autorisierten oder fehlerhaften Ausführung eines Zahlungsauftrags, jedoch nicht unmittelbar im Verhältnis zwischen Zahlungsdienstleister und -nutzer, entstanden sind, Ansprüche aus § 280 Abs. 1 BGB gel-

505 Die Unzumutbarkeit setzt namentlich eine grobe Unverhältnismäßigkeit zwischen Aufwand des Schuldners und dem objektiven Interesse des Gläubigers an der Leistung voraus, vgl. hierzu etwa BGB-Handkommentar/Schulze, § 275 Rn. 21 ff.

506 Vgl. BT-Drs. 16/11643, S. 117.

507 Ebenda.

tend gemacht werden.[508] Somit sind insbesondere Folgeschäden, wie z.B. Verzugsschäden oder entgangener Gewinn, unter den Voraussetzungen des deutschen Schuldrechts ersatzfähig.[509]

Wie bisher nach § 676c Abs. 1 S. 5 BGB a.F. bleibt im Hinblick auf Schäden, die aus einer nicht erfolgten oder fehlerhaften Ausführung eines Zahlungsauftrags resultieren, eine Haftungsbeschränkung auf 12.500 Euro zulässig. Hinsichtlich Ansprüchen wegen Fehlens der Autorisierung (§ 675u BGB) ist eine solche Haftungsbeschränkung hingegen nicht möglich. Diese Differenzierung beruht auf dem Umstand, dass der Zahler, indem er einen Zahlungsvorgang autorisiert, die (Mit-) Ursache für die zum Schaden führende Kausalkette setzt, während ihm der Schaden bei fehlender Autorisierung in keiner Weise zugerechnet werden kann.[510]

Auch § 675z S. 3 BGB, demzufolge Zahlungsdienstleister ein Verschulden zwischengeschalteter Stellen wie eigenes zu vertreten haben, deckt sich inhaltlich mit dem bisherigen Recht – namentlich mit § 676 Abs. 1 S. 3 BGB a.F., der gleichermaßen das Verschulden zwischengeschalteter Stellen wie das eines Erfüllungsgehilfen (§ 278 BGB) zurechnete.

Eine Haftung für die fehlerhafte oder nicht erfolgte Ausführung von Zahlungsaufträgen nach sonstigem Schuldrecht gemäß § 675z S. 2-4 BGB ist jedoch aufgrund des Verweises in § 675z S. 5 BGB genauso wie die Haftung aus § 675y Abs. 1 S. 1 BGB nach § 675y Abs. 3 S. 1 BGB ausgeschlossen, wenn der Zahlungsdienstleister den Auftrag in Übereinstimmung mit einer vom Zahlungsdienstnutzer angegebenen fehlerhaften Kundenkennung ausgeführt hat.

Wie bisher § 676e BGB a.F. gibt § 676a BGB einem gegenüber seinem Zahlungsdienstnutzer haftungspflichtigen Zahlungsdienstleister einen Ausgleichsanspruch gegen andere Zahlungsdienstleister oder zwischengeschaltete Stellen an die Hand, soweit die Ursache für die Haftung im Verantwortungsbereich der letzteren gesetzt wurde.[511] Dieser Regressanspruch besteht unabhängig davon, ob der Zahlungsdienstleister mit einer ausgleichspflichtigen zwischengeschalteten Stelle in vertraglicher Beziehung stand. Außerdem ist zu betonen, dass hinsichtlich der Haftung der Zahlungsdienstleister untereinander die Vorschriften der PSD gemäß Art. 77 Abs. 2 PSD nicht abschließend sind; es kommen daher auch andere vertragliche oder gesetzliche Anspruchsgrundlagen in Betracht.

---

508 Vgl. Palandt/Sprau, § 675t Rn. 3.

509 Ebenda, § 675t Rn. 3.

510 BT-Drs. 16/11643, S. 118.

511 Zum Regressanspruch gegen zwischengeschaltete Institute nach altem Überweisungsrecht, siehe Schwintowski/Schäfer, op.cit., S. 209 f.

Die beiden letzten Normen des Unterkapitels „Haftung" schließlich enthalten Ausschlussgründe für die Haftung nach den vorstehenden Anspruchsgrundlagen:

Gemäß § 676b Abs. 2 BGB sind Ansprüche des Zahlungsdienstnutzers ausgeschlossen, wenn er den Zahlungsdienstleister, gegen den die Ansprüche gerichtet sind, nicht spätestens 13 Monate nach dem Tag der Belastung mit einem nicht autorisierten oder fehlerhaften Zahlungsvorgang hiervon unterrichtet hat. Diese Frist läuft allerdings nicht, bevor der Zahlungsdienstleister seine Informationspflichten nach Art. 248 §§ 7, 10 oder 14 EGBGB erfüllt hat, § 676b Abs. 2 S. 3 BGB. Unabhängig von der Anspruchsausschlusswirkung sieht § 676b Abs. 1 BGB die Pflicht des Zahlungsdienstnutzers vor, seinen Zahlungsdienstleister unverzüglich nach Feststellung eines nicht autorisierten oder fehlerhaft ausgeführten Zahlungsvorgangs zu unterrichten. Für Ersatzansprüche, die auf Grundlagen außerhalb der §§ 675u und 675y BGB beruhen, greift die Frist des § 676b Abs. 2 BGB gemäß Absatz 3 der Norm ebenfalls ein; dies allerdings nur dann mit anspruchsausschließender Wirkung, wenn der Zahlungsdienstnutzer nicht ohne sein Verschulden an der Einhaltung der Frist verhindert war. Letzteres kann z.B. dann zutreffen, wenn die den Schaden bildenden Ansprüche erst nach Fristablauf geltend gemacht werden.[512]

Ein Haftungsausschluss ist von § 676c BGB auch für den Fall vorgesehen, dass die anspruchsbegründenden Umstände

> „1.auf einem ungewöhnlichen und unvorhersehbaren Ereignis beruhen, auf das diejenige Partei, die sich auf dieses Ereignis beruft, keinen Einfluss hat, und dessen Folgen trotz Anwendung der gebotenen Sorgfalt nicht hätten vermieden werden können, oder
>
> 2. vom Zahlungsdienstleister auf Grund einer gesetzlichen Verpflichtung herbeigeführt wurden."

Bemerkenswert ist hinsichtlich § 676c Nr. 1 BGB insbesondere, dass sowohl die zugrundeliegende Richtliniennorm, Art. 78 PSD, als auch der deutsche Gesetzgeber, von einem Gebrauch des Begriffs *„höhere Gewalt"* Abstand nehmen. Dies ist darauf zurückzuführen, dass die in den einzelstaatlichen Rechtsordnungen stark abweichende inhaltliche Auskleidung des Begriffs zu einer dem vollharmonisierenden Ansatz der Richtlinie widersprechenden Verästelung der Umsetzung des Art. 78 PSD zu führen gedroht hätte.[513] Die umständliche Um-

512 Vgl. Palandt/Sprau, § 676b Rn. 7.

513 Der Begriff der „höheren Gewalt" wird in § 7 Abs. 2 StVG als Haftungsausschlusstatbestand verwandt. Damit ein Sachverhalt unter den Begriff subsumiert werden kann, muss es sich um ein von außen kommendes, nicht vorhersehbares Ereignis handeln, das

schreibung der Richtlinie hat der deutsche Gesetzgeber übernommen, um den vormals hinsichtlich § 676b Abs. 4 BGB a.F. geführten Streit zu vermeiden.[514]

IV. Exemplifizierung des methodischen Vorgehens bei der Auslegung des BGB-Zahlungsdiensterechts am Beispiel des Begriffs der „fehlerhaften Ausführung"

Nachdem in den einleitenden Kapiteln methodische Vorarbeiten unternommen[515] und im vorliegenden Abschnitt der materiellen Regelungsgehalt des neuen Zahlungsdiensterechts umrissen wurden, können nun beide Gegenstände bezogen auf ein erstes konkretes Auslegungsbeispiel zusammengeführt werden. Hierzu erscheint namentlich der Begriff der *„fehlerhaften Ausführung"* im Sinne des § 675y Abs. 1 S. 1 BGB geeignet. Die anspruchsbegründende Leistungsstörung der fehlerhaften Ausführung umfasst zweifelsfrei die gekürzte sowie die fehlgeleitete Ausführung des Zahlungsauftrags. Problematisch ist hingegen die Frage, ob auch die verspätete Ausführung als *„fehlerhafte"* im Sinne der Norm einzustufen ist. Die Klärung dieser Rechtsfrage ist zum einen von praktischer Relevanz und gibt zum anderen für die Zwecke der vorliegenden Arbeit Gelegenheit, die Anwendung der oben dargestellten Auslegungsmethodik bündig zu demonstrieren.

Zunächst ist danach festzustellen, welche Antwort auf die aufgeworfene Frage sich aus den Vorgaben der PSD ergibt. Zu diesem Zwecke ist Art. 75 Abs. 1 PSD, zu dessen Umsetzung des § 675y Abs. 1 S. 1 BGB dient, im Hinblick auf den problematischen Begriff auszulegen.

---

auch durch äußerste vernünftigerweise zu erwartende Sorgfalt nicht abwendbar war, vgl. BGHZ 62, 351 (354). Diese drei Elemente sind auf den Begriff der höheren Gewalt im deutschen Recht generell anzuwenden, vgl. Burmann u.a./Burmann, Straßenverkehrsrecht, 21. Auflage 2010, § 7 StVG Rn. 17 ff.

Hingegen verstand Art. 9 der Überweisungsrichtlinie unter höherer Gewalt „ein ungewöhnliches und unvorhersehbares Ereignis, auf das derjenige, der sich auf höhere Gewalt beruft, keinen Einfluss hat und deren Folgen trotz Anwendung der gebotenen Sorgfalt nicht hätten vermieden werden können".

Vgl. hinsichtlich der drohenden Konfusionen bei der mitgliedsstaatlichen Anwendung auch die Darstellung der Begriffe der „force majeure" im französischen Recht sowie des „Act of God" im common law bei Kling, Sprachrisiken im Privatrechtsverkehr, Tübingen 2008, S. 314 f.

514 Vgl. zu § 676b Abs. 4 BGB a.F., juris PK/Bauer,§ 676b Rn. 19/20.

515 Vgl. oben Teil 1, Kap.1, Abschnitt B.IV.

Die auslegungsrelevante Passage der Richtliniennorm (Art. 75 Abs. 1 Sätze 1 und 2) lautet:

> „Wird ein Zahlungsauftrag vom Zahler ausgelöst, so haftet sein Zahlungsdienstleister (...) gegenüber dem Zahler für die ordnungsgemäße Ausführung des Zahlungsvorgangs, es sei denn, er kann gegenüber dem Zahler und gegebenenfalls dem Zahlungsdienstleister des Zahlungsempfängers nachweisen, dass der Betrag, der Gegenstand des Zahlungsvorgangs ist, gemäß Artikel 69 Absatz 1 beim Zahlungsdienstleister des Zahlungsempfängers eingegangen ist; (...)
>
> Haftet der Zahlungsdienstleister des Zahlers nach Unterabsatz 1, so erstattet er dem Zahler unverzüglich den Betrag des nicht oder fehlerhaft ausgeführten Zahlungsvorgangs (...)“

Dieser Wortlaut lässt keine definitiven Rückschlüsse auf die Reichweite des Begriffs der fehlerhaften Ausführung zu – „Fehlerhaftigkeit“ beschränkt sich a priori nicht auf bestimmte Arten von Mängeln. Als „fehlerhaft“, also einen Fehler aufweisend, ist vielmehr generell eine *„Abweichung vom Richtigen, Unrichtigkeit, Verstoß gegen Regeln“*[516] bzw. *„etwas, was falsch ist, was von der richtigen Form abweicht“*[517] zu verstehen. Jedenfalls erlaubt die grammatische Auslegung des Art. 75 Abs. 1 PSD daher nicht, die nicht fristgemäße Ausführung des Zahlungsvorgangs vom haftungsbegründenden Tatbestand von vornherein auszunehmen. Jedoch führen die anderen Auslegungskriterien weiter:

Die systematische Auslegung des Art. 75 Abs. 1 PSD muss im Hinblick auf die Frage der verspäteten Ausführung insbesondere Art. 69 Abs. 1 PSD einbeziehen, auf den in Satz 1 HS 1 explizit verwiesen wird. Art. 69 Abs. 1 S. 1 PSD sieht vor:

> „Die Mitgliedstaaten schreiben dem Zahlungsdienstleister des Zahlers vor, sicherzustellen, dass nach dem Eingangszeitpunkt gemäß Artikel 64 der Betrag, der Gegenstand des Zahlungsvorgangs ist, spätestens am Ende des folgenden Geschäftstags dem Konto des Zahlungsdienstleisters des Zahlungsempfängers gutgeschrieben wird.“

Um der Haftung wegen nicht ordnungsgemäßer Ausführung des Zahlungsvorgangs zu entgehen, muss der Zahlungsdienstleister nachweisen, dass der Zahlungsbetrag *„gemäß Art. 69 Abs. 1 PSD“*, also fristgemäß, beim Zahlungsdienstleister des Zahlungsempfängers eingegangen ist. Hieraus kann im Umkehrschluss gefolgert werden, dass die verspätete Ausführung anspruchsbegrün-

516 Wahrig (Hrsg.), Deutsches Wörterbuch, Gütersloh u.a. 1975.

517 Drosdowski/Grebe/Köster/Müller (Hrsg.), Duden Bedeutungswörterbuch, Speyer 1970.

dend ist. Die systematische Auslegung legt also die Einbeziehung der verspäteten Ausführung in den Begriff der fehlerhaften Ausführung nahe.[518]

Für die Ermittlung des objektiven Zwecks des Art. 75 Abs. 1 PSD im Rahmen der teleologischen Auslegung ist zunächst die Rechtsfolge der Vorschrift aufschlussreich. Diese besteht vorrangig darin, dass der Zahlungsdienstleister des Zahlers bei fehlerhafter Ausführung dem Zahler gegenüber zur Erstattung des Zahlungsbetrags verpflichtet ist. Ein solcher Anspruch scheint prima facie nicht auf den Fall der verspäteten Ausführung zugeschnitten zu sein. Denn wenn der Zahlungsbetrag den Valutagläubiger (bzw. dessen Zahlungsdienstleister) – wenn auch verspätet – letztlich erreicht hat, so ist zunächst kein schützenswertes Interesse des Zahlers erkennbar, seinen Zahlungsdienstleister noch auf Erstattung in Anspruch zu nehmen.[519] Einer solchen Forderung würde der allgemeine Grundsatz des römischen Rechts *„dolo agit qui petit quod statim redditurus est“*[520] entgegenstehen, da der Anspruchsgegner den erstatteten Betrag als ungerechtfertigte Bereicherung wiederum herausverlangen kann, soweit der Zahler durch die Ausführung des Zahlungsvorgangs von seiner Verbindlichkeit im Valutaverhältnis befreit worden ist. Die Rechtsposition des Zahlers bei verspäteter Ausführung des Zahlungsvorgangs würde sich durch die Anwendung des Art. 75 Abs. 1 PSD nur in Ausnahmekonstellationen verbessern, namentlich dann, wenn durch den verspäteten Eingang des Zahlungsbetrages die Schuld im Valutaverhältnis nicht mehr erfüllt werden kann.[521] Zwar besteht in solchen Fällen ein bereicherungsrechtlicher Herausgabeanspruch des Zahlers gegenüber dem Zah-

518 In diesem Sinne auch Franck/Massari, WM 2009, op.cit., S. 1117 (1121), die ein zusätzliches systematisches Argument aus der Tatsache herleiten wollen, dass die PSD keine Verzinsungspflicht für Verstöße gegen Ausführungsfristen bzw. Nichterfüllung vorsieht. Dies spreche dafür, dass eine volle Erstattung selbst bei nur unwesentlicher Zu-Spät-Ausführung gewollt sei, da nur bei Annahme einer solchen kein Raum für eigene Zinsschäden des Zahlers verbleibe. Diese Begründung ist jedoch fragwürdig, da § 675z BGB für Schäden, die nicht von einer speziellen zahlungsdiensterechtlichen Anspruchsgrundlage abgedeckt sind, die Geltendmachung von allgemeinen Ansprüchen – insbesondere §§ 280 ff. BGB – einräumen; vgl. in diesem Sinne auch BT-Drs. 16/11653, S. 116/117.

519 Vgl. in diesem Sinne z.B. BGB-Handkommentar/Schulte-Nölke/Schulze, § 675y Rn. 6.

520 Vgl. zur Arglisteinrede Wacke, Dolo facit qui petit quod (statim) redditurus est, JA 1982, S. 477; zu den Ursprüngen der exceptio doli im Römischen Recht vgl. Honsell, Römisches Recht, Heidelberg u.a. 2010, S. 175; Finazzi, L' exceptio doli generalis nel diritto ereditario romano, Padova 2006.

521 So bei der Vereinbarung eines absoluten Fixgeschäfts, vgl. hierzu Münchner Kommentar BGB/Ernst, Band 2 – Schuldrecht Allgemeiner Teil §§ 241-432, 5. Auflage, München 2007, § 286 Rn. 39.

lungsempfänger; jedoch ist ein praktisches Interesse des Zahlers erkennbar, Erstattung des Zahlungsbetrags auch von seinem – verlässlich solventen – Zahlungsdienstleister verlangen zu können.[522]

Der objektive Zweck des Art. 75 Abs. 1 PSD, der darin besteht, dem Zahlungsdienstleister des Zahlers die Verantwortung für die fehlerfreie Ausführung zuzuweisen und den Zahler insoweit freizustellen, würde mithin in aller Regel nicht dadurch tangiert, dass die verspätete Ausführung nicht unter den Begriff der fehlerhaften Ausführung gefasst wird. Entscheidende Argumente für eine Subsumtion der verspäteten Ausführung unter die „fehlerhafte Ausführung" im Sinne der Norm sind aus der teleologischen Auslegung folglich nicht zu gewinnen. In Einzelfällen kommt der objektive Zweck des Art. 75 Abs. 1 PSD jedoch auch infolge einer verspäteten Ausführung zum Tragen; und da durch die rechtsvernichtende Arglisteinrede gewährleistet ist, dass ungerechtfertigte Erstattungsansprüche des Zahlers im Ergebnis nicht durchgreifen, läuft eine teleologische Auslegung des Art. 75 Abs. 1 PSD der Einbeziehung der verspäteten Ausführung in den Kreis der anspruchsbegründenden Tatbestände jedenfalls auch nicht zuwider.

Schließlich sind zur Auslegung des Art. 75 Abs. 1 PSD auch die einschlägigen Gesetzesmaterialien auszuwerten, um den subjektiven Regelungswillen des Richtliniengebers zu eruieren. Vorrangig sind dabei die der offiziellen Fassung der Richtlinie vorangestellten Erwägungsgründe zu berücksichtigen.[523] Satz 1 des oben bereits teilweise zitierten Erwägungsgrundes (46) lautet:

> „Ein reibungslos und zügig funktionierendes Zahlungssystem setzt voraus, dass der Nutzer sich auf die ordnungsgemäße und fristgerechte Ausführung seiner Zahlung durch den Zahlungsdienstleister verlassen kann."

Dieser Erwägungsgrund zielt speziell auf die Rechtfertigung der Haftungsregel des Art. 75 Abs. 1 PSD ab. Die fristgemäße Ausführung soll demnach in den Verantwortungsbereich des Zahlungsdienstleisters fallen. Eine Subsumtion der verspäteten Ausführung unter den Begriff der fehlerhaften Ausführung scheint somit dem subjektiven Regelungszweck zu entsprechen.

Erwägungsgrund (43) betont das Regelungsziel der *„zügigeren gemeinschaftsweiten Abwicklung von Zahlungen"*, welches im Übrigen auch aus dem in den Erwägungsgründen (4), (38) und (40) manifestierten Streben nach einer

522 Im Gegenzug zur Erstattung würde der Zahler seinem Zahlungsdienstleister den Bereicherungsanspruch gegen den Zahlungsempfänger abtreten.

523 Vgl. zu den Besonderheiten der historischen Richtlinienauslegung, oben Teil 1, Kap.1, Abschnitt C.I.3.

vollautomatisierten Zahlungsabwicklung hervorgeht. Diese Maxime stellt zwar nur ein allgemeines Motiv der PSD dar und ist für die konkrete Begriffsauslegung daher allenfalls ein Anhaltspunkt. Jedoch kann die hohe Priorität, die der Richtliniengeber der fristgerechten Ausführung zumisst, zumindest als unterstützendes Argument für die Einbeziehung der verspäteten Ausführung in den Tatbestand des Art. 75 Abs. 1 PSD angeführt werden.

Eine Nachvollziehung der im Laufe des Erarbeitungsprozesses der Richtlinie erfolgten Änderungen führt zum selben Ergebnis:

Im Kommissionsentwurf[524] verwies der Vorläufer des Art. 75 PSD (Art. 67 der damaligen Entwurfsfassung) auf die *„nicht erfolgte oder fehlerhafte Ausführung eines Zahlungsvorgangs gemäß Abschnitt 1“*. Abschnitt 1 stand im Kommissionsentwurf unter der Überschrift *„Zahlungsanweisungen, Gebühren und transferierte Beträge“* und war klar abgegrenzt von Abschnitt 2 *„Ausführungszeit“*, welcher die Pflicht zur fristgemäßen Ausführung vorsah. In der Systematik des Kommissionsentwurfs scheint also tatsächlich die verspätete Ausführung nicht unter den Begriff der „fehlerhaften Ausführung“ gefasst gewesen zu sein. In den Änderungsvorschlägen, die nach der ersten Lesung des Parlaments veröffentlicht wurden[525] waren hingegen sowohl der Verweis in der Anspruchsgrundlage dahingehend angepasst, dass er auch die Pflicht zur fristgemäßen Ausführung in Bezug nahm, als auch ein neuer Erwägungsgrund (30) eingefügt, der Erwägungsgrund (46) (op.cit.) der Endfassung entspricht. Aus diesen Änderungen kann auf den Willen des Richtliniengebers geschlossen werden, auch aus der verspäteten Ausführung einen Erstattungsanspruch des Zahlers herzuleiten.

Im Ergebnis ist Art. 75 Abs. 1 PSD daher so auszulegen, dass auch die verspätete Ausführung einen Fall der fehlerhaften Ausführung darstellt.[526]

Dieses richtlinienkonforme Auslegungsresultat ist nun daraufhin zu überprüfen, ob es mit § 675y Abs. 1 S. 1 BGB in Einklang zu bringen ist, ohne die „Contra-Legem-Grenze“ zu verletzen. Dies ist dann gegeben, wenn mit den Mitteln der nationalen Methodik die entsprechende Auslegung begründet werden kann. Hierfür ist § 675y Abs. 1 S. 1 BGB – zunächst unabhängig von den Richtlinienvorgaben – auszulegen.[527]

524 KOM/2005/603 endg., op.cit.

525 Vom 08.05.2007, Nr. 8718/07, op.cit.

526 So auch Steennot, Erroneous Execution of Payment Transactions and Unauthorised Use of Payment Instruments: The Proposal for a Directive on Payment Services in the Internal Market, EUREDIA 1/2006, S. 69 (77 ff.).

527 Vgl. methodische Vorüberlegungen, oben Teil 1, Kap.1, Abschnitt B.IV.

Die historische Auslegung des Begriffs „fehlerhafte Ausführung" spricht dafür, die verspätete Ausführung hiervon auszunehmen, denn die Begründung zum Regierungsentwurf führt aus:

> „Im Falle eines fehlerhaft ausgeführten Zahlungsauftrags, bei dem der Zahlungsbetrag beim Zahlungsdienstleister des Zahlungsempfängers verspätet eingegangen ist und demzufolge dem Zahlungsempfänger auch erst verspätet verfügbar gemacht werden konnte, ist der Übermittlungserfolg – wenn auch verspätet – eingetreten. Eine Erstattung des Zahlungsbetrages durch den Zahlungsdienstleister des Zahlers erscheint nicht gerechtfertigt, da der Zahlungsempfänger den Betrag erhalten hat und der Zahlungsvorgang durch die beteiligten Zahlungsdienstleister daher nicht mehr rückabgewickelt werden kann. Der für diesen Fall vorgesehene bisherige pauschalierte Verzinsungsanspruch für verspätete Überweisungen (§ 676b Abs. 1) entfällt zukünftig. Die Zahlungsdiensterichtlinie sieht für diesen Fall keine Rechtsfolge vor. Im Falle verspäteter Zahlungsvorgänge wird daher nur noch ein (verschuldensabhängiger) Schadensersatzanspruch nach § 280 Abs. 1 in Verbindung mit § 675z BGB-E möglich sein."[528]

Nach der subjektiv-teleologischen Auslegung ist die Haftung nach § 675y Abs. 1 S. 1 BGB bei verspäteter Ausführung also abzulehnen.

Im Einklang mit der Begründung des Regierungsentwurfs wurde in § 675y Abs. 1 BGB, anders als in Art. 75 Abs. 1 PSD, kein Verweis auf die Pflicht zur fristgemäßen Ausführung (§ 675s BGB) aufgenommen. Hieraus könnte sich ein systematisches Argument dahingehend entwickeln lassen, dass die Einhaltung dieser Pflicht nicht Bestandteil der fehlerfreien Ausführung eines Zahlungsvorgangs sei. Denn auf andere Pflichten des Zahlungsdienstleisters, deren Verletzung zweifelsfrei zur Fehlerhaftigkeit der Ausführung führt – namentlich die Pflicht zur ungekürzten Weiterleitung des Zahlungsbetrages (§ 675q Abs. 1 BGB) und die Pflicht zur Weiterleitung an den durch die Kundenkennung individualisierten Empfänger (§ 675r BGB) – wird in § 675y BGB explizit Bezug genommen.[529]

Es ist jedoch letztlich nicht erforderlich, die Analyse dieser Auslegungskriterien zu vertiefen, denn der auslegungsbedürftige Wortlaut des § 675y Abs. 1 S. 1 BGB lässt eine richtlinienkonforme Ausfüllung des Begriffs „fehlerhafte Ausführung" unbedenklich zu. Unter einem Fehler ist nach dem allgemeinen Sprachgebrauch *„eine Inkorrektheit oder Unrichtigkeit"*, als „fehlerhaft" damit etwas *„falsches, inkorrektes, mangelhaftes, unrichtiges, unzutreffendes, defekti-*

---

528 BT-Drs. 16/11643, S. 116/117.

529 Vgl. § 675y Abs. 1 S. 3, Abs. 3 S. 1 BGB.

ves" zu verstehen.[530] „Fehlerhaft“ kann angesichts dieser breiten Bedeutungsspanne ohne Weiteres auch eine nicht fristgemäße Handlung sein.

Zudem steht, aus denselben Erwägungen, die schon bezüglich Art. 75 Abs. 1 PSD angestellt wurden, auch der objektive Zweck des § 675y Abs. 1 1 BGB der Anerkennung der verspäteten Ausführung als anspruchsbegründenden Fehler zumindest nicht entgegen.

Zwei in der deutschen Methodik anerkannte Kriterien erlauben also eine richtlinienkonforme Auslegung. Wegen des Gebots richtlinienkonformer Auslegung muss dieser Auslegung mithin gefolgt werden, da eine Verletzung der Contra-legem-Grenze nicht zu befürchten ist.[531] Diese Konsequenz ist zwingend und völlig unabhängig von der Frage, ob eine isolierte Betrachtung des nationalen Rechts zum selben Ergebnis geführt hätte. Eine Abwägung der verschiedenen Auslegungskriterien untereinander kann dahinstehen.

Die verspätete Ausführung stellt nach alldem einen Unterfall der fehlerhaften Ausführung dar.[532]

C. Fazit zur Darstellung der PSD und ihrer Umsetzung ins deutsche Recht

Durch die PSD und ihre Übernahme in die einzelstaatlichen Rechtsordnungen setzt sich hinsichtlich der Rechtsquellen des deutschen und europäischen Bankrechts die grundsätzliche Tendenz fort, vertragliche Rechtsgestaltung durch inhaltliche Vorgaben des Gesetzgebers zu ersetzen. Diese Entwicklung ist weithin auf gemeinschaftsrechtliche Harmonisierungsakte zurückzuführen:

So waren die Rechtsbeziehungen im Rahmen von Überweisungsvorgängen ursprünglich nur in den allgemeinen auftrags- und geschäftsbesorgungsvertraglichen Normen des BGB verankert. Die inhaltliche Präzisierung von Rechten und Pflichten der Parteien entsprang ausschließlich vertragsrechtlichen Quellen:

---

530 Wermke/Kunkel-Razum/Scholze-Stubenrecht (Hrsg.), Duden – Das Synonymwörterbuch, Mannheim 2007.

531 Dies ergibt sich aus dem Verständnis des Gebots richtlinienkonformer Auslegung als methodische Vorrangregel; siehe oben Teil 1, Kap.1, Abschnitt B.III.

532 So im Ergebnis auch Schinkels, in: Zivilrecht unter europäischem Einfluss, op.cit., S. 749 ff. (818); Franck/Massari, WM 2009, op.cit., S. 1117 (1121); Grundmann, WM 2009, op.cit., S. 1109 (1116); Palandt/ Sprau, § 675y Rn. 3. Eine a.A. vertreten unter Berufung auf die Gesetzesbegründung: Handkommentar BGB/ Schulte-Nölke/Schulze, § 675y Rn. 6 sowie Prütting u.a./Fehrenbacher, BGB Kommentar, 5. Aufl., Köln 2010, § 675y Rn. 2.

hinsichtlich des Verhältnisses der Kunden zu den Kreditinstituten waren die Allgemeinen Geschäftsbedingungen der Banken und Sparkassen maßgeblich und hinsichtlich der Interbankenverhältnisse die Zahlungsverkehrsabkommen der Spitzenverbände. Substantielle hoheitliche Einflussnahme war der Rechtsprechung vorbehalten. Der Charakter des deutschen Bankrechts als weitgehend privatdispositive Domäne wurde erst auf europäischer Ebene angetastet.

Zunächst wurde durch die Umsetzung der Überweisungsrichtlinie ins BGB ein erstes spezifisches Normensystem geschaffen, was zu einer Abkehr von der hergebrachten rechtlichen Bewältigung der Überweisung führte, die bis dato allein auf § 675 BGB in Verbindung mit dem allgemeinen Auftragsrecht gestützt worden war.

Die PSD erbrachte eine neuerliche umfassende gesetzliche Umgestaltung des materiellen Bankrechts. Sie enthält sowohl zivilrechtliche, als auch aufsichtsrechtliche Teile. Die aufsichtsrechtlichen Komponenten wurden v.a. durch das ZAG umgesetzt, die zivilrechtlichen Vorschriften v.a. ins BGB und EGBGB integriert.

Die prägenden systematischen Regelungsmotive des zivilrechtlichen Teils der PSD sind seine horizontale Struktur und der Vollharmonisierungsansatz.

Da es sich um einen totalharmonisierenden Rechtsakt handelt, sind Abweichungen von den Richtlinienvorgaben durch das mitgliedsstaatliche Recht nur insoweit zulässig, als dies explizit vorgesehen ist. Die Pflicht zur richtlinienkonformen Auslegung greift im Regelungsbereich der Richtlinie folglich generell durch.

Die horizontale Systematik der PSD führt dazu, dass alle Zahlungsverfahren denselben Vorschriften unterfallen. Das Regelungsregime für Überweisungen, Lastschriften und Kartenzahlungen ist also im Grundsatz einheitlich. Nur in Einzelfällen wird den Besonderheiten bestimmter Zahlungsverfahren durch spezielle Vorschriften Rechnung getragen. Statt einer horizontalen Gliederung des Regelwerks nach Verfahrensarten, sind die Rechte und Pflichten bei der Ausführung von Zahlungsvorgängen nach den sukzessiven Phasen des elektronischen Zahlungsverkehrs gegliedert.

Mit der Vereinheitlichung durch den horizontalen Ansatz geht eine hohe Abstraktion der Begrifflichkeiten einher. Die PSD führt eine Vielzahl neuer Rechtsbegriffe ein, welche in ihrer europarechtlichen Eigenständigkeit auszulegen sind. Auch bei Überführung ins mitgliedsstaatliche Recht können die Begriffe wegen der unionsrechtlichen Pflicht zur getreuen Umsetzung nicht in der etablierten nationalen Begrifflichkeit aufgehen. Die von der Richtlinie vorgegebene Bedeutung ist stets autonom durch Auslegung zu ermitteln und auf das nationale Recht zu übertragen. Der durch neue Begriffe entstehende Auslegungsbedarf stellt eine wesentliche Herausforderung bei der Anwendung des Zahlungsdiensterechts dar.

Als zentrale Regelungsziele sind der Verbraucherschutz, die Öffnung des Wettbewerbs sowie die Automatisierung und Beschleunigung des Zahlungsverkehrs anzusehen, wie aus den Erwägungsgründen der Richtlinie hervorgeht. Der Verbraucherschutz soll vorwiegend im Wege der (Vorab-)Information realisiert werden. Die PSD schreibt den Zahlungsdienstleistern deshalb umfassende Informationspflichten vor. Die Vorschriften zur Ausführung von Zahlungsvorgängen dienen hingegen vorrangig dem Ziel der Effizienzsteigerung und Automatisierung elektronischer Zahlungstransfers.

Der zivilrechtliche Teil der PSD wurde zum einen in den neuen Untertitel „Zahlungsdienste“ des BGB-Geschäftsbesorgungsrechts, zum anderen ins EGBGB umgesetzt.

Die Vorschriften zur Erbringung und Nutzung von Zahlungsdiensten (§§ 675j ff. BGB) gehen ins BGB ein. Der deutsche Gesetzgeber folgte dabei der horizontalen Struktur der Richtlinie; eine Differenzierung nach einzelnen Zahlungsverfahren entfällt.

Die von der Richtlinie vorgesehenen Informationspflichten sind hingegen ins EGBGB ausgelagert worden (Art. 248 EGBGB) und greifen über die Verweisnorm des § 675d Abs. 1 BGB hinsichtlich „Zahlungsdiensteverträgen“ ein. Der deutsche Gesetzgeber hat eine Aufnahme der umfangreichen Informationspflichten ins BGB gemieden, um dieses nicht durch den schieren Umfang des neuen Regelkörpers zu überfrachten. Schon der Untertitel „Zahlungsdienste“ besteht aus 28 Vorschriften, die ihrerseits die Länge der Richtliniennormen adaptieren und damit die Tendenz fortschreiben, die ursprüngliche Konzision des BGB infolge der europäischen Privatrechtsintegration zu verwässern.

Der neue Vertragstyp des Zahlungsdienstevertrags (§ 675f BGB) gliedert sich in die Unterkategorien des Zahlungsdiensterahmenvertrages und des Einzelzahlungsvertrages. Diese Kategorien wurden eingeführt, um die jeweils einschlägigen Informationspflichten bestimmen zu können. Vertragstypologisch handelt es sich um Ausprägungen des Geschäftsbesorgungsvertrages, weshalb gemäß § 675c Abs. 1 BGB auch auftragsrechtliche Normen subsidiär Anwendung finden.

Substantiell regelt das neue Zahlungsdiensterecht die Initiierung elektronischer Zahlungstransfers im Push- bzw. Pull-Verfahren, Rechte und Pflichten bei der Ausführung der Zahlungen durch die Zahlungsdienstleister sowie die Haftung bei Verletzung dieser Pflichten. Nur noch subsidiär kommt das allgemeine schuldrechtliche Haftungsregime der §§ 280 ff. BGB zur Anwendung, § 675z BGB.

Insbesondere hinsichtlich der Überweisung fällt eine grundlegende Neugestaltung ins Auge: Die Überweisung kehrt unter dem neuen Zahlungsdiensterecht zum auftragsrechtlichen Weisungsmodell zurück. Nach den dogmatischen Konfusionen um den Überweisungsvertrag geht hiermit ein Rückgewinn an struktureller Klarheit für das Überweisungsrecht einher.

D. Die Umsetzung ins französische und britische Recht

Durch die PSD soll der Zahlungsverkehr der EU auf eine einheitliche rechtliche Basis gestellt werden, um Nutzern und Anbietern die Vornahme grenzüberschreitender Zahlungen zu erleichtern.[533] Die Inkompatibilität der nationalen Systeme war Anlass sowohl für die SEPA-Initiative, als auch für die PSD. Die Funktionalität des europäischen Zahlungsdiensterechts hängt mithin wesentlich davon ab, dass es bei der Umsetzung in die Einzelrechtsordnungen nicht zu einer neuerlichen Zersplitterung kommt. Durch einen vergleichenden Blick auf die wichtigsten europäischen Rechtssysteme soll dies auch im Rahmen der vorliegenden Arbeit überprüft werden. Dies ist, auch wenn rechtsvergleichende Aspekte keine imperativen Auslegungskriterien darstellen[534], auch im Sinne eines besseren Verständnisses der Problematik, die mit einer Harmonisierung des Zahlungsdiensterechts verbunden ist, geboten. Im Folgenden werden zunächst die Grundzüge der französischen und britischen Umsetzungsakte beschrieben.

I. Die Umsetzung der PSD ins französische Recht[535]

1. Überblick der Rechtssetzungsaktivitäten

Im französischen Recht geht die Kernsubstanz der Richtlinienvorgaben in den „Code Monétaire et Financier“[536] ein. Dieses Gesetzbuch ist in eine *„partie législative“* und eine *„partie réglementaire“* gegliedert; es unterliegt also teilweise dem Vorbehalt des Gesetzes, teilweise kann es durch die Exekutive mittels Verordnungen und Erlassen geändert werden.

Die Umsetzung der PSD erforderte aufgrund des tiefgreifenden Charakters der Richtlinie weitreichende Änderungen beider Teile, so dass sie zumindest

533 Zu den Zielen der PSD im Allgemeinen, siehe oben, Teil 1, Kap.3, Abschnitt A.

534 Vgl. zu den Funktionen der Rechtsvergleichung bei der Rechtsfindung Kötz, Alte und neue Aufgaben der Rechtsvergleichung, JZ 2002, S. 257 ff.; Strömholm, Rechtsvergleichung und Rechtsangleichung – Theoretische Möglichkeiten und praktische Grenzen in der Gegenwart, RabelsZ 56 (1992), S. 611 ff.

535 Zu den verfassungsrechtlichen Rahmenbedingungen und der Praxis der Richtlinienumsetzung im französischen System vgl. Wölk, Die Umsetzung von Richtlinien der Europäischen Gemeinschaft – Eine rechtsvergleichende Untersuchung zum Recht der Bundesrepublik Deutschland, der französischen Republik und des Vereinigten Königreichs, Baden-Baden 2002, S. 163 ff.

536 Zuletzt geändert am 1.11.2010; in jeweils aktueller Fassung verfügbar auf http://www.legifrance.gouv.fr

auch in die Kompetenz des Parlaments gefallen wäre. Ein ordentliches Gesetzgebungsverfahren wurde jedoch aus mehreren Gründen für ungeeignet zur Umsetzung der PSD gehalten: Zum einen sollte die Umsetzungsfrist jedenfalls eingehalten werden, was erfahrungsgemäß durch das Parlament nicht in allen Fällen gewährleistet werden kann.[537] Zudem verlangt die PSD, indem sie ein umfassendes, vollharmonisierendes Normensystem vorsieht, nach einer kohärenten, in sich stimmigen Umsetzungslösung, welche – so wurde befürchtet – durch eine parlamentarische Kompromissfindung gefährdet worden wäre. Schließlich wurde die Richtlinie auch aufgrund ihrer hohen Technizität als für das Parlament ungeeigneter Gegenstand erachtet.[538]

Daher wurden Ausarbeitung und Erlass der erforderlichen Rechtsakte durch Art. 152 des *„Loi de modernisation de l'économie"* vom 4.8.2008[539] der Regierung übertragen. Durch dieses „Ermächtigungsgesetz" (*„loi d'habilitation"*) wurde die Regierung beauftragt, die Richtlinienvorgaben mittels einer gesetzesvertretenden Verordnung (*„ordonnance"*) umzusetzen.[540] Die auf diesem Boden erlassene *„Ordonnance n° 2009-866 du 15 juillet 2009 relative aux conditions régissant la fourniture de services de paiement et portant création des établissements de paiement"*[541] sieht insbesondere Änderungen des „Code Monétaire et

537 Zur Umsetzungsmoral der Mitgliedsstaaten siehe Bericht der Kommission „27. Jahresbericht über die Kontrolle der Anwendung des EU-Rechts (2009)", Brüssel, den 1.10.2010, KOM(2010) 538 endg. Aus den Statistiken geht hervor, dass Frankreich 22, das Vereinigte Königreich 25 und Deutschland 12 formelle Ermahnungen der Kommission wegen nicht rechtzeitiger Umsetzung erhielten, vgl. Statistik „Letters of formal notice for non-communication sent per country – 2009", verfügbar auf den Internetseiten der Kommission (http://ec.europa.eu/community_law/directives/directives_communication_en.htm). Der schlechte Ruf, der Frankreich hinsichtlich der Erfüllung unionsrechtlicher Pflichten anhaftet (vgl. etwa Brown/ Kennedy, op.cit., S. 118, wo Frankreich als „notorious instance of reluctance to conform" bezeichnet wird) ist also, zumindest was die Umsetzung von Richtlinien angeht, nicht (mehr) sachlich gerechtfertigt..

538 Zu dieser Argumentation siehe Sousi, La transposition en France de la directive sur les services de paiement – ce qu'on voit et ce qu'on ne voit pas, Euredia 2009, S. 653 (656).

539 LOI n° 2008-776, Journal Officiel n°0181 du 5 août 2008, S. 12471, texte n° 1.

540 Diese Möglichkeit ist in Art. 38 der französischen Verfassung vorgesehen: „Die Regierung kann zur Durchführung ihres Programmes vom Parlament die Ermächtigung verlangen, während eines begrenzten Zeitraumes durch gesetzesvertretende Verordnungen Maßnahmen zu treffen, die normalerweise Gegenstand der Gesetzgebung sind." (Übersetzung entnommen aus: http://www.jura.uni-sb.de/BIJUS/). Die Praxis der „gesetzesvertretenden Verordnung" setzt die unter der III. und IV. Republik begonnen Tradition der „décret-lois" fort. Sie stellt eine Variante der „procédure législative déléguée" dar.

541 In Kraft getreten am 01.11.2009, Journal Officiel vom 16.7.2009.

Financier" vor, betrifft jedoch auch den „Code de Commerce" sowie den „Code de la Consommation". Begleitet wird die Verordnung von einigen ergänzenden Regierungsakten, welche die Anwendung von Teilbereichen des neuen Normenbestands konkretisieren.[542]

Der Umstand, dass das Parlament bei einem Regulierungsbereich, der in seinen praktischen Auswirkungen schlechthin jeden betrifft[543], außen vor gelassen wurde, ist teilweise als undemokratisch kritisiert worden.[544] Doch zeigt ein Blick auf den Ausarbeitungsprozess der Verordnung Nr. 2009-866, dass die Regierung durchaus nicht hinter verschlossenen Türen legiferiert hat, sondern die Stakeholder in einem offenen Prozess zu konsultieren bedacht war. Die Konsultation fand in mehreren Etappen statt:

Zunächst wurde das *„Haut Comité de Place"* mit der Aufgabe der Umsetzung der PSD befasst. Dabei handelt es sich um ein von Wirtschafts- und Finanzministerin Christine Lagarde[545] geschaffenes Forum, welches Repräsentanten der Kreditwirtschaft, Verwaltung und Aufsichtsbehörden zusammenbringt, um Maßnahmen zur Steigerung der Attraktivität des Finanzplatzes Paris zu diskutieren.

Auf die Arbeit des „Haut Comité de Place" aufbauend haben die beim Wirtschaftsministerium angesiedelten *„Direction du Trésor"* und *„Direction de la*

---

542 Bei diesen „actes complémentaires d'application" handelt es sich im Einzelnen um: den „Décret n°2009-934 du 29 juillet 2009 pris pour l'application de l'ordonnance n° 2009-866 relative aux conditions régissant la fourniture de services de paiement et portant création des établissements de paiement" ; den „Arrêté du 29 juillet 2009 relatif aux relations entre les prestataires de services de paiement et leurs clients en matière d'obligation d'information des utilisateurs de services de paiement et précisant les principales stipulations devant figurer dans les conditions de compte de dépôt et les contrats-cadres de services de paiement" ; den „Arrêté du 29 juillet 2009 portant application des articles L-312-1-1 et L.314-13 du CMF fixant les modalités d'information de la clientèle et du public sur les conditions générales et tarifaires applicables aux opérations relatives à la gestion d'un compte de paiement tenu par un établissement de paiement" ; sowie den „Arrêté du 29 octobre 2009 portant sur la réglementation prudentielle des établissements de paiement ".

543 Vgl. La directive SEPA transposée in: Revue Lamy Droit des Affaires, N° 42, octobre 2009, S. 45.

544 Vgl. Sousi, Euredia 2009, op.cit, S. 656. Im französischen Rechtssystem wacht der Conseil constitutionnel darüber, dass Übertragungen von „pouvoir réglementaire dérivé" auf die Exekutive nicht die Entscheidungsprärogative des Parlaments aushöhlen, vgl. Sonnenberger/Autexier, Einführung in das französische Recht, Heidelberg 2000, S. 45.

545 Vollständig trägt das Frau Lagarde unterstellte Ministerium die Bezeichnung „Ministère de l'Économie, des Finances et de l'Emploi", http://www.minefe.gouv.fr/

Politique économique" im September 2008 einen ersten Sachstandsbericht verfasst, der die Schwierigkeiten und möglichen Lösungsansätze darstellte.

Auf Basis dieses Dokuments wurde auf der Internetseite des Ministeriums eine öffentliche Konsultation initiiert. Parallel hierzu hat die „Direction du Trésor" in Zusammenarbeit mit der Banque de France im Rahmen des „Comité consultatif du secteur financier (CCSF)" einen Dialog mit Finanzindustrie, Verbrauchorganisationen, Gewerkschaftsvertretern und Sachverständigen geführt.

Im März 2009 schließlich hat die „Direction du Trésor" eine Synthese der Konsultationsbeiträge erstellt[546] und eine geänderte Entwurfsfassung präsentiert, in der einige Änderungsvorschläge berücksichtigt worden sind. Nach erneuter Stellungnahme des CCSF durchlief das Projekt schließlich das für den Erlass von „ordonnances" vorgesehene Verwaltungsverfahren[547]: Zuerst wurde es dem *„Comité consultatif de la législation et de la règlementation financière"* vorgelegt, sodann dem obersten Verwaltungsgericht *„Conseil d'État"*, bevor es zur Verabschiedung das Regierungskabinett (*„Conseil des Ministres"*) erreichte. Nach Unterzeichnung durch den Premierminister sowie die zuständige Ministerin konnte die Verordnung n° 866-2009 dem Präsidenten der Republik zur Ratifizierung zugeleitet werden.

Dem Präsidenten werden, damit er die wichtigsten Inhalte anstehender Verordnungen schnell erfassen kann, bündige Zusammenfassungen der einschlägigen Akte zur Verfügung gestellt, welche auch veröffentlicht werden. Für einen knappen – und zwangsläufig oberflächlichen – Überblick der französischen Umsetzungsakte bietet sich dieser *„Rapport au Président de la République relatif à l'ordonnance n° 2009-866 du 15 juillet 2009 relative aux conditions régissant la fourniture de services de paiement"* an.[548] So werden in dem Bericht etwa die zentralen Regelungsmotive der Umsetzungsakte aufgezählt, namentlich der Verbraucherschutz, die Förderung und Nutzung des neu entstehenden Wettbewerbs sowie die Senkung der Zahlungstransferkosten.[549]

---

546 Ebenso wie die anderen Dokumente des Verfahrens verfügbar auf der Internetseite des Wirtschafts- und Finanzministeriums http://www.minefe.gouv.fr/. Die einschlägigen Dokumente sind durch Suche nach „services de paiement" zu finden.

547 Vgl. hierzu Poulet-Gibot Leclerc, Droit administratif: sources, moyens, contrôles, 3. Aufl. 2007, S. 63 ff.

548 Journal Officiel n°0162 vom 16.07.2009, S. 11863, Text n° 12 ; NOR: ECET0911069P.

549 Wie auch bei vielen EU-Rechtsakten werden diese Regelungsziele lakonisch rekapituliert. Dieser scheinbare Automatismus führt zur Banalisierung der Begriffe, wie es beispielsweise Bonneau kritisiert, vgl. Bonneau, Le domaine d'application de l'ordonnance – Notions d'instrument de paiement, de services de paiement et d'établissement de

Die Öffentlichkeit und Transparenz des Ausarbeitungsverfahrens führt nicht zuletzt dazu, dass eine Vielzahl von Dokumenten wie Stellungnahmen und Zusammenfassungen entstanden und allgemein zugänglich sind, die eine Erschließung der zahlungsdiensterechtlichen Normen erleichtern.[550]

Angesichts dieses kleinschrittigen Verfahrens überrascht es, das Frankreich als einer der ersten Mitgliedsstaaten die Vorbereitung der Umsetzung abgeschlossen hatte. Dies mag dadurch zu erklären sein, dass im französischen Recht schon zuvor ein vergleichsweise hohes Regulierungsniveau im Bereich des Bankrechts bestand, welches an die Vorgaben der PSD nur angeglichen werden musste, wohingegen in anderen Mitgliedsstaaten – insbesondere dem Vereinigten Königreich und Irland – eine zuvor weitgehend regelungsfreie Domäne neu erschlossen werden musste.[551] Die Bescheinigung, dass die Materie der PSD schon vorher im französischen Recht Gegenstand gesetzlicher Vorschriften war, ist jedoch weitgehend auf den Bereich der aufsichtsrechtlichen Regulierung zu beschränken. Was die zivilrechtliche Ausgestaltung des Zahlungsverkehrs angeht, so stand auch im französischen Recht die vertragliche Ausgestaltung der einzelnen Rechtsbeziehungen im Vordergrund. Die umfassende Positivierung des zivilrechtlichen Teils des Zahlungsdiensterechts bedeutet auch im französischen Recht einen Paradigmenwechsel.[552]

2. Inhaltliche Grundzüge

Die Verordnung Nr. 866-2009 gliedert sich in vier Titel, wobei der erste Änderungen des Code Monétaire et Financier vorsieht, der zweite und dritte den Code de la Consommation bzw. den Code de Commerce betreffen und der dritte Übergangsvorschriften enthält.

Als Träger des Hauptanteils der Richtlinienvorgaben stellt der erste Titel der Verordnung den Kern der Reform dar. Dieser Titel 1 ist in mehrere Kapitel unterteilt – insbesondere *„Dispositions relatives aux instruments de la monnaie scripturale"* (Kapitel 1), sowie *„Les services de paiement et systèmes de paie-*

paiement au sens de l'ordonnance, application dans l'espace et dans le temps, domaine subjectif : consommateurs, professionnels, La Semaine Juridique Entreprise et Affaires, 14 Janvier 2010, S. 1031 ff.

550 Siehe http://www.minefe.gouv.fr/, Suchbegriff „services de paiement ".

551 So Gruner, La transposition française de la directive services de paiement (1re partie), Revue Lamy Droit des Affaires, Décembre 2009, S. 27 (28).

552 Vgl. Mathey, Revue de droit bancaire et financier n°1, janvier 2010, op.cit., étude 1.

ment" (Kapitel 3),[553] denen die für die Bestimmung des Anwendungsbereichs der neuen Vorschriften sowie die Rechte und Pflichten bei Erbringung von Zahlungsdiensten relevanten Normen zu entnehmen sind. Sie gehen in Form eines neuen Kapitels 3 *„Les règles applicables aux autres instruments de paiement"* in das erste Buch (*„La Monnaie"*), Titel 3 (*„Les instruments de la monnaie scripturale"*), des Code Monétaire et Financier ein. Hierdurch werden die vormals bestehenden Kapitel 2 und 3 dieses Abschnitts des Code Monétaire et Financier a.F. ersetzt, welche spezifische Vorschriften für Zahlungskarten bzw. die Überweisung vorgesehen hatten.

Entsprechend dem horizontalen Ansatz der PSD – häufig wird in diesem Zusammenhang der Ausdruck *„neutralité technique"* gebraucht[554] – sind die neuen Normen grundsätzlich auf alle Verfahrensarten gleichermaßen anwendbar. Anknüpfungspunkt der Vorschriften sind nicht mehr die Zahlungsinstrumente (*instruments de paiement*), sondern die Zahlungsvorgänge (*opérations de paiement*), welche in sukzessive Phasen gegliedert sind.[555] Die Systematik der PSD wurde hinsichtlich der Zahlungsvorgänge von den französischen Umsetzungsakten getreu übernommen; damit einhergehend setzt sich auch die Abstraktion der Begriffe und Regelungen im französischen Recht fort.[556]

Ähnlich wie beim Untertitel „Zahlungsdienste" des BGB sind dem Kapitel *„Les règles applicables aux autres instruments de paiement"* zunächst allgemeine Vorschriften (Section 1) über den räumlichen und sachlichen Anwendungsbereich (Art. L133-1 ff. Code Monétaire et Financier[557]) sowie Begriffsbestimmungen (Art. L133-3 ff. Code Monétaire et Financier) vorangestellt. Diesen

---

553 Die beiden weiteren Kapitel der Verordnung n° 866-2009 („Les prestataires de services de paiement" sowie „Les institutions communes aux établissements de crédit, aux entreprises d'investissement et aux établissements de paiement ") betreffen die aufsichtsrechtliche Handhabung der neuen Kategorie der Zahlungsinstitute („établissements de paiement "). Sie gehören damit nicht zum Gegenstand der vorliegenden Arbeit und werden bei der folgenden Darstellung im Sinne einer größeren Übersichtlichkeit außen vor gelassen.

554 Vgl. hierzu Mathey, Revue de droit bancaire et financier n°1, janvier 2010, op.cit., der die „neutralité technique" als Illusion bezeichnet.

555 Vgl. Bonneau, La Semaine Juridique Entreprise et Affaires 2010, op.cit. Rn. 35.

556 Die Abstraktion wird teilweise als zu weitgehend kritisiert; vgl. Mathey, Revue de droit bancaire et financier n°1, janvier 2010, op.cit., der die „sklavische Reproduktion" der PSD durch den französischen Rechtsgeber bedauert.

557 Das den Artikelnummern vorangestellte „L" bzw. „R" zeigt an, ob sich die jeweilige Norm in der „partie législative" oder der „partie réglementaire" des Code Monétaire et Financier befindet.

folgen Regelungen zur Autorisierung (Section 2)[558] und Ausführung (Sections 3-5) von Zahlungsvorgängen sowie zur Haftung (Sections 6-9).

Die Informationspflichten sind hingegen ins dritte Buch („*Les services*"), Titel 1 („*Les opérations de banques et les services de paiement*"), des Code Monétaire et Financier eingeordnet worden, in welches ein Kapitel IV „*Les services de paiement*" eingefügt wurde. In diesem Abschnitt finden sich nunmehr die Definition der Zahlungsdienste (Art. L314-1) sowie die Kategorisierung nach Einzelzahlungsverträgen („*Opérations de paiement isolées*", Sous-section 1) und Zahlungsdiensterahmenverträgen („*Contrat-cadre de services de paiement*", Sous-section 2). Der Inhalt der Informationspflichten wird im Einzelnen durch den „*Arrêté du 29 juillet 2009 relatif aux relations entre les prestataires de services de paiement et leurs clients en matière d'obligation d'information des utilisateurs de services de paiement et précisant les principales stipulations devant figurer dans les conditions de compte de dépôt et les contrats-cadres de services de paiement*" konkretisiert. Auf diesen Erlass wird durch die einschlägigen Vorschriften des Code Monétaire et Financier verwiesen.

Am Begriff des „*service de paiement*" lassen sich die konzeptionellen Schwierigkeiten nachvollziehen, welche im französischen Bankrecht mit der Einführung neuer Kategorien und der weitgehenden Einschränkung des „*monopole bancaire*"[559] verbunden sind[560]: Die „*services de paiement*" fallen unter den Oberbegriff der „*Mise à disposition et gestion de moyens de paiement*", welcher schon zuvor im französischen Bankrecht gebraucht und nun entsprechend der Richtlinienvorgaben angepasst wurde. Daneben sind die in Art. 311-1 Code Monétaire et Financier erwähnten „services bancaires de paiement" unter die „Mise à disposition et gestion de moyens de paiement" zu fassen. Die Kategorie „*services bancaires de paiement*" ist indes recht vage, da sie nicht gesetzlich definiert ist und ihr nur ein schmaler eigenständiger Regelungsbereich neben den „services de paiement" verbleibt; die Ausgabe von Schecks und elektronischem Geld ist wohl der Hauptfall der „*services bancaires de paiement*". Gleichzeitig fallen die „services bancaires de paiement" unter die sogenannten „*Opérations de banque*", welche daneben die „*Réception des fonds du public*"

558 Vgl. zur Initiierung von Zahlungsvorgängen Bonhomme, V. R., Le déclenchement de l'opération de paiement: le consentement et l'ordre, JCP E 2010, S. 1032.

559 Vgl. Hierzu Fage, Directive des services de paiement – une entrée en vigueur sans bruit, mais non sans conséquences, Revue Banque Nr. 719 2009, S. 52. Zum „monopole bancaire" im französischen Recht Neau-Leduc, Droit bancaire, 3. Aufl., Paris 2007, S. 72 ff.

560 Vgl. hierzu auch Vanden Bosch/Mathey, Revue de Droit bancaire et financier, juillet 2007, op.cit., dossier 19, Rn. 3 ff..

und die *„opérations de crédit“* umfassen. Anhand dieser Begriffe ist zwischen Aktivitäten, die weiterhin Kreditinstituten vorbehalten bleiben und den Zahlungsdiensten, welche von Zahlungsdienstleistern (*„prestataires de services de paiement“*) – also Kreditinstituten (*„établissements de crédit“*) und Zahlungsinstituten (*„établissements de paiement“*), Art. L521-1 Code Monétaire et Financier – erbracht werden können, abzugrenzen.

Die Vielfalt teils überlappender Rechtsbegriffe führt nicht nur in diesem Kontext zu einer begrifflichen Unschärfe und Verwirrung, auf die später noch einzugehen sein wird.[561]

Was schließlich die aufsichtsrechtlichen Vorschriften hinsichtlich der neuen Kategorie der „Zahlungsinstitute“ angeht, so fließen diese von Titel 1, Kapitel 4 der Verordnung Nr. 866-2009 vorgesehenen Regelungen in das fünfte Buch (*„Les prestataires de services“*), Titel 2 (*„Les prestataires de services de paiement et les changeurs manuels“*), des Code Monétaire et Financier ein. Hier entsteht ein neues Kapitel 2 *„Les établissements de paiement“*, ergänzt durch einen ministeriellen Erlass[562], welcher die Zulassungsvoraussetzungen und Bedingungen der Geschäftsausübung von Zahlungsinstituten konkretisiert.

3. Verspätete Ausführung eines Zahlungsvorgangs als „mauvaise exécution“ im französischen Recht?

Abschließend soll am Beispiel der oben[563] hinsichtlich § 675y Abs. 1 S. 1 BGB diskutierten Frage, ob unter den Begriff der „fehlerhaften Ausführung“ auch die verspätete fällt, demonstriert werden, inwiefern der Blick auf die Rechtslage in benachbarten Rechtssystemen ein gefundenes Auslegungsergebnis unterfüttern, bzw. Zweifel an dessen Richtigkeit begründen kann.

Der zugrundeliegenden Haftungsnorm des Art. 75 Abs. 1 PSD korrespondiert im französischen Recht nunmehr L133-22 Code Monétaire et Financier, dessen Abs. 1, Satz 1 lautet:

> „Lorsque l'ordre de paiement est donné par le payeur, son prestataire de services de paiement est, sous réserve des articles L. 133-5 et L. 133-21, responsable de la bonne exécution de l'opération de paiement à l'égard du payeur jusqu'à réception du

561 Siehe hierzu sogleich, Teil 1, Kap. 3, Abschnitt E „Zur Begrifflichkeit der PSD“.

562 „Arrêté du 29 octobre 2009 portant sur la réglementation prudentielle des établissements de paiement“.

563 Siehe oben, Teil 1, Kap.3, Abschnitt B.IV. Exemplifizierung des methodischen Vorgehens bei der Auslegung am Beispiel des Begriffs der „fehlerhaften Ausführung“.

> montant de l'opération de paiement, conformément au I de l'article L. 133-13, par le prestataire de services de paiement du bénéficiaire.“[564]

Der zur Absteckung des Verantwortungsbereichs des Zahlungsdienstleisters des Zahlers in Bezug genommene Art. L133-13 Code Monétaire et Financier bestimmt in Abs. 1 Satz 1:

> „Le montant de l'opération de paiement est crédité sur le compte du prestataire de services de paiement du bénéficiaire au plus tard à la fin du premier jour ouvrable suivant le moment de réception de l'ordre de paiement tel que défini à l'article L. 133-9.“

Der fristgemäße Eingang des Zahlungsbetrages beim Zahlungsdienstleister des Zahlungsempfängers wird also von der französischen Regelung – ebenso wie von Art. 75 Abs. 1 PSD – dem haftungsbegründenden Pflichtenprogramm des Zahlungsdienstleisters des Zahlers zugerechnet. Aus denselben Gründen die oben im Zuge der richtlinienkonformen Auslegung des § 675y Abs. 1 S. 1 BGB erörtert wurden, ist die verspätete Ausführung eines Zahlungsvorgangs mithin als tatbestandlich im Sinne der *„Responsabilité en cas d'opération de paiement mal exécutée“* (so die Überschrift zur einschlägigen „Section“ des Code Monétaire et Financier) einzustufen. Das durch richtlinienkonforme Auslegung des deutschen Rechts gefundene Auslegungsergebnis wird also von der französischen Rechtslage bestätigt.

4. Résumé

Die Umsetzung der PSD ins französische Recht wurde vom Gesetzgeber auf die Exekutive übertragen. Zentraler Umsetzungsakt ist die Verordnung Nr. 866-2009, welche insbesondere Änderungen des Code Monétaire et Financier vorsieht. Der Gegenstand der vorliegenden Arbeit, also die ins BGB eingegangenen zahlungsdiensterechtlichen Normen, finden ihr Pendant in der Hauptsache im Kapitel *„Les règles applicables aux autres instruments de paiement“* des Code Monétaire et Financier. Die französischen Umsetzungsnormen machen sich die Systematik der PSD weitgehend zu Eigen und adaptieren auch die Begrifflichkeiten der Richtlinie. Es ist daher durchaus möglich, Parallelen zum deutschen Recht zu ziehen und die Lösungen des französischen Rechts als Erkenntnisquel-

---

564 Vgl. zur Haftung für fehlerhafte Ausführung von Zahlungsvorgängen im französischen Recht Henard, L'exécution d'opérations de paiement non autorisées et l'inexécution ou l'exécution incorrecte d'opérations de paiement, Droit bancaire et financier 2009, S. 3 ff.

le zu nutzen. Die Erschließung der Hintergründe einzelner Normen wird dadurch erleichtert, dass die umfangreichen Konsultations- und Abstimmungsprozesse, die dem Erlass der Verordnung vorausgingen, umfassend dokumentiert und ihre Ergebnisse im Internet einsehbar sind.[565]

II. Die Umsetzung ins britische Recht

1. Überblick der Rechtssetzungsaktivitäten

Vor Umsetzung der PSD war das Bank-Kunde-Verhältnis im englischen Recht weitgehend durch das allgemeine Vertragsrecht (*„common law of contract"*) bestimmt.[566] Basis der Rechtsbeziehung war ein – üblicherweise stillschweigend bei Kontoeröffnung abgeschlossener – allgemeiner „Bankgeschäftsvertrag" (*„banking contract"*)[567], aus dem sich die grundlegenden Rechte und Pflichten der Parteien ergaben.[568] Es handelt sich dabei um einen typengemischten Vertrag, der hinsichtlich elektronischer Zahlungen (*„electronic funds transfer"*) auftragsrechtlicher Prägung ist (*„law of agency"*).[569]

Ebenso wie Frankreich hat auch das Vereinigte Königreich die PSD durch eine Verordnung (*„regulation"*) umgesetzt.[570] Die Umsetzung europäischer Rechtsakte mittels *„secondary/delegated legislation"* ist im britischen Rechtssystem

565 Vgl. http://www.minefe.gouv.fr/

566 Vgl. Wadsley/Penn, The law relating to domestic banking, 2. Aufl., London 2000, S. 103 (Rn. 3-002).

567 Zur Dogmatik des "allgemeinen Bankvertrages" im deutschen Recht, vgl. grundlegend Fuchs, Zur Lehre vom allgemeinen Bankvertrag, Frankfurt a.M./Bern 1982; zur Kritik am Konzept des allgemeinen Bankvertrags vgl. Claussen, Gibt es einen allgemeinen Bankvertrag oder gibt es ihn nicht? In: Festschrift für Martin Peltzer, Köln 2001, S. 55 ff.

568 Vgl. Joachimson v. Swiss Bank Corporation, K.B. 1921, Band 3, S. 110 (127). Für spezielle Bankdienstleistungen wurden Zusatzverträge wie z.B. der Kreditkartenemissionsvertrag abgeschlossen, vgl. Wadsley/Penn, S. 104 (Rn. 3-002).

569 Vgl. hierzu Brindle/Cox, Law of Bank Payments, 3. Aufl., London 2004, S. 107

570 Zu den rechtlichen Rahmenbedingungen und der Praxis der Richtlinienumsetzung im britischen System vgl. Wölk, Die Umsetzung von Richtlinien der Europäischen Gemeinschaft – Eine rechtsvergleichende Untersuchung zum Recht der Bundesrepublik Deutschland, der französischen Republik und des Vereinigten Königreichs, Baden-Baden 2002.

üblich.[571] Eine entsprechende Kompetenzzuweisung wurde anlässlich des Beitritts des Vereinigten Königreichs zur EG geschaffen. Namentlich durch Section 2 (2) des *European Communities Act 1972*[572] hat das britische Parlament die Befugnis, zur Erfüllung unionsrechtlicher Pflichten – insbesondere zur Implementierung von Richtlinien – Verordnungen zu erlassen, an die jeweils sachlich zuständigen Ministerien delegiert. Aufbauend auf diese Kompetenz wurden die *„Payment Services Regulations 2009"*[573] (im Folgenden: PSR) als Verordnung des Finanzministeriums (*„Her Majesty's Treasury"*, HMT) beschlossen.[574]

Ein anderer erwogener Weg zur Umsetzung der PSD war die Anpassung des schon zuvor existierenden Regulierungsbestands der *„Financial Services Authority"* (im Folgenden: FSA), einer unabhängigen Aufsichts- und Regulierungsinstanz im Bereich der Finanzdienstleistungen.[575] Der FSA werden durch den *„Financial Services and Markets Act 2000"* (FSMA)[576] umfassende Rechtssetzungskompetenzen verliehen. Die auf dieser Grundlage erlassenen *„Rules"* betreffen insbesondere den Bereich des Verbraucherschutzes und der Marktzulassung von Finanzdienstleistern; der Regulierungsgegenstand deckt sich also in weiten Teilen mit dem der PSD. Zur Implementierung der PSD hätte lediglich bestimmt werden müssen, welche dieser „FSMA-Rules" im Anwendungsbereich der Richtlinie wegen Unvereinbarkeit mit den Richtlinienvorgaben nicht gelten können. Die Entscheidung gegen eine solche Vorgehensweise und für die Schaffung eines eigenständigen Payment-Services-Regelungsregimes in Form einer „HMT Regulation" wird vom Finanzministerium damit begründet, dass durch

---

571 Zur Umsetzung von Richtlinien ins britische Recht siehe „Better Regulation in Europe – United Kingdom 2010", OECD-Veröffentlichung 2010, S. 137 ff.

572 Chapter 68, 17.10.1972; vgl. hierzu Wölk, op.cit., S. 203 ff.

573 Statutory Instruments 2009, no. 209, Financial Services and Markets.

574 Bei „Regulations" handelt es sich um sog. „Statutory Instruments", also allgemein verbindliche Regelwerke, die nicht vom Parlament erarbeitet und erlassen werden. Das Parlament wird bei diesen Instrumenten erst beteiligt, nachdem sie final beschlossen worden sind. Je nachdem, ob es sich bei dem jeweiligen Akt um ein „Affirmative Instrument" oder ein „Negative Instrument" handelt, hat das Parlament jedoch verschiedene Beteiligungsrechte Bei „Affirmative Statutory Instruments" bedarf es zum Inkrafttreten der ausdrücklichen Zustimmung des Parlaments; bei „Negative Statutory Instruments" haben die Mitglieder der beiden Kammern nur ein Widerspruchsrecht – wird dieses nicht ausgeübt, so tritt der Rechtsakt auch ohne parlamentarische Zustimmung in Kraft.
Die PSR wurden dem britischen Parlament am 09.02.2009 vorgelegt. Es wurde kein Widerspruch eingelegt.

575 Umfangreiche Informationen zu Aufgaben, Kompetenzen und Methoden der Financial Services Authority finden sich auf http://www.fsa.gov.uk/

576 Part X, Chapter I, Section 138.

die PSR eine bessere Übersichtlichkeit gewährleistet und sichergestellt wird, dass das geltende Recht tatsächlich mit der PSD in Einklang steht.[577] Die erforderliche Modifizierung und teilweise Abbedingung der bestehenden FSMA-Vorschriften im Anwendungsbereich der Richtlinie hätten dazu geführt, dass permanent mehrere Quellen parallel zu konsultieren gewesen wären. Ungeachtet der Tatsache, dass sich die Regulierungskompetenz also nicht aus dem FSMA, sondern aus dem *European Communities Act 1972* ergibt, wurde die Financial Services Authority durch das Finanzministerium zur (Mit-)Entwicklung, Anwendung und Durchsetzung der PSR berufen, wie noch genauer auszuführen sein wird.[578]

Die PSR entstanden in einem Verfahren, das mehrere Konsultationsrunden – durchgeführt 2006, 2007/08 und 2008/09 – umfasste.[579] Aus den Ausschreibungen zur Konsultation sowie den Rückmeldungen und den Zusammenfassungen lassen sich die im britischen Recht bestehenden Schwierigkeiten bei der Handhabung des EU-Zahlungsdiensterechts ablesen. Zum Verständnis der PSR tragen auch die Auslegungs- und Anwendungshilfen der Payment Services Authority bei, die diese auf ihrer Internetseite veröffentlicht.[580] Daneben sind weitere aussagekräftige Materialien, wie etwa *„Impact Assessments"* und das *„Explanatory Memorandum"*[581] zu den PSR öffentlich zugänglich. Die historische und teleologische Auslegung der PSR kann also aus einem Fundus einschlägiger Unterlagen schöpfen.

---

577 Vgl. Implementation of the Payment Services Directive: a consultation on the draft legislation, Juli 2008, HMT-Dokument, S. 8/9. (Verfügbar über http://webarchive.nationalarchives.gov.uk/+/http://hm-treasury.gov.uk/fin_payment_services_directive.htm).

578 Zur Rolle der FSA im Rahmen der Umsetzung der PSD sogleich unter „2. Inhaltliche Grundzüge".

579 Ein Überblick über das Verfahren lässt sich auf der Internetseite der Financial Services Authority http://www.fsa.gov.uk/ einsehen (Suchbegriff ‚Financial Services Regulations'). Ebenso verfolgt die Europäische Kommission die Rechtssetzungsaktivitäten der Mitgliedsstaaten und veröffentlicht auf ihrer Internetseite Informationen zum jeweiligen Stand der Umsetzung, siehe http://ec.europa.eu/internal_market/payments/framework/transposition_de.htm

580 Siehe insbesondere das zuletzt im Mai 2010 aktualisierte „approach document" „Financial Services Authority
The FSA's role under the Payment Services Regulations 2009 - Our approach".

581 Das „Explanatory Memorandum" enthält insbesondere eine tabellarische Gegenüberstellung der PSD-Vorschriften mit den jeweils korrespondierenden Normen der PSR.

2. Inhaltliche Grundzüge

Bei der Implementierung von Richtlinien verfolgen das Finanzministerium und die FSA einen *"Intelligent Copy Out Approach"*, d.h. der Originalwortlaut wird im Umsetzungsakt übernommen, soweit dies im Sinne einer effektiven Überführung ins nationale Recht sinnvoll erscheint.[582]

Dieser Ansatz wurde auch bei Umsetzung der PSD angewandt. Die PSR halten sich mithin eng an die Vorgaben der PSD. Auch der Aufbau der Regulations orientiert sich an jenem der Richtlinie. Dies wird schon in Part 1 (*„Introductory Provisions"*), Regulation 2 (*„Interpretation"*) deutlich, wo die Begriffsbestimmungen der PSD weitgehend wiedergegeben werden. Den allgemeinen Vorschriften des „Part 1" folgen in „Part 2" bis „Part 4" aufsichtsrechtliche Regelungen über Anmeldungs- und Zulassungsvoraussetzungen für Zahlungsdienstleister.[583] Zuständig für die Bescheidung von Anträgen auf Zulassung als „Payment Institution" ist die Financial Services Authority, Regulation 5.

„Part 5" (*„Information Requirements"*) sieht die Informationserfordernisse bei der Erbringung von Zahlungsdiensten vor.

„Part 7" der PSR (*„The Authority"*) bestimmt, welche Funktionen und Befugnisse der Financial Services Authority hinsichtlich der Rechtsaufsicht und -durchsetzung im Anwendungsbereich der PSR zukommen. Die Authority kann insbesondere die Befolgung der von den PSR vorgesehenen Pflichten durch Geldstrafen erzwingen (Regulation 85).[584]

Die für die vorliegende Arbeit vorrangig interessanten Vorschriften der PSR finden sich in „Part 6", *„Rights And Obligations In The Provision Of Payment Services"* (Regulations 51 bis 79), der die Beziehung zwischen Zahlungsdienstleister und Zahlungsdienstnutzer regelt. Ähnlich wie der BGB-Untertitel „Zahlungsdienste" klärt „Part 6" zunächst die Anwendbarkeit der Vorschriften. Diesbezüglich ist insbesondere Regulation 52 zu beachten, die vorsieht, dass

---

582 Siehe hierzu knapp Sants, The FSA Approach to Implementation, Vortrag vom 8.2.2007, einsehbar über http://www.fsa.gov.uk/; Suchbegriff „intelligent copy-out".

583 Diese Abschnitte sind mit „Registration", „Authorised Payment Institutions" sowie „Provisions applicable to authorised payment institutions and small payment institutions" überschrieben.

584 Die Financial Services Authority ist für den weit überwiegenden Teil der PSR zuständig; marginale Kompetenzen kommen daneben der Zollbehörde (Her Majesty's Revenue and Customs, HMRC, zuständig für Fragen im Zusammenhang mit Geldwäsche), dem „Office of Fair Trading" (OFT, als Wettbewerbsbehörde zuständig für die Beaufsichtigung des Zugangs zu Zahlungssystemen, vgl. Part 8 PSR) und dem „Financial Ombudsman Service (FOS, außergerichtliche Beschwerdestelle nach Art. 83 PSD) zu.

bestimmte Regelungen des *„Consumer Credit Act 1974"* (CCA)[585] bei gleichzeitiger Anwendbarkeit der PSR vorgehen.[586] Hieran anschließend sieht „Part 6" – entsprechend der horizontalen Regelungssystematik der Richtlinie – nach dem sukzessiven Ablauf eines Zahlungsvorgangs gestaffelte Abschnitte zu *„Authorisation of payment transactions"*, *„Execution of payment transactions"*, *„Execution time and value date"* sowie *„Liability"* vor.

3. Verspätete Ausführung als „defective execution" im britischen Recht?

Abschließend ist noch auf die oben[587] beispielhaft behandelte Frage nach der Auslegung des Begriffs „fehlerhafte Ausführung" im Sinne des § 675y Abs. 1 S. 1 BGB zurückzukommen. Die Haftungsregelung findet ihr Pendant in Regulation 75 Abs. 2 PSR, die vorsieht:

> „The payer's payment service provider is liable to the payer for the correct execution of the payment transaction unless it can prove to the payer and, where relevant, to the payee's payment service provider, that the payee's payment service provider received the amount of the payment transaction in accordance with regulation 70."

Die in Bezug genommene Regulation 70 bestimmt in Abs. 1:

> „Subject to paragraphs (2), (3) and (4), the payer's payment service provider must ensure that the amount of the payment transaction is credited to the payee's payment service provider's account by the end of the business day following the time of receipt of the payment order."

Unter Heranziehung der bereits hinsichtlich Art. 75 Abs. 1 PSD und Art. L133-22 Code Monétaire et Financier gebrauchten Auslegungskriterien – insbesondere der systematischen Auslegung – ist aus dem Zusammenspiel dieser Normen zu schließen, dass der Begriff der „defective execution of payment transactions" (die Überschrift zu Regulation 75 lautet *„Non-execution or defective execution of payment transactions initiated by the payer"*) ebenfalls die nicht fristgemäße

---

585 Vgl. Zum Consumer Credit Act 1974 Goode, Introduction to the Consumer Credit Act 1974, London 1976; Johnson, The Consumer Credit Act, Bradford 1976.

586 Namentlich finden Section 51 CCA (prohibition of unsolicited credit tokens) anstelle von Regulation 58(1)(b) PSR, Sections 66 (acceptance of credit tokens) und 84 CCA (misuse of credit tokens) anstelle von Regulations 59, 61 and 62 PSR und Section 83 CCA (liability for misuse of credit facilities) anstelle von Regulations 59, 61 und 62 PSR Anwendung.

587 Siehe oben, Teil 1, Kap. 3, Abschnitt B.IV. Exemplifizierung des methodischen Vorgehens bei der Auslegung am Beispiel des Begriffs der „fehlerhaften Ausführung".

Ausführung erfasst.[588] Wiederum wird das Ergebnis der richtlinienkonformen Auslegung des § 675y Abs. 1 S. 1 BGB bestätigt. Die Gegenüberstellung mit dem englischen und französischen Recht kann in diesem Fall als ein unterstützendes Argument im Sinne der europäischen Rechtsvereinheitlichung angeführt werden.

III. Fazit zur Umsetzung der PSD ins französische bzw. britische Recht

Anders als in Deutschland wurde die PSD in der britischen bzw. französischen Rechtsordnung nicht durch Parlamentsgesetz umgesetzt, sondern aufgrund delegierter Rechtssetzungskompetenz durch Verordnungen (Ordonnance n° 866/2009; Payment Services Regulations).[589] Dabei wurden wiederum jeweils abweichende Ansätze verfolgt:

Im französischen Recht gingen die zahlungsdiensterechtlichen Vorgaben in den schon existierenden Code Monétaire et Financier ein, wobei die neuen Normen auf verschiedene Abschnitte des Gesetzbuchs verteilt wurden, um dessen bestehende Struktur zu wahren.

Im britischen Recht wurde hingegen ein neues, eigenständiges Regelwerk geschaffen, welches die Richtliniennormen gemäß dem „intelligent copy out approach" weitgehend im Wortlaut übernimmt.

Angesichts dieser abweichenden Vorgehensweisen bei der Umsetzung erscheint es durchaus nicht evident, dass die vom Richtliniengeber durch die Harmonisierung angestrebte Rechtseinheitlichkeit im Zuge der Anwendung des neuen Rechts stets gewahrt bleibt. Ein Vergleich der bei Auslegung des BGB-Zahlungsdiensterechts gewonnenen Ergebnisse erscheint daher geboten: Sollte sich durch eine solche Gegenüberstellung eine Diskrepanz zur Rechtslage in anderen Rechtsordnungen offenbaren, so kann dies zum Anlass dienen, die Vereinbarkeit der deutschen Lösung mit der Richtlinie erneut zu überprüfen.[590]

---

588 Die Schlussfolgerung ist an dieser Stelle freilich sehr knapp gehalten und bedürfte im Anwendungsfall selbstverständlich einer ausführlicheren Begründung, um als Argument in die Problemlösung eingeführt werden zu können; es sollte hier jedoch nur zu Demonstrationszwecken aufgezeigt werden, wie sich korrespondierende Vorschriften in den verschiedenen Rechtssystemen vergleichen lassen.

589 Vgl. zur Wahl der Form und Mittel durch den Mitgliedsstaat bei der Umsetzung von Richtlinien, Wölk, op.cit., S. 76 ff.

590 Zur Rolle der Rechtsvergleichung im Rahmen der Anwendung harmonisierten Rechts vgl. Schwarze, in: Riesenhuber (Hrsg.), op.cit., S. 112 ff.; Bleckmann, Die Rolle der Rechtsvergleichung in den Europäischen Gemeinschaften, ZVglRWiss 75 (1976), S.

106 ff.; Schulze, Vergleichende Gesetzesauslegung und Rechtsangleichung, ZfRV 1997, S. 183 ff.

E. Zur Begrifflichkeit des neuen Zahlungsdiensterechts

Zum Abschluss der zusammenfassenden Darstellung des materiellen Regelungsinhalts des Zahlungsdiensterechts sind einige ergänzende Anmerkungen zu einem der Kernprobleme bei der Anwendung der neuen Vorschriften geboten: der Gefahr begrifflicher Verwirrungen.[591] Im folgenden Abschnitt werden die mit der Einführung eines – wie anhand von Beispielen aufgezeigt wird teilweise unausgereiften – Begriffsystems verbundenen Verständnis- und Auslegungsprobleme dargestellt und ein Vorschlag zum Umgang mit begrifflichen Ambivalenzen entwickelt.

I. Die Überführung der neuen Begriffe in die einzelstaatlichen Rechtsordnungen

Die PSD gibt in Art. 4 eine Liste von Begriffsbestimmungen vor, die teilweise schon fest in der Rechts- und Umgangssprache der Mitgliedsstaaten etablierte Termini wie „Verbraucher" (*„consumer", „consommateur"*, Nr. 11) oder „Lastschrift" (*„direct debit", „prélèvement"*, Nr. 28) enthält und teilweise neue Kategorien wie „Zahlungsinstitut" (*„payment institution", „établissement de paiement"*, Nr. 4) oder „Zahlungsdienstleister" (*„payment service provider", „prestataire de services de paiement"*, Nr. 9) einführt.

Diese Begriffe wurden in die nationalen Rechtsordnungen teils wörtlich übernommen, teils modifiziert umgesetzt, um Unklarheiten der Richtlinienfassung auszumerzen bzw. die Konsistenz der jeweiligen nationalen Rechtssprache zu wahren.

Die Handhabung der neuen Begriffe ist für die Anwendung der neuen Regeln von zentraler Bedeutung und kann durchaus zu Komplikationen führen. Dies wird anhand des deutschen, französischen und britischen Zahlungsdiensterechts deutlich:

Bei der Umsetzung der Begriffsbestimmungen gingen die mit der Umsetzung betrauten Autoritäten in den Mitgliedsstaaten verschieden vor. Die britischen „Payment Services Regulations" enthalten – dem Ansatz des „intelligent copy out" entsprechend – einen *„Part I. Introductory Provisions"* mit *„Regulation 2 – Interpretation"*, welche die Begriffsbestimmungen des Art. 4 PSD getreulich wiedergibt.

591 Vgl. zu begrifflichen Problemen der Rechtsanwendung im harmonisierten Rechtsbereich auch Christensen/Sokolowski, in: Müller/Burr, op.cit., S. 113 ff.

Hingegen stellt die französische Umsetzung dem neuen Kapitel *„Les règles applicables aux autres services de paiement"* des Code Monétaire et Financier keinen umfassenden Artikel zur Begriffsbestimmung voran. Zwar definiert Art. L133-4 Code Monétaire et Financier einzelne Begriffe[592]. Einschlägige Begriffsbestimmungen finden sich jedoch auch verstreut in anderen Teilen des Code Monétaire et Financier; so sind Zahlungsdienst und Zahlungskonto beispielsweise in Art. L314-1 behandelt, also im dritten Buch des Gesetzes. Abweichend von der Gesetzgebungstechnik europäischer Richtlinien versucht das französische Recht, die Begriffsbestimmungen in einen systematischen Zusammenhang einzuordnen, indem es einzelne Legaldefinitionen jeweils den Normen voranstellt, welche die betreffenden Begriffe zum Gegenstand haben. Dadurch soll die gewachsene Struktur des Code Monétaire et Financier gewahrt und die vielerorts kritisierte Abstraktheit der PSD reduziert werden.[593] Andererseits schränkt der Verzicht auf einen in sich geschlossenen Begriffskanon die Übersichtlichkeit des Regelwerks ein; die über das Gesetzbuch verteilten Begriffe sind nicht schnell auffindbar.

Im deutschen Recht sind, wie bereits angesprochen, maßgebliche Begriffe in § 1 ZAG und das KWG ausgelagert (siehe § 675c Abs. 3 BGB), während andere in verschiedenen Normen des BGB – gewissermaßen beiläufig – bestimmt werden.[594] Auf Grundlage der Entscheidung, die zivilrechtlichen Vorschriften der PSD mit Ausnahme der Informationspflichten ins BGB einzuarbeiten, erscheint ein anderer Weg auch kaum gangbar. Insbesondere die Richtlinientechnik eines vorangestellten gesetzlichen „Glossars" hätte sich keinesfalls harmonisch in das bestehende Regelungssystem des BGB einfügen lassen.[595] Der Preis der Vermeidung einer (noch weitergehenden) Überfrachtung des BGB ist allerdings, dass der Rechtsanwender zum Hin- und Herblättern zwischen BGB, ZAG, KWG und EGBGB gezwungen ist, um die benötigten Begriffsbestimmungen nachlesen zu können.

---

592 Namentlich : „dispositif de sécurité personnalisé" (personalisiertes Sicherheitsmerkmal), „identifiant unique" (Kundenkennung), „instrument de paiement" (Zahlungsauthentifizierungsinstrument) sowie „jour ouvrable" (Geschäftstag).

593 Vgl. kritisch zur abstrakten Begrifflichkeit der PSD und zum horizontalen Ansatz u.a. Margerit, op.cit., S. 67 (68)

594 Eine tabellarische Übersicht der spezifisch zahlungsdiensterechtlichen Begriffe findet sich bei Palandt/ Sprau, § 675c Rn. 10.

595 Dass ein solches „harmonisches Einfügen ins BGB" der Umsetzung der PSD attestiert werden kann, ist damit freilich nicht gesagt und soll an dieser Stelle dahinstehen.

II. Die begriffliche Ungenauigkeit des Zahlungsdiensterechts: Beispiele

Bereits der Blick auf den Kommissionsentwurf[596] zur PSD zeigt, dass die Erschließung der Rechtsmaterie begriffliche Schwierigkeiten impliziert, welche bei Inangriffnahme des Projekts nicht erfasst oder jedenfalls unterschätzt worden sind. In ihrer Stellungnahme zum Richtlinienvorschlag[597] legt die Europäische Zentralbank einige der begrifflichen Baustellen offen[598]:

Zunächst zweifelt die EZB die Vereinbarkeit einiger Begriffe mit anderen EU-Rechtsakten, die verwandte Regelungsgebiete harmonisiert haben, an. Namentlich stehe der Begriff des „Zahlungssystems" nicht in Einklang mit dem von der Finalitätsrichtlinie gebrauchten Begriff des „Systems"; zudem solle erwogen werden, die Begriffe des „Zahlers" und „Zahlungsempfängers" an Art. 3 des damaligen Vorschlags für eine Verordnung über die Ermittlung von Angaben zum Auftraggeber bei Geldtransfers[599], wo stattdessen von „Auftraggeber" und „Begünstigtem" die Rede war, anzupassen. Zudem bezeichnete die EZB das in Art. 4 Nr. 17 des Kommissionsvorschlags enthaltene Konzept des „Zahlungskontos" als zu unbestimmt.[600] Es wurde diesbezüglich ein dringendes Klärungsbedürfnis attestiert, da der Begriff des Zahlungskontos *„für die Auslegung des Konzepts der Zahlungsdienste und des Umfangs der Tätigkeit der Zahlungsinstitute von grundlegender Bedeutung"* sei. Darüber hinaus sei der Begriff des „Kundenidentifikators" in „kundenbezogene Kennung" zu ändern.[601] Schließlich sei eine klärende Definition des mehrfach verwendeten Begriffs des „Arbeitstags" aufzunehmen, da es in der EU keinen einheitlichen Kalender der Arbeitstage gebe.[602]

Auch dem deutschen bzw. französischen Zahlungsdiensterechterecht lassen sich Beispiele dafür entnehmen, dass die begrifflichen Vorgaben der PSD Folgefragen aufwerfen und sich nicht durchgehend nahtlos mit den bestehenden Begrifflichkeiten der mitgliedsstaatlichen Rechtsordnungen in Einklang bringen lassen:

---

596 KOM(2005) 603 endgültig, op.cit.

597 Stellungnahme der Europäischen Zentralbank vom 26. April 2006 zu einem Vorschlag für eine Richtlinie über Zahlungsdienste im Binnenmarkt (CON/2006/21).

598 Ebenda, S. 12 ff.

599 „Vorschlag für eine Verordnung des Europäischen Parlaments und des Rates über die Übermittlung von Angaben zum Auftraggeber bei Geldtransfers" (KOM(2005) 343 endgültig).

600 EZB-Stellungnahme, op.cit., S. 13.

601 Ebenda, S. 13.

602 Ebenda, S. 14.

Im deutschen Recht lässt sich dies anhand des Begriffs des „Zahlungsauthentifizierungsinstruments“ verdeutlichen: Dieser im Zuge der Umsetzung ins deutsche Recht geschaffene Begriff dient der Umsetzung des von der PSD eingeführten Begriffs des „Zahlungsinstruments“ (Art. 4 Nr. 23 PSD). Da der Begriff des Zahlungsinstruments im deutschen Sprachgebrauch schon mit teilweise abweichenden Bedeutungen belegt war – Verwechslungsgefahr hätte insbesondere hinsichtlich Zahlungsverfahren wie Überweisung oder Lastschrift und Zahlungsmitteln wie Bargeld bestanden – entschied sich der Gesetzgeber im Interesse der Normenklarheit dafür, den qualifizierenden Zusatz *„-authentifizierungs-“* einzufügen.[603] Damit schreibt die deutsche Begriffswahl gewissermaßen den auf europäischer Ebene begonnen Wortschöpfungsprozess fort – im Entwurf der Kommission war noch von *„Zahlungsverifikationsinstrument“* die Rede gewesen.[604] In seiner Bedeutung weicht der Begriff des Zahlungsauthentifizierungsinstruments derweil nicht substantiell von den Vorgaben des Art. 4 Nr. 23 PSD ab.

Dennoch ist er durchaus nicht unproblematisch: Die Definition des § 1 Abs. 5 ZAG als *„Instrument oder Verfahren“* in Verbindung mit einem personalisierten Sicherheitsmerkmal (wie z.B. der PIN) spiegelt sich in der Verwendung durch das BGB teilweise nicht wider. So behandeln §§ 675l S. 2 und 675v Abs. 1 S. 1 BGB das Zahlungsauthentifizierungsinstrument als rein körperlichen Gegenstand, indem sie den Verlust, Diebstahl oder sonstiges Abhandenkommen vorsehen.[605] Damit werden körperliche Instrumente, wie etwa Zahlungskarten, auch losgelöst von den dazugehörigen personalisierenden Merkmalen als Zahlungsauthentifizierungsinstrumente bezeichnet, was der Legaldefinition zuwiderläuft. Bei strikter Anwendung der Definition des § 1 Abs. 5 ZAG verbliebe etwa dem § 675v Abs. 1 BGB kaum ein praktischer Anwendungsbereich, da ein Zahlungsauthentifizierungsinstrument – wohlverstanden als Zahlungskarte im Zusammenhang mit dem personalisierten Sicherheitsmerkmal – nicht im Sinne des BGB „abhandenkommen“[606] kann. Denn ein Sicherheitsmerkmal oder Code

603 Vgl. Entwurf eines Gesetzes zur Umsetzung der aufsichtsrechtlichen Vorschriften der Zahlungsdiensterichtlinie (Zahlungsdiensteumsetzungsgesetz) – Regierungsbegründung vom 16.01.2009, BT-Drs. 16/11613, S. 36.

604 Vgl. Art. 4 Nr. 17 des Kommissionsvorschlags, KOM/2005/603 endg., op.cit.

605 Ein Verlust von Unterschrift oder PIN in diesem Sinne ist nicht möglich; zwar kann im Falle der PIN eine Niederschrift abhandenkommen – das personalisierte Sicherheitsmerkmal als solches steht dem Inhaber jedoch unverändert zur Verfügung.

606 „Abhandenkommen“ ist im Sinne des BGB zu definieren als jeder unfreiwillige Verlust des unmittelbaren Besitzes, vgl. Münchner Kommentar zum BGB/Geier, Band 6 §§ 854-1296, § 935 Rn.2. Besitz ist dabei die tatsächliche Sachherrschaft, vgl.

ist kein körperlicher Gegenstand, über den eine Sachherrschaft ausgeübt werden, bzw. der verlorengehen könnte – selbst wenn ein Zettel oder anderer Datenträger, auf dem der Code vermerkt worden war, abhandenkommt, steht das Sicherheitsmerkmal an sich noch zur (geistigen) Verfügung des Berechtigten.[607] Ein Verständnis des Abhandenkommens als Vergessen kommt offenkundig nicht in Betracht.

Darüber hinaus sind diese Normen exklusiv auf die Erscheinungsform des Zahlungsauthentifizierungsinstruments als *Instrument* zugeschnitten und ignorieren damit die Variante des „*Verfahrens*".

Im Hinblick auf das Problem der missbräuchlichen Verwendung und die Anwendbarkeit des § 675w S. 3 BGB erscheint problematisch, dass die Definition des Begriffs des Zahlungsauthentifizierungsinstruments in § 1 Abs. 5 ZAG solche Instrumente ausnimmt, die im konkreten Fall nicht zur Erteilung eines Zahlungsauftrags im Sinne des § 675f Abs. 3 S. 2 BGB eingesetzt werden. Bei Nutzung einer Zahlungskarte am Geldausgabeautomaten ist dieses Kriterium zwar zweifelsfrei erfüllt; bei anderen Verwendungsformen wird es jedoch ausweislich der Begründung zum Regierungsentwurf zum Ausschlusskriterium.[608] Ein solcher Fall ist etwa die Nutzung einer Debitkarte im elektronischen Lastschriftverfahren[609], bei der die Karte am POS-Terminal nur zur Erfassung der Kundenkennung des Nutzers, nicht jedoch zur unmittelbaren Erteilung des Zahlungsauftrags dient.[610] Der für die Anwendbarkeit mehrerer gesetzlicher Pflichten- und Haftungsregelungen ausschlaggebende Begriff des Zahlungsauthentifizierungsinstruments ist also hinsichtlich bestimmter Anwendungsformen einer Karte einschlägig, hinsichtlich anderer Verwendungen desselben Instruments hingegen nicht erfüllt. Hieran zeigt sich ein Mangel an begrifflicher Konsequenz und systematischer Schlüssigkeit.[611]

Klärungsbedarf hinsichtlich des Begriffs des Zahlungsauthentifizierungsinstruments besteht auch für nicht kartengebundene Formen der Initiierung von Zahlungsvorgängen. So ist beispielsweise fraglich, ob die Erteilung eines Zahlungsauftrags mittels eines unterschriebenen papiernen Überweisungsträgers in den Anwendungsbereich der einschlägigen Vorschriften fällt. Zur Beantwortung

---

Jauernig/Jauernig, § 854 Rn. 1; er ist also stets auf einen körperlichen Gegenstand gerichtet.

607 Vgl. zum Sachbegriff im Sinne des § 90 BGB, Vieweg/Werner, Sachenrecht, 4. Aufl., Köln 2010, S. 9 f.

608 Vgl. BT-Drs. 16/11613, S. 36.

609 Vgl. Palandt/ Sprau, § 675j Rn. 7.

610 Vgl. zum Ablauf des elektronische Lastschriftverfahrens Münchner Kommentar BGB/ Casper, § 676h Rn. 23.

611 Vgl. Casper/ Pfeifle, op.cit., WM 2009, op.cit., S. 2343 (2344).

dieser Frage ist die Unterschrift in die Begriffssystematik des § 1 Abs. 5 ZAG einzuordnen. A priori hilft hierbei eine systematische Auslegung unter Berücksichtigung des § 675l S. 1 BGB weiter, aus dem e contrario geschlossen werden kann, dass Zahlungsauthentifizierungsinstrumente und personalisierte Sicherheitsmerkmale nur solche Gegenstände und Codes sind, die dem Zahlungsdienstnutzer vom Emittenten zugewiesen werden; dies deutet darauf hin, dass die Unterschrift nicht unter diese Begriffe zu subsumieren ist. Eine endgültige Klärung kann an dieser Stelle dahinstehen, da es einstweilen nur die bestehenden Schwierigkeiten beim Umgang mit den neuen Begriffen zu demonstrieren gilt.

Als weiteres Beispiel kann der Begriff des „*Zahlungsvorgangs*" herangezogen werden. Dieser ist in § 675f Abs. 3 S. 1 BGB – in weitgehender Übereinstimmung mit Art. 4 Nr. 5 PSD – als *„Bereitstellung, Übermittlung oder Abhebung eines Geldbetrags, unabhängig von der zugrunde liegenden Rechtsbeziehung zwischen Zahler und Zahlungsempfänger"* definiert. Da die Anwendbarkeit verschiedener Vorschriften des Untertitels „Zahlungsdienste" an das Vorliegen eines Zahlungsvorgangs geknüpft ist (vgl. etwa §§ 675q, 675r BGB), ist es von entscheidender Bedeutung, zu präzisieren, in welchen Rechtsverhältnissen Zahlungsvorgänge im Sinne des Gesetzes ausgeführt werden. Beispielsweise ist zu entscheiden, ob das „Verfügbarmachen" des Zahlungsbetrags, zu dem der Zahlungsdienstleister des Zahlungsempfängers gemäß § 675t Abs. 1 S. 1 BGB verpflichtet ist, einen Zahlungsvorgang darstellt; denn nur dann greifen die auf Zahlungsvorgänge zugeschnittenen Regeln auch in dieser Konstellation ein, so dass etwa eine Ausführung ausschließlich anhand der Kundenkennung gemäß § 675r Abs. 1 S. 1 BGB zulässig ist.[612] Die erforderliche Subsumtion unter den Begriff des Zahlungsvorgangs erscheint zum einen deshalb schwierig, weil hierfür die Begriffe, derer sich § 675f Abs. 3 S. 1 BGB bedient, zunächst ihrerseits näher zu bestimmen sind. Zum anderen steht der Begriff des Zahlungsvorgangs neben einer Mehrzahl verwandter Begriffe wie Zahlung, Zahlungsauftrag oder Zahlungsdienstevertrag, zu denen er abgegrenzt und in ein stimmiges Verhältnis gebracht werden muss. Die Begründung des Regierungsentwurfs führt zum Zahlungsvorgang nur knapp aus, dass der Begriff des Zahlungsvorgangs den „tatsächlichen Geldfluss" bezeichne.[613] Diese Wortwahl deutet auf eine sehr offene Konzeption des Begriffs hin, unter die sowohl der gesamte Geldfluss vom Konto des Zahler bis zu jenem des Zahlungsempfängers, als auch die einzelnen Schritte der Weiterleitung des Zahlungsbetrages, welche bei externen Zahlungen in den

612 Siehe zu dieser Frage ausführlich unten, Teil 2, Kap.3.C.

613 BT-Drs. 16/11643, S. 102.

verschiedenen Rechtsverhältnissen der Zahlungskette sukzessive vollzogen werden, gefasst werden können. Im Gesamtablauf einer Zahlung, der sich – entsprechend dem horizontalen Ansatz der PSD – aus den Elementen der Einleitung, Autorisierung und Ausführung zusammensetzt[614], liegt ein Zahlungsvorgang ab Auslösung des tatsächlichen Geldflusses vor, wobei der Begriff sich nicht auf bestimmte, in die Ausführung integrierte Rechtsverhältnisse beschränkt. Damit könnte auch das „Verfügbarmachen" im Inkassoverhältnis als Zahlungsvorgang gelten. Diese konkrete Frage soll hier jedoch nicht vertieft oder gar abschließend geklärt werden; sie soll einstweilen nur der Illustration der begrifflichen Vernetzung des Zahlungsdiensterechts dienen.

Bei Lektüre der französischen Umsetzungsakte sowie der einschlägigen Literatur entsteht der Eindruck, dass die Integration der PSD-Begriffe ins französische Bankrecht besondere Schwierigkeiten bereitet. Dies erklärt sich aus dem Bemühen, die bestehende begriffliche Systematik aufrecht zu erhalten und die neuen Kategorien, die zu übernehmen der Gesetzgeber aufgrund der Maximalharmonisierung verpflichtet war, hierein einzupassen.

Vor Umsetzung der PSD bestimmte der Begriff der „opération de banque" die Reichweite des Bankenmonopols.[615] Hierunter fielen: „réception de fonds du public, opérations de crédit, mise à la disposition de la clientèle ou la gestion de moyens de paiement".[616] Durch die Erfassung der „mise à la disposition de la clientèle ou la gestion de moyens de paiement" (Zurverfügungstellung und Verwaltung von Zahlungsmitteln) fielen auch alle Aktivitäten, die heute „services de paiement" (Zahlungsdienste) im Sinne der Richtlinie darstellen, unter das in Frankreich singulär weite Bankenmonopol.[617] Durch die Verordnung n° 2009-866 wurden nunmehr Zahlungsdienste im Sinne der PSD (gezwungenermaßen) unter dem Begriff „services de paiement" für die Erbringung durch Zahlungsinstitute („établissements de paiement") geöffnet (Art. L314-1 Code Monétaire et Financier). Die Aktivitäten, die nicht dieser neuen Kategorie angehören, sollen unter dem Namen „services bancaires de paiement" neben der Kreditvergabe

---

614 Der Begriff der Zahlung ist nicht legal definiert, sondern wird in den § 675c ff. BGB vorausgesetzt, vgl. hierzu Palandt/ Sprau, § 675f Rn. 13 ff.

615 Vgl. zum Bankenmonopol Neau-Leduc, op.cit., S. 72 ff.

616 Damit ging das französische Bankenmonopol weit über den von der ersten Bankenrichtlinie 77/780/EWG geforderten Umfang hinaus. Art. 1 dieser Richtlinie hatte nur die Entgegennahme von Einlagen oder anderen rückzahlbaren Geldern des Publikums sowie die Gewährung von Krediten auf eigene Rechnung den Kreditinstituten vorbehalten.

617 Vgl. Art. L511-5 Code Monétaire et Financier: „Il est interdit à toute personne autre qu'un établissement de crédit d'effectuer des opérations de crédit à titre habituel ".

den Restbestand des Bankenmonopols ausmachen. Dieser neue Begriff ersetzt den der „mise á la disposition de la clientèle ou la gestion de moyens de paiement“ als Bestandteil der Definition der „opérations de banque“, welche in Art. L311-1 Code Monétaire et Financier fortbesteht. Hinsichtlich des Begriffs der „opération de banque“ entsteht Konfusionsgefahr insbesondere im Verhältnis zum Begriff der „opération de paiement“, welcher in Umsetzung des Art. 4 Nr. 5 PSD in den Code Monétaire et Financier eingegangen ist (vgl. Art. L133-1). Die „mise á la disposition de la clientèle ou la gestion de moyens de paiement“ bleibt als Oberbegriff der „services de paiement“ und „services bancaires de paiement“ derweil ebenfalls Bestandteil des Gesetzbuchs (Art. L311-3 Abs. 2 Code Monétaire et Financier). Da die Verordnung n° 2009-866 sogar über die Erfordernisse der PSD hinausgeht und auch die in Frankreich weiterhin bedeutende Einlösung von Schecks den „services de paiement“ zurechnet, ist das Bankenmonopol hinsichtlich des Zahlungsverkehrs weitgehend substanzlos.[618]

Desgleichen führt die neue Kategorie des Zahlungskontos („compte de paiement“, Art. L.314-1 Abs. 1 Code Monétaire et Financier), welche neben das „compte de dépôt“ mit den Untergruppen „compte courant“ und „compte d'épargne“ tritt, zu Unklarheiten.[619]

III. Der europarechtskonforme Umgang mit begrifflichen Mängeln des Zahlungsdiensterechts

Sprachliche Überschneidungen zwischen den Begriffen des neuen Zahlungsdiensterechts und hergebrachten Konzepten des nationalen Rechts treten nicht nur im französischen Recht auf. Auch im deutschen Recht finden sich tief in der Rechtssprache verwurzelte Begriffe wie „Zahlungsauftrag“ oder „Zustimmung“ in neuem Kontext wieder. Daher ist für den Rechtsanwender zunächst zu klären, ob er bei der inhaltlichen Ausfüllung solcher Begriffe auf ihre im nationalen Recht etablierte Auslegung zurückgreifen kann.[620] Weiterhin führt dieses Prob-

618 Auch die Ausgabe von E-Geld wird unter der neuen E-Geld-Richtlinie (Richtlinie 2009/110/EG des Europäischen Parlaments und des Rates vom 16. September 2009 über die Aufnahme, Ausübung und Beaufsichtigung der Tätigkeit von E-Geld-Instituten, zur Änderung der Richtlinien 2005/60/EG und 2006/48/EG sowie zur Aufhebung der Richtlinie 2000/46/EG, ABl. L 267 vom 10.10.2009, S. 7–17), die bis zum 30.4.2011 umzusetzen ist, nicht den Kreditinstituten vorbehalten bleiben.

619 Vgl. hierzu nur Mathey, Revue de droit bancaire et financier n°1, janvier 2010, op.cit., étude 1.

620 Vgl. zur begrifflichen Autonomie harmonisierten Rechts als Medium des effet utile Müller/Christensen, Juristische Methodik Bd. II, op.cit., Rn. 440; relativierend zum

lem zu der Frage, ob die Begriffe des Zahlungsdiensterechts generell autonom oder im Lichte der nationalen Begrifflichkeit auszulegen sind.

In Fällen, in denen die Richtlinie ausdrücklich eigene Begriffsbestimmungen vorgibt, bzw. ausdrücklich auf das nationale Recht verweist, bereitet die Antwort keine Schwierigkeiten: im ersten Fall ist die autonome Definition der Richtlinie zugrundezulegen, im zweiten ist der fragliche Begriff anhand des nationalen Rechts auszulegen.

Hinsichtlich sonstiger Begriffe ist die Lösung nicht gänzlich evident[621], kann aber durch einen Blick auf die Rechtsprechung des EuGH geklärt werden. In der *Junk*-Entscheidung aus dem Jahre 2005 erinnert der Gerichtshof daran,

> „(…) daß die einheitliche Anwendung des Gemeinschaftsrechts und der Gleichheitssatz verlangen, daß Begriffe einer Vorschrift des Gemeinschaftsrechts, die für die Ermittlung ihres Sinns und ihrer Bedeutung nicht ausdrücklich auf das Recht der Mitgliedsstaaten verweist, in der Regel in der gesamten Gemeinschaft autonom und einheitlich ausgelegt werden, wobei diese Auslegung unter Berücksichtigung des Regelungszusammenhangs und des mit der Regelung verfolgten Zweckes zu ermitteln ist.“[622]

Das klare Verdikt des Gerichtshofs gebietet eine autonome inhaltliche Bestimmung der Richtlinienbegriffe und somit, da die Umsetzungsakte richtlinienkonform auszulegen sind, auch der Begriffe des nationalen Rechts im Anwendungsbereich des Gemeinschaftsrechtsakts. Diese, in der Rechtsprechung des EuGH konstant vertretene[623], Lösung stützt sich zunächst darauf, dass das Ziel der Rechtsvereinheitlichung, welches jedem europäischen Rechtsakt eigen ist, konterkariert würde, wenn bei der Ausfüllung der Begriffe in jeder nationalen Rechtsordnung unterschiedliche Maßstäbe angelegt würden. Die Harmonisierung erfordert die Gleichberechtigung der Rechtsordnungen und Rechtssprachen, von denen folglich keine als begriffsbestimmend privilegiert werden darf.

Schlagwort der „autonomen Auslegung des Unionsrechts Neuner, in: Europäische Methodenlehre, S. 373 ff. (376).

621 Vgl. schon Grundmann/ Riesenhuber, Die Auslegung des Europäischen Privat- und Schuldvertragsrechts, JuS 2001, S. 529.

622 EuGH v. 27.01.2005, Rs. C-188/03, Slg. 2005, I-885, Rn. 27-30 („Junk“); vgl. hierzu Riesenhuber/ Domröse, Die Entlassung nach der Massenentlassungsrichtlinie - Bedeutung und Folgen des EuGH-Urteils vom 27.1.2005 - Rs. C-188/03, Junk, EWS 2005, S. 97 ff.

623 Vgl. etwa EuGH v. 12.10.2004, Rs. C-55/02, Slg. 2004, I-9387, Rn. 45 („Kommission/Portugal“); EuGH v. 07.12.1995, Rs. C-449/93, Slg. 1995, I-4291, Rn. 25, 28 („Rockfon“); EuGH v. 14.01.1982, Rs. 64/81, Slg. 1982, 13, Rn. 8 („Corman/Hauptzollamt Gronau“).

Zudem deutet die Praxis des europäischen Normgebers, hinsichtlich einzelner Begriffe auf das nationale Recht zu verweisen, darauf hin, dass eine Heranziehung desselben nicht generell erwünscht ist.[624]

Gerade am Beispiel der Begriffe der Einwilligung und Genehmigung, die in § 675j Abs. 1 S. 2 BGB als Modalitäten der Autorisierung eines Zahlungsvorgangs auftauchen, zeigt sich, dass bei Umsetzung der Richtlinie nicht durchgehend auf Konsistenz mit den bestehenden Begrifflichkeiten geachtet wurde: Anders als §§ 182 ff. BGB, die auf die Zustimmung im Drei-Personen-Verhältnis zugeschnitten sind, betrifft die Autorisierung nach § 675j Abs. 1 BGB nur die Rechtsbeziehung zwischen dem Zahler und seinem Zahlungsdienstleister. Gleichlautende Begriffe sind daher im Kontext des Zahlungsdiensterechts autonom auszulegen, wobei – wie oben bereits ausgeführt[625] – grundsätzlich allen Sprachfassungen gleiche Bedeutung beizumessen ist. Die Autonomie unionsrechtlicher Rechtsbegriffe ist Beispiel und Ausprägung des Prinzips der Relativität der Rechtsbegriffe, wonach derselbe Begriff in verschiedenen Zusammenhängen unterschiedliche Bedeutungen haben kann.[626]

Eben aus der Gleichrangigkeit der offiziellen Sprachfassungen ergibt sich die zweite allgemeine Anmerkung zum Umgang mit den Begriffen der PSD und der Umsetzungsnormen: Die gemeinschaftsrechtliche Rechtssprache bleibt in inhaltlicher Präzision und Ausgereiftheit oft hinter der nationalen Rechtssprache zurück.[627] Dies zum einen deswegen, weil europäische Rechtsakte eine Vielzahl verschiedener Sprachen und Rechtskulturen zusammenführen und in einen Bedeutungskonsens verschmelzen müssen.[628] Die überkommenen, voneinander abweichenden Bedeutungen, die den Begriffen unvermeidbar anhaften, verhindern eine geschlossene substantielle Durchdringung in derselben Tiefe, wie sie bei nationaler Gesetzgebung möglich ist.[629] Zum anderen stellen gemeinschafts-

624 So auch Riesenhuber, op.cit., in: Riesenhuber (Hrsg.), Europäische Methodenlehre, S. 319.

625 Siehe oben Teil 1, Kap.1, Abschnitt C.I.1.

626 Zur Relativität der Rechtsbegriffe vgl. Ryu/Silving, Was bedeutet die sogenannte „Relativität der Rechtsbegriffe"?, ARSP 59 (1973) S. 57 ff.; BVerfGE 6, 32 (37).

627 Vgl. Riesenhuber, System und Prinzipien des Europäischen Vertragsrechts, Berlin 2003, S. 179 f.

628 Vgl. Christensen/ Sokolowski, in: Müller/Burr, op.cit., S. 113 ff. (113), wo darauf hingewiesen wird, dass Art. 314 EGV nicht nur den Rechtssprachen, sondern (mit erheblichen Implikationen für die Rechtssetzung und -anwendung) auch den dahinterstehenden einzelstaatlichen Rechtskulturen Gleichrangigkeit zusichert.

629 Dieses Qualitätsproblem europäischer Rechtsakte ist den Entscheidungsträgern durchaus bewusst. Lösungsbemühungen sind seit geraumer Zeit zu beobachten – so hat die Kommission bereits 1985 ein Handbuch „Règles de technique législative à usage des

rechtliche Rechtsakte neben einem sprachlichem auch einen politischen Kompromiss dar, der in einem Konsultations- und Abstimmungsprozess gefunden wurde.[630] Dieses Vorgehen impliziert die Tendenz, Differenzen zwischen den verschiedenen beteiligten Interessensträgern durch ungenaue Formulierungen und Begriffe zu überspielen.[631] Die letztgültige inhaltliche Entscheidung wird dadurch gewissermaßen vertagt und den nationalen Richtern, bzw. in letzter Instanz dem EuGH, überlassen.

Diese Defizite der europäischen Rechtsakte hinsichtlich Präzision und Qualität sollten durch die Interinstitutionelle Vereinbarung vom 22.12.1998 *„Gemeinsame Leitlinien für die redaktionelle Qualität der gemeinschaftlichen Rechtsvorschriften"*[632] behoben werden, welche unter anderem vorsehen, dass die gemeinschaftlichen Rechtsakte „klar, einfach und genau" abgefasst werden (Leitlinie Nr. 1) und „kurz und prägnant formuliert" werden, wobei ihr Inhalt „möglichst homogen" sein sollte (Leitlinie Nr. 4). Diese Zielbestimmungen zeigen, dass die Kernmängel europäischer Rechtsakte den Entscheidungsträgern bewusst sind. Dennoch besteht ein Schwanken zwischen abstrahierender Konzi-

---

services de la Commission" publiziert. Seit der Ablehnung des Vertrages von Dänemark durch das dänische Referendum wird dem Problem verstärkte Aufmerksamkeit gewidmet: Anlässlich einer Sitzung des Europäischen Rates in Birmingham am 11. und 12.12.1992 wurden diesbezüglich Schlussfolgerungen erarbeitet (Ratsdokument SN/456/1/92); insbesondere kündigt der Rat eine „klarere und einfachere Gestaltung neuer gemeinschaftsrechtlicher Rechtsvorschriften" sowie die Entwicklung von „Leitlinien für die Abfassung der gemeinschaftlichen Rechtsvorschriften (...), die Kriterien umfassen, anhand derer die Qualität der Rechtsvorschriften überprüft werden kann" an. Diesen Schlussfolgerungen trägt die „Entschließung des Ministerrats über die redaktionelle Qualität gemeinschaftsrechtlicher Rechtsvorschriften" vom 8.6.1993 (Abl. EG C 166 vom 17.6.1993, S. 1) Rechnung, durch die zehn Leitlinien für künftige Rechtsakte festgelegt werden.

Die Erkenntnis der mangelnden Qualität führte jedoch nicht – nach dem Motto „Gefahr erkannt, Gefahr gebannt" – zu einem befriedigenden Qualitätsfortschritt. Insbesondere die Leitlinien des Ministerrats entbehrten eines systematischen Ansatzes zur Bewältigung der Defizite, vgl. hierzu Zeno-Zencovich, Le direttive sulla „Qualità redazionale della legislazione communitari", in: Visintini (Hrsg.), Analisi di leggi-campione – Problemi di tecnica legislativa, Padova 1995, S. 690 ff.

630 Vgl. Burr/ Gallas, in: Müller/Burr, Rechtssprache Europas, op.cit., S. 195 ff. (201 ff.), die den Charakter des EU-Rechts als „droit diplomatique", also als Produkt eines diplomatischen Handels, darstellen. Vgl. hierzu auch Selck, Preferences and Procedures – European Union legislative decision-making, Dordrecht 2006, insbesondere S. 57 ff.

631 Zum Problem der Genauigkeit und Klarheit der Rechtsakte vgl. Burr/ Gallas, in: Müller/Burr, Rechtssprache Europas, op.cit., S. 195 ff. (218 ff.).

632 Abl. EG C 73 vom 17.3.1999, S. 1.

sion und umfassender Einzelfallregelung fort[633], welches die Stimmigkeit unionsrechtlicher Normensysteme und Begrifflichkeiten hindert.

Aufgrund dieser qualitativen Vorbehalte gegenüber den Begriffen des Zahlungsdiensterechts gilt bei der Auslegung, dass die aus dem Wortlaut der verschiedenen Sprachfassungen abgeleitete Bedeutung nicht ohne Weiteres hingenommen werden darf, sondern stets anhand anderer Auslegungskriterien zu überprüfen ist.[634] Als Beispiel hierfür kann wiederum der Begriff des Zahlungsauthentifizierungsinstruments bemüht werden, unter den im Kontext des § 675v Abs. 1 BGB – abweichend von der Begriffsbestimmung des § 1 Abs. 5 ZAG – auch Zahlungskarten als rein körperliche Gegenstände, ergo ohne zugehöriges personalisierendes Sicherheitsmerkmal, zu fassen sind.

In noch größerem Maße ist die Bedeutung der grammatischen Auslegung zu relativieren, wenn sich schon zwischen den einzelnen Sprachfassungen inhaltliche Divergenzen offenbaren. In diesem Fall kommt keiner Fassung überragende Autorität zu[635], so dass mittels anderer Auslegungsmethoden zu versuchen ist, eine allgemein vereinbare Begriffsbestimmung zu finden.

Im Falle des harmonisierten Zahlungsdiensterechts gilt dies umso mehr aufgrund des hohen Abstraktionsgrades der Begriffe, den die nationalen Umsetzungsakte in die jeweiligen Rechtsordnungen überführt haben. Die Abstraktion der Begriffe zwingt dazu, die Bedeutung hinsichtlich des konkreten Anwendungsfalls sachgerecht und flexibel zu bestimmen.

---

633 Diese widerstrebenden Tendenzen können nicht zuletzt auf das Aufeinandertreffen von kontinentaler und Common-Law-Tradition zurückgeführt werden, vgl. Stürner, Common Law, Civil Law und Europäisches Privatrecht – zur Angleichung methodischer Ansätze in den Gemeinschaftsrechtsordnungen, in: Jahrbuch junger Zivilrechtswissenschaftler 2004 – Europäisches Privatrecht, Nehren 2005, S. 79 ff. Zu den Eigenheiten des Schuldrechts im Common-Law, vgl. Samuel/Rinkes, The English Law of obligations, in: Müller-Graff (Hrsg.), Gemeinsames Privatrecht in der Europäischen Gemeinschaft, 2. Aufl., Baden-Baden 1999, S. 163 ff.
Ungeachtet der grundlegenden Divergenzen zwischen den Civil-Law- und Common-Law-Traditionen haben beide Systeme freilich in vielerlei Hinsicht dieselben historischen Wurzeln; vgl. hierzu Zimmermann, Historische Verbindungen zwischen civil law und common law, in: Müller-Graff (Hrsg.), op.cit., S. 103 ff.

634 Vgl. Riesenhuber, in: Europäische Methodenlehre, op.cit., S. 315 ff. (324 f.).

635 Vgl. ebenda, S. 324.

Zusammenfassung der Ergebnisse in Thesenform. Kapitel 3

I. Leitlinien zur Auslegung des BGB-Zahlungsdiensterechts

Die Pflicht zur richtlinienkonformen Auslegung greift im Regelungsbereich der Richtlinie aufgrund der Vollharmonisierung grundsätzlich flächendeckend ein.

Abweichungen von den Vorgaben der PSD sind aufgrund des vollharmonisierenden Charakters der Richtlinie nur dann möglich, wenn sie explizit zugelassen sind.

Bei der Anwendung des BGB-Zahlungsdiensterechts ist insbesondere Kapitel 4 PSD zu berücksichtigen, da der Untertitel „Zahlungsdienste" vorrangig der Umsetzung dieses Teils der Richtlinie dient.

Die PSD gibt eine neue, eigenständige Begrifflichkeit vor, die aufgrund des horizontalen Regelungsansatzes abstrakt gestaltet ist.

Begriffsbestimmungen für das neue Zahlungsdiensterecht finden sich einerseits in § 1 ZAG, andererseits unmittelbar in die §§ 675c ff. BGB integriert.

Ungeachtet der abweichenden Vorgehensweisen bei der Umsetzung der PSD ist das Zahlungsdiensterecht in verschiedenen mitgliedsstaatlichen Rechtsordnungen vergleichbar, da die Einzelnormen stets auf die zugrundeliegenden Vorschriften der PSD zurückgeführt werden können.

Eine vergleichende Betrachtung der Umsetzungsnormen in verschiedenen Rechtsordnungen ist geeignet, eine Auslegung des deutschen Zahlungsdiensterechts auf mögliche Unstimmigkeiten hin zu überprüfen.

Die Begriffe des Zahlungsdiensterechts sind durch richtlinienkonforme Auslegung autonom inhaltlich zu bestimmen; ein Rückgriff auf etablierte Konzepte des nationalen Rechts ist nicht statthaft.

Das autonome Begriffssystem des Zahlungsdiensterechts ist, wie sich an zahlreichen Beispielen belegen lässt, teils in sich unstimmig, teils sind die Begriffe unscharf.

Teilweise kommen bestimmten Termini der Richtlinie in verschiedenen Verwendungszusammenhängen abweichende Bedeutungen zu.

Teilweise verwenden die Richtlinie sowie die Umsetzungsnormen Begriffe, die schon vorher im deutschen Zivilrecht gebraucht wurden.

In solchen Fällen ist nicht etwa die im bestehenden Recht etablierte Begriffsbestimmung auf das Zahlungsdiensterecht zu übertragen; vielmehr ist eine autonome, richtlinienkonforme Auslegung der Begriffe vorzunehmen.

Die begrifflichen Defizite der PSD gebieten eine schwächere Gewichtung der grammatischen und stärkere Akzentuierung der teleologischen Auslegung.

II. Betreffend das materielle Recht

Prägendes strukturelles Merkmal des zivilrechtlichen Teils der PSD ist der „horizontale Ansatz".

Alle Zahlungsverfahren, die als Zahlungsdienste in den Anwendungsbereich des Zahlungsdiensterechts fallen, werden aufgrund des „horizontalen Ansatzes" denselben Regeln unterworfen – eine Strukturierung des Regelwerks erfolgt stattdessen nach den sukzessiven Phasen des Zahlungsvorgangs.

Der PSD-Regelungstechnik eines „Differenzierenden Allgemeinen Teils" kommt möglicherweise prototypischer Charakter hinsichtlich der Fassung eines künftigen umfassenden europäischen Privatrechts zu.

Das BGB übernimmt die horizontale Systematik des Kapitels 4 PSD, so dass grundsätzlich alle speziellen Zahlungsverfahren demselben Regelungsregime unterfallen.

Welche zahlungsdiensterechtlichen Normen hinsichtlich eines bestimmten Zahlungsvorgangs einschlägig sind, richtet sich danach, welche Phase des Zahlungsvorgangs betroffen ist: Initiierung, Ausführung des Geldtransfers oder Verfügbarmachen des Zahlungsbetrags durch die Inkassostelle.

Die neuen Vertragstypen des Zahlungsdiensterahmen- und Einzelzahlungsvertrags lassen sich als Untergruppen dem Geschäftsbesorgungsvertrag zuordnen, so dass ergänzend auftragsrechtliche Normen zur Anwendung kommen.

Das Zahlungsdiensterecht kehrt zur Qualifikation des Überweisungsauftrags als auftragsrechtliche Weisung zurück und überwindet damit die dogmatischen Unklarheiten in Zusammenhang mit dem „Überweisungsvertrag“.

Ins französische und britische Recht wurde die PSD nicht durch Parlamentsgesetze, sondern aufgrund delegierter Rechtssetzungskompetenz durch Verordnungen umgesetzt.

Durch die französische Umsetzungsverordnung wurden die neuen Normen in verschiedene Abschnitte des bestehenden „Code Monétaire et Financier“ eingefügt, bzw. – insbesondere was die Informationspflichten angeht – in ministerielle Erlasse ausgelagert.

Im Vereinigten Königreich wurde mit den Payment Services Regulations ein eigenständiges Regelwerk geschaffen, welches gemäß dem „intelligent copy out approach“ weitgehend die Richtlinienvorgaben im Wortlaut übernimmt.

Teil 2. Anwendungsübungen zu konkreten Rechtsfragen

Nachdem die auslegungsmethodischen Grundlagen und der europarechtliche Hintergrund des BGB-Zahlungsdiensterechts behandelt wurden, ist nun anhand verschiedener praktisch relevanter Beispiele die Anwendung der Vorschriften des Untertitels „Zahlungsdienste" zu erproben. Hierbei sollen allgemein übertragbare Erkenntnisse für die Auslegung der Normen gewonnen werden. Der folgende Abschnitt ist aus den oben dargestellten Gründen[636] in die Kapitel „Kartenzahlung", „Lastschrift" und „Überweisung" gegliedert.

636 Siehe oben Teil 1, Kap.1., Abschnitt A.

Kapitel 1. Anwendungsbeispiel Kartenzahlung: Beweisrechtliche Handhabung der missbräuchlichen Verwendung – Weiterführung der Anscheinsbeweisrechtsprechung?

A. Einleitung

Die Zahlungskarte wurde, da eine Nutzung oftmals nicht nur im Belegenheitsstaat des Emittenten, sondern auch an ausländischen Geldausgabeautomaten oder Zahlungsterminals möglich ist, von den Zahlungsdienstnutzern bereits vor Umsetzung der PSD als internationalisiertes Zahlungsinstrument wahrgenommen.[637] Zumindest was die rechtliche Ausgestaltung der Kartenzahlung anbelangt, täuscht diese Perzeption jedoch fundamental: Der Zahlungskartenverkehr und seine rechtlichen Rahmenbedingungen waren vormals stark national geprägt.[638] Speziell die Haftungsregime variierten auch innerhalb der EU von Rechtsordnung zu Rechtsordnung.[639] Diese Diskrepanzen wirkten sich nicht zuletzt dahingehend aus, dass die Karteninhaber mangels grenzüberschreitender Vergleichbarkeit auf das Angebot der nationalen Kartenemittenten und Systembetreiber beschränkt waren, so dass eine strikte Trennung der Märkte herrschte.[640] Ein Innovations- und Preiswettbewerb zwischen den wenigen marktmächtigen Anbietern kam infolgedessen kaum zustande.[641] Diesem Wettbewerbsdefizit sollte durch die PSD abgeholfen werden, indem insbesondere einheitliche Haftungsstandards im Verhältnis zwischen Zahlungsdienstnutzer und Zahlungsdienstleister eingeführt wurden.[642] Hierdurch sollte es insbesondere für Verbrau-

637 Vgl. Metz, in: Derleder/Knops/Bamberger, S. 1357 ff. (1358).

638 Hofmann, Das Haftungsregime für Kartenzahlungssysteme im europ. Rechtsvergleich – Eine Bestandsaufnahme vor dem Hintergrund des Vorschlags für eine Richtlinie über Zahlungsdienste im Binnenmarkt, ZVglRWiss 106 (2007), S.174 (174).

639 Ebenda, S. 175.

640 Vgl. den Bericht des Economist vom 21.5.2005, International Banking – A Survey, S.12 ff.

641 Dies zeigt sich nicht zuletzt an den Verfahren, die die Europäische Kommission wegen Wettbewerbsverstößen gegen VISA und MasterCard eingeleitet hat, vgl. Abl. EG 2002 C. 89/7 bzw. Abl. EG 2002 L 318/17; siehe hierzu Hofmann, Wettbewerb bei VISA und MasterCard - Kartellrechtliche Beurteilung der Vereinheitlichung in den Kreditkarten-Systemen, WuW 2006, S. 17.

642 Vgl. hierzu bereits das Strategiepapier der Kommission für die Jahre 2002-2006, KOM (2002) 208, S.15.

cher möglich werden, mit überschaubarem Risiko Emissionsverträge abzuschließen, ohne die speziellen Vertragsbedingungen im Detail erfassen zu müssen. Gerade im Bereich der Kartenzahlung kommt den Haftungsbedingungen große Bedeutung zu, da die gebräuchlichen Verfahren aufgrund der Möglichkeit, anonym über Kontoguthaben zu verfügen, besonders schadensträchtig sind.[643]

Insbesondere die Haftung bei missbräuchlicher Verwendung von Zahlungskarten ist ein Bereich, der bislang von erheblicher Rechtsunsicherheit und dogmatischen Streitigkeiten geprägt war[644] und dem über Landes- und Fachgrenzen hinweg große Aufmerksamkeit zuteilwird.[645] Gerade in Fällen, in denen der Inhaber einer Zahlungskarte geltend macht, eine Nutzung der Karte sei missbräuchlich durch einen nicht berechtigten Dritten vollzogen worden, ist die beweisrechtliche Handhabung für Haftungsfragen praktisch oft entscheidend.[646] Hierin liegt ein weithin geläufiges, „klassisches" Rechtsproblem, das Rechtsprechung und Lehre gleichermaßen beschäftigt hat.[647]

Namentlich geht es vorrangig darum, ob die Nutzung der Zahlungskarte einen Beweis des ersten Anscheins dafür begründet, dass der Karteninhaber die Karte entweder selbst gebraucht oder aber grob fahrlässig mit ihr umgegangen

643 Vgl. Hofmann, ZVglRWiss 106 (2007), op.cit., S.174 (176); Gößmann, in: Bankrechts-Handbuch, Band 1, § 54 Rn. 13; LG Lüneburg, WM 1985, S. 914. Zu den Möglichkeiten der missbräuchlichen Ausnutzung moderner Zahlungsinstrumente, vgl. Gößmann/Bredenkamp, Phishing, Vishing, Spoofing, Pharming oder Sniffing. Moderne Missbrauchsformen im Zahlungsverkehr, in: Entwicklungslinien im Bank- und Kapitalmarktrecht - Festschrift für Gerd Nobbe, Köln 2009, S. 93 ff.

644 Vgl. für eine Rückschau auf diesen Problemkreis anlässlich der erstmaligen gesetzlichen Regelung der Kartenzahlung durch Umsetzung der PSD Casper/Pfeifle, WM 2009, op.cit., S. 2343 ff.

645 Vgl. für ein Beispiel aus der englischen Tagespresse etwa ‚The Times' vom 8.3.2005, S. 1 u. 4.

646 Vgl. Fervers, Die Haftung der Banken bei automatisierten Zahlungssystemen, WM 1988, S. 1037 (1043).

647 Aus der Rechtsprechung vgl. u.a. BGH NJW 2004, S. 3623; OLG Celle, WM 1985, S. 655; OLG Frankfurt WM 2002, S. 2101 (2102 f.); OLG Stuttgart WM 2003, S.125 (126 f.).
Aus der Literatur vgl. z.B. Rüßmann, Haftungsfragen und Risikoverteilung bei EC-Kartenmissbrauch, DuD 1998, S. 395; Spindler, Haftungsrisiken und Beweislast bei ec-Karten, BB 2004, S. 2766; Strube, Haftungsrisiken der ec-Karte, WM 1998, S. 1210; Zwade/Mühl, Der Aufwendungsersatz- und Schadensersatzanspruch im Kreditkartengeschäft - unter besonderer Berücksichtigung der Beweislastverteilung und -führung, WM 2006, S. 1225; Taupitz, Zivilrechtliche Haftung bei Kreditkartenmissbrauch, Frankfurt a.M. 1995; Schinkels, Die Verteilung des Haftungsrisikos für Drittmissbrauch von Medien des bargeldlosen Zahlungsverkehrs, Berlin 2001.

ist, so dass der Emittent Aufwendungs- oder Schadensersatz verlangen kann. Im Folgenden soll geprüft werden, ob diese Frage unter dem neuen Zahlungsdiensterecht anders zu bescheiden ist, als bisher. Dabei wird nicht eine erneute Rekapitulation der jeweiligen Argumente im Vordergrund stehen. Das Für und Wider der Annahme eines Anscheinsbeweises wurde in der einschlägigen Literatur bereits erschöpfend gegenübergestellt.[648] Vielmehr ist zu untersuchen, ob die neuen gesetzlichen Rahmenbedingungen bei richtlinienkonformer Auslegung die Frage überhaupt offenlassen, oder ob sich der Streit nicht vielmehr aufgrund einer klärenden europarechtlichen Vorgabe erledigt hat.

Hierzu sollen im folgenden Abschnitt zunächst die problematischen Sachverhalte dargestellt und sodann die bisher im deutschen Recht geltende Beurteilung dieser Fälle knapp zusammengefasst werden (B). Anschließend werden die einschlägigen Normen des neuen Zahlungsdiensterechts im Hinblick auf diese Rechtsfrage angewandt (C). Schließlich ist durch einen Blick auf die in der französischen bzw. britischen Rechtsordnung gefundenen Lösungen zu prüfen, ob das Auslegungsergebnis sich in die Maxime der Einheitlichkeit des europäischen Zahlungsverkehrsrechts einfügt (D).

B. **Darstellung des einschlägigen Sachverhalts und der rechtlichen Behandlung vor Umsetzung der PSD**

I. Der problematische Sachverhalt

Den folgenden Betrachtungen zum alten und neuen Recht liegt dieser Sachverhalt zugrunde: eine PIN-gesicherte[649] Zahlungskarte – in Betracht kommen sowohl Debit- als auch Kreditkarten[650] – wird unter Eingabe der PIN zur Abhebung von Bargeld am Geldausgabeautomaten oder zur Initiierung einer elektronischen Zahlung an einem POS-Terminal genutzt. Der rechtmäßige Inhaber der Karte bestreitet jedoch, die Karte im fraglichen Falle eingesetzt zu haben.

648 Für weitere Literaturnachweise vgl. Gößmann, in: Bankrechts-Handbuch, Band 1, Literaturlisten eingangs zu § 54 bzw. § 68.

649 PIN = Persönliche Identifikationsnummer. Zur Rechtsnatur der PIN, vgl. Gößmann, Aspekte der ec-Karten-Nutzung, WM 1998, S. 1264 (1268).

650 Die Sonderbedingungen für Kreditkarten und EC-Karten stimmen, was die Verwendung der Karten unter Einsatz der PIN angeht, überein; hierzu genauer unten, Teil 2, Kap.1, Abschnitt B.I.

Zu klären ist, wessen Konto letztendlich mit dem durch die Verfügung abgeflossenen Betrag belastet werden soll – jenes der kartenausgebenden Bank oder jenes des Karteninhabers.

II. Die hergebrachte Lösung der deutschen Rechtsprechung: der Anscheinsbeweis

Der Karteninhaber müsste die Belastung seines Kontos hinnehmen, wenn dem Emittenten in der beschriebenen Konstellation entweder ein Aufwendungsersatzanspruch (§ 670 Abs. 1 BGB) oder ein Schadensersatzanspruch (§ 280 Abs. 1 BGB in Verbindung mit den Vertragsbedingungen) zusteht.[651]

Der Aufwendungsersatzanspruch setzt eine wirksame Weisung des Karteninhabers zur Ausführung des Transfers, der Schadensersatzanspruch insbesondere eine für den Schadenseintritt kausale Vertragspflichtverletzung des Karteninhabers sowie ein ausreichendes Verschulden voraus.

Nach allgemeinen Beweisgrundsätzen hat die Bank, wenn sie die genannten Ansprüche geltend macht, die begründenden Tatsachen zu beweisen.[652] Aus den elektronischen Protokollen der Geldausgabeautomaten-, Terminal- oder Netzbetreiber lässt sich indes lediglich ersehen, dass die Zahlungskarte unter Verwendung der zugehörigen PIN eingesetzt worden ist. Entscheidend für die Anspruchslage ist daher, ob aufgrund dieser Konstellation beweisrechtlich davon auszugehen ist, dass der Karteninhaber die Karte selbst genutzt oder aber einschlägige Vertragspflichten schuldhaft verletzt hat.[653]

Für die mit solchen Fallkonstellationen befassten Instanzen war mithin zu entscheiden, ob hinsichtlich eines oder beider möglichen Ansprüche (also Schadensersatz- bzw. Aufwendungsersatzsanspruch) von einem Beweis des ersten Anscheins (auch „prima-facie-Beweis“) auszugehen ist.[654]

651 Vgl. zu dieser „juristischen Grundkonstruktion“ der Anscheinsbeweisproblematik Metz, in: Derleder/Knops/Bamberger, S. 1357 ff. (1363).

652 Siehe Münchner Kommentar zur ZPO/ Prütting, § 286 Rn. 110 ff. sowie vertiefend Laumen/Prütting, op.cit., S. 142 ff.

653 Vgl. van Look, in: Claussen, S. 163.

654 Vgl. hierzu Krepold/Fischbeck, op.cit., S. 97/98. Nachweise einschlägiger Urteile finden sich u.a. bei Münchner Kommentar HGB/Häuser/Haertlein,– Band 5 - §§ 343-372, Anhang I, Rn E 44 ff.

Das Rechtsinstitut des Anscheinsbeweises erlaubt es dem Richter, von einem feststehenden tatsächlichen Ereignis auf andere Tatsachen zu schließen.[655] Eine solche Verknüpfung ist nur bei *„typischen Geschehensabläufen"* herzustellen, d. h. in Fällen, in denen ein bestimmter Tatbestand feststeht, der nach der Lebenserfahrung auf eine bestimmte Ursache als maßgeblich für den Eintritt eines bestimmten Erfolges hinweist.[656] Dabei bedeutet Typizität nicht, dass die Ursächlichkeit einer bestimmten Tatsache für einen bestimmten Erfolg bei allen Sachverhalten dieser Fallgruppe notwendig immer vorhanden ist[657]; sie muss aber so häufig gegeben sein, dass die Wahrscheinlichkeit, einen solchen Fall vor sich zu haben, sehr groß ist.[658]

Der durch den Anscheinsbeweis etablierte Hergang wird als zutreffend vorausgesetzt, soweit die Gegenpartei nicht Tatsachen substantiiert vortragen kann, die den Anschein eines typischen Geschehensablaufs erschüttern.[659] Der Vortrag rein hypothetischer Alternativszenarien ist hierfür nicht ausreichend – das zur Widerlegung des Anscheinsbeweises vorgetragene Geschehen muss im konkreten Fall zumindest ebenso wahrscheinlich sein, wie der typische Verlauf.[660] Gelingt der Nachweis von Tatsachen, aus denen nach freier Beweiswürdigung mit hinreichender Wahrscheinlichkeit auf einen abweichenden Verlauf geschlossen werden kann, so ist der prima-facie-Beweis entkräftet; in diesem Fall ist durch

---

655 Für eine Darstellung von Bedeutung und Voraussetzungen des Anscheinsbeweises vgl. Musielak, Grundkurs ZPO, 10. Aufl., München 2010, Rn.463. Siehe auch Prütting u.a. ZPO Kommentar/ Laumen, Köln 2010, § 286 Rn. 25 ff., wo der Anscheinsbeweis als „gewohnheitsrechtlich anerkannt" bezeichnet wird.

656 RGZ 130, S. 357 (359); BGHZ 100, S. 31 (33); BGH, Urteile vom 23. 1. 1997 - I ZR 29/94, WM 1997, S. 1493 (1496) und vom 4. 12. 2000 - II ZR 293/99, NJW 2001, S. 1140 (1141).

657 Vgl. zu den an die Wahrscheinlichkeit zu stellenden Anforderungen Metz, in: Derleder/Knops/Bamberger, op.cit., S. 1357 ff. (1364), der einen Vergleich zwischen einem zufälligen Eintippen der korrekten PIN (Wahrscheinlichkeit ca. 1:300 Mio., gemäß OLG Hamm, ZIP 1997, S. 878) und dem Verlorengehen von Einschreiben (1:266 Mio., BGHZ 24, S. 308) anstellt. Angesichts der Tatsache, dass von der Rechtsprechung im Falle des Einschreibens kein prima-facie-Beweis für den Zugang angenommen wird, bei Eintippen der richtigen PIN hingegen ein Anscheinsbeweis für die eigene Nutzung des Berechtigten, stellt Metz eine gewisse Inkonsistenz des Wahrscheinlichkeitserfordernisses fest, da die Wahrscheinlichkeit in den zitierten Beispielen „im gleichen Bereich" liege.

658 BGH, Urteil vom 6. 3. 1991 - IV ZR 82/90, VersR 1991, S. 460 (462).

659 Zur Entkräftung des Anscheinsbeweises vgl. Prütting ZPO/ Laumen, § 286, Rn. 28.

660 RGZ 159, S. 235 (239); BGH NJW 1952, S. 217; BGH VersR 1971, S. 842.

den Anspruchsteller der Vollbeweis des typischen Geschehensablaufs zu erbringen.[661]

Zu unterscheiden ist der Anscheinsbeweis von der Beweislastumkehr[662]: Die Verteilung der Beweislast bleibt durch den Anscheinsbeweis unberührt, er stellt lediglich eine Beweiserleichterung dar.[663] Wenn der Richter also zugunsten einer Partei vom typischen Geschehensablauf ausgeht, so nicht, weil ein von der Gegenpartei geforderter Gegenbeweis nicht gelungen ist, sondern weil er aufgrund der Lebenserfahrung von diesen Tatsachen überzeugt, der Beweis damit nach § 286 Abs. 1 ZPO erbracht ist. Nichtsdestoweniger verschlechtert sich durch den prima-facie-Beweis die Situation der Partei, die nicht die Beweislast trägt, muss sie doch, um den Anscheinsbeweis zu erschüttern, einen atypischen Geschehensablauf substantiieren.

Wurde eine Zahlungskarte unter Verwendung der zugehörigen PIN genutzt, so wurde aus diesem Umstand vom überwiegenden Teil der deutschen Rechtsprechung bisher geschlossen, dass der berechtigte Karteninhaber selbst den Vorgang durchgeführt hat (und somit ein Aufwendungsersatzanspruch des Emittenten besteht).[664] Dieser Anscheinsbeweis wurde damit begründet, dass nur der Berechtigte über die zur Kartennutzung benötigten Instrumente verfügt und die technisch-organisatorische Ausgestaltung der Geldausgabeautomaten Manipulationen durch Nichtberechtigte weitgehend ausschließt.[665]

Gelang dem Karteninhaber die Erschütterung des Anscheins der eigenen Nutzung, indem er vortrug, dass die Zahlungskarte ihm zeitlich vor dem fraglichen Verwendungsvorgang abhanden gekommen oder entwendet worden war, so bestand mangels Weisung kein Aufwendungsersatzanspruch. Diese Rechtsfolge wurde von § 676h S. 1 BGB a.F. sogar ausdrücklich festgeschrieben:

> „Das Kreditinstitut kann Aufwendungsersatz für die Verwendung von Zahlungskarten oder von deren Daten nur verlangen, wenn diese nicht von einem Dritten missbräuchlich verwendet wurden.“

---

661 BGH NJW 1987, S. 2876; Koch, in: Fischer/Klanten, Rn. 10.345.

662 Vgl. zu dieser Differenzierung Diederichsen, Produzentenhaftung und Beweislast, NJW 1966, S. 269 ff.

663 BGHZ 39, S. 103 (107); vgl. ausführlich zu den Rechtswirkungen des Anscheinsbeweises Laumen/Prütting, op.cit., S. 262 ff.

664 Vgl. für eine umfangreiche Zusammenstellung der einschlägigen Entscheidungen: Schimansky, in: Bankrechts-Handbuch, § 54 Rn. 14b und 14c.

665 Vgl. OLG Celle, WM 1985, S. 655; AG Aschaffenburg, WM 1989, S. 1165. Eine Beschreibung der Sicherheitsvorkehrungen bei Erstellung der PIN im „DES-Verfahren“ findet sich bei Krepold/Fischbeck, S. 98.

Der Emittent war also zur Erlangung des streitigen Betrages auf einen Schadensersatzanspruch verwiesen. Einem solchen stand § 676h BGB a.F. nicht entgegen, da die Norm sich nur auf Aufwendungsersatzansprüche bezog.[666]

Zur Begründung des Schadensersatzanspruches kam insbesondere eine Verletzung der Vertragsbedingungen, namentlich der Sonderbedingungen EC-/Maestro-Service in Betracht.[667] Diese sahen in Nummer A.III.1.4 vor[668]:

> „(...) Hat der Karteninhaber durch ein schuldhaftes Verhalten zur Entstehung des Schadens beigetragen, bestimmt sich nach den Grundsätzen des Mitverschuldens, in welchem Umfang Bank und Kontoinhaber den Schaden zu tragen haben.
>
> Hat der Karteninhaber seine Pflichten lediglich leicht fahrlässig verletzt, so stellt die Bank den Kontoinhaber von seiner Verpflichtung, einen Teil des Schadens zu übernehmen, in jedem Fall in Höhe von 90% des Gesamtschadens frei.
>
> Hat die Bank ihre Verpflichtungen erfüllt und der Karteninhaber seine Pflichten grob fahrlässig verletzt, trägt der Kontoinhaber den entstandenen Schaden in vollem Umfang. Grobe Fahrlässigkeit des Karteninhabers kann insbesondere dann vorliegen, wenn
>
> (...)
>
> • die persönliche Geheimzahl auf der Karte vermerkt oder zusammen mit der Karte verwahrt war (zum Beispiel im Originalbrief, in dem sie dem Karteninhaber mitgeteilt wurde),
>
> • die persönliche Geheimzahl einer anderen Person mitgeteilt und der Missbrauch dadurch verursacht wurde. (...)"

Um eine Erstattung des vollen Betrages geltend machen zu können, musste die Bank also beweisen, dass der Karteninhaber grob fahrlässig seine vertraglichen Pflichten verletzt hat, wobei im Falle der missbräuchlichen Kartenverwendung durch einen Dritten insbesondere die Pflichten nach Nummer A.II.6.2. und A.II.6.3. der Sonderbedingungen EC-/Maestro-Service[669] in Betracht kamen, die vorsahen:

> „6.2. Sorgfältige Aufbewahrung der Karte

---

666 Vgl. Freitag, Vom Forderungskauf zum abstrakten Schuldanerkenntnis und die Verteilung des Missbrauchsrisikos im Kreditkartengeschäft, ZBB 2002, S. 322 (328); juris PK/Bauer, § 676h Rn. 8.

667 Die Bedingungen für Kreditkarten lauteten in dieser Hinsicht gleich.

668 Fassung bis zum 30.10.2009.

669 Mit der Wirksamkeit der ab dem 1.11.2009 geltenden neuen AGB befasst sich eingehend Scheibengruber, Unzulässige AGB-Klauseln in den neuen Bedingungen für Zahlungskarten und Onlinebanking, NJW 2010, S. 2396 ff.; derselbe, Unzulässige AGB-Klauseln in den neuen Bedingungen für Zahlungskarten und Onlinebanking, NJOZ 2010, S. 1366 ff.

> Die Karte ist mit besonderer Sorgfalt aufzubewahren, um zu verhindern, dass sie abhanden kommt und missbräuchlich verwendet wird. Sie darf insbesondere nicht unbeaufsichtigt im Kraftfahrzeug aufbewahrt werden, da sie (z. B. im Rahmen des Maestro-Systems) missbräuchlich eingesetzt werden kann. (...)
>
> 6.3. Geheimhaltung der persönlichen Geheimzahl (PIN)
> Der Karteninhaber hat dafür Sorge zu tragen, dass keine andere Person Kenntnis von der persönlichen Geheimzahl erlangt. Die Geheimzahl darf insbesondere nicht auf der Karte vermerkt oder in anderer Weise zusammen mit dieser aufbewahrt werden. (...)“

Das Vorliegen einer anspruchsbegründenden qualifizierten Vertragsverletzung in Form eines grob fahrlässigen Umgangs mit Zahlungskarte und PIN wurde von der Mehrheit der Gerichte als typische Ursache der missbräuchlichen Verwendung durch einen Dritten vorausgesetzt.[670] Aufgrund der hohen technischen Sicherheit der Kartennutzungssysteme folgerte diese Rechtsprechung, dass der Nachweis einer Kartenverwendung mit PIN-Einsatz anhand der elektronischen Protokolle ausreichte, um auch die Aufbewahrung der PIN mit der Karte oder eine andere grobe Fahrlässigkeit zu beweisen. Eine nicht auf grober Fahrlässigkeit des Karteninhabers beruhende Ursache für den missbräuchlichen Drittgebrauch wurde als so unwahrscheinlich angesehen, dass für eine Entkräftung des Anscheinsbeweises vom Karteninhaber gefordert wurde, Tatsachen vorzutragen, die einen atypischen Geschehensverlauf hinreichend glaubhaft erscheinen ließen.

---

670 Vgl. OLG Frankfurt, WM 2002, S. 2101 (2102 f.); OLG Stuttgart WM 2003, S. 125, (126 f.); LG Hannover WM 1998, S. 1123 f.; LG Stuttgart WM 1999, S. 1934 f.; LG Frankfurt a.M. WM 1999, S. 1930 (1932 f.); LG Darmstadt WM 2000, S. 911 (913 f.); LG Köln WM 2001, S. 852 (853); LG Berlin, WM 2003, S. 128 (129); AG Diepholz WM 1995, S. 1919 (1920); AG Hannover WM 1997, S. 1207 (1208 f.); AG Wuppertal WM 1997, S. 1209; AG Charlottenburg WM 1997, S. 2082; AG Dinslaken WM 1998, S. 1126; AG Osnabrück WM 1998, S. 1127 (1128); AG Frankfurt a.M. NJW 1998, S. 687 f. und BKR 2003, S. 514 (516); AG Flensburg VuR 2000, S. 131 f.; AG Hohenschönhausen WM 2002, S. 1057 (1058 f.); AG Regensburg WM 2002, S. 2105 (2106 f.); AG Nürnberg WM 2003, S. 531 (532 f.); AG Charlottenburg WM 2003, S. 1174 (1175);
Vgl. Werner, Anscheinsbeweis und Sicherheit des ec-PIN-Systems im Lichte der neueren Rechtsprechung, WM 1997, S. 1516; Aepfelbach/Cimiotti, Zur Sicherheit des ec-Kartensystems, WM 1998, S. 1218; Gößmann, WM 1998, op.cit., S. 1264 (1269).

Andere Gerichte verneinten hingegen einen solchen prima-facie-Beweis unter Verweis auf die Möglichkeit, dass die PIN durch Ausspähen oder Einsatz technischer Mittel durch Dritte erlangt worden sein konnte.[671]

In einer Entscheidung vom 5.10.2004 hat sich der BGH die Annahme eines Anscheinsbeweises zu Eigen gemacht.[672] Die Leitsätze dieses Urteils lauten:

> „1. Wird zeitnah nach dem Diebstahl einer ec-Karte unter Verwendung dieser Karte und Eingabe der richtigen persönlichen Geheimzahl (PIN) an Geldausgabeautomaten Bargeld abgehoben, spricht grundsätzlich der Beweis des ersten Anscheins dafür, dass der Karteninhaber die PIN auf der ec-Karte notiert oder gemeinsam mit dieser verwahrt hat, wenn andere Ursachen für den Missbrauch nach der Lebenserfahrung außer Betracht bleiben.
>
> 2. Die Möglichkeit eines Ausspähens der persönlichen Geheimzahl (PIN) durch einen unbekannten Dritten kommt als andere Ursache grundsätzlich nur dann in Betracht, wenn die ec-Karte in einem näheren zeitlichen Zusammenhang mit der Eingabe der PIN durch den Karteninhaber an einem Geldausgabeautomaten oder einem POS-Terminal entwendet worden ist."

In der Urteilsbegründung führt der BGH u.a. die technischen Gründe genauer aus, aus denen er die Entschlüsselung der PIN für so unwahrscheinlich hält, dass die Annahme eines Anscheinsbeweises gerechtfertigt ist.[673] Namentlich bestätigt er das Berufungsgericht (LG Duisburg) in der auf eine schriftliche Auskunft des Bundesamtes für Sicherheit in der Informationstechnik gestützten Einschätzung, dass eine Errechnung der PIN durch einen Dritten dank der modernen 128-BIT-Verschlüsselung auch mit größtmöglichem finanziellem Aufwand mathematisch ausgeschlossen sei.

Auch geht der BGH auf die sog. „Innentäterattacke" ein, bei der ein Mitarbeiter des Geldausgabeautomatenbetreibers oder des Betreibers der Point-of-

---

671 OLG Hamm, WM 1997, S. 1203 (1206 f.); OLG Frankfurt, WM 2001, S. 1898; OLG Frankfurt, WM 2002, S. 1055 (1056 f.); LG Berlin, WM 1999, S. 1920; LG Dortmund CR 1999, S. 556 (557); LG Mönchengladbach VuR 2001, S. 17 (18); LG Osnabrück WM 2003, S. 1951 (1953); AG Buchen, VuR 1998, S. 42f.; AG Hamburg VuR 1999, S. 88 (89 f.); AG Berlin-Mitte, VuR 1999, S. 201 (202 f.) und EWiR 2003, S. 891; AG Frankfurt a.M., WM 1999, S. 1922 (1924 ff.); AG München, NJW-RR 2001, S. 1056 (1057); AG Dortmund, BKR 2003, S. 912 (913); AG Essen, BKR 2003, S. 514;
Vgl. Pausch, Die Sicherheit von Magnetstreifenkarten im automatisierten Zahlungsverkehr, CR 1997, S. 174; Strube, WM 1998, op.cit., S.1210, (1212 ff.).

672 BGH, Urteil vom 5. 10. 2004 - XI ZR 210/03, NJW 2004, S. 3623; BKR 2004, S. 493.

673 BGH, BKR 2004, S. 493 (495 f.); zu den mathematischen Grundlagen siehe auch Lochter/ Schindler, Missbrauch von PIN-gestützten Transaktionen mit ec- und Kreditkarten aus Gutachtersicht, MMR 2006, S. 292.

Sale-Zahlungsvorrichtung eine Manipulation vornimmt.[674] Nach der Lebenserfahrung sei die Möglichkeit eines solchen Missbrauchs jedoch nicht geeignet, den Anscheinsbeweis zu entkräften.

Was schließlich die Gefahr des Ausspähens der PIN angeht, so sieht der BGH hierin nur dann eine ernsthafte Erschütterung des Anscheinsbeweises, wenn die Karte in einem näheren zeitlichen Zusammenhang zur letzten Eingabe der PIN entwendet worden ist. Da der Täter den Karteninhaber regelmäßig nicht persönlich kenne, müsse er die Karte alsbald nach dem Ausspähen der PIN an sich bringen, um die missbräuchliche Nutzung durchführen zu können.[675]

C. Darstellung der neuen gesetzlichen Rahmenbedingungen und Auslegung

I. Die gesetzlichen Grundlagen

Im neuen Zahlungsdiensterecht findet sich mit dem oben[676] wiedergegebenen § 675w S. 3 BGB eine Norm, die sich auf die beweisrechtliche Behandlung u.a. der geschilderten problematischen Sachverhalte bezieht. Allein aus diesem Grund erscheint eine Überprüfung des von der deutschen Rechtsprechung beschrittenen Weges des Anscheinsbeweises geboten.

Die Überlegungen können sich dabei ganz auf die Auslegung des § 675w S. 3 BGB konzentrieren, da die Rechtslage hinsichtlich der Ansprüche, die in den problematischen Konstellationen Anlass zur Entwicklung der Anscheinsbeweisrechtsprechung gegeben haben, ungeachtet der weitergehenden positivrechtlichen Normierung substantiell unverändert bleibt. So wird der Zahlungsdienstleister weiterhin Aufwendungsersatz nach §§ 675, 670 BGB geltend machen und hierfür das Vorliegen einer Weisung des Karteninhabers beweisen müssen, da er – wie bisher – *„im Fall eines nicht autorisierten Zahlungsvorgangs (...) keinen Anspruch auf Erstattung seiner Aufwendungen“* hat (§ 675u S. 1 BGB).

Kann ein Aufwendungsersatzanspruch nicht substantiiert werden, so verbleibt dem Emittenten die Möglichkeit, Ersatz des gesamten Schadens zu verlangen; hierfür muss er die Voraussetzungen des § 675v Abs. 2 BGB beweisen, also namentlich, dass der Karteninhaber den Schaden

674 BGH, BKR 2004, S. 493 (496).

675 Ebenda, S. 496.

676 Siehe oben unter Teil 1, Kap.3, Abschnitt B.III.2.c.

„(…) in betrügerischer Absicht ermöglicht hat oder durch vorsätzliche oder grob fahrlässige Verletzung

1.einer oder mehrerer Pflichten gemäß § 675l oder

2.einer oder mehrerer vereinbarter Bedingungen für die Ausgabe und Nutzung des Zahlungsauthentifizierungsinstruments

herbeigeführt hat."

§ 675l S. 1 BGB präzisiert die vertraglichen Sorgfaltspflichten des Zahlungsdienstnutzers in Bezug auf „Zahlungsauthentifizierungsinstrumente" dahingehend, dass er verpflichtet ist, *„(...) alle zumutbaren Vorkehrungen zu treffen, um die personalisierten Sicherheitsmerkmale vor unbefugtem Zugriff zu schützen"*. Diese gesetzlichen Pflichten und Anspruchsvoraussetzungen stimmen mit der alten Rechtslage überein, die sich noch weitgehend aus den Vertragsbedingungen geschöpft hatte.[677]

Ebenso hat sich die Beweislastverteilung nicht geändert – nach wie vor ist es der Emittent, der entweder die Initiierung des streitigen Zahlungstransfers durch den Karteninhaber (Autorisierung) oder die grob fahrlässige Verletzung gesetzlicher oder vertraglicher Pflichten beweisen muss.[678]

Fraglich ist angesichts der materiell unveränderten Ausgangslage, ob die Anwendung eines prima-facie-Beweises in der oben[679] dargestellten Weise von der Rechtsprechung weitergeführt werden kann oder ob § 675w S. 3 BGB eine Änderung gebietet.

Bevor zur Beantwortung dieser Frage § 675w S. 3 BGB ausgelegt wird, ist jedoch kurz auf die Anwendungsvoraussetzungen der Norm einzugehen.

---

677 In der Neufassung der Bedingungen für Debitkarten ist nun unter II.13.1 (Haftung des Kontoinhabers bis zur Sperranzeige), Abs. 5, bzw. in den Bedingungen für die Kreditkarten unter I.12.1, Abs. 3, vorgesehen: „Kommt es vor der Sperranzeige zu einer nicht autorisierten Verfügung und hat der Karteninhaber seine Sorgfaltspflichten nach diesen Bedingungen vorsätzlich oder grob fahrlässig verletzt oder in betrügerischer Absicht gehandelt, trägt der Kontoinhaber den hierdurch entstandenen Schaden in vollem Umfang. Grobe Fahrlässigkeit des Karteninhabers kann insbesondere dann vorliegen, wenn (…)

die persönliche Geheimzahl auf der Karte vermerkt oder zusammen mit der Karte verwahrt war (…)

die persönliche Geheimzahl einer anderen Person mitgeteilt und der Missbrauch dadurch verursacht worden war."

678 Vgl. BT-Drs. 16/11643: nach der Gesetzesbegründung sollten die mitgliedsstaatlichen Grundätze der Beweislastverteilung unverändert bleiben.

679 Siehe Teil 2, Kap.1, Abschnitt B.II.

Die Anwendung des § 675w S. 3 BGB knüpft an die Auslösung eines Zahlungsvorgangs mittels eines „Zahlungsauthentifizierungsinstruments" an.[680] Der Begriff des Zahlungsauthentifizierungsinstruments ist in § 1 Abs. 5 ZAG definiert als

> „jedes personalisierte Instrument oder Verfahren, das zwischen dem Zahlungsdienstnutzer und dem Zahlungsdienstleister für die Erteilung von Zahlungsaufträgen vereinbart wird und das vom Zahlungsdienstnutzer eingesetzt wird, um einen Zahlungsauftrag zu erteilen."

Bei PIN-gesicherten Zahlungskarten stellt die PIN ein personalisiertes Sicherheitsmerkmal dar, also einen nur dem Zahlungsdienstleister bekannten und zugänglichen Code, der ihm vom Zahlungsdienstleister mitgeteilt wurde. In den fraglichen Sachverhalten, die zur Anscheinsbeweisrechtsprechung Anlass gegeben haben, wird stets eine Zahlungskarte unter Eingabe der zugehörigen PIN verwandt. Folglich ist die einschlägige Fallkonstellation, unproblematisch unter den für § 675w S. 3 BGB anwendungsbegründenden Tatbestand zu subsumieren.

Im Folgenden ist daher zu eruieren, ob § 675w S. 3 BGB eine Änderung der durch die Rechtsprechung etablierten beweisrechtlichen Handhabung des Gebrauchs von Zahlungsauthentifizierungsinstrumenten gebietet. Hierfür ist zunächst eine richtlinienkonforme Auslegung vorzunehmen, die sodann daraufhin zu überprüfen ist, ob sie innerhalb der Grenzen des Contra-Legem-Judizierens mit dem deutschen Recht in Einklang zu bringen ist.[681]

II. Auslegung des § 675w S. 3 BGB

1. Richtlinienkonforme Auslegung

§ 675w BGB dient der Umsetzung des Art. 59 PSD, der unter der Überschrift *„Nachweis der Authentifizierung und Ausführung von Zahlungsvorgängen"* steht. Um die Grundlage für eine richtlinienkonforme Auslegung zu schaffen, ist zunächst die einschlägige Richtlinienvorschrift ihrerseits im Hinblick auf die beschriebene Problemstellung auszulegen. Es ist also festzustellen, ob die oben dargestellte Anwendung des Anscheinsbeweises mit Art. 59 PSD vereinbar ist.

---

680 Vgl. zu diesem Begriff Casper/ Pfeifle, WM 2009, op.cit., S. 2343 (2344), die ihn als „schönes Beispiel juristisch-bürokratischer Wortschöpfungen" bezeichnen.

681 Siehe zur methodischen Rechtfertigung dieser Vorgehensweise oben, Teil 1, Kap.1, Abschnitt A.IV.

Art. 59 PSD lautet:

„(1) Die Mitgliedstaaten schreiben vor, dass ein Zahlungsdienstleister für den Fall, dass dessen Zahlungsdienstnutzer bestreitet, einen ausgeführten Zahlungsvorgang autorisiert zu haben, oder geltend macht, dass der Zahlungsvorgang nicht ordnungsgemäß ausgeführt wurde, nachweisen muss, dass der Zahlungsvorgang authentifiziert war, ordnungsgemäß aufgezeichnet und verbucht und nicht durch einen technischen Zusammenbruch oder eine andere Panne beeinträchtigt wurde.

(2) Bestreitet ein Zahlungsdienstnutzer, einen ausgeführten Zahlungsvorgang autorisiert zu haben, so reicht die vom Zahlungsdienstleister aufgezeichnete Nutzung eines Zahlungsinstruments für sich gesehen nicht notwendigerweise aus, um nachzuweisen, dass der Zahler entweder den Zahlungsvorgang autorisiert oder aber in betrügerischer Absicht gehandelt oder eine oder mehrere seiner Pflichten nach Artikel 56 vorsätzlich oder grob fahrlässig verletzt hat.“

a. Grammatische Auslegung des Art. 59 PSD

Der Auslegungsgegenstand ist zunächst dahingehend zu präzisieren, dass nur der zweite Absatz des Art. 59 PSD potentiell Implikationen hinsichtlich der deutschen Anscheinsbeweisrechtsprechung enthält. Denn die Frage, welche beweisrechtlichen Konsequenzen aus der Nutzung einer Zahlungskarte unter Eingabe der zugehörigen PIN zu ziehen sind – ob hieraus insbesondere der alternative Anschein einer ordnungsgemäßen Nutzung durch den Berechtigten selbst oder einer grob fahrlässigen schadensersatzanspruchsbegründenden Pflichtverletzung durch diesen folgt – stellt sich erst, wenn der Zahlungsdienstleister gemäß Abs. 1 anhand der elektronischen Protokolle den Nachweis erbracht hat, dass die Authentifizierung erfolgt ist.

Abs. 2 bezieht sich explizit gerade auf den Nachweis der anspruchsbegründenden Merkmale des Aufwendungsersatzanspruchs (ergo: die Autorisierung durch den Zahlungsdienstleister) bzw. des Schadensersatzanspruchs (ergo: eine Pflichtverletzung im Sinne des § 675v Abs. 2 BGB). Die Dokumentation der Authentifizierung durch Nutzung eines Zahlungsauthentifizierungsinstruments reicht der Norm zufolge für sich gesehen nicht notwendigerweise aus, um diesen Nachweis zu erbringen.

Dieser Wortlaut ist prima facie sehr offen für eine freie richterliche Beweiswürdigung[682], welche sich auch auf das Mittel des Anscheinsbeweises erstreckt. Durch die Wendung *„für sich gesehen nicht notwendigerweise“* scheint

682 Vgl. Lohmann/Koch, Richtlinie des Europäischen Parlaments und des Rates über Zahlungsdienste im Binnenmarkt - Wesentliche Inhalte, Bewertung und mögliche Auswirkungen auf den europäischen Zahlungsverkehrsmarkt, WM 2008, S. 57.

die europäische Norm geradezu dem Modell des Anscheinsbeweises, wie es vom BGH definiert worden ist, nachempfunden zu sein. Denn das Wesen des Anscheinsbeweises liegt eben darin, dass er durch die Gegenseite erschüttert werden kann und keine feststehende Vermutung oder Beweislastumkehr bedeutet.[683] Die Möglichkeit der Entkräftung im Wege der Substantiierung eines atypischen Geschehensverlaufs könnte zutreffend so beschrieben werden, dass der Anschein – in der vorliegend diskutierten Konstellation also: die Authentifizierung – für sich gesehen nicht notwendigerweise zum Nachweis ausreicht.[684]

Die in der einschlägigen Literatur teilweise vertretene Auslegung[685], der zufolge sich bereits aus dem Wortlaut ergebe, dass neben der Kartennutzung mit PIN noch weitere Indizien hinzukommen müssten, um den Anschein der Erfüllung der Anspruchsvoraussetzungen zu begründen, zeugt von einer Vermischung der anhand verschiedener Auslegungskriterien zu gewinnenden Erkenntnisse. Der Wortlaut für sich gesehen erlaubt diesen Schluss auf die Nichtkonformität des Anscheinsbeweises nicht.

Die französische („*...l'utilisation d'un instrument de paiement, telle qu'enregistrée par le prestataire de services de paiement, ne suffit pas* ***nécessairement en tant que telle*** *à prouver...*“) und englische („*... the use of a payment instrument recorded by the payment service provider shall* ***in itself not necessarily*** *be sufficient to prove...*“) Fassung des Art. 59 Abs. 2 PSD deuten ebenfalls nicht auf ein abweichendes Verständnis der Norm hin.

Die grammatische Auslegung führt folglich zu dem Ergebnis, dass die Anscheinsbeweisrechtsprechung nicht nur als mit Art. 59 Abs. 2 PSD vereinbar, sondern geradezu als Schablone der Norm erscheint.

---

683 Im Leitsatz zu einer Entscheidung vom 20.6.1978, NJW 1978, S. 2032 ff., hat der BGH die Voraussetzungen für die Entkräftung des Anscheinsbeweises präzisiert: „Zur Entkräftung des Anscheinsbeweises genügt nicht schon der Hinweis auf einen Geschehensablauf, nach dem der Schaden die typische Folge einer anderen Ursache sein kann. Vielmehr muß der Inanspruchgenommene auch dartun, daß diese andere Ursache ernsthaft in Betracht kommt; erst dann hilft es dem Geschädigten nicht, daß der eine Geschehensablauf wahrscheinlicher ist als der andere.“

684 Vgl. Recktenwald, Der Schadensfall bei EC-Karte und Netz – Anscheinsbeweis quo vadis?, AnwBl 4/2009, S. 285

685 Vgl. Scheibengruber, Zur Zulässigkeit und Sinnhaftigkeit der Verlagerung des Missbrauchsrisikos bei Zahlungsdiensten auf die Nutzer – Ein Beitrag zur Analyse der Umsetzung der Zahlungsdiensterichtlinie in das BGB und die AGB der Banken, BKR 2010, S.15 ff.

b. Systematische Auslegung des Art. 59 Abs. 2 PSD

Art. 59 Abs. 2 PSD ist im zweiten Kapitel („*Autorisierung von Zahlungsvorgängen*“) des Titels IV („*Rechte und Pflichten bei der Erbringung und Nutzung von Zahlungsdiensten*“) der PSD angesiedelt. Insbesondere ist die Norm im Kontext der Artt. 60 Abs. 1 und 61 Abs. 2 PSD zu lesen. Art. 60 Abs. 1 PSD räumt dem Zahlungsdienstnutzer im Falle nicht autorisierter Zahlungsvorgänge einen Anspruch auf Erstattung des Zahlungsbetrags ein; Art. 61 Abs. 2 PSD sieht die volle Haftung des Zahlungsdienstnutzers für in betrügerischer Absicht oder durch grob fahrlässige Verletzung einer Pflicht nach Art. 56 PSD herbeigeführte Schäden vor.

Die Beweiskraft der Nutzung eines Zahlungsauthentifizierungsinstruments wird durch Art. 59 Abs. 2 PSD hinsichtlich der Autorisierung des Zahlungsvorgangs bzw. der Anspruchsvoraussetzungen des Art. 61 Abs. 2 PSD geregelt. Keine Erwähnung findet dabei jedoch das von Art. 61 Abs. 2 PSD aufgestellte Erfordernis des „Herbeiführens“ des Schadens durch die Pflichtverletzung – Art. 59 Abs. 2 PSD bezieht sich nicht auf dieses Kausalitätselement, sondern nur auf die Pflichtverletzung bzw. das Verschulden des Karteninhabers. Hieraus lassen sich jedoch keine Rückschlüsse im Hinblick auf den Anscheinsbeweis ziehen, denn auch die einschlägigen Urteile der deutschen Rechtsprechung konzentrieren sich auf die grob fahrlässige Verletzung von Vertragspflichten[686]; die Kausalität zwischen Pflichtverletzung und Schaden wird in den durch Nutzung der Zahlungskarte geschaffenen Anschein ohne besondere Rechtfertigung mit einbezogen. Diese Praxis ist zum einen dadurch zu erklären, dass, wenn davon auszugehen ist, dass bei Verwendung einer PIN-gesicherten Zahlungskarte typischerweise eine haftungsbegründende Pflichtverletzung des Karteninhabers vorliegt, dieser Rückschluss die Kausalität zwischen Pflichtverletzung und der schädigenden Dritthandlung tatsächlich denknotwendig impliziert und keiner zusätzlichen Herleitung bedarf. Zudem sahen (und sehen) die Sonderbedingungen EC-/Maestro-Service bzw. die Bedingungen für die Kreditkarten kein Kausalitätserfordernis vor, so dass, soweit sich die Schadensersatzpflicht auf die vertragliche Haftungsregelung stützt, die Frage der Verursachung – in den Worten der PSD: des „Herbeiführens“ – nicht einschlägig ist.

Auch ansonsten lassen sich aus dem normativen Dunstkreis des Art. 59 Abs. 2 PSD bezüglich der beweisrechtlichen Handhabung der fraglichen Sachverhalte keine Erkenntnisse gewinnen.

686 Vgl. Rechtsprechungsnachweise, oben unter Teil 2, Kap.1., Abschnitt B.II.

c. Historische Auslegung des Art. 59 Abs. 2 PSD

Die historische oder subjektiv-teleologische Auslegung kann vorliegend auf zwei Säulen aufbauen: zum einen kommt den einschlägigen Erwägungsgründen maßgebliche Bedeutung zu, zum anderen sind die Abänderungen des Kommissionsvorschlags durch die Legislativorgane der EU zu erwägen. Lassen diese Quellen jedoch keine spezifischen Rückschlüsse zu, ist der Wille des Richtliniengebers auf Basis seiner allgemeinen Regelungsziele zu konkretisieren.

i. Auswertung der Erwägungsgründe

Besondere Relevanz für die Auslegung des Art. 59 Abs. 2 PSD scheint a priori einzig Erwägungsgrund (33) zu haben, der lautet:

> (33) Zur Feststellung einer möglichen Fahrlässigkeit des Zahlungsdienstnutzers sollten alle Umstände berücksichtigt werden. Ob und in welchem Maße fahrlässig gehandelt wurde, sollte nach einzelstaatlichem Recht beurteilt werden. Klauseln und Bedingungen in einem Vertrag über die Bereitstellung und Nutzung eines Zahlungsinstruments, die eine Erhöhung der Beweislast für den Verbraucher oder eine Verringerung der Beweislast für die kartenausgebende Stelle zur Folge hätten, sollten nichtig sein.

Der Verweis auf das einzelstaatliche Recht könnte so verstanden werden, dass der Richtliniengeber die beweisrechtliche Beurteilung einer streitigen Nutzung von Zahlungsauthentifizierungsinstrumenten (nach der Begrifflichkeit der PSD: „Zahlungsinstrumenten") generell für eine Anwendung der nationalen Beweisgrundsätze öffnen wollte.[687]

Diese Lesart ergibt sich jedoch keineswegs zwangsläufig aus dem Wortlaut des Erwägungsgrundes noch aus einer systematischen Auswertung der Erwägungsgründe im Dunstkreis der Nr. (33). Von der Inbezugnahme des nationalen Rechts ist nur die Frage der Fahrlässigkeit des Zahlungsdienstnutzers erfasst. Die Maßgeblichkeit des nationalen Rechts bewegt sich also auf Ebene des Verschuldensmaßstabs, bezieht sich jedoch nicht zwingend auf die beweisrechtliche Würdigung problematischer Sachverhalte.

Unzweifelhaft ergibt sich aus Erwägungsgrund (33) nur, dass nach dem Regelungswillen des Richtliniengebers die Einordnung eines bestimmten Sachver-

---

687 So z.B. Rühl, DStR 2009, S. 2256 (2260), op. cit.; Grundmann, Das neue Recht des Zahlungsverkehrs - Teil II, WM 2009, S. 1157 (1163), op.cit.; Lohmann/Koch, WM 2008, S. 57 (63), op.cit.

haltes in die Verschuldensgrade (leichte Fahrlässigkeit, grobe Fahrlässigkeit[688]) nach den im jeweiligen nationalen Recht etablierten Grundsätzen erfolgen soll. Eine europarechtlich vereinheitlichte Definition etwa der groben Fahrlässigkeit ist also nicht zu entwickeln. Erwägungsgrund (33) gibt in Satz 1 lediglich vor, dass die Beurteilung der Schwere des Verschuldens unter umfassender Berücksichtigung der objektiven Umstände erfolgen soll. Der Erwägungsgrund bezieht sich damit vorrangig auf die Haftungsvorschrift des Art. 61 Abs. 2 PSD.

Die darüber hinaus aus Erwägungsgrund (33) gezogene Schlussfolgerung, dass die objektiven Aspekte eines streitigen Sachverhalts – in der vorliegenden Problematik also namentlich die eigene Nutzung des Zahlungsauthentifizierungsinstruments durch den Berechtigten bzw. die objektive Verletzung von gesetzlichen oder vertraglichen Pflichten – der freien Anwendung nationaler Beweispraxen zugänglich ist, stellt eine Überinterpretation dar.

Demnach lassen sich im Hinblick auf die Anscheinsbeweisrechtsprechung keine verlässlichen Erkenntnisse aus Erwägungsgrund (33) ziehen. Ein speziell auf Art. 59 Abs. 2 PSD zugeschnittener und infolgedessen für die Frage der Richtlinienkonformität des Anscheinsbeweises zentraler Erwägungsgrund existiert nicht.

Zur Ermittlung des diesbezüglichen Willens des Richtliniengebers ist daher auf allgemeinere Wertungen zurückzugreifen, die in den Erwägungsgründen Ausdruck finden und auf ihre Relevanz für die Auslegung der Norm hin zu prüfen sind.

Als generelles Regelungsziel dieser Art kommt vorliegend insbesondere der Verbraucherschutz in Betracht, welcher zum einen in der Einführung umfangreicher Informationspflichten (vgl. Erwägungsgründe (18) ff.), zum anderen in Erwägungsgrund (34) zum Ausdruck kommt. Letzterer lautet:

> (34) Die Mitgliedstaaten sollten jedoch weniger strikte Vorschriften als die oben genannten erlassen können, um ihr bestehendes Verbraucherschutzniveau zu halten und das Vertrauen in die Sicherheit elektronischer Zahlungsinstrumente zu fördern.

Das Bestreben des Richtliniengebers, ein hohes Verbraucherschutzniveau zu etablieren bzw. zu bewahren, verbunden mit dem Beweggrund, das Vertrauen in die Sicherheit elektronischer Zahlungsinstrumente zu fördern, um eine verstärkte Nutzung unbarer Zahlungsabwicklung zu begünstigen, ist, da nicht direkt auf Art. 59 Abs. 2 PSD bezogen, zu allgemein, um ein präzises Auslegungsergebnis

688 Siehe zu den Verschuldensgraden im deutschen Schuldrecht Deutsch, Die Fahrlässigkeit im neuen Schuldrecht, AcP Bd. 202, S. 889 ff.; Huber, Zivilrechtliche Fahrlässigkeit, in: FS E. R. Huber, 1973, S. 253.

im Hinblick auf den Anscheinsbeweis abzuleiten. Ein subjektiver Regelungszweck, der sich gerade auf die Abänderung oder Beibehaltung der Rechtsprechungspraxis in Deutschland richtet, kann aus den Erwägungsgründen daher nicht gezogen werden.

Jedoch ist davon auszugehen, dass bei Unsicherheit über die Bedeutung einer PSD-Norm nach dem Willen des Richtliniengebers zumindest auch der Verbraucherschutz zu berücksichtigen ist, sofern keine entgegenstehenden, im konkreten Kontext übergeordneten, Regelungsziele ersichtlich sind.[689]

Im Falle des Art. 59 Abs. 2 PSD wäre der subjektive Regelungszweck nur dann unproblematisch aus dem Wortlaut ersichtlich[690], wenn der Richtliniengeber das Bestehen einer nationalen Beweisregel unterstellt hätte, der zufolge die vom Zahlungsdienstleister aufgezeichnete Nutzung eines Zahlungsinstruments „für sich gesehen notwendigerweise ausreicht, um nachzuweisen, dass der Zahler entweder den Zahlungsvorgang autorisiert oder aber in betrügerischer Absicht gehandelt oder eine oder mehrere seiner Pflichten nach Artikel 56 vorsätzlich oder grob fahrlässig verletzt hat“. Wäre der Richtliniengeber vom Bestehen eines solchen Automatismus ausgegangen, so würde Art. 59 Abs. 2 PSD evident dazu dienen, die Beibehaltung dieser Rechtslage auszuschließen.

Indes ist weder ersichtlich, dass eine solche beweisrechtliche Handhabung in den Rechtssystemen der Mitgliedsstaaten vor Umsetzung der PSD gepflegt wurde[691], noch geht aus den Materialien hervor, dass eine dahingehende Motivationslage beim Richtliniengeber bestanden hat. Da somit weder der Wortlaut, noch die Erwägungsgründe Aufschluss über den subjektiven Regelungszweck geben, kann bei der historischen Auslegung subsidiär auch der Verbraucherschutz als generelles Regelungsziel berücksichtigt werden.[692]

Bevor diese Maßgabe konkretisiert wird, ist jedoch zu klären, ob sich aus den Abänderungen, welche die Legislativorgane an Art. 59 Abs. 2 PSD – bzw. an den entsprechenden Normen der Entwurfsfassungen – im Laufe des Ausarbeitungsprozesses vorgenommen haben, doch Rückschlüsse auf einen speziellen

689 Zum Verbraucherschutz als Regelungsgrund europäischer Rechtsharmonisierung, vgl. Reich/Micklitz, op.cit., S. 20 ff.

690 Vgl. Riesenhuber, in: Europäische Methodenlehre, op.cit., S. 315 ff. (322).

691 Vgl. Hofmann, ZVglRWiss 106 (2007), op. cit. S.174 ff.

692 Zur Berücksichtigung europäischer Regelungsmaximen genereller Natur im Rahmen der historischen Auslegung von Richtlinien, vgl. (allerdings hinsichtlich der objektiv-teleologischen Auslegung) Riesenhuber, in: Europäische Methodenlehre, op.cit., S. 315 ff. (334 f.); Riesenhuber merkt an, dass generelle Schutzichtungen oft zu unspezifisch sind, um ein bestimmtes Auslegungsergebnis zu tragen.

subjektiven Regelungszweck ziehen lassen, die der allgemeinen Maxime des Verbraucherschutzes vorgehen.

ii. Auswertung der Abänderungen der Entwurfsfassung im Laufe des europäischen Normgebungsverfahrens

Der Richtlinenvorschlag der Kommission enthielt mit Art. 48 einen Vorgänger des Art. 59 Abs. 2 PSD, der wie folgt lautete:

> Strittige Autorisierung
>
> 1. Die Mitgliedstaaten schreiben vor, dass ein Zahlungsdienstleister für den Fall, dass ein Zahlungsdienstnutzer abstreitet, einen abgeschlossenen Zahlungsvorgang autorisiert zu haben, zumindest nachweisen muss, dass der Zahlungsvorgang authentifiziert war, ordnungsgemäß aufgezeichnet und verbucht und nicht durch eine technische Panne oder einen anderen Mangel beeinträchtigt worden ist.
>
> 2. Streitet der Zahlungsdienstnutzer die Autorisierung der Zahlung auch nach Vorlage der in Absatz 1 genannten Nachweise noch ab, trägt er Fakten oder Umstände vor, die die Vermutung zulassen, dass er die Zahlung nicht autorisiert und nicht in betrügerischer Absicht oder grob fahrlässig in Bezug auf die ihm nach Artikel 46 Buchstabe b obliegenden Pflichten gehandelt haben kann.
>
> 3. Um die in Absatz 2 genannte Vermutung zu widerlegen und nachzuweisen, dass der Zahlungsdienstnutzer die Zahlung autorisiert bzw. in betrügerischer Absicht oder in Bezug auf die ihm gemäß Artikel 46 obliegenden Pflichten grob fahrlässig gehandelt hat, reicht die vom Zahlungsdienstleister aufgezeichnete Nutzung eines Zahlungsverifikationsinstruments allein nicht aus.

Nach Art. 48 Abs. 2 des Kommissionsvorschlags konnte der Zahlungsdienstnutzer durch den Vortrag entsprechender Umstände noch die Vermutung begründen, dass ein Zahlungsvorgang nicht autorisiert war. Zur Widerlegung dieser Vermutung sollte gemäß Art.48 Abs. 3 des Entwurfs der Nachweis, dass ein Zahlungsauthentifizierungsinstrument benutzt worden war, allein nicht ausreichen.

Wäre dieser Wortlaut in der endgültigen Richtlinienfassung beibehalten worden, so hätte kein Zweifel bestanden, dass die von der deutschen Rechtsprechung etablierte Anwendung des Anscheinsbeweises hiermit unvereinbar gewesen wäre.[693] Denn im Ergebnis reicht nach den einschlägigen Entscheidungen der durch die Kartennutzung geschaffene Anschein – abgesehen von den Fällen, in denen dem Karteninhaber einer Erschütterung gelingt – aus, um die Voraus-

693 Dies ist, soweit ersichtlich, in den Beiträgen zum Kommissionsentwurf unstreitig; vgl. z.B. Burgard, WM 2006, op.cit., S. 2065 (2069); Hofmann, ZVglRWiss 106 (2007), op.cit., S. 190.

setzungen des Aufwendungs- bzw. Schadensersatzanspruchs zu beweisen. Eben eine solche beweisrechtliche Schlussfolgerung sollte die Norm in ihrer ursprünglichen Entwurfsfassung ausschließen.

Die Vorschrift blieb jedoch im weiteren Rechtssetzungsverfahren nicht unangetastet. Da das Mitentscheidungsverfahren nach dem damaligen Art. 251 EGV[694] Anwendung fand, stellt sich die Ausarbeitung der Norm als Austauschprozess zwischen Parlament und Rat dar. Die Abstimmung zwischen den Organen erfolgt durch informelle Gespräche, um eine in erster Lesung erfolgreiche Abstimmung zu ermöglichen und einen Vermittlungsausschuss nach Art. 251 Abs. 3 und 4 EGV a.F. entbehrlich zu machen.[695] Dennoch lässt sich anhand der in den Dokumentarchiven des Parlaments und des Rats veröffentlichten Stellungnahmen und Änderungsvorschläge der intern zuständigen Ausschüsse nachvollziehen, dass Art. 48 des Kommissionsvorschlags Gegenstand kontroverser Diskussion war.[696]

So wurde durch den Wirtschafts- und Währungsausschuss des Parlaments beantragt, die Anforderungen an den Zahlungsdienstnutzer nach Art. 48 Abs. 2 des Richtlinienvorschlags zu verschärfen und die darin vorgesehene Vermutung zu streichen.[697] Der Zahlungsdienstleister sollte Tatsachen substantiieren, *„um zu beweisen“*, dass er die Zahlung nicht autorisiert oder grob fahrlässig Pflichten verletzt hat.

Der Rechtsausschuss des Parlaments plädierte hingegen anfangs dafür, das von der Kommission vorgeschlagene Wechselspiel der Beweis- und Substantiierungslast zu verwerfen und stattdessen vorzusehen, dass anhand *„einer Bewertung“* festgestellt werden soll, ob die dokumentierte Nutzung des Zahlungsauthentifizierungsinstruments im streitigen Falle ausreicht, um die Anspruchsvoraussetzungen zu beweisen.[698] Zur Begründung dieses Änderungsantrags führt

---

694 Heute: „Ordentliches Gesetzgebungsverfahren“ nach Art. 294 AEUV.

695 Vgl. die Gemeinsame Erklärung zu den praktischen Modalitäten des Mitentscheidungsverfahrens, ABl. C 148 vom 28.5.1999, S. 1.

696 Vgl. zum Zugang zur Dokumentation der Europäischen Organe, Bartelt/Zeitler, EuR 2003, op.cit., S. 487, sowie oben unter Teil 1, Kap.2, Abschnitt C.II.1.

697 Vgl. Entwurf eines Berichts über den Vorschlag für eine Richtlinie des Europäischen Parlaments und des Rates über Zahlungsdienste im Binnenmarkt und zur Änderung der Richtlinien 97/7/EG, 2000/12/EG und 2002/65/EG, (KOM(2005)0603 – C6 0411/2005 – 2005/0245(COD)), Ausschuss für Wirtschaft und Währung, Berichterstatter: Jean-Paul Gauzès, 11.5.2006, vorläufig 2005/0245(COD), Änderungsanträge 195 und 196.

698 Vgl. Entwurf einer Stellungnahme des Rechtsausschusses für den Ausschuss für Wirtschaft und Währung zu dem Vorschlag für eine Richtlinie des Europäischen Parlaments und des Rates über Zahlungsdienste im Binnenmarkt und zur Änderung der Richtlinien 97/7/EG, 2000/12/EG und 2002/65/EG (KOM(2005)0603 – C6-0411/2005 –

der Rechtsausschuss lapidar aus: *„Die Banken haben keinen anderen Nachweis für die Autorisierung einer mittels Karte ausgeführten Zahlung als das Zahlungsverifikationsinstrument. Die Verlagerung der Haftung zu Ungunsten der Kreditinstitute ist nicht gerechtfertigt.“*

Diese vollständige Abkehr vom Regelungsmodell des Kommissionsvorschlags wurde durch den Rechtsausschuss jedoch wieder fallengelassen. In seiner Stellungnahme vom 7.6.2006 beantragte der Ausschuss nun ebenfalls, in Art. 48 Abs. 2 des Richtlinienentwurfs vom Zahlungsdienstnutzer zu fordern, dass er Tatsachen vortrage, *„um nachzuweisen“*, dass er keine anspruchsbegründenden Handlungen ausgeführt hat.[699] Die von der Kommission vorgeschlagene Vermutung sei nicht zu übernehmen, da sie *„die Beweislast einseitig auf den Zahlungsdienstleister verlagern und (...) das heute funktionierende System des Beweisantritts bei PIN-gestützten Verfahren in Frage (stellen)“* würde.[700]

Die hinter den Parlamentskulissen wogende Debatte findet einen vorerst endgültigen Ausdruck im Bericht des Wirtschafts- und Währungsausschusses vom 20.9.2006.[701] In einem resignativ anmutenden Kahlschlag schlägt der Berichterstatter Jean-Paul Gauzès ohne weitere Begründung vor, die Absätze 2 und 3 des Art. 48 ersatzlos zu streichen und in Absatz 1 folgenden Satz 3 aufzunehmen:

> Zum Schutz der Rechte des Verbrauchers sollten weitere Einzelheiten und legislative Folgen, was die Beweislast betrifft, durch nationales Zivilrecht geregelt werden.

Der Befassung der parlamentarischen Ausschüsse mit dem Regelungsgegenstand des Art. 48 kann attestiert werden, dass sie stets in die Richtung einer Verkehrung oder Verwässerung des originären Regelungsgehalts wies und, was die Frage der Beweislast angeht, sich schließlich auf einen Verweis auf die nationa-

---

2005/0245(COD)), Verfasser der Stellungnahme: Rainer Wieland, 17.5.2006, vorläufig 2005/0245(COD), Änderungsantrag 14.

699 Vgl. Entwurf einer Stellungnahme, Rainer Wieland, Vorschlag für eine Richtlinie des Europäischen Parlaments und des Rates über Zahlungsdienste im Binnenmarkt und zur Änderung der Richtlinien 97/7/EG, 2000/12/EG und 2002/65/EG - Vorschlag für eine Richtlinie (KOM(2005)0603 – C6-0411/2005 – 2005/0245(COD) – Änderungsrechtsakt), 7.6.2006, PE 374.163v01-00, Änderungsantrag 40.

700 So die Begründung des Änderungsantrags 40, siehe ebenda.

701 Vgl. Bericht über den Vorschlag für eine Richtlinie des Europäischen Parlaments und des Rates über Zahlungsdienste im Binnenmarkt und zur Änderung der Richtlinien 97/7/EG, 2000/12/EG und 2002/65/EG (KOM(2005)0603 – C6-0411/2005 – 2005/0245(COD)), Ausschuss für Wirtschaft und Währung, Berichterstatter: Jean-Paul Gauzès, 20.9.2006, endgültig A6-0298/2006.

len Rechtsordnungen zurückzog – nicht ohne freilich das Ziel des Verbraucherschutzes zu rekapitulieren.

Beim Rat war die Gruppe „Finanzdienstleistungen" (Attachés Zahlungsdienste) mit der Ausarbeitung von Änderungsvorschlägen und Kompromissfindung in Zusammenarbeit mit dem Parlament betraut. Der Vorsitz dieser Gruppe veröffentlichte zahlreiche Vermerke mit Änderungsvorschlägen. Ein erster Vermerk vom 3.11.2006[702] sah unter Bezugnahme auf den Parlamentsbericht vom 20.9.2006 (Änderungsantrag 237) die ersatzlose Streichung des zweiten Absatzes des Art. 48 des Richtlinienentwurfs vor, welcher die durch Vortrag entsprechender Tatsachen zu begründende Vermutung enthielt, dass der Zahlungsdienstnutzer den streitigen Zahlungsvorgang nicht autorisiert oder durch grob fahrlässige Pflichtverletzung verschuldet hat. Absatz 3 sollte nach diesem Vermerk unverändert in der Fassung des Kommissionsvorschlags Bestand haben.

In einem zwei Wochen darauf veröffentlichten Vermerk[703] schlug die zuständige Ratsgruppe jedoch eine für die endgültige Richtlinienfassung entscheidende Änderung des Absatzes 3 vor, der danach wie folgt lauten sollte:

> Streitet ein Zahlungsdienstnutzer ab, einen ausgeführten Zahlungsvorgang autorisiert zu haben, reicht die vom Zahlungsdienstleister aufgezeichnete Nutzung eines Zahlungsinstruments **als solche nicht zwangsläufig** aus, um nachzuweisen, dass der Zahler entweder den Zahlungsvorgang autorisiert oder aber in betrügerischer Absicht gehandelt oder eine oder mehrere seiner Pflichten nach Artikel 46 vorsätzlich oder grob fahrlässig verletzt hat.

Die darauffolgenden Vermerke[704] enthalten keine weiteren Änderungsvorschläge hinsichtlich des Art. 48 der Entwurfsfassung, so dass die dem Parlament als gemeinsamer Standpunkt gemäß Art. 251 Abs. 2 EGV a.F. zugeleitete Fassung dementsprechend formuliert blieb.

---

702 Vermerk des Vorsitzes für die Gruppe "Finanzdienstleistungen" (Attachés – Zahlungsdienste) betreffend Vorschlag für eine Richtlinie des Europäischen Parlaments und des Rates über Zahlungsdienste im Binnenmarkt und zur Änderung der Richtlinien 97/7/EG, 2000/12/EG und 2002/65/EG, 14765/06, Brüssel, 3.11.2006.

703 Vermerk des Vorsitzes für die Gruppe "Finanzdienstleistungen" (Attachés – Zahlungsdienste) betreffend Vorschlag für eine Richtlinie des Europäischen Parlaments und des Rates über Zahlungsdienste im Binnenmarkt und zur Änderung der Richtlinien 97/7/EG, 2000/12/EG und 2002/65/EG, 15384/06, Brüssel, 16.11.2006.

704 Vgl. Vermerke der Gruppe „Finanzdienstleistungen" vom 8.3.2007 (7163/07), 22.3.2007 (7665/07) und 28.93.2007 (7665/1/07).

Die legislative Entschließung des Parlaments vom 24.4.2007, durch die eine abgeänderte Fassung nach Art. 251 Abs. 3 lit. c EGV a.F. vorgeschlagen wurde, enthielt hinsichtlich Art. 48 ebenfalls keine Änderungen.[705]

Der abgeänderte gemeinsame Standpunkt stellte einen in informellen Gesprächen gefundenen Kompromiss dar und wurde vom Rat – mit angepasster Nummerierung der Artikel – gebilligt.

Durch ein Korrigendum vom 11.10.2007 wurde Abs. 2 der jetzt unter Art. 59 PSD geführten fraglichen Norm wie folgt abgeändert:

> Statt:
> "... eines Zahlungsinstruments als solche nicht zwangsläufig aus, um nachzuweisen, dass ..."
> muss es heißen:
> "... eines Zahlungsinstruments für sich gesehen nicht notwendigerweise aus, um nachzuweisen,
> dass ...".

Diese Korrektur erfolgte ohne Begründung und ist, da sie sich nur auf die deutsche Richtlinienfassung bezieht, wohl als Verbesserungsversuch rein sprachlicher Art einzustufen, der keine inhaltliche Änderung mit sich brachte.

Welcher gesetzgeberische Wille kann letztlich der beschriebenen legislativen Vorgeschichte des Art. 59 Abs. 2 PSD entnommen werden? Teils wird in der einschlägigen Literatur aus der Hinzufügung der einschränkenden Wendung „nicht notwendigerweise ausreichend“ anstelle des definitiven „allein nicht ausreichend“ gefolgert, dass der Richtliniengeber die Beweiswürdigung weitgehend für eine Anwendung der im nationalen Recht etablierten Grundsätze öffnen wollte.[706]

Dieser Rückschluss erscheint indes nur dann überzeugend, wenn ohne genauere Berücksichtigung des Entwicklungsprozesses der Norm Art. 48 Abs. 3 des Kommissionsvorschlags mit Art. 59 Abs. 2 PSD verglichen wird. Aufgrund einer solchen Gegenüberstellung drängt sich in der Tat die Folgerung auf, der Richtliniengeber habe gerade die Rechtsprechungspraxis des Anscheinsbeweises weiterhin zulassen wollen. Dem ist jedoch entgegenzuhalten, dass es für Rat und

705 Vgl. Legislative Entschließung des Europäischen Parlaments vom 24. April 2007 zu dem Vorschlag für eine Richtlinie des Europäischen Parlaments und des Rates über Zahlungsdienste im Binnenmarkt und zur Änderung der Richtlinien 97/7/EG, 2000/12/EG und 2002/65/EG (KOM(2005)0603 – C6-0411/2005 – 2005/0245 (COD)), P6_TA-PROV(2007)0128 A6-0298/2006.

706 Vgl. Z.B. Casper/Pfeifle, WM 2009, op.cit., S. 2343 (2347).

Parlament ein Leichtes gewesen wäre, dieses Ergebnis durch eine klarere Formulierung zu erreichen. Hierfür hätte die Entwurfsfassung lediglich entsprechend Nr. 4.6.3 der Stellungnahme des Europäischen Wirtschafts- und Sozialausschusses zum Kommissionsvorschlag[707] angepasst werden müssen. Diese Stellungnahme suggerierte eine Reproduktion des Rechtsinstituts des Anscheinsbeweises durch die Richtlinie:

> 4.6.3 Der EWSA spricht sich für eine faire Lastenverteilung aus. Danach hat der Zahlungsdienstleister zu beweisen, dass der Inhaber des Zahlungsverifikationsinstruments die Zahlung selbst angewiesen hat. Wenn die Zahlung mit besonderen und als missbrauchssicher anerkannten Sicherheitsmerkmalen erfolgt ist, sollte der Beweis des ersten Anscheins gelten, dass der Zahlungsdienstnutzer entweder selbst die Zahlung autorisiert oder zumindest grob fahrlässig gehandelt hat.

Dass dieser Weg nicht beschritten wurde, könnte auf einen Willen des Richtliniengebers schließen lassen, die Beweiswürdigung gerade nicht im Sinne der deutschen Rechtsprechung zu harmonisieren. Dieser Gedanke kann nicht etwa durch den Einwand entkräftet werden, dass es sich beim „Beweis des ersten Anscheins" um ein rein deutsches Rechtsinstitut handelt, welches schon deshalb nicht 1:1 hätte in die Richtlinie übernommen werden können. Wie die englische und französische Fassung der Stellungnahme des Wirtschafts- und Sozialausschusses zeigen, existieren in anderen europäischen Rechtsordnungen äquivalente Begriffe: im Common Law *„Prima Facie Evidence"*[708]; im französischen Recht *„preuve prima facie"*.[709]

Ein solcher Umkehrschluss ist jedoch im Kern spekulativ, da in den veröffentlichten Materialien durch die Legislativorgane der Union nicht explizit zur Zulässigkeit des Anscheinsbeweises in den fraglichen Fällen Stellung genommen wird. Ebenso wie der entgegengesetzte Schluss von der Abänderung des Kommissionsvorschlags auf die Konformität des Anscheinsbeweises, kann diese Argumentation daher nicht als feste Grundlage der historischen Auslegung dienen. Ein hinsichtlich dieser Problematik konkretisierter gesetzgeberischer Wille ist nicht mit Gewissheit zu bestimmen. Da, wie beschrieben, die Richtlinienfassung das Endprodukt einer Reihe abweichender Änderungsvorschläge ist, kann

---

707 Vgl. Stellungnahme des Europäischen Wirtschafts- und Sozialausschusses zum Thema „Umsetzung des Lissabon-Programms der Gemeinschaft: Vorschlag für eine Richtlinie des Europäischen Parlaments und des Rates über Zahlungsdienste im Binnenmarkt und zur Änderung der Richtlinien 97/7/EG, 2000/12/EG und 2002/65/EG", ABl. vom 23.12.2006, C 318/51.

708 Vgl. hierzu Murphy, Murphy on Evidence, 10. Aufl. Oxford 2008, S. 23 f.; Keane, The Modern law of Evidence, Oxford 2008, S. 29.

709 Vgl. hierzu Mougenot, Droit des obligations – La preuve, Brüssel 2002, S. 80 f.

gar ein Bestreben des Richtliniengebers vermutet werden, durch den Kompromiss eine Festlegung hinsichtlich konkreter Rechtsfragen zu vermeiden.[710]

iii. Ableitung des gesetzgeberischen Willens aus allgemeinen Regelungszielen

Diese Ambivalenz des Regelungswillens im Hinblick auf den konkreten Zweifelsfall zwingt, wie zuvor schon angedeutet, zu einem Rückgriff auf allgemeine Zweckbestimmungen des Richtliniengebers. Vorliegend ist insbesondere das Regelungsziel des Verbraucherschutzes einschlägig, da es sich bei Art. 59 PSD um eine Norm handelt, die nur gegenüber Verbrauchern als Zahlungsdienstnutzern zwingend ist (vgl. Art. 51 Abs. 1 PSD). Der verbraucherschützende Charakter des Art. 59 Abs. 2 PSD wurde selbst vom Wirtschafts- und Sozialausschuss nicht in Frage gestellt, der in seiner Stellungnahme konzediert:

> 4.6.1 SEPA wird von den Verbrauchern nicht akzeptiert werden, wenn er sich im Falle einer strittigen Autorisierung unüberwindlichen Beweisschwierigkeiten gegenübersieht. Der EWSA teilt den Ansatz der Kommission, dem Nutzer Beweiserleichterungen zukommen zu lassen.

Eine Auslegung des Art. 59 Abs. 2 PSD, die beim nackten Wortlaut stehenbleibt, erscheint derweil kaum geeignet, eine dem Verbraucherschutz dienende Inhaltsbestimmung zu tragen. Denn eine verbraucherfeindliche Beweisregel des Inhalts, dass die Nutzung eines Zahlungs(authentifizierungs)instruments *„für sich gesehen notwendigerweise"* zum Nachweis der eigenen Nutzung oder grob fahrlässigen Pflichtverletzung ausreicht, besteht – soweit ersichtlich – auch ohne eine spezielle europäische Gegenvorschrift in den nationalen Rechtsordnungen nicht.[711] Schon der Inhaltskontrolle nach dem harmonisierten Recht der Allgemeinen Geschäftsbedingungen würde eine standardvertragliche Klausel dieses Inhalts nicht standhalten.[712]

Diese Erwägung führt zu folgendem Argument für eine nicht auf den Wortlaut fixierte subjektiv-teleologische Auslegung: Ein Kaprizieren auf die einschränkende Formulierung *„für sich gesehen notwendigerweise"* würde die Norm weitgehend einer praktischen Regelungsrelevanz berauben, da sie a priori

---

710 Vgl. Halfmeier, Beweislast der Bank bei Missbrauch von Zahlungskarten – Entscheidung der französischen Cour de Cassation vom 2. Oktober 2007, ZEuP 2009, S. 613 (620), der von einem „nebulösen Kompromiss" spricht.

711 Vgl. Hofmann, ZVglRWiss 106 (2007), op.cit., S. 174 ff.

712 Zum AGB-rechtlichen Verbot der unangemessenen Benachteiligung gemäß § 307 Abs. 1 BGB, vgl. Ulmer/Brandner/Hensen/Fuchs, AGB-Recht – Kommentar, 10. Aufl., Köln 2006, S. 556 ff.

auch Beweispraxen gestattet, die den Verbraucher beweisrechtlich schlecht stellen. Allein aus der Tatsache, dass der Richtliniengeber die im Kommissionsvorschlag (wenn auch in anderem Wortlaut) enthaltene Vorschrift nicht – wie durch die befassten Ausschüsse des Parlaments erwogen worden war – ersatzlos gestrichen oder durch einen Verweis auf die nationalen Rechtssysteme ersetzt hat, ergibt sich hingegen, dass Art. 59 Abs. 2 PSD weiterhin ein Regelungsgehalt zugebilligt wurde. Eine andere Deutung des gesetzgeberischen Willens hieße zu unterstellen, dass inhaltsleere Normen um des bloßen Scheins der Verbraucherfreundlichkeit willen beschlossen worden sind.

Eine der verbraucherschützenden Funktion der Norm entsprechende Bedeutung liegt hingegen darin, dass sie solche Regelungen des nationalen Beweisrechts ausschließt, die in systematischer Weise die bloße Nutzung eines Zahlungs(authentifizierungs)instruments zum Beweis der Voraussetzungen des Aufwendungs- oder Schadensersatzanspruchs des Emittenten hinreichen lassen. Die Tatsache, dass der Richtliniengeber von einem bloßen Verweis auf die Beweisgrundsätze der nationalen Rechtsordnungen abgesehen hat[713], bezeugt seinen Willen, dem Fortbestand von Systemen vorzubauen, in denen die Nutzung einer PIN-gesicherten Zahlungskarte sich *in der Regel* in einen Anspruch des Emittenten übersetzt, eine nicht grob fahrlässig verursachte missbräuchliche Drittnutzung hingegen nur ausnahmsweise in Erwägung gezogen wird.

Die Anscheinsbeweisrechtsprechung ist zur Überprüfung ihrer Richtlinienkonformität mithin daraufhin zu untersuchen, ob sie ein Regel-Ausnahme-Verhältnis schafft zwischen Fällen, in denen die Kartennutzung zum Beweis der Anspruchsvoraussetzungen genügt und solchen, in denen trotz Kartennutzung kein Anspruch des Emittenten bejaht wird bzw. darüber hinausgehende Beweise verlangt werden.

Tatsächlich liegt es im Wesen des Anscheinsbeweises, dass er einen bestimmten Tatbestand als erwiesen behandelt, sofern nicht ausnahmsweise besondere Umstände hinzutreten, die diesen Anschein erschüttern.[714] Unterstellte die Rechtsprechung nicht die eigene Kartennutzung bzw. die grob fahrlässige Pflichtverletzung als Regelfall, so wäre der Anwendung des Anscheinsbeweises die Grundlage entzogen. Praktisch führt die Handhabung der problematischen Sachverhalte durch die deutsche Rechtsprechung – soweit sie sich der herrschenden Sicht anschließt – dazu, dass die Kartennutzung sich im Ergebnis systematisch zugunsten des Emittenten anspruchsbegründend auswirkt.[715] Würde

---

713 Vgl. soeben unter Punkt Teil 2, Kap.1, Abschnitt C.II.1.c.ii.

714 Vgl. zur Funktionsweise des Anscheinsbeweises oben Teil 1, Kap.1., Abschnitt B.II.

715 Vgl. Franck/Massari, WM 2009, op.cit., S. 1126 f.

eine solche Praxis als mit Art. 59 Abs. 2 PSD vereinbar beurteilt, so würde die Norm ihres verbraucherschützenden Gehalts benommen. Dies liefe dem vorstehend hergeleiteten Willen des Richtliniengebers zuwider.

Nach der historischen Auslegung des Art. 59 Abs. 2 PSD ist die Anscheinsbeweisrechtsprechung nach alldem nicht richtlinienkonform.

d. Teleologische Auslegung des Art. 59 Abs. 2 PSD

Die Bestimmung des objektiven Zwecks des Art. 59 Abs. 2 PSD ergänzt die Ausführungen zur historischen Auslegung in zweierlei Hinsicht: Zum einen erlaubt ein Blick auf die Ursprünge der Norm, welche weiter als bis zum Kommissionsvorschlag zurückreichen, die Vorschrift funktional genauer zu verorten. Zum anderen ist zu prüfen, ob Art. 59 Abs. 2 PSD auch im weiteren wirtschaftlichen und politischen Kontext der Richtlinie – insbesondere im Zusammenhang mit dem SEPA-Projekt – eine Zweckbestimmung zukommt.

Als Vorläufer und Modell der PSD ist zunächst die Empfehlung der Kommission vom 30.7.1997 zu elektronischen Zahlungsinstrumenten[716] in Betracht zu ziehen. Obgleich unverbindlichen Charakters (vgl. Art. 249, letzter Absatz, EGV a.F.) nahm dieser Rechtsakt in seinem Aufbau die spätere Richtlinie teils vorweg. Insbesondere enthielt die Empfehlung einen Art. 6, der unter der Überschrift *„Haftung des Inhabers"* bestimmte:

> (1)Bis zum Zeitpunkt der Benachrichtigung trägt der Inhaber den infolge des Verlusts oder des Diebstahls des elektronischen Zahlungsinstruments verursachten Ausfall bis zu einer Höchstgrenze selbst, die jedoch 150 ECU nicht überschreiten darf. Eine Ausnahme bildet der Fall, in dem er mit grober Fahrlässigkeit entgegen den einschlägigen Bestimmungen von Artikel 5 Buchstaben a), b) und c) oder betrügerisch handelt; in diesem Fall findet die Obergrenze keine Anwendung.
>
> (2)(…)
>
> (3)Abweichend von Absatz 1 und Absatz 2 ist der Inhaber nicht haftbar, wenn das Zahlungsinstrument ohne dessen Vorlage oder ohne dessen elektronische Identifizie-

---

716 Empfehlung 97/489/EG vom 30. Juli 1997 zu den Geschäften, die mit elektronischen Zahlungsinstrumenten getätigt werden (besonders zu den Beziehungen zwischen Emittenten und Inhabern solcher Instrumente), ABl. Nr. L 208 vom 2.8.1997, S. 52 – 58. Vgl. auch die Empfehlung der Kommission zu Zahlungssystemen von 1988, 88/590/EWG, ABl. EG Nr. L 317 v. 24.11.1988, S. 55 ff.; zur Rechtslage in Deutschland im Lichte dieser Empfehlung Horn, Die Zahlung mittels Universalkreditkarte im Ausland, in: Hadding/Schneider, Grenzüberschreitender Zahlungsverkehr im Europäischen Binnenmarkt, Köln 1997, S. 107 ff. (115).

> rung gebraucht wurde. Die Verwendung eines vertraulichen Codes oder eines anderen ähnlichen Identitätsnachweises löst für sich allein genommen eine Verpflichtung des Inhabers nicht aus.

Obgleich dieser Art. 6 Abs. 2 S. 2 noch nicht ausdrücklich auf die Frage der Beweiskraft des Karteneinsatzes mit PIN-Eingabe bezogen war, zeigen die an die Empfehlung anknüpfenden Arbeitsbeiträge auf Unionsebene, dass die Norm vor diesem Hintergrund zu sehen ist und insbesondere die Stellung des Verbrauchers stärken soll.

So reagierte das Europäische Parlament durch eine Entschließung[717], in der es die Bedeutung der Problematik und den aus seiner Sicht bestehenden Regelungsbedarf betonte. Namentlich äußert das Parlament die Ansicht, dass *„die Haftung bei Verlust oder Diebstahl und Beweislast in solchen Situationen"* zu den *„Hauptproblemen in Verbindung mit elektronischen Zahlungsmitteln"* gehören. Weiterhin bedauert das Parlament, dass die Schlüsselfrage der Beweislast in der Empfehlung nicht vollständig angesprochen wurde und drückt seine Überzeugung aus, dass dieses Problem durch materielle Gemeinschaftsnormen gelöst werden könne.

Darüber hinaus forderte das Parlament, die nationalen Regelungen auf ihre Vereinbarkeit mit der Empfehlung hin zu analysieren.

Der entsprechende Bericht über die Umsetzung der Empfehlung im deutschen Recht[718] geht zur Beantwortung der Frage *„Is the principle of burden of proof reversed in favour of the consumer?"* auf die Anscheinsbeweisrechtsprechung ein[719]:

> There are some facts giving a prima facie evidence for a transaction of the authorised holder, respectively of a violation of the duty to take due care by the holder:
>
> - (...)
>
> - If the EPI[720] was used with the right PIN-code, the holder has to prove that he was not responsible for the EPI' s use.
>
> This situation leads to a de facto reversal of the burden of proof to the disadvantage of the holder.

---

717 Entschließung zu der Mitteilung der Kommission an das Europäische Parlament, den Rat, das Europäische Währungsinstitut und den Wirtschafts- und Sozialausschuß "Stärkung des Vertrauens der Kunden in elektronische Zahlungsmittel im Binnenmarkt" (KOM(97)0353 - C4-0486/97), A4-28/98.

718 Study on the implementation of Recommendation 97/489/EC concerning transactions carried out by electronic payment instruments and in particular the relationship between holder and issuer, Münster 1999, unter der Leitung von Professor Thomas Hoeren.

719 Ebenda, S. 13.

720 EPI = Electronic Payment Instrument.

Unter Verweis auf die Möglichkeit der Entkräftung des "Prima-facie-Beweises" kommt der Bericht dennoch zu dem Schluss, dass das deutsche Recht mit der Empfehlung vereinbar ist.[721] Dieses Resümee ergibt sich letztlich aus einem offenen Verständnis des Art. 6 Abs. 3 S. 2 der Empfehlung und wäre anhand einer Auslegung dieser Vorschrift auf seine Richtigkeit zu überprüfen. Im selben Bericht werden auch Stellungnahmen von Verbrauchervertretern wiedergegeben, die eine Kriminalisierung der Karteninhaber anprangern.[722]

Vorliegend kann die Frage, ob die Anscheinsbeweisrechtsprechung im Einklang mit der Empfehlung stand, dahinstehen. Durch die Wiedergabe des Berichts sollte lediglich gezeigt werden, dass die Art. 59 Abs. 2 PSD vorangehenden Harmonisierungsansätze stets das Ziel verfolgten, eine – normierte oder faktische – Beweislastumkehr zulasten des Verbrauchers auszuschließen.

Aufbauend auf diese Vorarbeiten begann die Kommission die Konsultation von Interessensträgern zu konkreten Aspekten einer künftigen Harmonisierung. Im Arbeitsdokument *„Ein möglicher Rechtsrahmen für einen einheitlichen Zahlungsverkehrsraum im Binnenmarkt"*[723] erbat die Kommission Stellungnahmen zum Problemfeld der Beweislast und fragte insbesondere, ob Schwierigkeiten mit einer verbindlichen Regelung nach dem Modell der Empfehlung 97/489/EG verbunden wären. Die Antworten der Verbraucherverbände einerseits und der Vertreter der Kreditwirtschaft andererseits bestätigen, dass der Regelungsgegenstand, welcher durch Art. 59 Abs. 2 PSD behandelt wird, funktional im Spannungsfeld zwischen den Beweisinteressen des Verbrauchers als Zahlungsdienstnutzer und jenen der Kartenemittenten anzusiedeln ist. So führt der Verbraucherzentrale Bundesverband e.V. in seiner Stellungnahme[724] zum Arbeitsdokument aus[725]:

> Für eine Steigerung des grenzüberschreitenden Zahlungsverkehrs ist es weiterhin erforderlich, Vertrauen durch hohe Sicherheitsstandards und durch klare Haftungs- und Beweislastregelungen zu schaffen. (...) Daher sollten (...) eindeutige Haftungs-

---

721 Study on the implementation of Recommendation 97/489/EC, op.cit., S. 14.

722 Ebenda, S. 82: „Most issuers, in fact, try to shift liability on to the holder. If the holder claims misuse of the payment system, s/he her/himself is accused of having caused the misuse by gross negligence. (...) De facto the holder is "criminalised", meaning that it is assumed that holders would rather act in a criminal manner than follow their obligations."

723 Vom 7.5.2002, MARKT/208/2001 rev.1.

724 Stellungnahme des Verbraucherzentrale Bundesverbands zur Vereinheitlichung des Zahlungsverkehrs in der EU, verfügbar als pdf-Dokument auf den Internetseiten der Kommission zu Zahlungsdiensten, op.cit.

725 Vgl. ebenda, S. 2 und 15. Entsprechend lässt sich die Stellungnahme des Bureau Européen des Unions de Consommateurs vom 29.7.2002, S.7 und 8, ein.

> regelungen mit einer Beweislastumkehr zu Lasten der Anbieter für den Fall des Missbrauchs geschaffen werden. Dies ist auch deshalb sachgerecht, weil der Verbraucher keinen Einfluss auf die verwendeten Sicherheitsstandards hat. Diese liegen allein in der Sphäre des Anbieters. Bei verbraucherfreundlichen Haftungsregelungen werden die Verbraucher auch schneller Vertrauen haben und neue Zahlungswege schneller akzeptieren.(...)
>
> Daher sollte endlich auf EU-Ebene geregelt werden, dass im Streitfall der Erbringer der Zahlungsdienstleistung verpflichtet ist, zu beweisen, dass eine Zahlungstransaktion korrekt durchgeführt wurde und dass sich der Kunde schuldhaft verhalten hat.

Hingegen betonen sowohl der Zentrale Kreditausschuss, als auch Mastercard und die Fédération Bancaire Française in ihren Stellungnahmen, dass eine hoheitliche Regulierung dieser Frage nicht erforderlich sei, da die existierenden Instrumente der Selbstregulierung und Vertragsgestaltung zu einer interessensgerechten Rechtslage führten.[726]

Die Tatsache, dass Vertreter von Verbraucherinteressen für eine Regulierung im fraglichen Bereich plädieren, die Kreditwirtschaft jedoch dagegen, lässt den Umkehrschluss zu, dass Art. 59 Abs. 2 PSD genuin verbraucherschützenden Charakter hat. Diese Zweckbestimmung spiegelt sich im Kommissionsentwurf von 2005 noch so klar wider, dass bei Beibehaltung der Vorschlagsfassung kaum hätte bezweifelt werden können, dass die Anscheinsbeweisrechtsprechung nicht richtlinienkonform ist.[727]

Durch die Verwässerung der Formulierung ist diese Klarheit verlorengegangen, was indes nicht die allseits bewusste verbraucherschützende Zielbestimmung der Norm beseitigt. Der damit auch aus der regulatorischen Vorgeschichte des Art. 59 Abs. 2 PSD heraus belegte verbraucherschützende Regelungszweck bestätigt den im Rahmen der historischen Auslegung hergeleiteten Schluss, demzufolge der Richtliniengeber, indem er die Norm in der Endfassung der Richtlinie nicht völlig gestrichen, sondern nur in der Wortwahl entschärft hat, den ursprünglichen Regelungskern bewahren wollte. Letzterer liegt darin, zu verhüten, dass dem Verbraucher weiterhin *im Regelfall* die Missbrauchsgefahr aufgebürdet wird, wie es u.a. der deutschen Rechtsprechungspraxis entsprach.

Die derart determinierte Funktion des Art. 59 Abs. 2 PSD lässt sich schließlich auch in den übergeordneten rechts- und wirtschaftspolitischen Kontext der PSD einordnen. Namentlich stellen die vermehrte Nutzung elektronischer Zahlungswege – anstelle der verwaltungsintensiven und teureren Barzahlung – ein tra-

---

726 Vgl. Stellungnahme ZKA, Mastercard, FBF. Alle einsehbar auf den Internetseiten der Kommission zu Zahlungsdiensten, op.cit.

727 Vgl. z.B. Hofmann, ZVglRWiss 106 (2007) op.cit., S. 174 (190).

gendes Standbein der Realisierung des SEPA-Projektes dar. Im Richtlinienvorschlag betont die Kommission die erhofften Rationalisierungseffekte einer verstärkt elektronischen Zahlungsabwicklung im europäischen Wirtschaftsraum.[728] Eine Hinwendung der Zahlungsdienstnutzer gerade zur Kartenzahlung ist jedoch durch ein gesteigertes Vertrauen in dieses Instrument bedingt. Daher verlangen die von der Richtlinie angestrebten Ziele der Automatisierung und Effizienzsteigerung des Zahlungsverkehrs nach einer Auslegung, die geeignet ist, den Verbraucher in einer gewohnheitsmäßigen Nutzung unbarer Zahlungs(authentifizierungs)instrumente zu bestärken.[729]

Dieser Gedankengang lässt sich anhand der Erwägungsgründe der Richtlinie belegen. Insbesondere ergibt sich das Interesse an einer Förderung elektronischer Zahlungsmittel, welches zu einer kosten- und zeitsparenden Optimierung der Zahlungsabwicklung beiträgt, aus den Erwägungsgründen (19), (38), (40) und (41). Das Ziel der beweisrechtlichen Besserstellung des Verbrauchers und jenes der Kosteneffizienz durch verstärkte Nutzung elektronischer Zahlungsmittel greifen mithin ineinander und sind als generelle Regelungsmaximen der PSD bei der Auslegung des Art. 59 Abs. 2 PSD zugrunde zu legen.

Schließlich lässt sich auch das speziellere Richtlinienziel der Vervollständigung des einheitlichen Euro-Zahlungsverkehrsraumes, welches, wie oben hergeleitet[730], in die teleologische Auslegung einzufließen hat, zur Beantwortung der vorliegenden Frage fruchtbar machen: Die Realisierung des SEPA setzt voraus, dass die harmonisierten Zahlungsverfahren, zu denen auch das „SEPA Card Framework" (SCF)[731], welches einen einheitlichen Rechtsrahmen für Zahlungskarten vorsieht, von den Zahlungsdienstnutzern angenommen werden. Diese Rezeption verläuft bislang sehr zögerlich, eine vollständige Migration ist ohne hoheitlichen Eingriff[732] kaum absehbar. Dies ist auf eine fehlende Bekanntheit und fehlendes Vertrauen in die neuen Instrumente zurückzuführen.[733]

Aus diesem Grund liegt eine Auslegung des Art. 59 Abs. 2 PSD, die zugunsten der Verbraucher zu einer Abkehr von der Anscheinsbeweisrechtspre-

---

728 Vgl. Kommissionsvorschlag, op.cit., S. 2 und 3.

729 Vgl. Franck/Massari, WM 2009, op.cit., S. 1123/1124; Scheibengruber, BKR 2010, op. cit., S. 15 ff. (21 ff.).

730 Siehe oben Teil 1, Kap.2, Abschnitt C.I. und II.

731 Siehe hierzu http://www.europeanpaymentscouncil.eu/; Link: SEPA Cards.

732 Die hoheitliche Auferlegung einer Deadline zur Migration ist freilich mittlerweile imminent; zum Projekt einer EU-Verordnung zur Setzung eines verbindlichen Migrationsenddatum vgl. „Working Paper on SEPA Migration End-Date", op.cit.

733 Vgl. Second Annual Progress Report On The State Of SEPA Migration In 2009, op.cit., S. 1 ff.

chung zwingt, im Interesse des SEPA-Projekts. Denn angesichts der öffentlichen Beachtung, die das Problem des Haftungsrisikos bei missbräuchlicher Kartennutzung findet, würde eine solche Änderung zum einen das Vertrauen der Verbraucher in elektronische Zahlungsmittel generell stärken, insbesondere aber einen greifbaren Nutzen mit der Vereinheitlichung des europäischen Zahlungsverkehrs assoziieren. Eine Differenzierung zwischen dem SEPA-Projekt und dem Zahlungsdiensterecht als solchem würde in der allgemeinen Wahrnehmung kaum stattfinden, so dass der Vertrauensgewinn auf ersteres auszustrahlen verspräche.

Freilich handelt es sich bei diesen Argumenten um Überlegungen politisch-taktischer Art, die für eine Normenauslegung in methodischer Hinsicht nur sandigen Grund bieten. Gerade im Falle einer Richtlinie, die sich in ein längerfristiges übergreifendes Harmonisierungsprojekt der Europäischen Organe einfügt, sind solche Erwägungen jedoch schon aus dem Interesse heraus geboten, möglichen Vertragsverletzungsverfahren vorzugreifen.[734] Zwar ist die Richtlinie, wie eingangs betont[735], ein eigenständig auszulegender Rechtsakt, doch wird die Kommission (als für Einleitung von Vertragsverletzungsverfahren zuständige Stelle[736]) bei der Überwachung der Richtlinienumsetzung weniger die methodische Stringenz, als die Verwirklichung des SEPA-Projekts im Auge haben.

Alle einschlägigen objektiven Regelungsmotive zusammen – die Steigerung des Anteils elektronischer Zahlungen am Zahlungsverkehr, der Verbraucherschutz und die Realisierung des SEPA-Projekts – stehen einer Beibehaltung der Anscheinsbeweisrechtsprechung demnach entgegen. Letztere kreiert im Ergebnis eine Gefahrtragungsregel zulasten des Zahlungsdienstnutzers, wobei zur Unterstellung einer groben Fahrlässigkeit schon lässliche Achtlosigkeiten als ausreichend angesehen werden, die beim Umgang mit einem Gebrauchsgegenstand des täglichen Lebens – wie es Zahlungskarten sind und im Interesse gerade der Emittenten auch sein sollten – objektiv kaum vermeidbar sind.[737] Ein solches Regel-Ausnahmeverhältnis zulasten des Verbrauchers ist gerade der Kern dessen, was nach dem objektiven Zweck des Art. 59 Abs. 2 PSD ausgeschlossen werden sollte.

Die Auslegung anhand des objektiven Regelungszwecks stimmt folglich mit der subjektiv-teleologischen Auslegung überein: Sowohl das unmittelbare Ziel des

---

734 Zum Vertragsverletzungsverfahren unter dem Vertrag von Lissabon, vgl. Fairhurst, Law of the European Union, 7. Aufl., 2010, S. 214 ff.

735 Siehe oben Teil 1, Kap.2, Abschnitt B.III.

736 Vgl. Art. 258 AEUV.

737 Hofmann, ZVglRWiss 106 (2007), op.cit., S.174 (184).

beweisrechtlichen Schutzes des Verbrauchers vor einer Rechtslage, die ihm im Regelfall den wirtschaftlichen Schaden einer missbräuchlichen Kartennutzung zuweist, als auch das mittelbare Ziel der stärkeren Frequentierung der elektronischen Zahlungswege durch ein gesteigertes Vertrauen der Nutzer in die Verlässlichkeit der entsprechenden Instrumente und die Belange des SEPA-Projektes sprechen dafür, Art. 59 Abs. 2 PSD so auszulegen, dass ein Prima-Facie-Beweis in der durch die deutsche Rechtsprechung weithin praktizierten Form nicht im Einklang mit der Richtlinie steht.

e. Ergebnis der Auslegung des Art. 59 Abs. 2 PSD

Nach alldem ist zur Auslegung des Art. 59 Abs. 2 PSD festzustellen: Die Weiterführung der Anscheinsbeweisrechtsprechung kann mit dem isoliert betrachteten Wortlaut der Norm in Einklang gebracht werden. Prima facie reicht nach der Systematik des Anscheinsbeweises die Nutzung einer Zahlungskarte nicht *„für sich gesehen notwendigerweise"* zum Beweis der Anspruchsvoraussetzungen zugunsten des Zahlungsdienstleisters aus.

Die Auslegungskriterien des Willens des Richtliniengebers sowie des objektiven Regelungszwecks gebieten hingegen ein differenziertes Verständnis der Norm: Mangels konkreter Stellungnahme gerade zur Anscheinsbeweisrechtsprechung sind die aus den Richtlinienmaterialien und sonstigen Quellen zur Genese der PSD hervorgehenden generellen Regelungsziele auf die vorliegende Auslegungsfrage anzuwenden.

Die Maxime des Verbraucherschutzes streitet für eine beweisrechtliche Besserstellung des privaten Zahlungsdienstnutzers. Eine Rechtsprechungspraxis, die den Karteninhaber im Ergebnis regelmäßig den Schaden tragen lässt, eine Entkräftung des durch die Kartennutzung geschaffenen Anscheins hingegen nur bei Substantiierung atypischer Umstände ausnahmsweise zulässt, genügt diesem Erfordernis nicht. Die Begriffsdogmatik des deutschen Beweisrechts unterscheidet den Anscheinsbeweis zwar strikt von der Beweislastumkehr. Im Ergebnis gelangen jedoch beide Institute regelmäßig zur identischen Schadenszuweisung. Diese Erkenntnis spiegelt sich auch in der Rezeption der Anscheinsbeweisrechtsprechung in der ausländischen Literatur, wo die peinliche Begriffsdifferenzierung den Blick auf das praktische Resultat nicht verstellt.[738]

Was das Ziel der Optimierung des Zahlungsverkehrs aus Kosten- und Schnelligkeitsgesichtspunkten angeht, so ist Art. 59 Abs. 2 PSD insbesondere

---

738 Vgl. z.B. Steennot, The Single Euro Payments Area (SEPA) and the Payment Services Directive (PSD): What's in it for Consumers?, European Journal of Consumer Law 2010, S. 83 (103).

im Hinblick auf die erwünschten Anreize auszulegen. Dieses Kriterium ist weniger eindeutig:

Für die Zahlungsdienstleister bedeutet die Anscheinsbeweisrechtsprechung einerseits Kostenvermeidung, da sie in der Regel nicht den Schaden einer missbräuchlichen Kartennutzung zu tragen haben. Eine Abkehr von dieser Praxis aufgrund einer etwaigen Unvereinbarkeit mit der PSD würde erhebliche Mehrkosten verursachen.[739] Teilweise befürchten die Befürworter der Anscheinsbeweisrechtsprechung gar ein Ansteigen der Missbrauchsfälle, da ein Betrugsanreiz gesetzt würde.[740] Hierbei ist allerdings zu bedenken, dass eine generalpräventive Wirkung vorrangig durch das Strafrecht sicherzustellen ist.[741] Zudem lässt sich das Anreizargument auch spiegelbildlich anbringen: Ohne reales Haftungsrisiko besteht für die Banken kein Anreiz, ihre Zahlungskarteninfrastruktur sicherer zu gestalten, weshalb durch die Anscheinsbeweisrechtsprechung eine Senkung der Missbrauchsgefahr eventuell gerade gehemmt wird.[742] Hinsichtlich dieser widerstreitenden Anreize bezieht der Richtliniengeber in den Erwägungs-

739 Vgl. Recktenwald, AnwBl 4/2009, op.cit., S. 265 (266 und 267), wo von einem zusätzlichen Kostenaufwand im Personal- und Fachbereich von mindestens 50 Milliarden Euro die Rede ist, der entstünde, sollte den Banken der Vollbeweis für die Anspruchsvoraussetzungen auferlegt werden.

740 Vgl. z.B. Willershausen, Anwendbarkeit des Anscheinsbeweises auf Zahlungskartentransaktionen auch nach Umsetzung der PSD – Besprechung von AG Berlin-Mitte, Urteil v. 25.11.09 – 21 C 442/08, juris PraxisReport-BKR 4/2010, Anm. 6. Vgl. auch Stellungnahme von VISA vom 15.7. 2002 zum Arbeitsdokument der Kommission von 2002 „Ein möglicher Rechtsrahmen für einen einheitlichen Zahlungsverkehrsraum im Binnenmarkt, op.cit., S. 6 ff., verfügbar auf den Internetseiten der Kommission zu Zahlungsdiensten

741 Vgl. hierzu Frommel, Präventionsmodelle in der deutschen Strafzweck-Diskussion, Berlin 1987.

742 Vgl. Scheibengruber, BKR 2010 op.cit., S. 15 (21). Hofmann, ZVglRWiss 106 (2007), op.cit., S. 174 (190). Selbst Vertreter der Kreditwirtschaft gestehen zu, dass zwischen den verschiedenen Anreizen ein Spannungsverhältnis besteht, das es mit Bedacht zu lösen gilt; so wird in der Stellungnahme von VISA zum Arbeitsdokument der Kommission von 2002 ausgeführt: „Visa EU would like to emphasise that there is a close link between consumer confidence and fraud prevention and it is important to strike the right balance between these two equally important objectives both for the Commission and the industry as well as the users of payment systems. It can be a difficult task to establish the appropriate equilibrium but it is vital not to take any measures in one of the areas that will cause negative spillover effects into the other area."

Vgl. zur ökonomischen Analyse bankrechtlicher Anreizsetzung (am Beispiel der BGH-Rechtsprechung zum Telefon- und Mailorderverfahren) Bitter, Bankpraxis zwischen Recht und Wirtschaft – Bankentgelte, Kreditkartenverfahren und weitergeleiteter Auftrag in juristisch-ökonomischer Betrachtung, ZBB 2007, S. 237 (246 ff.).

gründen nicht eindeutig Stellung; auch den Materialien ist keine klare Ausrichtung zu entnehmen. Es erscheint jedoch als sachlich kaum begründbarer Ausdruck von Parteilichkeit, den Zahlungsdienstnutzern pauschal die Neigung zur betrügerischen Ausnutzung von Beweislücken zu unterstellen, den Emittenten hingegen zuzutrauen, auch ohne entsprechenden Anreiz weitestmögliche Schadensminimierung anzustreben.[743]

Andererseits versprechen sich die Väter der Richtlinie von einer verstärkten Nutzung unbarer Zahlungsmittel gewaltige Kostenersparnisse. In diesem Sinne würde ein Ausschluss der Anscheinsbeweisrechtsprechung zugunsten einer verbraucherfreundlicheren Handhabung zum erforderlichen Vertrauen der Nutzer in die Überschaubarkeit der Risiken beitragen.

Bei der Lösung des geschilderten Spannungsverhältnisses ist zum einen zu beachten, dass die Richtlinie, wie aus Erwägungsgrund (32) hervorgeht, ausdrücklich nicht die Verantwortung der Zahlungsdienstleister für die technische Sicherheit ihrer Produkte einschränken soll. Da die Emittenten der Zahlungs(authentifizierungs)instrumente die technische Herrschaft über die Ausgestaltung der Infrastruktur innehaben, sind sie es, die – unabhängig von der Zuweisung der Schäden – die Gesamthöhe des durch missbräuchliche Nutzung verursachten Schadens nachhaltig reduzieren und die Beweisvoraussetzungen verbessern können.[744]

Zum anderen ist zur sauberen Klärung einer ambivalenten Argumentationslage im Rahmen der teleologischen Auslegung umso mehr auf die generellen Regelungszwecke zurückzugreifen. Damit kehrt die Abwägung zum bereits dargestellten Zusammenspiel der Kernmaximen der PSD zurück: Der Verbraucherschutz ergänzt sich, so die Logik der Richtlinie, symbiotisch mit dem Ziel der vermehrten Nutzung elektronischer Zahlungsmittel und der Verwirklichung des SEPA. Entgegengesetzte – essentiell ökonomische – Argumente sind in der Richtlinie nicht ausreichend rechtlich verankert, um die Auslegung des Art. 59 Abs. 2 PSD maßgeblich prägen zu können.

Die teleologische und historische Auslegung führen damit zu dem Ergebnis, dass die Anscheinsbeweisrechtsprechung, soweit sie die Anspruchsvoraussetzungen zugunsten des Emittenten im Regelfall allein aufgrund der Nutzung einer PIN-gesicherten Zahlungskarte annimmt, nicht richtlinienkonform ist.

---

743 Das Argument, eine umfängliche Missbrauchshaftung der Banken sei deswegen erforderlich, weil nur diese zur Schließung der Sicherheitslücken in der Kartenzahlungsinfrastruktur imstande seien, findet sich bereits bei Frazer, Plastic and Electronic Money - New payment systems and their implications, Cambridge 1985, S. 148.

744 vgl. Scheibengruber, BKR 2010, op.cit., S. 15 ff. (21), der die Banken als „cheapest cost avoiders" im Sinne der ökonomischen Analyse des Rechts bezeichnet.

Eine Gesamtabwägung der verschiedenen Kriterien – aus der systematischen Betrachtung der Richtlinie lassen sich hinsichtlich des vorliegenden Problems keine Erkenntnisse ableiten – lässt die verbraucherorientierte Auslegung durchgreifen. Der offen gehaltene Wortlaut geht auf die schwierige Kompromissfindung innerhalb der Legislativorgane zurück und ist – wohl bewusst – so unpräzise formuliert, dass bei der Anwendung Raum für die wertende Berücksichtigung der Regelungszwecke bleibt. Zudem kommt dem Wortlaut bei der Auslegung europäischer Rechtsakte eine weniger bestimmende Bedeutung zu als bei nationalen Normen.[745] Die dahinterstehenden Motive sind bei der Lektüre stets mit einzubeziehen. Im vorliegenden Falle steht die Klausel *„nicht notwendigerweise"* einer zielkonformen Auslegung nicht entgegen, da sie nur die Mindestgrenze des Verbraucherschutzes „nach unten" absichert, nicht aber eine weitergehendes verbraucherschützendes Verständnis „nach oben" ausschließt. Das Ergebnis der teleologischen und historischen Auslegung des Art. 59 Abs. 2 PSD setzt sich daher auch als Gesamtergebnis durch.[746]

f. Ergebnis der richtlinienkonformen Auslegung

Die Anscheinsbeweisrechtsprechung ist mit Art. 59 Abs. 2 PSD nicht vereinbar. § 675w S. 3 BGB setzt Art. 59 Abs. 2 PSD ins deutsche Recht um. Bei richtlinienkonformer Auslegung der deutschen Norm ist die Anscheinsbeweisrechtsprechung daher nicht mehr mit dem geltenden Recht vereinbar.[747] Zudem ist nicht nur die speziell zur Umsetzung der Richtlinienvorgaben ins deutsche Recht eingeführte Norm richtlinienkonform auszulegen, sondern auch das sonstige einzelstaatliche Recht, welches den Anwendungsbereich der Richtlinie berührt. Soweit also die richterliche Beweiswürdigung durch die PSD determiniert wird, ist auch diese grundsätzlich zur freien Ausübung durch die Judikative gestellte Prerogative in richtlinienkonformer Weise auszufüllen. Selbst wenn § 675w S. 3 BGB daher keinen ausreichenden Raum zur richtlinienkonformen Auslegung bieten würde, wäre das von Art. 59 Abs. 2 PSD diktierte Ergebnis jedenfalls über die richtlinienkonforme Beweiswürdigung herzustellen. Dessen ungeachtet ist im Folgenden zunächst festzustellen, ob die richtlinienkonforme Beweiswürdigung schon im spezielleren § 675w S. 3 BGB verankert werden kann.

745 Vgl. hierzu oben Teil 1, Kap.1, Abschnitt C.I.1.

746 So im Ergebnis auch Dauses, Handbuch des EU-Wirtschaftsrechts, 22. Ergänzungslieferung 2008, Rn. 429.

747 So im Ergebnis auch Schinkels, in: Zivilrecht unter europäischem Einfluss, op.cit., S. 749 ff. (816).

2. Vereinbarkeit des richtlinienkonformen Auslegungsergebnisses mit dem deutschen Recht

Das Ergebnis der richtlinienkonformen Auslegung (Unvereinbarkeit der Anscheinsbeweisrechtsprechung mit § 675w S. 3 BGB) ist daraufhin zu überprüfen, ob es die Grenze des unzulässigen Contra-Legem-Judizierens einhält. Wenn eine entsprechende Auslegung nach einem der hergebrachten Auslegungskriterien oder durch eine zulässige Rechtsfortbildung zu rechtfertigen ist, so hat die richtlinienkonforme Auslegung aufgrund der zu Anfang der vorliegenden Arbeit geschilderten methodischen Vorrangregel[748] Bestand. Zur Durchführung dieser Probe ist die fragliche Norm nach den überkommenen Auslegungskriterien der deutschen Rechtsmethodik auszulegen und im Ergebnis mit der richtlinienkonformen Auslegung abzugleichen.

a. Systematische Auslegung des § 675w S. 3 BGB

Ein Zusammenspiel der Normen besteht im vorliegenden Zusammenhang insbesondere zwischen §§ 675w S. 3, 675v und 675l BGB. Diese Paragraphen bilden den gesetzlichen Rahmen für die Haftung bei streitiger Nutzung eines Zahlungsauthentifizierungsinstruments.[749]

§ 675v bildet dabei die Grundlage für Schadensersatzansprüche des Zahlungsdienstleisters gegen den Inhaber des genutzten Zahlungsauthentifizierungsinstruments. Bei Lektüre dieser Norm fallen mehrere Diskrepanzen zum zugrundeliegenden Art. 61 PSD auf: Zunächst nennt § 675v Abs. 2 Nr. 2 BGB – anders als Art. 61 PSD, der nur auf das Pflichtenprogramm des Art. 56 PSD verweist – auch die Verletzung der Vertragsbedingungen als anspruchsbegründende Pflichtverletzung. Zudem sieht die Vorschrift die Tragung des gesamten Schadens durch den Zahlungsdienstnutzer vor, wenn er den Schaden *„ermöglicht"* hat, wohingegen Art. 61 PSD die *„Herbeiführung"* des Schadens fordert. Schließlich steht die deutsche Umsetzungsnorm unter der amtlichen Überschrift *„Haftung des Zahlers bei missbräuchlicher Nutzung eines Zahlungsauthentifizierungsinstruments"*, wohingegen Art. 61 PSD unter der Überschrift *„Haftung des Zahlers bei nicht autorisierter Nutzung des Zahlungsinstruments"* firmiert.

Aus diesen Abweichungen des § 675v BGB von der Richtlinie lassen sich indes keine systematischen Rückschlüsse auf die Auslegung des § 675w S. 3 BGB hinsichtlich der Anscheinsbeweisrechtsprechung ziehen: Dass die grob

748 Siehe oben Teil 1, Kap.1, Abschnitt B.

749 Siehe die Beschreibung der Haftungssystematik oben, Teil 1, Kap.3, Abschnitt B.III.2.c.

fahrlässige Verletzung von Vertragspflichten schadensersatzanspruchsbegründend wirkt, hätte keiner speziellen Regelung bedurft und birgt bezüglich der Beweisproblematik keine Erkenntnismöglichkeiten. Was die Wahl des Begriffs „ermöglichen" im Gegensatz zu „herbeiführen" angeht, so bezögen sich etwaige Implikationen dieser Abweichung auf die Frage der haftungsausfüllenden Kausalität zwischen Pflichtverletzung und Schadenseintritt. Ob und inwieweit ein solches Kausalitätserfordernis besteht, ist für die Frage der weiteren Zulässigkeit des Anscheinsbeweises nicht erheblich, da nach der einschlägigen Rechtsprechung bei Vorliegen der Nutzung eines Zahlungsauthentifizierungsinstruments ohnehin umstandslos eine kausale Pflichtverletzung (bzw. Eigennutzung) des Karteninhabers vorausgesetzt wird.[750]

Ergiebiger für eine systematische Auslegung des § 675w S. 3 BGB könnte folgende Überlegung sein: Die in Umsetzung der Zahlungsdiensterichtlinie eingeführte verschuldensunabhängige Haftung in Höhe von 150 Euro nach § 675v Abs. 1 S. 1 BGB verschiebt die Risikoverteilung zulasten der Zahlungsdienstnutzer.[751] Aufgrund dieser Neuerung besteht ein Anreiz zum besonders sorgfältigen Umgang mit der Zahlungskarte (bzw. zur unverzüglichen Verlustanzeige).[752] Das zur Rechtfertigung des Anscheinsbeweises angeführte Argument, die Karteninhaber müssten durch die Aussicht auf eine regelmäßig volle Haftung bei missbräuchlichen Nutzungen durch Dritte zur pflichtgemäßen Behandlung des Zahlungsauthentifizierungsinstruments sowie zur prompten Verlustanzeige angehalten werden, könnte infolgedessen an Gewicht verlieren.

Diese Schlussfolgerung reicht jedoch nicht aus, um ein bestimmtes Ergebnis der systematischen Auslegung zu rechtfertigen: Zum einen ist das Argument nicht unmittelbar im systematischen Zusammenspiel der §§ 675w und 675v BGB angelegt, sondern ergibt sich aus der Erprobung von außerhalb des Geset-

---

750 Der BGH beschreibt den im Mechanismus des im Urteil vom 5.10.2004, op.cit., angewandten Anscheinsbeweises folgendermaßen: „Das Feststehen eines bestimmten Sachverhalts (vorliegend die Kartennutzung mit PIN-Eingabe) weist typischerweise nach der allgemeinen Lebenserfahrung auf eine bestimmte Ursache oder einen bestimmten Ablauf (vorliegend die Pflichtverletzung des Karteninhabers) als maßgeblich für den Eintritt eines bestimmten Erfolges (vorliegend den Schadenseintritt durch missbräuchliche Drittnutzung) hin", vgl. BKR 2004, S. 493 (495 f.). Die Verursachung ist also vom Anschein stets mit erfasst.

751 Die Bedingungen für den ec-/Maestro-Service a.F. sahen eine Schadensbeteiligung des Karteninhabers nur bei schuldhaftem Verhalten vor, vgl. Nr. 1.4 Haftung für Schäden durch missbräuchliche Verwendung der Karte an Geldautomaten und automatisierten Kassen.

752 Vgl. BT-Drs. 1611643, S. 113; Halfmeier, ZEuP 2009, op.cit., S. 613 (622); Prütting BGB/Fehrenbacher, § 675v Rn. 2.

zes bestehenden Diskussionsstandpunkten. Zum anderen bezieht es sich eben nur auf einen Wertungsgesichtspunkt der Problematik und ist damit nicht geeignet, die künftige Zulässigkeit der Rechtsprechungspraxis in ihrer Gesamtheit zu determinieren.

Eine Berücksichtigung des Satzes 1 des § 675v BGB legt den Gedanken nahe, dass die Norm grundsätzlich verbraucherschützenden Charakter hat, da durch diesen Satz dem Zahlungsdienstleister eine Beweislast zugewiesen und der Zahlungsdienstnutzer insofern befreit wird. Die Vorschrift ist gemäß § 675e Abs. 3 Hs. 1 BGB nur Verbrauchern gegenüber unabdingbar, woraus hervorgeht, dass sie insbesondere dem Schutz des Verbrauchers dienen soll. Der systematische Normenzusammenhang des § 675w S. 3 BGB gibt also Aufschluss über die grundsätzliche Ausrichtung der Norm. Dadurch gestattet die systematische Betrachtung indes noch keine konkreten Stellungnahme hinsichtlich der Vereinbarkeit des Anscheinsbeweises. Eine so weitgehende Interpretation würde die Grenzen der systematischen Auslegung überschreiten und in das Territorium der teleologischen Auslegung invadieren.

Wie im Falle des Art. 59 Abs. 2 PSD erbringt die systematische Betrachtung des § 675w S. 3 BGB kein bestimmtes Ergebnis für die vorliegende Frage.

b. Teleologische Auslegung des § 675w S. 3 BGB

Bei der Ermittlung des objektiven Regelungszwecks sieht sich der Anwender nationaler Umsetzungsnormen mit dem Problem der Quellenknappheit konfrontiert. Dies deshalb, weil sich die teleologische Auslegung, um methodische Trennschärfe zu wahren, nicht – oder jedenfalls nicht überwiegend – auf dieselben Materialien stützen kann, wie die historische Auslegung. Sonst drohte der gesetzgeberische Regelungswille ohne Weiteres mit dem objektiven Ziel der fraglichen Norm gleichgesetzt zu werden. Andererseits kann auch nicht zwanglos der objektive Zweck der zugrundeliegenden Richtliniennorm auf das nationale Recht übertragen werden. Eine solche Vorgehensweise würde, gerade wenn – wie vorliegend – die teleologische Auslegung zur Kontrolle der Haltbarkeit einer richtlinienkonformen Auslegung durchgeführt wird, zu einem methodisch illegitimen Zirkelschluss führen. Die richtlinienkonforme Auslegung würde im Ergebnis auf ihre Vereinbarkeit mit sich selbst überprüft.[753] Da somit die naheliegenden Grundlagen für eine Auslegung nach dem Zweck der Norm verschlossen oder doch mit Vorsicht zu genießen sind, verbleibt der Rückgriff auf sonsti-

753 Vgl. zu dieser Zirkelschlussgefahr Canaris, in: Festschrift Bydlinski, op.cit., S. 47 ff. (96 ff.).

ge, im nationalen Gesetzgebungsverfahren entstandene Materialien, die nicht unmittelbar vom Gesetzgeber stammen und dennoch objektiven Erkenntniswert haben. Solche autonomen Quellen sind rar.

Vor allem bieten sich die zu Gesetzentwürfen abgegebenen Stellungnahmen an. § 675w S. 3 BGB blieb jedoch weitgehend unkommentiert. Insbesondere die Interessenvertreter der Kreditwirtschaft erwähnen die Regelung in ihren Beiträgen nicht.[754] Diese Zurückhaltung scheint darauf hinzuweisen, dass die Bankenwirtschaft sich der für sie im Hinblick auf die Anscheinsbeweisrechtsprechung ungünstigen Richtlinienvorgaben bewusst war und vermeiden wollte, „schlafende Hunde zu wecken". Freilich ist auch die entgegengesetzte Lesart zu begründen, der zufolge die Autoren dieser Stellungnahmen von der Vereinbarkeit der Anscheinsbeweisrechtsprechung sowohl mit Art. 59 Abs. 2 PSD, als auch mit dem Entwurf einer Umsetzungsnorm, überzeugt waren, so dass sie eine diesbezügliche Anmerkung nicht für erforderlich hielten. Schon die Ambivalenz der Deutungsmöglichkeiten zeigt, dass allein aus dieser Abstinenz keine auslegungserheblichen Rückschlüsse gezogen werden können. Auch in methodentheoretischer Hinsicht sind solche spekulativen E-Contratrio-Konstruktionen zu unsicher, um im Rahmen einer teleologischen Gesetzesauslegung zum Tragen zu kommen.

Interessenvertreter, welche hinsichtlich der Beweisproblematik bei missbräuchlicher Kartennutzung den Widerpart der Kreditwirtschaft ausfüllen – namentlich die Verbraucherverbände – gehen in Stellungnahmen zum Gesetzentwurf der Bundesregierung auf die fragliche Norm ein. So führt der Verbraucherzentrale Bundesverband e.V. in seiner Stellungnahme vom 20.3.2009 aus[755]:

---

754 Vgl. z.B. Stellungnahme des Zentralen Kreditausschusses vom 26.11.2008 zu den Vorschriften zur Umsetzung des zivilrechtlichen Teils der Richtlinie 2007/64/EG über Zahlungsdienste im Binnenmarkt im Entwurf der Bundesregierung für ein „Gesetz zur Umsetzung der Verbraucherkreditrichtlinie, des zivilrechtlichen Teils der Zahlungsdiensterichtlinie sowie zur Neuordnung der Vorschriften über das Widerrufs- und Rückgaberecht" vom 5. November 2008 (Bundesrats-Drucksache 848/08 vom 7. November 2008); Stellungnahme des Zentralen Kreditausschusses vom 11.2.2009 zum Gesetzentwurf der Bundesregierung für ein Gesetz zur Umsetzung der Verbraucherkreditrichtlinie, des zivilrechtlichen Teils der Zahlungsdiensterichtlinie sowie zur Neuordnung der Vorschriften über das Widerrufs- und Rückgaberecht vom 21. Januar 2009 (BT-Drucks. 16/11643); Anmerkungen der IG Kreditkarten vom 20.3.2009 zum Gesetzesentwurf der Bundesregierung vom 21.01.2009/ Gesetz zur Umsetzung des zivilrechtlichen Teils der Zahlungsdiensterichtlinie (BT-Drs. 16/11643).
Die Stellungnahmen sind auf den Internetseiten des Bundestages verfügbar, siehe http://suche.bundestag.de/index.do, Suchbegriff „Zahlungsdienste".

755 Vgl. Gesetzentwurf der Bundesregierung zur Umsetzung der Verbraucherkreditrichtlinie, des zivilrechtlichen Teils der Zahlungsdiensterichtlinie sowie zur Neuordnung der

> Eine besonders unglückliche Vorgabe trifft die Richtlinie mit der im § 675 w BGB-RegE wörtlich umgesetzten Bestimmung, dass die Aufzeichnung des Einsatzes eines Zahlungsauthentifizierungsinstrumentes mit seinem persönlichen Sicherheitsmerkmal, also z.B. einer Zahlungskarte mit der PIN, für sich nicht notwendigerweise ausreicht, um nachzuweisen, dass der Verbraucher betrügerisch oder grob fahrlässig gehandelt hat. (...)
>
> Im Zuge der Anhörung zum Referentenentwurf wurde von mehreren Seiten, darunter dem Bundesjustizministerium und der Vertreterin des Deutschen Richterbundes, der beschriebene Anscheinsbeweis weiterhin für möglich gehalten. (...)
>
> Die komplexe Formulierung der Richtlinie sollte daher in einer für das deutsche Recht eindeutigen Regelung umgesetzt werden. Nämlich in einem klarstellend ergänzenden Satz in § 675 w BGB-RegE, dass der Anscheinsbeweis zu Lasten des Verbrauchers ausgeschlossen ist. Denn der Anscheinsbeweis setzt notwendigerweise voraus, dass die aufgezeichnete Authentifizierung als Grundlage zu einer Beweisführung gegen den Verbraucher reicht.

Der Bundesverband geht in dieser Einlassung davon aus, dass der Zweck des § 675w S. 3 BGB der Verbraucherschutz ist und dieser Zweck durch die missverständliche Formulierung gefährdet wird. Nun mag an der Objektivität dieser Einstufung – wie auch bei Stellungnahmen sonstiger Vertreter von Partikularinteressen – mit guten Gründen zu zweifeln sein.[756] Indes ist zumindest die grundsätzliche Einordnung des § 675w S. 3 BGB als Norm mit verbraucherschützender Funktion nicht ohne Weiteres als Lobbyunterstellung zurückzuweisen. Wie bereits festgestellt, ist die Vorschrift nur im Verhältnis der Zahlungsdienstleister zu Verbrauchern nicht dispositiv. Zudem stellt sie unbestreitbar Mindestanforderungen für den Nachweis der Voraussetzungen eines gegen den Zahlungsdienstnutzer gerichteten Anspruchs auf Aufwendungs- oder Schadensersatz. Dass diese Anforderungen wiederum durch die Wendung „allein nicht notwendigerweise" eingeschränkt werden, ändert nichts an der grundsätzlichen Zielrichtung.

Doch lässt sich der objektive Zweck des Verbraucherschutzes auf eine bestimmte Auslegung des § 675w S. 3 hinsichtlich der Vereinbarkeit der Anscheinsbeweisrechtsprechung konkretisieren?

Eine Antwort fällt wiederum schwer, da die Entstehungsgeschichte sowie rechts- und wirtschaftspolitischen Hintergründe der Norm überwiegend auf Ebene der europäischen Union zu finden sind. Aus den oben ausgewerteten einschlägigen Materialien geht hervor, dass die generelle Maxime des Verbraucher-

---

Vorschriften über das Widerrufs- und Rückgaberecht (BT-Drucksache 16/11643 vom 21.01.2009) - Stellungnahme des Verbraucherzentrale Bundesverbandes, Berlin, 20.3.2009, S. 21; verfügbar über http://suche.bundestag.de/index.do, Suchbegriff „Zahlungsdienste".

756 Zur Problematik der Gewichtung von Gesetzgebungsmaterialien im Rahmen der Auslegung vgl. Kramer, op.cit., S. 136 ff.

schutzes im Kontext der PSD insbesondere von dem Zweck beherrscht wird, das Verbrauchervertrauen zu stärken, um zur gesteigerten Nutzung elektronischer Zahlungsmittel zu motivieren, da dies zu einer effizienteren und kostengünstigeren Ausgestaltung des europäischen Zahlungsverkehrs beitragen würde.[757] Durch die breitere Akzeptanz elektronischer Zahlungsmittel soll nicht zuletzt die Realisierung des SEPA-Projektes mit seinen harmonisierten Zahlungsverfahren begünstigt werden. Bei Zugrundelegung von Erkenntnisquellen, die bereits zur Auslegung des Art. 59 Abs. 2 PSD herangezogen wurden, besteht jedoch die Gefahr eines Zirkelschlusses. Ohne Weiteres davon auszugehen, dass § 675w S. 3 BGB die objektiven Regelungsziele der Richtliniennorm teilt, ist daher methodisch fragwürdig.[758]

Andererseits wird sich der Rechtsanwender beim Versuch, nationale Umsetzungsakte isoliert vom zugrundeliegenden Gemeinschaftsakt auszulegen, stets mit dem Problem konfrontiert sehen, dass der objektive Hauptzweck regelmäßig in der Anpassung des einzelstaatlichen Rechts an die Richtlinienvorgaben besteht. Das Bemühen, im Rahmen der teleologischen Auslegung einer Umsetzungsvorschrift den Regelungszweck der zugrundeliegenden Richtliniennorm vollkommen außer Acht zu lassen, gerät daher leicht in die Nähe einer bloßen Fiktion von Methodenpräzision, die einen praxisgerechten Umgang mit geltendem Recht mehr erschwert als strukturiert.

Im Ergebnis ist mit dem beschriebenen Dilemma wie folgt umzugehen: Bei der Kontrolle des richtlinienkonformen Auslegungsergebnisses anhand tradierter nationaler Kriterien darf die objektive Zweckbestimmung nicht einfach die im Rahmen der Auslegung einer zugrundeliegenden Richtliniennorm durchgeführten Schritte reproduzieren. Wenn jedoch, wie vorliegend, eine autonome teleologische Auslegung der Umsetzungsnorm am Fehlen geeigneter eigenständiger Erkenntnisquellen scheitert, so ist davon auszugehen, dass der objektive Zweck der Vorschrift der richtlinienkonformen Auslegung zumindest nicht entgegensteht.

Die Contra-Legem-Kontrolle dient eben nicht dazu, zu prüfen, ob die Unvereinbarkeit der Anscheinsbeweisrechtsprechung mit § 675w S. 3 BGB sich aus einer Anwendung der überkommenen Auslegungskriterien unmittelbar ergibt, sondern lediglich, ob bei autonomer Auslegung der Norm ausschließlich

757 Vgl. zur schleppenden Annahme elektronischer Zahlungsdinstrumente gerade auf dem deutschen Markt Metzger, Die Nutzung unbarer Zahlungsinstrumente in Deutschland, Kreditwesen 2008, S. 833 ff.

758 Diese Bedenken hindern beispielsweise Franck/Massari, WM 2009, op.cit., S. 1117 ff. (1123/1124), nicht daran, die Anscheinsbeweisrechtsprechung unter Verweis auf die geschilderte Zielsetzung ohne Weiteres für mit § 675w S. 3 BGB unvereinbar zu erklären.

Ergebnisse erzielt werden, welche die richtlinienkonformen Auslegung als unzulässig ausschließen. Im Ergebnis besteht damit eine widerlegbare Vermutung der Zulässigkeit richtlinienkonformer Auslegung, die durch konkreten Nachweis der Verletzung der Contra-Legem-Grenze widerlegt werden muss. Im vorliegenden Fall führt die teleologische Auslegung nicht dazu, dass eine künftige Abwendung von der Anscheinsbeweisrechtsprechung – wie sie von Art. 59 Abs. 2 PSD von den Mitgliedsstaaten verlangt wird – im Widerspruch zum nationalen Recht stünde.

c. Historische Auslegung des § 675w S. 3 BGB

Der Wille des Gesetzgebers ist vorrangig anhand der Entwurfsfassungen sowie der hierzu gegebenen Begründungen zu ermitteln. Aus dem Gesetzentwurf der Bundesregierung geht zum einen der Wille hervor, der Pflicht zur Umsetzung der PSD zu genügen.[759] Zum anderen geht die Begründung des Gesetzentwurfs konkret auf die zur Umsetzung des Art. 59 PSD entwickelte Vorschrift ein. Zu § 675w S. 3 BGB wird in der Begründung insbesondere ausgeführt[760]:

> § 675w BGB-E dient der Umsetzung von Artikel 59 der Zahlungsdiensterichtlinie, soweit nicht autorisierte Zahlungen betroffen sind.
>
> Der Inhalt von Artikel 59 der Zahlungsdiensterichtlinie hat sich gegenüber dem ursprünglichen Kommissionsvorschlag vom Dezember 2005 (KOM(2005) 603 endg.; Artikel 48) deutlich gewandelt. (…)
>
> Letztlich spiegelt Artikel 59 der Zahlungsdiensterichtlinie in Grundzügen die bisherige Praxis der Gerichte im Fall von Kartenmissbräuchen mittels Eingabe einer PIN wieder, so dass die gesetzliche Regelung in § 675w BGB-E keine grundlegenden Änderungen mit sich bringt.

Der deutsche Gesetzgeber ging bei der Umsetzung also davon aus, dass Art. 59 PSD keine Änderung der in der deutschen Rechtsordnung etablierten beweisrechtlichen Handhabung des Kartenmissbrauchs verlange. Damit liegt § 675w S. 3 BGB ein Verständnis des Art. 59 PSD zugrunde, welches vom tatsächlichen Regelungsgehalt der Richtliniennorm abweicht. Zwar setzt der Gesetzgeber, in-

759 Vgl. BT-Drs. 16/11643, S. 1: „Die Vorgaben der Zahlungsdiensterichtlinie und der Verbraucherkreditrichtlinie sollen in ihrem zivilrechtlichen Teil im Bürgerlichen Gesetzbuch umgesetzt werden, das Kreditrecht im Bereich der Vorschriften über den Darlehensvertrag (§§ 488 bis 512 des Bürgerlichen Gesetzbuchs), das Zahlungsdiensterecht im Auftrags- und Geschäftsbesorgungsrecht (§§ 675a bis 676c des Bürgerlichen Gesetzbuchs)."

760 BT-Drs. 16/11643, S. 114/115.

dem er seine Auslegung der Richtliniennorm expliziert, kein Regelungsziel im eigentlichen Sinne. § 675w S. 3 BGB wird nicht zum Vehikel der Aufrechterhaltung der Anscheinsbeweisrechtsprechung erklärt. Jedoch macht er deutlich, dass nach seinem Willen die Anwendung des Anscheinsbeweises in bisher praktizierter Weise auch unter Geltung des § 675w S. 3 BGB weiter möglich sein soll.

Ohne sich – mutmaßlich – dessen bewusst zu sein, hält der Gesetzgeber den Rechtsanwender damit zu einer richtlinienwidrigen Auslegung des § 675w S. 3 BGB an[761] und schafft einen Widerspruch zwischen seinem Willen zur richtlinienkonformen Umsetzung einerseits und zur Beibehaltung der Anscheinsbeweisrechtsprechung andererseits. Fraglich ist, wie mit einem solchen Patt umzugehen ist.

Der EuGH attestiert dem gesetzgeberischen Willen zur richtlinienkonformen Umsetzung gegenüber einer hinsichtlich einer Einzelnorm geäußerten Zwecksetzung eine überwiegende Bedeutung.[762] Dieses Rangverhältnis erscheint zwar pragmatisch zur Vermeidung von Vertragsverletzungsverfahren. Zum Zwecke der Kontrolle der Einhaltung der Contra-Legem-Grenze einer richtlinienkonformen Auslegung erscheint diese Regel jedoch wiederum wegen der inhärenten Zirkelschlussgefahr als problematisch. Jedenfalls wenn der Gesetzgeber sich spezifisch im Sinne einer bestimmten Lesart der Richtlinie und einer daraus folgenden Auslegung der Umsetzungsnorm geäußert hat, darf eine historische Auslegung nicht einfach hierüber hinweggehen.[763]

Im vorliegenden Fall kommt diese Problematik bei genauer Betrachtung jedoch gar nicht zum Tragen. Denn auch unter Einbeziehung der (irrtümlichen) Rechtseinschätzungen des Gesetzgebers verbleibt für den Rechtsanwender – also insbesondere die Rechtsprechung – ein ausreichender Spielraum, um den Anforderungen des Art. 59 Abs. 2 PSD an die Wahrung der beweisrechtlichen Verbraucherinteressen zu genügen. Namentlich räumt die Begründung zum Regierungsentwurf ein[764]:

> Die Würdigung, ob die Voraussetzungen für einen Anscheinsbeweis vorliegen und ob ggf. der Vortrag des Zahlungsdienstnutzers den Anschein einer Autorisierung

761 Andere Beispiele für eine solch verfehlte Richtlinienumsetzung des deutschen Gesetzgebers finden sich bei Brandt, Die Chancen für eine einheitliche Auslegung eines Europäischen Zivilgesetzbuches, Osnabrück 2009, S. 257.

762 EuGH v.29.4.2004 – Rs. C-371/02 („Björnekulla Fruktindustrier AB“), Slg. 2004, I-5791 Rn.13.

763 Vgl. zur Pflicht des Rechtsanwenders, die Vorentscheidungen des historischen Gesetzgebers zur Kenntnis zu nehmen Rüthers/ Fischer, op.cit., S. 497.

764 BT-Drs. 16/11643, S. 114.

oder einer Sorgfaltspflichtverletzung erschüttert, obliegt allein den Gerichten (§ 286 ZPO).

Es liegt also in der Hand der Gerichte, festzustellen, ob die Voraussetzungen für die Anwendung des Rechtsinstituts des Anscheinsbeweises gegeben sind. Es steht der Judikative damit frei, von einer Anwendung des Anscheinsbeweises zukünftig abzusehen.[765] Eine Auslegung des § 675w S. 3 BGB, der zufolge die Anwendung des Anscheinsbeweises in ihrer bisher weithin durch die Rechtsprechung praktizierten Form nicht mit der Norm vereinbar ist, steht folglich nicht im Widerspruch zur subjektiven Zweckbestimmung durch den Gesetzgeber. Die Autonomie zur freien beweisrechtlichen Würdigung *muss* die Rechtsprechung aufgrund ihrer Pflicht zur richtlinienkonformen Auslegung entsprechend den Vorgaben des Art. 59 Abs. 2 PSD ausüben.

Dass dieses Ergebnis den Erfordernissen einer korrekten historischen Auslegung entspricht, lässt sich auch dadurch belegen, dass auf diesem Wege andere Ziele, die der deutsche Gesetzgeber sich zu Eigen gemacht hat, begünstigt werden. So führt der Bundesrat in seiner Stellungnahme zum Gesetzentwurf aus[766]:

> Auch könnten Verbraucher künftig weniger von den genannten Zahlungsmitteln Gebrauch machen, weil sie das mit einem Diebstahl oder Verlust des Zahlungsmittels verbundene Haftungsrisiko fürchten. Ein solcher Vertrauensverlust in die Sicherheit von modernen Zahlungsinstrumenten könnte sich dann negativ auf den gesamten Zahlungsverkehrsmarkt auswirken.

Dieser Einwand wird in der Begründung des Regierungsentwurfs wortgleich übernommen.[767] Zwar bezieht sie sich auf die Haftungsnorm des § 675v Abs. 1 S. 1 BGB. Jedoch hat das darin zum Ausdruck kommende Interesse, das Verbrauchervertrauen zu stärken um die Nutzung elektronischer Zahlungsauthentifizierungsinstrumente zu fördern, durchaus generellen Charakter. Die Art. 59 Abs. 2 PSD zugrundeliegende Anreizlogik, die letztlich auf eine effi-

---

765 Anders Willershausen, die in ihrer Besprechung zum Urteil des AG Berlin-Mitte vom 25.11.09 – 21 C 442/08, juris PraxisReport-BKR 4/2010, Anm. 6, die Gesetzesbegründung so versteht, dass die Anwendung des Anscheinsbeweises den Gerichten vorgeschrieben sei (ebenso Krepold/Fischer, op.cit., S. 100). Diese Lesart würde jedoch einen Eingriff in die freie Beweiswürdigung der Judikative begründen und damit erst zu der Rechtsänderung führen, die der Gesetzgeber durch § 675w S. 3 doch gerade nicht bezweckt.

766 Vgl. Stellungnahme des Bundesrates vom 19.12.2008 - Entwurf eines Gesetzes zur Umsetzung der Verbraucherkreditrichtlinie, des zivilrechtlichen Teils der Zahlungsdiensterichtlinie sowie zur Neuordnung der Vorschriften über das Widerrufs- und Rückgaberecht, Drs. 848/08 (Beschluss), S. 16.

767 BT-Drs. 16/11643, S. 159.

zientere und günstigere Ausgestaltung des Zahlungsverkehrs abzielt, entspricht also auch dem Willen des deutschen Gesetzgebers. Indem er die weitere Anwendung des Anscheinsbeweises in die Hände der Rechtsprechung gelegt hat, erlaubt er ihr, richtlinienkonform von der Beibehaltung abzusehen und damit den allgemeineren Regelungszielen auch des deutschen Gesetzgebers – namentlich dem Verbraucherschutz und der Förderung des elektronischen Zahlungsverkehrs – gerecht zu werden.

d. Grammatische Auslegung des § 675w S. 3 BGB

Der Wortlaut des § 675w S. 3 BGB ist mit jenem des Art. 59 Abs. 2 PSD weitgehend identisch. Auch die deutsche Umsetzungsnorm setzt damit ihrem Wortsinn nach nur Mindestanforderungen an die Darlegungs- und Beweislast der Zahlungsdienstleister.[768] Eine Auslegung der Norm, der zufolge die Anwendung des Anscheinsbeweises in den fraglichen Konstellationen unzulässig ist, steht damit nicht im Widerspruch zum Wortlaut. Zwar ergibt sich diese richtlinienkonforme Rechtslage nicht zwingend aus dem Wortlaut, ebenso wenig steht er ihr jedoch entgegen.

e. Ergebnis

Keines der überkommenen Auslegungskriterien der deutschen Rechtsmethodik steht im Widerspruch zur richtlinienkonformen Auslegung des § 675w S. 3 BGB. Die deutsche Rechtsprechung hat die durch die Norm gestellten Anforderungen an die Darlegungslast der Zahlungsdienstleister künftig richtlinienkonform extensiv auszulegen.[769]

Da schon die Auslegung des § 675w S. 3 BGB eine richtlinienkonforme Anwendung des deutschen Rechts erlaubt, kann dieses Ergebnis im neuen Zahlungsdiensterecht – und damit der gegenüber § 286 Abs. 1 S. 1 ZPO sachnäheren Materie – verankert werden. Die dementsprechende Ausübung der richterlichen Beweiswürdigung muss folglich nicht auf eine richtlinienkonforme Auslegung der Generalklausel des § 286 ZPO gestützt werden. Die Herstellung der Richtlinienkonformität des deutschen Rechts baut dennoch auf ein Zusammenspiel zwischen § 675w S. 3 BGB und § 286 ZPO auf: Denn das richterliche Pri-

768 So im Übrigen auch die Begründung des Regierungsentwurfs, vgl. BT-Drs. 16/11643, S. 114.

769 Hingegen für ein Festhalten am Anscheinsbeweis: Prütting BGB/Fehrenbach, op.cit., § 675w Rn. 4.

vileg freier Beweiswürdigung erlaubt erst die richtlinienkonforme Anwendung des § 675w S. 3 BGB.

Die Formel „für sich nicht notwendigerweise ausreichend“ wird, um den Anforderungen des Art. 59 Abs. 2 PSD zu genügen, extensiv derart zu verstehen sein, dass ein Regel-Ausnahme-Verhältnis zulasten des Verbrauchers nicht weiter zulässig ist.[770] Indem die Rechtsprechung sich an dieses Erfordernis hält, kann sie sicherstellen, dass Deutschland die Pflicht zur getreuen Umsetzung der PSD einhält und möglichen Vertragsverletzungsverfahren entgeht.

Die Kartennutzung könnte im Rahmen der Beweisführung durch den Emittenten weiterhin als Anhaltspunkt für das Vorliegen der Anspruchsvoraussetzungen dienen. Jedoch ist ihr keine prima-facie-Beweiswirkung mehr beizumessen – zur Erbringung des Vollbeweises müssen weitere Beweismittel hinzutreten.[771] In der Regel wird dies, sofern die Zahlungsdienstleister nicht zusätzliche Kontroll- und Sicherheitsmechanismen einführen, nicht gelingen. Wie bisher wird der Zweifel über den tatsächlichen Nutzer der Zahlungskarte im konkreten Fall auch zukünftig selten mit letzter Sicherheit ausgeräumt werden können. Allerdings geht dieses Beweisproblem nunmehr zulasten der Emittenten. Das Regel-Ausnahme-Verhältnis der Risikotragung kehrt sich folglich um. Begrifflich verfehlt wäre es, zu attestieren, dass das Non-liquet künftig zulasten des Zahlungsdienstleisters gehe, da nach der Systematik des Anscheinsbeweises gerade unterstellt wurde, dass bestimmte Tatsachen bewiesen sind.[772] Im Ergebnis sind

770 Anders z.B. Stange, Bargeldloser Zahlungsverkehr und Drittmissbrauchshaftung in Europa - Eine rechtsvergleichende Betrachtung der deutschen, englischen und spanischen Rechtsordnung mit besonderem Blick auf die europäische Zahlungsdiensterichtlinie 64/2007/EG, Berlin 2009, S. 210, der davon ausgeht, dass der Anscheinsbeweis weiter zulässig und zur Vermeidung eines Ansteigens der Missbrauchsfälle einstweilen auch unverzichtbar ist.

771 Vgl. zum Begriff des Vollbeweises als Normfall im Sinne des § 286 ZPO Münchner Kommentar ZPO/ Prütting, § 284, Rn. 23 und § 286 Rn. 32 ff.; zu den Anforderungen an die volle richterliche Überzeugung hinsichtlich des Zutreffens eines behaupteten Sachverhalts (Beweismaß), vgl. Jäckel, Das Beweisrecht der ZPO – ein Praxishandbuch für Richter und Rechtsanwälte, Stuttgart 2009, S. 145 ff.: Musielak, op.cit., Rn. 458 ff.

772 Dass sich der Anscheinsbeweis im Ergebnis ähnlich wie eine Beweislastumkehr auswirkt, spiegelt sich auch in der Rezeption der deutschen Rechtsprechung in der ausländischen Lehre. Die dogmatische Differenzierung zwischen Anscheinsbeweis, Vermutung und Beweislastumkehr wird dort oftmals nicht nachvollzogen. Stattdessen wird konstatiert: im Ergebnis muss der Karteninhaber in der Regel beweisen, dass er nicht grob fahrlässig gehandelt hat, vgl. etwa Steennot, Allocating liability in case of fraudulent use of electronic payment instruments and the Belgian mobile payment instrument pingping, Financial Law Institute Working Paper 2010-12, Gent 2010, S. 8 f.: „The mere fact that a third person has been able to use the instrument protected by a

die praktischen Auswirkungen im Falle des Kartenmissbrauchs jedoch denen einer Beweislastregelung angenähert.

Möglicherweise führt die geänderte praktische Risikozuweisung dazu, dass die Zahlungsdienstleister durch eine optimierte Ausgestaltung der Karteninfrastruktur die Beweissituation verbessern und damit in der Folge die Missbrauchsgefahr zum Nutzen aller Zahlungsverkehrsteilnehmer generell reduzieren.

D. Vergleich mit der Rechtslage im französischen bzw. britischen Recht

Der Wortlaut des Art. 59 Abs. 2 PSD lässt verschiedene Auslegungen zu; in Anbetracht des oben dargestellten Regelungszwecks mag die Formulierung gar als irreführend bezeichnet werden. Ungeachtet dessen ist, damit die überragende Funktion der PSD – die Harmonisierung des europäischen Zahlungsdiensterechts und Wegbereitung im Dienste des SEPA – nicht gefährdet wird, eine möglichst einheitliche Umsetzung und Anwendung in den nationalen Rechtsordnungen geboten.

Zwar sind die Richter durch die Pflicht zur richtlinienkonformen Auslegung grundsätzlich an das soeben hergeleitete Ergebnis gebunden; die Offenheit der Richtliniennorm birgt jedoch das Risiko, dass die überkommenen einzelstaatlichen Rechtsauffassungen zu unterschiedliche Rezeptionen in der Rechtsprechung führen.[773] Ein Blick auf die zentralen Nachbarrechtsordnungen ist daher erforderlich, um festzustellen, ob die für das deutsche Recht gefundenen Vorgaben voraussichtlich zu einer grenzüberschreitend harmonischen Handhabung der einschlägigen Sachverhalte geeignet sind. Im Folgenden werden daher das britische und französische Recht daraufhin untersucht, wie die vorliegende beweisrechtliche Problemkonstellation vor Umsetzung der PSD gehandhabt wurde und ob die jeweiligen Umsetzungsakte Raum für eine Weiterführung dieser Praxen lassen.

---

personal identification number leads to the presumption that the holder has acted grossly negligent. This implies that - once the issuer has been able to prove that the instrument and the personal identification number have been used - the holder must prove the absence of gross negligence. "

773 Zum Risiko der uneinheitlichen Rezeption europäischer Vorgaben aufgrund abweichender Auslegungsmethodik und Rechtskulturen in den Mitgliedsstaaten, vgl. Brandt, op.cit., S. 74 ff. bzw. 110 ff.

I. Die Handhabung des Problems im britischen Recht

Vor Umsetzung der PSD schöpfte sich das Zahlungsdiensterecht im Vereinigten Königreich aus verschiedenen Quellen. Verbindliche normative Vorgaben waren dem *Consumer Credit Act 1974* (im Folgenden CCA 1974), bzw. dem *Banking Act 1987* zu entnehmen.[774] Soweit diese nicht anwendbar waren oder in ihrer Regelungstiefe bestimmte Fragen nicht erfassten, griffen die Grundsätze des *Common Law* ein. Wie oben dargestellt richtete sich die Bank-Kunde-Beziehung infolgedessen weithin nach dem allgemeinen *„banking contract"*, der Rechte und Pflichten beider Parteien enthielt.[775]

Die allgemeinen Geschäftsbedingungen der Banken orientierten sich am *Banking Code* aus dem Jahr 1992[776], einem selbstregulativen Verhaltenskodex, der auf eine Übereinkunft der *British Bankers' Association*, der *Building Societies Association* und der *Association of Payment Clearing Systems*[777] zurückging und in seiner Rechtsnatur etwa den Vereinbarungen der Spitzenverbände der deutschen Kreditwirtschaft entsprach.[778]

Die Anwendbarkeit des CCA 1974 in den einschlägigen Sachverhalten hing davon ab, ob das missbräuchlich verwendete elektronische Instrument ein *„credit token"* im gesetzlichen Sinne war, vgl. Section 14 (1) CCA 1974. Unter diesen Begriff fielen Instrumente, bei deren Verwendung der Emittent einen Kredit

---

774 Die Texte sind im Internet verfügbar über die UK Statute Law Database, http://www.statutelaw.gov.uk/

775 Vgl. Brindle/Cox, op.cit., S. 107 (Rn. 3-056).

776 Auch „Code of Banking Practice". Die Erstfassung von 1992 wurde fortlaufend aktualisiert. Die jeweils aktuelle Fassung war unter http://www.bba.org.uk abrufbar. Auf der Internetseite der British Bankers Association findet sich auch ein fast nostalgischer Nachruf auf den nunmehr ersetzten Banking Code („In Memory of the Banking Code").

777 Die kreditwirtschaftlichen Vereinigungen hatten sich im Banking Code Standards Board (BCSB) organisiert, um fortlaufende Aktualisierungen des Banking Code abzustimmen. Mit Umsetzung der PSD zum 1.11.2009 ist die Zuständigkeit für den betroffenen Regulierungsbereich auf die Financial Services Authority übergegangen. Als Materie der Selbstregulierung verbleibt die Kreditvergabe, da diese nicht von der PSD betroffen ist. Daher haben die Bankenverbände das Lending Standards Board geschaffen, welches in Fortsetzung der Arbeit des BCSB einen Lending Code verfasst. Hierein werden die Elemente des Banking Code übernommen, die sich auf die Kreditvergabe beziehen.

778 Vgl. zur Rechtsnatur des Banking Code Cartwright, Banks, Consumers and Regulation, Oxford 2004, S. 125 ff. Zur haftungsrechtlichen Relevanz des Banking Code in der Bank-Kunde-Beziehung, insbesondere zur Einbeziehung als „implied terms", vgl. Stange, op.cit., S. 100 ff.

gewährte.[779] Diese Voraussetzung wurde auch bei Verfahren als gegeben erachtet, die sich im Dreipersonenverhältnis zwischen Emittent, Karteninhaber und Vertragsunternehmen abspielen.[780] In Bezug auf Debitkarten, bei denen das Konto des Inhabers unmittelbar bei Verwendung belastet wird, war der CCA 1974 hingegen grundsätzlich nicht anwendbar. Jedoch stellten auch diese ein *„credit token"* dar, wenn eine Überziehungsabrede zwischen Emittent und Karteninhaber existierte.[781] Auch wenn der Emissionsvertrag eine Verwendung an institutsfremden Geldautomaten erlaubte, war die betroffene Karte als *credit token* zu qualifizieren. Damit waren im Ergebnis die Äquivalente der in Deutschland gebräuchlichen Zahlungskartentypen weitgehend vom CCA 1974 erfasst.

Das Haftungsregime des CCA 1974 etablierte ein hohes Verbraucherschutzniveau. Section 83 (1) CCA 1974 sieht vor:

> The debtor under a regulated consumer credit agreement shall not be liable to the creditor for any loss arising from use of the credit facility by another person not acting, or to be treated as acting, as the debtor's agent.

Section 84 (1) räumt die Möglichkeit ein, eine Schadensbeteiligung des Karteninhabers in Höhe von £ 50 vorzusehen. Hatte der Karteninhaber die Zahlungskarte an einen Dritten weitergegeben, so konnte er vertraglich zur Haftung in voller Höhe verpflichtet werden, Section 84 (2) CCA 1974. Nach vertragsgemäßer Mitteilung des Verlusts der Karte endete gemäß Section 84 (3) CCA 1974 jegliche Haftung des Verbrauchers.

Soweit der CCA 1974 nicht anwendbar war, kam eine Haftung nach allgemeinen Grundsätzen oder – soweit eine haftungsbegründende Einbeziehung als *„implied terms"* bejaht wurde[782] – nach den Regeln des Banking Code in Betracht.[783]

Eine Haftung nach allgemeinen Grundsätzen konnte sich entweder aus Vertragsverletzung (*„breach of contract"*) oder deliktischer Fahrlässigkeit (*„tort of*

---

779 Vgl. Hierzu Goode, Introduction to the Consumer Credit Act 1974, op.cit.; Johnson, The Consumer Credit Act, op.cit.;

780 Hooley, Payment and Payment Systems, in: Encyclopedia of Banking Law, Vol.1 2005, Rn.1433.

781 Wohingegen die bloße abredefreie Duldung einer Überziehung nicht ausreichte, um die Existenz eines credit token zu begründen, vgl. Ellinger/ Lomnicka/ Hooley, Modern Banking Law, 3. Aufl., Oxford 2002, S. 548 f.

782 Vgl. zu den Voraussetzungen einer Einbeziehung von „implied terms" in den Vertrag Collins, The Law of Contract, 4. Aufl., London 2003, S. 239 ff.

783 Die Haftungsverteilung des Banking Code wich indes nicht wesentlich von der nach dem CCA 1974 ab, vgl. Brindle/Cox, op.cit., S. 250, (Rn. 4-074). Mit anderer Bewertung Stange, op.cit., S. 107.

negligence“) schöpfen.[784] Bei missbräuchlicher Kartennutzung konnte sich eine Restitutionspflicht insbesondere aus einer Verletzung der im Emissionsvertrag vorgesehen Pflichten zum sorgfältigen Umgang mit Zahlungskarte und PIN ergeben.[785] Zur Begründung deliktischer Ansprüche mussten die kumulativen Voraussetzungen der „*foreseeability*“, „*proximity*“ sowie „*fairness, justice and reasonableness of duty*“ erfüllt sein.[786]

All diesen Haftungsgrundlagen ist jedoch keine Aussage über die beweisrechtliche Handhabung zu entnehmen. Auf die Beweislastverteilung geht einzig Section 171 CCA 1974 ein, wo in Absatz 4 Buchstabe (b) geregelt ist:

> In proceedings brought by the creditor under a credit-token agreement—
>
> (...)
>
> b)if the debtor alleges that any use made of the credit-token was not authorised by him, **it is for the creditor to prove** either—
>
> (i) that the use was so authorised, or
>
> (ii) that the use occurred before the creditor had been given notice under section 84(3).

Die Beweislast lag mithin, wie im deutschen Recht, beim kartenausgebenden Institut. Dies entspricht jedoch lediglich dem allgemeinen beweisrechtlichen Grundsatz, dass derjenige, der einen Anspruch geltend macht, die anspruchsbegründenden Tatsachen zu beweisen hat.[787] Im praktischen Regelfall, in dem der Emittent durch Vorlage elektronischer Protokolle[788] den Einsatz der Karte unter Verwendung der PIN, jedoch nicht die unmittelbar haftungsbegründenden Tatsachen, belegen konnte, war indes nicht die Beweislastverteilung das zentrale rechtliche Problem, sondern die beweisrechtliche Gewichtung der vorhandenen Fakten. Wie im deutschen stellte sich auch im britischen Recht die Frage, ob die elektronisch dokumentierte Nutzung der Zahlungskarte die Eigennutzung durch den Karteninhaber oder seine haftungsbegründende Fahrlässigkeit mit Beweis-

784 Sayer, Credit Cards and the Law - An Introduction, London 1988, S. 101.

785 Vgl. Ellinger/Lomnicka/Hooley, op.cit., S. 612.

786 Vgl. hierzu Lunney/Oliphant, Tort Law, Text and Materials, 2. Aufl., Oxford 2003, S. 121.

787 Vgl. zu dieser Regel im britischen Recht O'Hare/Browne, Civil Litigation, 11. Aufl., London 2003, S. 557 (Rn. 31.002).

788 Vgl. zur Zulässigkeit der Verwendung elektronischer Aufzeichnungen als Beweismittel im britischen Zivilprozess, Hochberg, in: Phipson, Phipson on Evidence, The Law of Evidence, 16. Auflage, London 2005, S. 1190 (Rn. 41-02).

kraft indizierte. Hierfür hätte es einer prozessualen Beweiserleichterung bedurft.[789]

Namentlich kommt die sog. „*Res ipsa loquitur*"-Doktrin in Betracht.[790] Diese wurde für deliktische Schadensersatzansprüche entwickelt und stellt den Anspruchsteller vom Beweis der Fahrlässigkeit des Schädigers frei, wenn die fragliche Rechtsgutsverletzung nach dem gewöhnlichen Kausalverlauf durch fahrlässiges Handeln verursacht wird.[791] Der Anspruchsgegner ist dann mit der Entkräftung der Fahrlässigkeitsvermutung belastet, wofür die substantiierte Darlegung eines alternativen Geschehensablaufs erforderlich ist.[792] Durch die Rechtsprechung wurden die Anforderungen an das Eingreifen dieser Regel dahingehend konkretisiert, dass der Schädiger die alleinige Kontrolle über die zur Rechtsgutsverletzung führenden Sachumstände innehatte und das schädigende Ereignis ohne Fahrlässigkeit des Verursachers nach dem gewöhnlichen Verlauf ausgeschlossen war.[793] Prima facie scheinen diese Voraussetzungen im Fall des Kartenmissbrauchs gegeben zu sein, so dass die britische Rechtsprechung unter Rückgriff auf die *Res ipsa loquitur*-Doktrin denselben Weg wie die deutschen Gerichte hätte einschlagen können. Jedoch bestehen bei näherer Betrachtung mehrere Unterschiede zwischen dem Fall der missbräuchlichen Kartennutzung und den typischen Anwendungsfällen dieser Beweiserleichterung, so dass eine Anwendung der letzteren eine Ausweitung der Doktrin bedeutet hätte.[794] So zeigt ein Blick auf die einschlägigen Präjudizien, dass die Fahrlässigkeit des Schädigers nur in Fällen ohne diesbezüglichen Beweis vorausgesetzt wird, in denen eine Rechtsgutsverletzung zeitlich und örtlich unmittelbar von einem körperlichen Gegenstand ausging, der sich in der alleinigen Gewalt des Schädigers befand.[795] Bei der PIN, die der Karteninhaber fahrlässig preisgegeben haben muss, um den Schadensersatzanspruch des Emittenten zu begründen, handelt es sich hingegen nicht um einen körperlichen Gegenstand. Zudem geht die Rechts-

789 Zur Möglichkeit, unter bestimmten Voraussetzungen von einem bewiesenen Umstand („basic fact") auf einen anderen Umstand („presumed fact") zu schließen, der somit keines weiteren Beweises bedarf, vgl. Zuckermann, Zuckerman on Civil Procedure, Principles of Practice, London 2006, S. 655 (Rn. 21.52 ff.)

790 Vgl. hierzu Keane, The Modern Law of Evidence, Oxford 2008, S. 601 ff.

791 Auburn, in: Phipson, op.cit., S. 141 (Rn. 6.30).

792 Vgl. hierzu etwa Ng Chun Pui v. Lee Chuen Tat, R.T.R. (1988), S. 298 ff.

793 Vgl. z.B. Scott v. London & St. Katherine Docks Co., H & C 1865, Band 3, S. 596 (601).

794 Vgl. in diesem Sinne auch Stange, op.cit., S. 113 f.

795 Beispiele sind etwa: Ein in ein Brötchen eingebackener Stein (Charponièr v. Mason, T.L.R. 1905, S. 633; ein vom Schädiger gesteuertes Kfz. (Ellor v. Selfridge & Co. Ltd., T.L.R. 1930, S. 236); eine Joghurtpfütze auf dem Supermarktboden (Ward v. Tesco Stores Ltd., W.L.R. 1976, S. 810 f.). Weitere Beispiele bei Stange, op.cit., S. 113.

gutsverletzung nicht unmittelbar von der in der Kontrolle des Karteninhabers befindlichen Zahlungskarte aus – erst durch das vorsätzliche Dazwischentreten eines Dritten kommt es zur schädigenden Verfügung. Es fehlt damit auch am Unfallcharakter der typischen *Res ipsa loquitur*-Fälle.[796]

Britische Urteile, die die Anwendung einer Beweiserleichterung für den Fall missbräuchlicher Kartennutzung explizit ausschließen, sind nicht ersichtlich. Jedoch existieren einige grundlegende amerikanische Präjudizien, die sich gegen die Annahme einer Prima-Facie-Beweiswirkung der Kartennutzung aussprechen; so beispielsweise in *Judd v. Citibank*[797]:

> „In this case we are met with a credible witness on the one hand and a computer printout on the other.
>
> (...) this court is not prepared as to go so far as to rule that where a credible witness is faced with the adverse 'testimony' of a machine, he is as a matter of law faced also with an unmeetable burden of proof. It is too commonplace in our society that when faced with the choice of man or machine we readily accept the 'word' of the machine everytime. This, despite the tales of computer malfunctions that we hear daily."

Eine glaubwürdige Zeugenaussage des Karteninhabers, durch die er die eigene Verwendung bestritt, reichte also aus, um den Schaden dem Emittenten zuzuordnen, sofern kein sonstiger Beweis für die anspruchsbegründenden Tatsachen vorlag. Die elektronische Dokumentation der Kartennutzung wurde als beweisrechtlich schwächer angesehen.[798]

Nach alldem hing die beweisrechtliche Beurteilung der fraglichen Sachverhalte im britischen Recht vor Umsetzung der PSD im Ergebnis von der Glaubwürdigkeit der Zeugenaussage des Karteninhabers ab.[799] Eine Rechtsprechungspraxis, der zufolge die Kartennutzung generell den Prima-Facie-Beweis der eigenen Nutzung bzw. groben Fahrlässigkeit des Karteninhabers begründet, ist nicht zu erkennen. Vielmehr herrschte Skepsis bezüglich der Verlässlichkeit der maschinellen Sicherheits- und Dokumentationssysteme. Insbesondere ist auch die Einschlägigkeit der *Res ipsa loquitur*-Doktrin abzulehnen.

---

796 Vgl. zu diesem Charakteristikum der Doktrin Andrews, English Civil Procedure - Fundamentals of the new civil justice system, Oxford 2003, S. 720 (Rn.31-09)

797 Judd v. Citibank, 435 NYS 2d., 1980, S. 210 (211/212).

798 Dieses Ergebnis wurde durch die Entscheidungen Porter v. Citibank, 472 NYS 2d., 1984, S. 582, und Gaffney v. Community Federal Savings and Loan Association, 706 SW 2d., Mo. Ct. App. 1986, S. 530 bestätigt.

799 Vgl. Hofmann, ZVglRWiss 106 (2007), op.cit., S. 174 (198).

Nach Umsetzung der PSD stellt sich die Rechtslage wie folgt dar: Art. 59 Abs. 2 PSD wurde in Regulation 60 (3) PSR übernommen, welche vorsieht:

> Where a payment service user denies having authorised an executed payment transaction, the use of a payment instrument recorded by the payment service provider is not in itself necessarily sufficient to prove either that—
> (a) the payment transaction was authorised by the payer; or
> (b) the payer acted fraudulently or failed with intent or gross negligence to comply with regulation 57.

Hierdurch verbleibt den britischen Gerichten der Spielraum, das Beweisproblem entsprechend den Richtlinienvorgaben zu handhaben. Eine Rechtsprechungsänderung ist insofern nicht erforderlich, als schon bisher kein Regel-Ausnahme-Verhältnis zulasten der Verbraucher angenommen wurde. Trägt der Emittent keine über die bloße Nutzungsdokumentation hinausgehenden Beweismittel vor, wird das glaubwürdige Bestreiten der eigenen Nutzung bzw. groben Fahrlässigkeit durch den Karteninhaber ausreichen, um den Schaden den Kreditinstituten aufzubürden. Die zitierten amerikanischen Präjudizen deuten auf die Richtlinienkonformität des Common Law hin.

Zudem hat die Financial Services Authority den Willen, dem Verbraucherschutz eine der PSD entsprechende – oder gar über diese hinausgehende – Bedeutung zuzugestehen, wie sich in der Entscheidung, unter Ausnutzung der durch Art. 61 Abs. 3 PSD eingeräumten Option die Haftungsobergrenze von 150 € auf die bewährten £50 herabzusetzen, manifestiert.

Allgemeine Geschäftsbedingungen, die der bloßen Kartennutzung Beweiskraft beimessen, sind künftig jedenfalls unwirksam, da sie Regulation 60 (3) selbst bei enger Auslegung der Norm widersprechen.

Indem die deutsche Rechtsprechung die PSD-Vorgaben respektiert und die bisherige Praxis des Anscheinsbeweises aufgibt, würde sie also zumindest im Hinblick auf das britische Recht zur Einheitlichkeit der rechtlichen Rahmenbedingungen des Zahlungsverkehrs beitragen.

II. Die Handhabung des Problems im französischen Recht

Vor Umsetzung der PSD konnten sich die Kartenemittenten zur Begründung ihres Erstattungsanspruchs bei missbräuchlicher Verwendung des Instruments auf Art. L132-3 des Code Monétaire et Financier stützen. Dieser lautete bis zum 1.11.2009:

> Le titulaire d'une carte mentionnée à l'article L. 132-1 supporte la perte subie, en cas de perte ou de vol, avant la mise en opposition prévue à l'article L. 132-2, dans la limite d'un plafond qui ne peut dépasser 400 euros. Toutefois, s'il a agi avec une négligence constituant une faute lourde (...) le plafond prévu à la phrase précédente n'est pas applicable.
>
> Le plafond visé à l'alinéa précédent est porté à 275 euros au 1er janvier 2002 et à 150 euros à compter du 1er janvier 2003.

Eine *„faute lourde"*, also ein schweres Verschulden des Karteninhabers, welches die Haftungsobergrenze von zuletzt 150 € aufhebt, wurde von der französischen Rechtsprechung, ähnlich wie von der deutschen, bei Weitergabe der PIN an einen Dritten, bzw. bei unachtsamen Umgang mit der Karte oder Niederschrift der PIN auf einem mitgeführten Zettel oder auf der Karte angenommen.[800]

Die durch das Gesetz Nr. 2001-1062 vom 15.11.2001 geschaffene Anspruchsgrundlage des Art. L132-3 Code Monétaire et Financier, welche sich dem Haftungssystem der Kommissionsempfehlung 1997/489/EG weitgehend annähert, sah indes keine Regelung zur Beweislast, geschweige denn zur Beweiskraft der Kartennutzung vor. Als gesetzliche Beweislastverteilung kam nur Art. 1315 Code Civil in Betracht, welcher seit Inkrafttreten des Gesetzes im Jahre 1804 das allgemeine Prinzip normiert, demzufolge derjenige, der einen Anspruch geltend macht, das Vorliegen der Anspruchsvoraussetzungen zu beweisen hat:

> Celui qui réclame l'exécution d'une obligation doit la prouver.
>
> Réciproquement, celui qui se prétend libéré doit justifier le paiement ou le fait qui a produit l'extinction de son obligation.

Hieraus geht jedoch wiederum nicht hervor, welche Beweiswirkung der elektronischen Dokumentation einer Zahlungskartennutzung mit Eingabe der PIN zukommt. Wie im britischen und deutschen Recht fiel die Klärung dieser Frage der Rechtsprechung zu. Die Cour de Cassation hat sich als höchste Zivilgerichtsbarkeit in einem grundlegenden Urteil vom 2.10.2007[801] folgendermaßen geäußert:

---

800 Vgl. hierzu Gavalda/ Stoufflet, Instruments de paiement et de crédit – Effets de commerce, chèque, carte de paiement, transfert de fonds, Paris 2006, S. 393 ff.; aus der Rechtsprechung siehe z.B. Cour de Cassation, Chambre Commerciale, 10. Januar 1995, Bull. Civ. 1995, IV, n°7, Dalloz 1995, informations rapides S. 41; Cour de Cassation, Chambre Commerciale, 21. Mai 1996, Revue de droit bancaire et bourse 1998, S. 57; Cour d'Appel de Versailles, 17. Januar 1980, Revue Banque 1980, S. 586.

801 Cour de Cassation, Chambre Commerciale, 2.10.2007, Recueil Dalloz 2008, S. 454 ; siehe hierzu Anmerkung Avena-Robardet, Dalloz 2007, S. 2604 ; Bouteiller, Droits et devoirs du porteur d'une carte bancaire (Cass. com. 2/10/07), JCP (La Semaine Juri-

„ ...en cas de perte ou de vol d'une carte bancaire, il appartient à l'émetteur de la carte qui se prévaut d'une faute lourde de son titulaire, au sens de l'art 132-3 CMF, d'en rapporter la preuve (...)

La circonstance que la carte ait été utilisée par un tiers avec composition est, à elle seule, insusceptible de constituer la preuve d'une telle faute."

Die Beweislast für das Vorliegen einer groben Fahrlässigkeit des Karteninhabers wurde hierdurch dem kartenausgebenden Institut zugewiesen.[802] Der Nutzung der Zahlungskarte wird keine Prima-Facie-Beweiswirkung attestiert. Tatsächlich deckt sich Formulierung der Cour de Cassation inhaltlich mit der Fassung der entsprechenden PSD-Norm im Richtlinienvorschlag der Kommission, welche noch nicht den unseligen Zusatz „notwendigerweise" enthielt.[803]

Die somit durch die *„Chambre Commerciale"* der Cour de Cassation klar geäußerte Ablehnung des Anscheinsbeweises wurde durch den Zivilsenat (*„Chambre Civile"*) im Jahr 2008 bestätigt.[804]

Die Kommentatoren der französischen Fachliteratur stufen diese Entscheidungen als generelle Zuordnung des Missbrauchsrisikos zulasten der Emittenten ein.[805] Diese grundlegende Bedeutung rechtspolitischen und rechtsökonomischen Charakters kommt der beweisrechtlichen Bewertung der Kartennutzung zu, weil unter den gegebenen technischen Umständen eine zweifelsfreie Aufklärung der Sachverhalte in der Regel nicht möglich ist. Indem die französische

---

dique) E 2007, S. 2376 ; Legeais, Observations Cour de Cassation, Ch. Commerciale du 2 octobre 2007, RTD com. 2007, S. 813.

802 Auch die grundsätzliche Tragung der Beweislast für die grobe Fahrlässigkeit des Karteninhabers hatte das kartenausgebende Institut in seiner Revisionsbegründung unter Berufung auf Art. 1315 Code Civil sowie Art. L132-3 Code Monétaire et Financier abgelehnt.

803 Art. 48 Nr. 3 der Entwurfsfassung lautete im Französischen namentlich: (...) l'utilisation d'un instrument de vérification des paiements, telle qu'enregistrée par le prestataire de services de paiement, ne suffit pas en soi à établir que l'opération de paiement a été autorisée par l'utilisateur ou que celui-ci a agi frauduleusement ou commis une négligence grave (...).

804 Cour de Cassation, Chambre Civile, 28. März 2008, Dalloz 2008, S. 1136, vgl. hierzu Avena-Robardet, Carte bancaire : l'utilisation du code secret ne fait pas présumer la faute lourde du titulaire, Dalloz 2008, S. 1136 ; Caprioli, Responsabilité en cas de perte ou de vol d'une carte bancaire, Revue de droit bancaire et financier n°4, Juillet 2008, comm. 122. Siehe im gleiche Sinne bereits Cour d'Appel d'Orléans, Chambre comerciale, 9. Februar 2006, CRCAM Val de France c. Lanao, Juris-Data n°298223 ; Cour d'Appel de Paris, 8e chambre, section A, 4. Oktober 2007, Chaponic c. SA American Express, Juris-Data n° 2007-344395.

805 Vgl. etwa Boujeka, La charge du risque d'utilisation illicite d'une carte bancaire, Dalloz 2007, S. 454.

Rechtsprechung in diesem Regelfall den Schaden dem Emittenten aufbürdet, schlägt sie den der deutschen Anscheinsbeweisrechtsprechung entgegengesetzten Weg ein. Denn obwohl der Anscheinsbeweis begrifflich von der Beweislastumkehr im technischen Sinne zu unterscheiden ist, trug, wie bereits erläutert, nach der deutschen Praxis letztlich in der Regel der Kunde das Missbrauchsrisiko.[806]

Das oben angesprochene Regel-Ausnahme-Verhältnis der Haftung in den problematischen Konstellationen steht im französischen Recht also bereits im Einklang mit den Anforderungen der Richtlinie nach Art. 59 Abs. 2 PSD. Hieraus lässt sich ein weiterer Begründungsbaustein im Sinne einer Änderung der deutschen Rechtsprechung gewinnen, da sie zur Annäherung der bedeutenden europäischen Rechtsordnungen im Hinblick auf die Vollendung des SEPA-Projektes beitragen würde.

Auch unter der seit Umsetzung der PSD geltenden Fassung des Code Monétaire et Financier wird die bestehende höchstrichterliche Rechtsprechung nicht zu einer Änderung angehalten.[807] Art. L133-23 Abs. 2 des Code Monétaire et Financier lautet namentlich:

> L'utilisation de l'instrument de paiement telle qu'enregistrée par le prestataire de services de paiement ne suffit pas nécessairement en tant que telle à prouver que l'opération a été autorisée par le payeur ou que celui-ci n'a pas satisfait intentionnellement ou par négligence grave aux obligations lui incombant en la matière.

Der Begriff der „*Négligence grave*“ bringt substantiell keine Änderung zur vorherigen Haftungsvoraussetzung der „faute lourde“.[808] Auch ansonsten gibt der Wortlaut Art. 59 Abs. 2 PSD in seiner Substanz wieder. Wie oben begründet[809] stellt er somit nur Mindestanforderungen an den durch den Emittenten zu führenden Beweis und erlaubt durchaus, strengere Maßstäbe anzulegen.

Schließlich ermöglicht der Blick auf den französischen Zahlungsverkehr auch, einige der Argumente, die in der deutschen Lehre und Rechtsprechung ausge-

---

806 Vgl. Halfmeier, ZEuP 2009, op.cit., S. 613 (618).

807 Vgl. zum rechtlichen Beurteilung von Kartenmissbrauchsfällen unter dem französischen Zahlungsdiensterecht Gérard, L'utilisation frauduleuse des instruments de paiement, JCP E 2010, S. 1034.

808 Zur groben Fahrlässigkeit („faute lourde“) und den sonstigen Verschuldenskategorien im französischen Zivilrecht, siehe Wurmnest, Grundzüge eines europäischen Haftungsrechts, op.cit., S. 149 f.; im Vergleich zur groben Fahrlässigkeit vgl. Kropholler, Internationales Einheitsrecht – Allgemeine Lehren, Tübingen 1975, S. 317.

809 Siehe oben Teil 2, Kap.1, Abschnitt C.

tauscht wurden, einem „Reality Check“ zu unterziehen. Tatsächlich hat das gegenüber dem deutschen Recht für die Emittenten erhöhte Risiko missbrauchsbedingter Schäden weder zu einer rentabilitätsgefährdenden Belastung der Banken, noch zu einer abschreckenden Erhöhung der Kundenpreise geführt.[810] Im Gegenteil ist die Zahlungskarte in Frankreich – wie im Übrigen auch in England – ein überproportional stark genutztes Mittel.[811] Gerade im Vergleich zu Deutschland ist die Ersetzung des Bargeldes als alltägliches Zahlungsmittel durch die Zahlungskarte in Frankreich bedeutend weiter fortgeschritten. Diese vom Richtliniengeber und deutschen Gesetzgeber erwünschte Entwicklung[812] monokausal auf die herrschende Beweispraxis bei Missbrauchsfällen zurückzuführen, ist sicherlich methodisch illegitim. Jedoch weisen diese Faktoren zumindest darauf hin, dass eine Umkehrung des durch die Anscheinsbeweisrechtsprechung etablierten Regel-Ausnahme-Verhältnisses nicht zwingend zu den von den Befürwortern der herrschenden Praxis prophezeiten Nachteilen führen muss und durchaus manche der von den Gegnern angeführten Vorteile zeitigen kann.

810 Vgl. Halfmeier, ZEuP 2009, op.cit., S. 613 (622).

811 Im Jahr 2009 kam den Kartenzahlungen im Verhältnis zu den anderen wichtigen Zahlungsinstrumenten in Deutschland nur eine Bedeutung von 14,45% zu; in Frankreich waren Kartenzahlungen mit 40,08%, ebenso wie im Vereinigten Königreich (51,51%) das wichtigste Zahlungsinstrument; vgl. EZB-Statistiken zum Zahlungsverkehr, einsehbar online über das Statistical Data Warehouse der EZB, http://sdw.ecb.europa.eu

812 Siehe oben, Teil 2, Kap.1, Abschnitt C.II.1.c. und 2.c.

E. Fazit zum Anwendungsbeispiel Kartenzahlung

Die Haftung bei missbräuchlicher Verwendung von Zahlungskarten war – abgesehen von § 676h BGB a.F., der jedoch nur den Aufwendungsersatzanspruch des Emittenten betraf – vor Umsetzung der PSD nicht speziell gesetzlich geregelt. Auf europäischer Ebene bestand eine wettbewerbshemmende Zersplitterung der rechtlichen Rahmenbedingungen. Insbesondere lag die Beweiswürdigung in Fällen, in denen die Verwendung einer Zahlungskarte mit PIN dokumentiert war, sich darüber hinaus jedoch die Person des Nutzers nicht feststellen ließ, im freien richterlichen Ermessen. Vom BGH und der Mehrheit der Instanzgerichte wurde bislang das Rechtsinstitut des Anscheinsbeweises herangezogen, um von der Kartennutzung auf das Vorliegen der Anspruchsvoraussetzungen zugunsten des Kreditinstituts zu schließen.

Nunmehr wurde in Umsetzung von Art. 59 Abs. 2 PSD mit § 675w S. 3 BGB eine Vorschrift ins BGB eingeführt, die auf die beweisrechtliche Handhabung ebensolcher Sachverhalte zugeschnitten ist. Die richtlinienkonforme Auslegung dieser Norm ergibt, dass eine Beibehaltung der Anscheinsbeweisrechtsprechung europarechtswidrig wäre.

Insbesondere die teleologische und historische Auslegung der zugrundeliegenden Richtliniennorm zeigen, dass die bisherige deutsche Rechtsprechungspraxis den Zielen der PSD – und speziell des Art. 59 Abs. 2 – zuwiderläuft. Durch die Neuregelung soll ausgeschlossen werden, dass der Karteninhaber praktisch regelmäßig für Schäden infolge streitiger Kartennutzung haftet. Genau diese Konsequenz ergab sich jedoch aus der Annahme eines Anscheinsbeweises. Durch eine Weiterführung dieser Rechtsprechung würden die Richtlinienziele der verstärkten Nutzung elektronischer Zahlungsmittel sowie des Verbraucherschutzes konterkariert. Durch die mit der Anscheinsbeweisrechtsprechung einhergehende Beeinträchtigung des Vertrauens der Zahlungsdienstnutzer in das europäisierte Zahlungsverkehrssystem wird mittelbar auch das SEPA-Projekt beeinträchtigt, da dessen Realisierung an die Rezeption der harmonisierten Zahlungsverfahren geknüpft ist.

Der Auslegung nach Sinn und Zweck der Norm steht nicht etwa der Wortlaut des Art. 59 Abs. 2 PSD bzw. § 675w S. 3 BGB entgegen; dieser ist durch den Richtliniengeber nach mehreren Umformulierungen im Laufe des Rechtssetzungsprozesses bewusst offen gehalten worden. Die fehlende Präzision des Wortlauts des Art. 59 Abs. 2 PSD (und infolgedessen der deutschen Umsetzungsnorm) ist Folge der Kompromisszwänge im europäischen Kontext, lockert aber nicht die Bindungswirkung der Richtlinie, sofern sich mittels anderer Auslegungskriterien eine klare inhaltliche Vorgabe bestimmen lässt.

Dies gilt umso mehr, als sich – wie bereits en detail ausgeführt – an zahlreichen Beispielen belegen lässt, dass die Begrifflichkeit der PSD nicht ausgereift ist. Der Wortlaut ist angesichts dieser Ungereimtheiten als Auslegungskriterium nicht so bestimmend, wie dies bei der Auslegung originär nationalen Rechts nach der überkommenen Auslegungsdogmatik der Fall ist. Stets ist die grammatische Auslegung anhand des Regelungszwecks auf ihre Plausibilität zu überprüfen.

Um ihrer Pflicht zur richtlinienkonformen Auslegung des § 675w S. 3 BGB gerecht zu werden, muss die deutsche Rechtsprechung in richtlinienkonformer Ausübung ihres Rechts zur freien Beweiswürdigung gemäß § 286 ZPO die problematischen Sachverhalte des Kartenmissbrauchs künftig anders würdigen: Über die bloße Dokumentation der Kartennutzung hinaus müssen weitere Beweiselemente hinzutreten, um einen Aufwendungsersatzanspruch bzw. Schadensersatzanspruch des Emittenten zu substantiieren. Maßstab für eine richtlinienkonforme Beweiswürdigung ist eine Umkehrung des bisher in der deutschen Rechtsprechung etablierten Regel-Ausnahme-Verhältnisses der Schadenstragung. Zukünftig ist nur im Ausnahmefall von einer Haftung des Karteninhabers, regelmäßig hingegen von einer Verlusttragung der Institute auszugehen.

Dieses Ergebnis steht im Einklang mit der schon zuvor im französischen und englischen Recht geltenden Rechtslage, so dass sich mit der richtlinienkonformen Auslegung des deutschen Rechts ein – jedenfalls bezüglich dieser zentralen Rechtsordnungen – einheitliches Bild ergibt.

Zusammenfassung der Ergebnisse in Thesenform. Anwendungsbeispiel Kartenzahlung

I. Leitlinien zur Auslegung des BGB-Zahlungsdiensterechts

Der grammatischen Auslegung des Zahlungsdiensterechts kommt aufgrund der partiellen Inkonsistenz des Wortlauts und des Mangels an sprachlicher Präzision eine weniger bindende Autorität zu, als es die überkommene Methodik für die Auslegung originär einzelstaatlichen Rechts sonst vorsieht.

Stets ist die grammatische Auslegung anhand des Regelungszwecks auf ihre Plausibilität zu überprüfen.

Ein durch richtlinienkonforme Auslegung gewonnenes Ergebnis ist stets daraufhin zu untersuchen, ob es die Grenzen des unzulässigen Contra-Legem-Judizierens einhält; diese Überprüfung erfolgt anhand einer Auslegung der deutschen Umsetzungsnorm nach den tradierten Auslegungsmethoden, wobei die Richtlinienvorgaben zunächst außer Acht zu bleiben haben.

Die Contra-Legem-Kontrolle birgt eine erhebliche Zirkelschlussgefahr, da ein zentraler Zweck jeder Umsetzungsnorm die Einhaltung der Richtlinienvorgaben ist; die teleologische und historische Auslegung dürfen, damit die Kontrollmaßstab und Kontrollgegenstand nicht identisch sind, diesen Regelungszweck zumindest nicht in den Mittelpunkt stellen.

Die Methodentreue muss jedoch dort ihre Grenze finden, wo sie in eine bloße Fiktion umschlägt: wenn keine entgegenstehende Willensbetätigung des nationalen Gesetzgebers oder sonstige Anhaltspunkte ersichtlich sind, ist davon auszugehen, dass der Regelungszweck einer Einhaltung der Richtlinienvorgaben zumindest nicht entgegensteht.

Im Rahmen der teleologischen Auslegung ist zu berücksichtigen, dass durch die PSD die Stärkung des Verbrauchervertrauens in das europäische Zahlungsverkehrsrecht die Verbreitung der einheitlichen SEPA-Zahlungsverfahren und damit letztlich die Realisierung des SEPA-Projektes unterstützt werden soll.

Ein weiteres Regelungsziel im Hinblick auf die Kartenzahlung ist, dass durch die rechtliche Harmonisierung des vormals stark fragmentierten Feldes der Kartenzahlung dieses dem Wettbewerb zugänglich gemacht werden soll.

II. Das materielle Recht betreffend

Erstmals werden einheitliche gesetzliche Mindestvoraussetzungen an die Verteilung des Haftungsrisikos zwischen Emittent und Karteninhaber gestellt, wodurch den Zahlungsdienstnutzern erlaubt werden soll, auch Angebote ausländischer Zahlungsdienstleister ohne erschöpfende Auswertung der Vertragsbedingungen wahrzunehmen.

Die Anscheinsbeweisrechtsprechung im Kontext missbräuchlicher Nutzung von Zahlungskarten ist unter § 675w S. 3 BGB nicht mehr haltbar.

Im Rahmen der richtlinienkonformen Auslegung des § 675w S. 3 BGB sind insbesondere der objektive Regelungszweck des zugrundeliegenden Art. 59 Abs. 2 PSD und der diesbezügliche Regelungswille des Richtliniengebers zu respektieren.

Art. 59 Abs. 2 PSD liegen die Regelungsziele des Verbraucherschutzes, der stärkeren Nutzung elektronischer Zahlungsverfahren sowie die Förderung des SEPA-Projektes zugrunde.

Das durch die Anscheinsbeweisrechtsprechung geschaffene faktische Regel-Ausnahmeverhältnis der Schadenstragung zulasten der Karteninhaber ist mit den Vorgaben der Richtlinie nicht zu vereinbaren.

§ 675w S. 3 BGB ist so auszulegen, dass die beweisrechtliche Handhabung von Fällen missbräuchlicher Kartennutzung zugunsten des Zahlungsdienstnutzers zu ändern ist; diese Vorgaben sind durch die Rechtsprechung im Wege einer richtlinienkonformen Ausübung ihrer Zuständigkeit für die Beweiswürdigung gem. § 286 ZPO umzusetzen.

Über die Dokumentation der Kartennutzung hinaus müssen künftig durch den Emittenten zusätzliche Beweise für das Vorliegen anspruchsbegründender Tatsachen vorgetragen werden.

Die französische und britische Rechtsprechung haben die Fälle missbräuchlicher Kartennutzung schon vor Umsetzung der PSD im Einklang mit den nunmehr EU-weit verbindlichen Vorgaben gelöst, bzw. nicht definitiv entschieden.

Durch eine richtlinienkonforme Anpassung der deutschen Rechtsprechung wird die Einheitlichkeit und Übersichtlichkeit des europäischen Zahlungsverkehrsrechts befördert.

Kapitel 2. Anwendungsbeispiel Lastschrift: Anwendbarkeit des § 675x Abs. 1 S. 1 BGB auf die Einzugsermächtigungslastschrift

A. Einleitung

Der deutsche Zahlungsverkehr ist im europäischen Vergleich besonders stark durch das Lastschriftverfahren geprägt[813], wobei das erfolgreichste der in Deutschland etablierten Lastschriftverfahren das Einzugsermächtigungsverfahren ist.[814] Dies ist zum einen darauf zurückzuführen, dass durch dieses Verfahren der mit der Zahlung für den Schuldner einhergehende Aufwand minimiert wird: er muss, nachdem er – zumeist schon in unmittelbarem Zusammenhang zum schuldbegründenden Geschäftsabschluss – dem Valutagläubiger eine Einzugsermächtigung erteilt hat, keine weiteren Schritte unternehmen, um die Zahlung zu initiieren.[815] Zum anderen ist das Einzugsermächtigungsverfahren auch gläubigerfreundlich: Im Gegensatz zum Dauerüberweisungsauftrag erlaubt es, die Höhe der Abbuchungsbeträge entsprechend der im Valutaverhältnis jeweils entstehenden Schulden zu variieren.[816] Aufgrund seiner weitgehend automatisierten Abwicklungsstruktur wird die Lastschrift als volkswirtschaftlich günstige Form unbarer Massenzahlungen beurteilt.[817]

---

813 Siehe Deutsche Bundesbank Zahlungsverkehrs- und Wertpapierabwicklungsstatistiken in Deutschland 2007 bis 2009 Stand: August 2010, op.cit., Tabelle 6, aus der hervorgeht, dass die Anzahl der Transaktionen mittels Lastschriftverfahren in den Jahren 2007-2009 noch zugenommen hat, während die Gesamtzahl der bargeldlosen Transaktionen abnahm. Von allen unbaren Zahlungsinstrumenten ist das Lastschriftverfahren das am häufigsten von Nichtbanken genutzte im deutschen Zahlungsverkehr; insgesamt wurden 2009 8,5 Milliarden Lastschriften eingezogen. Vgl. hierzu auch Münchener Kommentar HGB/Hadding/Häuser, Recht des Zahlungsverkehrs, Rn. C11-C13.

814 Die grundsätzliche Funktionsweise des Einzugsermächtigungsverfahrens wird an dieser Stelle vorausgesetzt; vgl. für eine bündige Rekapitulation z.B. Krepold/ Fischbeck, op.cit., S. 78 ff.

815 Vgl. Werner, in: Langenbucher/Gößmann/Werner, Zahlungsverkehr - Handbuch zum Recht der Überweisung, Lastschrift, Kreditkarte und der elektronischen Zahlungsformen, München 2004, S. 56.

816 Vgl. Staudinger/ Martinek, S. 442, Randzeichen B32.

817 Vgl. in diesem Sinne bereits Zschoche, Zur dogmatischen Einordnung des Lastschriftverfahrens unter besonderer Berücksichtigung der Vertrauensstrukturen, Berlin 1981, S. 31.

Vor Umsetzung der PSD existierte keine gesetzliche Regelung des Einzugsermächtigungsverfahrens. Die rechtliche Grundlage fand sich im *„Abkommen über den Lastschriftverkehr"* von 1964, welches zwischen den Spitzenverbänden des Kreditgewerbes vereinbart worden war, um das Verfahren zu vereinheitlichen.[818] Auf Basis des Lastschriftabkommens, welches nur im Interbankenverhältnis Bindungswirkung entfaltet, wurden die *„Bedingungen für Zahlungen mittels Lastschrift im Einzugsermächtigungsverfahren"* entwickelt, durch die die vertraglichen Rechte und Pflichten im Verhältnis zwischen Bank und Kunde spezifiziert wurden.[819]

Nunmehr ist durch den Untertitel „Zahlungsdienste" ein hoheitliches Normensystem geschaffen worden, welches aufgrund seiner horizontalen Systematik grundsätzlich auch die Lastschrift erfasst.[820]

Im Rahmen des SEPA-Prozesses strebt die europäische Union in Kooperation mit der Kreditwirtschaft die Vereinheitlichung des Lastschriftverkehrs an; die rechtliche Grundlage hierfür wurde durch die PSD hergestellt.[821] Der Wille des europäischen Gesetzgebers, die Lastschriftabwicklung im europäischen Zahlungsverkehrsraum auf ein einheitliches Verfahren zu konzentrieren, geht aus der PSD zwar nicht explizit hervor. Ein Blick auf die Verordnung 924/2009 über grenzüberschreitende Zahlungen in der Gemeinschaft zeigt jedoch, dass die Harmonisierung zu einer allgemeinen Etablierung des SEPA-Lastschriftverfahrens führen soll: Durch diese Verordnung sollte die Umstellung auf das einheitliche SEPA-Basislastschriftverfahren[822] aktiv befördert werden. Namentlich durch Schaffung einer Pflicht, innerhalb eines Jahres ab Inkrafttreten der Verordnung – d.h. bis zum 1.11.2010 – für SEPA-Basislastschriften erreichbar zu sein[823] (Art. 8 Verordnung 924/2009) sowie durch Ausdehnung des

---

818 Hierzu vgl. van Gelder in: Bankrechts-Handbuch, Band I, § 56 Rn. 11 f. Das Lastschriftabkommen ist im Stand vom 1.2.2002 ebenda abgedruckt, siehe Anhang zu §§ 56-59.

819 Insbesondere im Inkassoverhältnis bedurfte es der vertraglichen „Inkassovereinbarung", um die Empfängerbank zur Bearbeitung eingereichter Lastschriften zu verpflichten, vgl. hierzu Franke, Rechtsfragen im Bereich des Lastschriftverfahrens, DB 1973, S. 1055 ff. (1056).

820 Vgl. Laitenberger, Das Einzugsermächtigungslastschriftverfahren nach Umsetzung der Richtlinie über Zahlungsdienste im Binnenmarkt, NJW 2010, S. 192 (192).

821 Vgl. zu dieser Funktion der PSD und zur besonderen Bedeutung der Harmonisierung für die Einführung der SEPA-Lastschrift bereits oben Teil 1, Kap.2, Abschnitt B.

822 Zum SEPA-Basislastschriftverfahren vgl. die Darstellung bei Hadding in: FS Hüffer, op.cit., S. 274 (280 ff.).

823 Art. 8 Abs. 1 der Verordnung 924/2009/EG lautet: „Ein Zahlungsdienstleister eines Zahlers, der für eine auf Euro lautende, auf das Zahlungskonto dieses Zahlers gezogene Inlandslastschrift erreichbar ist, hat im Einklang mit dem Lastschriftverfahren für Last-

Gleichpreisgebots auf sämtliche grenzüberschreitende elektronische Zahlungen (Art. 3 Abs. 1 Verordnung 924/2009) erzeugt die Verordnung – in Weiterführung des schon durch die EU-Preis-Verordnung erprobten Konzepts[824] – regulatorischen Angleichungsdruck. Speziell für grenzüberschreitende Überweisungen sieht Art. 6 Verordnung 924/2009 auch für Interbankenentgelte eine Obergrenze vor.[825] Diesbezüglich führt der Verordnungsgeber in Erwägungsgrund (11) aus:

> Derzeit werden bei den bestehenden innerstaatlichen Lastschriftverfahren unterschiedliche Geschäftsmodelle zugrunde gelegt. Zur Erleichterung der Einführung des SEPA-Lastschriftverfahrens bedarf es eines gemeinsamen Geschäftsmodells und einer größeren Rechtsklarheit bei den multilateralen Interbankenentgelten. In Bezug auf grenzüberschreitende Lastschriften könnte dies ausnahmsweise dadurch erreicht werden, dass für das multilaterale Interbankenentgelt während eines Übergangszeitraums ein Höchstbetrag pro Zahlungsvorgang festgesetzt wird. Die Branche kann die während der Übergangszeit gewährte Rechtssicherheit dazu nutzen, ein gemeinsames, langfristiges Geschäftsmodell für die Handhabung der SEPA-Lastschrift zu entwickeln und zu vereinbaren.

Die Zahlungsdienstleister werden demnach durch die Verordnung angehalten, sich im Sinne einer Umstellung auf das SEPA-Basislastschriftverfahren zu koordinieren. Da es sich bei der Verordnung über grenzüberschreitende Zahlungen und der PSD um einander ergänzende Rechtsakte handelt, ist davon auszugehen, dass die Kommission bei Überwachung der Umsetzung der PSD dieselben Zielbestimmungen zugrundelegt. Dies geht besonders deutlich aus Erwägungsgrund (5) der Verordnung über grenzüberschreitende Zahlungen hervor:

> Die Verordnung (EG) Nr. 2560/2001 erfasst grenzüberschreitende Überweisungen und grenzüberschreitende elektronische Zahlungsvorgänge. Um in Übereinstimmung mit dem Ziel der Richtlinie 2007/64/EG auch grenzüberschreitende Lastschriften zu ermöglichen, sollte der Geltungsbereich der Verordnung (EG) Nr. 2560/2001 erweitert werden.[826]

---

schriften in Euro erreichbar zu sein, die von einem Zahlungsempfänger über einen in einem beliebigen Mitgliedstaat ansässigen Zahlungsdienstleister ausgelöst werden." Gemäß Art.8 Abs. 2 der Verordnung 924/2009/EG gilt diese Pflicht nur hinsichtlich des SEPA-Basislastschriftverfahrens. Für Nicht-Euro-Staaten gilt eine verlängerte Frist von fünf Jahren für die Herstellung der technischen Voraussetzungen für die Bearbeitung von SEPA-Basislastschriften, Art. 4 II.

824 Vgl. hierzu oben Teil 1, Kap.2, Abschnitt B.I.

825 Vgl. zur Problematik der Interbankenentgelte aus wirtschaftlicher und wettbewerblicher Sicht Krüger, Interbankenentgelte – ökonomisch notwendig oder wettbewerbsverzerrend, Kreditwesen 2009, S. 822 ff.

826 Der funktionale Zusammenhang zwischen PSD und Verordnung 924/2009/EG zeigt sich zudem auch in Erwägungsgrund (4) der Verordnung, der auf die begriffliche Kon-

Als Hüterin der Verträge wird die Kommission bedacht sein, die Einhaltung der Umsetzungspflicht an einem SEPA-freundlichen Maßstab zu messen, also solche nationalen Regelungen für richtlinienwidrig zu erachten, die einer weiteren Verbreitung des SEPA-Basislastschriftverfahrens hinderlich sind. Die Etablierung der vereinheitlichten Lastschrift wird insbesondere durch Fortbestand und die weitere Nutzung nationalpartikularer Lastschriftverfahren behindert.[827] Folglich ist zu erwarten, dass die Kommission eine Umsetzung der PSD zu erzwingen bestrebt ist, die eine SEPA-konforme Anpassung der nationalen Lastschriftverfahren erfordert bzw. die weitere Nutzung dieser Verfahren ausschließt. Hierdurch könnte insbesondere das Einzugsermächtigungsverfahren betroffen sein, da dieses, wie im vorliegenden Abschnitt näher darzustellen ist, über eine im Vergleich zur SEPA-Lastschrift grundlegend andere Systematik verfügt und folglich die Umstelung auf das vereinheitlichte Instrument zu erschweren droht.

Es ist jedoch fraglich, ob die PSD ein taugliches Mittel darstellt, um die künftige Nutzung von Lastschriftverfahren, die nicht mit der Systematik des SEPA-Basislastschriftverfahrens in Einklang stehen, zu verhindern. Dies wäre nur dann der Fall, wenn die Richtlinie ein regulatorisches Korsett für Lastschriftverfahren vorgeben würde, welches – um die überkommenen mitgliedsstaatlichen Verfahren weiterhin im Einklang mit der Gesetzeslage praktizieren zu können – zwingend deren Anpassung erforderte. Ebendies gilt es hinsichtlich der verschiedenen Lastschriftverfahren zu prüfen.

Gerade das Einzugsermächtigungsverfahren betreffend ist es erforderlich, festzustellen, ob unter dem BGB-Zahlungsdiensterecht eine unveränderte Beibehaltung möglich ist. Auch der BGH hat die neuen rechtlichen Grundlagen bereits zum Anlass genommen, die Struktur des Einzugsermächtigungsverfahrens in dogmatischer und systematischer Hinsicht in Frage zu stellen.[828] Hierauf wird zum Schluss dieses Abschnitts einzugehen sein (D).

---

vergenz zwischen den beiden Rechtsakten eingeht: „Die Richtlinie 2007/64/EG des Europäischen Parlaments und des Rates vom 13. November 2007 über Zahlungsdienste im Binnenmarkt bietet eine zeitgemäße Rechtsgrundlage für die Schaffung eines gemeinschaftsweiten Zahlungsverkehrsbinnenmarktes. Aus Gründen der rechtlichen Kohärenz zwischen den beiden Rechtsakten sollten die einschlägigen Bestimmungen der Verordnung (EG) Nr. 2560/2001, insbesondere die Begriffsbestimmungen, entsprechend geändert werden.“

827 Vgl. Second Annual Progress Report on the State of SEPA Migration in 2009, op.cit., S. 7 f. Skeptisch zu den Aussichten der SEPA-Zahlungsinstrumente, die etablierten Verfahren ohne hoheitliche Schützenhilfe zu verdrängen äußert sich Bell, New SEPA Updates May Push Migration Closer to Fruition, Payments Source Volume 23 (2010), Issue 4.

828 BGH, Urteile vom 20.7.2010, XI ZR 236/07, WM 2010, S. 1546 ff. bzw. IX ZR 37/09, WM 2010, S. 1543. Hierzu unten Teil 2, Kap.2, Abschnitt D.

Die Frage, ob einzelne Aspekte oder gar systematische Grundzüge des Einzugsermächtigungsverfahrens angepasst werden müssen, hat aufgrund der großen praktischen Bedeutung des Verfahrens ein besonderes Gewicht.[829] Infolgedessen war die Verhandlungsführung deutscher Interessenvertreter im Rahmen der Ausarbeitung der Richtlinie von dem Bemühen bestimmt, zu verhindern, dass die Abwicklung von Zahlungen im Einzugsermächtigungsverfahren unter dem neuen Regelungsregime in maßgeblichen Punkten geändert werden müsste, oder gar das Verfahren aufgrund des harmonisierten Rechtsrahmens nicht mehr praktikabel sein könnte.[830] Dessen ungeachtet kann die Vereinbarkeit des Verfahrens mit den neuen Vorschriften nicht einfach vorausgesetzt werden, sondern ist unter Zugrundelegung eines richtlinienkonformen Regelungsgehalts problematischer Normen gesondert zu prüfen.

Solcher Prüfungsbedarf besteht, wie sogleich näher zu begründen ist, hinsichtlich § 675x Abs. 1 S. 1 BGB. Anhand dieser Norm kann exemplarisch demonstriert werden, wie sich die Frage der Vereinbarkeit des Einzugsermächtigungsverfahrens mit dem BGB-Zahlungsdiensterecht in der Anwendungspraxis niederschlägt (B und C). Schließlich wird ein vergleichender Blick auf das britische und französische Recht zeigen, ob hinsichtlich der dort praktizierten Lastschriftverfahren ähnliche Probleme entstehen, wie hinsichtlich des deutschen Einzugsermächtigungsverfahrens (E).

B. Schilderung des zu lösenden Auslegungsproblems und seiner rechtlichen Implikationen

Ungeachtet der horizontalen Systematik des Zahlungsdiensterechts kann nicht pauschal von der Anwendbarkeit aller Normen des Untertitels „Zahlungsdienste“ auf die Einzugsermächtigungslastschrift ausgegangen werden: Obwohl die Regelungen im Ansatz abstrakt gefasst sind, um alle Zahlungsverfahren gleichermaßen abdecken zu können[831], ist die Anwendbarkeit einzelner Normen vielfach an bestimmte Voraussetzungen geknüpft.[832] Jegliche Prüfung der Aus-

829 Dies zeigt sich nicht zuletzt daran, dass der Frage auch über die Fachliteratur hinaus Aufmerksamkeit gewidmet wurde, vgl. Frankfurter Allgemeine Zeitung vom 26.5.2008, Nr. 120, S. 15.

830 Dies geht namentlich aus der Begründung des Regierungsentwurfs hervor, vgl. BT-Drs. 16/11643, S. 105/106.

831 Vgl hierzu bereits oben Teil 1, Kap.3, Abschnitt A.II.1.

832 Als Beispiel sei etwa die Auslösung eines Zahlungsvorgangs vom Zahler – dann Anwendbarkeit des § 675y Abs. 1 BGB – oder vom oder über den Zahlungsempfänger – dann Anwendbarkeit des § 675y Abs. 2 BGB – genannt.

wirkungen der neuen gesetzlichen Parameter auf das Einzugsermächtigungsverfahren setzt daher zunächst eine Vergewisserung über die Anwendbarkeit der einzelnen Normen voraus. In den meisten Fällen ergibt sich die (Nicht-)Anwendbarkeit der zahlungsdiensterechtlichen Vorschriften ohne weiteren Reflexionsbedarf aus dem Gesetz.

In einzelnen Fällen setzt die Beurteilung der Anwendbarkeit jedoch eine fallbezogene Auslegung der neuen Begrifflichkeiten voraus, was zu einem tieferreichenden Subsumtionsbedarf führen kann. So etwa im Falle des § 675x Abs. 1 S. 1 BGB, welcher unter der Überschrift *„Erstattungsanspruch bei einem vom oder über den Zahlungsempfänger ausgelösten autorisierten Zahlungsvorgang"* einen ebensolchen begründet, *„wenn bei der Autorisierung der genaue Betrag nicht angegeben wurde und der Zahlungsbetrag den Betrag übersteigt, den der Zahler (...) hätte erwarten können"*. Wäre diese Vorschrift auf das Einzugsermächtigungsverfahren anwendbar, so würde in das vertraglich austarierte System der Rechte und Pflichten[833] eine neue Anspruchsgrundlage hineinbrechen, die eine Neuevaluierung der Vertragsbedingungen erforderte und Folgefragen – wie etwa die, wann die Frist des § 675x Abs. 4 BGB zu laufen beginnt – nach sich zöge.[834]

Die Anwendbarkeit dieser Anspruchsgrundlage setzt voraus, dass eine autorisierte Pull-Zahlung vorliegt. Zweifelsfrei stellt eine Zahlung mittels Lastschrift im Einzugsermächtigungsverfahren eine Pull-Zahlung dar. Fraglich ist hingegen, ob es sich auch um einen *„autorisierten Zahlungsvorgang"* im Sinne der Norm handelt. Dies gilt es im folgenden Abschnitt zu klären.

Als Autorisierung kommen die vom Schuldner erteilte Einzugsermächtigung sowie die im Nachhinein gegenüber der Schuldnerbank zu erteilende Genehmigung in Betracht. Die rechtliche Einordnung der Einzugsermächtigung ist seit

---

833 Jungmann spricht illustrativ vom System der „Checks and Balances" als Legitimationsvoraussetzung des Einzugsermächtigungsverfahrens, vgl. Jungmann, Am Vorabend eines Paradigmenwechsels beim Lastschriftverfahren: Von der Genehmigungstheorie zur „Erfüllungstheorie"? – Die Divergenzen zwischen Bankrechts- und Insolvenzrechtssenat im Lichte des geltenden Einzugsermächtigungsverfahrens und des zukünftigen SEPA-Lastschriftverfahrens, ZBB 2008, S. 409 ff. (412).

834 Zu den Komplikationen, die mit der Anwendbarkeit des achtwöchigen Erstattungsanspruchs im Einzugsermächtigungsverfahren verbunden wären, siehe Burghardt/ Wegmann: Insolvenzen und Einzugsermächtigungsverfahren nach der Rechtsprechung des BGH – Rechtssicherheit ab dem 31. 10. 2009 auf gangbaren Wegen?, NZI 2009, S. 752 (757 ff.). Burghardt und Wegmann gehen allerdings von vornherein von der Nicht-Anwendbarkeit des § 675x Abs. 1 S. 1 BGB aus und leiten einen Erstattungsanspruch aus Abs. 4 der Norm her. Dies ist verfehlt, da Abs. 4 lediglich eine Frist für die Geltendmachung des Anspruchs aus Abs. 1 vorsieht.

langem Gegenstand lebhafter Diskussion in Rechtsprechung und Lehre[835], der mit dem neuen Zahlungsdiensterecht nunmehr eine neue Bedeutung zukommt: Es ist festzustellen, ob sich die Einzugsermächtigung oder aber die nachträgliche Genehmigung der Kontobelastung unter den Begriff der Autorisierung im Sinne des § 675x Abs. 1 S. 1 BGB, der zu diesem Zwecke richtlinienkonform auszulegen ist, subsumieren lassen.

C. Zahlung mittels Lastschrift im Einzugsermächtigungsverfahren als „autorisierter Zahlungsvorgang“ im Sinne des § 675x Abs. 1 S. 1 BGB?

I. Präzisierung des Auslegungsbedarfs

Die Auslegung des § 675x Abs. 1 S. 1 BGB hat vorliegend das Ziel, zu eruieren, ob eine der im Verlaufe eines Einzugsermächtigungsverfahrens abgegebenen Erklärungen unter den Begriff der Autorisierung subsumiert werden kann. Nur dann läge ein „autorisierter Zahlungsvorgang“ vor, so dass die Norm auf Zahlungen im Einzugsermächtigungsverfahren anzuwenden wäre. A priori kommen, wie angedeutet, zwei Erklärungen des Zahlers als Autorisierung in Betracht:

Zum einen die Einzugsermächtigung: Diese ist die einzige Erklärung, die der Zahler nach der Systematik des Einzugsermächtigungsverfahrens *vor Ausführung* des Zahlungsvorgangs abgibt.[836] Sie wird im Verhältnis zum Valutagläubiger erteilt, der in aller Regel auch Zahlungsempfänger ist. Dies macht den Zahlungsempfänger zwar nicht zwingend zum Adressaten der Autorisierung – ebenso kann er etwa als Bote lediglich zur Übermittlung der Erklärung an die Zahlstelle eingesetzt werden. Doch vorbehaltlich einer Klärung der genauen Rechtswirkungen der Einzugsermächtigung kommt der Gläubiger als „Autorisierter“ in Betracht. Die Tatsache, dass die Einzugsermächtigung nicht an die Zahlstelle weitergeleitet wird – ihr wird lediglich im Rahmen des Inkasso durch die Empfängerbank mitgeteilt, dass eine Ermächtigung des Zahlungspflichtigen dem Zahlungsempfänger vorliege – spricht dafür, dass es tatsächlich darauf ankommt, ob die Autorisierungswirkung in Person des Zahlungsempfängers ein-

835 Vgl. für einen Überblick der widerstreitenden Positionen Werner in: Zahlungsverkehr - Handbuch, § 2 Rn. 20 ff. sowie Wittig, Lastschriftzahlungen in Krise und Insolvenz des Schuldners - Versuch einer Bestandsaufnahme, in: Entwicklungslinien im Bank- und Kapitalmarktrecht - Festschrift für Gerd Nobbe, Köln 2009, S. 237 ff.

836 Vgl. zum chronologischen Ablauf des Einzugsermächtigungsverfahrens Krepold/Fischbeck, op.cit., S. 78.

treten kann. Die „Autorisierung“ im Sinne des § 675x Abs. 1 S. 1 BGB ist also daraufhin zu untersuchen, ob sie grundsätzlich auch *dem Zahlungsempfänger*[837] oder aber ausschließlich der Zahlstelle wirksam erteilt werden kann.

Zum anderen könnte die Genehmigung der Belastungsbuchung als Autorisierung im Sinne der Norm zu werten sein. Diese Erklärung erfolgt im Einzugsermächtigungsverfahren im Nachhinein, wobei die Genehmigungswirkung in der Regel – gemäß einer entsprechenden vertraglichen Vereinbarung – durch Unterlassen rechtzeitiger Einwendungen entsteht.[838] Die Anwendbarkeit des § 675x Abs. 1 S. 1 BGB könnte aus dieser Erklärung hergeleitet werden, wenn unter den Begriff der Autorisierung in diesem Zusammenhang auch Zustimmungen fielen, die erst nach Ausführung eines Zahlungsvorgangs erteilt werden. Wenn nur im Vorhinein abgegebene Erklärungen vom Autorisierungsbegriff des § 675x Abs. 1 S. 1 BGB erfasst wären, schiede eine Subsumtion der Genehmigung hierunter von vornherein aus.

Demnach ergibt sich der Bedarf einer grundsätzlichen Klärung der Fragen, ob die Autorisierung im Sinne des § 675x Abs. 1 S. 1 BGB auch *dem Zahlungsempfänger* erteilt werden kann und ob auch eine *nachträgliche* Autorisierung unter den Begriff fallen kann. Diese Punkte sind – gewissermaßen im Zuge einer „Vorabprüfung“ – zu klären, bevor untersucht werden kann, ob die Einzugsermächtigung bzw. die Belastungsgenehmigung in ihrer praktischen Ausgestaltung durch das Einzugsermächtigungsverfahren unter den Begriff der Autorisierung zu subsumieren sind.

---

837 Im Sinne der sprachlichen Klarheit wird im Rahmen der folgenden Auslegung die Formulierung „Autorisierung des Zahlungsempfängers“ verwandt. Dies deshalb, weil das Auslegungsproblem darin besteht, festzustellen, ob auch der Zahlungsempfänger zuständiger Adressat der Autorisierung sein kann. Hingegen ist völlig unproblematisch, dass die Autorisierung auch „über“ den Zahlungsempfänger erteilt werden kann, dieser also als Vertreter oder Bote eingesetzt wird, wobei die Zahlstelle der eigentliche Adressat bleibt. Es geht also nicht um die Empfangszuständigkeit des Zahlungsempfängers, sondern darum, ob er „der Autorisierte“ sein kann. Formulierungen wie „Autorisierung gegenüber dem Zahlungsempfänger“ oder „im Verhältnis zum Zahlungsempfänger“ bringen das Auslegungsproblem daher nicht klar zum Ausdruck, da hiermit auch gemeint sein könnte, dass der Zahlungsempfänger als bloßer Mittler der Autorisierung fungiert.

838 Vgl. Nr. 2.4 der Bedingungen für Zahlungen mittels Lastschrift im Einzugsermächtigungsverfahren – Neufassung zum 31. Oktober 2009.

II. Grundsätzliche Möglichkeit der Autorisierung des Zahlungsempfängers? – Richtlinienkonforme Auslegung

Durch § 675x BGB werden die Artt. 62 und 63 PSD ins deutsche Recht umgesetzt, wobei § 675x Abs. 1 S. 1 BGB speziell auf Art. 62 Abs. 1 S. 1 PSD zurückzuführen ist. Diese Richtliniennorm ist zunächst ihrerseits hinsichtlich der vorliegenden Frage auszulegen, um darauf aufbauend eine korrekte richtlinienkonforme Auslegung der deutschen Vorschrift vornehmen zu können.

1. Grammatische Auslegung des Art. 62 Abs. 1 S. 1 PSD

Art. 62 Abs. 1 S. 1 PSD sieht einen Anspruch auf „Erstattung eines autorisierten, von einem oder über einen Zahlungsempfänger angewiesenen und bereits ausgeführten Zahlungsvorgangs" vor; sein Wortlaut entspricht damit – insbesondere was die Verwendung des Begriffs „autorisiert" angeht - § 675x Abs. 1 S. 1 BGB.[839] In der Liste von Begriffsbestimmungen des Art. 4 PSD taucht „Autorisierung" nicht auf. Als Begriffsbestimmung könnte allenfalls Art. 54 Abs. 1 PSD herangezogen werden, der vorsieht:

> Die Mitgliedstaaten stellen sicher, dass ein Zahlungsvorgang nur dann als autorisiert gilt, wenn der Zahler dem Zahlungsvorgang zugestimmt hat. Der Zahler kann einen Zahlungsvorgang entweder vor oder — sofern zwischen dem Zahler und seinem Zahlungsdienstleister so vereinbart — nach der Ausführung autorisieren.

Hierdurch wird der Begriff der Zustimmung als Synonym der Autorisierung eingeführt. Im allgemeinen Sprachgebrauch ist die „Zustimmung" indes ein zumindest ebenso weiter Begriff wie die Autorisierung. Beide Begriffe werden im nicht juristischen Sinne als *„Bevollmächtigung", „Genehmigung", „Billigung", „Erlaubnis"* oder *„Ermächtigung"* verstanden.[840] Eine bestimmte Vorgabe, gegenüber welchem Adressaten Autorisierung und Zustimmung erfolgen können, besteht in grammatischer Hinsicht damit nicht.

839 Der deutsche Gesetzgeber ist von der Formulierung der PSD nur insofern abgewichen, als er nicht die Erstattung eines Zahlungsvorgangs, sondern, sachlich präziser, von die Erstattung eines belasteten Zahlungsbetrages vorsieht.

840 Vgl. Duden Bedeutungswörterbuch, op.cit.; bzw. Wahrig – Deutsches Wörterbuch, op.cit.
Das spezifische Verständnis der „Autorisierung" als Freigabe geistigen Eigentums (vgl. Brockhaus Enzyklopädie in vierundzwanzig Bänden, 19. Aufl., Zweiter Band APU-BEC, Mannheim 1987) ist offenkundig nicht einschlägig.

Der Wortlaut des Art. 62 Abs. 1 PSD gibt folglich keinen Aufschluss darüber, ob die Autorisierung nur dem Zahlungsdienstleister des Zahlers oder auch dem Zahlungsempfänger erteilt werden kann.

Hieraus könnte zu folgern sein, dass der Wortlaut für ein weites Verständnis des Begriffs spricht und nach der grammatischen Auslegung daher im Ergebnis auch eine Autorisierung des Valutagläubigers zulässt. Ein solcher Umkehrschluss würde jedoch verkennen, dass mit derselben Argumentation jedes beliebige Auslegungsergebnis gerechtfertigt werden könnte: Da der Wortlaut keine nähere Präzisierung der Normbedeutung zulässt, könnte unter „Autorisierung" etwa auch die Zustimmung gegenüber völlig unbeteiligten Dritten fallen. Dieses Beispiel einer völlig abwegigen Begriffsbestimmung, die dennoch vom bloßen Wortsinn gedeckt wäre, zeigt, dass der Wortlaut in Fällen wie dem vorliegenden zumindest nicht als starkes Auslegungskriterium taugt.

2. Systematische Auslegung des Art. 62 Abs. 1 S. 1 PSD

Dem Begriff der Autorisierung kommt in der PSD eine zentrale Rolle zu: Titel IV, Kapitel 2 steht unter der Überschrift *„Autorisierung von Zahlungsvorgängen"*; zudem wird der Begriff in zahlreichen Normen verwandt.

Die Autorisierung fügt sich in das durch die Richtlinie etablierte Modell des Zahlungsdienstes ein. Zum Zwecke der Konkretisierung des Begriffs der Autorisierung hinsichtlich der tauglichen Autorisierungsadressaten kann daher die Systematik des Rechtsinstituts des Zahlungsdienstes ausgewertet werden. Zudem kann die Abgrenzung zu anderen Begriffen, welche die Richtlinie zur abstrakten Regulierung der Zahlungsdienste verwendet, Aufschluss über die Bedeutung der „Autorisierung" geben.

Als spezielle Ausprägung des Zahlungsdienstes ist die Lastschrift in Art. 4 Nr. 28 PSD gesondert definiert. Danach bezeichnet der Begriff der „Lastschrift"

> einen vom Zahlungsempfänger ausgelösten Zahlungsdienst zur Belastung des Zahlungskontos des Zahlers aufgrund einer Zustimmung des Zahlers zu einem Zahlungsvorgang, die der Zahler gegenüber dem Zahlungsempfänger, dessen Zahlungsdienstleister oder seinem eigenen Zahlungsdienstleister erteilt.

Eine Erteilung der Autorisierung *„gegenüber dem Zahlungsempfänger"* ist also explizit durch die Richtlinie vorgesehen. Dies scheint darauf hinzuweisen, dass die Autorisierung, auch sofern sie ausschließlich im Valutaverhältnis erteilt wird, wirksam sein kann. Jedoch ist dieser Schluss im Hinblick auf den Begriff der Autorisierung im Sinne des Art. 62 Abs. 1 S. 1 PSD aus zweierlei Gründen nicht zwingend:

Zum einen lässt die Formulierung des Art. 4 Nr. 28 PSD, der zufolge eine Autorisierung auch „gegenüber“ dem Zahlungsempfänger erteilt werden kann, mehrere Auslegungen zu. Insbesondere ist auffällig, dass der Richtliniengeber nicht etwa vorsieht, dass die Autorisierung „dem Zahlungsempfänger“ erteilt werden kann, sondern lediglich eine Erteilung „gegenüber“ diesem zulässt. Wie der Vergleich mit der Bestimmung des Begriffs des Zahlungsauftrags (Art. 4 Nr. 16 PSD), welchen der Zahler *„seinem Zahlungsdienstleister“* erteilen kann, zeigt, ist diese Bedeutungsdiskrepanz nicht aus der Luft gegriffen, sondern stützt sich auf den spezifischen Sprachgebrauch der Richtlinie. Aus dieser sprachlichen Differenzierung könnte zu schließen sein, dass im Rahmen der Lastschrift die Autorisierungserklärung durch den Zahler zwar auch dem Zahlungsempfänger (als Erklärungsmittler) mitgeteilt werden kann, dieser jedoch keineswegs der zuständige Adressat für einen wirksamen Empfang der Autorisierung ist.

Zum anderen würde sich Art. 4 Nr. 28, selbst wenn die Vorschrift den Zahlungsempfänger als möglichen „Autorisierten“ ausweisen würde, keine bindende Vorgabe für die Auslegung des Begriffs der Autorisierung im Sinne des Art. 62 Abs. 1 S. 1 PSD ergeben. Hierfür spricht zwar das Gebot der Einheit der Rechtsbegriffe.[841] Wie die Ausführungen zum Zahlungsauthentifizierungsinstrument gezeigt haben[842], sind die Begriffe des harmonisierten Zahlungsdiensterechts jedoch nicht durchweg konsistent. Vielmehr sind sie im einschlägigen Kontext unter Einräumung einer gewissen Methodenelastizität zu konkretisieren. Selbst wenn also die Richtlinie Lastschriftverfahren zulässt, bei denen die Autorisierung wirksam dem Zahlungsempfänger erteilt werden kann, bedeutet dies nicht zwingend, dass dies auch auf die Autorisierung im Sinne des Art. 62 Abs. 1 S. 1 PSD zutrifft. Es ist ebenso denkbar, dass Art. 62 Abs. 1 S. 1 PSD auf Lastschriftverfahren, bei denen eine Autorisierung nicht gegenüber dem Zahlungsdienstleister des Zahlers erteilt wird, nicht anwendbar ist, da diese eben nicht „autorisiert“ im Sinne der speziellen Vorschrift sind. Ebendies gilt es zu klären.

Letztlich kann der Begriff der Autorisierung hinsichtlich der möglichen Adressaten daher anhand von Art. 4 Nr. 28 PSD nicht bestimmt werden.

Aus einer Betrachtung des systematischen Zusammenhangs der Voraussetzungen des Erstattungsanspruchs nach Art. 62 Abs. 1 S. 1 PSD kann zwar ebenfalls

841 Vgl. zur Einheit der Rechtsbegriffe als Ausprägung des Prinzips der Einheit der Rechtsordnung, Felix, Einheit der Rechtsordnung, Tübingen 1998, S. 157 ff.

842 Siehe oben Teil 1, Kap.3, Abschnitt E.II.

kein Ergebnis für die vorliegende Auslegungsfrage gezogen werden, doch zumindest erlaubt Art. 62 Abs. 1 S. 1 lit. a PSD, ein vermeintliches Argument gegen die Wirksamkeit einer dem Zahlungsempfänger erteilten Autorisierung zu entkräften: Namentlich hätte prima facie angeführt werden können, dass eine Erklärung gegenüber dem Zahlungsempfänger, welche diesem die Bestimmung des Zahlungsbetrages und Zeitpunktes überlässt, nicht als Autorisierung angesehen werden könne, weil der Zahlungsempfänger die Essentialia des Zahlungsvorgangs noch gar nicht kenne. Diese Erwägung wird aber angesichts Art. 62 Abs. 1 lit. a PSD gegenstandslos, da nach dieser Norm die Nichtangabe des Zahlungsbetrages bei der Autorisierung sogar eine Anspruchsvoraussetzung ist. Es gehört also geradezu zum Wesenskern der von Art. 62 Abs. 1 S. 1 PSD erfassten Zahlungsvorgänge, dass der Zahler die Höhe des Zahlungsbetrages zunächst nicht kennt.

Für die positive Bestimmung des Begriffs der Autorisierung mag ein erneuter Blick auf Art. 54 PSD ergiebiger sein. Diese Vorschrift nimmt als Gegenstand der Autorisierung den „*Zahlungsvorgang*" in Bezug. Hierunter ist gemäß Art. 4 Nr. 5 PSD zu verstehen:

> die bzw. der vom Zahler oder Zahlungsempfänger ausgelöste Bereitstellung, Transfer oder Abhebung eines Geldbetrags, unabhängig von etwaigen zugrunde liegenden Verpflichtungen im Verhältnis zwischen Zahler und Zahlungsempfänger.

Der Begriff des Zahlungsvorgangs kann demnach den gesamten Geldfluss vom Zahler zum Zahlungsempfänger, aber auch jeden einzelnen zwischengeschalteten Buchungsvorgang bezeichnen.[843]

Zu prüfen ist, wie weit der Zahlungsvorgang als Autorisierungsgegenstand im Rahmen des Art. 62 Abs. 1 S. 1 PSD zu fassen ist. Die Klärung dieser Frage ist für die Bestimmung der tauglichen Adressaten der Autorisierung durchaus relevant: Da für die verschiedenen Etappen des elektronischen Geldtransfers vom Schuldner zum Gläubiger verschiedene Stellen rechtlich verantwortlich sind, lassen sich aus der Konkretisierung des von Art. 62 Abs. 1 S. 1 PSD gemeinten „Zahlungsvorgangs" möglicherweise auch Rückschlüsse auf die Zuständigkeit hinsichtlich der Autorisierung ziehen. Wenn etwa der gesamte Transfer vom Zahler zum Zahlungsempfänger Gegenstand der Autorisierung wäre, so wären hiervon Buchungsvorgänge erfasst, die weder sämtlich in die Zuständigkeit der Zahlstelle, noch des Zahlungsempfängers fielen. Ein Ausschluss einer dieser Parteien aus dem Kreis der Autorisierungsadressaten wäre

843 Vgl. zum entsprechenden Begriff in § 675f Abs. 3 S. 1 BGB Palandt/Sprau, § 675f Rn. 16.

daher auf dieser Grundlage nicht möglich. Wenn hingegen als autorisierter Zahlungsvorgang nur diejenigen Einzelbuchungen anzusehen wären, für die die Zahlstelle rechtlich zuständig ist, so würde dies auf ihre alleinige Empfangszuständigkeit für die Autorisierung hinweisen. Denn die Erteilung einer Autorisierung hinsichtlich eines Vorgangs, für dessen Ausführung der Adressat der Autorisierung nicht rechtlich zuständig ist, erscheint angesichts der Tatsache, dass an die Autorisierung eine Legitimationswirkung geknüpft ist, die über das Entstehen von Ansprüchen entscheidet (vgl. nur Art. 60 Abs. 1 PSD), kaum der Funktion der Autorisierung zu entsprechen.

Bei Anwendung dieses Rechtsgedankens kann unter dem Zahlungsvorgang im Sinne des Art. 62 Abs. 1 S. 1 PSD nicht der gesamte Zahlungstransfer vom Schuldner zum Gläubiger zu verstehen sein. Folgt man dem Kriterium der Zuständigkeit für die Ausführung des autorisierten Zahlungsvorgangs, so scheidet der Zahlungsempfänger als Autorisierungsadressat in der Tat gänzlich aus, da er über die vorzunehmenden Kontoverfügungen keine rechtliche Gewalt hat. Zwar hat er einen Anspruch gegen seinen Zahlungsdienstleister auf „Verfügbarmachen“ eingegangener Zahlungsbeträge (Art. 69 Abs. 2 PSD, § 675t BGB), jedoch ist er nicht zuständig für die Ausführung der Buchung. Die Zahlstelle hingegen kann durch die Autorisierung zur Belastung des Schuldnerkontos legitimiert werden; zudem ist sie gemäß Art. 69 Abs. 1 PSD (§ 675s Abs. 1 BGB) für die Weiterleitung des Zahlungsbetrages bis zum Konto der Inkassostelle dem Zahler gegenüber verpflichtet. Als mögliche autorisierungsfähige Zahlungsvorgänge im Sinne des Art. 62 Abs. 1 S. 1 PSD mögen daher die Buchungen bis zum Konto des Zahlungsdienstleisters des Zahlungsempfängers in Betracht kommen.

Mit einem ganz ähnlichen Gedankengang, der allerdings den Fokus vom Adressaten der Autorisierung zum Erklärenden schwenkt, kann der als Autorisierungsgegenstand betroffene Zahlungsvorgang noch bedeutend weiter eingeschränkt werden: Da sich nämlich die Verfügungsmacht des Zahlers auf sein Konto beschränkt und die ihn treffenden Rechtsfolgen der Autorisierung – namentlich das Entstehen des Aufwendungsersatzanspruchs seines Zahlungsdienstleisters bzw. der Ausschluss des Erstattungsanspruchs nach Art. 60 Abs. 1 PSD – sich ebenfalls auf das Deckungsverhältnis konzentrieren, liegt es nahe, die Autorisierung nur auf den in diesem Rechtsverhältnis auszuführenden Zahlungsvorgang, also die Belastung des Schuldnerkontos, zu beziehen. Würde die Autorisierung auch die folgenden Zwischentransfers des Zahlungsbetrags erfassen, so könnte ihr, mangels diesbezüglicher Dispositionsbefugnis des Zahlers, kaum ein rechtlicher Erklärungswert zugemessen werden. Letzteres widerspräche jedoch der Systematik der PSD, welche die Autorisierung nicht als generelle

Einverständnisäußerung konzipiert hat, sondern im Gegenteil bestimmte Rechtsfolgen daran knüpft.[844]

Hieraus folgt, dass sich die Autorisierung des Zahlers nur auf den Zahlungsvorgang im Deckungsverhältnis bezieht. Dementsprechend ist nur die Zahlstelle tauglicher Adressat für eine wirksame Autorisierung.

Dieses Ergebnis wird durch eine vergleichende Heranziehung des Begriffs des Zahlungsauftrags bestätigt, welcher im abstrakten Regelungssystem ebenfalls eine zentrale Stellung einnimmt[845] und in Art. 4 Nr. 16 PSD definiert ist als

> Auftrag, den ein Zahler oder Zahlungsempfänger seinem Zahlungsdienstleister zur Ausführung eines Zahlungsvorgangs erteilt.

Der Zahlungsauftrag kann, da er die Weisung zur Ausführung eines Zahlungsvorgangs erst enthält, nur zeitlich vor der Vornahme der entsprechenden Buchungen erfolgen. Erteilt der Zahler einen Zahlungsauftrag, so enthält dieser zwingend auch die Autorisierung, da die Erteilung einer Weisung denknotwendig auch die Zustimmung zur Befolgung der Weisung umfasst.[846] Wenn also eine an den Zahlungsempfänger gerichtete Erklärung des Zahlers einen Zahlungsauftrag darstellen könnte, so wäre auch die Autorisierung im Valutaverhältnis möglich. Nach dem klaren Wortlaut des Art. 4 Nr. 16 PSD kann der Zahlungsauftrag jedoch nur im Verhältnis der Zahlungsdienstnutzer zu ihren jeweiligen Zahlungsdienstleistern erteilt werden.[847] Nur so ist auch die mit der Auto-

---

844 Vgl. z.B. Art. 60 PSD, der einen Erstattungsanspruch des Zahlers bei fehlender Autorisierung vorsieht, und Art. 61 PSD, der die Haftung des Zahlers bei fehlender Autorisierung einschränkt.

845 So ist der Eingang des Zahlungsauftrags etwa maßgeblich für die Pflicht zur fristgemäßen Ausführung nach Art. 69 PSD.

846 Umgekehrt enthält die Autorisierung nicht zwingend den Zahlungsauftrag, da erstere auch nach Ausführung des Zahlungsvorgangs erteilt werden kann, vgl. Art. 54 Abs. 1 S. 2 PSD, § 675j Abs. 1 S. 2 BGB. Auch die Auslösung eines Zahlungsvorgangs ist nicht zwingend mit dem Zahlungsauftrag verbunden: die Auslösung ist in rein tatsächlicher Hinsicht der an den Zahlungsdienstleister des Zahlers gerichtete Anstoß zur Ausführung des Zahlungsvorgangs; der Zahlungsauftrag hat diese Wirkung nicht immer, da er auch unter dem Vorbehalt zusätzlicher Voraussetzungen erteilt werden kann. Art. 69 Abs. 3 PSD spricht insofern missverständlich von einem „vom Zahlungsempfänger ausgelösten Zahlungsauftrag“; richtig müsste es „vom Zahlungsempfänger erteilten Zahlungsauftrag“ heißen.

847 Bemerkenswerterweise sieht die Richtlinie auch die Möglichkeit vor, dass der Zahlungsempfänger seinem Zahlungsdienstleister den Zahlungsauftrag erteilt. Hieraus zu schließen, dass etwa die Einreichung einer Einzugsermächtigung einen Zahlungsauftrag darstellt, wäre jedoch verfehlt. Mit der Ausführung eines Zahlungsvorgangs kann nur

risierung einhergehende Rechtswirkung im Deckungsverhältnis – namentlich die Entstehung des Aufwendungsersatzanspruchs der Zahlstelle bzw. der Ausschluss des Erstattungsanspruchs nach Art. 60 Abs. 1 PSD (§ 675u BGB) – zu rechtfertigen. Aus der begrifflichen Schnittmenge zwischen Zahlungsauftrag und Autorisierung des Zahlungsvorgangs kann mithin nicht geschlossen werden, dass die Autorisierung auch dem Zahlungsempfänger erteilt werden kann. Vielmehr bestätigt die Richtlinie, indem sie die Pflicht zur Ausführung des Zahlungsvorgangs in Art. 69 an den Eingang des Zahlungsauftrags beim Zahlungsdienstleister des Zahlers knüpft, dass die wirksame Belastung des Schuldnerkontos in rechtlicher Hinsicht stets an die Legitimation der Zahlstelle geknüpft ist.

Eine letzte systematische Erwägung stützt ebenfalls dieses Auslegungsergebnis: Gemäß Art. 54 Abs. 2 PSD wird die „Zustimmung zur Ausführung eines oder mehrerer Zahlungsvorgänge (…) in der zwischen dem Zahler und seinem Zahlungsdienstleister vereinbarten Form erteilt". Die Zuweisung der Dispositionsbefugnis über die formalen Anforderungen an die Autorisierung legt den Schluss nahe, dass auch die Erteilung der Autorisierung zwischen dem Zahler und seinem Zahlungsdienstleister erfolgen muss, um ihre Wirkungen zu entfalten.[848]

Nach alldem ergibt die Auslegung nach dem Kriterium des systematischen Normzusammenhangs, dass ausschließlich die Zahlstelle tauglicher Adressat

die Stelle beauftragt werden, welche den rechtlichen Zugriff auf das zu belastende Konto hat. Eine zwischen dem Zahlungsempfänger und seinem Zahlungsdienstleister abgegebene Weisung kann daher nur darauf gerichtet sein, entweder einen Zahlungsauftrag des Zahlers an die Zahlstelle weiterzuleiten (Auftragserteilung „über" den Zahlungsdienstleister), oder aber in rein technischer Hinsicht die Ausführung eines Zahlungsvorgangs auszulösen. Dass ein Zahlungsauftrag im Sinne einer bindenden Weisung zur Ausführung eines Zahlungsvorgangs nicht dem Zahlungsdienstleister des Zahlungsempfängers erteilt werden kann, geht auch aus Art. 69 Abs. 1 PSD hervor, welcher die Ausführungspflicht an den Eingang des Zahlungsauftrags beim Zahlungsdienstleister des Zahlers knüpft. Im Zuge der Umsetzung der PSD ins deutsche Recht wurde dieser Systematik Rechnung getragen, indem die Definition des Zahlungsauftrags in § 675f Abs. 3 S. 2 BGB klar vorsieht, dass der Zahlungsauftrag nur der Zahlstelle erteilt werden kann. Das Beispiel des Zahlungsauftrags zeigt damit wiederum, dass die Begrifflichkeit der PSD teils nicht konsistent und daher stets anhand systematischer und teleologischer Auslegungskriterien zu konkretisieren ist.

848 Dies entspricht dem hinsichtlich §§ 125 S. 2 und 127 BGB, in denen die Möglichkeit einer Formvereinbarung vorausgesetzt wird, anerkannten Prinzip, dass die an ein Rechtsgeschäft zu stellenden Formerfordernisse stets nur von den beteiligten Parteien festgelegt werden können, vgl. Münchner Kommentar BGB/Einsele, § 125 Rn. 69 bzw. § 127 Rn. 2.

einer wirksamen Autorisierung ist. Dem Zahlungsempfänger kann die Autorisierung demnach nicht erteilt werden.

3. Historische Auslegung des Art. 62 Abs. 1 S. 1 PSD

Die Ermittlung des Regelungswillens des Richtliniengebers kann sich zum einen auf eine Analyse der Änderungen des Wortlauts einschlägiger Vorschriften im Vergleich zur Fassung des Kommissionsvorschlags, zum anderen auf die Auswertung der Erwägungsgründe stützen.

a. Abänderungen der Vorschlagsfassung durch die Legislativorgane

Die einschlägigen Passagen des Richtlinienentwurfs wurden im Laufe der Kompromissfindung zwischen Parlament und Rat in zweifacher Hinsicht geändert:

Zum einen lautete der ursprüngliche Entwurf des Art. 54 Abs. 1 PSD (Art. 41 Abs. 1 Kommissionsvorschlag)[849]:

> Die Mitgliedstaaten sorgen dafür, dass eine Zahlung nur als autorisiert gilt, wenn der Zahler **der betreffenden Zahlungsanweisung an den Zahlungsdienstleister** zugestimmt hat.

Demgegenüber sieht die endgültige Richtlinienfassung, wie oben zitiert[850], vor, dass der Zahler *„dem Zahlungsvorgang"* zustimmt.

Ist nun aus dem Umstand, dass die Worte „an den Zahlungsdienstleister" gestrichen wurden, zu schließen, dass der Richtliniengeber auch eine Autorisierung des Zahlungsempfängers zulassen wollte? Dies ist zu verneinen, da schon die Entwurfsfassung der Kommission keine Aussage über den tauglichen Adressaten der Autorisierung enthielt. Aus ihr ging lediglich hervor, dass die „Zahlungsanweisung" an den Zahlungsdienstleister gerichtet sein muss. Dies ist jedoch genauso gemäß der endgültigen Richtlinienfassung der Fall.[851] Das Erfordernis der Zustimmung zur Zahlungsanweisung an den Zahlungsdienstleister lässt die Frage der zuständigen Adressaten einer Autorisierung offen und kann daher auch nicht als Grundlage für einen diesbezüglichen Umkehrschluss dienen.

---

849 KOM(2005) 603 endgültig, op.cit.

850 Siehe oben unter Teil 2, Kap. 1, Abschnitt C.II.1.c.ii.

851 Siehe oben, ebenda.

Eine weitere Änderung gegenüber der Entwurfsfassung betrifft Art. 62 Abs. 1 PSD (Art. 52 Kommissionsentwurf). Die Kommission schlug vor, die Anspruchsgrundlage wie folgt zu gestalten:

> Die Mitgliedstaaten sorgen dafür, dass ein gutgläubig handelnder Zahler das Recht auf Rückerstattung einer autorisierten, bereits ausgeführten Zahlung hat, (...)

Im endgültigen Art. 62 Abs. 1 S. 1 PSD hingegen wurde ein Kriterium hinzugefügt:

> Die Mitgliedstaaten stellen sicher, dass ein Zahler gegen seinen Zahlungsdienstleister einen Anspruch auf Erstattung eines autorisierten, **von einem oder über einen Zahlungsempfänger angewiesenen** und bereits ausgeführten Zahlungsvorgangs hat.

Wiederum erscheint die Schlussfolgerung denkbar, dass der Richtliniengeber, indem er explizit die Anweisung des Zahlungsvorgangs *„von einem Zahlungsempfänger"* voraussetzte, die Tür für eine Autorisierung des Zahlungsempfängers öffnen wollte.

Eine solche Auslegung würde jedoch zum einen ohne Begründung die Begriffe der Anweisung und Autorisierung gleichsetzen. Zum anderen ergibt eine systematische Lektüre der Norm, dass die Hinzufügung durch die Legislativorgane der EU[852] lediglich klarstellenden Charakters ist, da sie gegenüber der Vorschlagsfassung keine materielle Änderung bewirkt. Dies aus folgendem Grund: Die Anweisung *„von einem Zahlungsempfänger"* kann nur im Sinne der rein tatsächlichen Auslösung des Zahlungsvorgangs zu verstehen sein, denn ein Weisungsrecht im Sinne eines Auftrags zur Ausführung des Zahlungsvorgangs kommt dem Zahlungsempfänger gegenüber dem Zahlungsdienstleister des Zahlers aus eigenem Recht nicht zu.[853] Dass aber die Auslösung des Zahlungsvorgangs in den anspruchsbegründenden Konstellationen vom Zahlungsempfänger ausgehen muss, war schon unter der Entwurfsfassung unzweifelhaft der Fall, da nur dann dem Zahler im Augenblick der Autorisierung der Zahlungsbetrag gemäß Buchstabe a unbekannt sein kann: Zwar muss die Autorisierung nicht zwingend mit der Auslösung des Zahlungsvorgangs zusammenfallen; wenn aber der Zahler den Zahlungsvorgang auslöst, so stimmt er damit zwangsläufig auch der Ausführung in bestimmter Höhe zu. Hierin liegt eine (erneute) Autorisie-

852 Erstmals taucht der Zusatz im Kompromissvorschlag des Rates vom 22.3.2007 auf (Dossier 2005/0245, Dokument 7665/07), verfügbar im online-Dokumentregister des Rates, op.cit.

853 Die Annahme eines solchen Weisungsrechts würde letztlich eine Dispositionsbefugnis des Zahlungsempfängers zulasten eines Dritten – nämlich des Zahlers – voraussetzen.

rung, durch die ein möglicher Erstattungsanspruch ausnahmslos ausgeschlossen würde. Die Auslösung des Zahlungsvorgangs musste mithin auch schon unter der Vorschlagsfassung zwingend durch den Zahlungsempfänger erfolgen. Insofern hat die Hinzufügung nur klarstellenden Charakter und kann ebenfalls nicht als Basis eines e-contrario-Schlusses auf die Zulässigkeit der Autorisierung des Zahlungsempfängers dienen.

b. Auswertung der Erwägungsgründe

Der einschlägige Erwägungsgrund (36) ist für die Lösung des vorliegenden Auslegungsproblems fruchtbarer. Aus dieser Zweckbestimmung geht das vom Richtliniengeber durch die fragliche Norme anvisierte Ziel hervor:

> Diese Richtlinie sollte eine Erstattungsregelung enthalten, nach der ein Verbraucher in den Fällen geschützt ist, in denen der ausgeführte Zahlungsvorgang den Betrag überschreitet, der vernünftigerweise zu erwarten gewesen wäre. (...)

Der effektive Verbraucherschutz als Regelungsziel diktiert zwar nicht zwingend ein bestimmtes Ergebnis hinsichtlich der tauglichen Autorisierungsadressaten im Sinne des Art. 62 Abs. 1 S. 1 PSD. Eine für den schutzbedürftigen Zahler günstigere Rechtslage ergibt sich jedoch, wenn eine an den Zahlungsempfänger gerichtete Erklärung nicht als Autorisierung anerkannt wird. Dies deshalb, weil dem Zahler im Falle des vollständigen Fehlens einer Autorisierung der Erstattungsanspruch nach Art. 60 Abs. 1 PSD (§ 675u BGB) zusteht, welcher gemäß Art. 58 PSD (§ 676b Abs. 2 S. 1 BGB) erst nach 13 Monaten ausgeschlossen ist.[854] Bei Existenz einer Autorisierung hingegen besteht nur unter den zusätzlichen Voraussetzungen des Art. 62 Abs. 1 S. 1 PSD ein Erstattungsanspruch, der zudem gemäß Art. 63 PSD nach acht Wochen verjährt. Durch eine weite Auslegung des Autorisierungsbegriffs würde sich also die Rechtsposition des Zahlers verschlechtern, den zu schützen doch eigentlich das Ziel der Norm ist. Hieraus folgt, dass es zumindest nicht im Widerspruch zum Willen des Richtliniengebers zu stehen scheint, eine Autorisierung des Zahlungsempfängers nicht als solche im Sinne des Art. 62 Abs. 1 S. 1 PSD gelten zu lassen.

854 Zur Qualifikation des § 676b Abs. 2 S. 1 BGB als Ausschlussfrist sowie zu den weiteren Voraussetzungen des Fristablaufs, vgl. Prütting BGB/Fehrenbacher, § 676b Rn. 1 ff. sowie BT-Drs. 16/11643, S. 119.

4. Teleologische Auslegung des Art. 62 Abs. 1 S. 1 PSD

Neben dem Ziel des Verbraucherschutzes, welches Art. 62 Abs. 1 S. 1 PSD aus Sicht des Richtliniengebers ausweislich des Erwägungsgrunds (36) im Besonderen zugrundeliegt, sind bei der Würdigung des objektiven Regelungszwecks auch die sonstigen grundlegenden Ziele der Richtlinie zu berücksichtigen, welche als allgemeine Maximen auf die Auslegung aller Vorschriften ausstrahlen.[855] Hinsichtlich der vorliegenden Auslegungsfrage kommen insofern in Betracht: zum einen das Ziel der Schaffung eines abstrakten Normensystems zur umfassenden Regelung möglichst aller Zahlungsverfahren im Sinne einer EU-weiten Rechtseinheitlichkeit und Rechtssicherheit[856]; zum anderen das Ziel, die Grundlage zur Verwirklichung eines einheitlichen Euro-Zahlungsverkehrsraumes zu schaffen und insbesondere die Etablierung gemeinsamer Zahlungsverfahren zu begünstigen.[857] Letzteres trifft in besonderem Maße auf die Lastschrift zu, da der Bedarf einer hoheitlichen Harmonisierung speziell mit der Unmöglichkeit begründet wurde, ohne einheitliche gesetzliche Grundlage ein SEPA-Lastschriftverfahren zu realisieren.[858]

A priori spricht das Ziel der Rechtsvereinheitlichung stets dafür, die Anwendbarkeitsvoraussetzungen der Richtliniennormen im Interesse einer möglichst umfassenden Anwendbarkeit der harmonisierten Regeln auszulegen. Eben um die verschiedenen nationalrechtlichen Zahlungsverfahren in ihren variierenden Ausgestaltungen zu erfassen und zur Förderung des grenzüberschreitenden Zahlungsverkehrs in ein einheitliches Regelungskorsett zu zwängen, hat der Richtliniengeber den oben geschilderten abstrakten Ansatz gewählt.[859]

Dem darin zum Ausdruck kommenden Ziel einer Einbindung möglichst aller im Anwendungsbereich der Richtlinie existierenden Lastschriftmodelle entspricht im Falle des Art. 62 Abs. 1 S. 1 PSD eine Auslegung, nach der auch eine an den Zahlungsempfänger gerichtete Zustimmungserklärung zu einem „autorisierten Zahlungsvorgang“ im Sinne der Norm führt. Gerade die umfassende

---

855 Vgl. zu diesen Aspekten der teleologischen Auslegung bereits oben, Teil 1, Kap.1, Abschnitt C.I.4. Vgl. auch die einschränkenden Anmerkungen bei Riesenhuber, in: Europäische Methodenlehre, op.cit., S. 315 ff. (334 f.), der die vorrangige Bedeutung der punktuellen Zielsetzung der auszulegenden Norm betont.

856 Vgl. zu diesen Maximen der PSD bereits Priesemann, EUREDIA 1/2006, op.cit., S. 15 (23 ff.).

857 Vgl. hierzu Beau/Chabassol/Colles, Bulletin de la Banque de France, Nr. 147 (2006), op.cit., S. 25 ff.

858 Vgl. Meckel, jurisPR-BKR 11/2009, op.cit., Anm. 1, unter „2. Entstehungsgeschichte“.

859 Vgl. oben Teil 1, Kap.3, Abschnitt A.II.1.

Anwendbarkeit der Acht-Wochen-Frist des Art. 63 Abs. 1 PSD würde zu einer einheitlichen Finalität auch grenzüberschreitender Buchungen führen und damit die Rechtssicherheit bedeutend steigern. Allerdings ist dieses Argument sehr allgemeiner Natur und wird sich daher gegenüber Erwägungen, die Art. 62 Abs. 1 S. 1 PSD im Speziellen Rechnung tragen – v.a. den vorstehenden systematischen Überlegungen – kaum durchsetzen können.

Was das Ziel der Förderung des SEPA-Projektes und insbesondere der Einführung einheitlicher Zahlungsverfahren angeht, so kommt Art. 62 Abs. 1 S. 1 PSD gerade im Hinblick auf das SEPA-Lastschriftverfahren Bedeutung zu. Namentlich stellt die Norm einen Baustein des rechtlichen Fundaments des für Verbraucher maßgeblichen SEPA-Basislastschriftverfahren (*„SEPA Core Direct Debit Scheme“*) dar.[860]

Indes erfordert die Anwendbarkeit des Art. 62 Abs. 1 S. 1 PSD auf die SEPA-Basislastschrift nicht, dass auch eine Autorisierung des Zahlungsempfängers möglich ist. Nach Punkt 4.1 des für die Ausgestaltung des Verfahrens maßgeblichen *„SEPA Core Direct Debit Rulebook“*[861] erteilt der Zahler seinem Zahlungsdienstleister *über* den Zahlungsempfänger die Autorisierung zur Ausführung des Zahlungsvorgangs. Konkret enthält das SEPA-Lastschriftmandat damit zwei Erklärungen des Zahlers: zum einen erlaubt er dem Zahlungsempfänger, sich zur Einziehung von Forderungen des Lastschriftverfahrens zu bedienen; zum anderen autorisiert er seinen Zahlungsdienstleister, die eingereichten Lastschriften einzulösen.[862] Der European Payments Council stellt Muster dieses „Doppelmandats“ in allen betroffenen Sprachen zur Verfügung[863]; in der deutschen Übersetzung ist das Mandat wie folgt formuliert:

> Ich ermächtige (A) [Name des Zahlungsempfängers], Zahlungen von meinem Konto mittels Lastschrift einzuziehen. Zugleich (B) weise ich mein Kreditinstitut an, die von [Name des Zahlungsempfängers] auf mein Konto gezogenen Lastschriften einzulösen.

---

860 Zum SEPA-Basislastschriftverfahren, vgl. Hadding in FS Hüffer, op.cit., S. 273 (280 ff.).

861 Version 4.0, Stand 1.11.2010; veröffentlicht 30.10.2010. Die Rulebooks sind in fortlaufend aktualisierter Fassung auf der Internetseite des European Payments Council verfügbar, (www.europeanpaymentscouncil.eu). Unter Punkt 4.1 ist auch ein Schaubild zur Funktionsweise des SEPA-Basislastschriftverfahrens zu finden.

862 Zur zivilrechtlichen Beurteilung des SEPA-Lastschriftmandats, vgl. Hadding in FS Hüffer, op.cit., S. 273 (284 ff.).

863 www.europeanpaymentscouncil.eu.

Der Zahlungsempfänger fungiert mithin bei der Einziehung der SEPA-Basislastschrift auch als Erklärungsbote[864] des Zahlungsempfängers, indem er die an die Zahlstelle gerichtete Autorisierung übermittelt.

Hieraus könnte der Schluss gezogen werden, dass das Ziel der Verwirklichung des SEPA eine Auslegung des Begriffs der Autorisierung im Sinne des Art. 62 Abs. 1 S. 1 PSD, die eine Autorisierung auch des Zahlungsempfängers zulässt, nicht gebietet. Die Ausgestaltung des SEPA-Basislastschriftverfahrens könnte gar als Indiz gewertet werden, dass die privatwirtschaftlichen Autoren des SEPA-Projektes eine an den Zahlungsempfängers gerichtete Erklärung als nicht geeignet erachtet haben, um die weithin im Deckungsverhältnis entstehenden Rechtsfolgen der Autorisierung zu rechtfertigen.

Andererseits ist eine möglichst niedrige Anwendbarkeitsschwelle für die Vollendung des SEPA-Projektes generell förderlich. Dies ergibt sich aus folgender Erwägung: Eine sukzessiv steigende Nutzung der einheitlichen SEPA-Zahlungsverfahren bis zur letztlich vollständigen Umstellung auf diese (Migration) ist eine notwendige Bedingung für die vollständige Realisierung des SEPA. Die SEPA-Zahlungsverfahren müssen sich also gegenüber den überkommenen, in den nationalen Rechtsordnungen etablierten Verfahren durchsetzen.[865] In diesem Wettbewerb ist die möglichst flächendeckende Anwendbarkeit des harmonisierten Zahlungsdiensterechts ein Vorteil für die SEPA-Verfahren, da diese auf das neue Normensystem zugeschnitten sind. Ältere nationale Zahlungsverfahren wie das Einzugsermächtigungsverfahren beruhen hingegen auf hiervon abweichenden Regeln, die oftmals in einem mühsamen Prozess des Austarierens zwischen Rechtsprechung und Privatrechtsgestaltung entwickelt wurden und im Ergebnis eine empfindliche Balance der widerstreitenden Interessen von Zahlungsdienstnutzern und Banken darstellen.[866] Finden nun die neuen zahlungsdiensterechtlichen Vorschriften auf die bestehenden nationalen Zahlungsverfahren Anwendung – z.B. § 675x Abs. 1 S. 1 BGB auf das Einzugsermächtigungsverfahren – so entsteht hierdurch zumindest akuter Anpassungsbedarf, möglicherweise beeinträchtigt die neue Rechtslage gar die Praktikabilität der Verfahren. In beiden Fällen – sei es, dass die bestehenden Verfahren an die neuen Vorschriften angeglichen und damit faktisch an die SEPA-Verfahren an-

864 Zur Differenzierung zwischen den Begriffen des Erklärungs- und des Empfangsboten, vgl. Medicus/Lorenz, Schuldrecht I – Allgemeiner Teil, 18. Aufl., München 2008, S. 84 (Rn. 166).

865 Zum Stand der SEPA-Migration, vgl. "Second Annual Progress Report on the State of SEPA Migration in 2009", op.cit.

866 Siehe zur Entwicklung des Einzugsermächtigungsverfahrens Schwintowski/Schäfer, op.cit., S. 229 ff.

genähert werden, sei es, dass die nationalen Verfahren unter Geltung der neuen Normen nicht weiter praktiziert werden können – gewinnen die durch die SEPA-Rulebooks vereinheitlichten Zahlungsverfahren im Ergebnis an Bedeutung. Zudem erleichtert eine weitgehend identische Ausgestaltung der Zahlungsinstrumente die projektierte Umstellung auf die SEPA-Instrumente.[867] Insofern würde eine Auslegung des Art. 62 Abs. 1 S. 1 PSD, nach der auch der Zahlungsempfänger im Sinne der Norm autorisiert werden kann, dem Ziel der Verwirklichung des SEPA-Projektes dienen.

Diesen Argumenten mag auf politisch-wirtschaftlicher Ebene und in den Augen der Kommission erhebliches Gewicht zukommen. Im Rahmen einer richtlinienkonformen Auslegung trägt es hingegen nicht: würden solche indirekten strategischen Gesichtspunkte maßgeblich für die Konkretisierung von Rechtsnormen, so würde dem Einfall politischer Beliebigkeit in die juristische Auslegungsmethodik die Hintertür geöffnet. Dem Richter würde die Realisierung einer hinter einem Normensystem stehenden politischen bzw. privatwirtschaftlichen Agenda auferlegt, selbst wenn diese in der konkret auszulegenden Norm nicht zum Ausdruck kommt. Im Falle der PSD würde die Berücksichtigung des dargestellten teleologischen Arguments zu einer „SEPA-konformen Auslegung" führen, welche nicht mit dem Status der Richtlinie als hoheitlicher, aus sich selbst heraus bindender Rechtsakt vereinbar ist.

Die teleologische Auslegung erbringt daher kein bestimmtes Auslegungsergebnis hinsichtlich der diskutierten Frage.

5. Ergebnis der richtlinienkonformen Auslegung: Autorisierung des Zahlungsempfängers ausgeschlossen

Angesichts der fehlenden Ergiebigkeit der meisten Auslegungskriterien sowie des eindeutigen Ergebnisses der systematischen Auslegung, welche klar erweist, dass die Autorisierung im Sinne des Art. 62 Abs. 1 S. 1 PSD nur dem Zahlungsdienstleister des Zahlers erteilt werden kann, ist dieses Ergebnis auch insgesamt als richtige Lesart der Richtliniennorm festzuhalten.

Eine richtlinienkonforme Auslegung des § 675 x Abs. 1 S. 1 BGB gelangt daher ebenfalls zu dem Resultat, dass eine an den Zahlungsempfänger gerichtete Erklärung nicht zur Anwendbarkeit der Norm führen kann, da sie nicht zur Autorisierung des Zahlungsvorgangs taugt.

867 Vgl. Working Paper on SEPA Migration End-Date, op.cit.

6. Kontrolle des richtlinienkonformen Auslegungsergebnisses anhand der Kriterien der nationalen Methodik

Das richtlinienkonforme Auslegungsergebnis ist daraufhin zu überprüfen, ob es die Grenze zur unzulässigen Contra-Legem-Auslegung nicht verletzt. Die zu diesem Kontrollzweck durchzuführende Auslegung der Umsetzungsnorm anhand der in der nationalen Auslegungsmethodik etablierten Kriterien kann vorliegend knapp gehalten werden, da das richtlinienkonforme Auslegungsergebnis offenkundig mit einer isolierten Auslegung des § 675x Abs. 1 S. 1 BGB in Einklang steht.

Namentlich weicht der Wortlaut des § 675x Abs. 1 S. 1 BGB nicht in einer Weise von dem des Art. 62 Abs. 1 S. 1 PSD ab, die indiziert, dass die Autorisierung nach dem deutschen Zahlungsdiensterecht auch dem Zahlungsempfänger erteilt werden können muss.

Die Begründung des Regierungsentwurfs geht nicht abstrakt auf die Frage ein, ob auch der Zahlungsempfänger als „Autorisierter" in Betracht kommt, sondern betont nur wiederholt, dass das Einzugsermächtigungsverfahren nicht als autorisierte Zahlung gelten soll.[868] Hieraus kann ohne Darstellung der rechtlichen Wirkweise der Einzugsermächtigung kein definitives Ergebnis der historischen Auslegung hinsichtlich des zunächst allgemein zu bestimmenden Autorisierungsbegriffs gewonnen werden. Doch immerhin mag aus dem dokumentierten Willen des Gesetzgebers, die etablierten nationalen Zahlungsverfahren möglichst unverändert beizubehalten, geschlossen werden, dass eine Begrenzung des Anwendungsbereichs des § 675x Abs. 1 S. 1 BGB auf Fälle, in denen der Zahler die Zustimmung zum Zahlungsvorgang seinem Zahlungsdienstleister erteilt, der subjektiv-teleologischen Auslegung der Norm zumindest nicht zuwiderläuft.

Das oben ausgeführte systematische Argument, nach dem die infolge der Autorisierung im Deckungsverhältnis eintretenden Rechtsfolgen auch auf eine in diesem Verhältnis erfolgte Disposition zurückgehen müssen, ist im deutschen Recht ebenso gültig, wie bei Auslegung der PSD.

Das richtlinienkonforme Auslegungsergebnis steht damit nicht im unvereinbaren Widerspruch zur autonomen Auslegung des nationalen Rechts. Damit ist festzustellen, dass die Autorisierung im Sinne des § 675x Abs. 1 S. 1 BGB nicht dem Zahlungsempfänger erteilt werden kann.[869]

868 Vgl. BT-Drs. 16/11643, S. 115, 116.

869 So ohne weitere Begründung im Ergebnis auch Palandt/ Putzo, § 675f Rn. 14.

III. Nachträgliche Genehmigung grundsätzlich vom Begriff der Autorisierung im Sinne des § 675x Abs. 1 S. 1 BGB erfasst?

Beim Einzugsermächtigungsverfahren kommt neben der Einzugsermächtigung auch die nachträglich vom Zahler unmittelbar seinem Zahlungsdienstleister erteilte Genehmigung der Kontobelastung als Autorisierung in Betracht. Dem bisher angewandten Prüfungsaufbau[870] gemäß wäre daher im Folgenden zunächst im Wege der richtlinienkonformen Auslegung festzustellen, ob eine solche nachträgliche Zustimmung vom Begriff der Autorisierung im Sinne des § 675x Abs. 1 S. 1 BGB erfasst werden kann. Aus sogleich näher darzulegenden Gründen ist die Reihenfolge der Auslegungsschritte in diesem Fall jedoch umzukehren, so dass zunächst die Umsetzungsnorm ohne Rücksicht auf ihre Richtlinienkonformität auszulegen ist.

1. Vorgabe des Ergebnisses durch § 675x Abs. 6 BGB

Die Frage, ob auch die nachträgliche Genehmigung einer Belastungsbuchung als Autorisierung im Sinne des § 675x Abs. 1 S. 1 BGB gilt, wird durch Absatz 6 derselben Norm explizit beantwortet:

> Absatz 1 ist nicht anzuwenden auf Lastschriften, sobald diese durch eine Genehmigung des Zahlers unmittelbar gegenüber seinem Zahlungsdienstleister autorisiert worden sind.

Damit steht fest, dass die nachträgliche Genehmigung im Einzugsermächtigungsverfahren die Anwendbarkeit des § 675x Abs. 1 S. 1 BGB nicht auslöst.[871] Eine vorherige Auslegung der zugrundeliegenden Richtliniennorm erübrigt sich angesichts dieser positivierten Auslegungsregel, da ein von § 675x Abs. 6 BGB abweichendes Ergebnis ohnehin nicht vom richterlichen Auslegungs- und Beurteilungsspielraum gedeckt wäre.[872]

Dennoch ist die Bestimmung der diesbezüglichen Richtlinienvorgaben nicht obsolet, da anhand dieser festzustellen ist, ob der deutsche Gesetzgeber durch §

---

870 Vgl. die Darstellung des auslegungsmethodischen Vorgehens oben Teil 1, Kap.1, Abschnitt B.IV.

871 Vgl. in diesem Sinne z.B. Prütting BGB/Fehrenbacher, § 675x Rn. 9.

872 Zur Contra-Legem-Grenze der richterlichen Auslegung und Rechtsfortbildung, vgl. BVerfGE 35, S. 263 (280); Tschentscher, Demokratische Legitimation der dritten Gewalt, Tübingen 2006, S. 191. Gropp, Die Rechtsfortbildung contra legem, Berlin 1974; Larenz/Canaris, op.cit., S. 245 ff.

675x Abs. 6 BGB seine Pflicht zur getreuen Umsetzung verletzt hat. Wenn eine Auslegung des Art. 62 Abs. 1 S. 1 PSD ergäbe, dass auch nachträgliche Genehmigungen grundsätzlich unter den Begriff der Autorisierung zu subsumieren und damit die Anwendbarkeit des Erstattungsanspruchs auszulösen geeignet sind, so stünde § 675x Abs. 6 BGB hierzu im Widerspruch. Dies könnte Anlass zu einem Vertragsverletzungsverfahren (Art. 258 AEUV) gegen Deutschland geben, da eine richtlinienkonforme Rechtsfortbildung angesichts der klaren und expliziten Regelung in § 675x Abs. 6 BGB contra legem und damit nicht zulässig wäre.[873]

Obwohl das Auslegungsergebnis für die Zwecke der vorliegenden Prüfung also feststeht, ist aufgrund der davon unabhängigen Relevanz der Richtlinienkonformität des § 675x Abs. 6 BGB im Folgenden Art. 62 Abs. 1 S. 1 PSD auszulegen.

2. Auslegung des Art. 62 Abs. 1 S. 1 PSD hinsichtlich der Möglichkeit einer nachträglichen Autorisierung

a. Grammatische Auslegung des Art. 62 Abs. 1 S. 1 PSD

Spekulationen über die Verwendung des Begriffs der Autorisierung im allgemeinen Sprachgebrauch[874] – etwa dahingehend, dass mit „Autorisierung" die *Vorab*erteilung einer Zulassung zur Vornahme bestimmter Handlungen zu verstehen sei – können dahinstehen, da die Richtlinie speziell die Frage des Zeitpunkts der Autorisierung in Art. 54 Abs. 1 S. 2 PSD regelt:

> Der Zahler kann einen Zahlungsvorgang entweder vor oder — sofern zwischen dem Zahler und seinem Zahlungsdienstleister so vereinbart — nach der Ausführung autorisieren.

Im Begriffssystem der Richtlinie ist die Autorisierung also grundsätzlich auch nachträglich möglich. Ob dies auch im Hinblick auf die Anwendbarkeit des Art. 62 Abs. 1 S. 1 PSD zutrifft, bleibt zu prüfen. Der Wortlaut erlaubt keine entge-

---

873 Vgl. zu den Grenzen der richtlinienkonformen Rechtsfortbildung, auch Durner, Verfassungsrechtliche Grenzen richtlinienkonformer Rechtsfortbildung - Referat im Rahmen der Vortragsreihe "Rechtsfragen der Europäischen Integration", Bonn 2010.

874 Vgl. die oben wiedergegebenen Synonyme aus Duden Bedeutungswörterbuch, op.cit., bzw. Wahrig Deutsches Wörterbuch, op.cit. Für die in der französischen bzw. englischen Fassung der Richtlinie verwandten Begriffe „autorisé" bzw. „authorised" kann inhaltlich auf die Ausführungen zur „Autorisierung" im deutschen Sprachgebrauch verwiesen werden.

genstehenden Rückschlüsse. Insbesondere ergibt sich aus der Verwendung des Partizips „autorisierten" nicht, dass die Autorisierung schon im Zeitpunkt der Ausführung vorgelegen haben muss. Die Voraussetzungen des Erstattungsanspruchs können prima facie auch durch eine nachträgliche Genehmigung erfüllt werden.

Die grammatische Auslegung weist folglich darauf hin, dass auch eine nachträgliche Autorisierung zur Anwendbarkeit des Art. 62 Abs. 1 S. 1 PSD führen kann.

b. Systematische Auslegung des Art. 62 Abs. 1 S. 1 PSD

Eine systematische Betrachtung muss den Begriff der Autorisierung im Sinne des Art. 62 Abs. 1 S. 1 PSD im Zusammenhang mit dem Erstattungsanspruch bei nicht autorisierten Zahlungsvorgängen gemäß Art. 60 Abs. 1 PSD (umgesetzt in § 675u BGB) sehen. Hinsichtlich desselben Zahlungsvorgangs könnten, sofern Art. 62 Abs. 1 S. 1 PSD auch aufgrund einer nachträglichen Autorisierung anwendbar wäre, die beiden Anspruchsgrundlagen sukzessive nacheinander Anwendung finden: Liegt im Augenblick der Ausführung eines Zahlungsvorgangs noch keine Autorisierung vor, so entsteht der Anspruch aus Art. 60 Abs. 1 PSD; autorisiert der Zahler anschließend durch Genehmigung die Kontobelastung, so träte der Anspruch aus Art. 62 Abs. 1 S. 1 PSD an dessen Stelle.

Die Anwendbarkeit unterschiedlicher Anspruchsgrundlagen auf einen anspruchsbegründenden Sachverhalt ist zwar nicht per se unzulässig, sondern im deutschen Recht geradezu die Regel.[875] Durch die Anwendbarkeit zweier spezieller schuldrechtlicher Anspruchsgrundlagen könnten jedoch Wertungswidersprüche entstehen. Bei der Gegenüberstellung von Art. 60 Abs. 1 und 62 Abs. 1 S. 1 PSD fällt insbesondere die stark abweichenden Ausschlussfristen auf: Art. 60 Abs. 1 PSD unterliegt der allgemeinen Ausschlussfrist des Zahlungsdiensterechts nach Art. 58 PSD, welche 13 Monate ab Belastung des Kontos läuft, sofern der Zahlungsdienstnutzer die nicht autorisierte Buchung nicht früher be-

875 Die Kumulierbarkeit verschiedener Anspruchsgrundlagen ist keine Selbstverständlichkeit. So gilt im französischen Schuldrecht das Prinzip des „non cumul des responsabilités", dem zufolge vertragliche und deliktische Ansprüche nicht bezüglich desselben Haftungstatbestandes nebeneinander geltend gemacht werden können, vgl. hierzu Malaurie/Aynès/Stoffel-Munck, Les Obligations, 3. Aufl., Paris 2007, S. 547 ff. (Rn. 997 ff.), sowie mit vergleichendem Blick auf das deutsche Recht Knetsch, Das Verhaeltnis von Vertrags- und Deliktsrecht - eine Darstellung der französischen Doktrin zum Prinzip des non-cumul mit einem kritischen Ausblick auf das deutsche Recht, Köln 1975.

merkt; der Erstattungsanspruch des Art. 62 Abs. 1 S. 1 PSD hingegen ist schon acht Wochen nach Kontobelastung ausgeschlossen (Art. 63 Abs. 1 PSD).

Durch eine Anwendbarkeit der kurzen Ausschlussfrist würde der durch Art. 60 Abs. 1 PSD beabsichtigte Schutz des unwissentlich geschädigten Zahlungsdienstnutzers jedoch nicht unzulässig beschnitten. Denn durch eine nachträgliche Genehmigung bringt der Zahler zum Ausdruck, dass er sich über die Kontobelastung im Klaren und mit dieser einverstanden ist. Eine Reduzierung auf den zeitlich verkürzten Schutz durch Art. 62 Abs. 1 S. 1 PSD ist daher gerechtfertigt. Die Anspruchsgrundlagen haben einen unterschiedlichen Schutzzweck, der eine kumulative Anwendung ausschließt. Eine sukzessive Anwendung der Normen bedeutet daher prima facie keine systematischen Widersprüche.

Eine andere Erwägung führt jedoch zu dem Ergebnis, dass eine Anwendung des Art. 62 Abs. 1 S. 1 PSD bei nachträglicher Genehmigung des Zahlungsvorgangs im Widerspruch zur Systematik der Norm steht: Dies ergibt sich namentlich aus der Anspruchsvoraussetzung unter Buchstabe a), der zufolge der genaue Betrag bei der Autorisierung nicht angegeben worden sein darf.[876] Dieses Erfordernis ist im Falle einer nachträglichen Autorisierung denknotwendig nicht erfüllt. Wurde nämlich die fragliche Belastungsbuchung schon vorgenommen, so bezieht sich eine Genehmigung auf einen in bestimmter Höhe konkretisierten Zahlungsvorgang. Die Autorisierung kann daher nicht erteilt werden, ohne damit auch den genauen Zahlungsbetrag zu billigen. Die Anwendung des Art. 62 Abs. 1 S. 1 PSD auf nachträglich autorisierte Zahlungsvorgänge ist folglich nicht mit der Systematik der Anspruchsgrundlage zu vereinbaren.

c. Historische Auslegung des Art. 62 Abs. 1 S. 1 PSD

Das Ergebnis der systematischen Auslegung wird auch durch den Regelungswillen des Richtliniengebers bestätigt. Der im oben zitierten Erwägungsgrund (36)[877] zum Ausdruck kommende Normzweck des Schutzes von Zahlern, die von der Höhe einer durch den Zahlungsempfänger initiierten Kontobelastung überrascht werden, ist obsolet, wenn ein in der Höhe feststehender Zahlungsbetrag im Nachhinein autorisiert wird.

876 Die anfängliche Unbestimmtheit des Zahlungsbetrages ist praktisch etwa dann gegeben, wenn schon zu Beginn des Vertragsverhältnisses ein Kartenabdruck blanko erstellt wird, ohne dass ein vollständiger Kartenbeleg vorliegt, wie es etwa bei Autovermietungen oder Hotels zuweilen der Fall ist, vgl. Prütting BGB/Fehrenbach, § 675x Rn. 2; Palandt/ Sprau, § 675x Rn. 2.

877 Siehe oben Teil 1, Kap.2.C.II.3.b.

Auch die historische Auslegung des Art. 62 Abs. 1 S. 1 PSD spricht mithin dafür, nachträgliche Genehmigungen nicht als Autorisierung im Sinne der Norm anzusehen.

d. Teleologische Auslegung des Art. 62 Abs. 1 S. 1 PSD

Wiederum kommen grundsätzlich die übergreifenden Regelungsmaximen der Rechtsangleichung und Förderung des SEPA-Projektes in Betracht. Diese sprechen stets für eine möglichst flächendeckende Anwendbarkeit der harmonisierten Normen. Hinsichtlich der Frage einer nachträglichen Autorisierung kommen diese Erwägungen jedoch schon deshalb nicht zum Tragen, weil selbst bei Anwendbarkeit des Art. 62 Abs. 1 S. 1 PSD in diesen Fällen ein Erstattungsanspruch im Ergebnis stets an der Voraussetzung des Buchstaben a) scheitern würde. Der Schaffung eines einheitlichen Zahlungsverkehrsraumes wäre daher auch mit einer weiten Auslegung des Begriffs der Autorisierung nicht gedient.

3. Ergebnis der richtlinienkonformen Auslegung: Keine Anwendbarkeit bei nachträglicher Genehmigung

Nach alldem ist auch Art. 62 Abs. 1 S. 1 PSD nicht auf nachträgliche autorisierte Zahlungsvorgänge anwendbar. § 675x Abs. 6 BGB entspricht mithin den Richtlinienvorgaben und dient, wie die Begründung des Regierungsentwurfs betont, letztlich der Klarstellung.[878]

IV. Subsumtion der Einzugsermächtigung unter den richtlinienkonform verstandenen Begriff der Autorisierung im Sinne des § 675x Abs. 1 S. 1 BGB

Nachdem festgestellt wurde, dass eine nachträgliche Zustimmung keinesfalls unter den Begriff der Autorisierung im Sinne des § 675x Abs. 1 S. 1 BGB fällt, scheidet die im Rahmen des Einzugsermächtigungsverfahrens erteilte Genehmigung als Autorisierung aus.

Da weiterhin ermittelt wurde, dass § 675 x Abs. 1 S. 1 BGB richtlinienkonform so auszulegen ist, dass Weisungen, die dem Zahlungsempfänger erteilt wurden, die Anwendbarkeit der Norm nicht auslösen können, ist zu prüfen, ob

878 Vgl. BT-Drs. 16/11643, S. 116.

die Einzugsermächtigung in ihrer konkreten Ausgestaltung nach dem deutschen Lastschriftverfahren dennoch unter den Begriff der Autorisierung subsumiert werden kann. Dies wäre der Fall, wenn durch die gegenüber dem Zahlungsempfänger erklärte Einzugsermächtigung eine Autorisierung *der Zahlstelle* bewirkt würde.

1. Einordnung der Fragestellung in den Theorienstreit über die Rechtsnatur der Einzugsermächtigung

Die erforderliche Subsumtion hat auf Basis der Eigenschaften der Einzugsermächtigung zu erfolgen, die ihr in der deutschen Rechtwirklichkeit zukommen. Die Anwendbarkeit des § 675x Abs. 1 S. 1 BGB hängt demnach letztlich von der Rechtsnatur und den rechtlichen Wirkungen der Einzugsermächtigung ab. Damit wird durch das harmonisierte Zahlungsdiensterecht eine Frage neu aufgeworfen, die traditionell die deutsche Dogmatik und Rechtsprechung beschäftigt.[879] Die wichtigsten Ansichten seien im Folgenden kurz rekapituliert, ohne einstweilen in die Tiefe der Theoriendiskussion einzusteigen.

Nach einer alten Ansicht von *Engel*[880] ist die Einzugsermächtigung als anweisungsähnliche Doppelermächtigung anzusehen. Der Gläubiger werde ausschließlich zum Empfang des Zahlungsbetrages ermächtigt, erwerbe jedoch keinen Anspruch gegen die Schuldnerbank auf Einlösung der Lastschrift. Die Schuldnerbank werde ihrerseits zur Leistung an den Gläubiger ermächtigt. Diese Ermächtigungswirkungen sollten jedoch nur bei berechtigterweise eingeräumten Lastschriften eintreten.[881]

Schon an dieser Einschränkung wird deutlich, dass die Theorie von der Doppelermächtigung keine dogmatischen Aussagen über die Rechtsnatur und -wirkungen der Einzugsermächtigung traf, sondern nur eine Beschreibung der tatsächlichen Abläufe darstellte.[882] Sie führt daher letztlich nicht weiter.

Nach der sogenannten „Vollmachtstheorie" liegt in der Einzugsermächtigung die Erteilung der Befugnis, im Namen des Schuldners den Zahlungstrans-

879 Für einen Überblick der bedeutendsten Meinungen vgl. nur Köhler, Lastschriftverfahren in der Insolvenz, op.cit., S. 8 ff. sowie Osterried, Einzugsermächtigungsverfahren: Bankpraxis und juristische Einordnung, Frankfurt a.M. 2010, S. 19 ff.

880 Engel, Rechtsprobleme um das Lastschriftverfahren, Karlsruhe 1966, S. 19 ff.; hierzu vgl. auch Wolff, Zahlungsverkehrsabkommen im Kreditgewerbe, in: Recht und Wirtschaft in Geschichte und Gegenwart - Festschrift für Johannes Bärmann, München 1975, S. 1057 (1072).

881 Engel, op.cit., S. 21.

882 Vgl. zu dieser Kritik van Gelder in: Bankrechts-Handbuch, Band I, § 57 Rn. 7.

fer gegenüber der Schuldnerbank zu veranlassen. Durch Einreichung der Lastschrift könne der Gläubiger als Stellvertreter mittelbar ins Deckungsverhältnis eingreifen.[883]

Dieser Ansicht mag entgegengehalten werden, dass der Lastschrifteinreicher bei Anweisung der Inkassostelle kaum im rechtsgeschäftlichen Sinne „im fremden Namen" handelt. Zudem genügt ein Handeln aufgrund der Ermächtigung des Schuldners nicht der vom Stellvertretungsrecht erforderten Offenkundigkeit.[884] Darüber hinaus bereitet es Schwierigkeiten, aufgrund der Vollmachtstheorie dogmatisch das Widerspruchsrecht des Schuldners zu begründen.[885]

An anderer Stelle wurde die Einzugsermächtigung als Einräumung eines Leistungsbestimmungsrechts im Sinne des § 317 Abs. 1 BGB angesehen.[886]

Diese Ansicht ist deshalb kritikwürdig, weil sie, ohne dies substantiell begründen zu können, davon ausgeht, dass zwischen dem Schuldner und seiner Bank vereinbart ist, dass ein Teil der girovertraglichen Leistungen durch Dritte bestimmt wird. Zudem missachtet diese dogmatische Einordnung der Einzugsermächtigung den Umstand, dass die Vertragsleistungen der Gattung nach (ergo als Gutschrift eingehender Zahlungen, Einlösung von Lastschriften, etc.) bereits im Girovertrag bestimmt sind. Durch die Einreichung einer Lastschrift wird keine neue Leistung im Sinne des § 315 BGB bestimmt, sondern eine bestehende Vertragspflicht konkretisiert.[887]

Nach wiederum anderer Ansicht stellt sich die Einzugsermächtigung als Ermächtigung im Sinne des § 185 BGB zur Erteilung eines Überweisungsauftrages dar.[888]

Auch gegen diese „Ermächtigungstheorie" bestehen jedoch Bedenken: Das Weisungsrecht des Schuldners solle danach nur soweit gehen, wie es von der Einzugsermächtigung gedeckt ist; die Einzugsermächtigung sei inhaltlich auf die im Valutaverhältnis bestehenden Ansprüche beschränkt. Danach steht die Wirksamkeit der Erteilung des Überweisungsauftrags faktisch unter der Bedingung des Bestehens eines entsprechenden Valutaanspruchs. Als Gestaltungsrecht ist

883 Fallscheer-Schlegel, Das Lastschriftverfahren – Entwicklung und Rechtsprobleme, 1977, S. 11 (13 ff.); Reuter/Martinek, Ungerechtfertigte Bereicherung, 1983, § 11 Abs. 4 S. 3 S. 444 ff.; Gregor, Grundlagen und verfahrenstypische Risiken des Lastschriftverfahrens, Augsburg 1981, S. 100.

884 Werner, in: Zahlungsverkehr – Handbuch, § 2 Rn. 24 (S. 60).

885 Vgl. van Gelder in: Bankrechts-Handbuch, Band I, § 57 Rn. 13 ff.

886 Zschoche, op.cit., S. 77 ff.

887 Vgl. Hadding/Häuser, Rechtsfragen des Giroverhältnisses, ZHR 145 (1981), S. 138 (140); Hadding, Zur zivilrechtlichen Beurteilung des Lastschriftverfahrens, in: Festschrift für Bärmann, op.cit., S. 375 (383).

888 Canaris, Bankvertragsrecht I, RdNr 532 ff., 559 ff.

die Weisung jedoch bedingungsfeindlich.[889] Zudem ist diese Konstruktion kaum mit dem Willen der Parteien in Einklang zu bringen, die ihr Verständnis von den Abläufen des Lastschriftverfahrens im Interbankenverhältnis zugrundelegen.[890]

Das in Lehre[891] und Rechtsprechung[892] führende Erklärungsmodell hat *Hadding* mit der sogenannten „Genehmigungstheorie" begründet.[893] Danach verleiht die Einzugsermächtigung dem Schuldner keinerlei rechtliche Position, sondern billigt nur in rein abwicklungstechnischer Hinsicht die Nutzung des Lastschriftverfahrens. Die Zahlstelle kann daher, wenn die Weisung zur Vornahme der Buchung sie über die Inkassostelle erreicht hat, auch ihrerseits keinerlei Berechtigung aus der Einziehung durch den Gläubiger herleiten. Die Belastung des Schuldnerkontos erfolgt somit zunächst unberechtigt und bedarf, um Wirksamkeit zu erlangen, der Genehmigung durch den Schuldner gemäß §§ 684 S. 2, 185 Abs. 2 S. 1 BGB. Erst mit der Genehmigung entsteht auch ein Anspruch der Schuldnerbank auf Ersatz der durch Einlösung der Lastschrift entstandenen Aufwendungen.

Diese Betrachtungsweise wird damit begründet, dass sich die Zahlung mittels Lastschrift als umgekehrte Überweisung darstelle und dem Schuldner nicht der Wille unterstellt werden dürfe, er wolle sich durch die Einzugsermächtigung irgendwelcher Rechte begeben, bzw. sich gegenüber dem Gläubiger schlechter stellen, als er bei Zahlung mittels Überweisung stünde.

---

889 Vgl. Hadding, in: FS Bärmann, op.cit., S. 286 f.

890 Vgl. Denck, Zur Verteidigung der Genehmigungstheorie beim Einzugsermächtigungsverfahren, ZHR 147 (1983), S. 544 (548).

891 Vgl. Nachweise bei van Gelder in: Bankrechts-Handbuch, Band I, § 57, I.5.a) Fn. 6.

892 Der Sache nach bereits: BGHZ 69, S. 82 (85) = NJW 77, S. 1916 = WM 77, S. 1042; der Sache nach ebenso BGHZ 69, S. 186 = NJW 77, S. 2210 = WM 77, S. 1196 (1197); BGHZ 74, S. 300 = NJW 79, S. 1652 = WM 79, S. 689; BGHZ 74, S. 309 (312) = NJW 79, S. 2145 = WM 79, S. 828 (829); bestätigt in BGH WM 79, S. 830 (831); WM 79, S. 831 (832); BGHZ 95, S. 103 = NJW 85, S. 2326 = WM 85, S. 905; BGH WM 78, S. 820; so auch BGH NJW 85, S. 847 = WM 85, S. 82 (84); zusammenfassende Bestätigung in BGH NJW 85, S. 2326 = WM 85, S. 905; BGHZ 101, S. 153 = NJW 87, S. 2370 = WM 87, S. 895 (896).
Ausdrücklich hat der für das Bankrecht zuständige XI. Zivilsenat die Genehmigungstheorie bejaht: BGH NJW 89, S. 1672 = WM 89, S. 520 (521); BGH WM 96, S. 335 (337).
Auch die Instanzgerichte haben sich der Genehmigungstheorie angeschlossen: OLG Hamm: WM 84, S. 300; WM 84, S. 830; WM 85, S. 1139; OLG Oldenburg WM 86, S. 1277; OLG Köln WM 91, S. 28; OLG Düsseldorf ZIP 91, S. 330; OLG Nürnberg NJW-RR 95, S. 1144 f.; LG Karlsruhe WM 87, S. 605.

893 Hadding, in: Festschrift für Bärmann, op.cit., S. 388 ff.

2. Subsumtion

Alle genannten Theorien mit Ausnahme der Genehmigungstheorie schreiben der Einzugsermächtigung eine die Schuldnerbank schon vor Ausführung der Belastungsbuchung autorisierende Wirkung zu – sei es, indem der Zahlungsempfänger die Ermächtigung als Erklärungsbote übermittelt, sei es, indem der Zahlungsempfänger zu einer stellvertretenden Weisung bevollmächtigt wird. Die Anwendbarkeit des § 675x Abs. 1 S. 1 BGB erscheint daher nur bei Zugrundelegung der Genehmigungstheorie zweifelhaft.

Eine Abwägung der widerstreitenden Argumente und Streitentscheidung kann an dieser Stelle dennoch dahinstehen. Denn die Subsumtion unter den Begriff der Autorisierung im Sinne des § 675x Abs. 1 S. 1 BGB muss, um nicht bloß dogmatisches Glasperlenspiel zu sein, von den Rechtswirkungen der Einzugsermächtigung ausgehen, die ihr im Rechtsverkehr real zukommen.[894] Im Verhältnis zwischen dem Zahler und seinem Zahlungsdienstleister bestimmen sich diese nach den *„Bedingungen für Zahlungen mittels Lastschrift im Einzugsermächtigungsverfahren"*, welche auch in ihrer Neufassung zum 31.10.2009 die vom BGH offizialisierte Genehmigungstheorie als gültig vorausgesetzt haben.[895]

Namentlich sieht Punkt 2.1.1 der Sonderbedingungen *(„Wesentliche Merkmale der Einzugsermächtigungslastschrift")* in Absatz 2 vor:

> Der Kunde autorisiert die Zahlung nachträglich durch Genehmigung der entsprechenden Lastschriftbelastungsbuchung auf seinem Konto. (…)

Diese Feststellung wird durch Punkt 2.4 (*„Nachträgliche Autorisierung der Zahlung durch Genehmigung der Lastschriftbelastungsbuchung"*) wiederholt. Hierdurch konkretisieren die Parteien in Ausübung ihrer Privatautonomie die zwischen ihnen entstehenden Rechtswirkungen der Einzugsermächtigung. Die Wirksamkeit der einschlägigen AGB-Klauseln ist unzweifelhaft gegeben, da sie in gesetzeskonformer Weise von der durch § 675j Abs. 1 S. 2 BGB explizit vorgesehenen Möglichkeit der Vereinbarung einer nachträglichen Autorisierung Gebrauch machen.[896]

---

894 So auch Koch, in: Fischer/Klanten, op.cit., Rn. 10.91. Für eine bündige Darstellung der Rechtswirkungen der Einzugsermächtigung in der Rechtswirklichkeit vgl. van Look, in: Claussen, S. 180 ff.

895 Die Genehmigungstheorie liegt auch den Bestimmungen des einstweilig noch geltenden Lastschriftabkommens zugrunde. Namentlich baut das in Abschnitt III, Nr. 1 des Abkommens vorgesehene Widerspruchsrecht auf der Prämisse auf, dass die Kontobelastung zunächst unberechtigt erfolgt.

896 So auch: Berger, Das Lastschriftverfahren im Spannungsverhältnis zwischen Bank- und Insolvenzrecht, NJW 2009, S. 473 (476); Grundmann, WM 2009, op.cit., S. 1157

Unter Geltung dieser Vertragsbestimmungen erübrigt sich folglich eine dogmatische Bewertung der Einzugsermächtigung im Hinblick auf ihre Autorisierungswirkung im Deckungsverhältnis. Explizit greift letztere erst nach Genehmigung durch.

Aus derselben Erwägung heraus kommt der Einzugsermächtigung auch keine Autorisierungswirkung im Verhältnis zum Zahlungsempfänger zu (was ja, wie oben festgestellt, bereits durch reine Auslegung des Gesetzes ausgeschlossen werden konnte): Auch im Valutaverhältnis ist bei der Auslegung der Willenserklärung das Wissen um die derzeitige Ausgestaltung des Lastschriftverfahren in den Vertragsbedingungen der Banken zugrundezulegen. Angesichts dessen wird es kaum möglich sein, die Einzugsermächtigung aus dem objektiven Empfängerhorizont anders als im Lichte der Genehmigungstheorie zu verstehen.[897] Der Gläubiger ist sich der Ausgestaltung des Lastschriftverfahrens in den Geschäftsbedingungen der Banken bewusst und weiß daher auch, dass dem Schuldner explizit das Recht zur nachträglichen Autorisierung gegenüber seinem Zahlungsdienstleister vorbehalten ist. Damit ist aber objektiv ausgeschlossen, dass der Schuldner durch die Einzugsermächtigung eine Autorisierungswirkung im Verhältnis zum Zahlungsempfänger erzeugen und seine eigene vertraglich garantierte Rechtsstellung hierdurch faktisch aushebeln will.

Dessen unbeschadet besteht die Möglichkeit, dass eine Änderung der BGH-Rechtsprechung[898] oder die hoheitliche Festsetzung eines Enddatums zur Umstellung auf das SEPA-Lastschriftverfahren („Migration“)[899] zu einer Änderung

---

(1158); Hadding, in: FS Hüffer, op.cit., S. 273 (278 f.); Hadding/Häuser in Münchner Kommentar HGB, 2. Aufl., Band 5, Recht des Zahlungsverkehrs, Rn. C 13; Laitenberger, NJW 2010, op.cit., S. 192 (193); Lohmann in Hellner/Steuer, Bankrecht und Bankpraxis, Rn. 20/100; Lohmann/Koch, WM 2008, op.cit., S. 57 (62); Rühl, DStR 2009, op.cit., S. 2256 (2257); Werner, Rechtliche Neuerungen im Lastschriftverfahren – insbesondere das SEPA-Lastschriftverfahren, BKR 2010, S. 9 f.; vgl. zudem die Gesetzesbegründung BT-Drucks. 16/11643, S. 105 f.; a.A. hingegen Einsele, Lastschriften mit Einzugsermächtigung als autorisierte Zahlungsvorgänge, AcP 209 (2009), S. 719, (742 Fn. 57 und 744 f.)

897 Vgl. in diesem Sinne auch Schinkels, in: Zivilrecht unter europäischem Einfluss, op.cit., S. 749 ff. (817).

898 Eine solche hatte sich in jüngeren – obgleich noch widersprechenden – Entscheidungen des IX. und XI. Zivilsenats über das Widerspruchsrecht des vorläufigen Insolvenzverwalters bereits angedeutet und hat sich nunmehr in den aufeinander abgestimmten Entscheidungen beider Senate vom 20.7.2010 materialisiert, vgl. hierzu unten Teil 2, Kap.2, Abschnitt D.

899 Die Ausarbeitung einer dahingehenden Verordnung ist tatsächlich schon weit gediehen, vgl. Working Paper on SEPA Migration End-Date, op.cit. Es ist mit der Festsetzung ei-

der Vertragsbedingungen führen. Dann mag möglicherweise auch im Einzugsermächtigungsverfahren von einer anfänglichen Autorisierung des Zahlungsvorgangs gegenüber der Zahlstelle auszugehen sein.

Auch mag, wenn eine solche Änderung der rechtlichen Parameter einträte, die Willenserklärung des Zahlers zukünftig aus dem objektiven Empfängerhorizont so auszulegen sein, dass sie eine Autorisierung des Gläubigers enthalten soll. Jedenfalls wäre eine dogmatische Neubeurteilung der Einzugsermächtigung in einem solchen Falle erforderlich. Hierauf wird auch die vorliegende Arbeit noch genauer eingehen.[900]

Die Anwendbarkeitsprüfung hat indes auf Basis der tatsächlichen Gegebenheiten zu erfolgen, unter denen nach dem Parteiwillen weder im Deckungs- noch im Valutaverhältnis eine Autorisierung im Vorhinein vorliegt. Die Einzugsermächtigung kann daher nicht unter den Begriff der Autorisierung im Sinne des § 675x Abs. 1 S. 1 BGB subsumiert werden.[901]

Dieses Ergebnis entspricht auch den Bemühungen deutscher Interessenvertreter, die schon im Laufe der Erarbeitung der PSD stets darauf bedacht waren, die Fortführung des Einzugsermächtigungsverfahren zu sichern.[902]

Zudem stimmt es mit dem Willen des deutschen Gesetzgebers überein, der im Rahmen der Richtlinienumsetzung Wert darauf legte, dass das Einzugsermächtigungsverfahren unangetastet blieb.[903] Allem Anschein nach ist die Möglichkeit einer nachträglichen Autorisierung von Anfang an mit Rücksicht auf das deutsche Lastschriftverfahren in die PSD aufgenommen worden. Eine andere Funktion des Art. 54 Abs. 1 S. 2 PSD ist zumindest nicht ersichtlich. Würden

---

nes „end-date" der SEPA-Migration auf Anfang des Jahres 2013 zu rechnen. Vgl. zu den mit der Migration verbundenen Schwierigkeiten aus Bankensicht Balaban, One More Headache for European Banks: SEPA Standards, Cards & Payments Vol. 21 (2008), Issue 11.

900 Siehe unten Teil 2, Kap.2, Abschnitt D.

901 So auch Martinek, in: Eckpfeiler, S. 1 ff. (Rn. 48).

902 Dies kommt beispielsweise im Entwurf einer Stellungnahme des Rechtsausschusses des Europäischen Parlaments vom 7.6.2006 (siehe Online-Archiv des Parlaments) zum Ausdruck. Der vom deutschen Juristen Rainer Wieland geleitete Ausschuss schlug die Aufnahme einer zusätzlichen Norm vor, die das Modell des Einzugsermächtigungsverfahrens getreulich in die PSD übernehmen sollte um dessen zukünftige Zulässigkeit sicherzustellen (Änderungsantrag 43). Vgl. auch die Stellungnahmen der Deutschen Bundesbank (31.7.2002) und des Zentralen Kreditausschusses zum Arbeitsdokument „Ein möglicher Rechtsrahmen für einen einheitlichen Zahlungsverkehrsraum im Binnenmarkt", welche jeweils dafür plädieren, die Beibehaltung der bewährten nationalen Zahlungsverfahren neben den einheitlichen SEPA-Verfahren zu erlauben.

903 BT-Drs. 16/11643, S. 106, 115/116.

Zahlungen im Einzugsermächtigungsverfahren als von Beginn an autorisierte Zahlungsvorgänge gewertet, wäre diese Norm daher ihres Zweckes benommen.

V. Ergebnis

Zahlungenen mittels Lastschrift im Einzugsermächtigungsverfahren stellen nach derzeitiger Rechtslage keine „autorisierten Zahlungen" im Sinne des § 675x Abs. 1 S. 1 BGB dar: Weder kann eine nachträgliche Zustimmung unter den Begriff der Autorisierung subsumiert werden, noch ist der Zahlungsempfänger tauglicher Autorisierter. Zudem liegt eine Vorabautorisierung der Zahlstelle nicht vor, weil die vertraglichen Bedingungen im Deckungsverhältnis explizit die nachträgliche Genehmigung vorsehen. Eine hiervon abweichende Wirkung der Einzugsermächtigung würde dem Parteiwillen widersprechen.

§ 675x Abs. 1 S. 1 BGB ist daher auf Zahlungsvorgänge, die im Einzugsermächtigungsverfahren abgewickelt werden, nicht anwendbar.

D. Die Volte des BGH in den „Friedensschluss-Entscheidungen" vom 20.7.2010 – Einordnung und Beurteilung

In zwei aufeinander abgestimmten Urteilen vom 20.7.2010[904] haben die für Insolvenzrecht bzw. Bankrecht zuständigen Zivilsenate des Bundesgerichtshofs ihren schwelenden Zwist über das Widerspruchsrecht des vorläufigen Insolvenzverwalters gegen Kontobelastungen, die auf die Einlösung von Lastschriften im Einzugsermächtigungsverfahren zurückgehen[905], beigelegt. Da das Bestehen dieses Widerspruchsrechts maßgeblich davon abhängt, wann durch die Zahlung mittels Lastschrift Erfüllung eintritt, die Buchungsvorgänge also endgültig werden, stand die dogmatische Beurteilung des Einzugsermächtigungsverfahrens – und insbesondere der Rechtswirkungen der Einzugsermächtigung – im Mittelpunkt des Streits. Im konzertierten „Friedensschluss" vom 20. Juli findet der BGH eine einheitliche Linie hinsichtlich dieses Problems und stellt ins-

904 XI ZR 236/07 bzw. IX ZR 37/09.

905 Vgl. u.a. Urteile des IX. Zivilsenats des BGH vom 25. Oktober 2007 (IX ZR 217/06, WM 2007, S. 2246) und 25. Mai 2008 (IX ZR 42/07, WM 2008, S. 1327) sowie Urteil des XI. Zivilsenats des BGH vom 10. Juni 2008 (XI ZR 283/07, WM 2008, S. 1963). Hierzu vgl. aus der reichhaltigen Literatur z.B. Berger, NJW 2009, op.cit., S. 473; Jungmann, ZBB 2008, op.cit., S. 409.

besondere dar, welcher Änderungsbedarf sich aus seiner Sicht unter dem Zahlungsdiensterecht ergibt.[906]

I. Die Kerninhalte der Entscheidungen im Hinblick auf die Zukunft des Einzugsermächtigungsverfahrens

Die folgende Behandlung der BGH-Urteile vom 20.7.2010 konzentriert sich auf die systematische Neubeurteilung des Einzugsermächtigungsverfahrens durch das Gericht. Die diesbezüglichen Ausführungen sind von unmittelbarer Relevanz für die im vorliegenden Abschnitt behandelte Frage der Anwendbarkeit des § 675x Abs. 1 S. 1 BGB auf Zahlungen mittels Lastschrift in diesem Verfahren. Die insolvenzrechtliche Problematik ist zwar Anlass für die Auseinandersetzung mit diesem Problem, für die Auseinandersetzung mit dem BGB-Zahlungsdiensterechts jedoch sekundär.

Der Vollständigkeit halber seien dennoch die Aussagen der Urteile vom 20.7.2010 zum Widerspruchsrecht des (vorläufigen) Insolvenzverwalters bzw. Treuhänders in der Verbraucherinsolvenz[907] in ihrer Essenz zusammengefasst:

Hinsichtlich des Einzugsermächtigungsverfahrens in seiner derzeitigen Ausgestaltung bestätigt der IX. Zivilsenat die Geltung der stets durch ihn vertretenen Genehmigungstheorie; der Insolvenzverwalter kann danach grundsätzlich ohne

906 Vgl. zu den Entscheidungen des BGH vom 20.7.2010 u.a. Tetzlaff, Befugnis des vorläufigen Verwalters/Treuhänders zur Versagung der Genehmigung für Lastschrifteinlösungen im Einziehungsermächtigungsverfahren, jurisPR-InsR 17/2010 Anm. 2; Tetzlaff, Insolvenzfestigkeit von Zahlungen mittels SEPA-Lastschriftverfahrens, jurisPR-InsR 19/2010 Anm. 3; Schleich/ Götz/ Nübel, Lastschrift in der Insolvenz - Rechtssicherheit durch die abgestimmten Entscheidungen des IX. und XI. Senates des BGH?, DZWIR 2010, S. 409; Vosberg, Zum Lastschriftwiderruf durch den vorläufigen Insolvenzverwalter, EWiR 2010, S. 537; Lenhardt/ Priebe, Zur konkludenten Genehmigung von Lastschriftbuchungen, EWiR 2010, S. 539; Bitter, Problemschwerpunkte des neuen Zahlungsdiensterechts - Teil I - Überweisung und Lastschrift, WM 2010, S. 1725; Grote, Zur Insolvenzfestigkeit von Einzugsermächtigungslastschriften , ZInsO 2010, S. 1546; Kuder, Die einheitliche Rechtsprechung des BGH zum Lastschriftwiderspruch des vorläufigen Insolvenzverwalters und ihre Folgen für die Praxis - Zugleich Anmerkung zu BGH, Urt. v. 20.7.2010 - IX ZR 236/07, ZInsO 2010, S. 1665; Trautwein in: jurisPK-BGB, 5. Aufl. 2010, § 182 BGB.

907 Dem Urteil des XI. Zivilsenats liegt eine Klage eines vorläufigen Insolvenzverwalters mit Zustimmungsvorbehalt (§ 21 Abs. 2 S. 1 Nr. 2 Alt. 2 InsO) zugrunde. Der IX. Zivilsenat befasste sich hingegen mit der Klage gegen eine Treuhänderin, die im Verbraucherinsolvenzverfahren Kontobelastungen widersprochen hatte, die daraufhin rückgängig gemacht worden waren.

sachliche Gründe Belastungsbuchungen widersprechen, um seiner Pflicht zur Erhaltung der Insolvenzmasse zu genügen.[908] Um sozial unerwünschte Folgen zu vermeiden sei das Widerspruchsrecht des Insolvenzverwalters hinsichtlich solcher Lastschriften ausgeschlossen, die das pfändungsfreie „Schonvermögen" des Schuldners beträfen.[909] Dies ergebe sich aus dem Rechtsgedanken des § 850k ZPO und bringe die Pflicht Insolvenzverwalters bzw. Treuhänders mit sich, zu prüfen, ob das private Existenzminimum des Insolvenzschuldners berührt ist.[910]

Der XI. Zivilsenat war den mit der Genehmigungstheorie aus seiner Sicht einhergehenden Unbilligkeiten mit der „Erfüllungstheorie" entgegengetreten.[911] Namentlich hatte er vertreten, dass der Insolvenzverwalter hinsichtlich des Widerspruchsrechts in die Fußstapfen des Schuldners trete und damit ebenfalls nur bei Vorliegen einer sachlichen Rechtfertigung zum Widerspruch befugt sei. Diese „Fußstapfentheorie" gibt der Bankrechtssenat nun auf und erkennt das von der Genehmigungstheorie implizierte allgemeine Widerspruchsrecht des Insolvenzverwalters an. Jedoch betont er die Möglichkeit einer konkludenten Genehmigung durch den Lastschriftschuldner, durch welche die Buchungen finalisiert und ein Widerspruch ausgeschlossen werden könnten. Die Voraussetzungen für das Vorliegen einer solchen konkludenten Genehmigung werden im Urteil vom 20.7.2010 präzisiert.[912]

---

908 BGH IX ZR 37/09, Rz. 6 und 7. So auch schon BGHZ 161, S. 49 (52); 174, S. 84 (87); BGH, Urt. v. 21. September 2006 - IX ZR 173/02, WM 2006, S. 2092 (2093); v. 29. Mai 2008 - IX ZR 42/07, NZI 2008, S. 482 (483). Hinsichtlich des status quo des Einzugsermächtigungsverfahren hat der Insolvenzrechtssenat seine Position im „Friedensschluss" damit weitgehend durchgesetzt, vgl. Gundlach/ Frenzel/ Jahn, Blick ins Insolvenzrecht, DStR 2010, S. 1993.

909 BGH IX ZR 37/09, Rz. 12 ff.

910 Hierzu siehe Commandeur, Anja/ Schmitz, Andreas, Rechtsgrundsätze zur Insolvenzfestigkeit der Einzugsermächtigungslastschrift, NZG 2010, S. 1100; BeckRS 2010, 19389 (NJW Spezial 2010, S. 598). Für den allgemeinen Wirtschaftsverkehr ist diese Einschränkung weitgehend zu vernachlässigen, vgl. Gundlach, Ulf/ Frenzel, Volkhard/ Jahn, Andreas, DStR 2010, op.cit., S. 1993.

911 BGH, Urteil vom 10.6.08 (NJW 2008, S. 3348); vgl. hierzu Wagner, Neues aus Karlsruhe zum Einzugsermächtigungsverfahren – Steine statt Brot für Banken und Insolvenzverwalter, NZI 2008, S. 721 ff. und Ganter, Die Rechtsprechung des BGH zum Insolvenzrecht im Jahr 2008, NZI 2009, S. 265 ff.

912 XI ZR 236/07, Rz. 44 ff. Hierzu Laier, BGH: Zahlung mittels SEPA-Lastschriftverfahren von Anfang an insolvenzfest – Anmerkung zum Urteil vom 20.07.2010 - XI ZR 236/07 (OLG München), GWR 2010, S. 429. Die Vorgaben des BGH hinsichtlich der konkludenten Genehmigung von Kontobelastungen sind Gegenstand von Kritik in der Literatur, da sie eine für die Insolvenzverwalter neue Rechtsunsicherheit schüfen. Durch die verstärkte Bereitschaft, eine konkludente Genehmigung

Für einen Ausblick auf die künftige rechtliche Ausgestaltung des Einzugsermächtigungsverfahrens und, hierauf aufbauend, die Anwendbarkeit des § 675x Abs. 1 S. 1 BGB sind indes die Ausführungen des BGH zur SEPA-Lastschrift und zur Möglichkeit einer Neugestaltung der Vertragsbedingungen zum Einzugsermächtigungsverfahren von größerem Interesse. Der XI. Zivilsenat legt – mit Billigung des Insolvenzrechtssenats – ausführlich seinen diesbezüglichen Standpunkt dar, obwohl dies zur Beurteilung der streitigen Sachverhalte nicht erforderlich gewesen wäre. Schon der Umfang des obiter dictum lässt erkennen, welche Tragweite das Gericht dieser Weichenstellung beimisst.

Der BGH bekräftigt, dass vor Umsetzung der PSD nur anhand der Genehmigungstheorie dogmatisch schlüssig zu erklären war, warum der Schuldner die Belastungsbuchung rückgängig machen kann. Insbesondere ein Verständnis der Einzugsermächtigung als girovertragliche Weisung des Schuldners an seine Bank oder als Ermächtigung des Gläubigers im Sinne des § 185 BGB seien daher zu Recht abgelehnt worden.[913] Unter dem Regime des neuen Zahlungsdiensterechts sei hingegen eine neue dogmatische Einordnung der Einzugsermächtigung gerechtfertigt. Insbesondere könne ihr die Bedeutung einer an die Zahlstelle gerichteten Autorisierung zur Einlösung der Lastschrift zukommen. Dies deshalb, weil mit § 675x Abs. 1 S. 1 BGB nunmehr ein gesetzlicher Erstattungsanspruch bestehe, der dem Interesse des Lastschriftschuldners, den eingezogenen Betrag wiedererlangen zu können, ausreichend Rechnung trage, sofern gemäß § 675x Abs. 2 BGB die Anspruchsvoraussetzungen des Absatzes 1, Buchstaben a) und b) abbedungen würden.[914] Das dogmatische Dilemma, bei Annahme einer Vorabweisung an die Schuldnerbank ein Widerrufsrecht des Schuldners herleiten zu müssen, habe sich damit erledigt, da es eines solchen nicht mehr bedürfe.

Infolgedessen sieht der BGH die Möglichkeit eröffnet, in den zwischen Schuldner und seiner Bank geltenden Vertragsbedingungen vorzusehen, dass die Autorisierung der Kontobelastungen bereits vorab durch die Einzugsermächtigung erfolge. Damit käme der Einzugsermächtigung eine doppelte Erklärungswirkung zu, die dem Mandat im SEPA-Basislastschriftverfahren[915] entspräche: dem Gläubiger würde weiterhin die Nutzung des Lastschriftverfahrens gestattet;

---

anzunehmen, kreiere der BGH ein „Lastschriftverfahren sui generis“ und bewirke ein teilweise Mutation zum Abbuchungsauftragsverfahren; vgl. Wagner, Der „Lastschrift-Friedensschluss” vom 20. 7. 2010 und seine Auswirkungen auf die Insolvenzverwaltungspraxis, NZI 2010, S. 785 (790).

913 XI ZR 236/07, Rz. 38.

914 Ebenda, Rz. 40.

915 Vgl. den oben zitierten Wortlaut des SEPA-Doppelmandats, unter Teil 1, Kap.2, Abschnitt C.II.4.

zusätzlich würden der Bank die zur Einlösung der Lastschriften ausgeführten Zahlungsvorgänge vorab genehmigt. Das Gericht wirbt geradezu für eine solche Annäherung des Einzugsermächtigungsverfahrens an die SEPA-Lastschrift:

> Die Vereinbarung einer Vorabautorisierung hätte - neben der Insolvenzfestigkeit der Zahlung - zudem den Vorteil, dass der Zahlende sowohl im SEPA-Basisverfahren, als auch im Einzugsermächtigungsverfahren einheitlich binnen acht Wochen nach Belastungsbuchung Erstattung des Zahlbetrages verlangen könnte. Dies wäre ein Beitrag zu mehr Rechtssicherheit. Zudem wäre jeglichen Zweifeln, ob die deutsche Einzugsermächtigungslastschrift dem Ziel der Zahlungsdiensterichtlinie, eine Vollharmonisierung zu erreichen (Art. 86 und Erwägungsgrund Nr. 4), gerecht wird, der Boden entzogen.[916]

Um Bedenken hinsichtlich der praktischen Realisierbarkeit dieser AGB-Umstellung vorzugreifen, beteuert das Gericht zudem, dass auch bereits bestehenden Einzugsermächtigungen durch eine entsprechende Änderung der Sonderbedingungen die Bedeutung eines Zahlungsauftrags hinzugefügt werden könne. Eine solche Klausel würde der AGB-Inhaltskontrolle (§§ 307 ff. BGB) nach Ansicht des Gerichts standhalten.[917]

Darüber hinaus sieht der BGH mit einer Angleichung des Einzugsermächtigungsverfahrens an das SEPA-Basislastschriftverfahren auch die insolvenzrechtlichen Probleme gelöst. Namentlich die unter Geltung der Genehmigungstheorie fehlende Insolvenzfestigkeit der Belastungsbuchungen sei hierdurch hergestellt. Dem Insolvenzverwalter bliebe allein die Möglichkeit der Anfechtung nach §§ 129 ff. InsO. Insbesondere falle der Erstattungsanspruch nach § 675x Abs. 1 S. 1 BGB nicht in die Insolvenzmasse, so dass der Insolvenzverwalter keine Verfügungsbefugnis gemäß § 80 InsO hierüber erlange.[918] Dies ergebe sich aus einer analogen Anwendung des § 377 Abs. 1 BGB in Verbindung mit § 36 Abs. 1 S. 1 InsO.

Der Begründung der Insolvenzfestigkeit der SEPA-Lastschrift – und, in der Folge, einer entsprechend ausgestalteten Einzugsermächtigungslastschrift – widmet sich der Bankrechtssenat eingehend über 25 Abschnitte hinweg (insgesamt hat das Urteil 54 Abschnitte). Insbesondere lasse sich der Erstattungsanspruch nach § 675x Abs. 1 S. 1 BGB nicht als verlängertes Widerrufsrecht des Schuldners deuten, da der Widerruf in §§ 675j Abs. 2 S. 1, 675p BGB abschließend geregelt sei und § 675x Abs. 1 S. 1 BGB schon seinem Wortlaut nach ein aktives Gegenrecht verleihe.[919] Die Erfüllung der Valutaschuld trete im SEPA-

916 XI ZR 236/07, Rz. 40.

917 Ebenda, Rz. 37.

918 Ebenda, Rz. 29.

919 Ebenda, Rz. 20. Anders z.B. Obermüller/Kuder, ZIP 2010, op.cit., S. 349 (354).

Basislastschriftverfahren schon mit Gutschrift auf dem Gläubigerkonto ein.[920] Bei Geltendmachung des Erstattungsanspruchs nach § 675x Abs. 1 S. 1 BGB und Rückbuchung der Zahlungstransfers entsprechend den Interbankenabkommen bzw. Inkassobedingungen entfalle die Erfüllung nur rückwirkend, § 159 BGB.

Dem hiergegen erwogenen Einwand, dass es keine bedingten Rechtsfolgen gebe[921], hält der BGH entgegen, dass es sich bei der Zahlung im Einzugsermächtigungsverfahren um eine andere Leistung als die eigentlich geschuldete Geldzahlung handele (§ 364 Abs. 1 BGB) und eine auflösend bedingte Erfüllungsvereinbarung daher erforderlich und zulässig sei.[922]

Mit dieser Neuausrichtung der höchstrichterlichen Rechtsprechung zur Einzugsermächtigungslastschrift scheint für die Kreditinstitute der Weg für eine entsprechende Änderung der Sonderbedingungen sowie des Lastschriftabkommens frei zu sein. Anlässlich des Inkrafttretens des BGB-Zahlungsdiensterechts war von einer grundsätzlichen Änderung des Verfahrens abgesehen worden, da die Rechtsprechung des BGH zur „Genehmigungstheorie“ zunächst unverändert Bestand hatte. Die Möglichkeit, dass sich unter den neuen gesetzlichen Rahmenbedingungen auch neue vertragliche Gestaltungsmöglichkeiten ergeben würden, war seinerzeit noch mit zu großer Unsicherheit behaftet gewesen, um ein millionenfach repliziertes Vertragsmuster danach auszurichten.

In Anbetracht der BGH-Entscheidungen vom 20.7.2010 könnte ein Paradigmenwechsel hinsichtlich der Rechtswirkungen der Einzugsermächtigung nunmehr vertraglich nachvollzogen werden.

II. Kritik an der Lösung des BGH

Der vom BGH vorgelegte Entwurf einer Überholung des Einzugsermächtigungsmodells im Wege der AGB-Änderung ist in mehrfacher Hinsicht kritikwürdig:

---

920 XI ZR 236/07, Rz. 23 ff. Der BGH geht nicht darauf ein, dass die Erfüllung der Valutaschuld auch schon mit Eingang des Zahlungsbetrages auf dem Konto der Inkassostelle angenommen werden könnte; zu diesem Problem siehe unten Teil 2, Kap.3, Abschnitt A zu Erfüllungszeitpunkt und Verzug bei der Überweisung unter dem neuen Zahlungsdiensterecht.

921 Hinsichtlich der Rechtsfolgen der Erfüllung sowie der „Theorie der realen Leistungsbewirkung“, vgl. Fallscheer-Schlegel, op.cit., S. 34 f.; Erman/Westermann/Buck-Heeb, § 362 Rn. 2 m.w.N..

922 XI ZR 236/07, Rz. 25.

Entgegen der nicht weiter begründeten Feststellung des BGH, dass eine AGB-Klausel, die der Einzugsermächtigung Autorisierungswirkung gegenüber der Zahlstelle zuschreibe, wirksam sei, scheint ein Verstoß gegen das Verbot fingierter Erklärungen in § 308 Nr. 5 BGB durchaus denkbar. Nach dieser Vorschrift sind Bestimmungen in Allgemeinen Geschäftsbedingungen, wonach eine Erklärung des Vertragspartners des Verwenders bei Vornahme einer bestimmten Handlung als von ihm abgegeben gilt, unwirksam. Als Erklärungsfiktion fallen auch Umdeutungsklauseln, die einer ausdrücklichen Willenserklärung des Kunden einen anderen oder zusätzlichen Erklärungswert beilegen, unter § 308 Nr. 5 BGB.[923]

Den Vorstellungen des BGH zufolge würde eine neue Klausel der Sonderbedingungen zum Einzugsermächtigungsverfahren dem unveränderten Wortlaut einer Einzugsermächtigung den Erklärungsgehalt eines SEPA-Mandats beimessen. Letzteres sieht, wie an anderer Stelle bereits zitiert[924], neben der weitgehend gleichlautenden Erklärung an den Gläubiger eine zusätzliche, an die Schuldnerbank gerichtete Weisung vor, die vom Zahlungsempfänger gezogenen Lastschriften einzulösen. Es handelt sich also um zwei getrennte Willenserklärungen des Zahlers an zwei verschiedene Adressaten.

Derweil lautet eine übliche Einzugsermächtigung etwa: *„Hiermit ermächtige ich *Name des Zahlungsempfängers* widerruflich, die von mir zu zahlenden Beträge zu Lasten meines Girokontos mittels Lastschrift einzuziehen"*. Diese Erklärung enthält keinen Zahlungsauftrag an die Zahlstelle. Ein solcher würde, wenn die Vorschläge des BGH umgesetzt würden, fingiert, um eine Vorabautorisierung des Zahlungsvorgangs zu erreichen. Daher wäre eine entsprechende Klausel wohl gemäß § 308 Nr. 5 AGB unwirksam. Diese Aussage steht freilich solange unter Vorbehalt, wie die tatsächliche Ausgestaltung der neuen Bedingungen nicht bekannt ist. Zudem ist es denkbar, dass die Unwirksamkeit der Klausel angesichts der klaren gegenteiligen Stellungnahme des BGH sich in der Rechtswirklichkeit nicht niederschlagen würde.

Ein weiterer Einwand gegen den Lösungsansatz des BGH ist praktischer Natur: Nach der Rechtsprechungsänderung durch die Urteile vom 20.7.2010 ist die Genehmigungstheorie zwar nicht mehr zwingend den AGB zugrundezulegen. Genauso wenig sind die Zahlungsdienstleister jedoch gezwungen, ihre Sonderbedingungen in der vorgeschlagenen Weise zu ändern, denn eine Unwirksamkeit der Nachautorisierungsklausel wurde vom BGH aus der neuen Rechtslage nicht abgeleitet.

923 Münchner Kommentar BGB/ Kieninger, § 308 Nr. 5, Rn. 4.

924 Siehe oben im Teil 2, Kap.2, Abschnitt C.II.4.

Gegen eine kurzfristige Änderung spricht aus Sicht der Banken zum einen das Risiko, dass einzelne Kunden den neuen Bedingungen widersprechen.[925]

Zum anderen ist denkbar, dass die Erklärungsfiktion ungeachtet des vom BGH erteilten Segens durch unterinstanzliche Gerichte als solche gewertet und für unwirksam erklärt würde.

Schließlich wird auf EU-Ebene eine Verordnung vorbereitet, die ein verbindliches Enddatum für die vollständige Umstellung auf die SEPA-Verfahren vorschreiben wird.[926] Bevor die genauen Vorgaben einer solchen Verordnung und der hierdurch auferlegte Zeitplan nicht feststehen, riskieren die Banken, schon bald nach einer den Vorgaben des BGH entsprechenden AGB-Änderung eine erneute Umstellung vornehmen zu müssen.

Die Zahlungsdienstleister werden eine Abwägung zwischen dem Nutzen der bezweckten Insolvenzfestigkeit der Einzugsermächtigungslastschrift und diesen Risiken vornehmen. Dabei wird eine Rolle spielen, dass gerade im Privatkundengeschäft, welches von einer Angleichung an das SEPA-Basislastschriftverfahren betroffen wäre, die fehlende Insolvenzfestigkeit der Einzugsermächtigungslastschrift ein weitaus marginaleres Problem ist, als bei Unternehmerlastschriften. In die Überlegungen der Banken werden weiterhin die erheblichen Kosten einer AGB-Änderung einzustellen sein.

Es besteht daher durchaus die Gefahr, dass diese Abwägung nicht einheitlich ausfällt und einzelne Kreditinstitute ihre Sonderbedingungen zunächst unverändert lassen. Hinsichtlich der Einzugsermächtigungen der Kunden dieser Institute könnte keinesfalls eine Vorabautorisierung unterstellt werden, da der in den Vertragsbedingungen geäußerte Parteiwille dem zuwiderläuft.[927] Damit würde anstelle der vom BGH antizipierten größeren Rechtssicherheit eine größere Verwirrung entstehen, da selbst für Lastschriften im Einzugsermächtigungsverfahren verschiedene Fristen zum Widerspruch bzw. zur Geltendmachung des Erstattungsanspruchs greifen würden.

Darüber hinaus ist auch unklar, ob die vom BGH behauptete Ausräumung der insolvenzrechtlichen Probleme mit einer Angleichung des Einzugsermächtigungsverfahrens an das SEPA-Basislastschriftverfahren überhaupt erreicht wäre.

---

925 Freilich ist es kaum wahrscheinlich, dass es in vielen Fällen zu einem Aufbegehren der Zahlungsdienstnutzer kommen würde, da die „Informationskosten" aus Sicht des Verbrauchers in aller Regel zu hoch sind, um eine eingehende Prüfung der AGB durchzuführen; vgl. zur ökonomischen Analyse des Rechts von AGB-Verträgen Schäfer/Ott, Lehrbuch der ökonomischen Analyse des Zivilrechts, 4. Aufl., Berlin u.a. 2005, S. 513 ff.

926 Vgl. Working Paper on SEPA Migration End-Date, op.cit.

927 Siehe oben Teil 2, Kap.2, Abschnitt C.II.

Namentlich erscheint die Insolvenzfestigkeit der SEPA-Basislastschrift zweifelhaft.[928] Diese Frage ist hier nicht abschließend zu entscheiden – lediglich einige potentielle Angriffspunkte seien aufgezeigt:

Zunächst könnte der Erstattungsanspruch nach § 675x Abs. 1 S. 1, Abs. 2 BGB als verlängertes Recht zum Widerruf der Autorisierung ausgelegt werden.[929] Eine solche Auslegung ergibt sich zwar nicht unmittelbar aus dem Wortlaut der Norm, doch könnten aus dem Schutzzweck und der für das Lastschriftverfahren typischen Systematik eines Widerspruchsrechts Argumente für eine solche Auffassung gezogen werden. Die von § 675x Abs. 2 BGB eingeräumte Möglichkeit, vertraglich einen voraussetzungslosen Erstattungsanspruch vorzusehen, könnte als Brücke zu einer dem aktuellen Einzugsermächtigungsverfahren ähnlichen Ausgestaltung unter Anwendung des § 675x Abs. 1 S. 1 BGB anzusehen sein.[930] Ein solches Verständnis der Norm indiziert ebenfalls die Einordnung als verlängertes Widerspruchsrecht.

Auch werden teilweise Bedenken gegen die Annahme der Erfüllung im Zeitpunkt der Gutschrift eines im SEPA-Basislastschriftverfahren eingezogenen Betrags auf dem Clearingkonto der Gläubigerbank (bzw. dem Gläubigerkonto)[931] vorgebracht.[932] Diese sind wohl im Ergebnis zurückzuweisen. Zwar wird die Möglichkeit, die Buchungen bei Geltendmachung des Erstattungsanspruchs wieder rückgängig zu machen, als Begründung dafür angebracht, dass der Leistungserfolg endgültig erst nach Ablauf der Acht-Wochen-Frist des § 675x Abs. 4 BGB angenommen werden könne. Jedoch spricht gegen die Unterstellung eines entsprechenden Vorbehalts, dass der Betrag schon vorher dem Gläubiger zur freien Verfügung steht.

Um zu begründen, dass der Erstattungsanspruch nicht in die Insolvenzmasse und damit nicht gemäß § 80 Abs. 1 InsO unter die Verfügungsbefugnis des (vorläufigen) Insolvenzverwalters fällt, bemüht der BGH in analoger Anwendung § 377 Abs. 1 BGB.[933] Dies wird damit gerechtfertigt, dass der Schuldner durch Erteilung des Zahlungsauftrags wie bei der Hinterlegung die Befriedigung des

---

928 Vgl. Wagner, NZI 2010, op.cit, S. 785 (788 ff.).

929 Lohmann in Hellner/Steuer, Bankrecht und Bankpraxis, Rn. 20/107; Obermüller/Kuder, ZIP 2010, op.cit., S. 349 (354); Grundmann, WM 2009, op.cit. S. 1157 (1160); ders. in Ebenroth/Boujong/Joost/Strohn, Band 2, BankR II Rn. 149b.

930 So z.B. Palandt/Sprau, § 675x Rn. 8.

931 Siehe – freilich v.a. hinsichtlich von Zahlungen im Überweisungsverfahren – zur Frage des Erfüllungszeitpunkts unten, Teil 2, Kap.3, Abschnitt A.I.

932 Vgl. Lohmann, Die grenzüberschreitende Lastschrift: Rechtsfragen auf dem Weg zu einem europäischen Lastschriftverfahren, Berlin 2008, S. 220 f.; zweifelnd Hadding, FS Hüffer, op.cit., S. 273 (291).

933 BGH XI ZR 236/07, Rz. 30 ff.

Gläubigers schon begonnen habe.[934] Die dadurch erlangte Position solle letzterem nicht durch den Insolvenzverwalter entzogen werden können. Im Hinblick auf die SEPA-Lastschrift mag diese Argumentation zu akzeptieren sein – selbst wenn die stringente Herleitung einer planwidrigen Regelungslücke schwerfallen dürfte. Legt man jedoch die bisherige Einzugsermächtigung zugrunde, so ist nur unter Ausblendung des tatsächlichen Parteiwillens davon auszugehen, dass der Schuldner in weitergehender Weise als bisher zur Befriedigung des Gläubigers angesetzt habe. Bislang wurde eine analoge Anwendung des § 377 Abs. 1 BGB auf die Einzugsermächtigung jedoch nie auch nur erwogen.

Im Bewusstsein, dass diese Kritikansätze nur oberflächlich gestreift wurden, kann nach alldem doch festgehalten werden, dass die Insolvenzfestigkeit des SEPA-Lastschriftverfahrens und damit auch eines daran ausgerichteten Einzugsermächtigungsverfahrens keineswegs gesichert erscheinen.

III. Die rechtspolitischen Hintergründe der Entscheidung

Aufgrund der angesprochenen Kritikpunkte bestehen erhebliche Zweifel daran, ob die vom BGH erteilten Vorgaben zur Neugestaltung des Einzugsermächtigungsverfahren geeignet sind, die nominal dadurch verfolgten Ziele – größere Rechtssicherheit und Insolvenzfestigkeit – zu erreichen. Zudem zeigt das Urteil des Bankrechtssenats einen AGB-rechtlich höchst bedenklichen Weg zur Angleichung des Verfahrens an die SEPA-Basislastschrift auf. Insofern überrascht, dass der BGH nun die Struktur des Einzugsermächtigungsverfahren im Sinne einer Vorabautorisierung reformiert sehen will, nachdem die über Jahrzehnte hinweg in der Insolvenz des Lastschriftschuldners bestehenden Probleme ihn nicht zu einer Abkehr von der dogmatischen Festlegung auf die Genehmigungstheorie hatten bewegen können.[935] Die im Urteil vorgebrachten Gründe erscheinen kaum hinreichend, um die dogmatisch angreifbare Kehrtwende zu rechtfertigen.

---

934 Ebenda.

935 Zugestanden sei, dass sich eine Abkehr von oder zumindest Modifizierung der Genehmigungstheorie in der Rechtsprechung des XI. Zivilsenats mit der „Erfüllungstheorie“ schon zuvor angedeutet hatte, vgl. hierzu Wagner, Die rechtliche Beachtlichkeit des eigenmächtig erklärten „Lastschriftwiderspruchs” des vorläufigen Insolvenzverwalters mit Zustimmungsvorbehalt, NZI 2010, S. 471 (475); Graf/Gerz, Das Lastschriftenverfahren – ein Zahlungsweg in der Sackgasse?, DStR 2009, S. 1649 (1650 f.). Bereits mit Blick auf die SEPA-Lastschrift fragte Burghardt, Einzugsermächtigungsverfahren – Notwendigkeit eines Paradigmenwechsels?, WM 2006, S. 1892 ff.

Welche zusätzlichen Motive könnten das Gericht dazu motiviert haben, den Weg für eine Anpassung des Einzugsermächtigungsverfahrens an das SEPA-Basislastschriftverfahren zu eröffnen und durch eindringliche Werbung für die Vorteile einer entsprechenden AGB-Änderung auf eine zügige Umsetzung in der Praxis hinzuwirken? Die Antwort muss notwendig spekulativ bleiben, da Beweggründe des Gerichts, die nicht strikt juristischer Natur sind, in der Regel nicht öffentlich zugegeben werden. Jedoch drängen sich folgende Vermutungen auf:

Die EU-Kommission misst der Umstellung auf die SEPA-Zahlungsverfahren (Migration) eine große Bedeutung im Hinblick auf die vollständige Realisierung des SEPA-Projekts zu.[936] Dies wird etwa am Beispiel des Erwägungsgrundes (12) der Verordnung über grenzüberschreitende Zahlungen deutlich, in dem der Verordnungsgeber speziell mit Blick auf die SEPA-Basislastschrift ausführt:

> Damit eine Lastschrift ausgeführt werden kann, muss das Konto des Zahlers erreichbar sein. Zur Förderung der erfolgreichen Einführung der SEPA-Lastschriften ist es daher von entscheidender Bedeutung, dass alle Zahlerkonten, die bereits für bestehende Inlandslastschriften in Euro erreichbar sind, dies auch für SEPA-Lastschriften sind; andernfalls werden Zahler und Zahlungsempfänger die Vorteile des grenzüberschreitenden Lastschrifteinzugs nicht nutzen können. Falls das Konto des Zahlers im Rahmen des SEPA-Lastschriftverfahrens nicht zugänglich ist, können sich der Zahler (Schuldner) und der Zahlungsempfänger (Gläubiger) die Vorteile, die die neuen Möglichkeiten der Zahlung im Wege des Lastschrifteinzugs bieten, nicht zunutze machen. (…) Besteht für den Zahlungsdienstleister des Zahlers somit keine Verpflichtung zur Erreichbarkeit, so führt dies zu einer geringeren Effizienz des Lastschrifteinzugs und einer Beschränkung des Wettbewerbs auf gesamteuropäischer Ebene.

Aufgrund dieser Zielsetzung legt die Kommission besonderen Wert darauf, dass die harmonisierten Vorschriften der PSD auf alle praktizierten Zahlungsverfahren Anwendung finden. Die Beibehaltung eines eigenständigen Modells der nachträglichen Autorisierung für das Einzugsermächtigungsverfahren widerspricht diesem Interesse.[937] Es trägt wesentlich dazu bei, die vor Umsetzung der

936 Diese Priorität kommt in zahlreichen Arbeitsdokumenten und Berichten zum Ausdruck, die auf der Internetseite zum der Kommission zum SEPA (http://ec.europa.eu/internal_market/payments/sepa/index_de.htm) konsultiert werden können; siehe z.B. „Mitteilung der Kommission vom 10.9.2009 - Vollendung des Einheitlichen Euro-Zahlungsverkehrsraums SEPA: Fahrplan 2009-2012“, KOM(2009) 471 endg., S. 3 ff.

937 Es ist davon auszugehen, dass die Kommission sich dieser Rechtslage bewusst ist. So wurde sie beispielsweise im Rahmen der Treffen des EU Forum of National SEPA

PSD bestehende rechtliche Fragmentierung des Lastschriftverkehrs zu perpetuieren.[938] Gerade die anvisierte Umstellung von den überkommenen einzelstaatlichen Verfahren auf das SEPA-Direct-Debit-Mandate wird nur dann mit überschaubarem Aufwand möglich sein, wenn die damit einhergehenden Rechtsfolgen die Position der Zahlungsdienstnutzer nicht so wesentlich verändern, dass ihre erneute Zustimmung eingeholt werden muss. Letzteres ist aber nur dann der Fall, wenn schon vorher weitgehende Identität der Verfahren besteht. In diesem Sinne führt die Kommission – offensichtlich mit Blick auf das Einzugsermächtigungsverfahren – im „Second Annual Report on the State of SEPA Migration in 2009“[939] aus:

> Another important aspect in this context is the continued legal validity of existing direct debit mandates when migrating to SDD. With the important exception of Germany, this issue has been addressed in all Member States.

Im Anhang 4 des SEPA-Migrationsberichts 2009, wird Deutschland unter der Kategorie *„Continued legal validity of existing direct debit mandates“* attestiert:

> Re-signing of mandates probably required. No legal solution ensured during the PSD transposition.

Um eine flächendeckende Geltung der PSD-Umsetzungsnormen zu erzwingen, hätte die Kommission zum Mittel des Vertragsverletzungsverfahrens greifen können. Wie oben dargestellt, fällt die Einzugsermächtigung bei richtiger Auslegung zwar nicht unter Art. 62 Abs. 1 S. 1 PSD.[940] Doch ist hierdurch keineswegs ausgeschlossen, dass die Kommission eine andere Auslegung bemüht hätte, um die Richtlinienkonformität der deutschen Umsetzung zu bestreiten. Namentlich ist eine teleologische Auslegung denkbar, die sich stärker auf das Ziel

---

Coordination Committees auf die Migrationshindernisse in den Mitgliedsstaaten aufmerksam gemacht. Im Rahmen des dritten Treffen dieses Forums wiesen die Vertreter der Bundesbank und des ZKA explizit darauf hin, dass eine Umstellung von der Einzugsermächtigung in ihrer derzeit geltenden Ausgestaltung auf das SEPA-Mandat nicht ohne erheblichen Verwaltungsaufwand realisierbar sei, da die Zahlungsdienstnutzer eine gesonderte Erklärung abgeben müssten. Der Mangel einer gesetzgeberischen Hilfestellung in dieser Frage wurde im deutschen Bericht ebenfalls herausgestellt. Die Dokumente sind online unter http://ec.europa.eu/internal_market/payments/sepa/ec_en.htm verfügbar.

938 Vgl. zur Uneinheitlickeit der Verfahren und rechtlichen Rahmenbedingungen vor der Harmonisierung durch die PSD Wand, Die grenzüberschreitende Lastschrift, in: Hadding/Schneider, op.cit. S. 117 ff. (119).

939 MARKT/H3/ZK/GH D(2009), op.cit.

940 Vgl. oben Teil 2, Kap.2, Abschnitt C.V.

der Verwirklichung des SEPA stützt und in diesem Sinne davon ausgeht, dass alle Lastschriftverfahren vom achtwöchigen Erstattungsanspruch des Art. 62 Abs. 1 PSD erfasst sein sollen.[941]

Es erscheint plausibel, dass der BGH in vorauseilendem Gehorsam die SEPA-Konformität des Einzugsermächtigungsverfahrens befördern wollte, um einem Vertragsverletzungsverfahren vorzugreifen.

Zudem könnte die sich verdichtende Planung einer EU-Verordnung, durch welche ein verbindliches Enddatum für die SEPA-Migration vorgeschrieben wird[942], zur Kehrtwende des BGH beigetragen haben. Namentlich erscheint eine Ersetzung der nationalen Zahlungsverfahren durch die SEPA-Instrumente leichter zu realisieren, wenn alle Verfahren von vornherein denselben Vorschriften unterliegen. Die Urteile des BGH nehmen sich vor diesem Hintergrund als Vorbereitung der SEPA-Migration aus.

Freilich ist nicht ausgeschlossen, dass der BGH auch unabhängig vom dargestellten rechtspolitischen Hintergrund auf EU-Ebene von seiner Lösung überzeugt ist. Es ist jedoch wahrscheinlich, dass die dogmatische Neubesinnung auch praktischen Zwängen gefolgt ist. Hieran zeigt sich, dass das SEPA-Projekt, obwohl seiner Rechtsnatur nach (bislang) ein privatwirtschaftliches Unterfangen, über das Medium der PSD ins deutsche Zivilrecht hineinwirken kann.

E. Die Lastschriftverfahren im französischen bzw. britischen Recht – äquivalente Probleme?

Die Einzugsermächtigungslastschrift fügt sich als eigenständiges Zahlungsmodell nicht in die sonstige Systematik des neuen Zahlungsdienstrechts – und insbesondere des § 675x Abs. 1 S. 1 BGB – ein. Nur durch die auf Drängen deutscher Interessenvertreter in die Richtlinie aufgenommene Möglichkeit der nachträglichen Autorisierung kann das Verfahren einstweilen weiter praktiziert werden.

Mit steigendem Anpassungsdruck an die SEPA-Zahlungsverfahren wird sich die Systematik der Einzugsermächtigungslastschrift jedoch absehbar der Harmonisierung beugen. Die BGH-Urteile sind als klares Anzeichen hierfür zu werten.

---

941 Zur zugrundeliegenden politisch-ökonomischen Ratio siehe auch oben unter Teil 2, Kap.2, Abschnitt C.II.4.

942 Vgl. zuletzt Working Paper on SEPA Migration End-Date, op.cit.

Ein Blick auf die französische bzw. britische Rechtsordnung soll im Folgenden zeigen, ob auch in diesen Systemen Lastschriftverfahren etabliert sind, die sich – etwa weil die Autorisierung des Zahlungsvorgangs wie im Einzugsermächtigungsverfahren erst im Nachhinein erfolgt – nicht in das Lastschriftbild des Richtliniengebers einfügen, welches im SEPA-Basislastschriftverfahren Ausdruck gefunden hat.

I. Das Lastschriftmodell im französischen Recht

In der Praxis des französischen Zahlungsverkehrs spielt die Lastschrift („avis de prélèvement") eine untergeordnete Rolle.[943] Dies ist auf die Skepsis zurückzuführen, welche Bankkunden einem Zahlungskonzept entgegenbringen, bei dem ihr Konto auf Initiative des Zahlungsempfängers belastet wird. Namentlich wird die Missbrauchsgefahr weit höher eingeschätzt als hinsichtlich Überweisungen oder Scheckzahlungen. Diese Attitüde hemmt auch die Verbreitung des SEPA-Lastschriftverfahrens, welche nach einem Bericht des nationalen SEPA-Rats bislang kaum voranschreitet.[944]

Letztlich ist die niedrige Popularität der Zahlung mittels Lastschrift wohl nur aus gewachsenen Traditionen heraus zu erklären, da ein Blick auf die rechtliche Ausgestaltung des Verfahrens im französischen Recht zeigt, dass der Zahler nicht schlechter gestellt ist, als etwa nach dem deutschen Abbuchungsauftragsverfahren. Damit der Zahlungsempfänger sich des Lastschriftverfahrens bedienen kann, bedarf es zweier Aufträge („*mandats*", Art. 1984 ff. Code Civil) des Schuldners. Zunächst weist er seine Bank an, von einem bestimmten Gläubiger eingereichte Lastschriften einzulösen („*autorisation de prélèvement*").[945] Darüber hinaus erlaubt er dem Gläubiger, fällige Beträge per Lastschrift einzuziehen („*demande de prélèvement*").[946] Bei den Aufträgen handelt es sich um

943 Der Anteil der mittels Lastschrift durchgeführten bargeldlosen Transaktionen lag in Frankreich 2009 unter 19%, in Deutschland hingegen über 50%, vgl. Banque Centrale Européenne, Statistiques relatives aux paiements – Données 2009, 13.9.2010, Tableau 'Importance relative des principaux instruments de paiement dans l'EU (2009)'; EZB-Statistiken sind online über das „Statistical Data Warehouse" verfügbar unter, vgl. http://sdw.ecb.europa.eu/

944 Raguénès, Jérôme/ Stervinou, Alexandre, France's migration to SEPA - EU Forum of National SEPA coordination Committees, Brüssel, 5.5.2010, S. 5.

945 Raymond, G., Des prélèvements bancaires autorisés par un consommateur, Revue Contrats Concurrence Consommation, April 1997, S.4.

946 Vgl. Jeantin/ Le Cannu, op.cit., S. 120, Rn. 183.

Daueraufträge, die solange gelten, bis sie widerrufen werden.[947] Aufgrund dieser Eigenschaft wird das Lastschriftverfahren überwiegend für wiederkehrende Zahlungen wie z.B. Stromrechnungen genutzt.[948]

Jedoch besteht daneben ein weiteres Zahlungsmodell, welches auf einmalige Zahlungen zugeschnitten ist und bei einer Darstellung des französischen Rechts der Lastschriften nicht unerwähnt bleiben darf, wenn es auch juristisch als Überweisung zu werten ist: der *„Titre interbancaire de paiement“* (TIP). Bei diesem Verfahren übersendet der Gläubiger dem Schuldner ein TIP-Formular, dem die Höhe des zu zahlenden Betrags zu entnehmen ist. Auf dem Formular werden zudem die Bankkoordinaten des Zahlungspflichtigen (*„Relevé d'identité bancaire“*, RIB) vermerkt. Der Schuldner unterzeichnet den TIP und übermittelt das Formular an eine zentrale Abwicklungsstelle (*„centre de traitement“*). Über diese wird das Formular zur Einlösung an die Zahlstelle weitergeleitet. Dogmatisch handelt es sich beim TIP also um einen Überweisungsauftrag (*„ordre de virement“*) des Schuldners, den er mittelbar seinem Zahlungsdienstleister erteilt. Da der Buchungsvorgang jedoch nicht vom Zahler ausgelöst wird, wird auch das TIP-Verfahren in der einschlägigen Literatur im Zusammenhang mit der Lastschrift behandelt.[949]

Zusammenfassend bleibt festzuhalten, dass im französischen Recht kein Lastschriftverfahren existiert, das auf einer nachträglichen Genehmigung des Schuldners beruht. Wie beim Abbuchungsauftragsverfahren ist der auf Art. 62 Abs. 1 S. 1 PSD zurückgehende Erstattungsanspruch daher unproblematisch auf Lastschriftzahlungen anwendbar. Eine äquivalente Problemkonstellation wie beim Einzugsermächtigungsverfahren besteht damit nicht.

II. Lastschriftmodell im britischen Recht

Im britischen Recht stellt sich die Systematik des Lastschriftverfahrens (*„direct debiting“*) im Ergebnis ähnlich dar.

Das Verfahren wurde 1967 etabliert und richtet sich nach den im sog. *„Originator's Guide and Rules of the Direct Debit Scheme“* bestimmten Regeln.[950] Der „Originator's Guide“ sieht besondere Zulassungsvoraussetzungen für die Teilnehmer des *Direct Debit Scheme* vor.

947 Vgl. ebenda, S. 120, Rn. 182.

948 Bauerreis/Neumann, in: Derleder/Knops/Bamberger, § 78 Rn. 53.

949 Bonneau, Thierry, Droit bancaire, 6. Aufl., Paris 2006, S. 327, Rn. 439.

950 Vgl. zum Originator's Guide eingehend Brindle/Cox, Law of Bank Payments, op.cit., S. 81 (Rn. 3-031).

Der Lastschrifteinzug durch den Zahlungsempfänger („*beneficiary*“, „*payee*“) setzt voraus, dass der Lastschriftschuldner („*payer*“) seine Bank vorab autorisiert hat, vom Gläubiger eingereichte Lastschriften einzulösen.[951] Diese Autorisierung erfolgt durch eine „*Direct Debit Instruction*“ (DDI), welche der Zahlstelle in der Regel über den Zahlungsempfänger mitgeteilt wird.[952] Die vom Zahler unterschriebene DDI enthält seinen Namen sowie Adresse und Kontodaten, jedoch noch nicht Zahlungsbetrag und -datum.[953] Die Einziehung von Lastschriften erfolgt auf Initiative des Zahlungsempfängers[954] über das Clearingsystem „*Bankers' Automated Clearing Services*“ (BACS).

Vertragsrechtlich ist die DDI als Auftrag („*mandate*“) einzustufen, durch welchen die Zahlstelle sowohl berechtigt, als auch verpflichtet wird, vom Zahlungsempfänger eingezogene Lastschriften einzulösen.[955] Auch im britischen Recht liegt mithin stets eine Vorabautorisierung vor, so dass die Anwendbarkeit des Erstattungsanspruchs gemäß Art. 62 Abs. 1 S. 1 PSD, der in Regulation 63 PSR umgesetzt wurde, nicht problematisch ist.

III. Fazit zur Lastschrift im französischen und britischen Recht

Das Einzugsermächtigungsverfahren nimmt aufgrund seiner spezifischen Systematik im Vergleich zu den im französischen bzw. britischen Recht praktizierten Verfahren eine Sonderstellung ein. Infolgedessen bestehen auch die damit verbunden Probleme speziell im deutschen Recht. Die Umstellung auf die neuen SEPA-Verfahren wird in anderen Systemen keinen Paradigmenwechsel bedeuten, wie er sich hinsichtlich des Einzugsermächtigungsverfahrens im BGH-Urteil vom 20.7.2010 ankündigt.[956] Lediglich einige Unterschiede praktischer Natur – betreffend etwa die Frage, ob die Autorisierung der Zahlstelle durch di-

951 Ellinger/Lomnicka/Hooley, Modern Banking Law, op.cit., S. 463.

952 Vgl. Wadsley/Penn, The law relating to domestic banking, op.cit., S. 457 (Rn. 14-097).

953 Vgl. Brindle/Cox, op.cit., S. 81 f. (Rn. 3-031).

954 Der Zahlungsempfänger wird, da von ihm die Initiative für die Ausführung einzelner Zahlungsvorgänge ausgeht, als „originator“ bezeichnet.

955 Vgl. Wadsley/Penn, op.cit., S. 457 (Rn. 14-097).

956 Als Nicht-Euro-Staat spielen die SEPA-Direct-Debit-Schemes bislang in der britischen Zahlungspraxis freilich noch keine wesentliche Rolle. Zwar bieten viele Zahlungsdienstleister die Nutzung dieser Verfahren an; bei Zahlungen in Sterling wird jedoch das bestehende nationale Lastschriftmodell weiter genutzt, vgl. Fraser, SEPA and the UK – Presentation at the EC Forum of National SEPA Coordination Committees, 21.10.2008, S. 6.

rekte Weisung des Zahlers erfolgt oder über den Zahlungsempfänger als Boten erteilt wird – bestehen zum SEPA-Basislastschriftverfahren.

Eine Neufassung des Einzugsermächtigungsverfahrens liegt daher durchaus im Interesse der Rechtseinheitlichkeit und Rechtssicherheit im europäischen Zahlungsraum. Fraglich bleibt allerdings, ob die vom BGH suggerierte Lösung der geeignete Weg ist, diesem Interesse gerecht zu werden.

F. Fazit zum Anwendungsbeispiel Lastschrift

Nachdem sich die rechtliche Ausgestaltung des Lastschriftverfahrens vormals einzig aus den Vertragsbedingungen bzw. Interbankenabkommen ergeben hat, wurden mit Umsetzung der PSD erstmals gesetzliche Rahmenbedingungen geschaffen. Die schon zuvor im deutschen Zahlungsverkehr praktizierten Lastschriftverfahren – namentlich das Abbuchungsauftrags- sowie das Einzugsermächtigungsverfahren – werden einstweilen neben den SEPA-Lastschriftverfahren beibehalten; eine hoheitlich vorgegebene vollständige Umstellung auf die neuen Verfahren ist jedoch auf europäischer Ebene für das Jahr 2013 vorgesehen.

Insbesondere das Einzugsermächtigungsverfahren ist auf seine Kompatibilität mit den neuen Vorschriften zu überprüfen, da es im Vergleich zu den in den betrachteten Rechtsordnungen etablierten Instrumenten sowie im Vergleich mit der SEPA-Basislastschrift eine eigenständige Systematik aufweist. Für den deutschen Gesetzgeber sowie die deutschen Verhandlungsführer auf EU-Ebene stellte die Fortführbarkeit des Einzugsermächtigungsverfahrens eine essentielle Anforderung an die Harmonisierung des Zahlungsdiensterechts dar. Unbeschadet der dahingehenden Beteuerungen in der Begründung zum Umsetzungsgesetz ist durch richtlinienkonforme Auslegung zu ermitteln, ob sich aus den Vorgaben der PSD etwas Abweichendes ergibt.

Um einen möglichen Anpassungsbedarf des Einzugsermächtigungsverfahrens unter dem Regime der §§ 675c ff. BGB bestimmen zu können, ist zunächst festzustellen, welche Normen überhaupt auf Zahlungen mittels dieses Verfahrens anwendbar sind. Diese Prüfung wurde im vorliegenden Abschnitt am Beispiel des Erstattungsanspruchs gemäß § 675x Abs. 1 S. 1 BGB vollzogen. Im Ergebnis ist § 675x Abs. 1 S. 1 BGB bei Zugrundelegung der derzeit geltenden vertraglichen Sonderbedingungen nicht auf Zahlungen im Einzugsermächtigungsverfahren anwendbar, da es sich nicht um „autorisierte" Zahlungen im Sinne der Norm handelt. Namentlich kann die Einzugsermächtigung keine Autorisierung darstellen, da sie – in ihrer derzeitigen Ausgestaltung – nicht die Zahlstelle, sondern nur den Zahlungsempfänger betrifft. Dass nur die Zahlstelle als „Autorisierter" taugt, ergibt sich insbesondere aus einer Auswertung des systematischen Zusammenspiels der Begriffe des Zahlungsvorgangs, Zahlungsauftrags sowie der Autorisierung. Eine Vorab-Autorisierungswirkung im Verhältnis zur Zahlstelle kommt der Einzugsermächtigung nach dem klaren Parteiwillen nicht zu, da in den einschlägigen Sonderbedingungen explizit die nachträgliche Genehmigung der Buchungen vorgesehen ist.

Die nachträgliche Genehmigung kommt ihrerseits nicht als Autorisierung in Betracht, weil nachträgliche Autorisierungen nach der Systematik der Norm generell ausgeschlossen sind, wie der deutsche Gesetzgeber in § 675x Abs. 6 BGB deklaratorisch bekräftigt hat.

Dennoch hätte eine strikt am Regelungszweck der Verwirklichung des SEPA-Projektes orientierte teleologische Auslegung zu dem Ergebnis führen können, dass Art. 62 Abs. 1 PSD – und damit auch die deutsche Umsetzungsnorm § 675x Abs. 1 S. 1 BGB – ausnahmslos auf alle Lastschriftverfahren Anwendung finden soll. Dies deshalb, weil die flächendeckende Einheitlichkeit der Zahlungsverfahren die Umstellung auf die SEPA-Verfahren (Migration) erleichtern würde, bzw. die Anwendbarkeit bestimmter Vorschriften auf überkommene nationale Verfahren möglicherweise geeignet wäre, deren Praktikabilität einzuschränken, was ebenfalls eine Verdrängung durch die neuen SEPA-Verfahren begünstigen würde.

Jedoch sind solche Erwägungen politisch-ökonomischer Natur zu vage, um im Auslegungsprozess konkrete systematische Kriterien übertrumpfen zu können.

Dennoch kommt den Belangen des SEPA bei der Auslegung des Zahlungsdiensterechts praktisch erhebliches Gewicht zu, da die Verwirklichung des Projekts aus Sicht der Europäischen Kommission Priorität hat. Als Hüterin der Verträge[957] wacht sie über die Einhaltung der mitgliedsstaatlichen Umsetzungspflicht und entscheidet insbesondere über die Einleitung von Vertragsverletzungsverfahren. Wenn die Kommission als Maßstab der Richtlinienkonformität des deutschen Zahlungsdiensterechts eine „SEPA-konforme" Auslegung zugrundelegt, so könnte sich eine entgegenstehende Lesart durch die einzelstaatlichen Richter als (vorgebliche) Vertragsverletzung darstellen.

Vor diesem Hintergrund sind auch die abgestimmten Urteile des IX. und XI. Zivilsenats vom 20.7.2010 zu sehen. Der BGH eröffnet die Möglichkeit, die Sonderbedingungen für Zahlungen im Einzugsermächtigungsverfahren neu zu fassen, wobei sich die Rechtswirkungen der Einzugsermächtigung nicht mehr zwingend nach der bislang herrschenden Genehmigungstheorie zu richten haben. Mithin kann der Einzugsermächtigung zukünftig auch die Bedeutung einer Vorabautorisierung der Zahlstelle beigemessen werden, so dass kein nachträgliches Widerrufsrecht mehr bestünde. Dies sei nunmehr zulässig, weil der Anspruch nach § 675x Abs. 1 S. 1 BGB – sofern die Anspruchsvoraussetzungen

957 Vgl. zur Rolle der EU-Kommission als Hüterin der Verträge Usher, The Commission and the Law, in: Spence/Edwards, The European Commission, 2006, S. 103 ff.

gemäß Absatz 2 der Norm abbedungen sind – einen hinreichenden Schutz des Zahlers gewährleiste.

Eine entsprechende Ausgestaltung des Einzugsermächtigungsverfahrens würde dieses weitgehend an die Systematik des SEPA-Basislastschriftverfahrens angleichen, bei dem der Zahler ein Doppelmandat – einerseits an den Zahlungsempfänger, andererseits an die Zahlstelle – erteilt.

Der vom BGH unterbreitete Weg erscheint jedoch bedenklich, weil er darauf beruht, der Einzugsermächtigung per AGB-Änderung einen zusätzlichen rechtlichen Erklärungswert zuzuschreiben. Hierin läge wohl eine gemäß § 308 Nr. 5 BGB unzulässige Fiktion einer Willenserklärung. Zudem ist keineswegs sicher, dass die vom BGH behauptete Insolvenzfestigkeit der Einzugsermächtigungslastschrift bei einer am SEPA-Basislastschriftverfahren ausgerichteten Neufassung gegeben wäre.

Hinter dem Paradigmenwechsel des BGH steht allem Anschein nach der wachsende Migrationsdruck, den die EU-Kommission als Patron des SEPA-Projekts entfaltet. Die Ermöglichung der Anpassung des Einzugsermächtigungsverfahrens an die einheitliche Systematik der PSD und des SEPA-Lastschriftverfahrens stellt sich mithin als vorauseilende Fügung unter die Kommissionsagenda dar.

Hieran zeigt sich, wie das SEPA-Projekt als politisch-ökonomischer Hintergrund des BGB-Zahlungsdiensterechts faktisch in die Anwendung der Normen hineinwirkt, selbst wenn es im Rahmen einer methodenstrengen Auslegung kein bestimmendes Kriterium darstellen würde.

Ungeachtet der methodischen Bedenken würde eine Aufgabe der nachträglichen Genehmigung die Singularität des Einzugsermächtigungsverfahrens beenden und damit zur Rechtseinheitlichkeit im europäischen Zahlungsverkehr beitragen.

Zusammenfassung der Ergebnisse in Thesenform. Anwendungsbeispiel Lastschrift

I. Leitlinien zur Auslegung des BGB-Zahlungsdiensterechts

Eine der Agenda der EU-Kommission entsprechende „SEPA-konforme" Auslegung der PSD setzt sich zwar bei neutraler, methodengetreuer Abwägung nicht gegen andere Auslegungskriterien durch, hat aber praktisch dennoch erhebliches Gewicht, da der Kommission das Druckmittel des Vertragsverletzungsverfahrens zu Gebote steht, um ihre Lesart der PSD durchzusetzen.

Der politische Wille der europäischen Gesetzgebungsorgane und der Kommission ist auf die vollständige Verdrängung überkommener mitgliedsstaatlicher Lastschriftverfahren durch die SEPA-(Basis)Lastschrift (Migration) gerichtet.

Bei der Kontrolle der Richtlinienumsetzung durch die Mitgliedsstaaten wird die Kommission stets die Lesart der PSD zugrundelegen, die eine Umstellung auf die vereinheitlichten SEPA-Zahlungsinstrumente begünstigt.

Zur Vermeidung von Vertragsverletzungsverfahren ist eine SEPA-konforme Auslegung – selbst wenn sie von der Pflicht zur richtlinienkonformen Auslegung nicht indiziert ist – taktisch geboten.

Der Paradigmenwechsel des BGH ist Ausdruck einer SEPA-konformen Auslegung und stellt sich damit als vorauseilender Gehorsam angesichts des auf EU-Ebene generierten Angleichungsdrucks dar.

II. Das materielle Recht betreffend

Das Einzugsermächtigungsverfahren weicht aufgrund der Nachträglichkeit der Autorisierung vom SEPA-Basislastschriftverfahren und anderen im Anwendungsbereich der PSD praktizierten Lastschriftverfahren ab.

Die Kompatibilität des Einzugsermächtigungsverfahrens mit dem harmonisierten Zahlungsdiensterecht steht insbesondere vor dem Hintergrund des SEPA-

Projekts in Frage, da dessen Realisierung von einer einheitlichen rechtlichen Ausgestaltung der Zahlungsverfahren abhängt.

Der Erstattungsanspruch gemäß § 675x Abs. 1 S. 1 BGB ist auf das Einzugsermächtigungsverfahren in seiner derzeit geltenden Ausgestaltung nicht anwendbar.

Der Zahlungsempfänger taugt nicht als „Autorisierter" im Sinne des neuen Zahlungsdiensterechts.

Eine nachträgliche Genehmigung kann keine Autorisierung im Sinne des § 675x Abs. 1 S. 1 BGB darstellen.

Eine Vorabautorisierungswirkung kommt der Einzugsermächtigung jedenfalls solange nicht zu, wie die Sonderbedingungen ausdrücklich eine nachträgliche Genehmigung im Verhältnis zur Zahlstelle vorsehen.

Der XI. Zivilsenat des BGH hat in seinem Urteil vom 20.7.2010 eine Neufassung der Sonderbedingungen befürwortet, die vorsehen soll, dass die Einzugsermächtigung neben der an den Zahlungsempfänger gerichteten Erklärung auch eine Autorisierung der Zahlstelle in der Einzugsermächtigung enthält.

Die vom BGH vorgeschlagene Umgestaltung des Einzugsermächtigungsverfahrens würde eine weitgehende Annäherung an das „Doppelmandat" des SEPA-Basislastschriftverfahrens bedeuten.

Die AGB-rechtliche Wirksamkeit der vom BGH vorgeschlagenen Änderung ist zweifelhaft, da es sich um die Fiktion einer Willenserklärung im Sinne des § 308 Nr. 5 BGB handeln könnte.

Die Angleichung des Einzugsermächtigungsverfahrens an die Systematik der PSD und der SEPA-Lastschrift würde insbesondere die von der EU-Kommission geförderte Migration zu den einheitlichen SEPA-Verfahren begünstigen.

Eine Ausgestaltung der Einzugsermächtigung als Doppelerklärung mit Vorabautorisierungswirkung würde zur Einheitlichkeit im europäischen Rechtsvergleich beitragen, da die nachträgliche Genehmigung ein Spezifikum dieses Verfahrens ist.

Kapitel 3. Anwendungsbeispiel Überweisung: Pflicht der Empfängerbank zum Abgleich von Kontonummer und Namen?

A. Einführung – die Überweisung unter dem neuen Zahlungsdiensterecht

Die Überweisung stellt, was sowohl den statistischen Anteil am Gesamtvolumen des elektronischen Zahlungsverkehrs[958], als auch die Beachtung in der rechtswissenschaftlichen Literatur angeht, ein bedeutendes Verfahren dar. Auch im Prozess der europäischen Integration des Zahlungsverkehrs kommt der Überweisung eine prominente Rolle zu: Durch die Überweisungsrichtlinie[959] wurde sie schon lange vor der PSD zum Gegenstand hoheitlicher Harmonisierung.[960] Zudem war die SEPA-Überweisung (SEPA Credit Transfer Scheme, SCT) im Januar 2008 das erste vereinheitlichte Zahlungsverfahren, welches zur Nutzung verfügbar gemacht wurde.[961] Durch Umsetzung der PSD gelten nun abermals neue Regeln auch für die etablierten nationalen Überweisungsverfahren.[962] Im folgenden Abschnitt wird ein „klassisches" Problem des Überweisungsrechts,

958 2009 wurden von Nichtbanken knapp 6 Milliarden Überweisungen initiiert, vgl. Zahlungsverkehrs- und Wertpapierabwicklungsstatistiken in Deutschland 2007 bis 2009 der Deutschen Bundesbank, op.cit. Mehr als 80% des wertmäßigen Volumens der bargeldlosen Transaktion werden mittels Überweisung transferiert, vgl. „Der unbare Zahlungsverkehr in Deutschland und die Rolle der Deutschen Bundesbank Entwicklungen und wichtigste Tendenzen in den letzten 50 Jahren", Deutsche Bundesbank Monatsbericht März 2009, S. 51 ff. (52).

959 Richtlinie 97/5/EG, op.cit.

960 Zur Überweisungsrichtlinie vgl. die ausführliche Kommentierung bei Kohler, Europäische Kapital- und Zahlungsverkehrsfreiheit – Kommentar zu den Artikeln 56 bis 60 EGV, der Geldwäscherichtlinie und der Überweisungsrichtlinie, Berlin u.a. 2002, S. 427 ff.

961 Die Verfahrensregeln der SEPA-Überweisung ergeben sich aus dem SCT-Rulebook, verfügbar in der jeweils aktuellen Version unter http://www.europeanpaymentscouncil.eu; vgl. zum Angebot des SEPA-Credit-Transfer-Scheme Fitzgerald, SEPA Goes Live, Uniting Europe's Disparate Payment Systems, Cards & Payments Vol.21 (2008), Issue 2.

962 Eine Analyse der Rechtsbeziehungen bei Überweisungsvorgängen unter dem neuen Zahlungsdiensterecht findet sich bei Werner, Das Weisungsrecht im Überweisungsrecht, BKR 2010, S. 353.

die Buchung anhand einer fehlerhaft angegebenen Kontonummer, im Lichte der neuen Vorschriften erläutert.[963] Vor der Befassung hiermit ist jedoch, nachdem in Teil 1, Kap. 3 der Arbeit bereits die Rückkehr des Überweisungsauftrags zum Weisungsmodell geschildert wurde, einleitend auf ein anderes, im Überweisungsrecht ebenso wohlbekanntes Problemfeld einzugehen – die Frage des Erfüllungszeitpunkts sowie des Verzugseintritts bei der Überweisung.

Erfüllung und Verzug sind gerade in rechtspraktischer Hinsicht von derart grundsätzlicher Bedeutung, dass – obgleich dieses Problemfeld nicht den eigentlichen Ansatzpunkt der Befassung mit dem neuen Überweisungsrecht im Rahmen der vorliegenden Arbeit darstellt – eine knappe Begutachtung möglicher Änderungen auf diesem Gebiet unverzichtbar ist.

Bei Befassung mit der PSD, die vorrangig das Verhältnis zwischen den Zahlungsdienstnutzern und ihren jeweiligen Zahlungsdienstleistern regelt, gerät leicht aus dem Blick, dass jeder elektronische Geldtransfer letztlich der Erfüllung einer im Valutaverhältnis bestehenden Zahlungspflicht dient. Gerade auch in diesem Verhältnis zwischen Zahler und Zahlungsempfänger sind Rechtsfolgen an eine Überweisung geknüpft, die, obgleich nicht unmittelbar Gegenstand der neuen Vorschriften, nicht losgelöst von den Vorschriften zum Deckungs- bzw. Inkassoverhältnis beurteilt werden können. Namentlich ist daher zu prüfen, ob sich unter dem neuen Zahlungsdiensterechts eine geänderte Rechtslage hinsichtlich des Leistungserfolges – und damit der Erfüllung gemäß § 362 Abs. 1 BGB[964] – sowie der Leistungshandlung – und damit dem Eintritt des Schuldnerverzuges[965] – ergibt.

Diesen Fragen wurde schon vor Umsetzung der PSD beträchtliche Aufmerksamkeit v.a. in der rechtswissenschaftlichen Literatur zuteil.[966] Um die durch die neuen Vorschriften hinzugekommenen Faktoren zum status quo ante in Bezug setzen zu können, seien daher zunächst die zentralen Standpunkte zum alten Recht angeschnitten. Auf dieser Basis ist sodann zu beurteilen, ob und in-

---

963 Dass die rechtliche Beurteilung dieses Sachverhalts für die Zahlungsdienstnutzer von erheblichem praktischen Interesse ist, zeigt sich u.a. an seiner Beachtung in der fachübergreifenden Presse, vgl. Frankfurter Allgemeine Zeitung vom 9.9.2010, „Neues EU-Recht – Überweisungen sind riskanter geworden".

964 Vgl. zum Erfüllungszeitpunkt nach § 362 Abs. 1 BGB grundsätzlich Eckpfeiler/Olzen, S. 299 ff. (Rn. 15 ff.).

965 Vgl. zum Zeitpunkt des Eintritt des Schuldnerverzuges BGH NJW 69, S. 875 ff.; Harke, op.cit., S. 185 ff.

966 Vgl. m.w.N. Münchner Kommentar HGB/Häuser, Rn B 491-B ff. und Schimansky, in: Bankrechts-Handbuch, Band I, § 49 Rn. 5 ff.

wiefern Anpassungen aufgrund des neuen Zahlungsdiensterechts erforderlich sind.[967]

I. Eintritt der Erfüllungswirkung bei Zahlung per Überweisung

Zunächst also zum Erfüllungszeitpunkt im Valutaverhältnis bei Leistung mittels Überweisung: Die Rechtsfolge des § 362 Abs. 1 bzw. 364 BGB[968] könnte alternativ an zwei Ereignisse[969] anknüpfen: den Eingang des Überweisungsbetrages beim Kreditinstitut des Begünstigten oder die Gutschrift des Betrages auf dem Konto des Begünstigten.[970]

Nach der Rechtsprechung des BGH ist eine im Valutaverhältnis bestehende Forderung dann im Wege der Überweisung erfüllt, wenn der Zahlungsvorgang seinen bestimmungsmäßigen Abschluss gefunden hat.[971] Dies ist dann gegeben, wenn der Gläubiger eine dem Bargeldeigentum vergleichbare Rechtsposition erlangt.[972]

---

967 Vgl. hierzu auch Gösele, Erfüllung und Verzug bei Banküberweisungen, in: Entwicklungslinien im Bank- und Kapitalmarktrecht - Festschrift für Gerd Nobbe, Köln 2009, S. 75 ff.

968 Ob eine Leistung an Erfüllungs Statt im Sinne des § 364 Abs. 1 BGB (so z.B. Nobbe, Die Rechtsprechung des Bundesgerichtshofs zum Überweisungsverkehr, op.cit., S. 2 (21)) oder Erfüllung im Sinne des § 362 Abs. 1 BGB (so z.B. von Dücker, Erfüllung einer Geldschuld durch Banküberweisung, WM 1999, S. 1257 (1261)) vorliegt, ist letztlich eine untergeordnete Frage; vgl. in diesem Sinne auch van Look, in: Claussen, § 4 Rn. 32.

969 Von vornherein als Erfüllungszeitpunkt ausgeschlossen werden kann die Einleitung des Überweisungsvorgangs durch Erteilung des Auftrags. Dies folgt schon daraus, dass der Begünstigte durch die Initiierung der Überweisung noch keinerlei eigene Rechtsposition erlangt und auf die weitere Zuleitung des Überweisungsbetrages keinen Einfluss nehmen kann – er wäre folglich seines Anspruchs gegen den Überweisenden beraubt, ohne dass ihn ein Vermögenszufluss erreicht hat; ein „Bewirken“ im Sinne des § 362 Abs. 1 BGB liegt daher offenkundig nicht vor, vgl. Langenbucher, in: Zahlungsverkehr - Handbuch, S. 45.

970 Vgl. z.B. Langenbucher, Die Risikozuordnung im bargeldlosen Zahlungsverkehr, München 2001, S. 159 f.

971 BGH NJW 1996, S.1207; BGH NJW 1999, S.210; siehe hierzu von Dücker, WM 1999, op.cit., S.1257 (1263).

972 Vgl. Langenbucher, in: Zahlungsverkehr - Handbuch, S.45.

Bevor die §§ 676a ff. BGB a.F. in Kraft traten[973], bestand Einigkeit darüber, dass Erfüllung erst mit der vorbehaltlosen Gutschrift des Überweisungsbetrages auf dem Konto des Begünstigten eintreten konnte.[974] Erst ab diesem Zeitpunkt wurde der vom BGH im Leitsatz zu einer Entscheidung vom 23.01.1996[975] als Voraussetzung der Erfüllung bestätigte Erhalt „zur freien Verfügung" als gegeben anerkannt.[976] Da die Gutschrift nämlich rechtlich als abstraktes Schuldversprechen eingeordnet wird[977], entsteht durch sie ein unmittelbarer Anspruch gegen das gutschreibende Kreditinstitut auf Auszahlung des Betrages. Vorher verhinderte die schwebende Möglichkeit des Widerrufs des Überweisungsauftrags durch den Überweisenden den Eintritt des Leistungserfolgs.[978] Entfiel mit der Gutschrift die Widerrufsmöglichkeit, erwarb der Begünstigte eine dem Bargeldeigentum gleichwertige Position, die zur Begründung der Erfüllungswirkung ausreichte.[979]

Durch das Überweisungsgesetz wurde der Zeitpunkt der Unwiderrufbarkeit vorverlagert: Gemäß § 676a Abs. 4 S. 1 BGB a.F. konnte der Überweisende den Überweisungsvertrag schon dann nicht mehr kündigen, wenn der Betrag der Empfängerbank endgültig zur Gutschrift auf dem Konto des Begünstigten zur Verfügung gestellt war.[980]

Diese Neuerung löste eine Diskussion darüber aus, ob nicht auch der Erfüllungszeitpunkt nunmehr entsprechend vorzuverlagern sei.[981] In diesem Sinne wurde angeführt, dass der Begünstigte mit dem Eingang des Buchgeldes bei seinem Kreditinstitut eine gesicherte Position erlangte, die ihm durch den Überwei-

973 Eingeführt wurden die Normen durch das Überweisungsgesetz vom 21.7.1999 (BGBl. I S. 1642); sie galten für inländische Überweisungen, mit deren Abwicklung ab dem 1.1.2002 begonnen worden war, vgl. Art. 228 Abs. 2 EGBGB.

974 Vgl. hierzu Canaris, Bankvertragsrecht, Band 1, Rn. 466 ff. sowie Gößmann, Recht des Zahlungsverkehrs. Überweisung - Lastschrift - Scheck - Zahlungssysteme, 3. Aufl., Berlin 1997, S.17 f. sowie BGH WM 1994, S. 674.

975 BGH XI ZR 75/95 = WM 1996, S. 438.

976 Vgl. Schönle, Ort und Zeit bargeldloser Zahlung, in: Festschrift für Winfried Werner, 1984, S. 817 ff.

977 Vgl. BGH NJW 1991, S. 2140; hierzu Schwintowski/Schäfer, op.cit., S. 166 f.

978 Gößmann, Zahlungsverkehrsrecht, op.cit., S. 50.

979 Canaris, Bankvertragsrecht, Rn. 476.

980 Vgl. hierzu Vgl. BGH v. 5.12.2006 – XI ZR 21/06.

981 Vgl. hierzu Hadding, Entwicklungslinien im Recht des Zahlungsverkehrs und Bundesgerichthof, in: 50 Jahre Bundesgerichtshof – Festgabe aus der Wissenschaft, Band II – Handels- und Wirtschaftsrecht, europäisches und internationales Vertragsrecht, München 2000, S. 425 ff. (431 f.); Hadding weist auf das Kriterium der Abrufbereitschaft als Zeitpunkt der bargeldäquivalenten Verfügarkeit hin.

senden nicht mehr entzogen werden konnte.[982] Zwar verblieb das Risiko, dass das Empfängerinstitut den Überweisungsbetrag nach Eingang nicht pflichtgemäß gemäß § 676f Abs. 1 BGB gutschrieb. Die Verwirklichung eines solchen Risikos – etwa infolge einer Insolvenz – konnte jedoch nur auf Gründe zurückzuführen sein, die vom Empfängerinstitut zu vertreten waren. Diese Gefahr war jedoch billigerweise eher dem Überweisungsempfänger als dem Überweisenden aufzubürden. Dies deshalb, weil der Begünstigte (zumeist im Zuge der Erklärung seines Einverständnisses mit der bargeldlosen Zahlung) die betreffende Zahlstelle benannt hatte und mit ihr girovertraglich verbunden war; damit stand er der Risikoquelle objektiv näher und war eher in der Lage, sie zu beherrschen, als der Überweisende, welcher in keinerlei Vertragsbeziehung zum Kreditinstituts seines Gläubigers stand.[983] Angesichts der Tatsache, dass der Überweisungsbetrag mit dem Eingang beim Empfängerinstitut der Einflusssphäre des Überweisenden entzogen war, lag es folglich nahe, ab dem Zeitpunkt der Unkündbarkeit des Überweisungsvertrages das Verlust- und Verzögerungsrisiko dem Empfänger zuzuweisen. Dies bedeutete, dass der Anspruch im Valutaverhältnis als erfüllt und damit erloschen nach § 362 Abs. 1 BGB a.F. anzusehen war. Für die Gleichwertigkeit des Anspruchs auf Gutschrift mit dem Erwerb von Bargeld sprach zudem, dass die Gutschrift selbst zwar erst am auf den Eingang des Betrages beim Empfängerinstitut folgenden Tag vorgenommen werden musste (§ 676g Abs. 1 S. 1 BGB), die Wertstellung jedoch gemäß § 676g Abs. 1 S. 4 BGB a.F. auf den Tag des Eingangs selbst zu legen war.

Entgegen der damit angedeuteten Argumentationslinie wurde in der einschlägigen Literatur auch verbreitet für ein Festhalten am alten Erfüllungszeitpunkt (ergo: Gutschrift auf dem Empfängerkonto) gestritten.[984] Diese Position stützte sich vor allem darauf, dass der Valutagläubiger mit dem Eingang des Betrages bei seinem Kreditinstitut noch keine Verfügungsgewalt über das Geld erwarb.[985] Die Verschaffung einer solchen sei aber Voraussetzung der Erfüllung, da ansonsten keine dem Bargeldeigentum gleichkommende Position entstehe.[986] Folglich sei der Valutaanspruch aufrechtzuerhalten, bis die vorbehaltlose Gut-

---

982 Vgl. Gößmann/ Van Look, WM 2000, Sonderbeilage Nr. 1, op.cit., S.21.

983 Vgl. Langenbucher, in: Zahlungsverkehrs – Handbuch, S.45.

984 Aufgrund der entsprechenden BGH-Rechtsprechung wohl noch h.M.; die Einstufung als h.L. erscheint mittlerweile fraglich; vgl. jedoch für die Gutschrift als Erfüllungszeitpunkt Graf von Westphalen, Verspätete Überweisung - Einige Bemerkungen zur neuen Rechtslage, BB 2000, S.162; Grundmann, Grundsatz- und Praxisprobleme des neuen deutschen Überweisungsrechts, WM 2000, S. 2269 (2283); Nobbe, WM 2001, Sonderbeilage Nr. 4, op.cit. S. 2 (21).

985 Vgl. Weber, Recht des Zahlungsverkehrs, op.cit., S.27 f.

986 Ebenda.

schrift des Betrages auf dem Gläubigerkonto erfolgt sei. Auf juristisch-ökonomischer Ebene wurde von den Vertretern dieser Auffassung die Befürchtung geäußert, dass Gläubiger die bargeldlose Zahlung künftig ablehnen würden, wenn sie schon vor der Gutschrift des Betrages ihres Anspruchs im Grundverhältnis beraubt würden.

Letzteres Argument vermag indes kaum zu überzeugen: auch bei einem früheren Erlöschen seines Valutaanspruchs sprechen aus Sicht des Gläubigers noch praktische Gründe für die Akzeptierung der bargeldlosen Zahlung.[987] So reduziert sich für ihn der Verwaltungsaufwand durch die elektronische Buchung im Vergleich zu einer baren Kassenführung erheblich; auch erscheint das mit einer gegenständlichen Bargeldübergabe verbundene Verlustrisiko – zumal bei einer großen Anzahl anfallender Zahlungsvorgänge – größer als das nach dem Eingang des Buchgeldes bei seinem Kreditinstitut zu tragende Insolvenzrisiko.

Schließlich griffen die Bedenken gegen eine Vorverlegung des Erfüllungszeitpunktes aus einem weiteren Grund nicht durch: das Risiko, welches dem Anspruch auf Gutschrift anhaftet (namentlich die Zahlungsunfähigkeit oder -unwilligkeit des Kreditinstituts), trifft in gleichem Maße auf den Anspruch aus der Gutschrift zu. Hierauf konnte also eine Differenzierung nicht gestützt werden.

Substantiell sprach nur die mangelnde Bargeldäquivalenz des Anspruchs auf Gutschrift für den späteren Erfüllungszeitpunkt. Die Unterstellung, dass sich der Gläubiger nur unter der Voraussetzung mit der elektronischen Zahlung einverstanden erklärt, dass der Leistungserfolg erst dann eintritt, wenn er über den Betrag ebenso verfügen kann, wie über Bargeld, ist in Anbetracht der realen Verhältnisse des Zahlungsverkehrs heutzutage jedoch nicht mehr haltbar. Die elektronische Zahlung ist – außerhalb von Bagatellgeschäften des täglichen Lebens – der praktische Regelfall und wird deshalb von beiden Seiten bevorzugt, weil sie weniger aufwendig ist, als das Hantieren mit Bargeld.[988] Eine Parallele zur Barzahlung wird vom objektiven Überweisungsempfänger nicht gezogen, da ihm klar ist, dass ihm durch die Leistung des Schuldners lediglich ein Anspruch gegen die Inkassostelle verschafft wird. Diese Mittelbarkeit der Erfüllung ist der praktischen Abwicklung von Überweisungen wesensimmanent und wird von den Zahlungsdienstnutzern als grundsätzlicher Unterschied zur Barzahlung akzeptiert. Zudem vermag die Bargeldanalogie auch dogmatisch kaum zu überzeugen: Die strukturellen und rechtlichen Unterschiede zwischen Barzahlung und Verschaffung von Giralgeld – insbesondere die notwendige Einschaltung

987 Vgl. hierzu Hoffmann, Die Barleistung zwischen gesetzlichem Regelmodell und wirtschaftlicher Last, WM 1995, S. 1341 (1343 ff.).

988 Vgl. in diesem Sinne bereits ebenda, S. 1343.

zumindest eines Dritten und das Fehlen eines sachenrechtlichen Eigentumsübergangs bei der bargeldlosen Zahlung – führen dazu, dass die Bargeldanalogie wenig geeignet zur rechtlichen Erfassung des elektronischen Zahlungsverkehrs ist.[989]

Nach alldem ist im Ergebnis davon auszugehen, dass der Zeitpunkt der Erfüllung unter den §§ 676a ff. BGB a.F. am Eingang des Betrages beim Empfängerinstitut festzumachen war.

Die unterschiedlichen Standpunkte zum Erfüllungszeitpunkt spiegeln sich auch in anderen Rechtsordnungen wieder. So hat sich die einschlägige Rechtsprechung der Cour de Cassation durch zwei Urteile vom 18.9.2007[990] und 3.2.2009[991] gewandelt: zuvor war das Gericht von einer Erfüllung erst mit Verfügbarkeit des Betrages auf dem Empfängerkonto ausgegangen[992]; nunmehr gilt der Valutaanspruch im französischen Recht mit Eingang des Betrags auf dem Clearingkonto der Inkassostelle als erfüllt.[993]

Hingegen wird im britischen Recht Erfüllung im Valutaverhältnis erst dann angenommen, wenn der Zahlungsbetrag dem Empfänger auf seinem Konto zur freien Verfügung steht.[994] Zwar gilt die Inkassostelle als Empfangsvertreter des Begünstigten im Interbankenverhältnis, doch im Grundverhältnis zwischen Überweisendem und Gläubiger steht für die britischen Gerichte die Analogie zur Barzahlung im Vordergrund.[995] So gilt ein Überweisungsvorgang zwischen den beteiligten Banken sowie in den Rechtsbeziehungen zwischen den Zahlungsdienstnutzern und ihren jeweiligen Instituten als abgeschlossen, wenn der Überweisungsauftrag unwiderruflich und der Betrag auf dem Konto der Inkassostelle

989 Vgl. in diesem Sinne auch Heermann, Geld und Geldgeschäfte, Tübingen 2003, § 9.2 (S. 167 f.).

990 Chambre Commerciale, n°06-14.161, Bull civ. 2007, IV, n° 194 ; JCP E 2007, 2499; siehe hierzu Anmerkung Sherf-Martin, RTD 2008, S. 180.

991 Chambre Commerciale, n°06-21.184, Bull civ. 2009, IV, n°16, JCP G 2009, II, 10045.

992 Cour de Cassation, Chambre Commerciale, 29.11.1954, Bull. civ. 1954, IV, n° 369) ; 1ère Chambre Civile, 23.6.1993, Bull. civ. 1993, I, n° 229, Dalloz 1994, S. 27 ; vgl. hierzu Anmerkung Crédot/ Gérard, Revue de droit bancaire et de la bourse 1993, S. 226, sowie Cabrillac, RTD com. 1993, S. 694.

993 Vgl. Mathey, Note Cour de Cassation, 18.9.2007, JCP E 2007, S. 2499 ; Martin, Aspects Juridiques du virement : RD bancaire et bourse 1989, S. 149 ff.

994 Vgl. Ellinger/ Lomnicka/ Hooley, op.cit., S. 512 ff. (525).

995 Vgl. etwa A/S Awilco of Oslo v. Fulvia SpA di Navigazione of Cagliari, 'The Chikuma', 1 WLR 1981, S. 314.

eingegangen ist.[996] Die Erfüllungswirkung im Valutaverhältnis tritt dennoch erst mit unbedingter Gutschrift auf dem Konto des Empfängers ein.

An den grundlegenden Parametern dieser strittigen Materie ändert sich unter dem Regime der §§ 675c ff. BGB nichts: an die Stelle des Anspruchs auf Gutschrift gemäß §§ 675 Abs. 1, 667 BGB tritt zwar der Anspruch auf *„Verfügbarmachen"* gemäß § 675t Abs. 1 S. 1 BGB.[997] Da der Zahlungsbetrag im Regelfall – namentlich also dann, wenn der Überweisungsempfänger ein Zahlungskonto bei der Inkassostelle innehat – jedoch stets insoweit verfügbar wird, wie er dem Konto des Empfängers gutgeschrieben wird, wirkt sich diese Änderung im Hinblick auf die vorliegende Frage nicht substantiell aus.[998] Möglicherweise wird sich die zeitliche Diskrepanz zwischen Entstehung des Anspruchs auf Verfügbarmachen und Bestehen der Möglichkeit zur Verfügung über den Zahlungsbetrag aufgrund der Pflicht zur unverzüglichen Erfüllung des Anspruchs aus § 675 Abs. 1 S. 1 BGB praktisch noch verringern. Insbesondere könnte das Empfängerinstitut aufgrund von § 675r Abs. 1 BGB nicht mehr zur Vornahme eines Kontonummer-Namens-Abgleichs verpflichtet sein[999], so dass „Unverzüglichkeit" im Sinne der Norm die automatisierte Weiterleitung eingehender Beträge an den Zahlungsempfänger impliziert. Hieraus könnte sich eine schnellere Verfügbarkeit von Überweisungsbeträgen ergeben, welche die Frage des Erfüllungszeitpunkts praktisch weiter marginalisiert.

Ergänzend kann immerhin die Systematik des Zahlungsdiensterechts für eine Annahme der Erfüllung mit Eingang des Zahlungsbetrags auf dem Clearingkonto des Empfängerinstituts fruchtbar gemacht werden: Namentlich trennen §§ 675s Abs. 1 S. 1 und 675y BGB den Zahlungsvorgang in eine dem Zahler und eine dem Zahlungsempfänger zuzurechnende Sphäre. Nach diesem Modell ist der Zahler (bzw. sein Zahlungsdienstleister) für die Übermittlung des Zahlungsbetrags bis zur Inkassostelle zuständig, der Zahlungsempfänger (bzw. sein Zahlungsdienstleister) hingegen für das Verfügbarmachen nach § 675t Abs. 1 S. 1 BGB. Diesem grundlegenden Modell des elektronischen Zahlungstransfers würde es widersprechen, die Erfüllungswirkung im Valutaverhältnis von den Vorgängen im Inkassoverhältnis abhängig zu machen und damit dem Überweisen-

996 Vgl. Singer v. Yokohama Specie Bank, 47 NYS 2d 881 (1944); Guaranty Trust Co. of New York v. Lyon, 124 NYS 2d 680 (1953); siehe zu dieser Frage Geva, Payments into a Bank Account, JIBL 108 (1990), S. 108 (112 ff.).

997 Vgl. zum Anspruch auf Verfügbarmachen die Kommentierung in Handkommentar BGB/Schulze/Nölke, § 675t Rn. 1 ff.

998 Ebenda Rn. 2.

999 Dies wird im vorliegenden Abschnitt im Anschluss an diese Einführung zu prüfen sein.

den eine diesbezügliche Verantwortung zuzuweisen, obwohl dieses Rechtsverhältnis seinem Einfluss entzogen ist.

Hingegen kann die überkommene Argumentation, der zufolge Erfüllung eintritt, sobald der Zahler die durch die Überweisung verschaffte Rechtsposition des Gläubigers nicht mehr einseitig zerstören kann, also im Zeitpunkt der Unwiderruflichkeit des Überweisungsauftrags, nicht auf das neue Zahlungsdiensterecht übertragen werden. Gemäß § 675p Abs. 1 BGB ist der Zahlungsauftrag schon mit Zugang bei der Zahlstelle unwiderruflich.[1000] Der Zahler kann damit den Überweisungsauftrag schon in dem Augenblick nicht mehr zurücknehmen, in dem er wirksam wird.[1001] Dennoch kann der Zugang der Weisung offenkundig keine Erfüllung im Valutaverhältnis bewirken, da der Zahlungsempfänger hierdurch noch keine Rechtsposition erlangt – der Anspruch auf Verfügbarmachen entsteht erst mit Eingang des Betrags bei seinem Zahlungsdienstleister. Die Vorverlagerung der Unwiderruflichkeit kann mithin keine Vorverlagerung des Erfüllungszeitpunkts nach sich ziehen, da dem Zahlungsempfänger ansonsten ungerechtfertigt das Risiko der ordnungsgemäßen Ausführung des Zahlungstransfers bis zur Inkassostelle aufgebürdet würde.

Hinsichtlich des Erfüllungszeitpunktes im Valutaverhältnis bringt das neue Zahlungsdiensterecht also keine Änderung; wer schon zuvor von einer Erfüllung mit Eingang des Überweisungsbetrags beim Empfängerinstitut ausgegangen ist, wird durch die Systematik der §§ 675s und 675y BGB in seinem Standpunkt bestärkt.

II. Der Verzug bei Zahlung per Überweisung

Zweitens zum Zeitpunkt des Verzugseintritts bei der Überweisung[1002]: Der Schuldnerverzug tritt bei Nichtvornahme der Leistungshandlung trotz Fälligkeit und Mahnung ein, § 286 Abs. 1 S. 1 BGB.[1003] Für die Rechtzeitigkeit der Leistung kommt es also darauf an, worin bei der Überweisung die Leistungshandlung zu sehen ist. Dies hängt letztlich von der Qualifikation der Geldschuld als Schickschuld oder als Bringschuld ab. Bei der Schickschuld liegt der Leistung-

1000 Diese Vorschrift ist freilich gemäß § 675p Abs. 4 S. 1 BGB abdingbar. Im Deckungsverhältnis kann also ein späterer Zeitpunkt der Unwiderruflichkeit vereinbart werden.

1001 Vgl. Koch, in: Fischer/Klanten, op.cit., S. 683.

1002 Vgl. hierzu Schmidt-Kessel, Zahlungszeit (§§ 269 bis 271 BGB) und Verzug (§§ 280 Abs. 1 und 2, 286, 288 BGB), in: Gebauer/Wiedmann, Zivilrecht unter europäischen Einfluss, op.cit., S. 143 ff.

1003 Vgl. Harke, op.cit., S. 185 ff.

sort beim Schuldner[1004], so dass bereits die Erteilung des Überweisungsauftrags als Leistungshandlung anzusehen wäre. Bei der Bringschuld liegt der Leistungsort beim Gläubiger, so dass Leistungshandlung und Leistungserfolg (Erfüllung) zusammenfallen[1005] – Rechtzeitigkeit wäre also nur bei Eingang des Betrags auf dem Konto der Inkassostelle[1006] innerhalb der Leistungsfrist gegeben. Maßgebliche Normen für die Beurteilung des Leistungsorts bei der Überweisung sind §§ 270 Abs. 1, 4, 269 BGB.

Traditionell wird die Geldschuld im deutschen Recht als „qualifizierte Schickschuld" eingestuft[1007], da gemäß § 270 Abs. 1 BGB der Schuldner den Zahlungsbetrag auf seine Gefahr – wie bei der Bringschuld – an den Sitz des Gläubigers übermitteln muss, der Leistungsort jedoch nach § 270 Abs. 4 in Verbindung mit § 269 Abs. 1, 2 BGB der Wohnsitz bzw. die Niederlassung des Schuldners ist.[1008]

Wenngleich schon zuvor einzelne Stimmen dafür plädiert haben, die Geldschuld stattdessen als „modifizierte Bringschuld" mit Gerichtsstand beim Schuldner zu qualifizieren[1009], entfachte sich eine kontroverse Diskussion hierüber doch vor allem mit dem *„01501 Telecom"*-Urteil des EuGH vom 3.4.2008[1010].

In dieser Entscheidung legte der EuGH Art. 3 Abs. 1 lit. c Nr. ii der Zahlungsverzugsrichtlinie[1011] dahingehend aus, dass eine Zahlung per Banküberweisung nur dann rechtzeitig erfolgt, wenn der Zahlungsbetrag fristgemäß auf dem

---

1004 Vgl. Looschelders, Schuldrecht Allgemeiner Teil, 8. Aufl., München 2010, S. 101.

1005 Ebenda, S. 101.

1006 Bzw. bei anderer Betrachtungsweise mit Gutschrift auf dem Gläubigerkonto.

1007 Vgl. etwa BFH, WM 1986, S. 631 = NJW 1986, S. 2968 (2969).

1008 Mit dieser Regelung anstelle einer Bringschuld wollte der Gesetzgeber vermeiden, dass der Wohnsitz des Gläubigers zum Gerichtsstand wird; vgl. RGZ 78, S. 137 (141).

1009 Vgl. z.B. Schön, Prinzipien des bargeldlosen Zahlungsverkehrs, AcP 198 (1998), S. 401 (442 f.); Herresthal, Die Rechtzeitigkeit der Leistungshandlung bei der Erfüllung von Geldschulden, ZGS 2007, S. 48 (49); Einsele, AcP 199 (1999), op.cit., S. 145 (184).

1010 Rs. C-306/06, WM 2008, S. 678; vgl. hierzu Scheuren-Brandes, EuGH kürt Geldschuld bei Banküberweisung zur Bringschuld?! - Zugleich Besprechung EuGH v 3-4-2008 - Rs C-306/06, ZIP 2008, S. 732 - 01051 Telecom, ZIP 2008, S. 1463; Herresthal, Das Ende der Geldschuld als sog. qualifizierte Schickschuld, ZGS 2008, S. 259.

1011 2000/35/EG vom 29. 6. 2000 zur Bekämpfung von Zahlungsverzug im Geschäftsverkehr, ABl. L 200 vom 8. 8. 2000, S. 35. Vgl. zur Verzugsrichtlinie und ihrer Umsetzung ins deutsche Recht Schmidt-Kessel, in: Zivilrecht unter europäischem Einfluss, op.cit., S. 143 ff. (149 ff.).

Konto des Gläubigers gutgeschrieben wird. Der EuGH sieht also scheinbar die Gutschrift auf dem Empfängerkonto als Leistungshandlung.

Bei tiefergreifender Auswertung des Urteils zeigt sich jedoch, dass nicht zwingend eine Umdeutung der Geldschuld in eine Bringschuld erforderlich ist, um die Richtlinienkonformität des deutschen Rechts zu wahren.[1012] Denn Art. 3 Abs. 1 lit. c Nr. ii der Zahlungsverzugsrichtlinie bestimmt nicht den Leistungsort, sondern sieht eine Möglichkeit für den Schuldner vor, der Zahlung von Verzugszinsen durch Exkulpation zu entgehen. Zudem stellt der EuGH keineswegs auf den Erhalt des Betrags durch den Gläubiger als Leistungshandlung ab: Dem Urteil zufolge trägt der Schuldner unter dem Regime der Zahlungsverzugsrichtlinie weder die Gefahr zufälliger Verzögerungen des Zahlungstransfers, noch muss er für Pflichtverstöße der beteiligten Zahlungsdienstleister einstehen. Sofern der Schuldner also den Überweisungsauftrag rechtzeitig erteilt, ist er zur Zahlung von Verzugszinsen nicht verpflichtet. Dies deutet auf das Vorliegen einer Schickschuld hin. Freilich müsste die Qualifikation als Schickschuld, um den Vorgaben des EuGH zu genügen, mit der Prämisse einhergehen, dass der Schuldner verpflichtet ist, den Überweisungsauftrag so frühzeitig zu erteilen, dass bei ordnungsgemäßer Ausführung des Zahlungsvorgangs spätestens im Fälligkeitszeitpunkt mit Entstehung des Anspruchs nach § 675t Abs. 1 BGB zu rechnen ist.[1013] Durch diese Voraussetzung bleibt der Leistungsort indes unberührt.

Eine erschöpfende Rekapitulation des Für und Wider einer Einstufung der Geldschuld als qualifizierte Schickschuld oder modifizierte Bringschuld sowie eine abschließende Bewertung des *„01501 Telecom“*-Urteils mögen an dieser Stelle dahinstehen, um nicht den eigentlichen Gegenstand des Exkurses – die möglichen Implikationen des neuen BGB-Zahlungsdiensterechts für die vorliegenden Fragen – aus dem Blick zu verlieren.

Aus den §§ 675c ff. BGB ergeben sich keine neuen Parameter für die angedeutete Diskussion um den Eintritt des Verzugszeitpunkts. Die Rechtsfolgen im Valutaverhältnis werden durch die Umsetzung der PSD nicht tangiert; die Ver-

---

1012 Vgl. Gsell, Rechtzeitigkeit der Zahlung per Banküberweisung und Verzugsrichtlinie, GPR 2008, S.165 (166 ff.); a.A. Staudinger, Vermeidung des Schuldnerverzugs nach Gemeinschaftsrecht: Entscheidender Zeitpunkt bei Zahlung durch Banküberweisung, DNotZ 2009, S.196 ff. und Schmidt-Kessel, in: Zivilrecht unter europäischem Einfluss, op.cit., S. 143 ff. (158).

1013 Vgl. Gsell, GPR 2008, op.cit., S.165 (166 ff.).

zugsvoraussetzungen bestimmen sich weiterhin nach den allgemeinen schuldrechtlichen §§ 269, 270, 286 BGB.[1014]

Für eine Hinwendung zur Qualifikation der Geldschuld als Bringschuld mögen jedoch im Lichte des SEPA-Projekts Gründe der Transparenz und Praktikabilität grenzüberschreitender Zahlungsvorgänge sprechen. So würden bei Annahme einer Bringschuld Leistungs- und Erfüllungswirkung gleichermaßen mit dem Eingang des Zahlungsbetrages auf dem Konto des Empfängerinstituts eintreten. Bei Identität von Leistungs- und Erfüllungsort bei der Überweisung wäre die Rechtslage für ausländische Zahlungsverkehrsteilnehmer leichter zu erschließen, da eine solche Aufspaltung von Verzögerungs- und Verlustgefahr außerhalb des deutschen Rechts kaum bekannt ist – namentlich in der französischen und britischen Rechtsordnung kommt es für die Rechtzeitigkeit der Zahlung auf die Erfüllung an.[1015] Zudem würde es auch der in §§ 675s und 675y BGB manifestierten Risikoaufteilung entsprechen, dem Zahler die Gefahr der Übermittlung des Betrags bis zur Inkassostelle zu übertragen.[1016]

Die Einordnung der Geldschuld als Bringschuld wäre auch ohne Gesetzesänderung mit § 270 Abs. 1, 4 BGB vereinbar: § 270 Abs. 1 BGB weist dem Schuldner bei Geldleistungen die Übermittlungsgefahr zu, ohne die Verzögerungsgefahr hiervon auszunehmen; daher lässt sich § 270 Abs. 4 BGB so auslegen, dass die darin enthaltene Verweisung auf § 269 BGB die Gefahrtragung gerade nicht erfassen soll.[1017]

Schließlich mag als unterstützendes Argument angeführt werden, dass das UN-Kaufrecht (Art. 57 CISG)[1018], die Principles of European Contract Law (Art. 7:101 PECL)[1019], die Unidroit Principles (Art. 6.1.6)[1020] sowie der Draft Com-

---

1014 Vgl. Herresthal, ZGS 2008, op.cit. S. 259 (264) und Schmidt-Kessel, in: Zivilrecht unter europäischem Einfluss, op.cit., S. 143 ff. (158), denen zufolge das Gemeinschaftsrecht zur Qualifikation der Geldschuld als Schick- oder Bringschuld nichts beiträgt. Das Verzugsproblem sei der EuGH-Rechtsprechung gemäß zu lösen, indem als „Gefahr" im Sinne des § 270 Abs. 1 BGB auch die Verzögerungsgefahr verstanden werde.

1015 Wenn die Erfüllung in den beiden Systemen auch in verschiedenen Zeitpunkten angenommen wird.

1016 Zu dieser Aufteilung nach Verantwortungssphären, siehe Handkommentar BGB/Schulte-Nölke/Schulze, § 675y Rn. 2.

1017 Vgl. so auch schon Herresthal, ZGS 2007, op.cit., S. 48 (59).

1018 Vgl. hierzu Honsell/Schnyder/Straub, Kommentar zum UN-Kaufrecht, Berlin/Heidelberg 2010, S. 723 ff.

1019 Vgl. Lando/Beale, Principles of European Contract Law – Parts I and II, Den Haag 2000, S. 330.

mon Frame of Reference (Art. III.-2:101)[1021] sämtlich davon ausgehen, dass der Leistungsort bei Geldzahlungen beim Gläubiger liegt.[1022] Hieraus lässt sich ersehen, dass ein europäisches Privatrecht[1023] mutmaßlich von einer Bringschuld ausgehen würde. Dieser Aspekt ist freilich keineswegs bindend für die Auslegung des geltenden deutschen Rechts; gerade im Bereich des Zahlungsverkehrs fügt sich die Einheitlichkeit der grenzüberschreitenden rechtlichen Rahmenbedingungen jedoch in die mit der PSD verfolgten Ziele ein. Bestehen in den mitgliedsstaatlichen Rechtssystemen Auslegungsspielräume, kann dem Vereinheitlichungsgedanken zumindest ergänzende Ausstrahlungswirkung zukommen.

Nach diesen einleitenden Anmerkungen ist nunmehr auf den eigentlichen konkreten Anknüpfungspunkt des vorliegenden Abschnitts einzugehen: den rechtlichen Umgang mit Buchungen aufgrund einer fehlerhaft angegebenen Kontonummer.

1020 Die Unidroit-Principles sind verfügbar über http://www.unidroit.org; vgl. Hierzu Heidemann, The Methodology of Uniform Contract Law: The UNIDROIT Principles in International Legal Doctrine and Practice, Berlin u.a. 2007, S. 61. ff.

1021 Von Bar/ Clive/ Schulte-Nölke, Principles, Definitions and Model Rules of European Private Law – Draft Common Frame of Reference (DCFR) – Outline Edition, München 2009, S. 233

1022 Zum Projekt der Entwicklung einer Privatrechtskodifikation für die Europäische Gemeinschaft generell, siehe Tilmann, Eine Privatrechtskodifikation für die Europäische Gemeinschaft?, in: Müller-Graff (Hrsg.), Gemeinsames Privatrecht in der Europäischen Gemeinschaft, 2. Aufl., Baden-Baden 1999, S. 579 ff.

1023 Zum Begriff des europäischen Privatrechts vgl. einführend Müller-Graff, Gemeinsames Privatrecht in der Europäischen Gemeinschaft – Ansatzpunkte, Ausgangsfragen, Ausfaltungen, in: Müller-Graff (Hrsg.), Gemeinsames Privatrecht in der Europäischen Gemeinschaft, 2. Aufl., Baden-Baden 1999, S. 9 ff. Die Wahl dieses Begriffs erscheint aus dem Blickwinkel der kontinentaleuropäischen Rechtstradition naheliegend, war jedoch bei einem gesamteuropäischen Ansatz keineswegs evident – so ist die Differenzierung zwischen „public law“ und „private law“ im Common-Law-Rechtskreis erst seit relativ kurzer Zeit bekannt, vgl. hierzu Usher, Community Law and Private Law – a view from the United Kingdom, in: Müller-Graff (Hrsg.), Gemeinsames Privatrecht in der Europäischen Gemeinschaft, 2. Aufl., Baden-Baden 1999, S. 241 ff.

B. Schilderung des problematischen Sachverhalts und seiner Handhabung unter dem alten Überweisungsrecht

I. Der Sachverhalt: Fehlzuordnung des Überweisungsbetrages durch Buchung anhand einer fehlerhaft angegebenen Kontonummer

Der vorliegende Abschnitt ist der rechtlichen Beurteilung folgender Ausgangslage gewidmet: Zur Initiierung einer institutsübergreifenden Überweisung gibt ein Überweisender im papiernen Überweisungsträger oder elektronischen Online-Banking-Formular[1024] eine nicht zum gewünschten Empfänger passende Kontonummer an. Nach Eingang beim Institut des Zahlungsempfängers wird der Überweisungsbetrag einem dritten, allein aufgrund der Kontonummer identifizierten, Kontoinhaber gutgeschrieben. Die Fehlbuchung kann nicht durch eine einfache Stornobuchung[1025] korrigiert oder durch eine Berichtigungsbuchung[1026] rückgängig gemacht werden, da zwischenzeitlich ein Rechnungsabschluss stattgefunden hat und der Kunde der Berichtigungsbuchung widerspricht bzw. der Rückzahlungsschuldner zahlungsunfähig ist.

II. Die rechtliche Handhabung unter dem alten Überweisungsrecht

Dass der aufgrund der Fehlzuordnung ohne Rechtsgrund bereicherte Dritte, der keinerlei Anspruch auf Leistung gegen den Überweisenden oder die Inkassostelle hatte, zur Herausgabe verpflichtet ist, steht außer Zweifel. Dies ergibt sich

1024 Hinsichtlich der Pflicht zum Kontonummer-Namensabgleich ist nach den zur Initiierung des Zahlungsvorgangs verwandten Medien zu unterscheiden: namentlich sind die genannten Formen der Initiierung (körperlicher Überweisungsträger und Online-Banking-Formular) als „beleghafte Überweisungen" von der „beleglosen Überweisung" zu trennen, bei der das Kreditinstitut des Überweisenden die Aufträge auf Datenträgern wie Disketten oder CD-Roms entgegennimmt. Hierauf wird im selben Unterabschnitt noch genauer einzugehen sein.

1025 Vgl. Nr. 8 Abs. 1 AGB-Banken; grundlegend zum Stornorecht der Banken vgl. Kämmerer, Das Stornorecht der Banken: Selbsthilferecht oder Gestaltungsrecht sui generis, Baden-Baden 1998.

1026 Vgl. Nr. 8 Abs. 2 AGB-Banken. Zur Abgrenzung zwischen Storno- und Berichtigungsbuchung vgl. Bunte, in Bankrechts-Handbuch, Band I, § 13 Rn. 16.

schon aus dem grundlegenden Interesse des Bereicherungsrechts, nicht gerechtfertigte Vermögensverschiebungen auszugleichen.[1027]

Fraglich ist indes zum einen, wer Inhaber dieses Bereicherungsanspruchs ist und wer letztlich das Risiko trägt, dass der Anspruch gegen den falschen Empfänger nichts einbringt. Zum anderen ist zu klären, ob die Bank des tatsächlich gemeinten und namentlich bezeichneten Valutagläubigers trotz der erfolgten Gutschrift auf einem Drittkonto zur Gutschrift auf dem Gläubigerkonto verpflichtet ist. Letzteres hängt davon ab, ob die Pflicht zur Ausführung der Überweisung durch die Gutschrift auf dem durch die falsche Nummer identifizierten Konto erfüllt werden konnte. Erfüllung kann nur durch Leistung an den richtigen Begünstigten eintreten, so dass zu klären ist, wer im Falle der Angabe einer falschen Kundenkennung richtiger Adressat ist: der namentlich Benannte oder der Inhaber des durch die Nummer bestimmten Kontos – „Kopf oder Zahl", wie *Rauhut* pointiert formuliert.[1028]

Unter dem vor Umsetzung der PSD geltendem Überweisungsrecht stellte sich die Rechtslage wie folgt dar:

Die in Umsetzung der Überweisungsrichtlinie ins BGB aufgenommenen speziellen Haftungsvorschriften (§676b Abs. 1-3 BGB a.F.) deckten die Konstellation einer infolge von unstimmigen Angaben im Überweisungsformular fehlgeleiteten Überweisung nicht ab.[1029] Die bereicherungs- bzw. haftungsrechtliche Behandlung dieser Fälle war daher den allgemeinen Vorschriften zu entnehmen, wobei – wie im Folgenden begründet wird – insbesondere dem Prinzip der formalen Auftragsstrenge des über § 675 Abs. 1 BGB anwendbaren allgemeinen Auftragsrechts Bedeutung zukam.[1030]

Unproblematisch war dabei die Feststellung der Rechtsposition des überweisenden Kreditinstituts. Dieses traf nach § 676a Abs. 1 S. 1, 2 BGB a.F. gegenüber dem Überweisenden die Pflicht, den Überweisungsbetrag an das Kreditinstitut des Begünstigten zum Zwecke der Gutschrift auf dessen Konto zu übermitteln und die Angaben zur Person des Überweisenden weiterzuleiten. Auch

1027 Vgl. zur Funktion des Bereicherungsrechts etwa Schmidt, Schuldrecht Besonderer Teil II – Gesetzliche Schuldverhältnisse, 5. Aufl., Hannover 2007, S. 74 ff., BGB-Handkommentar/Schulze, Vorbemerkung zu §§ 812-822, Rn. 1

1028 Rauhut, ZBB 2009, op.cit., S. 32 (35).

1029 Vgl. Scheibengruber/ Breidenstein, SEPA - Eine Zumutung für Verbraucher? - Ein Beitrag zur Analyse der Veränderung der Verteilung des Rückerlangungsrisikos bei fehlgeleiteten Überweisungen durch die Zahlungsdienstrichtlinie, WM 2009, S.1393.

1030 Vgl. zum Prinzip der formalen Auftragsstrenge im Überweisungsrecht Schimansky in Bankrechts-Handbuch, Band I, § 49 Rn. 79 ff.

unter dem dogmatisch obskuren Regime des Überweisungsvertrages[1031] galt das Prinzip der formalen Auftragsstrenge[1032], wonach das ausführende Institut sich an den objektiven Erklärungswert der im Überweisungsformular niedergelegten Weisungen zu halten hat. Im Falle des Auseinanderklaffens von angegebenem Empfängernamen und eingetragener Kontonummer war die Zahlstelle bei institutsübergreifenden Überweisungen nicht imstande, den Fehler des Überweisenden zu erkennen, da sie von einem anderen Institut geführte Kontodaten nicht durch Abgleich zuordnen konnte. Ihre Pflicht beschränkte sich daher auf die Übermittlung des Geldbetrages und der vom Überweisenden mitgeteilten Daten.[1033] Freilich ist zu erwähnen, dass moderne Kundenkennungen einen Prüfziffermechanismus aufweisen, der eine automatisierte Stimmigkeitskontrolle schon durch die Zahlstelle erlaubt[1034]; die Fälle, in denen diese automatisierte Vorabprüfung die Diskrepanz zwischen angegebener Kontonummer und Namen aufdeckt, bleiben hier jedoch außer Acht, da es in solchen Fällen von vorneherein nicht zum Geldtransfer kommt und somit auch keine bereicherungsrechtliche Problematik entsteht.

Bei Erfüllung des Pflichtenprogramms nach § 676a Abs. 1 S. 2 BGB a.F. erlangte die Zahlstelle einen Aufwendungsersatzanspruch gegen den Überweisenden gemäß § 670 Abs. 1 BGB. Hinsichtlich der fehlerhaften Gutschrift des Überweisungsbetrages trat sie hingegen in kein bereicherungsrechtliches Verhältnis zum (falschen) Überweisungsempfänger: indem sie den Überweisungsbetrag und die angegeben Daten an die Empfängerbank übermittelte, erfüllte sie ihre vertragliche Leistungspflicht gegenüber *dem Überweisenden.*[1035] Was den Transfer des Zahlungsbetrags von der Zahl- zur Inkassostelle angeht, stellte sich das Verhältnis zwischen zwischen Zahlerinstitut und Überweisungsempfänger dabei als Nichtleistungsbeziehung dar, wobei „das Erlangte" im Sinne des § 812 Abs. 1 S. 1 BGB im Anspruch auf Gutschrift bestand. Die interne Weiterleitung

1031 Die Systematik der Überweisung kehrt mit dem neuen Zahlungsdiensterecht zum klaren Auftragsmodell zurück, vgl. hierzu sowie zu den dogmatischen Verirrungen des deutschen Gesetzgebers bei Umsetzung der Überweisungsrichtlinie oben, Teil 1, Kap.3, Abschnitt B.III.2.b, Exkurs „Die Systematik des Überweisungsvorgangs unter dem neuen Zahlungsdiensterechts – Rückkehr zum Auftragsmodell".

1032 BGH NJW 87, S. 317 (318) = WM 86, S. 1409 = ZIP 86, S. 1537. Zum Prinzip der formalen Auftragsstrenge, vgl. Schimansky, in: Bankrechts-Handbuch, Band I, § 49 Rn. 79 ff.

1033 Vgl. Scheibengruber/Breidenstein, WM 2009, op.cit., S. 1393.

1034 Hierzu im Einzelnen unten Teil 2, Kap.3, Abschnitt C.II.2.

1035 Die für die Annahme einer Leistung erforderliche Zweckbestimmgung der Zahlstelle richtete sich also auf das Deckungsverhältnis. Mit Eingang des Betrages auf dem Konto der Empfängerbank war die Leistungspflicht des Zahlerinstituts erfüllt, der gesetzte Zweck also erreicht.

des Zahlungsbetrages vom Konto der Inkassostelle zum Girokonto des (falschen) Empfängers tangierte die Bank des Überweisenden hingegen in keinem bereicherungsrechtlich relevanten Sinne.[1036] Das Postulat, demzufolge sich die bereicherungsrechtliche Rückabwicklung stets im Dreieck von Überweisendem, Zahlstelle und Überweisungsempfänger abspielt, traf bei der Konstellation der Fehlallokation aufgrund falsch angegebener Kontonummer durch eine Drittbank nicht zu.[1037] Seit Einführung des gesetzlichen Anspruchs von Bankkunden auf Gutschrift (§ 676f BGB a.F.) tritt die Empfängerbank hinsichtlich der Gutschrift eingegangener Überweisungsbeträge in ein eigenständiges Leistungsverhältnis zu ihren Kunden, wobei die Leistung in der Verschaffung eines abstrakten Schuldversprechens auf Erfüllung des Anspruchs aus der Gutschrift besteht.[1038] Für die Rückerlangung von in dieser Beziehung fehlerhaft gutgeschriebenen Beträgen war daher – wie anschließend näher zu begründen ist – nur die Inkassostelle bereicherungsrechtlich zuständig.

Die problematischen bereicherungsrechtlichen Fragen betrafen die Rechtsverhältnisse von Überweisendem und Inkassostelle zu Valutagläubiger bzw. fehlerhaft Begünstigtem. In diesen Beziehungen musste die bereicherungsrechtliche Rückabwicklung der Fehlleitung des Überweisungsbetrags stattfinden.[1039] Ebenso entschied sich hier das Schicksal des Hauptanspruchs im Valutaverhältnis, der durch die Überweisung erfüllt werden sollte[1040].

Die Beurteilung der Rechtslage lässt sich letztlich auf die Kernfrage zurückführen, ob das Kreditinstitut des Begünstigten die Buchung des Überweisungs-

---

1036 So aber unzutreffend z.B. Escher-Weingart, Bank, Mensch und Technik - eine brisante Mischung für die Rechtsanwendung, WM 2008, S. 2281 (2283), die eine Direktkondiktion der Zahlstelle beim unberechtigten Überweisungsempfänger bejaht.

1037 So aber Winkelhaus, Der Bereicherungsausgleich im Lichte des neuen Zahlungsdiensterechtes, BKR 2010, S. 441 (442), der undifferenziert davon ausgeht, dass die Empfängerbank als bloße Zahlstelle bereicherungsrechtlich zu vernachlässigen ist. Vgl. zum Problemkreis der bereicherungsrechtlichen Rückabwicklung unter den §§ 675c ff. BGB Bartels, Zur bereicherungsrechtlichen Rückabwicklung von Überweisungen nach Umsetzung der Zahlungsdiensterichtlinie, WM 2010, S. 1828 ff.

1038 Vgl. z.B. Rauhut, ZBB 2009, op.cit., S. 32 ff. (37).

1039 Vgl. zur Lösung dieser Fragen vor Umsetzung der Überweisungsrichtlinie u.a. Blaurock/André, Prüfungspflicht und Haftung der Empfängerbank beim beleggebundenen Überweisungsverkehr und beim beleglosen Datenträgeraustausch, ZBB 1990, S. 83; Braun, Rechtliche Folgen einer Überweisung bei unzureichender Information des Empfängers, ZIP 1996, S. 617.

1040 Der Erfüllungszeitpunkt bei Überweisungen ist durchaus nicht unumstritten. In Betracht kommen der Zeitpunkt des Eingangs des Zahlungsbetrages beim Empfängerinstitut sowie der Zeitpunkt der Gutschrift auf dem Gläubigerkonto; zur diesbezüglichen Rechtslage unter dem Regime §§ 675c ff. BGB siehe Teil 2, Kap.3, Abschnitt A.I.

betrags pflichtgemäß nur aufgrund der Kontonummer durchführen konnte oder ob es auch den Namen des Empfängers bei der Identifizierung des richtigen Kontos berücksichtigen musste. Wenn nämlich letzteres zutraf, die Empfängerbank also unter Heranziehung des vom Überweisenden angegebenen Namens das gewünschte Konto ermitteln musste, so blieb sie trotz der Gutschrift auf dem allein anhand der Nummer identifizierten Drittkonto nach § 676f BGB a.F. zur Gutschrift auf dem Konto des eigentlich vom Überweisenden gemeinten Empfängers verpflichtet – denn Erfüllung des Anspruchs auf Gutschrift gemäß § 362 Abs. 1, 2 BGB konnte durch Leistung an einen Dritten offenkundig nicht eintreten.[1041] Entsprechend konnte der Überweisende, indem er seinem Gläubiger diesen Anspruch verschafft hat, trotz Angabe einer falschen Kontonummer seine Valutaschuld erfüllen.[1042]

Darüber hinaus bestand zwischen ungerechtfertigt Bereichertem und Überweisendem kein bereicherungsrechtlich vorrangiges Leistungsverhältnis.[1043] Dies schon deshalb, weil sich die Leistung des Überweisenden selbst bei reibungsloser Abwicklung in der Verschaffung des Anspruchs auf Gutschrift erschöpft. Die weitere interne Buchung oblag nicht mehr ihm, sondern der Inkassostelle, und konnte folglich auch nicht als seine Leistung gelten. Das Empfängerinstitut wurde bei der Gutschrift keineswegs als rein dienende Buchungsstelle tätig, sondern handelt zur Erfüllung einer gesetzlichen Pflicht im eigenen Interesse.

Doch auch, wenn man die Gutschrift unter Berufung auf den objektiven Empfängerhorizont grundsätzlich als Teil der Leistung des Überweisenden einstuft[1044], war die bereicherungsrechtliche Rückabwicklung bei Buchung nach

---

1041 Vgl. Langenbucher in: Zahlungsverkehr - Handbuch, S. 49. Dass die Empfängerbank durch die Gutschrift eine Leistungspflicht gegenüber dem Begünstigten zu erfüllen bezweckte, mag vor Umsetzung der Überweisungsrichtlinie noch zu bezweifeln gewesen sein (vgl. z.B. Reuter/Martinek, Ungerechtfertigte Bereicherung, op.cit., § 11 IV 2c; von Caemmerer, Bereicherungsansprüche und Drittbeziehungen, JZ 1962, S. 385 ff). Durch Einführung des § 676f BGB a.F. wurde jedoch eine spezielle gesetzliche Anspruchsgrundlage geschaffen, die eine Leistungspflicht der Inkassostelle unzweifelhaft begründet.

1042 Letzteres steht freilich unter der Prämisse, dass zur Erfüllung nicht die Gutschrift auf dem Konto des Gläubigers verlangt wird, sondern lediglich die Verschaffung des Anspruchs auf Gutschrift bzw. „Verfügbarmachen“, vgl. oben Teil 2, Kap. 3, Abschnitt A.I.

1043 Vgl. Larenz/Canaris, Lehrbuch des Schuldrechts – Band II/2 – Besonderer Teil, 13. Aufl., München 1994, § 70, IV. 2. (S. 225 ff.).

1044 Vgl. Schimansky in: Bankrechts-Handbuch, Band I, op.cit., § 50 Rn. 3; Staake, Die Bestimmung des Leistenden im Überweisungsrechts - Zugleich eine Besprechung von BGH, Urteil vom 21.20.2004, WM 2005, S. 2113 ff.

einer fehlerhaft angegebenen Kontonummer nicht im Valutaverhältnis zu vollziehen. Dies deshalb, weil die Gutschrift dem vermeintlich Anweisenden nicht als Leistung zugerechnet werden konnte, wenn er bei Erteilung des Überweisungsauftrags nicht den Namen des ungerechtfertigt Bereicherten als Adressaten angegeben hatte.[1045] Er hat den Rechtsschein der Leistung in diesem Fall nicht zurechenbar gesetzt, da seine Zweckbestimmung – nach dem objektiven Empfängerhorizont ausgelegt[1046] – in der Leistung an den namentlich Benannten bestand, wie sogleich näher ausgeführt wird. Es fehlte also an der zurechenbaren Setzung des Rechtsscheins der Leistung an den Kondiktionsschuldner, so dass – selbst bei Annahme einer Leistungsbeziehung – der Vorrang der Leistung durch das Verursachungsprinzip durchbrochen und der Bereicherungsanspruch damit nicht dem Überweisenden zuzuordnen war.[1047]

Die für die bereicherungsrechtliche Rückabwicklung relevante Beziehung bestand vielmehr im Inkassoverhältnis, da das Empfängerinstitut, indem es aufgrund einer vermeintlichen Pflicht gemäß § 676f BGB a.F. den Überweisungsbetrag dem Inhaber der (falschen) Kontonummer gutschrieb, diesem ziel- und zweckgerichtet eine vermögenswerte Rechtsposition – namentlich einen Anspruch aus abstraktem Schuldversprechen – verschaffte, § 812 Abs. 1 S. 1 Var. 1 BGB.[1048] Der Bereicherungsausgleich war also im Verhältnis zwischen Inkassostelle und Kondiktionsschuldner zu vollziehen.

1045 Vgl. Peifer, Schuldrecht – Gesetzliche Schuldverhältnisse, 2. Aufl., Köln 2010, S. 236 f. und 277 ff.

1046 Vgl. zur Lehre vom Empfängerhorizont im Kontext der Bestimmung der bereicherungsrechtlichen Leistungsverhältnisse Larenz/Canaris, Schuldrecht Band II/2, op.cit., § 70, III. 3. (S. 217 ff.).

1047 Vgl. zur Zweckbestimmung als Kriterium der Zurechenbarkeit BGH NJW 1972, S. 864, BGH NJW 1979, S. 371; Schimansky in: Bankrechts-Handbuch, Band I, § 50 Rn. 7.

1048 Vgl. BGH WM 1987, S. 530 (531); Staudinger/Martinek, § 676f Rz. 15. Nach anderer Ansicht soll die Rückforderung durch das Empfängerinstitut aufgrund einer Nichtleistungskondiktion (§ 812 Abs. 1 S. 1 Var. 2 BGB) erfolgen, da sich die Gutschrift aus dem objektiven Empfängerhorizont nicht als Leistung der Inkassostelle darstelle, vgl. z.B. Scheibengruber/Breidenstein, WM 2009, op.cit., S. 1393 (1397). Dies ist jedoch angesichts des ausdrücklichen gesetzlichen Leistungsanspruchs des Kontoinhabers auf Gutschrift eingegangener Beträge abzulehnen; die Zweckbestimmung der Inkassostelle ist eindeutig auf die Erfüllung dieser Leistungspflicht gerichtet – und nicht etwa auf die Erfüllung einer gegenüber vorgeschalteten Banken bestehenden Pflicht aufgrund auftragsrechtlicher Weisung.

Warum genau war die Gutschrift auf dem anhand der angegebenen Kontonummer identifizierten Konto dem Überweisenden nicht zuzurechnen? Und: warum genau stellte die Gutschrift auf diesem Konto eine Fehlleitung dar?

Der Inhaber des girovertraglichen Anspruchs auf Gutschrift war durch das Kreditinstitut des Begünstigten anhand der entlang der Überweisungskette übermittelten Informationen im Wege der objektiven Auslegung zu eruieren.[1049] Die Festlegung auf den durch die ursprüngliche Weisung des Überweisenden bestimmten Empfänger ergibt sich aus dem Prinzip der formalen Auftragsstrenge.[1050] Wie bei jeder Willenserklärung hatte sich das Kreditinstitut des Begünstigten auch bezüglich des Überweisungsauftrags daran zu halten, was es als das tatsächlich Gemeinte erkannte hatte oder hätte erkennen müssen.[1051] Der mithin ausschlaggebende objektive Erklärungswert des Überweisungsauftrags erlaubte eine Identifikation des richtigen Begünstigten letztlich nur anhand des im Formular angegebenen Empfängernamens – eine Buchung allein nach der (im diskutierten Fall falschen) Kontonummer genügte hingegen nicht dem Erfordernis der Auslegung gemäß dem mutmaßlichen Erklärungswillen.[1052]

Dies ergibt sich schon daraus, dass die Kontonummer als zufällige Zahlenreihe ohne für den Überweisenden ersichtlichen Sinngehalt naturgemäß anfälliger für Fehler bei der Niederschrift ist, als der Name des Begünstigten, der mit der Person des Valutagläubigers verknüpft ist und für den Überweisenden dadurch eine Sinneinheit bildet.[1053] Das aus diesem Grund nicht zu vernachlässigende Risiko des Verschreibens bzw. der Fehlauswahl verringert die Sicherheit eines Rückschlusses von der Kontonummer auf den vom Überweisenden anvisierten Begünstigten; hingegen gestattet der niedergeschriebene Name eine stichhaltigere Identifikation des richtigen Adressaten. Aus dem objektiven Empfängerhorizont heraus war folglich bei Auseinanderfallen von Kontonummer und Name letzterer als vorrangiges Zuordnungskriterium zu verwenden.[1054] Für eine derartige Bestimmung des Inhabers des Anspruchs aus § 676f S.1 BGB a.F. kann auch der Wortlaut des § 676a Abs. 1 BGB a.F. ins Feld geführt werden, welcher eben vom „Begünstigten" – also von einer Person, die naturgemäß anhand ihres Namens identifiziert werden konnte – und nicht etwa einem nur

1049 Schimansky in: Bankrechts-Handbuch, Band I, § 49 Rn. 83.

1050 Vgl. Nobbe, Die Rechtsprechung des Bundesgerichtshofs zum Überweisungsverkehr, WM Sonderbeilage 4/2001, S. 2 (14).

1051 Ebenda.

1052 Ständige Rechtsprechung, vgl. BGH WM 1987, S. 530 (531) mit weiteren Nachweisen; BGHZ 108, S. 386 (391), WM 1989, S. 1754.

1053 Gößmann/ van Look, Die Banküberweisung nach dem Überweisungsgesetz, WM 2000, Sonderbeilage Nr.1, S.32.

1054 Schimansky in: Bankrechts-Handbuch, Band I, § 49 Rn. 83.

durch eine Nummer gekennzeichneten Konto als Adressat der Überweisung sprach.[1055] Diese Lesart steht im Einklang mit dem im deutschen Bankrecht geltenden Prinzip, dass Konten auf den Namen einer Person, nicht aber als Nummernkonten geführt werden.[1056] Dementsprechend waren Überweisungsaufträge stets auf eine bestimmte Person gerichtet, während die ebenfalls anzugebende Kontonummer vor allem der Arbeitserleichterung der Bank diente, indem sie ein schnelleres Auffinden des Empfängerkontos erlaubte.[1057]

Von einer „Pflicht" zum Kontonummer-Namensabgleich zu sprechen ist insofern irreführend, als die Pflicht des Empfängerinstituts lediglich darauf gerichtet war, den Überweisungsbetrag entsprechend dem objektiven Inhalt der Weisung des Überweisenden zuzuordnen. Zur Erfüllung dieser Pflicht war es erforderlich, im Wege der Auslegung den objektiv bezeichneten Empfänger zu ermitteln. Der hierzu vorzunehmende Abgleich von Kontonummer und Namen war mithin ein bloßer Reflex, jedoch keine eigenständige vertragliche Pflicht.[1058] Erreichte der Betrag ohne Beachtung des angegebenen Namens des Begünstigten das richtige Konto, so hatte die Inkassostelle keine Pflichtverletzung im Verhältnis zum Überweisenden oder Empfänger begangen.

Unbeschadet dieser Präzisierung wurde die Pflicht zur Auslegung im Interbankenverhältnis als Pflicht zum Kontonummer-Namensvergleich konkretisiert (Nr. 3 (2) Abkommen zum Überweisungsverkehr, Stand 1.1.2002).

Eine vertragliche Abbedingung der Pflicht zur objektiven Ermittlung des Überweisungsempfängers war gegenüber Verbrauchern unwirksam, da hierdurch das durch den Abgleich vermeidbare Risiko unbillig auf den Überweisenden abgewälzt würde, § 307 S. 1 BGB.[1059]

Die Gefahr, dass der Kondiktionsanspruch gegen den falschen Empfänger nichts einbrachte, konnte die Empfängerbank bei beleghaften Überweisungen nicht auf den Überweisenden abwälzen. Namentlich bestand kein Schadensersatzanspruch gegen diesen: Die für einen solchen erforderliche Pflichtverletzung konnte allen-

---

1055 Scheibengruber/ Breidenstein, WM 2009, op.cit., S. 1393 (1394).

1056 Weber, Recht des Zahlungsverkehrs - Überweisung, Lastschrift, Scheck, ec- und Kreditkarte, Internet, Insolvenz, Berlin 2004, S. 63; Gesetzlich drückt sich dieses Prinzip im Erfordernis der formalen Kontenwahrheit aus, welche gem. § 154 AO durch die kontoführende Stelle im Wege einer Vergewisserung über die Person des Kontoinhabers zu gewährleisten ist.

1057 Ebenda.

1058 Rauhut, ZBB 2009, op.cit., S. 32 (35).

1059 BGHZ 108, S. 386 (391), NJW 1990, S. 250; vgl. Hoeren, Die neuen AGB-Banken, NJW 1992, S. 3263 (3264).

falls in der Missachtung der Pflicht zur korrekten Angabe der Überweisungsdaten liegen; jedoch galten die Sonderbedingungen für den Überweisungsverkehr, welche diese Pflicht vorsahen, nur im Verhältnis zwischen dem Überweisenden und seiner Bank – und eben nicht gegenüber der ihm fremden Bank des Begünstigten.[1060] Ein Schadensersatzanspruch kam folglich nur bei Annahme einer Schutzwirkung zugunsten der Empfängerbank oder bei Zulässigkeit einer Drittschadensliquidation in Betracht.[1061]

Dass die Pflicht zur korrekten Angabe der Kontonummer keine Schutzwirkung zugunsten der Inkassostelle hatte, ergibt sich schon aus deren fehlender Gläubigernähe[1062] – ein Vertrauen der Zahlstelle in die Einbeziehung des Drittinstituts in den Schutz der Überweisungsbedingungen ist schon deshalb nicht anzunehmen, weil die Empfängerbank nach Nr. 3 Abs. 2 des Überweisungsabkommens[1063] im Interbankenverhältnis zur Vornahme eines Kontonummer-Namens-Vergleichs verpflichtet war. Da sie also jedenfalls zur Verifikation der Kontonummer verpflichtet war, erscheint eine Einbeziehung der Inkassostelle in die Schutzwirkung weder erforderlich, noch aus Sicht des Überweisenden erkennbar.[1064]

1060 Ein Schadensersatzanspruch der Zahlstelle gegen den Überweisenden kommt schon mangels Schadens nicht in Betracht: mit Erfüllung ihrer Pflicht zur Weiterleitung von Zahlungsbetrag und Auftragsdaten erwarb die Zahlerbank einen Aufwendungsersatzanspruch gegen ihren Kunden, so dass ihr durch die spätere interne Fehlleitung beim Empfängerinstitut kein Schaden entstand.

1061 Vgl. hierzu Tober, Die Vertragskette im bargeldlosen Zahlungsverkehr – Durchgriffe und andere Drittwirkungen in Überweisungs- und Inkassoketten, Berlin 2005, S. 75 ff.

1062 Zu den Voraussetzungen der Annahme eines Vertrages mit Schutzwirkung zugunsten Dritter, vgl. Papadimitropoulos, Schuldverhältnisse mit Schutzwirkung zugunsten Dritter – Ein Erklärungsmodell für die Entstehung von Schutzpflichten gegenüber Dritten, Berlin 2007, S. 74 ff. Zum neueren Stand der Rechtsprechung vgl. auch Liebmann, Der Vertrag mit Schutzwirkung zugunsten Dritter – Eine Untersuchung zur Rechtsgrundlage und zum Anwendungsbereich des Vertrages mit Schutzwirkung zugunsten Dritter unter besonderer Berücksichtigung der Dritthaftung von Experten, Frankfurt a.M. 2006, S. 115 ff.

1063 Abgedruckt bei Gößmann, in: Bankrechts-Handbuch, Band I, Anhang zu §§ 52-55, Nr. 3.

1064 Vgl. aus der Literatur zur Rolle des Vertrags mit Schutzwirkung zugunsten Dritter bzw. der Drittschadensliquidation im Zahlungsverkehr nur Wimmer-Leonhardt, Die Haftung gegenüber den Bankkunden im mehrgliedrigen Zahlungsverkehr – Die Rechtslage in Deutschland mit rechtsvergleichenden und europarechtlichen Bezügen, Baden-Baden 1996, S. 102 ff. sowie Hirth, Die Entwicklung der Rechtsprechung zum Vertrag mit Schutzwirkung zugunsten Dritter in ihrer Bedeutung für den Ausgleich von Drittschäden im Zahlungsverkehr, Berlin 1991.

Eine Verletzung hätte daher nur über das Institut der Drittschadensliquidation fruchtbar gemacht werden können.[1065] Jedoch liegt kein typischer Anwendungsfall der Drittschadensliquidation vor.[1066] Zudem ergeben sich Bedenken daraus, dass der Verlust des Zahlungsbetrags auf das pflichtwidrige Unterlassen des Kontonummer-Namens-Vergleichs durch die Inkassostelle zurückzuführen ist, die Schadensverlagerung also – zumindest auch – von ihr selbst herbeigeführt wurde. Schließlich erscheint es als künstliche Konstruktion, von einer aus Sicht des Überweisenden zufälligen Schadensverlagerung zu sprechen[1067], da es in der Natur der Aufgabenverteilung im mehrgliedrigen Überweisungsverkehr liegt, dass die Inkassostelle für die korrekte Zuordnung eingehender Beträge an die von ihr geführten Konten zuständig ist.

Doch selbst dann, wenn der Inkassostelle eine Drittschadensliquidation zugestanden oder der Pflicht zur richtigen Angabe der Kontodaten drittschützende Wirkung beigemessen worden wäre, standen dem Schadensersatzanspruch gegen den Überweisenden durchgreifende Bedenken entgegen: Die erforderliche haftungsausfüllende Kausalität zwischen Pflichtverletzung und Schaden wurde durch ein hinzutretendes Versäumnis des Kreditinstituts des Begünstigten unterbrochen. Indem es die ihr übermittelten Angaben nicht hinreichend auslegte – namentlich also den angegebenen Namen des Begünstigten nicht zu einer Prüfung der Korrektheit der Kontonummer nutzte – setzte es die Letztursache für die schadensbegründende Fehlbuchung und durchbrach den Zurechnungszusammenhang.[1068] Letzterer konnte auch nicht unter Berufung auf einen anerkannten Ausnahmefall zulasten des Überweisenden aufrecht erhalten werden, da er weder durch sein Verhalten zum Verzicht auf die Kontoanprüfung herausgefordert hat, noch ein Unterlassen derselben eine typische Folge der falschen Angabe einer Kontonummer darstellt.[1069] Auch ist das Kreditinstitut des Begünstigten nicht Erfüllungsgehilfe des Überweisenden; dies ist jedenfalls dann unzweifelhaft, wenn von der Erfüllung der Valutaschuld zutreffend bereits mit Eingang

---

1065 Zu den Voraussetzungen der Drittschadensliquidation, vgl. Lange/Schiemann, Schadensersatz, 3. Aufl. Tübingen 2003, S. 462 ff. (insbesondere S. 471 ff.) mit umfangreichen Nachweisen; speziell zum bargeldlosen Zahlungsverkehr (allerdings nicht zur hier diskutierten Konstellation) vgl. Hadding, Drittschadensliquidation und „Schutzwirkungen für Dritte“ im bargeldlosen Zahlungsverkehr, in: Festschrift Werner, Berlin u.a. 1984, S. 165 ff.

1066 Zu den anerkannten Fallgruppen der Drittschadensliquidation, vgl. Westermann/Bydlinski/Weber, BGB-Schuldrecht Allgemeiner Teil, 6. Aufl., Heidelberg u.a. 2007, S. 300 ff. (Rn. 16/20 ff.).

1067 Vgl. zu diesem Kriterium ebenda, Rn. 16/18.

1068 Zu Kausalität und Zurechnung im Rahmen des allgemeinen Schadensersatzrechts, vgl. Harke, Allgemeines Schuldrecht, Heidelberg u.a. 2010, S. 290 ff.

1069 Münchner Kommentar BGB/Oetker, § 249 Rn. 151 ff.

des Überweisungsbetrags beim Kreditinstitut des Begünstigten ausgegangen wird.[1070]

Darüber hinaus würde ein auf die durch die Falschangabe der Kontonummer konstituierte Pflichtverletzung gestützter Schadensersatzanspruch jedenfalls auf Ebene der Schadensberechnung durch eine Berücksichtigung des weit überwiegenden Mitverschuldensanteils des Kreditinstituts des Begünstigten negiert.[1071] Indem es den Überweisungsbetrag einem nichtberechtigten Dritten gutschreibt, obwohl es bei objektiver Auslegung der ihm vorliegenden Informationen den richtigen Begünstigten anhand des Namens problemlos hätte identifizieren können, geht das Institut im Bewusstsein der Gefahr einer Fehlleitung das verwirklichte Risiko ein. Sein Verschulden übersteigt daher jenes des Überweisenden, welchem durch die versehentliche Falschangabe einer für ihn sinnleeren Nummer ein – angesichts der Vielzahl üblicherweise von Kontoinhabern ausgelösten Überweisungen[1072] – schwerlich in allen Fällen vermeidbares Versehen unterläuft, in einem Maße, das eine Schadensbeteiligung des Überweisenden kaum mehr rechtfertigt.

Somit trug die Empfängerbank bei der beleghaften Überweisung das Risiko der Nichteinbringlichkeit des Bereicherungsanspruchs.

Grundsätzlich anders stellte sich die Rechtslage im Kontext des beleglosen Überweisungsverkehrs dar: Dieser umfasst Überweisungsvorgänge, die mittels Datenträgeraustauschs (DTA) oder Datenfernübertragung (DFÜ) initiiert werden.[1073] In diesen Fällen konnten die Kreditinstitute wirksam auf eine Berücksichtigung des Empfängernamens verzichten.[1074] Diesem Verzicht stimmt der Überweisende durch Abschnitt II Nr.4 DTA-Bedingungen gegenüber seiner Bank zu. Die einschlägige Passage dieser Sonderbedingungen lautet:

1070 Siehe hierzu obenstehenden Abschnitt „Erfüllungszeitpunkt und Verzug bei der Überweisung unter dem neuen Zahlungsdiensterecht“, Teil 2, Kap. 3, Abschnitt A.

1071 Zur Berücksichtigung von Mitverschulden des Anspruchsinhabers im Rahmen des § 254 BGB, vgl. Lange/Schiemann, op.cit., S. 534 ff.

1072 Vgl. Zahlungsverkehrs- und Wertpapierabwicklungsstatistiken in Deutschland 2007 bis 2009, op.cit.

1073 Hingegen sind Überweisungen, die über ein Online-Banking-Formular initiiert werden, nicht grundsätzlich der Kategorie der beleglosen Überweisungen zuzuordnen. Die Interessenlage von privaten Online-Banking-Kunden entspricht vielmehr der bei der klassischen formulargebundenen Überweisung, vgl. Escher-Weingart, WM 2008, op.cit., S. 2281 (2283) ff.; Flick, Fehlgehende Überweisung beim Online-Banking, JurisPR-BKR 7/2008, Anm. 6, unter B. Anders hingegen AG München, WM 2008, S. 1451, wo das Online-Banking umstandslos dem beleglosen Überweisungsverkehr zugeschlagen wird.

1074 Vgl. Scheibengruber/Breidenstein, WM 2009, op.cit., S. 1393 (1395).

> Die in die Abwicklung des Zahlungsauftrages eingeschalteten Kreditinstitute sind berechtigt, die Bearbeitung ausschließlich anhand dieser numerischen Angaben vorzunehmen. Fehlerhafte Angaben können Fehlleitungen des Zahlungsverkehrsauftrags zur Folge haben.

Einer solchen Regelung liegt dieselbe Ratio zugrunde, welche nunmehr auch die einschlägigen Normen der PSD beherrscht: die kosteneffektive Automatisierung und Beschleunigung des Überweisungsvorgangs.[1075]

Indes ergaben sich, entgegen einem vielfach anzutreffenden Missverständnis[1076], aus einer solchen Bestimmung hinsichtlich des Inhabers des Anspruchs auf Gutschrift gemäß § 676f BGB a.F. keine Änderungen, da aus dem „Verzicht" des Überweisenden auf die Kontoanprüfung keineswegs folgt, dass das Empfängerinstitut *im Inkassoverhältnis* ohne Weiteres zur Gutschrift nach der Kontonummer berechtigt oder gar verpflichtet war.[1077] Das Einverständnis des Überweisenden hinsichtlich der Buchungsmodalitäten wurde im Verhältnis des Überweisenden zu den beteiligten Kreditinstituten erteilt; es vermochte daher nicht die Inhaberschaft des zwischen dem Begünstigtem und seinem Kreditinstitut bestehenden Anspruchs nach § 676f BGB a.F. zu beeinflussen.[1078] Unverändert blieb jener Girokontoinhaber berechtigt, die Gutschrift zu fordern, welcher aus den objektiv auszulegenden Überweisungsdaten als Begünstigter hervorging. Hiervon ausgehend wurde durch die Verzichtsklausel gerade kein anderes Auslegungsergebnis gezeitigt, als es sich ohne eine solche Klausel ergab: gleichermaßen galt, dass bei Nichtkompatibilität von Namen und Kontonummer der Name einen sichereren Rückschluss auf den tatsächlich gemeinten Empfänger zuließ, als die für den Auftraggeber sinnlose Ziffernreihe der Kontonummer.[1079] Hingegen ist dem Überweisenden objektiv nicht der Wille zu unterstellen, den Überweisungsbetrag selbst dann dem Inhaber der angegebenen Kontonummer zu übermitteln, wenn sich hinter der Nummer ein unbekannter Dritter verbarg. Eine andere Auslegung würde verkennen, dass der Überweisende durch die Überweisung ein Erfüllungsinteresse gegenüber dem – im Regelfall namentlich im Überweisungsauftrag als Begünstigter bezeichneten – Valutagläubiger verfolgte. Mit der Annahme der Verzichtsklausel strebte der Überweisende viel-

---

1075 Vgl. hierzu bereits oben, Teil 1, Kap.3., Abschnitt A.

1076 Vgl. z.B. BGH ZIP 2006, S.17 (18); und hierzu Haertlein/ von Ballestrem, Zum AGB-rechtlichen Verzicht auf einen Kontonummer-Namensabgleich, EWiR 2006, S. 353

1077 Vgl. Scheibengruber/Breidenstein, WM 2009, op.cit., S. 1393 (1395).

1078 Schimansky, in: Bankrechts-Handbuch Band I, § 49 Rn.169 ff.; OLG Karlsruhe, ZIP 2004, S.1900 (1902); Weber, Recht des Zahlungsverkehrs, op.cit., S.98.

1079 Münchner Kommentar BGB/Casper, § 676f Rn.14; Kümpel, Bank- und Kapitalmarktrecht, 3. Aufl., Köln 2003, Rn. 4. 729.

mehr eine Beteiligung an der durch die Automatisierung erreichten Kostenersparnis an.[1080]

Eben aufgrund dieser Teilhabe an dem durch Buchung allein nach der Kontonummer gewonnenen Effizienzzuwachs stellte die Verzichtsklausel im beleglosen Verfahren auch keine unbillige Benachteiligung des Überweisenden dar.[1081] Zudem wurden Überweisungen praktisch ausschließlich von (zumeist unternehmerischen oder öffentlichen) Großkunden beleglos initiiert. Diese stellten – ebenso wie die Kreditinstitute – die Einsparungen aus der Automatisierung ebenso wie das Risiko etwaiger Fehlbuchungen in ihre betriebswirtschaftlichen Kalkulationen ein. Die Handhabung der Kontodaten durch eine professionelle Buchhaltung führte zudem dazu, dass das Fehlerrisiko im Vergleich zu jenem bei Einzelüberweisungen im beleghaften Verfahren wesentlich geringer war.[1082]

Das Empfängerinstitut blieb also auch nach der aufgrund der fehlerhaft angegebenen Kontonummer vorgenommenen Gutschrift gegenüber dem wahren Begünstigten nach § 676f BGB a.F. zur Gutschrift verpflichtet und hatte einen Kondiktionsanspruch gegen den unberechtigt Begünstigten.

Unterschiede gegenüber der oben (hinsichtlich des beleghaften Überweisungsverfahrens ohne Verzichtsklausel) dargestellten Rechtslage zeigen sich derweil bei der Zuweisung des Risikos der Nichteinbringlichkeit des Kondiktionsanspruchs gegen den Inhaber des fälschlich ausgewiesenen Kontos:

Bei Vorliegen einer Verzichtsklausel eröffnete sich für das Kreditinstitut des Begünstigten die Möglichkeit, bei Verwirklichung des Ausfallrisikos den Überweisenden im Wege eines Schadensersatzanspruchs in Regress zu nehmen.[1083] Denn mit dem Verzicht geht eine Einbeziehung des Empfängerinstitut in die Schutzwirkung der Pflicht zur korrekten Angabe der Kontodaten einher[1084]: Er-

---

1080 Vgl. Canaris, Bankvertragsrecht I, Rn. 523.

1081 Vgl. zur Wirksamkeit der entsprechenden AGB-Klausel BGH, WM 1989, S. 1754, hierzu Parthe, Zur Maßgeblichkeit von Kontonummer oder Empfängerbezeichnung im beleglosen und im beleggebundenen Überweisungsverfahren - Unwirksamkeit der BankAGB 1977 Nr. 4 Abs 3 S. 2 gemäß AGBG § 9, EWiR 1990, S. 37; OLG Hamm, WM 1994, S. 1027, hierzu Häuser, Zu den Pflichten der Bank beim beleglosen Überweisungsverkehr nach dem EZÜ-Abkommen, EWiR 1994, S. 553.

1082 Kümpel, op.cit., Rn. 4.729.

1083 Vgl. Rauhut, ZBB 2009, op.cit., S. 32 (38).

1084 Was das hiervon getrennte Problem von Ansprüchen des Überweisenden gegen die Empfängerbank bei der institutsübergreifenden Überweisung angeht, so hat sich der BGH nunmehr der h.L. (vgl. z.B. Van Gelder, Schutzpflichten zugunsten Dritter im bargeldlosen Zahlungsverkehr?, WM 1995, S. 1253; Schimansky in: Bankrechts-Handbuch, Band I, § 49 Rn. 150 ff.) angeschlossen und verneint eine Schutzwirkung der im Interbankenverhältnis bestehenden Pflichten zugunsten des Überweisenden; ein

kennbar für den Überweisenden dient die Klausel dazu, die automatisierte Ausführung institutsübergreifender Überweisungen zu erlauben; dies impliziert, dass alle beteiligten Stellen von der Pflicht zum Kontonummer-Namens-Vergleich befreit sind.[1085]

Zudem wurden auch die übrigen bei der beleghaften Überweisung bestehenden Anspruchshindernisse durch die Verzichtsklausel ausgeräumt: Der Überweisende gestattet den beteiligten Kreditinstituten, allein anhand der Kontonummer zu buchen und bezieht damit auch das Kreditinstitut des Begünstigten in den Schutz seiner Pflicht zur korrekten Angabe der Kontonummer des Empfängers ein.[1086] Zudem gelingt ohne Weiteres die haftungsausfüllende Zurechnung der Gutschrift auf dem falschen Konto, da der Überweisende durch seinen Verzicht zum Unterlassen der Kontoanprüfung herausgefordert hat und sich der Schaden mithin als Realisierung des typischerweise hierdurch gesetzten Risikos darstellt. Was schließlich das Mitverschulden des gutschreibenden Kreditinstituts angeht, so wird dieses durch die vertraglich erteilte Berechtigung ausgeräumt.[1087]

Im Ergebnis trug im beleglosen Überweisungsverkehr mithin der Überweisende das Ausfallrisiko des Bereicherungsanspruchs gegen den tatsächlichen Empfänger.

Nachdem eingangs des vorliegenden Abschnitts festgestellt wurde, dass das Empfängerinstitut bei beleghaften Überweisungen unter dem alten Überweisungsrecht die Pflicht traf, den richtigen Empfänger durch einen Abgleich des im Überweisungsauftrag angegebenen Namens mit der Kontonummer zu ermitteln, und bei Buchung ausschließlich anhand der Kontonummer das Risiko der

---

ausreichender Schutz könne durch das Rechtsinstitut der Drittschadensliquidation gewährt werden., vgl. BGH, WM 2008, S. 1252, hierzu Theewen, Zur Bankenhaftung im bargeldlosen Zahlungsverkehr, BKR 2008, S. 387; Lange, Zum Drittschutz im bargeldlosen Zahlungsverkehr, EWiR 2008, S. 577; Siol, Zu den Aufklärungspflichten und der vertraglichen Schutzwirkung beim bargeldlosen Zahlungsverkehr, WuB I D 1. Hinsichtlich Ansprüchen der Banken gegen den Überweisenden ist hingegen mit dem Institut des Vertrags mit Schutzwirkung zugunsten Dritter zu arbeiten; bei der Drittschadensliquidation ergeben sich schon in datenschutzrechtlicher Hinsicht Schwierigkeiten, vgl. Fuhrmann, Das Bankgeheimnis als Abtretungsverbot, Frankfurt a.M. u.a. 2009, S. 52 ff.

1085 Vgl. Rauhut, ZBB 2009, op.cit., S.32 (38).

1086 Vgl. ebenda, S.32 (38).

1087 Zudem treffen den Überweisenden als Unternehmer bei der beleglosen Überweisung gesteigerte Sorgfaltspflichten, vgl. BGH, WM 1999, S. 2255, hierzu Weihs, Zur Haftung der beteiligten Banken bei Fehlleitung eines Überweisungsbetrages, insbesondere zur Berücksichtigung eines Mitverschuldens des Kunden, WuB I D 1.

Uneinbringlichkeit des Rückerstattungsanspruchs infolgedessen ebenfalls die Inkassostelle traf, ist nun im Folgenden eine rechtliche Neubewertung auf Grundlage des BGB-Zahlungsdiensterechts vorzunehmen.

C. Die Rechtslage unter dem Regime des neuen Zahlungsdiensterechts

I. Einschlägige Normen und Auslegungsbedarf

Der Bedarf rechtlicher Neubeurteilung des geschilderten Sachverhalts einer aufgrund falsch angegebener Kundenkennung fehlgeleiteten Überweisung geht nach Einführung des Untertitels „Zahlungsdienste" von § 675r Abs. 1 BGB aus, der unter der Überschrift *„Ausführung eines Zahlungsvorgangs anhand von Kundenkennungen"* steht. Danach sind

> die beteiligten Zahlungsdienstleister (...) berechtigt, einen Zahlungsvorgang ausschließlich anhand der von dem Zahlungsdienstnutzer angegebenen Kundenkennung auszuführen. Wird ein Zahlungsauftrag in Übereinstimmung mit dieser Kundenkennung ausgeführt, so gilt er im Hinblick auf den durch die Kundenkennung bezeichneten Zahlungsempfänger als ordnungsgemäß ausgeführt.

Die oben als Kern der Problematik identifizierte Frage, ob der Zahlungsdienstleister des Zahlungsempfängers eingehende Überweisungsbeträge anhand der angegebenen Kundenkennung zuordnen darf (oder gar muss), könnte auf der Grundlage dieser Norm neu zu bewerten sein.[1088] Möglicherweise ergibt sich bei beleghaften Überweisungen eine geänderte Risikoverteilung.

Eine Neubegutachtung der einschlägigen Sachverhalte ist dann geboten, wenn § 675r Abs. 1 BGB anwendbar ist. Namentlich ist daher zu prüfen, ob die Inkassostelle als *„am Zahlungsvorgang beteiligter Zahlungsdienstleister"* im Sinne der Norm zu verstehen ist. Zum anderen ist zu klären, ob § 675r Abs. 1 BGB auch dann Anwendung findet, wenn sich der Überweisende nicht der harmonisierten Kundenkennungen IBAN[1089] und BIC[1090], sondern – wie bei In-

1088 Vgl. zur Beurteilung dieses Problems unter dem neuen BGB-Zahlungsdiensterecht auch Casper, Die fehlgeleitete Überweisung wegen falscher Kontonummer, in: Entwicklungslinien im Bank- und Kapitalmarktrecht - Festschrift für Gerd Nobbe, Köln 2009, S. 3 ff.

1089 IBAN = International Banc Account Number.

1090 BIC = Bank Identifier Code.

landsüberweisungen einstweilen noch üblich – der im deutschen Zahlungsverkehr etablierten Kontonummer und Bankleitzahl bedient. Die Anwendbarkeit des § 675r Abs. 1 BGB ist anhand einer Auslegung der Norm hinsichtlich dieser Fragen zu ermitteln. Diese Punkte werden im Folgenden unter II. behandelt.

Wenn § 675r Abs. 1 BGB anwendbar ist, so werden anschließend unter III. die Auswirkungen der Norm auf die rechtliche Beurteilung des problematischen Sachverhalts dargestellt.

II. Auslegung des § 675r Abs. 1 BGB hinsichtlich der Anwendbarkeit

1. Anwendbarkeit auf das „Verfügbarmachen" durch den Zahlungsdienstleister des Zahlungsempfängers (§ 675t Abs. 1 S. 1 BGB)?

§ 675r Abs. 1 S. 1 BGB richtet sich an die *„an der Ausführung eines Zahlungsvorgangs beteiligten Zahlungsdienstleister"*. § 675r Abs. 1 S. 2 BGB betrifft die *„Ausführung eines Zahlungsauftrags"*. Die Anwendbarkeit ist also dann gegeben, wenn der oben beschriebene Sachverhalt unter diese Vorgänge subsumiert werden kann.

Mit der internen Buchung des eingegangenen Überweisungsbetrages, die nach altem Recht die Auslegung des Überweisungsauftrags und damit einen Abgleich von Kontonummer und Empfängernamen erforderte, kommt die Inkassostelle nach neuem Recht ihrer Pflicht nach § 675t Abs. 1 S. 1 BGB nach, den Zahlungsbetrag unverzüglich *„verfügbar zu machen"*. Eine Anwendung auf den Zahlungsdienstleister des Zahlers ist folglich dann zu bejahen, wenn diese interne Weiterleitung eines eingegangenen Zahlungsbetrages auf das Konto eines Zahlungsdienstnutzers als „Zahlungsvorgang" im Sinne der Norm zu verstehen ist, bzw. wenn der Zahlungsdienstleister des Zahlungsempfängers durch das „Verfügbarmachen" einen Zahlungsauftrag ausführt.

a. Richtlinienkonforme Auslegung

§ 675r Abs. 1 S. 1 findet keine unmittelbare Entsprechung in der Richtlinie. Insbesondere enthält Art. 74 Abs. 1 PSD, der – abgesehen vom Begriff des *„Kundenidentifikators"*, welcher bei Umsetzung ins BGB in *„Kundenkennung"* umgewandelt wurde – identisch in § 675r Abs. 1 S. 2 BGB übernommen wird, keinen entsprechenden Satz. Als Grundlage der richtlinienkonformen Auslegung kann daher allein eben jener Art. 74 Abs. 1 PSD herangezogen werden, der vorsieht:

Wird ein Zahlungsauftrag in Übereinstimmung mit dem Kundenidentifikator ausgeführt, so gilt der Zahlungsauftrag im Hinblick auf den durch den Kundenidentifikator bezeichneten Zahlungsempfänger als korrekt ausgeführt.

Durch Auslegung dieser Richtliniennorm ist im Folgenden festzustellen, ob sich hieraus die von § 675r Abs. 1 S. 1 BGB vorgesehene generelle Berechtigung der Zahlungsdienstleister ableiten lässt, Zahlungsvorgänge ausschließlich anhand der Kundenkennung auszuführen. Sofern dies bejaht werden kann, ist die PSD weiterhin daraufhin zu untersuchen, ob das Verfügbarmachen auf dem Konto des Zahlungsempfängers als Zahlungsvorgang bzw. als Ausführung eines Zahlungsvorgangs gelten kann. Diese Fragen sind sämtlich darauf gerichtet, zu prüfen, ob Art. 74 Abs. 1 PSD und die Umsetzungsnorm § 675r Abs. 1 BGB nur den Zahlungsdienstleister des Zahlers oder auch die Inkassostelle privilegieren sollen.

i. Grammatische Auslegung des Art. 74 Abs. 1 PSD

Der Begriff des Zahlungsauftrags ist in Art. 4 Nr. 16 PSD, wie bereits zitiert, als *„Auftrag, den ein Zahler oder Zahlungsempfänger seinem Zahlungsdienstleister zur Ausführung eines Zahlungsvorgangs erteilt"* definiert. Die vorliegend diskutierten Fälle, in denen der Überweisende einen körperlichen Überweisungsträger oder ein Online-Banking-Überweisungsformular ausfüllt, sind, was das Deckungsverhältnis angeht, unproblematisch unter diesen Begriff zu subsumieren.[1091] Zwischen dem Überweisenden und dem Zahlungsdienstleister des Zahlungsempfängers besteht bei der institutsübergreifenden Überweisung hingegen kein unmittelbares Weisungsverhältnis. Zumindest die Zahlstelle, in der Praxis regelmäßig auch weitere zwischengeschaltete Stellen, stehen zwischen diesen Parteien.[1092] Überweisungen werden in der Praxis entlang der Überweisungskette beleglos elektronisch weitergeleitet[1093], wobei u.a. Bankleitzahl, Kontonummer und Name des Begünstigten übermittelt werden.[1094] Die Erklärung der vor-

---

1091 Tatsächlich kehrt die Systematik der Überweisung auch im Sinne des BGB zum Auftragsmodell zurück, siehe hierzu oben, Teil 1, Kap.3, Abschnitt B.III.2.b, Exkurs „Die Systematik des Überweisungsvorgangs unter dem neuen Zahlungsdiensterechts – Rückkehr zum Auftragsmodell".

1092 Zur praktischen Abwicklung von Überweisungsvorgängen, vgl. Canaris, Bankvertragsrecht, Rn. 305 ff.

1093 „EZÜ-Verfahren", Nr. 1 (2) Überweisungsabkommen, Stand 1.1.2002.

1094 Nr. 2 (1) Überweisungsabkommen, Stand 1.1.2002; für das SEPA-Überweisungsverfahren „SEPA Credit Transfer Scheme" gelten entsprechende Vorgageschalteten Stelle gegenüber der Empfängerbank kann dem Inhalt nach daher durchaus als vom Wortlaut gedeckter Zahlungsauftrag gelten, den die Inkassostelle als Zahlungsdienstleister entgegennimmt und durch die Gutschrift ausführt. Die erforderliche Konkretisierung des Begriffs des Zahlungsvorgangs in Bezug auf die Gutschrift erlaubt der Wortlaut des Art. 74 Abs. 1 PSD freilich nicht.

ii. Systematische Auslegung des Art. 74 Abs. 1 PSD

Zunächst ist durch Auswertung der Systematik des Titels IV der Richtlinie, in dem vielfach die Begriffe des Zahlungsvorgangs und Zahlungsauftrags verwandt werden, zu ermitteln, ob der Zahlungsdienstleister des Zahlungsempfängers, indem er gemäß Art. 69 Abs. 2 PSD eingehende Überweisungsbeträge intern bestimmten Zahlungskonten zuweist, Zahlungsaufträge im Sinne des Art. 74 Abs. 1 PSD ausführt. Wenn im Verhältnis des letzten zwischengeschalteten Instituts und der Inkassostelle ein Zahlungsauftrag vorläge, so würde dies darauf hinweisen, dass Art. 74 Abs. 1 PSD auf diesen, für die Frage des Kontonummer-Namensabgleichs ausschlaggebenden, Vorgang anwendbar ist.

Das Vorliegen von Zahlungsaufträgen im Verhältnis zwischen den an der Überweisungskette beteiligten Zahlungsdienstleistern wäre namentlich dann anzunehmen, wenn diese Rechtsverhältnisse unter das Regime des Zahlungsdiensterecht fallen würden. Dann könnte die Abwicklung im Interbankenverhältnis mit den Begriffen der Richtlinie erfasst werden.

Die PSD ist zwar auf die Regelung der Rechtsverhältnisse zwischen Zahlungsdienstnutzern und Zahlungsdienstleistern zugeschnitten.[1095] Doch geht aus den Vorschriften zur Anwendbarkeit (Art. 2 und 3 in Verbindung mit dem Anhang) hervor, dass das Zahlungsdiensterecht grundsätzlich auch im Interbankenverhältnis greifen kann, da auch hier Zahlungsdienste erbracht werden können. Dass die Richtlinie das Interbankenverhältnis nicht völlig unberührt lässt, zeigt sich auch am Regressanspruch des Art. 77 PSD.[1096]

Praktisch sind die Vorgänge im Interbankenverhältnis allerdings weitgehend vom Anwendungsbereich der Richtlinie ausgenommen bzw. einer vertraglichen Ausgestaltung zugänglich, da entweder einer der Tatbestände des Negativkatalogs in Art. 3 PSD erfüllt ist, oder eine Abbedingung der Richtlinie gegenüber

---

ben hinsichtlich der Informationsübermittlung, siehe Abschnitt 4.5.1 SEPA Credit Transfer Scheme Rulebook, Version 4.0 approved, wirksam ab dem 1.11.2010.

1095 Vgl. Erwägungsgrund (47).

1096 Vgl. zur Umsetzungsnorm § 676a BGB, Handkommentar BGB/Schulte-Nölke/Schulze, § 676a Rn. 1.

Nicht-Verbrauchern zugelassen ist.[1097] Im Falle des Art. 74 Abs. 1 PSD besteht die Möglichkeit einer vertraglichen Abbedingung nicht (vgl. Art. 51 Abs. 1 PSD). Jedoch werden institutsübergreifende Vorgänge praktisch regelmäßig über ein Zahlungssystem im Sinne des Art. 4 Nr. 6 PSD (§ 1 Abs. 6 ZAG[1098]) abgewickelt. Vorgänge innerhalb eines solchen Clearing- bzw. Verrechnungssystems sind gemäß Art. 3 lit. h) PSD keine Zahlungsdienste im Sinne der PSD, so dass die Vorschriften des Titels IV nicht zur Anwendung kommen. Beim Vorliegen eines Zahlungssystems erscheint es daher unzulässig, die der Inkassostelle übermittelten Saldoinformationen als Zahlungsauftrag im Sinne des Art. 74 Abs. 1 PSD anzusehen.

Zwar könnte für eine Qualifikation als Zahlungsauftrag angeführt werden, dass der Inkassostelle zur Ausführung der internen Buchungen notwendig die zur Individualisierung des Empfängers erforderlichen Informationen über die zwischengeschalteten Institute weitergeleitet werden. Durch diese Informationen wird dem Empfängerinstitut angezeigt, auf welche Konten der eingehende Saldobetrag aufzuteilen ist. Inhaltlich könnten die maßgeblichen Merkmale eines Zahlungsauftrags damit gegeben sein, sofern die interne Zuordnung des Betrages zum Konto des Begünstigten ein Zahlungsvorgang ist.

Es kommt also letztlich auch für die Subsumtion unter den Begriff des Zahlungsauftrags darauf an, ob das Verfügbarmachen des Zahlungsbetrags durch das Empfängerinstitut gemäß Art. 73 Abs. 1 S. 2 PSD ein Zahlungsvorgang ist.

Im Folgenden ist daher der Begriff des Zahlungsvorgangs sachverhaltsbezogen zu konkretisieren. Zugleich wird diese Prüfung zeigen, dass es für die Anwendbarkeit des Art. 74 Abs. 1 PSD im Ergebnis gar nicht ausschlaggebend ist, ob dem Empfängerinstitut ein Zahlungsauftrag erteilt wurde.

Für eine systematische Erschließung des Begriffs des Zahlungsvorgangs ist bei Art. 74 Abs. 2 PSD anzusetzen, der vorsieht:

> Ist der vom Zahlungsdienstnutzer angegebene Kundenidentifikator fehlerhaft, so haftet der Zahlungsdienstleister nicht gemäß Artikel 75 für die fehlerhafte oder nicht erfolgte Ausführung des Zahlungsvorgangs.

Bei Einhaltung der Anforderungen, die Art. 74 Abs. 1 PSD an die Ausführung eines Zahlungsauftrags stellt – namentlich die Berücksichtigung des Kundeni-

---

1097 Zur Abdingbarkeit nach Art. 51 Abs. 1 PSD, bzw. § 675e Abs. 4 BGB, vgl. Prütting BB/Fehrenbacher, § 676e Rn. 7.

1098 Danach ist ein Zahlungssystem ein „System zum Transfer von Geldbeträgen mit formalen und standardisierten Regeln und einheitlichen Vorschriften für die Verarbeitung, das Clearing und/oder die Verrechnung von Zahlungsvorgängen".

dentifikators – schließt Art. 74 Abs. 2 PSD die Haftung nach Art. 75 PSD aus. Dies legt nahe, dass von Art. 74 Abs. 1 PSD alle Vorgänge abgedeckt sein sollen, die für eine Haftung nach Art. 75 PSD (*„Nicht erfolgte oder fehlerhafte Ausführung"*) in Betracht kommen. Wenn also auch das fehlerhafte oder nicht erfolgte Verfügbarmachen des Zahlungsbetrages durch die Inkassostelle zur Haftung nach Art. 75 PSD führt, so lässt dies den Schluss zu, dass auch auf diesen Vorgang Art. 74 Abs. 1 PSD Anwendung findet, unabhängig davon, ob es sich um die Ausführung eines Zahlungsauftrags im eigentlichen Sinne handelt.

Es gilt daher zu bestimmen, ob auch die Verletzung von Pflichten nach Art. 73 Abs. 1 S. 2 PSD die Haftung nach Art. 75 PSD auslösen kann. Art. 75 Abs. 1 PSD sieht vor:

> Wird ein Zahlungsauftrag vom Zahler ausgelöst, so haftet sein Zahlungsdienstleister unbeschadet von Artikel 58, Artikel 74 Absätze 2 und 3 sowie Artikel 78 gegenüber dem Zahler für die ordnungsgemäße Ausführung des Zahlungsvorgangs, es sei denn, er kann gegenüber dem Zahler und gegebenenfalls dem Zahlungsdienstleister des Zahlungsempfängers nachweisen, dass der Betrag, der Gegenstand des Zahlungsvorgangs ist, gemäß Artikel 69 Absatz 1 beim Zahlungsdienstleister des Zahlungsempfängers eingegangen ist; in diesem Fall haftet der Zahlungsdienstleister des Zahlungsempfängers diesem gegenüber für die ordnungsgemäße Ausführung des Zahlungsvorgangs.

Aus dem letzten Halbsatz des Art. 75 Abs. 1 PSD geht hervor, dass auch die nach Eingang des Zahlungsbetrags beim Zahlungsdienstleister des Zahlungsempfängers vorgenommenen internen Buchungen als Zahlungsvorgänge gelten, die bei fehlerhafter oder unrichtiger Ausführung haftungsbegründend im Sinne der Norm wirken. Aufgrund des geschilderten Zusammenhangs weist dies darauf hin, dass Art. 74 Abs. 1 PSD auch auf das Verfügbarmachen Anwendung finden soll. Dieser Systematik folgend kommt es im Ergebnis nicht darauf an, ob dem Empfängerinstitut ein Zahlungsauftrag erteilt wurde; eine Subsumtion unter diesen Begriff erübrigt sich, so dass der Ausschlusstatbestand des Art. 3 lit. h PSD (keine Anwendbarkeit der zahlungsdiensterechtlichen Vorschriften auf Zahlungssysteme) in diesem Zusammenhang gar nicht virulent wird.

Diese Auswertung des Zusammenspiels der PSD-Normen lässt den Schluss zu, dass der deutsche Gesetzgeber durch Hinzufügung des § 675r Abs. 1 S. 1 BGB die von der Richtliniensystematik implizierte Normenbedeutung verdeutlicht und nicht etwa einen zusätzlichen Inhalt geschaffen hat.

Mit der in Art. 4 Nr. 5 PSD stehenden Begriffsbestimmung des Zahlungsvorgangs als

> die bzw. der vom Zahler oder Zahlungsempfänger ausgelöste Bereitstellung, Transfer oder Abhebung eines Geldbetrags, unabhängig von etwaigen zugrunde liegenden Verpflichtungen im Verhältnis zwischen Zahler und Zahlungsempfänger

ist diese Qualifikation ohne Weiteres zu vereinbaren; gerade die Variante der Bereitstellung ist sprachlich dem „Verfügbarmachen" des Art. 69 Abs. 2 PSD nahe.[1099]

Freilich lassen sich aus dem weiteren Dunstkreis des Art. 74 Abs. 1 PSD auch zuwiderlaufende Argumente herleiten: So kann etwa Art. 69 Abs. 1 PSD, der, wie aus Art. 68 Abs. 1 PSD hervorgeht, die Ausführungsfrist für Zahlungsvorgänge regelt, für ein systematisches Gegenargument fruchtbar machen. Art. 69 Abs. 1 PSD sieht vor:

> Die Mitgliedstaaten schreiben dem Zahlungsdienstleister des Zahlers vor, sicherzustellen, dass nach dem Eingangszeitpunkt gemäß Artikel 64 der Betrag, der Gegenstand des Zahlungsvorgangs ist, spätestens am Ende des folgenden Geschäftstags dem Konto des Zahlungsdienstleisters des Zahlungsempfängers gutgeschrieben wird.

Dieser Wortlaut legt seinerseits folgenden Schluss nahe: Wenn Art. 69 Abs. 1 PSD die Ausführungsfrist für Zahlungsvorgänge bestimmen soll und als für die Einhaltung der Frist ausschlaggebendes Ereignis auf den Eingang des Zahlungsbetrags beim Zahlungsdienstleister des Empfängers abstellt, so ergibt sich hieraus, dass der Zahlungsvorgang mit dem Eintreffen des Zahlungsbetrages beim Empfängerinstitut beendet ist. Die weitere interne Zuweisung des Betrags wäre demzufolge nicht vom Zahlungsvorgang erfasst.

Eine solche Folgerung trifft jedoch nur insoweit zu, als sie sich darauf beschränkt, festzustellen, dass der Zahlungsdienstleister des Zahlungsempfängers nicht am Transfer des Zahlungsbetrags bis zu ihm beteiligt ist. Über diese (triviale) Erkenntnis hinaus lässt Art. 69 Abs. 1 PSD bei differenzierender Betrachtung hingegen keine Schlüsse für oder wider die Einbeziehung des Empfängerinstituts in den Anwendungsbereich des Art. 74 Abs. 1 PSD zu. Die Regelung einer Frist für die Weiterleitung des Zahlungsbetrages bis zum Zahlungsdienstleister des Empfängers setzt nämlich zwangsläufig eine getrennte Behand-

---

1099 Freilich ist das „Bereitstellen" in diesem Kontext nicht im betriebswirtschaftlichen Sinne als „Maßnahme, die dazu dient, dass die benötigten Produktionsfaktoren (...) rechtzeitig (...) zur Verfügung stehen" (vgl. Brockhaus Enzyklopädie in 30 Bänden, 21. Aufl., Mannheim 2006, Band 3 AUSW-BHAR, unter „Bereitstellung") zu begreifen. Doch lässt sich an dieser Fachdefinition erkennen, dass „verfügbar sein" und „bereitstehen" durchaus austauschbare Begriffe sind.

lung des Stadiums vor und nach Eintreffen des Betrages bei letzterem voraus. Aus dieser sachlichen Notwendigkeit kann nicht abgeleitet werden, dass die weitere interne Bearbeitung vom Begriff des „Zahlungsvorgangs" generell ausgenommen werden kann. Vielmehr bestätigt die separate Behandlung der Zahlungskette bis zur Inkassostelle lediglich die von der Richtlinie gewählte Aufteilung nach Risikosphären, wie sie auch aus Art. 75 Abs. 1 PSD hervorgeht.

Schließlich mag Art. 67 Abs. 1 PSD als weiteres Beispiel dafür erwähnt werden, dass die vielfältige Verwendung des Begriffs des Zahlungsvorgangs in verschiedenen Zusammenhängen reichlich Material zur Konstruktion systematischer Argumente liefert. Auch diese Norm gehört dem Kapitel 3 „Ausführung von Zahlungsvorgängen" an und ist für eine systematische Bestimmung des Begriffs des Zahlungsvorgangs mithin prima facie relevant. Art. 67 Abs. 1 PSD regelt das Verhältnis zwischen *„Transferierten und eingegangenen Beträgen"* und damit letztlich die Geltendmachung von Entgelten bei Zahlungsvorgängen durch die beteiligten Zahlungsdienstleister (so auch die Überschrift der deutschen Umsetzungsnorm § 675q BGB). Absatz 1 der Vorschrift lautet:

> Die Mitgliedstaaten verpflichten den Zahlungsdienstleister des Zahlers, den Zahlungsdienstleister des Zahlungsempfängers und alle zwischengeschalteten Stellen, den Betrag in voller Höhe zu transferieren und keine Entgelte vom transferierten Betrag abzuziehen.

Da demnach auch der Zahlungsdienstleister des Zahlungsempfängers vom grundsätzlichen[1100] Verbot des sofortigen Abzugs von Entgelten bei Zahlungsvorgängen erfasst ist, muss die Leistung, für die er etwaige Entgelte erheben kann – namentlich das Verfügbarmachen eingehender Beträge – auch unter den Begriff des Zahlungsvorgangs zu fassen sein.

Nach alldem spricht eine Auslegung des Art. 74 Abs. 1 PSD nach systematischen Kriterien dafür, die Norm auch auf die Weiterleitung eingegangener Überweisungsbeträge durch den Zahlungsdienstleister des Zahlungsempfängers anzuwenden.

Jedoch sei bereits an dieser Stelle hinzugefügt, dass eine systematische Bestimmung der PSD-Begriffe mit Vorsicht zu behandeln ist.[1101] Zwar scheint die Verwendung derselben Begriffe in verschiedenen Normen zunächst das Ver-

---

1100 Art. 67 Abs. 2 PSD sieht die Abdingbarkeit dieser strikten Regel im Inkassoverhältnis vor.

1101 Vgl. hierzu auch Fazit zum Anwendungsbeispiel Überweisung, unten Teil 2, Kap.3, Abschnitt E.

ständnis der Begriffe zu begünstigen. Doch wird schnell klar, dass dieses Fundament eine tiefgehende Auslegung nicht trägt.[1102] Wie die soeben exemplarisch angestellten Überlegungen zum Begriff des Zahlungsauftrags zeigen, können weit verästelte Argumentationsketten aus den scheinbaren systematischen Zusammenhängen verschiedener Normen geflochten werden, um letztlich zu der Erkenntnis zu gelangen, dass einem bestimmten Begriff im konkreten Fall keinerlei normative Bedeutung beizumessen ist, weil dies dem Funktionszusammenhang der Vorschrift zuwiderliefe: Obwohl Art. 74 Abs. 1 PSD seinem Wortlaut nach eine Rechtsfolge an die Ausführung eines Zahlungsauftrags knüpft, kommt es für die Anwendbarkeit der Norm auf einen bestimmten Sachverhalt im Ergebnis nicht darauf an, ob ein Zahlungsauftrag im Sinne des Zahlungsdiensterechts erteilt wurde.

Hieran zeigt sich, dass die Begriffe der PSD teilweise kein fest in sich verfügtes System bilden. Sie sind daher, um Trugschlüsse zu vermeiden, als nebeneinander stehend zu betrachten. In unterschiedlichen Normen können etwa dem Begriff des Zahlungsvorgangs grundlegend andere Bedeutungen zukommen.

Tritt eine begriffliche Verwirrung auf, so sind mit einer pragmatischen – anstatt einer systematischen – Auslegung der Begriffe klarere Erkenntnisse zu gewinnen. Der in systematischer Hinsicht zwanglose Umgang mit den PSD-Begriffen scheint zudem eher der Attitüde des europäischen Normgebers zu entsprechen[1103] und schützt mithin auch vor Überinterpretationen. Anderen Auslegungskriterien – insbesondere dem Zweck der jeweiligen Vorschrift – ist daher verhältnismäßig größeres Gewicht beizumessen.

iii. Historische Auslegung

In den Erwägungsgründen ist nicht explizit entschieden, ob auch die interne Zuordnung eingehender Zahlungsbeträge durch die Inkassostelle zum Zwecke des Verfügbarmachens unter Art. 74 Abs. 1 PSD fällt. Nur Erwägungsgrund (48) geht auf die Kundenidentifikatoren ein, widmet sich jedoch nicht der vorliegenden Problematik.

Indes können allgemeine Zielbestimmungen des Richtliniengebers zur Auslegung der Vorschrift herangezogen werden. Namentlich sind die Maximen der Schnelligkeit und Automatisierung des Zahlungsverkehrs[1104] einschlägig: Erwä-

---

1102 Vgl. zum Problem der teils minderen sprachlichen und systematischen Qualität der Unionsrechtsakte Burr/ Gallas, in: Müller/Burr, Rechtssprache Europas, op.cit., S. 195 ff. (218 ff.).

1103 Vgl. zu den Vorgängen der Textproduktion auf europäischer Ebene, ebenda, S. 195 ff.

1104 Vgl. hierzu Derleder, NJW 2009, op.cit., S. 3169.

gungsgrund (38) umreißt das Ziel eines *„modernen vollautomatisierten Zahlungssystems"*, welches *„Zahlungen mit hoher Geschwindigkeit abwickelt"*; ebenso nennt Erwägungsgrund (40) die *„voll integrierte und vollautomatisierte Abwicklung von Zahlungen"* als Objektiv der Richtlinie; schließlich visiert Erwägungsgrund (43) eine *„zügigere gemeinschaftsweite Abwicklung von Zahlungen"* an.[1105]

Art. 74 Abs. 1 PSD fügt sich in diese Beschleunigungs- und Automatisierungsbestrebungen ein. Indem die Zahlungsdienstleister von manuellen Prüfpflichten befreit werden, sollen sie zur Einhaltung der ab 2012 unabdingbaren Ausführungsfrist von einem Tag (Art. 69 Abs. 1, Erwägungsgrund (43) PSD) befähigt werden.[1106] Das reibungsfreie, effiziente Funktionieren der Zahlungsdienste sieht der Richtliniengeber als conditio sine qua non für die Errichtung des Binnenmarkts, welche auf der *„Abschaffung aller Binnengrenzen in der Gemeinschaft mit dem Ziel, den freien Verkehr von Waren, Personen, Dienstleistungen und Kapital zu ermöglichen"*, beruht (Erwägungsgrund 1).[1107] Der rechtlichen Ausgestaltung der Geldflüsse liegt mithin das Interesse an einer Intensivierung des Wirtschaftsaustauschs in der EU zugrunde.[1108] Hieraus folgt, dass es letztlich die Zahlungsdienstnutzer als realwirtschaftliche Marktteilnehmer sind, denen die Automatisierung der Zahlungsvorgänge zugutekommen soll.

Folglich ist der gesamte Geldtransfer vom Zahler zum Zahlungsempfänger vom Regelungszweck der Automatisierung erfasst, denn die bezweckte Beschleunigung der Zahlungen wird für den Begünstigten erst spürbar, wenn der Betrag auf seinem Konto verfügbar ist. Hierzu stünde es im Widerspruch, den Anwendungsbereich von Vorschriften, die der Automatisierung des Zahlungsverkehrs dienen, auf die Zahlungskette bis zur Inkassostelle zu beschränken, die interne Weiterleitung an den Empfänger jedoch hiervon auszunehmen. Hierdurch würde die Effizienzsteigerung auf das Interbankenverhältnis beschränkt, eine Beförderung des sonstigen Binnenmarktes jedoch nicht erreicht. Die Regelungszwecke der Automatisierung und Beschleunigung des Zahlungsverkehrs sprechen daher für eine Anwendung des Art. 74 Abs. 1 PSD auch auf die Zuweisung eingegangener Überweisungsbeträge im Inkassoverhältnis.

1105 Zu den PSD-Maximen der Automatisierung und Beschleunigung vgl. Grundmann, WM 2009, op.cit., S. 1109 (1110 f.) sowie Derleder, NJW 2009, op.cit., S. 3195 (3195).

1106 Vgl. zu dieser Funktion des Art. 74 Abs. 1 PSD (bzw. § 675r BGB) Koch, in: Fischer/Klanten (Hrsg.), op.cit., S. 684.

1107 Vgl. zu den Regelungszwecken der PSD bereits oben Teil 1, Kap.2., Abschnitt A.

1108 Vgl. hierzu auch den Kommissionsentwurf, op.cit., S. 2 f.

Andererseits bekennt der Richtliniengeber sich auch zum Regelungszweck des Verbraucherschutzes, vgl. Erwägungsgründe (20) bis (30).[1109] Dieses Kriterium scheint für eine Beschränkung des Anwendungsbereichs des Art. 74 Abs. 1 PSD zu streiten, da die möglichst umfassende Auswertung von Informationen zum Zwecke einer fehlerfreien Zuweisung eingehender Beträge im beiderseitigen Interesse der Zahlungsdienstnutzer an einer dem tatsächlichen Willen des Zahlers entsprechenden Allokation liegt.[1110]

Beschleunigung und Automatisierung des Zahlungsverkehrs einerseits und Verbraucherschutz andererseits werden in den Erwägungsgründen in keine Rangfolge gesetzt. Die Etablierung einer solchen ist in den Augen des Richtliniengebers aus zwei Gründen nicht erforderlich: zum einen decken sich nach seiner Vorstellung die Verbraucherinteressen teilweise mit dem Ideal eines effizienteren, automatisierten Zahlungsverkehrs, da die damit einhergehenden Rationalisierungseffekte auch den Zahlungsdienstnutzern zugutekommen[1111]; zum anderen löst er einen möglichen Konflikt zwischen den Richtlinienzielen schon durch die Wahl seines Regelungsansatzes auf, indem er den Verbraucherschutzes weitgehend im Wege der Vorabinformation und der Befähigung zur qualifizierten Ausübung vertraglicher Entscheidungsfreiheit realisiert.[1112] Dies fasst Erwägungsgrund (21) folgendermaßen zusammen:

> In dieser Richtlinie sollten die Informationspflichten der Zahlungsdienstleister gegenüber den Zahlungsdienstnutzern festgelegt werden, damit Letztere ein gleich hohes Maß an verständlichen Informationen über Zahlungsdienste erhalten und so die Konditionen der verschiedenen Anbieter in der EU vergleichen und ihre Wahl in voller Kenntnis der Sachlage treffen können. (...)

Aus der Entscheidung des Richtliniengebers, den Verbraucherschutz schwerpunktmäßig auf das Instrument der Information zu stützen – wie es allgemein dem vom EuGH etablierten Bild vom mündigen, situationsadäquat aufmerksamen und informierten Verbraucher[1113] entspricht – kann im Umkehrschluss abgeleitet werden, dass dem Verbraucher zugemutet werden soll, die sich aus dem Gesetz oder den (ordnungsgemäß mitgeteilten) Vertragsbedingungen ergeben-

1109 Siehe hierzu auch oben, Teil 2, Kap.1, Abschnitt C.II.1.c.

1110 Vgl. zur Relevanz der Frage des Kontonummer-Namensabgleichs für die Zahlungsdienstnutzer bereits Canaris, Bankvertragsrecht, Rn. 331 ff.

1111 Ein Beispiel dafür, dass die Ziele des Verbraucherschutzes und der Effektivitätssteigerung in Symbiose stehen könne, wurde im Zusammenhang mit dem Anwendungsbeispiel Kartenzahlung angeführt, vgl. oben Teil 2, Kap.1, Abschnitt C.II.1.f.

1112 Vgl. hierzu Scheibengruber/ Breidenstein, WM 2009, op.cit., S.1393 (1397).

1113 Vgl. grundlegend EuGH, Slg. 1995, I, S. 1923 („Mars"). Zur Entwicklung des Verbraucherbildes in der Rechtsprechung des EuGH siehe Denkinger, op.cit., S. 314 ff

den Risiken einzuschätzen und eigenverantwortlich zu tragen.[1114] Unter die vom Überweisenden einzukalkulierenden Risiken fällt prima facie auch ein etwaiges aus Art. 74 Abs. 1, 2 PSD folgendes Ausfallrisiko bei Angabe einer falschen Kundenkennung.

Die Trennung zwischen der gesetzlichen Sicherstellung bestmöglicher Information des Verbrauchers im Vorfeld jeder Vertragsentscheidung und der anschließenden Bindung an die mit dieser Entscheidung verbundenen gesetzlichen und privatdispositiven Rechtsfolgen harmoniert gerade auch mit dem Bestreben, die Ausführung der Zahlungsvorgänge durch weitgehend automatisierte Abwicklung zu rationalisieren. Ein reibungsloser Zahlungsverkehr nämlich setzt voraus, dass die Bedingungen der Abwicklung allgemeinverbindlich gelten und nicht unter dem Generalvorbehalt der Vereinbarkeit mit Verbraucherinteressen stehen.

Aus dem methodischen Ansatz des Richtliniengebers hinsichtlich des Verbraucherschutzes kann daher abgeleitet werden, dass eine etwaige Beeinträchtigung der Verbraucherinteressen die Anwendung des Art. 74 Abs. 1 PSD auf die Zuordnung eingegangener Überweisungsbeträge zu den beim Empfängerinstitut geführten Zahlungskonten nicht ausschließt.

Der Umstand, dass ein allgemeingültiges Rangverhältnis der Regelungsziele der PSD nicht im Richtlinientext oder den Erwägungsgründen festgeschrieben ist, zwingt zudem in besonderem Maße dazu, jede im konkreten Fall betrachtete Rechtsnorm gesondert auf ihre spezielle Regelungsfunktion hin zu untersuchen. Im Falle des Art. 74 Abs. 1, 2 PSD fällt diese Einordnung nicht schwer: die Möglichkeit, einen Zahlungsauftrag ohne Prüfung seiner Stimmigkeit nur anhand des Kundenidentifikators auszuführen, begünstigt allein die Beschleunigung des Zahlungsverkehrs, indem sie die Zahlungsdienstleister eines bedeutenden Zeit- und Mittelaufwands entledigt.[1115] Ein Inhalt, der dahinterstehende Verbaucherschutzerwägungen erkennen ließe, könnte allenfalls in Abs. 2 Unterabsatz 2 des Art.74 PSD zu sehen sein, der dem Zahlungsdienstleister des Zahlers auferlegt, sich um die Wiedererlangung des Zahlungsbetrages zu bemühen. An der grundsätzlichen Funktion der Norm, die ausschließlich in der Gewähr-

---

1114 Das Informationsmodell ragt im europäischen Vertragsrecht generell als Verbraucherschutzinstrument der Wahl hervor. So folgen auch die meisten vertragsrechtsbezogenen Richtlinien diesem Ansatz, vgl. hierzu Grundmann, Systemdenken und Systembildung, in: Riesenhuber (Hrsg.), Europäische Methodenlehre, op.cit., S. 285 ff. (301 f.); Grundmann, Parteiautonomie im Binnenmarkt - Informationsregeln als Instrument, op.cit., S. 1133 ff.

1115 Vgl. Derleder, NJW 2009, op.cit., S. 3195 (3196 f.), Scheibengruber/Breidenstein, WM 2009, op.cit., S. 1393 (1398).

leistung einer effizienten, vollautomatischen Zahlungsabwicklung zu sehen ist, ändert sich hierdurch jedoch nichts.

Nach alldem stehen die Maximen der Automatisierung und Beschleunigung bei der historischen Auslegung des Art. 74 Abs. 1 PSD im Vordergrund. Die Anwendbarkeit des Art. 74 Abs. 1 PSD auf die fraglichen Vorgänge ist daher unter diesem Gesichtspunkt zu bejahen.

iv. Teleologische Auslegung

Der objektive Regelungszweck koinzidiert mit den vom Richtliniengeber zum Ausdruck gebrachten Zielen. Allenfalls was die durch Automatisierung und Beschleunigung bezweckten Sekundärziele angeht, tritt bei teleologischer Auslegung ein weiterer Aspekt hinzu:

Über das in den Erwägungsgründen hervorgehobene Interesse an einer generellen Stärkung des Binnenmarktes hinaus, begünstigt die Automatisierung des Zahlungsverkehrs auch die Realisierung des SEPA-Projektes. Die Automatisierung impliziert standardisierte Abwicklungsmechanismen; diese sind für die Etablierung vereinheitlichter Zahlungsverfahren erforderlich. Daher begünstigt eine Ausmerzung manueller Bearbeitungsschritte die Umstellung auf SEPA-Zahlungsverfahren. Letztere sind zudem auf eine Ausführung anhand der Kundenidentifikatoren zugeschnitten, während nationale Verfahren – wie das deutsche Überweisungsverfahren – auf eine Berücksichtigung des Empfängernamens aufbauen.

Das Ziel der Verwirklichung eines einheitlichen Zahlungsverkehrsraumes spricht also ebenfalls für eine umfassende Anwendbarkeit des Art. 74 Abs. 1 PSD.

v. Ergebnis der richtlinienkonformen Auslegung auf Grundlage des Art. 74 Abs. 1 PSD

Einige systematische Betrachtungen, insbesondere aber der subjektive und objektive Regelungszweck des Art. 74 Abs. 1 PSD, sprechen dafür, die Vorschrift des § 675r Abs. 1 BGB auch auf das Verfügbarmachen des Zahlungsbetrages durch die Empfängerbank – und insbesondere die hiervon umfasste Zuordnung anhand bestimmter Informationen – anzuwenden. § 675r Abs. 1 S. 1 BGB, der die Ausführung von Zahlungs*vorgängen* betrifft, geht nicht über den Regelungsgehalt des Art. 74 Abs. 1 PSD hinaus, obwohl letzterer dem Wortlaut nach nur die Ausführung von Zahlungs*aufträgen* behandelt. Die Auslegung der Richtliniennorm ergibt, dass eine umfassende Maßgeblichkeit der Kundenkennung auch im Inkassoverhältnis zuzulassen ist.

b. Kontrolle des richtlinienkonformen Auslegungsergebnisses

Das richtlinienkonforme Auslegungsergebnis, welches die Anwendung des § 675r Abs. 1 BGB auf die Zuweisung von Überweisungsbeträgen im Inkassoverhältnis gebietet, könnte zu einer Änderung der bisherigen Rechtslage in Deutschland führen; namentlich könnte sich eine Auslegung des Überweisungsauftrags anhand des angegebenen Empfängernamens erübrigen. Es ist daher mittels der in der deutschen Auslegungsmethodik etablierten Methoden zu ermitteln, ob die Anwendbarkeit der Norm in den fraglichen Fällen vom deutschen Recht gedeckt ist.

i. Grammatische Auslegung des § 675r Abs. 1 BGB

Die in § 675f Abs. 3 S. 1 BGB enthaltene Definition des Begriffs „Zahlungsvorgang" (*„jede Bereitstellung, Übermittlung oder Abhebung eines Geldbetrages"*) stimmt im Kern mit Art. 4 Nr. 5 PSD überein, ist jedoch sogar noch weiter als die Begriffsbestimmung der Richtlinie, da das Element der „Auslösung vom Zahler oder Zahlungsempfänger" bei der Umsetzung ausgespart wurde. Dem Wortlaut nach ist die Zuweisung des Überweisungsbetrages an ein Zahlungskonto also von § 675r Abs. 1 S. 1 BGB umfasst, so dass die Norm auf diesen Vorgang Anwendung findet.

ii. Systematische Auslegung

Die Systematik des Kapitels 3 „Erbringung und Nutzung von Zahlungsdiensten" sowie der im Zusammenhang stehenden Normen bietet fruchtbaren Boden für Rückschlüsse auf die (Nicht)Anwendbarkeit des § 675r Abs. 1 BGB auf den fraglichen Vorgang.

Um die Anwendbarkeit des § 675r Abs. 1 BGB auf das Inkassoverhältnis systematisch fundiert verifizieren zu können, ist zunächst zu bestimmen, welche Handlungen das Empfängerinstitut nach dem Eingang des Zahlungsbetrags vorzunehmen hat. Während früher die Pflicht zur Gutschrift eingegangener Überweisungsbeträge aus § 676f Abs. 1 BGB a.F. folgte[1116], wird das Pflichtenpro-

1116 Vgl. hierzu Schimansky, in Bankrechts-Handbuch, Band I, § 49 Rn. 175 ff.

gramm des Empfängerinstituts hinsichtlich eingegangener Zahlungsbeträge nunmehr von § 675t BGB („*Wertstellungsdatum und Verfügbarkeit von Geldbeträgen*“) geregelt. Für die gegenwärtig diskutierte Frage ist einzig die Pflicht zum unverzüglichen Verfügbarmachen des Zahlungsbetrags relevant:

> Der Zahlungsdienstleister des Zahlungsempfängers ist verpflichtet, dem Zahlungsempfänger den Zahlungsbetrag unverzüglich verfügbar zu machen, nachdem er auf dem Konto des Zahlungsdienstleisters eingegangen ist. (...)

Die ebenfalls in § 675t BGB behandelte Wertstellung ist im Kontext des § 675r Abs. 1 BGB nicht von Bedeutung, da schon im Zuge der Bestimmung des richtigen Zahlungsempfängers im Sinne des § 675t Abs. 1 S. 1 BGB zu entscheiden ist, ob sich der Zahlungsdienstleister dabei allein auf die Kundenkennung stützen darf oder weitere Angaben zum Kontrollabgleich heranziehen muss.[1117] Der Anspruch nach § 675t Abs. 1 S. 1 BGB verdrängt materiell den allgemeinen auftragsrechtlichen Anspruch aus §§ 675 Abs. 1, 667 BGB.[1118] Das Verfügbarmachen ist begrifflich von der Gutschrift als Akt der Dokumentation der Zahlung[1119] sowie von der Wertstellung als Verzinsungszeitpunkt[1120] zu unterscheiden. Praktisch ist der Zahlungsdienstleister des Zahlungsempfängers durch § 675t Abs. 1 S. 1 BGB verpflichtet, ihm die Möglichkeit einzuräumen, über den Zahlungsbetrag als Berechtigter zu verfügen.[1121] Dies impliziert notwendigerweise, dass der richtige Adressat zuvor anhand der übermittelten Informationen individualisiert wurde.

Es ist nunmehr auf dieser Grundlage festzustellen, ob die nach § 675t Abs. 1 S. 1 BGB vorzunehmenden Handlungen von § 675r Abs. 1 BGB erfasst sind.

Zunächst kann eine gewichtige Erwägung auf § 675y Abs. 3 i.V.m. Abs. 1 S. 1 u. 2 bzw. Abs. 2 S. 2 BGB gegründet werden: § 675y Abs. 3 BGB steht unter der Überschrift „*Haftung der Zahlungsdienstleister bei nicht erfolgter oder fehlerhafter Ausführung eines Zahlungsvorgangs*“ und schließt für den Fall, dass ein Zahlungsauftrag in Übereinstimmung mit der vom Zahlungsdienstnutzer an-

---

1117 Zur Wertstellung nach neuem Zahlungsdiensterecht vgl. Palandt/ Sprau, § 675t Rn. 8.

1118 Vgl. zu den Rechtsgrundlagen des Anspruchs auf Gutschrift nach altem Recht Schwintowski/ Schäfer, op.cit., S. 167.

1119 Vgl. Hierzu Palandt/ Sprau, § 675f Rn. 28.

1120 Ebenda, § 675t Rn. 8

1121 Dabei ist zu beachten, dass der Zahlungsempfänger immer nur in dem rechtlichen Umfang zu Verfügungsberechtigung erlangt, in dem sein Zahlungsdienstleister den Zahlungsbetrag zur Verfügung erhalten hat. Bestehen Vorbehalte oder Gestaltungsrechte Dritter hinsichtlich des Zahlungsbetrags, so erfolgt auch die die Verfügbarkeit kundgebende Gutschrift unter Vorbehalt, siehe ebenda, § 675t, Rn. 4.

gegebenen fehlerhaften Kundenkennung ausgeführt wurde, nur Ansprüche *des Zahlers gegen seinen Zahlungsdienstleister* aus, denn die Passagen der Norm, auf die § 675y Abs. 3 BGB verweist, enthalten nur solche Ansprüche. Die fehlende Nennung der Ansprüche des Zahlungsempfängers gegen seinen Zahlungsdienstleister wegen Verletzung der Pflicht zum Verfügbarmachen des Zahlungsbetrages nach § 675t BGB legt nahe, dass die interne Zuweisung des Überweisungsbetrags nicht zur Ausführung des Zahlungsauftrags im Sinne des § 675r Abs. 1 S. 2 BGB zu zählen ist. § 675y Abs. 3 BGB scheint in dieser Beziehung von der ihm zugrundeliegenden Richtliniennorm Art. 74 Abs. 2 PSD abzuweichen und insofern auch eine andere Konkretisierung des § 675r BGB zu rechtfertigen. Insbesondere drängt sich der Schluss auf, dass § 675r Abs. 1 S. 2 BGB nicht auf den Vorgang des Verfügbarmachens anwendbar ist, da diese Vorschrift auf die „Ausführung eines Zahlungsauftrags" abstellt. In dieser Hinsicht hätte, so legt die Systematik des § 675y BGB nahe, die Ausführung in Übereinstimmung mit der angegebenen Kundenkennung keine haftungsbefreiende Wirkung.

Eine Differenzierung zwischen Ausführung von Zahlungsauftrag und Zahlungsvorgang würde der begrifflichen Systematik des Überweisungsvorgangs schon deswegen Rechnung tragen, weil ein Zahlungsvorgang einen tatsächlichen Geldfluss bezeichnet, ein Überweisungsauftrag hingegen als Weisung im Sinne des 665 BGB zu qualifizieren ist.[1122] Ob eine solche Weisung an die Inkassostelle im praktischen Regelfall der Überweisungsabwicklung über ein Zahlungssystem vorliegt, erscheint tatsächlich höchst zweifelhaft. Die Anwendbarkeit des § 675r Abs. 1 **Satz 1** BGB auf den fraglichen Vorgang ist damit freilich nicht widerlegt, da dieser auf die Ausführung eines Zahlungsvorgangs, nicht eines Zahlungsauftrags, abstellt. Doch ergibt sich die gesetzliche Anordnung der Korrektheit der Ausführung erst aus § 675r Abs. 1 **Satz 2** BGB, so dass die Befugnis zur Zuordnung des Zahlungsbetrages anhand der Kundenkennung bei Nichtanwendbarkeit des zweiten Satzes ihrer rechtlichen Bedeutung weitgehend entleert würde.

Eine Anwendung des § 675r Abs. 1 S. 1 BGB auf die Zuordnung des Überweisungsbetrages an den Empfänger lässt sich auf zusätzliche systematische Argumente stützen: So wird die Entgelterhebung des Zahlungsempfängers durch § 675q Abs. 2 BGB unter der amtlichen Überschrift *„Entgelte bei Zahlungsvorgängen"* geregelt, woraus abgeleitet werden kann, dass auch das Empfängerinstitut Zahlungsvorgänge ausführt. Desgleichen spricht § 675r Abs. 2 BGB vom

---

1122 Vgl. hierzu oben, Teil 1, Kap.3, Abschnitt B.III.2.b, Exkurs „Die Systematik des Überweisungsvorgangs unter dem neuen Zahlungsdiensterechts – Rückkehr zum Auftragsmodell".

Zahlungsempfänger als *„anderem am Zahlungsvorgang beteiligten Zahlungsdienstnutzer"*. Wenn aber der Begünstigte am Zahlungsvorgang beteiligt ist, so muss dies zwangsläufig auch auf seinen Zahlungsdienstleister zutreffen, da dieser ihm in der Transferkette vorgeschaltet ist.

Für eine Subsumtion des fraglichen Vorgangs unter die von § 675r Abs. 1 S. 2 BGB in Bezug genommene Ausführung eines Zahlungs*auftrags* lassen sich derweil a priori keine systematischen Gründe finden.

Jedoch sind, wie schon anlässlich der systematischen Auslegung des Art. 74 Abs. 1 PSD, einige einschränkende Bemerkungen angebracht: Zunächst lässt sich aus dem Umstand, dass § 675y Abs. 3 BGB nur Ansprüche gegen die Zahlstelle ausschließt, nicht ableiten, dass die Berechtigung nach § 675r Abs. 1 S. 1 BGB keine haftungsbefreiende Wirkung hat. Dies deshalb, weil in § 675y BGB keinerlei Ansprüche gegen die Inkassostelle wegen nicht erfolgter Weiterleitung des Zahlungsbetrages an den Empfänger geregelt sind. Die Bedeutung des aus § 675y Abs. 3 BGB hergeleiteten Arguments ist deshalb beschränkt.

Zudem besteht wiederum die Gefahr, dass eine auf das Zusammenspiel verschiedener Normen – §§ 675r und 675y gehören sogar verschiedenen Unterkapiteln an – gegründete Auslegung die Stimmigkeit des zahlungsdiensterechtlichen Normensystems überreizt. Die unterschiedlichen Verwendungen der Begriffe des „Zahlungsauftrags" und „Zahlungsvorgangs" legen eine saubere Trennung zwischen diesen nahe, was zu dem zweifelhaften Ergebnis führen kann, dass das Empfängerinstitut zur Zuordnung eingehender Überweisungsbeträge nach der Kundenkennung gemäß § 675r Abs. 1 S. 1 BGB berechtigt ist, weil es sich dabei um die Ausführung eines „Zahlungsvorgangs" handelt, diese Zuordnung jedoch nicht gemäß § 675r Abs. 1 S. 2 BGB als ordnungsgemäß gilt, sofern damit kein „Zahlungsauftrag" ausgeführt wurde. Einer solchen Zertrennung des § 675r Abs. 1 BGB steht entgegen, dass die beiden Sätze offenkundig eine Regelungseinheit bilden sollen. Dies ergibt sich schon daraus, dass Satz 2 auf die in Satz 1 als „von dem Zahlungsdienstnutzer angegebene Kundenkennung" bezeichnete Kennung Bezug nimmt.[1123]

Eine systematische Betrachtung des Zahlungsdiensterechts ist keineswegs als völlig fruchtlos abzutun; doch ist das Regelungssystem der §§ 675c ff. BGB nicht in allen Zusammenhängen bis auf den Grund durchdacht. Eine erschöp-

---

1123 Zudem soll durch § 675r Abs. 1 BGB Art. 74 Abs. 1 PSD umgesetzt werden, welcher eine entsprechende Trennung nicht vorsieht. Diese Erwägung ist zwar aus Gründen der methodischen Konsequenz nicht im Rahmen der Kontrollauslegung zur Verifizierung des richtlinienkonformen Auslegungsergebnisses zu berücksichtigen, sei aber dennoch erwähnt, um zu verdeutlich, dass eine übertriebene Auswertung der Systematik des Zahlungsdiensterechts in die Irre führen kann.

fende Abstimmung aller neuen Vorschriften untereinander ist angesichts des Umfangs der Materie und der ihrerseits nicht ins Letzte ausgefeilten europäischen Grundlage, die einen Kompromiss zahlreicher einflussberechtigter Interessenträger darstellt[1124], auch kaum zu erwarten. Ohne in eine reine Interessenjurisprudenz zu verfallen, ist daher von einer zu weit getriebenen Begriffsjurisprudenz auf dem Boden des Zahlungsdiensterechts Abstand zu nehmen.[1125]

iii. Historische Auslegung

Die Ausführungen in der Begründung zum Regierungsentwurf ergeben ein eindeutiges Bild des gesetzgeberischen Willens. Namentlich wird zu § 675r Abs. 1 BGB erklärt:

> Haben die an dem Zahlungsvorgang beteiligten Zahlungsdienstleister den Zahlungsvorgang in Übereinstimmung mit der vom Zahlungsdienstnutzer angegebenen Kundenkennung ausgeführt, gilt der Vorgang zumindest im Hinblick auf den durch die Kundenkennung bezeichneten Zahlungsempfänger als ordnungsgemäß ausgeführt; eine Haftung der Zahlungsdienstleister wegen mangelhafter Ausführung ist ausgeschlossen (vgl. § 675y Abs. 3 BGB-E). Nach den Vorgaben der Zahlungsdiensterichtlinie sind die beteiligten Zahlungsdienstleister, d. h. die Zahlungsdienstleister von Zahler und Zahlungsempfänger sowie die zwischengeschalteten Stellen zum Abgleich von Kontonummer bzw. Kundenkennung und Empfängername nicht mehr verpflichtet.[1126]

Die aus dem Gesetzeswortlaut zu entnehmende begriffliche Differenzierung zwischen Satz 1 und 2 taucht hier nicht auf. Vielmehr geht die Gesetzesbegründung selbstverständlich davon aus, dass auch der Zahlungsdienstleister des Zahlungsempfängers in vollem Umfang durch die Vorschrift begünstigt wird.

Bei genauer Lektüre könnten sich hieran wiederum Zweifel ergeben, da die Gesetzesbegründung fortfährt:

1124 Vgl. zu den Prozessen der Normsetzung auf europäischer Ebene Gündisch/Mathijsen, Rechtsetzung und Interessenvertretung in der Europäischen Union. Verfahren, Mitwirkung, Qualität, Legitimation, op.cit.; Selck, Preferences and Procedures – European Union legislative decision-making, op.cit.

1125 Vgl. zu diesen Begriffen Wiethölter, Rudolf, Begriffs- oder Interessenjurisprudenz, Internationales Privatrecht und Rechtsvergleichung im Ausgang des 20. Jahrhunderts : Bewahrung oder Wende? Festschrift für Gerhard Kegel, Frankfurt a.M. 1977, S. 213-263; Heck, Gesetzesauslegung und Interessenjurisprudenz, AcP 112 (1914), S. 1 ff.

1126 Vgl. BT-Drs. 16/11643, S. 110.

> Die Bebuchbarkeit nach der Kundenkennung ist – wie bereits die kurzen Widerrufsfristen – erforderlich, um die verkürzten EWR-weiten Ausführungsfristen zu ermöglichen, die nur durch eine voll automatisierte Bearbeitung ohne jegliche manuelle Intervention gewahrt werden können.[1127]

Da fixe Ausführungsfristen durch § 675s BGB nur bezüglich des Transfers vom Zahlerkonto bis zum Empfängerinstitut auferlegt werden, § 675t Abs. 1 BGB hingegen nur ein „unverzügliches" Verfügbarmachen des Zahlungsbetrages nach Eingang des Zahlungsbetrages bei der Inkassostelle fordert, könnte gefolgert werden, dass eine Einbeziehung der Inkassostelle in den Anwendungsbereich des § 675r Abs. 1 BGB zur Erreichung des derart benannten Regelungszwecks nicht erforderlich ist. Ein solcher Einwand tritt jedoch hinter die explizite gegenteilige Aussage der Gesetzesbegründung zurück. Letztere wird im Übrigen auch durch die Begründung zu § 675y Abs. 3 S. 1 BGB bestätigt, die lautet:

> Absatz 3 stellt klar, dass die beteiligten Zahlungsdienstleister nicht für eine nicht erfolgte oder fehlerhafte Ausführung haften, soweit diese durch eine vom Zahlungsdienstnutzer fehlerhaft angegebene Kundenkennung verursacht wurde. Dies steht im Einklang mit § 675r Abs. 1 Satz 2 BGB-E, wonach der Zahlungsauftrag insoweit als korrekt ausgeführt gilt.

Anders als der Gesetzestext, der nur Ansprüche gegen die Zahlstelle in Bezug nimmt, geht der Gesetzgeber demnach von einer allgemeinen Haftungsbefreiung der Zahlungsdienstleister bei Ausführung anhand der Kundenkennung aus, wobei in diesem Kreis, wie soeben zitiert, ausdrücklich auch das Empfängerinstitut einbezogen ist.

iv. Teleologische Auslegung

Wie im Rahmen der Auslegung des Art. 74 Abs. 1 PSD geht die objektiv-teleologische Auslegung mit der historischen Hand in Hand. Der in der Gesetzesbegründung genannte Zweck der Beschleunigung der Zahlungsabwicklung liegt der Norm auch objektiv zugrunde. Auch die teleologische Auslegung führt mithin zur Anwendbarkeit des § 675r Abs. 1 BGB auf die interne Zuordnung des Überweisungsbetrags durch die Inkassostelle.

1127 Ebenda.

c. Ergebnis: Anwendbarkeit des § 675r Abs. 1 BGB auf den Zahlungsdienstleister des Zahlungsempfängers

Das richtlinienkonforme Auslegungsergebnis ist damit nicht nur mit einer autonomen Auslegung der Umsetzungsnorm vereinbar, sondern wird von dieser bestätigt. § 675r Abs. 1 BGB ist im Ergebnis auch auf die Zuordnung des Überweisungsbetrages zu einem Empfängerkonto zwecks Verfügbarmachens nach § 675t Abs. 1 BGB anwendbar.

2. Anwendbarkeit des § 675r Abs. 1 BGB auf Überweisungen anhand von Kontonummer und Bankleitzahl beschränkt?

a. Problemdarstellung

§ 675r Abs. 1 BGB sieht die Maßgeblichkeit der „Kundenkennung" für die Ausführung von Zahlungsaufträgen vor. Die Eigenschaften der vom Überweisenden angegebenen Nummer, anhand derer der Überweisungsbetrag einem bestimmten Empfänger zugeordnet werden kann, sind daher von zentraler Bedeutung für die praktischen Auswirkungen der Norm.[1128] Für eine Neubewertung der Schwere des Rückerlangungsrisikos bei Fehlbuchungen auf Grundlage des § 675r Abs. 1 BGB ist namentlich relevant, wie hoch die Wahrscheinlichkeit ist, dass der Überweisungsbetrag aufgrund einer fehlerhaft eingetragenen, nicht zum Empfängernamen passenden, Kundenkennung einem Drittkonto zugeordnet wird. Die Risikoverteilung beim Bereicherungsausgleich ist aus Wertungsgesichtspunkten nicht losgelöst von der Risikoschwere zu betrachten. Die Gefahr, dass die von § 675r Abs. 1 BGB legitimierte Ausführung von Zahlungsaufträgen anhand der Kundenkennung letztlich zu einer Fehlleitung des Zahlungsbetrages führt, kann durch die technische Ausgestaltung der Kundenkennung minimiert werden: Bei entsprechender Struktur erlaubt die Kundenkennung eine automatische Vorabkontrolle der Stimmigkeit eines Zahlungsauftrags.[1129] Anhand einer Prüfziffer kann bei Annahme eines Überweisungsauftrags durch die Zahlstelle namentlich errechnet werden, ob ein Konto mit der angegebenen Nummer bei der Empfängerbank existieren kann. Diese automatische Prüfung beschränkt sich zwar auf eine Plausibilitätskontrolle; nicht verifizierbar ist mithin, ob ein Konto mit der jeweiligen Kennung tatsächlich vergeben wurde, noch, ob die

1128 Vgl. hierzu auch Rauhut, ZBB 2009, op.cit., S. 32 (44 f.); Meckel, jurisPR-BKR 1/2010, op.cit., Anm. 1 (unter 12.3.2.)

1129 Vgl. zu diesem Mechanismus Meckel, juris PraxisReport 1/2010, op.cit., Anm. 1., S. 7.

Kennung dem gewünschten Empfänger zugewiesen ist.[1130] Jedoch kann das Risiko, dass sich ein Verschreiben oder Tippfehler beim Eintragen der Kundenkennung in einer Fehlbuchung realisiert durch eine solche Vorabkontrolle wesentlich reduziert werden. Nur in äußerst unwahrscheinlichen Ausnahmefällen, in denen sich eine falsch eingetragene Kennung durch Zufall stimmig mit der Prüfziffer zusammenfügt („qualifiziertes Verschreiben") kann es noch zur Ausführung anhand der Kundenkennung kommen.[1131]

Eine gesetzliche Pflicht zur entsprechenden Ausgestaltung der Kundenkennungen besteht jedoch nicht; insbesondere folgt eine solche nicht aus § 675r Abs. 3 BGB – durch diese Vorschrift wird eine Pflicht der Zahlerbank zur Durchführung einer Vorabkontrolle nur für die Fälle begründet, in denen die konkret angegebene Kennung eine solche erlaubt.

Jedoch sind die von deutschen Zahlungsdienstleistern verwandten Kundenkennungen sämtlich mit einem Prüfziffermechanismus ausgestattet, der eine automatische Vorabprüfung erlaubt.[1132] Ohne die technischen Details zu durchdringen lässt sich allerdings feststellen, dass es kein einheitliches Verfahren für eine solche Stimmigkeitskontrolle, sondern etwa 120 verschiedene gibt, die jeweils von der Empfängerbank vorgegeben werden.[1133] Die Eignung der Verfahren zur Fehlererkennung ist dabei unterschiedlich ausgeprägt.

Die Diskrepanz zwischen den durch verschiedene Prüfmechanismen hergestellten Schutzniveaus führt zu unterschiedlich hohen Risiken der Fehlbuchung aufgrund falscher Kundenkennungen. Daher ist durch Auslegung des Begriffs der Kundenkennung im Folgenden zu prüfen, ob die Anwendbarkeit des § 675r Abs. 1 BGB auf Überweisungen beschränkt werden kann, bei denen die Kundenkennung des Empfängers eine besonders sichere automatische Vorabkontrolle durch die Zahlstelle ermöglicht.[1134] Bevor gegebenenfalls die an die Kundenkennung zu stellenden Anforderungen spezifiziert werden, ist zunächst zu ermit-

1130 Ebenda.

1131 Vgl. zum qualifizierten Verschreiben und möglichen sichereren Ausgestaltungen der Kundenkennungen Rauhut, ZBB 2009, op.cit., S. 32 (35 f.).

1132 Eine allgemeine Pflicht zur Verwendung eines solchen Verfahrens geht aus dem Überweisungsabkommen einstweilen nicht hervor. Nur bei EZÜ-Überweisungen und nur dann, wenn das Empfängerinstitut seinen Prüfmechanismus offenlegt, sieht das Abkommen die Pflicht zur Durchführung der Vorabkontrolle vor, vgl. 2 (2) – (4) Überweisungsabkommen vom 1.1.2002.

1133 Meckel, juris PraxisReport 1/2010, op.cit., Anm. 1, S.8.

1134 Vgl. hierzu etwa Bitter, WM 2010, op.cit., S. 1725 (1729), der eine Unwirksamkeit von AGB nach § 307 BGB annimmt, die Kontonummer und Bankleitzahl als Kundenkennungen vorsehen; zweifelnd auch Palandt/ Putzo, § 675r Rn. 2.

teln, ob die Norm generell einer solchen Beschränkung des Anwendungsbereichs zugänglich ist.

b. Richtlinienkonforme Auslegung: Der Begriff des Kundenidentifikators im Sinne des Art. 74 Abs. 1 PSD

i. Begrenzung auf bestimmte Formate nicht vom Wortlaut gedeckt

Nach der Begriffsbestimmung des Art. 4 Nr. 21 PSD ist unter einem Kundenidentifikator

> eine Kombination aus Buchstaben, Zahlen oder Symbolen, die dem Zahlungsdienstnutzer vom Zahlungsdienstleister mitgeteilt wird und die der Zahlungsdienstnutzer angeben muss, damit der andere am Zahlungsvorgang beteiligte Zahlungsdienstnutzer und/oder dessen Zahlungskonto zweifelsfrei ermittelt werden kann

zu verstehen. Diese Definition wird von der Umsetzungsnorm § 675r Abs. 2 BGB für das deutsche Synonym „Kundenkennung" übernommen.

Aus der Begriffsbestimmung geht nicht hervor, dass die Vorschriften der Richtlinie nur auf Kundenidentifikatoren anwendbar sind, die ein bestimmtes Niveau der Vorabkontrolle ermöglichen. Namentlich ist die zweifelsfreie Identifikation eines Kontos nicht davon abhängig, dass der Kundenidentifikator einer automatischen Stimmigkeitsprüfung unterzogen werden kann.

Eine Auslegung, die ein Eingreifen des Art. 74 Abs. 1 PSD bei Verwendung bestimmter Identifikatoren ausschließt, weil die Vorabkontrolle nicht hinreichend gesichert scheint, ist daher vom klaren Wortlaut der Richtliniennorm nicht gedeckt.

ii. Teleologische Reduktion des Begriffs des Kundenidentifikators?

Da der Begriff des Kundenidentifikators mit den Mitteln der Auslegung im engen Sinne nicht einschränkend zu qualifizieren ist, kommt allenfalls eine teleologische Reduktion in Betracht.[1135] Namentlich wäre eine solche denkbar, wenn nach dem Regelungszweck der fraglichen Norm eine entsprechende Einschränkung des Anwendungsbereichs hätte vorgesehen werden müssen, jedoch planwidrig weggelassen wurde. Wenn Art. 74 Abs. 1 PSD eine solche „Ausnahme-

---

1135 Zum Begriff der teleologischen Reduktion als Ausprägung der Rechtsfortbildung vgl. Fischer, Topoi verdeckter Rechtsfortbildungen im Zivilrecht, Tübingen 2007, S. 49 ff.

lücke“[1136] aufweisen würde, so könnte auch der Begriff der Kundenkennung im Sinne des § 675r Abs. 1 BGB durch eine richtlinienkonforme Rechtsfortbildung eingegrenzt werden.

Da ansonsten keine Anhaltspunkte für eine mögliche Eingrenzung des Begriffs des Kundenidentifikators ersichtlich sind, kommt nur die Beschränkung auf die grenzübergreifend harmonisierte[1137] IBAN in Betracht. Dieses Kontonummernformat ist bei Nutzung des SEPA-Überweisungsverfahren als einziges zulässig.[1138] Gemäß der *„International Standard Organisation (ISO)–Norm 7064“* werden die in die IBAN integrierten Prüfziffern nach der Methode *„Modulo 97-10“* berechnet, die eine effektive automatische Kontrolle der angegebenen Nummer auf etwaige Zahlendreher oder Tippfehler ermöglicht.[1139]

Die für eine teleologische Reduktion erforderliche planwidrige Ausnahmelücke ließe sich gegebenenfalls dann begründen, wenn feststünde, dass der Richtliniengeber bei Ausarbeitung und Erlass der PSD davon ausgegangen ist, dass bei Inkrafttreten der Umsetzungen in den Mitgliedsstaaten sämtliche nationalen Zahlungsverfahren von den SEPA-Instrumenten ersetzt sein würden. Dann nämlich könnte das soeben herausgearbeitete Ergebnis, demzufolge Art. 74 Abs. 1 PSD Automatisierungszielen prioritäre Bedeutung gegenüber dem Verbraucherschutz zumisst, mit dem Einwand angegriffen werden, dass es nur aufgrund der Prämisse ausschließlicher Verwendung sicherer, mit effektiven Vorabkontrollmechanismen versehener Kundenidentifikatoren – wie der IBAN – zustande kam und deshalb auch nur Anwendung finden darf, wenn diese Voraussetzung gegeben ist. Eine wesentliche Risikoumverteilung zulasten des Zahlungsdienstnutzers, wie sie bei der Verwendung möglicherweise weniger geeigneter Nummernformate eintreten könnte, wäre dann nicht in den Regelungshorizont einbezogen worden, so dass aus dem Wortlaut nicht ohne Weiteres auf die im konkreten Fall überwiegenden Regelungsabsichten geschlossen werden könnte.

Die diesem Gedankengang zugrundeliegende Anfangshypothese, der zufolge der europäische Gesetzgeber von einer Anwendung der Vorschriften nur auf SEPA-Zahlungsverfahren ausging, weil er eine rechtzeitige vollständige Verdrängung der hergebrachten nationalen Verfahren erwartete, lässt sich bei genauer Prüfung

---

1136 Vgl. Bydlinski, Methodenlehre und Rechtsbegriff, op.cit., S. 480 f.

1137 Seit dem 1.1.2002 ist die Verwendung der IBAN bei grenzüberschreitenden Überweisungen verbindlich.

1138 Vgl. SEPA-Credit-Transfer-Scheme Rulebook, Version 4.0, S. 41.

1139 Eine Beschreibung der mathematischen Funktionsweise dieser Kontrollmethode findet sich im Internet unter http://www.iban.de/iban-pruefsumme.html

jedoch nicht aufrecht erhalten. Schon der erwähnte Erwägungsgrund (4)[1140] der PSD verdeutlicht, dass die Richtlinie nicht nur auf SEPA-Zahlungsdienste zugeschnitten ist, sondern unabhängig vom Stand der Migration allgemein gelten sollte. Ebenso kommt bereits im Entwurf von 2005 zum Ausdruck, dass die Kommission keineswegs von einem Verschwinden der nationalen Zahlungsverfahren schon vor Inkrafttreten der Umsetzungswerke ausging; so verweist die Begründung auf die Zusage der Zahlungsverkehrsbranche, das SEPA-Programm bis 2010 zu vollenden.[1141] Die begründenden Ausführungen hierzu lauten[1142]:

> Mit dem (...) Kommissionsvorschlag soll eine gemeinsame Rahmenregelung für den Zahlungsverkehrsmarkt in der Gemeinschaft eingeführt werden, die die Voraussetzungen für die Integration und Rationalisierung der nationalen Zahlungsverkehrssysteme schafft. Ergänzt wird dieses Vorhaben durch die SEPA-Initiative des Bankensektors (Single European Payment Area), die auf die Integration der nationalen Zahlungsverkehrssysteme und –produkte in der Euro-Zone abzielt. (...) Eine einheitliche Rahmenregelung würde Anbietern eine Rationalisierung der Zahlungsinfrastruktur sowie der Zahlungsdienste ermöglichen (...)

Die Realisierung des SEPA wurde folglich nicht als Vorbedingung für die Anwendung der PSD-Vorschriften gesehen; vielmehr strebte die Kommission – gerade umgekehrt – an, durch die PSD ein verbindliches Rahmenwerk für die vollständige Etablierung der neuen einheitlichen Zahlungsverfahren zu schaffen.[1143] Diese Maxime haben sich die Legislativorgane der EU zu Eigen gemacht.[1144]

Unter Berücksichtigung dieser Zielsetzung würde es dem subjektiven-Regelungszweck der Richtlinie zuwiderlaufen, bestehende einzelstaatliche Zahlungsverfahren vom Anwendungsbereich auszunehmen. Insbesondere kann nicht unterstellt werden, der Normgeber hätte mögliche negative Implikationen für die Rechtsstellung der Zahlungsdienstnutzer übersehen. Die einstweilige

---

1140 „Auf Gemeinschaftsebene sollte deshalb unbedingt ein moderner und kohärenter rechtlicher Rahmen für Zahlungsdienste — unabhängig davon, ob diese Dienste mit dem aufgrund der Initiative des Finanzsektors zur Einführung eines einheitlichen Euro-Zahlungsverkehrsraums entwickelten System vereinbar sind oder nicht — geschaffen werden (...)“

1141 Die Prognose der vollständigen Realisierung ist angesichts der schleppenden Migrationsfortschritte mittlerweile freilich weiter nach hinten korrigiert worden, vgl. Second Annual Progress Report on the State of SEPA Migration in 2009, op.cit.

1142 Kommissionsentwurf, op.cit., S. 2.

1143 Für die SEPA-Überweisung war die PSD zwar nicht – wie für die SEPA-Lastschrift – condition sine qua non, doch ist auch das SCT-Scheme auf die Richtliniennormen abgestimmt.

1144 Vgl. oben Teil 1, Kap.2, Abschnitt C.II.1.

Möglichkeit der Nutzung alter Kundenkennungen war ihm gewärtig, so dass er mit der Automatisierung einhergehende Nachteile bewusst in Kauf nehmen konnte. Näher liegt die Annahme, dass – im Sinne der Verwirklichung der Rationalisierungsbestrebungen – gerade solche Verfahren, die nach altem Recht verwaltungsintensive, zeitraubende Zwischenschritte wie die Kontoanprüfung umfassten, den automatisierungsfreundlichen Vorschriften der PSD unterworfen werden sollen. Denn die daraus folgenden praktischen Nachteile für die Zahlungsdienstnutzer erscheinen potentiell geeignet, zum erwünschten Umstieg auf die integrierten SEPA-Instrumente zu motivieren.[1145]

iii. Ergebnis: Keine teleologische Reduktion auf die International Bank Account Number

Nach alldem ist eine Herausnahme der Überweisungen unter Nutzung bestimmter Kundenkennungen aus dem Anwendungsbereich des Art. 74 Abs. 1 PSD im Wege einer teleologischen Reduktion abzulehnen. Eine entsprechende richtlinienkonforme Rechtsfortbildung[1146] scheidet mithin aus.

3. Ergebnis der Anwendbarkeitsprüfung

Bei beleghaften, institutsübergreifende Überweisungen, die der Zahler unter Angabe einer fehlerhaften Kundenkennung initiiert hat, ist § 675r Abs. 1 BGB auf die Zuordnung von Überweisungsbeträgen durch das Empfängerinstitut unabhängig davon anzuwenden, ob eine IBAN oder eine andere Kundenkennung genutzt wird.

Da die Anwendbarkeit der Norm auf die fraglichen Sachverhalte damit feststeht, ist im Folgenden zu prüfen, wie sich § 675r Abs. 1 BGB auf deren rechtliche Beurteilung auswirkt.

1145 Vgl. zum Argument, dass die Beeinträchtigung etablierter Verfahren durch das neue Regelungsregime der Umstellung auf die SEPA-Verfahren zugutekommt, bereits (im Kontext der Lastschrift) oben, Teil 2, Kap.2, Abschnitt C.II.4.

1146 Vgl. zum Begriff der richtlinienkonformen Rechtsfortbildung Durner, Verfassungsrechtliche Grenzen richtlinienkonformer Rechtsfortbildung - Referat im Rahmen der Vortragsreihe "Rechtsfragen der Europäischen Integration", op.cit.

III. Begutachtung des einschlägigen Sachverhalts auf Grundlage des § 675r Abs. 1 BGB

Zunächst ist festzustellen, dass die in § 675r Abs. 3 BGB vorgesehene Pflicht des Zahlerinstituts, bei Erkennbarkeit einer Diskrepanz zwischen Empfängername und angegebener Kundenkennung den Zahler zu unterrichten und den Zahlungsbetrag wieder herauszugeben, eine Fehlbuchung anhand der Nummer nicht ausschließt. Denn Erkennbarkeit im Sinne der Norm ist nur dann gegeben, wenn eine automatisierte Vorabprüfung der Kundenkennung die Unstimmigkeit offenbaren kann.[1147] Dies ist jedoch dann nicht der Fall, wenn die vom Empfängerinstitut zugewiesene Kundenkennung eine solche Kontrolle nicht erlaubt oder ein Fall des qualifizierten Verschreibens vorliegt, sich die Prüfziffer mit der übrigen fehlerhaften Kennung also zufällig so zusammenfügt, dass die Inkohärenz nicht mathematisch errechenbar ist.

Wenn in einer solchen Konstellation die Empfängerbank den Zahlungsbetrag dem Inhaber des anhand der fehlerhaften Kennung identifizierten Kontos verfügbar macht[1148], so ergibt sich folgende Rechtslage:

Der namentlich benannte und vom Überweisenden eigentlich anvisierte Empfänger verliert mit Gutschrift auf dem anhand der Kundenkennung identifizierten (Dritt-)Konto seinen Anspruch nach § 675t Abs. 1 S. 1 BGB auf Verfügbarmachen des Überweisungsbetrags. Ein solcher Anspruch entsteht zwar zunächst mit Eingang des Betrags auf dem Konto der Inkassostelle, da der Inhaber des

---

1147 Nur insoweit erlaubt Erwägungsgrund (48), Satz 3 PSD den Mitgliedsstaaten, eine entsprechende Pflicht der Zahlerbank vorzusehen: „(...) Dies sollte dem jedoch nicht entgegenstehen, dass die Mitgliedstaaten vom Zahlungsdienstleister des Zahlers verlangen können, die im Verkehr erforderliche Sorgfalt zu beachten und — soweit technisch und ohne manuelles Eingreifen möglich — zu überprüfen, ob der Kundenidentifikator kohärent ist, und wenn dies nicht der Fall ist, den Zahlungsauftrag zurückzuweisen und den Zahler davon zu unterrichten.“ Vgl. BT-Drs. 16/11643, S. 111.

1148 Wohlgemerkt folgt aus § 675r Abs. 1 BGB keineswegs, dass die Vornahme eines Kontonummer-Namens-Abgleichs ausgeschlossen ist: die gesetzliche Berechtigung zur Ausführung des Zahlungsvorgangs anhand der Kundenkennung bringt nicht automatisch das Recht mit sich, die über die Kundenkennung hinausgehenden Informationen nicht weiterzuleiten. Denn der Zahlungsvorgang ist als tatsächlicher Geldfluss von der Übermittlung der Empfängerdaten zu trennen. Entsprechend sehen das – einstweilen unveränderte – Überweisungsabkommen sowie das SCT-Rulebook die Übermittlung auch des Namens weiter vor. Da die Weiterleitung des vom Überweisenden angegebenen Empfängernamens automatisiert erfolgen kann, steht dies auch im Einklang mit den Regelungszwecken der Richtlinie.

Anspruchs aus § 675t Abs. 1 BGB objektiv anhand der jeweils vorliegenden Informationen zu bestimmen ist und der namentlich benannte Adressat damit aus denselben Gründen „Zahlungsempfänger" ist, wie er nach der alten Rechtslage „Begünstigter" war.[1149] Bei Zuweisung des Betrags anhand der Kundenkennung wird die ordnungsgemäße Ausführung jedoch kraft § 675r Abs. 1 S. 2 BGB fingiert, so dass das Empfängerinstitut seine Pflicht nach § 675t Abs. 1 S. 1 BGB erfüllt hat.

Diese Wirkung der Fiktion des § 675r Abs. 1 S. 2 BGB im Inkassoverhältnis führt dazu, dass durch Verschaffung des Anspruchs auf Verfügbarmachen auch im Valutaverhältnis keine Erfüllung eintreten kann. Dem Gläubiger wird der Anspruch aufgrund der Fiktionswirkung entzogen; damit fehlt es am „Behaltendürfen" des Leistungsgegenstandes, welches Voraussetzung für die Annahme einer Erfüllung ist.[1150] Der Überweisende bleibt also im Valutaverhältnis zur Leistung – ergo zur Verschaffung eines neuen Anspruchs auf Verfügbarmachen – verpflichtet.[1151]

Die bereicherungsrechtliche Rückabwicklung der Fehlallokation des Zahlungsbetrages findet im Verhältnis zwischen Überweisendem und unberechtigt bereichertem Zahlungsdienstnutzer statt.[1152]

1149 Vgl. Meckel, juris PraxisReport 1/2010, op.cit., Anm. 1, S. 11. Aus § 675r Abs. 1 BGB ergibt sich nicht etwa, dass der Inhaber des fehlerhaft ausgewiesenen Kontos einen Anspruch auf Verfügbarmachen des Überweisungsbetrages hat (so aber Rauhut, ZBB 2009, op.cit., S. 32 (42)). Die Vorschrift sieht eine Berechtigung, aber keine Pflicht zur Ausführung nur anhand der Kundenkennung vor. Die Berechtigung zur automatisierten Abwicklung soll den Zahlungsdienstleister begünstigen, aber nicht einem Nichtberechtigten Ansprüche verschaffen bevorteilen. Der Wortlaut des § 675r Abs. 1 BGB zwingt nicht dazu, einen solchen Anspruch anzunehmen, da hierdurch nur bei vorgenommener Zuweisung des Betrages anhand der Kundenkennung die ordnungsgemäße Ausführung fingiert wird.
Es ist indes denkbar, dass ein Empfängerinstitut, das einen Kontonummer-Namens-Abgleich durchführt, obwohl es hierzu nicht verpflichtet ist, aufgrund des dadurch entstehenden zeitlichen Mehraufwands die Pflicht zum unverzüglichen Verfügbarmachen nach § 675t verletzt.

1150 Vgl. etwa BGH NJW 1996, S. 1207.

1151 Anders Palandt/ Sprau, § 675r Rn. 4, der zumindest missverständlich davon ausgeht, dass § 675r Abs. 1 S. 2 BGB nichts über die Erfüllung der Schuld im Valutaverhältnis aussagt.

1152 Eine allgemeine Betrachtung des neuen Zahlungsdiensterechts im Hinblick auf den Bereicherungsausgleich in Anweisungsfällen findet sich bei Belling/Belling, Zahlungsdiensterecht und Bereicherungsausgleich bei nicht autorisierten Zahlungsvorgängen, JZ 2010, S. 708 ff. Eine der Fehlleitung aufgrund falscher Kontonummer verwandte Problematik besteht bei Fehlallokationen aufgrund von Fehlern der Kreditinsti-

Bei konsequenter Berücksichtigung der Abläufe in den einzelnen Rechtsbeziehungen, erscheint es geboten, den Herausgabeanspruch des Überweisenden auf die Nichtleistungskondiktion (§ 812 Abs. 1 S. 1 Var. 2 BGB) zu stützen. Zwar besteht beim „Verfügbarmachen“ eine Leistungsbeziehung zwischen Inkassostelle und Empfänger.[1153] Dennoch ist zwischen Zahler und Empfänger zu kondizieren, weil die Fehlallokation nach dem Verursachungsprinzip dem Überweisenden zuzurechnen ist: Aufgrund der gesetzlichen Berechtigung zur Bearbeitung von Überweisungsaufträgen ausschließlich anhand der Kundenkennung, die auch in den Überweisungsbedingungen wiedergegeben wird[1154], liegt der Grund für die Fehlbuchung nunmehr nicht in einer pflichtwidrigen Zuordnung durch die Inkassostelle, sondern in der fehlerhaften Angabe durch den Überweisenden. Zudem wird der unberechtigte Empfänger auch *auf Kosten* des Überweisenden bereichert, da letzterer aufgrund der Fehlleitung des Giralbetrags keine Befreiung im Verhältnis zum eigentlichen Valutagläubiger erlangt.[1155]

Problematisch erscheint indes, dass der Herausgabeanspruch gegen den unberechtigten Empfänger bei strenger Einhaltung der Abwicklungsbeziehungen nur auf die Rückerstattung an die Inkassostelle gerichtet ist. Denn nur im Verfügbarmachen – also in der Verschaffung eines Anspruchs aus der Gutschrift – besteht die ungerechtfertigte Bereicherung auf Kosten des Überweisenden. Die Rückabwicklung des Transfers von der Zahl- zur Inkassostelle hingegen ist bereicherungsrechtlich kaum zu begründen, da dieser Teil des Überweisungsvorgangs eine Leistung des Überweisenden an den berechtigten Valutagläubiger darstellt, welcher bei Eingang des Betrags bei seiner Bank einen – freilich mit Buchung nach der Kontonummer wieder kraft gesetzlicher Fiktion erlöschenden – Anspruch auf Verfügbarmachen erlangt. Ein solcher Kondiktionsanspruch würde dem Überweisenden jedoch noch nicht zur Rückerlangung des Betrages verhelfen; stattdessen würde dieser wieder dem Konto des Empfängerinstituts gutgeschrieben. Dieses dogmatische Dilemma könnte dadurch gelöst werden, dass entweder bei Rückführung des Überweisungsbetrages an das Empfängerin-

---

tute, vgl. hierzu grundlegend Müller, Der Bereicherungsausgleich bei Fehlleistungen des Kreditinstituts im bargeldlosen Überweisungsverkehr, WM 2010, S. 1293 ff.

1153 Vgl. oben Teil 1, Kap.3, Abschnitt B.II.

1154 Punkt 1.6 (Ausführung des Überweisungsauftrags), Abs. 3, der Sonderbedingungen lautet: „Die Bank und die weiteren an der Ausführung beteiligten Zahlungsdienstleister sind berechtigt, die Überweisung ausschließlich anhand der vom Kunden angegebenen Kundenkennung des Zahlungsempfängers (...) auszuführen.“

1155 Eine Bereicherung auf Kosten der beteiligten Banken scheidet hingegen schon deshalb aus, weil diese durch Erfüllung ihrer vertraglichen bzw. gesetzlichen Pflichten Aufwendungsersatzansprüche erwerben.

stitut von einer Pflicht des letzteren nach Treu und Glauben auszugehen ist, nunmehr dem anhand des Namens identifizierten Adressaten gutzuschreiben (eine Berechtigung, ungeachtet des Wissens um die Nichtberechtigung erneut nach der Kundenkennung zu buchen, ist trotz § 675r Abs. 1 BGB abzulehnen); alternativ könnte der Überweisungsbetrag von der Inkassostelle entlang der Überweisungskette an den Zahler zurückzuführen sein, dies allerdings nicht aufgrund bereicherungsrechtlicher Ansprüche, sondern aufgrund eines Stornorechts.

Angesichts der Konstruktionsschwierigkeiten bei Rückabwicklung nur des Verfübarmachens erschiene es zweckmäßig – wenn auch bereicherungsrechtlich weniger stringent – von einer Leistungsbeziehung zwischen Überweisendem und dem anhand der fehlerhaft angegebenen Kontonummer Identifizierten auszugehen. Eine solche Sichtweise könnte daraus hergeleitet werden, dass das Vorliegen einer Leistung aus dem objektiven Empfängerhorizont des Bereicherten zu bestimmen ist.[1156] Begründbar erscheint, dass sich auch das Verfügbarmachen aus Sicht eines Überweisungsempfängers als Leistung des Überweisenden darstellt.[1157] Zwar liegt in den einschlägigen Konstellationen tatsächlich keine entsprechende Tilgungsbestimmung des Zahlers vor, da sich aus der Namensangabe objektiv ein anderer Empfänger ergibt.[1158] Doch führt § 675r Abs. 1 BGB dazu, dass der durch Angabe einer falschen Kennung entstandene Rechtsschein einer Leistung des Überweisenden nicht mehr dem Empfängerinstitut zurechenbar ist, da es zur Ausführung nach der Kundenkennung berechtigt ist. Aufgrund der alleinigen Maßgeblichkeit der Kundenkennung wird der entsprechende Rechtsschein nunmehr durch die falsche Angabe des Überweisenden zurechenbar gesetzt.[1159]

Indem der Überweisungsvorgang (unter Missachtung des gesetzlich begründeten Erfüllungszwecks des Verfügbarmachens) solcherart auf das Leistungsbeziehungsdreieck zwischen Überweisendem, Zahlstelle und Empfänger reduziert würde, könnte eine dogmatisch einfachere bereicherungsrechtliche Rückabwicklung des gesamten Transfers im Valutaverhältnis ermöglicht werden.

1156 Vgl. Peifer, Gesetzliche Schuldverhältnisse, op.cit., S. 236.

1157 Vgl. Canaris, Bankvertragsrecht, Rn. 486 ff..

1158 An dem Ergebnis einer umfassenden objektiven Auslegung des Überweisungsauftrags ändert sich durch § 675r Abs. 1 BGB nichts; vgl. zur bestimmenden Maßgeblichkeit des angegebenen Empfängernamens für die Deutung des Geschäftswillens des Überweisenden oben Teil 2, Kap.3, Abschnitt B.

1159 vgl. zum Problem der Zurechnung des Rechtsscheins einer Leistung Canaris, Bankvertragsrecht, Rn. 485; sowie FG Baden-Württemberg, WM 1984, S. 962 (963).

Letztere Lösung mag ungeachtet ihrer dogmatischen Mängel vertretbar sein, da das Bereicherungsrecht als Billigkeitsrecht schematischen Lösungen generell nur begrenzt zugänglich ist[1160]; im Ergebnis jedenfalls trägt der Überweisende als Gläubiger des Kondiktionsanspruchs – sei es eine Leistungs- oder eine Nichtleistungskondiktion – das Risiko, dass dieser Anspruch nichts einbringt. Wie es vor Umsetzung der PSD schon bei beleglosen Überweisungen der Fall war[1161], geht der durch die Fehlleitung des Überweisungsbetrages gezeitigte Schaden also letztlich zu seinen Lasten.

Jedoch erweist sich die Position des Überweisenden unter § 675r Abs. 1 BGB in einer Beziehung als nachteiliger, als unter den Sonderbedingungen für beleglose Überweisungen: Zwar war er bei der beleglosen Überweisung aufgrund seiner vertraglichen Zustimmung zu einer Buchung allein nach der Kontonummer dem Empfängerinstitut zum Schadensersatz verpflichtet[1162], wenn dessen Kondiktionsanspruch gegen den ungerechtfertigt Bereicherten nichts einbrachte. Doch oblag die Rückforderung des Betrags zunächst der Inkassostelle, welche den Anspruch praktisch weitaus einfacher realisieren konnte, als der Zahler nun unter dem Regime des neuen Zahlungsdiensterechts.

Der direkte Regress beim Inhaber des versehentlich bezeichneten Kontos steht schon vor dem Hindernis der Identifikation des Anspruchsgegners: Der Überweisende ist über die Person des tatsächlichen Empfängers völlig im Unklaren, wohingegen dessen Bank den Bereicherten anhand der Kontodaten leicht ermitteln konnte.[1163] Nun sieht § 675y Abs. 3 S. 2 BGB zwar vor, dass der Zahler von seinem Zahlungsdienstleister verlangen kann, dass dieser sich *„im Rahmen seiner Möglichkeiten darum bemüht"*, den Zahlungsbetrag wiederzuerlangen. Dieses Instrument droht sich aber aus mehreren Gründen als stumpf zu erweisen: Zum einen greift die Norm nur im Verhältnis zwischen dem Überwei-

1160 BGH in ständiger Rechtsprechung, vgl. z.B. BGH, Urteil vom 01.07.1976 - VII ZR 333/75, NJW 1976, S. 1845; BGH, Entscheidung vom 19.01.1984 - VII ZR 110/83, NJW 1984, S. 1348; BGH, Urteil vom 31.05.1990 - VII ZR 336/89. In diesem Sinne vgl. auch Schlechtriem, Prinzipien und Vielfalt: Zum gegenwärtigen Stand des deutschen Bereicherungsrechts, ZHR 149 (1985), S. 327 (335). Kritisch zur Prägung des Bereicherungsrecht durch Billigkeitsgesichtspunkte Schwab, in: Münchner Kommentar BGB, 5. Aufl. 2009, § 812, Rn. 84, der von einer „stereotyp wiederholten Formel" spricht, und zuletzt Omlor/Spies, „Schematische Lösungen" im Bereicherungsrecht, JR 2011, S. 139 ff., die auf einen inhaltlichen Wandel mit der „Flowtex-Entscheidung" des BGH vom 21.06.2005, XI ZR 152/04, NJW 2005, S. 3213 hinweisen.

1161 Vgl. oben Teil 2, Kap.3, Abschnitt B.

1162 Der Schadensersatzanspruch gründete namentlich auf der Schutzwirkung der Pflicht zur korrekten Angabe der Empfängerdaten, welche sich aufgrund der Verzichtsklausel auch auf die Inkassostelle erstreckte, vgl. oben Teil 2, Kap. 3, Abschnitt B.

1163 Vgl. Rauhut, ZBB 2009, op.cit. S. 32 (43).

senden und seinem Zahlungsdienstleister – die Zahlstelle verfügt jedoch gar nicht über die Daten der Kontoinhaber beim Empfängerinstitut, so dass sie nicht der taugliche Helfer bei der Wiedererlangung ist. Zum anderen belässt es der Gesetzgeber bei einem „höflichen Appell“[1164] an das Kreditinstitut des Überweisenden, sein Bestes zu geben. Die deutsche Umsetzung bleibt damit sogar hinter dem Wortlaut des Art. 74 Abs. 2 S. 2 PSD zurück:

> Der Zahlungsdienstleister des Zahlers bemüht sich jedoch, **soweit ihm dies vernünftigerweise zugemutet werden kann**, den Geldbetrag, der Gegenstand des Zahlungsvorgangs war, wiederzuerlangen.

Die vorsichtigere Formulierung wird im Regierungsentwurf damit begründet, dass für die Begriffe der Zumutbarkeit bzw. Unzumutbarkeit im BGB eine verhältnismäßig hohe Schwelle bestehe (so z.B. im Kontext der §§ 275, 282, 313, 324, 440, 543, 626 BGB), in die sich die von der PSD vorgesehene Zumutbarkeit nicht habe einreihen sollen.[1165] Denn spätestens wenn der unberechtigte Empfänger das Geld erhalten habe, könne vom Zahlungsdienstleister des Zahlers und dem Zahlungsdienstleister des Zahlungsempfängers keine Erstattung des Zahlungsbetrags verlangt werden. Vorbehaltlich einer, möglicherweise auf den Wortlaut der Richtlinie zu stützenden, strengen Auslegung des § 675y Abs. 3 S. 2 BGB in der künftigen Rechtsprechungspraxis, gibt der Verweis auf das „Bemühen“ seines Zahlungsdienstleisters dem Überweisenden kaum ein wirkungsvolles Mittel zur Wiedererlangung des Überweisungsbetrages an die Hand. Ihm verbleibt letztlich die Hoffnung, dass der tatsächliche Empfänger sich aus ehrlicher Eigeninitiative für die Rückabwicklung zur Verfügung stellt.[1166] Dies kommt wiederum in der Regierungsbegründung zum Ausdruck, die aufzeigt, der Zahlungsdienstleister des Zahlers könne sich „um eine Mitteilung an den Zahlungsdienstleister des Zahlungsempfängers bemühen“, woraufhin dieser dann Stornobuchungen *„oder Ähnliches“* durchführen könne, vorausgesetzt, die rechtlichen Voraussetzungen seien dafür gegeben oder *„der Zahlungsempfänger stimmt der Belastung zu“*.[1167] Bei Vorliegen der vertraglichen Voraussetzungen einer Stornierungsmöglichkeit lässt sich die Fehlallokation in der Tat leicht rückgängig machen. Die aktuellen AGB-Banken in der Neufassung vom 31.10.2009 sehen die Erteilung von Bankauskünften in Fällen vor, in denen eine Einwilligung des betroffenen Bankkunden vorliegt, bzw. der Anfragende ein berechtigtes Interesse an der Auskunft hat und keine schutzwürdigen

---

1164 Ebenda, S. 32 (43).

1165 BT-Drs. 16/11643, S. 117.

1166 So Rauhut, ZBB 2009, op.cit., 32 (43).

1167 BT-Drs. 16/11643, S. 117.

Belange entgegenstehen.[1168] Stornobuchungen sind bei Bestehen eines Rückzahlungsanspruchs der Bank bis zum nächsten Rechnungsabschluss möglich; danach können Berichtigungsbuchungen vorgenommen werden, denen der Kunde allerdings widersprechen kann.[1169]

Wie oben festgehalten[1170], liegt der Problematik der Schadenszuweisung und Anspruchsrealisierung jedoch die Prämisse zugrunde, dass die Storno- oder Berichtigungsbuchung ausgeschlossen ist.

Angesichts dieser gesetzlichen Rahmenbedingungen hängt die Realisierbarkeit des Bereicherungsanspruchs maßgeblich von der vertraglichen Ausgestaltung des Interbanken- bzw. Inkassoverhältnisses ab, sofern der unberechtigt Bereicherte sich nicht freiwillig zur Rückerstattung bereitfindet. Namentlich ist entscheidend, ob die Empfängerbank zur Preisgabe der Kontoidentität des ungerechtfertigt Bereicherten befugt wird.

Um dem Informationsinteresse des Überweisenden Rechnung zu tragen, könnte im neuen Überweisungsabkommen vorgesehen werden, dass auf Anfrage über den Zahlungsdienstleister des Zahlers Name und Anschrift des Begünstigten mitzuteilen sind. Datenschutzrechtliche Vorschriften stehen der Preisgabe der Identität des unberechtigten Empfängers wohl nicht entgegen; dies ergibt sich schon aus § 28 Abs. 2 Nr. 2 lit. a BDSG, der die Weitergabe von Daten erlaubt, sofern dies zur Wahrung berechtigter Interessen eines Dritten erforderlich ist und der Betroffene kein berechtigtes Interesse am Ausschluss der Übermittlung hat.[1171] Auch aus dem Bankgeheimnis[1172] dürfte sich nicht anderes ergeben.[1173]

1168 Nr. 2 Abs. 3 AGB-Banken.

1169 Nr. 8 AGB-Banken.

1170 Vgl. oben Teil 2, Kap.3, Abschnitt B.

1171 Eine Schutzwürdigkeit des ungerechtfertigt Bereicherten wird kaum anzunehmen sein; vgl. zu den Voraussetzungen des § 28 Abs. 2 Nr. 2 lit. a BDSG Simitis, in: Simitis (Hrsg.), Bundesdatenschutzgesetz, 6. Aufl., Baden-Baden 2006, § 28 Rn. 208 ff. (die Kommentierung bezieht sich noch auf die Fassung des BDSG vor der Änderung durch das Gesetz zur Änderung datenschutzrechtlicher Vorschriften vom 14.08.2009 (BGBl. I S. 2814) m.W.v. 01.09.2009. Der damalige § 28 Abs. 3 Nr. 1 BDSG a.F. entspricht inhaltlich dem jetzigen § 28 Abs. 2 Nr. 2 lit. a BDSG.

1172 Vgl. zu den Rechtsgrundlagen und Inhalten des Bankgeheimnisses Bruchner/Krepold, in: Bankrechts-Handbuch, Band I, § 39 Rn. 1 ff.; Geurts, Bankgeheimnis und Bankauskunft in der Praxis (herausgegeben von den Spitzenverbänden der Kreditwirtschaft, 6. Aufl., Köln 2000.

1173 Vgl. zu den Einschränkungen des Bankgeheimnisses durch Informationsrechte und Informationspflichten gegenüber Privatpersonen, Einsele, Bank- und Kapitalmarktrecht, Tübingen 2006, S. 11 ff. (Rn. 21 ff.).

Einstweilen sieht das Überweisungsabkommen noch eine Pflicht zum Abgleich von Kundenkennung und Empfängername vor, so dass sich die durch § 675r Abs. 1 BGB geschaffene Risikoumverteilung noch nicht praktisch niederschlägt. Doch besteht diese Pflicht zum einen nur im Interbankenverhältnis; zum anderen ist eine diesbezügliche Änderung der Abkommen für das Jahr 2011 abzusehen.[1174]

Die Spitzenverbände der deutschen Kreditwirtschaft könnten das Risiko für die Zahlungsdienstnutzer lindern, ohne die mit § 675r Abs. 1 BGB einhergehenden Rationalisierungsgewinne zu verlieren, indem sie im neuen Überweisungsabkommen gewisse Standards für die Verwendung prüfziffergesicherter Kundenkennungen vorsehen, die eine effektive Vorabprüfung ermöglichen. Dass die Pflicht zum Kontonummer-Namens-Abgleich trotz des gesetzlichen Freischeins zu ihrer Abschaffung weiterhin Bestand des Überweisungsabkommens bleibt, ist kaum zu erwarten.

Die Umsetzung des Art. 74 Abs. 1 PSD bringt in den behandelten Sachverhalten nach alldem eine Schwächung der Rechtsposition der Zahlungsdienstnutzer mit sich. Die Mehrbelastung könnte in der Praxis durch eine kulante Handhabung der Rückabwicklung seitens der Zahlungsdienstleister marginalisiert werden. Insofern bleibt abzuwarten, ob sich die im Vorfeld der Umsetzung geäußerten Befürchtungen eines unvertretbar erhöhten Verlustrisikos für die Überweisenden[1175] tatsächlich realisieren.

1174 Meckel, juris PraxisReport – Teil 3, op.cit., S. 12.

1175 Beispielsweise prophezeite Derleder, NJW 2009, op.cit., S. 3195 (3197): „Auch die beim eintippen zitternde Oma muss sich jetzt darauf umstellen, dass der Name zu Gunsten der Perfektion des europäischen Zahlungsverkehrs keine Rolle mehr spielt (...) und jeder Tippfehler zu schweren Verlusten führen kann."
Rauhut kritisierte: „Eine Regelung, die den Überweisenden anerkanntermaßen unangemessen benachteiligt, sofern er nicht am beleglosen Verkehr teilnimmt, wird nunmehr Gesetz." (ZBB 2009, 32 (42)).
Pauli merkt an: „Dass diese überlangen Zahlenketten, die unsere bisherigen Kontonummern vollständig ersetzen werden, trotz Prüfziffern noch fehlerträchtiger sein werden, liegt nahe. Dass man parallel nun diese Kontonummern zum Maßstab erhebt, schafft das eigentliche Debakel, das im groben Widerspruch zur bisherigen Rechtsentwicklung steht – mit drastischen Folgen, da wir davon ausgehen müssen, dass viele tausende europäische Bürgerinnen und Bürger in der Folge dieser Fehlentscheidung hilfebedürftig werden dürften, weil schon eine leichte Sehschwäche oder zum Beispiel eine leichte motorische Störung ihnen die Sicherheit nehmen wird, einfache Zahlungsvorgänge unter diesen neuen Vorgaben noch selbst verantwortlich zu erledigen." (NJW 2008, op.cit., S. 2229 (2231)).

Mit Blick auf das überweisungsbezogene Anwendungsbeispiel des aufgrund falsch angegebener Kundenkennung fehlgeleiteten Betrags ist abschließend zu untersuchen, ob die im französischen bzw. britischen Recht vor Umsetzung der PSD etablierten Lösungen der einschlägigen Sacherverhalte eine künftig grenzüberschreitend einheitliche Rechtspraxis indizieren.

D. Vergleich mit dem französischen bzw. britischen Recht

Ein Blick auf die vor Umsetzung der PSD im französischen bzw. britischen Recht bestehende Rechtslage zeigt, dass eine Berechtigung zur automatisierten Ausführung von beleghaften Überweisungen anhand der Kundenkennung – wie in Deutschland – nicht bestand:

I. Die Handhabung der aufgrund falsch angegebener Kontonummer fehlgeleiteten Überweisung im französischen Recht

Die französische oberste Zivilgerichtsbarkeit Cour de Cassation hat bereits 2002 festgestellt, dass der Zahlungsdienstleister des Zahlungsempfängers für den entstehenden Schaden einzustehen hat, wenn er einen eingehenden Betrag nur auf Grundlage der Kontonummer gutschreibt, ohne zu verifizieren, ob der Name des entsprechenden Kontoinhabers mit dem vom Überweisenden angegebenen Empfängernamen übereinstimmt.[1176] Auch war die Zahlstelle im Verhältnis zum Überweisenden verpflichtete, Überweisungsaufträge auf ihre Stimmigkeit hin zu überprüfen und gegebenenfalls vor Ausführung des Transfers zusätzliche Anweisungen einzuholen, um eine zweifelsfreie Identifizierung des Überweisungsempfängers zu erlauben.[1177] Führte sie stattdessen einen in sich widersprüchlichen Überweisungsauftrag aus, ohne Rücksprache mit ihrem Zahlungsdienstnutzer zu halten, so hatte sie das Risiko einer Fehlleitung des Überweisungsbetrages zu tragen.[1178]

1176 Cour de Cass. Ch. Com. 29.01.2002, arrêt n°260 FS-P+B, JCP 2002, IV 1437, Dalloz 2002, act. Jurispr., S. 1336; siehe hierzu Crédot et Gérard, Observations, Revue de droit bancaire et financier, mars-avril 2002, 226 ; Cabrillac, observations, RTD com. 2002, S. 354.

1177 Vgl. Gavalda/Stoufflet, Instruments de paiement et de crédit, op.cit., S. 414

1178 Trib. Com. Paris, 10e ch., 18.12.1992, Dalloz 1994, sommaires commerciales, S. 331.

Mit der Verordnung Nr. 2009-866 vom 15.7.2009 wurde Art. 74 Abs. 1 PSD in den Code Monétaire et Financier überführt. Die Umsetzungsnorm Art. L133-21 enthält sich, anders als der deutsche § 675 r Abs. 1 BGB, Hinzufügungen:

> Un ordre de paiement exécuté conformément à l'identifiant unique fourni par l'utilisateur du service de paiement est réputé dûment exécuté pour ce qui concerne le bénéficiaire désigné par l'identifiant unique.
>
> Si l'identifiant unique fourni par l'utilisateur du service de paiement est inexact, le prestataire de services de paiement n'est pas responsable de la mauvaise exécution de l'opération de paiement.

Im französischen Recht fand also – ebenso wie im deutschen – eine Risikoverlagerung von den Zahlungsdienstleistern zu den Zahlungsdienstnutzern statt.

II. Die Handhabung der aufgrund falsch angegebener Kontonummer fehlgeleiteten Überweisung im britischen Recht

Ein Vergleich mit dem britischen Recht fällt schwerer, da die im vorliegenden Abschnitt behandelten Rechtsfragen noch nicht von britischen Gerichten zu entscheiden waren.[1179] Jedoch existieren Urteile anderer Common-Law-Jurisdiktion, die einer Erstattungsklage (*„action in restitution"*) des Überweisenden gegen eine Empfängerbank, welche ohne Berücksichtigung des angegebenen Namens allein nach der Kontonummer gutschreibt, stattgegeben haben.[1180] Namentlich sei der Verlust des Betrages der Inkassostelle zuzurechnen, da es sich um eine vorhersehbare Folge (*„reasonably foreseeable result"*) der Nichtvornahme eines Abgleichs von Kontonummer und Name handelte.[1181] Der Anspruch des Überweisenden zielte jedoch in *Securities Fund Services Inc. v. American National Bank etc.* – vergleichbar mit der Leistungskondiktion nach § 812 Abs. 1 S. 1 BGB – ausschließlich auf eine Herausgabe des erlangten Betrages, so dass es dem Empfängerinstitut möglicherweise die Einrede der *„change in position"* zur Verfügung gestanden hätte, wenn der fehlerhaft Begünstigte den Betrag bereits von seinem Konto abgehoben hätte, bzw. keine Stornobuchung möglich gewesen wäre.[1182] Da diese Frage im zitierten Fall nicht zu ent-

1179 Vgl. Ellinger/Lomnicka/Hooley, op.cit., S. 510.

1180 Securities Fund Services Inc. v. American National Bank and Trust of Chicago, 542 F Supp. (1982), S. 323 (327).

1181 Ebenda.

1182 Diesem Rechtsinstitut entspricht im deutschen Recht am ehesten die Entreicherungseinrede gemäß § 818 Abs. 3 BGB; vgl. Zu "change in position": Birks, Change in position: the nature of the defence and its relationship to other restitutionary defences, in:

scheiden war, bleibt offen, ob der Überweisende im britischen Recht nicht letztlich das Verlustrisiko zu tragen gehabt hätte. Hinsichtlich einer über die Herausgabe hinausgehenden Deliktshaftung der Inkassostelle gegenüber dem Überweisenden wäre insbesondere zweifelhaft gewesen, ob die Zurechnung anhand der Kriterien der *„foreseeability"* und *„proximity"* möglich gewesen wären.[1183]

Was den Zahlungsdienstleister des Zahlers angeht, so traf ihn, ähnlich wie im französischen Recht, die Pflicht, bei Unstimmigkeit des Überweisungsauftrags den Überweisenden um Klarstellung zu ersuchen. Wenn die Zahlstelle den Transfer auf Grundlage einzelner im Überweisungsauftrag enthaltener Informationen ausführte, obwohl sich aus dem gesamten Auftrag der Empfänger nicht eindeutig bestimmen ließ, so handelte sie pflichtwidrig.[1184]

Durch Umsetzung des Art. 74 Abs. 1 PSD in Regulation 74 PSR wurde die unklare Rechtslage nunmehr im Sinne einer automatisierten Ausführung anhand der Kennung vereinfacht.

McInnes (Hrsg.), Restitution: Developments in Unjust Enrichment, 1996, S. 68: Liew, Mistaken payments – the right of recovery and the defences, 7 Bond Law Review 1995, S. 116.

1183 Vgl. Steele, Tort Law: Text, Cases, and Materials, Oxford 2007, S. 181 ff.

1184 So ein amerikanisches Common-Law-Präjudiz: Manufacturers Hanover Trust Co. v. Chemical Bank, 559 NYS 2d 704 (App. Div. 1990).

E. Fazit zum Anwendungsbeispiel Überweisung

Unter dem Zahlungsdiensterecht ist die Inkassostelle nicht mehr verpflichtet, den richtigen Adressaten eingegangener Überweisungsbeträge durch einen Abgleich des im Überweisungsauftrag angegebenen Empfängernamens mit der angegebenen Kundenkennung zu ermitteln. Aufgrund § 675r Abs. 1 BGB ist die Zuweisung des Betrags allein anhand der Kundenkennung zulässig. Kommt es zu Fehlallokationen aufgrund falsch angegebener Kundenkennung, so trägt daher der Überweisende das Risiko der Uneinbringlichkeit des Kondiktionsanspruchs gegen den unberechtigt bereicherten Inhaber der falschen Kundenkennung.

Zweifel daran, dass sich die Anwendbarkeit des § 675r Abs. 1 BGB auch auf den Vorgang des „Verfügbarmachens" durch die Inkassostelle gemäß § 675t Abs. 1 S. 1 BGB – und damit notwendig auch auf die Zuordnung des betreffenden Betrags an den Empfänger – erstreckt, sind unbegründet: Die Anwendbarkeit auch auf das Inkassoverhältnis folgt schon aus den für die Norm maßgeblichen Regelungszielen der Automatisierung und Beschleunigung des Zahlungsverkehrs. Im Rahmen der teleologischen Auslegung kommt zwar grundsätzlich auch der Verbraucherschutz in Betracht. Doch wird dieser durch die PSD vorwiegend im Wege der Vorabinformation realisiert. Nach getroffener Vertragsentscheidung steht die automatisierte, effiziente Abwicklung der Zahlungstransfers im Vordergrund. Dies umso mehr, als die Automatisierung mit den Belangen des SEPA-Projekts in Interessenidentität steht.

Wie im deutschen Recht stellt die Zuweisung des Ausfallrisikos aufgrund § 675r Abs. 1 BGB auch im französischen und britischen Recht eine Risikoverlagerung zulasten des Zahlungsdienstnutzers dar. Diese kann auch nicht im Wege der richtlinienkonformen Rechtsfortbildung abgeschwächt werden, indem die Anwendbarkeit der Norm auf Zahlungsvorgänge reduziert wird, bei denen der Empfänger anhand bestimmter, besonders sicherer Kundenkennungen identifiziert werden kann. Die für eine solche teleologische Reduktion des Begriffs der Kundenkennung erforderliche planwidrige Ausnahmelücke besteht nicht.

In der für Frühjahr 2011 zu erwartenden Neufassung des Überweisungsabkommens wird dementsprechend wohl keine Pflicht des Empfängerinstituts zum Kontonummer-Namens-Abgleich mehr enthalten sein. Jedoch erscheint es geboten – und datenschutzrechtlich (auch mit Blick auf das Bankgeheimnis) zulässig – im Überweisungsabkommen die Weitergabe von Name und Anschrift des ungerechtfertigt Bereicherten an den Überweisenden vorzusehen, soweit dies erforderlich ist, um ihm die Rückerlangung des Zahlungsbetrages zu gestatten.

Die Auslegung der Begriffe des Zahlungsauftrags und Zahlungsvorgangs haben gezeigt, dass eine systematische Auswertung der Zusammenhänge zwischen verschiedenen Normen und Begriffen des BGB-Zahlungsdiensterechts eine wesentliche Gefahr von Trugschlüssen birgt. Das Begriffssystem der PSD – und infolgedessen auch des BGB-Zahlungsdiensterechts – ist teilweise nicht konsistent. Der Richtliniengeber hat scheinbar nicht alle Rückschlüsse erwogen, die im Zuge einer systematischen Begriffsauslegung gezogen werden könnten. Einige begriffliche Interdependenzen sind daher offenkundig nicht intendiert. A priori erkenntnisträchtige Rückschlüsse drohen daher, am wahren Regelungsgehalt einer bestimmten Norm vorbeizuführen. Als Auslegungsbasis stellt die begriffliche Systematik des Zahlungsdiensterechts infolgedessen sandigen Grund dar. Anstatt die Gefahr einer Überlastung dieses Kriteriums einzugehen, ist eine pragmatische Handhabung der Begriffe im Kontext des konkreten Sachzusammenhangs zu bevorzugen. Ein solcher weniger begriffs- als interessenjurisprudentieller Ansatz scheint auch im Einklang mit der Attitüde des europäischen Normgebers zu stehen und ist infolgedessen besser geeignet, den Vorschriften des Zahlungsdiensterechts richtlinienkonform gerecht zu werden. Angesichts des komplizierten, von Interessenausgleich und Kompromissen geprägten Ausarbeitungsprozesses auf europäischer Ebene[1185] ist ein in sich stimmiges Begriffssystem auch kaum zu realisieren. Die teleologische und historische Auslegung treten daher in den Vordergrund der Auslegung und können über systematische Ungereimtheiten hinweghelfen.

Was den Erfüllungszeitpunkt im Valutaverhältnis sowie den Eintritt des Schuldnerverzugs bei Zahlungen per Überweisung angeht, so ergeben sich aus dem neuen Zahlungsdiensterecht keine fundamental geänderten Vorgaben. Die bekannten Streitpositionen können auch weiterhin mit denselben Argumenten vertreten werden. Ein zusätzliches systematisches Argument für die Annahme der Erfüllung mit Eingang des Zahlungsbetrags auf dem Konto der Empfängerbank lässt sich immerhin aus der Risikoaufteilung nach Verantwortungssphären ablei-

1185 Vgl. zu den vielfältigen Mechanismen der Einflussnahme im Rahmen der Rechtssetzung auf europäischer Ebene Smismans, Law, Legitimacy, and European Governance – Function Participation in Social Regulation, Oxford 2004; Joos, Interessenvertretung deutscher Unternehmen bei den Institutionen der Europäischen Union, München 1997, S. 85 ff. Eine Darstellung der verschiedenen Entscheidungsverfahren der EU unter dem AEUV findet sich bei Wiedmann/Gebauer, Entwicklung des Europäischen Privatrechts – Zuständigkeiten, Organe und Gesetzgebungsverfahren der EU – Vertrag von Lissabon – Zukunftspläne, in: Gebauer/Wiedmann (Hrsg.), Zivilrecht unter europäischen Einfluss – Die richtlinienkonforme Auslegung des BGB und anderer Gesetze – Kommentierung der wichtigsten EU-Verordnungen, 2. Aufl., Stuttgart 2010, S. 3 ff. (25 ff.).

ten, die sich in §§ 675s und 675y BGB manifestiert. Für eine Qualifikation der Geldschuld als modifizierte Bringschuld sprechen Gesichtspunkte der europäischen Rechtseinheitlichkeit. Die Leistungshandlung läge dann erst mit Eingang des Zahlungsbetrages vor, so dass der Verzugseintritt ebenfalls von der Rechtzeitigkeit dieses Ereignisses abhinge. Eine Abkehr vom Verständnis der Geldschuld als qualifizierte Schickschuld wird freilich weder von der PSD, noch vom „01501-Telecom"-Urteil des EuGH imperativ vorgegeben.

Zusammenfassung der Ergebnisse in Thesenform. Anwendungsbeispiel Überweisung

I. Leitlinien zur Auslegung des BGB-Zahlungsdiensterechts

Das Regelungsziel des Verbraucherschutzes wird durch die PSD vorwiegend im Wege der Vorabinformation angestrebt.

Nach getroffener Vertragsentscheidung steht im Rahmen der teleologischen bzw. historischen Auslegung in der Regel die effiziente Abwicklung der Zahlungstransfers im Sinne des Regelungsziels der Automatisierung und Beschleunigung des Zahlungsverkehrs im Vordergrund.

Der Verbraucherschutz liegt auch einigen auf die Ausführung von Zahlungsvorgängen bezogenen Normen des BGB-Zahlungsdiensterechts zugrunde, was sich u.a. daran zeigt, dass diese Normen nur gegenüber Verbrauchern unabdingbar sind.

Das Regelungssystem der PSD ist teilweise nicht konsequent auf seine Konsistenz hin überdacht.

Systematische Auslegungsschlüsse drohen, die Stimmigkeit der Begrifflichkeiten des Zahlungsdiensterechts zu überreizen.

Um Trugschlüsse zu vermeiden, ist eine pragmatische Würdigung der Begriffe im konkreten Sachzusammenhang geboten.

Durch teleologische und historische Auslegung können systematische Ungereimtheiten aufgedeckt und überbrückt werden.

II. Das materielle Recht betreffend

Der Erfüllungszeitpunkt im Valutaverhältnis kann bei Zahlungen per Überweisung auch unter dem neuen Zahlungsdiensterecht mit den bekannten Argumenten unterschiedlich beurteilt werden, wobei die Systematik der §§ 675s und 675y

BGB ein zusätzliches Argument für die Annahme der Erfüllung mit Eingang des Überweisungsbetrags beim Empfängerinstitut begründet.

Der Zeitpunkt des Eintritts des Schuldnerverzugs bei Zahlungen per Überweisung kann weiterhin unterschiedlich beurteilt werden, wobei Erwägungen der europäischen Rechtseinheitlichkeit für eine (Neu-)Qualifikation der Geldschuld als Bringschuld sprechen.

Aufgrund § 675r Abs. 1 BGB besteht eine Pflicht der Inkassostelle zum Kontonummer-Namensabgleich nicht mehr, was sich wohl auch im neuen Überweisungsabkommen widerspiegeln wird.

Der Überweisende trägt nun auch bei beleghaften Überweisungen das Ausfallrisiko bei Fehlallokationen des Überweisungsbetrags aufgrund einer falsch angegebenen Kundenkennung.

Die Neuzuweisung des Ausfallrisikos stellt sowohl im deutschen, als auch im französischen und britischen Recht eine Risikoverlagerung zulasten des Zahlungsdienstnutzers dar.

Das Verfügbarmachen des Überweisungsbetrags durch das Empfängerinstitut gemäß § 675t Abs. 1 BGB ist als Zahlungsvorgang im Sinne des § 675r Abs. 1 BGB zu qualifizieren.

Der Begriff der Kundenkennung kann nicht in richtlinienkonformer Rechtsfortbildung teleologisch auf Kundenkennungen reduziert werden, die besonders sichere Vorabprüfungsmechanismen aufweisen.

Gesamtfazit und Ergebnisse der Arbeit

Entsprechend dem in der Einleitung formulierten Ziel der Dissertation, generelle Leitlinien zur Auslegung des BGB-Zahlungsdiensterechts zu entwickeln, werden sich die abschließenden Ausführungen weitgehend auf die diesbezüglich gewonnenen Erkenntnisse beschränken. Hinsichtlich der behandelten materiellen Rechtsfragen werden die jeweiligen Ergebnisse eingangs knapp resümiert.[1186]

A. Zusammenfassung der materiellrechtlichen Erkenntnisse

Die horizontale Regelungsstruktur sowie der Vollharmonisierungsansatz sind die zentralen regelungstechnischen Motive der PSD.[1187] Mit der horizontalen, also auf alle Zahlungsdienste gleichermaßen zugeschnittenen Regelungssystematik geht ein hoher Grad an begrifflicher Abstraktheit einher. Da die für einzelne Zahlungsinstrumente geltenden rechtlichen Bedingungen bis dato separat – und weitestgehend außerhalb des Gesetzestexts – gewachsen sind, bedeutet dieser umfassende Regelungsrahmen für den Rechtsanwender einen Paradigmenwechsel. Der damit verbundene Umstellungsbedarf hat nicht selten Anlass zu Kritik gegeben.[1188]

Hinsichtlich der rechtlichen Handhabung der missbräuchlichen Verwendung von Zahlungskarten bleibt nach Auswertung des neuen Zahlungsdiensterechts festzuhalten, dass die in der deutschen Rechtsprechung bislang etablierte Anscheinsbeweisrechtsprechung unter § 675w S. 3 BGB nicht weitergeführt werden kann; das hierdurch begründete Regel-Ausnahme-Verhältnis der Schadens-

1186 Für die Details der Herleitung und Begründung der gefundenen materiellen Ergebnisse wird auf die jeweils einschlägigen Abschnitte der Arbeit verwiesen.

1187 Vgl. zur horizontalen Regelungsstruktur der PSD Grundmann, WM 2009, op.cit. S. 1109 ff. sowie zur „neutralité technique“ aus französischer Perspektive Vanden Bosch/Mathey, Revue du Droit bancaire et financier, juillet 2007, op.cit., dossier 19. (Rn. 19 ff.) Sowie oben Teil 1, Kap.3, Abschnitt A.II.1.

1188 Vgl. z.B. Vanden Bosch/Mathey, op.cit. (Rn. 20 ff.); Mathey, Revue du Droit bancaire et financier, janvier 2010, op.cit., étude 1 (Rn. 9) ; Grundmann, WM 2009, op.cit., S. 1109 (1111 f.).

tragung ist nach den Vorgaben der PSD zugunsten des Karteninhabers umzukehren.[1189]

Eine richtlinienkonforme Auslegung des § 675w S. 3 BGB muss insbesondere den Maximen des Verbraucherschutzes, der intensiveren Nutzung elektronischer Zahlungsinstrumente und der Verwirklichung des SEPA-Projektes Rechnung tragen. Bezogen auf die Frage, ob die Anscheinsbeweisrechtsprechung mit dem neuen Zahlungsdiensterecht vereinbar ist, stehen diese Regelungsziele in symbiotischem Einklang: Sie gebieten übereinstimmend eine beweisrechtliche Handhabung der Missbrauchsfälle, durch die das nach der deutschen Rechtsprechung bestehende Regel-Ausnahmeverhältnis der Schadenstragung zugunsten des Zahlungsdienstnutzers verlagert wird.

Dieser Lösung steht – ungeachtet vielfacher dahingehender Behauptungen im Schrifttum[1190] – der Wille des Richtliniengebers nicht entgegen. Der prima facie für einen Anscheinsbeweis sprechende Wortlaut des § 675w S. 3 BGB ist aufgrund seiner Offenheit der hier vertretenen Lesart zugänglich. Die vom Richtliniengeber gewählte unklare Formulierung des zugrundeliegenden Art. 59 Abs. 2 PSD ist Ergebnis der Auseinandersetzung widerstreitender Interessensgruppen im Rahmen des europäischen Rechtssetzungsprozesses und stellt letztlich ein Zugeständnis an die Vertreter insbesondere der deutschen Kreditwirtschaft dar. Jedoch treten gerade in Anbetracht der Offenheit des Wortlauts die hinter der Norm stehenden Zielbestimmungen im Zuge der Auslegung besonders hervor. Die teleologische Auslegung gebietet die Umkehr der Haftungszuweisung im geschilderten Sinne, da dieses Ergebnis den Zielen der Realisierung des SEPA-Projektes, der verstärkten Nutzung elektronischer Zahlungsverfahren anstelle der Barzahlung sowie dem Verbraucherschutz gleichermaßen entspricht. Die Möglichkeit hierzu wird die deutsche Rechtsprechung künftig auf Grundlage des § 286 ZPO wahrnehmen müssen, um ihrer Pflicht zur richtlinienkonformen Auslegung[1191] zu genügen. Hierdurch wird auch eine Annäherung an die französische und britische Rechtsprechung erreicht, die in den einschlägigen Konstellationen nicht von einem Prima-Facie-Beweis ausgehen.[1192]

Auch die Lastschrift wurde durch das neue Zahlungsdiensterech erstmals einer gesetzlichen Regelung zugeführt. Insofern besteht Klärungsbedarf v.a. bezüglich der Zukunft des Einzugsermächtigungsverfahrens. Dieses Verfahren stellt eine

1189 Vgl. oben Teil 1, Kap.1, Abschnitt C.II.1.f.

1190 Vgl. z.B. Meckel, jurisPR-BKR 2/2010, op.cit., Anm. 1 (unter 20.2.3.), Grundmann, WM 2009, op.cit., S. 1157 (1163).

1191 Vgl. hierzu Roth, in: Europäische Methodenlehre, op.cit., S. 393 ff. sowie oben Teil 1, Kap.1, Abschnitt B.I.

1192 Vgl. oben Teil 2, Kap.1, Abschnitt D.

Partikularität des überkommenen deutschen Zahlungsdiensterechts und damit einen Fremdkörper im europäischen Vereinheitlichungsprojekt dar.

Dies wird z.B. daran deutlich, dass der eigentlich gerade auf Lastschriften zugeschnittene Erstattungsanspruch gemäß § 675x Abs. 1 S. 1 BGB nicht auf das Einzugsermächtigungsverfahren in seiner derzeit geltenden Ausgestaltung anwendbar ist[1193], was sich daraus ergibt, dass weder eine Ermächtigung des Zahlungsempfängers, noch eine nachträgliche Genehmigung unter den Begriff der Autorisierung im Sinne der Norm subsumiert werden können. Eine Vorab-Autorisierungswirkung ist der Einzugsermächtigung derweil nicht zuzumessen, solange die geltenden Sonderbedingungen zu Lastschriftzahlungen vorsehen, dass der Zahler die Wirksamkeit der Belastungsbuchung erst nachträglich durch seine Genehmigung herbeiführt.

Jedoch scheint eine grundsätzliche Neufassung des Verfahrens im Sinne einer Angleichung an das SEPA-Basislastschriftverfahren in Anbetracht der Rechtsprechungsänderung des BGH imminent zu sein.[1194] Diese auf das neue BGB-Zahlungsdiensterecht gestützte Kehrtwende des BGH ist in verschiedener Hinsicht kritikwürdig: Zum einen ist die bezweckte Insolvenzfestigkeit einer entsprechend umgestalteten Lastschrift nicht sicher. Zum anderen wäre die vom BGH beworbene Erweiterung der Rechtswirkungen der Einzugsermächtigung mittels AGB-Änderung wohl als Fiktion einer Willenserklärung im Sinne des § 308 Nr. 5 BGB unwirksam.

Schließlich ergeben sich auch für das Überweisungsrecht mit Umsetzung der PSD bedeutende Neuerungen. Besonders hervorstechend ist hier die Rückkehr zum auftragsrechtlichen Weisungsmodell. Die mit Einführung des „Überweisungsvertrages" einhergegangene dogmatische Verwirrung ist damit überwunden.[1195]

Hinsichtlich Erfüllungszeitpunkt und Verzugseintritt bei Leistung mittels Überweisung ergeben sich aus dem neuen BGB-Zahlungsdiensterechts hingegen keine grundlegend veränderten Parameter.[1196] Die bekannten Standpunkte werden weiterhin mit denselben Argumenten vertretbar sein. Aus Gründen der

1193 Vgl. hierzu oben Teil 2, Kap.2, Abschnitt C.V.

1194 Vgl. zu den „Lastschrift-Friedensschluss-Entscheidungen" des BGH vom 20.7.2010 Vosberg, EWiR 2010, op.cit., S. 537; Bitter, WM 2010, op.cit., S. 1725; Kuder, ZInsO 2010, op.cit., S. 1665, sowie oben Teil 2, Kap.2, Abschnitt D.

1195 Vgl. hierzu Grundmann, WM 2009, op.cit., S. 1109 (1113) sowie oben, Teil 1, Kap. 3, Abschnitt B.III.2.b., Exkurs „Die Systematik des Überweisungsvorgangs unter dem neuen Zahlungsdiensterechts – Rückkehr zum Auftragsmodell".

1196 Vgl. hierzu oben Teil 2, Kap. 3, Abschnitt A zu Erfüllungszeitpunkt und Verzug bei der Überweisung unter dem neuen Zahlungsdiensterecht.

Rechtseinheitlichkeit im europäischen Vergleich ist indes eine Qualifikation der Geldschuld als modifizierte Bringschuld zu bejahen.

Bei Fehlleitung eines Überweisungsbetrages infolge falsch angegebener Kundenkennung trägt der Überweisende nunmehr das Einbringlichkeitsrisiko des Anspruchs gegen den ungerechtfertigt Bereicherten.[1197] Eine Pflicht zum Kontonummer-Namens-Abgleich trifft die Inkassostelle aufgrund § 675r Abs. 1 BGB nicht mehr, was sich wohl auch im neuen Interbankenabkommen niederschlagen wird. Um sicherzustellen, dass der Überweisende seinen Bereicherungsanspruch gegen den Inhaber der fehlerhaft angegebenen Kontonummer verfolgen kann, wird im neuen Interbankenabkommen die Möglichkeit vorzusehen sein, Name und Anschrift des Betroffenen vom Empfängerinstitut zu erfragen. Datenschutzrechtliche Gründe stehen einem solchen Auskunftsanspruch des Überweisenden auch mit Blick auf das Bankgeheimnis nicht entgegen.

B. **Leitlinien zur richtlinienkonformen Auslegung**

Generell sind bei Auslegung des BGB-Zahlungsdiensterechts folgende Maßgaben zu beachten:

Das Gebot der richtlinienkonformen Auslegung ist als interpretatorische Vorrangregel aufzufassen.[1198] Für den Prüfungsaufbau bedeutet dies, dass eine problematische Norm stets zunächst daraufhin zu untersuchen ist, welche Vorgaben der zugrundeliegenden Richtliniennorm zu entnehmen sind. Grundsätzlich ist die nationale Umsetzungsnorm diesen Vorgaben entsprechend auszulegen. Dies gilt nur dann nicht, wenn durch eine solche Auslegung der betreffenden Norm die Grenzen des unzulässigen Contra-Legem-Judizierens verletzt würden. Eine derogative Wirkung kommt europäischen Richtlinien nicht zu, so dass der einzelstaatliche Rechtsanwender ihnen nur zur Wirkung verhelfen kann, wenn er damit nicht den Rahmen des ihm zu Gebote stehenden Auslegungs- und Rechtsfortbildungsspielraums sprengt. Um letzteres zu kontrollieren, ist zu ermitteln, ob das richtlinienkonforme Auslegungsergebnis (auch ohne vorrangige Berücksichtigung der Richtlinie) aufgrund der in der nationalen Auslegungsmethodik etablierten Kriterien erreicht werden kann. Eine Abwägung zwischen möglicherweise entgegengesetzten Kriterien ist nicht erforderlich: sofern der

---

1197 Vgl. hierzu Scheibengruber/Breidenstein, WM 2009, op.cit., S. 1393 (1399), sowie oben Teil 2, Kap. 3, Abschnitt C.III.

1198 Zum Begriff der interpretatorischen Vorrangregel, vgl. Canaris, in: Festschrift Bydlinski, op.cit., S. 47 (68 ff.); Roth, in: Europäische Methodenlehre, op.cit., S. 393 ff. (413 f.).

richtlinienkonformen Auslegung auf dem Boden des richterlichen Anwendungsspielraums gefolgt werden kann, kommt ihr wegen der Pflicht zur richtlinienkonformen Auslegung automatisch Vorrang zu.[1199]

Die Überprüfung der Einhaltung der Contra-Legem-Grenze ist deshalb methodisch komplex, weil sie eine erhebliche Zirkelschlussgefahr birgt: der objektive Normzweck sowie der Regelungswille des Gesetzgebers sind bei Richtlinien-Umsetzungsakten generell von dem Ziel geprägt, der Pflicht zur getreuen Umsetzung der Richtlinie zu genügen. Dieser Zweck kann aber im Rahmen der Kontrollprüfung nicht als maßgeblicher zugrundegelegt werden, da das richtlinienkonforme Auslegungsergebnis sonst nur auf die Vereinbarkeit mit sich selbst hin kontrolliert würde. Die Richtlinienumsetzung ist daher allenfalls als ein Regelungszweck unter anderen zu berücksichtigen. Diese notwendige Methodenstringenz findet jedoch dort ihre Grenze, wo sie in eine reine Fiktion umschlägt: wenn namentlich keinerlei anderweitige Willensbetätigung des Gesetzgebers ersichtlich ist, kann davon ausgegangen werden, dass eine richtlinienkonforme Auslegung zumindest nicht im Widerspruch zum Normzweck steht.[1200]

Im Rahmen der teleologischen Auslegung sind als maßgebliche Richtlinienziele insbesondere zu beachten: die Automatisierung und Beschleunigung des Zahlungsverkehrs, der Verbraucherschutz sowie die Realisierung des einheitlichen europäischen Zahlungsraumes SEPA.

Das Verhältnis der PSD zum SEPA-Projekt ist vorab folgendermaßen zu beschreiben: Funktional stellt sich die PSD als Teil des SEPA-Projekts dar, da sie zu dessen weiterer Realisierung erforderlich ist und von der EU-Kommission in diesem Bewusstsein initiiert wurde.[1201] Dennoch ist dieser Aspekt bei Auslegung der PSD nicht als schlechthin bestimmender Regelungszweck anzusehen. Die PSD geht nicht völlig im SEPA-Projekt auf, sondern ist aufgrund ihrer hoheitlichen Rechtsnatur und ihres abweichenden Anwendungsbereiches grundsätzlich von diesem zu trennen. Als rechtspolitischer und wirtschaftlicher Hintergrund der PSD kann das SEPA-Projekt zwar im Rahmen der teleologischen Auslegung berücksichtigt werden; wenn jedoch spezielle Normzwecke einer SEPA-konformen Auslegung entgegenstehen, so hat letztere keinen Vorrang.

1199 Vgl. hierzu Kapitel 1.

1200 Vgl. zur Gefahr dieses methodischen Dilemmas Canaris, in: Festschrift Bydlinski, op.cit., S. 47 (96 ff.) sowie oben Teil 2, Kap. 1, Abschnitt C.II.2.

1201 Zu den Zielen und Wirkungsweisen des SEPA-Projekts, vgl. van Empel, EUREDIA 1/2006, op.cit., S. 52 ff., Manger-Nestler, EuZW 2008, S. 332 ff., Chiachiarella, SEPA: Nachbesserung tut not, VW 2008, S. 663, sowie oben Teil 1, Kap.2., Abschnitt B.

Dessen unbeschadet stellt die Realisierung des SEPA-Projekts einen zentralen Bestandteil der politischen Agenda der EU-Kommission dar. Diese wacht als Hüterin der Verträge über die pflichtgemäße Umsetzung der Richtlinien durch die Mitgliedsstaaten und wird als Kontrollmaßstab dabei diejenige Auslegung der PSD zugrundelegen, die ihren Interessen entspricht. Die methodische Stringenz dieses Vorgehens ist zweifelhaft, was die Kommission jedoch kaum von einer Durchsetzung ihres politischen Willens über das Medium der PSD abhalten wird. Eine SEPA-konforme Auslegung der nationalen Umsetzungsnormen mag daher zur Vermeidung eines Vertragsverletzungsverfahrens erforderlich sein.[1202]

Der Anpassungsdruck an die SEPA-Verfahren hat in der Rechtsprechungsänderung des BGH durch die Urteile vom 20.7.2010 Ausdruck gefunden, in denen sich das Gericht in vorauseilendem Gehorsam für eine SEPA-konforme Ausgestaltung des Einzugsermächtigungsverfahrens verwendet.[1203]

Das Regelungsziel des Verbraucherschutzes wird durch die PSD vorrangig im Wege der Vorabinformation realisiert.[1204] Daneben liegt es auch einigen Normen zugrunde, die sich auf die Ausführung von Zahlungsvorgängen bzw. die Haftung beziehen. Im Grundsatz soll der Verbraucher jedoch im Vorfeld der Vertragsentscheidungen zur risikobewussten Entscheidung befähigt werden, so dass die Zahlungsabwicklung an den Maximen der Automatisierung und Beschleunigung des Zahlungsverkehrs ausgerichtet werden kann. Teilweise korreliert der Verbraucherschutz mit dem Ziel der intensiveren Nutzung elektronischer Zahlungsinstrumente bzw. jenem der Realisierung des SEPA-Projekts, so dass eine teleologische Auslegung beiden Aspekten zur Geltung verhelfen kann. Dies ist namentlich dann der Fall, wenn die Stützung des Verbrauchervertrauens sich als Voraussetzung der Erreichung der anderen Regelungsziele darstellt – so ist ein größeres Vertrauen der Zahlungsdienstnutzer in die Überschaubarkeit des Haftungsrisikos im Falle der missbräuchlichen Verwendung von Zahlungskarten grundsätzlich geeignet, zur verstärkten Nutzung dieses Instruments zu beizutragen.[1205]

Das Ziel der effektiveren, automatisierten Ausgestaltung des Zahlungsverkehrs war schon ein bestimmender Regelungszweck der Überweisungsrichtlinie

1202 Vgl. zur Rolle des SEPA-Projekts bei Auslegung des BGB-Zahlungsdiensterechts, oben Teil 1, Kap.2., Abschnitt C sowie Teil 2, Kap.2, Abschnitt D.III.

1203 Vgl. hierzu oben Teil 2, Kap.2, Abschnitt D.

1204 Vgl. hierzu Scheibengruber/Breidenstein, WM 2009, op.cit., S. 1393 (1397).

1205 Vgl. hierzu Franck/Massari, WM 2009, op.cit., S. 1117 (1123 f.) sowie oben Teil 2, Kap.1, Abschnitt C.II.1.c. und d.

und stellt nunmehr das dominante Motiv des BGB-Zahlungsdiensterechts dar, welches das Ergebnis der teleologischen Auslegung oftmals bestimmt.[1206]

Im Zuge der grammatischen Auslegung zahlungsdiensterechtlicher Normen ist zu beachten, dass die Begrifflichkeit der PSD nicht durchweg konsistent ist. Einige Begriffe werden in verschiedenen Zusammenhängen in uneinheitlicher Weise gebraucht. Auch sind die ins BGB eingeführten Begriffe nicht an die bestehende Begrifflichkeit des deutschen Zivilrechts angepasst worden. Bekannte Begriffe sind daher nicht nach Maßgabe der im nationalen Recht etablierten Bedeutung, sondern autonom richtlinienkonform auszulegen.

Treten begriffliche Unstimmigkeiten auf, so sind diese durch eine fallbezogene Auslegung zu überbrücken. Stets ist eine Überprüfung der Wortlautauslegung anhand des Regelungszwecks geboten.[1207]

Vergleichbare Unstimmigkeiten werden im Rahmen der systematischen Auslegung der PSD bzw. des BGB-Zahlungsdiensterechts gewärtig: scheinbare Rückschlüsse stellen sich bei genauerer Betrachtung als nicht tragfähig dar, da die a priori bestehenden Zusammenhänge vom Richtliniengeber nicht bemerkt oder beachtet wurden. Die systematische Durchdringung des Normensystems war aufgrund der schwierigen Kompromissbildung auf europäischer Ebene offenkundig nicht möglich – und zudem wohl nicht prioritär angestrebt. Eine systematische Auslegung droht daher, am Normzweck vorbeizugehen, sofern sie sich auf eine Konsistenz des Normensystems verlässt, welche objektiv nicht gegeben ist.[1208]

Um Trugschlüsse zu vermeiden, ist eine pragmatische Würdigung der Begriffe und Regelungsinhalte der zahlungsdiensterechtlichen Normen geboten. Für eine Begriffsjurisprudenz, wie sie auf dem Boden des deutschen Zivilrechts grundsätzlich mit Erkenntnisgewinn betrieben werden kann, ist auf diesem Gebiet keine ausreichende Basis vorhanden. Eher entspricht eine Interessenjurisprudenz dem Charakter des Regelwerks, da eine Normgebung auf EU-Ebene sich vorwiegend als Verständigung auf die Ziele eines Rechtsakts darstellt und weniger als methodisch durchdachte Entwicklung eines aus sich selbst heraus tragenden Normensystems.[1209]

1206 Vgl. hierzu z.B. Derleder, NJW 2009, op.cit. S. 3195 sowie oben Teil 2, Kap.3, Abschnitt C.II.1.

1207 Vgl. hierzu Riesenhuber, in: Europäische Methodenlehre, op.cit., S. 315 ff. (324 f.) sowie oben Teil 1, Kap.1, Abschnitt C.I.1.

1208 Vgl. zu den systematischen Defiziten der PSD oben, Teil 2, Kap.3, Abschnitt C.II.1.a.ii.

1209 Vgl. zur Dominanz der teleologischen Auslegung bei Anwendung europarechtlich harmonisierter Vorschriften aufgrund des Gebots der „praktischen Wirksamkeit“ (effet utile), Riesenhuber, in: Europäische Methodenlehre, op.cit., S. 315 ff. (336 ff.).

Durch teleologische und historische Auslegung können systematische Ungereimtheiten aufgedeckt und einem sachgerechten Normverständnis zur Geltung verholfen werden, wobei die soeben hinsichtlich der Regelungszwecke ausgeführten Aspekte zu beachten sind.[1210]

1210 Vgl. hierzu oben Teil 1, Kap.3, Abschnitt C.II.1.a.

Zusammenfassung der Gesamtergebnisse in Thesenform

I. Leitlinien zur Auslegung des BGB-Zahlungsdiensterechts

1. Grundsätzliche methodische Herangehensweise

Bei Auslegung der §§ 675c ff. BGB ist das Gebot richtlinienkonformer Auslegung zu beachten, welches als interpretatorische Vorrangregel aufzufassen ist.

Die Pflicht zur richtlinienkonformen Auslegung greift im Regelungsbereich der Richtlinie aufgrund der Vollharmonisierung grundsätzlich flächendeckend ein.

Bei der Anwendung des BGB-Zahlungsdiensterechts ist insbesondere Kapitel 4 PSD zu berücksichtigen, da der Untertitel „Zahlungsdienste" vorrangig der Umsetzung dieses Teils der Richtlinie dient.

Zunächst sind im Falle von Auslegungsproblemen im Bereich des deutschen Zahlungsdiensterechts die jeweils zugrundeliegenden PSD-Normen ihrerseits auszulegen.

Das durch Auslegung der Richtlinie gefundene Ergebnis ist auf das nationale Recht zu übertragen, soweit dies kein „Contra-legem-Judizieren" mit sich bringt.

Die Grenze zum unzulässigen „Contra-Legem-Judizieren" ist erreicht, wenn selbst bei voller Ausschöpfung des richterlichen Auslegungs- und Beurteilungsspielraums kein Ergebnis zu rechtfertigen ist, welches mit der Richtlinie in Einklang steht.

Die Einhaltung der „Contra-Legem-Grenze" ist anhand der in der deutschen Auslegungsmethodik etablierten Kriterien zu überprüfen.

Die Contra-Legem-Kontrolle birgt eine erhebliche Zirkelschlussgefahr, da ein zentraler Zweck jeder Umsetzungsnorm die Einhaltung der Richtlinienvorgaben ist; die teleologische und historische Auslegung dürfen, damit Kontrollmaßstab und Kontrollgegenstand nicht identisch sind, diesen Regelungszweck zumindest nicht in den Mittelpunkt stellen.

Die Methodentreue muss jedoch dort ihre Grenze finden, wo sie in eine bloße Fiktion umschlägt: wenn keine abweichende Willensbetätigung des Gesetzgebers oder sonstige entgegenstehende Anhaltspunkte ersichtlich sind, ist davon auszugehen, dass der Regelungszweck einer Einhaltung der Richtlinienvorgaben zumindest nicht widerspricht.

Ergänzend sind Vergleiche mit den einschlägigen Lösungen europäischer Nachbarrechtsordnungen zu ziehen, um die Wahrung der vom Richtliniengeber angestrebten Rechtseinheitlichkeit zu überprüfen.

2. Zur grammatischen Auslegung

Bei der Auslegung der PSD sind die Gleichrangigkeit der verschiedenen Sprachfassungen und die hieraus möglicherweise resultierende Bedeutungsambivalenz zu berücksichtigen.

Die PSD gibt eine neue, eigenständige Begrifflichkeit vor, die aufgrund des horizontalen Regelungsansatzes abstrakt gestaltet ist.

Begriffsbestimmungen für das neue Zahlungsdiensterecht finden sich einerseits in § 1 ZAG und sind andererseits unmittelbar in die §§ 675c ff. BGB integriert.

Die Begriffe des Zahlungsdiensterechts sind durch richtlinienkonforme Auslegung autonom inhaltlich zu bestimmen; ein Rückgriff auf etablierte Konzepte des nationalen Rechts ist nicht statthaft.

Der grammatischen Auslegung des Zahlungsdiensterechts kommt aufgrund der partiellen Inkonsistenz des Wortlauts und des Mangels an sprachlicher Präzision eine weniger bindende Autorität zu, als es die überkomme Auslegungsmethodik für die Auslegung originär einzelstaatlichen Rechts sonst vorsieht.

Stets ist die grammatische Auslegung anhand des Regelungszwecks auf ihre Plausibilität zu überprüfen.

3. Zur systematischen Auslegung

Das Begriffssystem der PSD ist teilweise nicht konsequent auf seine Schlüssigkeit hin durchdacht.

Systematische Auslegungsschlüsse drohen, die Stimmigkeit der Begrifflichkeiten und Normzusammenhänge des Zahlungsdiensterechts zu überreizen.

Um Trugschlüsse zu vermeiden, ist eine pragmatische Würdigung der Begriffe im konkreten Sachzusammenhang geboten.

Durch teleologische und historische Auslegung können systematische Ungereimtheiten aufgedeckt und überbrückt werden.

4. Zur teleologischen und historischen Auslegung

Besonderes Gewicht kommt bei der Auslegung der Richtlinie der objektiv-teleologischen Auslegung zu, in welche auch Erkenntnisquellen einfließen können, die über den vom Richtliniengeber explizit geäußerten Regelungswillen hinausgehen.

Die PSD stellt sich funktional als Säule des SEPA-Projekts dar, ist jedoch aufgrund ihrer abweichenden Rechtsnatur und ihrem auf die Mitgliedsstaaten beschränkten Anwendungsbereich von den vertragsrechtlichen Elementen des SEPA zu unterscheiden.

Bei der Auslegung der PSD kann das SEPA-Projekt als grundlegender Regelungszweck Berücksichtigung finden, da es in den gesetzgeberischen Willen einbezogen wurde.

Die Verwirklichung des SEPA stellt nicht das alleinige Ziel der PSD dar; folglich ist die teleologische Auslegung der Richtlinie nicht auf eine „SEPA-konforme" Auslegung zu reduzieren.

Aufgrund der Pflicht zur richtlinienkonformen Auslegung ist das SEPA-Projekt grundsätzlich geeignet, auch das Verständnis der deutschen Umsetzungsnormen zu beeinflussen.

Durch die Stärkung des Verbrauchervertrauens in das europäische Zahlungsverkehrsrecht soll die Verbreitung der einheitlichen SEPA-Zahlungsverfahren und damit letztlich die Realisierung des SEPA-Projektes unterstützt werden; die Ziele des Verbraucherschutzes und der Realisierung des SEPA sind daher teilweise interessenidentisch.

Das Regelungsziel des Verbraucherschutzes wird durch die PSD vorwiegend im Wege der Vorabinformation angestrebt.

Nach getroffener Vertragsentscheidung steht in der Regel die effiziente Abwicklung der Zahlungstransfers im Sinne des Regelungsziels der Automatisierung und Beschleunigung des Zahlungsverkehrs im Vordergrund.

Der Verbraucherschutz liegt auch einigen auf die Ausführung von Zahlungsvorgängen bezogenen Normen des BGB-Zahlungsdiensterechts zugrunde, was sich u.a. daran zeigt, dass diese Normen nur gegenüber Verbrauchern unabdingbar sind.

Der politische Wille der europäischen Gesetzgebungsorgane und der Kommission ist auf die vollständige Verdrängung überkommener mitgliedsstaatlicher Lastschriftverfahren durch die SEPA-(Basis)Lastschrift (Migration) gerichtet.

Bei der Kontrolle der Richtlinienumsetzung durch die Mitgliedsstaaten wird die Kommission stets die Lesart der PSD zugrundelegen, die eine Umstellung auf die vereinheitlichten SEPA-Zahlungsinstrumente begünstigt.

Eine der politischen Agenda der EU-Kommission entsprechende „SEPA-konforme" Auslegung der PSD setzt sich zwar bei objektiver, methodengetreuer Abwägung nicht gegen andere Auslegungskriterien durch, hat aber praktisch dennoch erhebliches Gewicht, da der Kommission das Druckmittel des Vertragsverletzungsverfahrens zu Gebote steht, um ihre Rezeption der PSD durchzusetzen.

Zur Vermeidung von Vertragsverletzungsverfahren ist eine SEPA-konforme Auslegung – selbst wenn sie von der Pflicht zur richtlinienkonformen Auslegung nicht indiziert ist – taktisch geboten.

Das BGB-Zahlungsdiensterecht könnte aufgrund der europäischen Anpassungszwänge ohne Rücksicht auf Methodenstringenz als Brücke zum SEPA instrumentalisiert werden.

II. Das materielle Recht betreffend

1. Zu den grundsätzlichen Regelungsparametern der PSD und des BGB-Zahlungsdiensterechts

Abweichungen von den Vorgaben der PSD sind aufgrund ihres vollharmonisierenden Charakters nur dann möglich, wenn sie explizit zugelassen sind.

Prägendes systematisches Merkmal des zivilrechtlichen Teils der PSD ist der „horizontale Ansatz".

Alle Zahlungsverfahren, die als Zahlungsdienste in den Anwendungsbereich des Zahlungsdiensterechts fallen, werden aufgrund des „horizontalen Ansatzes" denselben Regeln unterworfen – eine Strukturierung des Regelwerks erfolgt stattdessen nach den sukzessiven Phasen des Zahlungsvorgangs.

Das BGB übernimmt die horizontale Systematik des Kapitels 4 PSD, so dass grundsätzlich alle speziellen Zahlungsverfahren demselben Regelungsregime unterfallen.

Welche zahlungsdiensterechtlichen Normen hinsichtlich eines bestimmten Zahlungsvorgangs einschlägig sind, richtet sich danach, welche Phase des Zahlungsvorgangs betroffen ist: Initiierung, Ausführung des Geldtransfers oder „Verfügbarmachen" des Zahlungsbetrags durch die Inkassostelle.

2. Zur Anscheinsbeweisrechtsprechung bei missbräuchlicher Zahlungskartennutzung

Im Rahmen der richtlinienkonformen Auslegung des § 675w S. 3 BGB sind insbesondere die Ziele des Verbraucherschutz sowie der stärkeren Nutzung elektronischer Zahlungsinstrumente zu berücksichtigen, in denen sich der objektive Regelungszweck und der Regelungswille des Richtliniengebers vereinen.

Das durch die Anscheinsbeweisrechtsprechung im Kontext missbräuchlicher Zahlungskartennutzung geschaffene faktische Regel-Ausnahmeverhältnis der Schadenstragung zulasten der Karteninhaber ist mit den Vorgaben der Richtlinie, die sich über eine richtlinienkonforme Auslegung des § 675w S. 3 BGB ins deutsche Recht fortsetzen, nicht zu vereinbaren.

Über die Dokumentation der Nutzung einer Zahlungskarte hinaus müssen künftig durch den Emittenten zusätzliche Beweise vorgetragen werden, um einen Anspruch auf Aufwendungs- bzw. Schadensersatz gegen einen Karteninhaber, welcher bestreitet, die schadensbegründende Kartennutzung selbst vollzogen zu haben, zu substantiieren.

Eine Änderung der Anscheinsbeweisrechtsprechung zugunsten des Zahlungsdienstnutzers würde zur europäischen Rechtseinheitlichkeit beitragen, da die französische und britische Rechtsprechung die Fälle missbräuchlicher Kartennutzung schon vor Umsetzung der PSD im Einklang mit den nunmehr EU-weit verbindlichen Vorgaben gelöst haben.

3. Zur Vereinbarkeit des Einzugsermächtigungsverfahrens mit dem BGB-Zahlungsdiensterecht

Der Zahlungsempfänger taugt nicht als „Autorisierter".

Eine nachträgliche Genehmigung kann keine Autorisierung im Sinne des § 675x Abs. 1 S. 1 BGB darstellen.

Eine Vorabautorisierungswirkung kommt der Einzugsermächtigung jedenfalls solange nicht zu, wie die Sonderbedingungen ausdrücklich eine nachträgliche Genehmigung im Verhältnis zur Zahlstelle vorsehen.

Der Erstattungsanspruch gemäß § 675x Abs. 1 S. 1 BGB ist auf das Einzugsermächtigungsverfahren in seiner derzeit geltenden Ausgestaltung nicht anwendbar.

Der XI. Zivilsenat des BGH hat in seinem Urteil vom 20.7.2010 eine Annäherung des Einzugsermächtigungsverfahrens an das SEPA-Lastschriftverfahren durch Umdeutung der Einzugsermächtigung in ein Doppelmandat befürwortet.

Der Paradigmenwechsel des BGH könnte sich als vorauseilender Gehorsam angesichts des auf EU-Ebene generierten Konformitätsdrucks darstellen.

Die AGB-rechtliche Wirksamkeit der vom BGH vorgeschlagenen Änderung ist zweifelhaft, da es sich um die Fiktion einer Willenserklärung nach § 308 Nr. 5 BGB handeln könnte.

Eine Ausgestaltung der Einzugsermächtigung als Doppelerklärung mit Vorabautorisierungswirkung würde zur Einheitlichkeit im europäischen Rechtsvergleich beitragen, da die nachträgliche Genehmigung eine Eigenart dieses Verfahrens ist.

4. Zur Überweisung – insbesondere zum Kontonummer-Namens-Abgleich

Das Zahlungsdiensterecht kehrt zur Qualifikation des Überweisungsauftrags als auftragsrechtliche Weisung zurück und überwindet damit die dogmatischen Unklarheiten in Zusammenhang mit dem „Überweisungsvertrag“.

Der streitige Erfüllungszeitpunkt bei Zahlungen per Überweisung kann auch unter dem neuen Zahlungsdiensterecht mit den bekannten Argumenten unterschiedlich beurteilt werden, wobei die Systematik der §§ 675s und 675y BGB ein zusätzliches Argument für die Annahme der Erfüllung mit Eingang des Überweisungsbetrags beim Empfängerinstitut begründet.

Der Zeitpunkt des Eintritts des Schuldnerverzugs bei Zahlungen per Überweisung kann weiterhin unterschiedlich beurteilt werden, wobei Erwägungen der europäischen Rechtseinheitlichkeit für eine Qualifikation der Geldschuld als Bringschuld sprechen.

Das Verfügbarmachen des Überweisungsbetrags durch das Empfängerinstitut gemäß § 675t Abs. 1 BGB stellt einen Zahlungsvorgang im Sinne des § 675r Abs. 1 BGB dar.

Der Begriff der Kundenkennung kann nicht in richtlinienkonformer Rechtsfortbildung teleologisch auf Kundenkennungen reduziert werden, die besonders sichere Vorabprüfungsmechanismen aufweisen.

Aufgrund § 675r Abs. 1 BGB besteht eine Pflicht der Inkassostelle zum Kontonummer-Namensabgleich nicht mehr, was sich wohl auch im neuen Überweisungsabkommen widerspiegeln wird.

Der Überweisende trägt auch bei beleghaften Überweisungen das Ausfallrisiko bei Fehlallokationen des Überweisungsbetrags aufgrund einer falsch angegebenen Kundenkennung.

Die Neuzuweisung des Ausfallrisikos stellt sowohl im deutschen, als auch im französischen und britischen Recht eine Risikoverlagerung zulasten des Zahlungsdienstnutzers dar.

Literaturverzeichnis

Ady, Johannes/ Paetz, Erich, Die Umsetzung der Verbraucherkreditrichtlinie in deutsches Recht und besondere verbraucherpolitische Aspekte, WM 2009, S. 1061

Aepfelbach, Rolf R./ Cimiotti, Gerd, Zur Sicherheit des ec-Kartensystems, WM 1998, S. 1218

Albrecht, Franz-Josef, Konsumerismus und Konsumenteninformation - eine kritische Analyse der Konsumenteninformation als verbraucherpolitisches Instrument, Zürich 1979

Andrews, Neil, English Civil Procedure - Fundamentals of the new civil justice system, Oxford 2003

Anning, Paul, Payment Services Directive: A Detailed Proposal by the European Comiision for a New legal Framework, Journal of International Banking Law and Regulation 2006, S. 344

Annuscheit, Frank, Stand und Bedeutung von Sepa für Kunden und Verbraucher, Kreditwesen 17/2009, S. 816

Aubin, Bernhard, Die rechtsvergleichende Interpretation autonom-internen Rechts in der deutschen Rechtsprechung, RabelsZ 34 (1970) S. 458

Avena-Robardet, Valérie, Note Cour de Cassation, Ch. Commerciale du 2 octobre 2007, Dalloz 2007, S. 2604

Avena-Robardet, Valérie, Carte bancaire : l'utilisation du code secret ne fait pas présumer la faute lourde du titulaire, Dalloz 2008, S. 1136

Babusiaux, Ulrike, Die richtlinienkonforme Auslegung im deutschen und französischen Zivilrecht – Ein rechtsvergleichender Beitrag zur europäischen Methodendiskussion, Baden-Baden 2007.

Balaban, Dan, One More Headache for European Banks: SEPA Standards, Cards & Payments Vol. 21 (2008), Issue 11.

Bamberger, Heinz-Georg/ Roth, Herbert (Hrsg.), Kommentar zum Bürgerlichen Gesetzbuch - Band 2: §§ 611-1296, 2. Aufl., München 2008 (zit.: Bamberger/Roth/*Bearbeiter*)

von Bar, Christian/ Clive, Eric/ Schulte-Nölke, Hans, Principles, Definitions and Model Rules of European Private Law – Draft Common Frame of Reference (DCFR) – Outline Edition, München 2009

Bartels, Florian, Zur bereicherungsrechtlichen Rückabwicklung von Überweisungen nach Umsetzung der Zahlungsdiensterichtlinie, WM 2010, S. 1828

Bartelt, Sandra/Zeitler, Elisabeth, Zugang zu Dokumenten der EU, EuR 2003, S. 487

Bartmann, Dieter/ Nirschl, Marco/ Peters, Anja, Retail Banking, Frankfurt a.M. 2008.

Baumann, Max, Europäische Sprachenvielfalt und das Recht oder Vormarsch des Englischen und der Bilder, in: Der Einfluss des europäischen Rechts auf die Schweiz. Festschrift zum 60. Geburtstatg von Roger Zäch, Zürich 1999, S. 15 ff.

Baumbach, Adolf/ Hopt, Klaus (Hrsg.), Handelsgesetzbuch mit GmbH & Co, Handelsklauseln, Bank- und Börsenrecht, Transportrecht, 34. Auflage, München 2010 (zit.: Baumbach/Hopt/*Bearbeiter*)

Becher, Johann, Das Überweisungsgesetz - Eine Übersicht, DStR 1999, S. 1360

Becher, Johann, Verordnung des Europäischen Parlaments und des Rates über grenzüberschreitende Zahlungen in Euro, BKR 2001, S. 113

Belling, Detlev W./ Belling, Johannes, Zahlungsdiensterecht und Bereicherungsausgleich bei nicht autorisierten Zahlungsvorgängen, JZ 2010, S. 708

Bengoetxea, Joxerramon/ MacCormick, Neill/ Moral Soriano, Leonor, Integration and Integrity in the Legal Reasoning of the European Court of Justice, in: de Búrca/ Weiler (Hrsg.), The European Court of Justice, Oxford 2001, S. 43 ff.

Bell, Stephanie, New SEPA Updates May Push Migration Closer to Fruition, Payments Source Volume 23 (2010), Issue 4.

Bergel, Jean-Louis, Théorie générale du droit, 3. Aufl., Paris 1999

Berger, Christian, Das Lastschriftverfahren im Spannungsverhältnis zwischen Bank- und Insolvenzrecht, NJW 2009, S. 473

Berteloot, Pascale, Die Europäische Union und ihre mehrsprachigen Rechtstexte, in: Müller/Burr (Hrsg.), Rechtssprache Europas – Reflexion der Praxis von Sprache und Mehrsprachigkeit im supranationalen Recht, Berlin 2004, S. 179 ff.

Birks, Peter, Change in position: the nature of the defence and its relationship to other restitutionary defences, in: McInnes (Hrsg.), Restitution: Developments in Unjust Enrichment, 1996, S. 68.

Bitter, Georg, Bankpraxis zwischen Recht und Wirtschaft – Bankentgelte, Kreditkartenverfahren und weitergeleiteter Auftrag in juristisch-ökonomischer Betrachtung, ZBB 2007, S. 237

Bitter, Georg, Problemschwerpunkte des neuen Zahlungsdiensterechts - Teil Abs. 1 - Überweisung und Lastschrift, WM 2010, S. 1725

Blaurock, Claudia/ André, Martin, Prüfungspflicht und Haftung der Empfängerbank beim beleggebundenen Überweisungsverkehr und beim beleglosen Datenträgeraustausch, ZBB 1990, S. 83.

Bleckmann, Albert, Die Rolle der Rechtsvergleichung in den Europäischen Gemeinschaften, ZVglRWiss 75 (1976), S. 106

Blissenbach, Dirk, Giroüberweisung als Anweisungsgeschäft, Konsequenzen für den Bereicherungsausgleich, Göttingen 2008

Bonhomme, Régine, Le déclenchement de l'opérations de paiement : le consentement et l'ordre, JCP E 2010, S. 1032.

Bonneau, Thierry, Droit bancaire, 6e édition, Paris 2005

Bonneau, Thierry, Le domaine d'application de l'ordonnance – Notions d'instrument de paiement, de services de paiement et d'établissement de paiement au sens de l'ordonnance, application dans l'espace et dans le temps, domaine subjectif : consommateurs, professionnels, La Semaine Juridique Entreprise et Affaires, 14 Janvier 2010, S. 1031 ff.

Boos, Karl-Heinz/ Fischer, Reinfrid/ Schulte-Mattler, Hermann (Hrsg.), Kreditwesengesetz – Kommentar zu KWG und Ausführungsgesetzen, 3. Aufl., München 2008 (zit.: Boos/Fischer/Schulte-Mattler/*Bearbeiter*)

Borchardt, Klaus-Dieter, Der Gerichtshof als Ersatzgesetzgeber? in: *Eichenhofer/ Zuleeg,* Die Rechtsprechung des Europäischen Gerichtshofs zum Arbeits- und Sozialrecht im Streit, Köln 1995, S. 53 ff

Borges, Georg, Die Wertstellung im Giroverhältnis - zugleich eine Besprechung der BGH-Urteile vom 6 Mai und 17 Juni 1997, WM 1998, S. 105

Boujeka, Augustin, La charge du risque d'utilisation illicite d'une carte bancaire, Dalloz 2007, S. 454.

Bouteiller, Patrice, Droits et devoirs du porteur d'une carte bancaire (Cass. com. 2/10/07), JCP E 2007, S. 2376

Brandt, Lars-Peter, Die Chancen für eine einheitliche Auslegung eines Europäischen Zivilgesetzbuches, Osnabrück 2009

Brechmann, Winfried, Die richtlinienkonforme Auslegung - zugleich ein Beitrag zur Dogmatik der EG-Richtlinie, München 1994

Brehmer, Nikolaus, Wille und Erklärung: zu Geltungsgrund, Tatbestand und Zurechnung der Willenserklärung, Baden-Baden 1992

Brindle, Michael/ Cox, Raymond, Law of Bank Payments, 3. Auflage, London 2004

Brockhaus Enzyklopädie in vierundzwanzig Bänden, 19. Aufl., Zweiter Band APU-BEC, Mannheim 1987

Brockhaus Enzyklopädie in 30 Bänden, 21. Aufl., Band 3 AUSW-BHAR, Mannheim 2006

Brogl, Frank A., Das neue Zahlungsdiensteaufsichtsgesetz (ZAG) – Aktueller Entscheidungs- und Handlungsbedarf mit Blick auf den künftigen aufsichtsrechtlichen Rahmen für Zahlungsdienste, jurisPR-BKR 7/2009 Anm. 4.

Braun, Johann, Rechtliche Folgen einer Überweisung bei unzureichender Information des Empfängers, ZIP 1996, S. 617

Brown, Neville L./Kennedy Tom, The Court of Justice of the European Communities, 5. Aufl., London 2000

Buchmann, Tobias, Umsetzung vollharmonisierender Richtlinien – Zugleich ein Beitrag zur Normenkonkretisierung im Anwendungsbereich des Lamfalussy-Verfahrens, Baden-Baden 2008

Burgard, Ulrich, Der Vorschlag der Kommission für eine Richtlinie über Zahlungsdienste im Binnenmarkt, WM 2006, S. 2065

Burghardt, Wolfgang, Einzugsermächtigungsverfahren – Notwendigkeit eines Paradigmenwechsels?, WM 2006, S. 1892

Burghardt, Wolfgang/ Wegmann, Frank, Insolvenzen und Einzugsermächtigungsverfahren nach der Rechtsprechung des BGH – Rechtssicherheit ab dem 31. 10. 2009 auf gangbaren Wegen?, NZI 2009, S. 752

Burmann, Michael/ Heß, Rainer/ Jahnke, Jürgen/ Janker, Helmut, Straßenverkehrsrecht, 21. Auflage, München 2010 (zit.: Burmann u.a./*Bearbeiter*, StVR)

Burr, Isolde/ Gallas, Tito, Zur Textproduktion im Gemeinschaftsrecht, in: Müller/Burr (Hrsg.), Rechtssprache Europas – Reflexion der Praxis von Sprache und Mehrsprachigkeit im supranationalen Recht, Berlin 2004, S. 195 ff.

Bydlinski, Franz, Zulässigkeit und Schranken „ewiger“ und extrem langdauernder Vertragsbindung, Wien 1991

Bydlinski, Franz, Juristische Methodenlehre und Rechtsbegriff, Wien 1991.

Bydlinski, Franz, Bemerkungen zum Regierungsentwurf eines Überweisungsgesetzes: Pflichten - Bankenhaftung - Grenzen vertraglicher Abweichung, WM IV 1999, S.1046

von Caemmerer, Ernst, Bereicherungsansprüche und Drittbeziehungen, JZ 1962, S. 385

Cahn, Andrew, The UK experience, in : Hrbek (Hrsg.), Die Anwendung des Subsidiaritätsprinzips in der Europäischen Union – Erfahrungen und Perspektiven, Baden-Baden 1995, S. 45 ff.

Calliess, Christian (Hrsg.), Das Verfassungsrecht der Europäischen Union mit Europäischer Grundrechtecharta – Kommentar, 3. Aufl., München 2007 (zit.: *Bearbeiter,* in: Callies, EU-Verfassungsrecht)

Canaris, Claus-Wilhelm, Die Bedeutung allgemeiner Auslegungs- und Rechtsfortbildungskriterien im Wechselrecht - Zugleich eine Besprechung der Urteile des BGH vom 26-5-1986, II ZR 260/85 und vom 27-10-1986, II ZR 103/86, JZ 1987, S. 543

Canaris, Claus-Wilhelm, Die richtlinienkonforme Auslegung und Rechtsfortbildung im System der juristischen Methodenlehre, in: Festschrift Bydlinski, Wien 2002, S. 47 ff.

Canaris, Claus-Wilhelm, Bankvertragsrecht, 1. Teil, 4. Aufl., Berlin 2005 (zugleich 10. Lieferung zur 4. Aufl. des Großkommentars zum HGB) (zit. *Canaris*, Bankvertragsrecht)

Caprioli, Eric A., Responsabilité en cas de perte ou de vol d'une carte bancaire, Revue de droit bancaire et financier n°4, Juillet 2008, comm. 122

Cartwright, Peter, Banks, Consumers and Regulation, Oxford 2004

Casper, Matthias/ Pfeifle, Theresa, Missbrauch der Kreditkarte im Präsenz- und Mail-Order-Verfahren nach neuem Recht, WM 2009, S. 2343

Casper, Matthias, Die fehlgeleitete Überweisung wegen falscher Kontonummer, in: Entwicklungslinien im Bank- und Kapitalmarktrecht - Festschrift für Gerd Nobbe, Köln 2009, S. 3 ff.

Chiachiarella, Fred, SEPA: Nachbesserung tut not, VW 2008, S. 663

Christensen, Ralph/ Müller, Friedrich, Mehrsprachigkeit oder das eine Recht in vielen Sprachen, in: Müller/Burr (Hrsg.), Rechtssprache Europas – Reflexion der Praxis von Sprache und Mehrsprachigkeit im supranationalen Recht, Berlin 2004, S. 9 ff.

Christensen, Ralph/ Sokolowski, Michael, Juristisches Entscheiden unter der Vorgabe von Mehrsprachigkeit, in: Müller/Burr (Hrsg.), Rechtssprache Europas – Reflexion der Praxis von Sprache und Mehrsprachigkeit im supranationalen Recht, Berlin 2004, S. 113 ff.

Claussen, Carsten Peter, Gibt es einen allgemeinen Bankvertrag oder gibt es ihn nicht? In: Festschrift für Martin Peltzer zum 70. Geburtstag, Köln 2001, S. 55 ff.

Claussen, Carsten Peter, Bank- und Börsenrecht – Für Studium und Praxis, 4. Aufl. München 2008 (zit.: *Bearbeiter,* in: *Claussen*)

Coenca, L./ Bailey, S., Êtes-vous-prêts pour le SEPA?, Revue Banque 2005, Nr.675, S. 42

Collins, Hugh, The Law of Contract, 4. Aufl., London 2003

Collins, Hugh, The European Civil Code – The Way Forward, Cambridge u.a. 2008

Colneric, Ninon, Auslegung des Gemeinschaftsrechts und gemeinschaftsrechtskonforme Auslegung, ZEuP 2005, S. 225

Commandeur, Anja/ Schmitz, Andreas, Rechtsgrundsätze zur Insolvenzfestigkeit der Einzugsermächtigungslastschrift, NZG 2010, S. 1100.

Crédot/ Gérard, Observations Cour de Cassation, 1ère Chambre Civile, 23 juin 1993, Revue de droit bancaire et financier, mars-avril 2002, 226

Dänzer-Vanotti, Wolfgang, Die richtlinienkonforme Auslegung deutschen Rechts hat keinen rechtlichen Vorrang - Zugleich eine Erwiderung auf den Beitrag von Spetzler (RIW 1991, S. 579), RIW 1991, S. 754

Dauses, Manfred A. (Hrsg.), Handbuch des EU-Wirtschaftsrechts, München, Stand Juni 2010 (26. Ergänzungslieferung) (zit.: *Bearbeiter,* in: Handbuch EU-Wirtschaftsrecht)

de Burca, Gráinne, Giving Effect to European Community Directives, Modern Law Review 55, 1992, S. 215

Denck, Johannes, Zur Verteidigung der Genehmigungstheorie beim Einzugsermächtigungsverfahren, ZHR 147 (1983), S. 544

Denkinger, Fleur, Der Verbraucherbegriff - eine Analyse persönlicher Geltungsbereiche von verbraucherrechtlichen Schutzvorschriften in Europa, Berlin 2007

Derleder, Peter, Die vollharmonisierende Europäisierung des Rechts der Zahlungsdienste und des Verbraucherkredits NJW 2009, S. 3195.

Derleder, Peter/ Knops, Kai-Oliver/ Bamberger, Heinz Georg (Hrsg.), Handbuch zum deutschen und europäischen Bankrecht, 2. Aufl. Berlin/Heidelberg 2009 (zit.: *Bearbeiter,* in: Derleder/Knops/Bamberger)

Deutsch, Erwin, Die Fahrlässigkeit im neuen Schuldrecht, AcP Bd. 202, S. 889

Dippel, Roger/ Lohmann, Mareike/ Peschke, Norbert, SEPA, Köln 2008.

Dickschat, Siegfried Albert, Problèmes d'interprétation des traités européens résultant de leur plurilingualisme, Revue belge de droit international 1968, S. 40

Diederichsen, Uwe, Produzentenhaftung und Beweislast, NJW 1966, S. 269

Di Fabio, Udo, Richtlinienkonformität als ranghöchstes Normauslegungsprinzip? Überlegungen zum Einfluß des indirekten Gemeinschaftsrechts auf die nationale Rechtsordnung, NJW 1990, S. 947

Dippel, Roger/ Frey, Peter/ Walz, Christian, A Single Euro Payments Area (SEPA), in: Kontoführung und Zahlungsverkehr – Rechtsfragen aus der Bankpraxis, 3. Aufl., Heidelberg 2008, S. 653 ff.

Drosdowski/Grebe/Köster/Müller (Hrsg.), Duden Bedeutungswörterbuch, Speyer 1970.

von Dücker, Hans-Gerd, Erfüllung einer Geldschuld durch Banküberweisung, WM 1999, S.1257

Durner, Wolfgang, Verfassungsrechtliche Grenzen richtlinienkonformer Rechtsfortbildung - Referat im Rahmen der Vortragsreihe "Rechtsfragen der Europäischen Integration", Bonn 2010.

Ebenroth, Karlheinz/ Boujong, Carsten Thomas/ Joost, Detlev/ Strohn, Lutz (Hrsg.), Handelsgesetzbuch – Band I §§ 1-342e, München 2008 (zit. : Ebenroth/Boujong/Joost/Strohn/*Bearbeiter*, Band I)

Ebenroth, Karlheinz/ Boujong, Carsten Thomas/ Joost, Detlev/ Strohn, Lutz (Hrsg.), Handelsgesetzbuch – Band II §§ 343-475h, 2. Aufl., München 2009 (zit. : zit. : Ebenroth/Boujong/Joost/Strohn/*Bearbeiter*, Band II)

Eckert, Hans-Werner, Das neue Recht der Handelsvertreter - Die Umsetzung der EG-Richtlinie in deutsches Recht, NZA 1990. S. 384

Ehmann, Horst/ Hadding, Walther, EG-Überweisungs-Richtlinie und Umsetzung , WM 1999, Sonderbeilage 3, S. 4

Ehricke, Ulrich, Die richtlinienkonforme und die gemeinschaftsrechtskonforme Auslegung nationalen Rechts, RabelsZ 59 (1995), S. 598 ff.

Einsele, Dorothee, Haftung der Kreditinstitute bei nationalen und grenzüberschreitenden Banküberweisungen, AcP 199 (1999), S. 145

Einsele, Dorothee, Das neue Recht der Banküberweisung, JZ 2000, S. 9

Einsele, Dorothee, Bank- und Kapitalmarktrecht, Tübingen 2006

Einsele, Dorothee, Lastschriften mit Einzugsermächtigung als autorisierte Zahlungsvorgänge, AcP 209 (2009), S. 719

Ellinger, Eliahu P./ Lomnicka, Eva Z./ Hooley, Richard, Modern Banking Law, 3. Aufl., Oxford 2002

van Empel, Martijn, Retail Payments – the Lisbon Agenda and SEPA, EUREDIA 1/2006, S. 51

Engel, Hans-Georg Rechtsprobleme um das Lastschriftverfahren, Karlsruhe 1966

Engel, Markus, Neuerungen und aktuelle Problemfelder im Lastschriftverfahren, in: Kontoführung und Zahlungsverkehr – Rechtsfragen aus der Bankpraxis, 3. Aufl., Heidelberg 2008, S. 477 ff.

Engisch, Karl, Einführung in das juristische Denken, 10. Auflage, Stuttgart u.a. 2005

Epping, Volker/ Hillgruber, Christian (Hrsg.), Beck'scher Online-Kommentar Grundgesetz, Stand 1.6.2010 (zit.: Epping/Hillgruber/*Bearbeiter)*

Escher-Weingart, Christina, Bank, Mensch und Technik - eine brisante Mischung für die Rechtsanwendung, WM 2008, S. 2281

Everling, Ulrich, Zur Auslegung des durch EG-Richtlinien angeglichenen nationalen Rechts, ZGR 1992, 376

Fabritius, Hans Georg, SEPA im Spannungsverhältnis zwischen Marktinitiative und Regulierung, in: *Habersack/Mülbert/Nobbe/Wittig* (Hrsg.), Die zivilrechtliche Umsetzung der Zahlungsdiensterichtlinie: Finanzmarktkrise und Umsetzung der Verbraucherkreditrichtlinie. Bankrechtstag 2009, Berlin 2010, S. 1 ff.

Fage, Dominique, Directive des services de paiement – une entrée en vigueur sans bruit, mais non sans conséquences, Revue Banque Nr. 719 (2009), S. 52

Fairhurst, John, Law of the European Union, 7. Aufl., 2010

Fallscheer-Schlegel, Andreas, Das Lastschriftverfahren – Entwicklung und Rechtsprobleme, Köln u.a. 1977

Felix, Dagmar, Einheit der Rechtsordnung, Tübingen 1998

Fenet, Alain, Diversité linguistique et construction européenne, Revue trimestrielle du droit européen, avril-juin 2002, S. 235

Fervers, Martin, Die Haftung der Banken bei automatisierten Zahlungssystemen, WM 1988, S. 1037

Finazzi, Giovanni, L' exceptio doli generalis nel diritto ereditario romano, Padova 2006.

Fischer, Christian, Topoi verdeckter Rechtsfortbildungen im Zivilrecht, Tübingen 2007

Fischer, Reinfried/ Klanten, Thomas, Bankrecht – Grundlagen der Rechtspraxis, 4. Aufl., Köln 2010 (zit.: *Bearbeiter,* in: *Fischer/Klanten*)

Fitzgerald, Kate, SEPA Goes Live, Uniting Europe's Disparate Payment Systems, Cards & Payments Vol.21 (2008), Issue 2

Flessner, Alex, Juristische Methode und europäisches Privatrecht, JZ 2002, S. 14

Flick, Markus, Fehlgehende Überweisung beim Online-Banking, JurisPR-BKR 7/2008, Anm. 6

Franck, Jens-Uwe/ Massari, Philipp, Die Zahlungsdiensterichtlinie: Günstigere und schnellere Zahlungen durch besseres Vertragsrecht?, WM 2009, S. 1117

Franke, Rechtsfragen im Bereich des Lastschriftverfahrens, DB 1973, S. 1055

Franzen, Martin, Privatrechtsangleichung durch die Europäische Gemeinschaft, Berlin u.a. 1999

Frazer, Patrick, Plastic and electronic money, New payment systems and their implications, Cambridge 1985

Freitag, Robert, Vom Forderungskauf zum abstrakten Schuldanerkenntnis und die Verteilung des Missbrauchsrisikos im Kreditkartengeschäft, ZBB 2002, 322

Frenz, Walter, Handbuch Europarecht: Band 4 – Europäische Grundrechte, Berlin/Heidelberg 2009

Frenz, Walter, Handbuch Europarecht: Band 5 – Wirkungen und Rechtsschutz, Berlin/Heidelberg 2010

Frommel, Monika, Präventionsmodelle in der deutschen Strafzweck-Diskussion, Berlin 1987

Fuchs, Hans-Ulrich, Zur Lehre vom allgemeinen Bankvertrag, Frankfurt a.M./Bern 1982

Fuhrmann, Sebastian, Das Bankgeheimnis als Abtretungsverbot, Frankfurt a.M. u.a. 2009

Gänswein, Olivier Rolf, Der Grundsatz unionsrechtskonformer Auslegung nationalen Rechts – Erscheinungsformen und dogmatische Grundlage eines Rechtsprinzips des Unionsrechts, Frankfurt a.M. 2009

Ganter, Gerhard, Die Rechtsprechung des BGH zum Insolvenzrecht im Jahr 2008, NZI 2009, S. 265 ff.

Gavalda, Christian/ Stoufflet, Jean, Instruments de paiement et de crédit – Effets de commerce, chèque, carte de paiement, transfert de fonds, Paris 2006.

Gebauer, Martin, Methodik – Auslegung und Direktwirkung des europäischen Rechts – Richtlinienkonforme Auslegung und Fortbildung des nationalen Rechts, in: Gebauer/Wiedmann (Hrsg.), Zivilrecht unter europäischen Einfluss – Die richtlinienkonforme Auslegung des BGB und anderer Gesetze – Kommentierung der wichtigsten EU-Verordnungen, 2. Aufl., Stuttgart 2010, S. 111 ff.

Gérard, Y., L'utilisation frauduleuse des instruments de paiement, JCP E 2010, S. 1034

Geurts, Matthias, Bankgeheimnis und Bankauskunft in der Praxis (herausgegeben von den Spitzenverbänden der Kreditwirtschaft, 6. Aufl., Köln 2000

Geva, Benjamin, Payments into a Bank Account, JIBL 108 (1990), S. 108

Geva, Benjamin, The EU Payment Services Directive : An Outsider's View, in : Eeckhout/Tridimas/De Búrca (Hrsg.), Yearbook of European Law, Oxford 2009, S. 177 ff.

Geva, Benjamin, The harmonization of payment services law in Europe and uniform and federal funds transfer legislation in the USA: Which is a better model for reform?, EUREDIA 4/2009, S. 700

Goode, Royston M., Introduction to the Consumer Credit Act 1974, London 1976

Gösele, Barbara, Erfüllung und Verzug bei Banküberweisungen, in: Entwicklungslinien im Bank- und Kapitalmarktrecht - Festschrift für Gerd Nobbe, Köln 2009, S. 75 ff.

Gößmann, Wolfgang, Recht des Zahlungsverkehrs Überweisung - Lastschrift - Scheck - Zahlungssysteme, 3. Aufl., Berlin 1997

Gößmann, Wolfgang, Aspekte der ec-Karten-Nutzung, WM 1998, S. 1264

Gößmann, Wolfgang/ van Look, Frank, Die Banküberweisung nach dem Überweisungsgesetz, WM 2000, Sonderbeilage Nr.1, S. 3

Gößmann, Wolfgang/ Bredenkamp, Sönke, Phishing, Vishing, Spoofing, Pharming oder Sniffing. Moderne Missbrauchsformen im Zahlungsverkehr, in: Entwicklungslinien im Bank- und Kapitalmarktrecht - Festschrift für Gerd Nobbe, Köln 2009, S. 93 ff.

Grabitz, Eberhard/ Hilf, Meinhard/ Nettesheim, Martin (Hrsg.) , Das Recht der Europäischen Union, Band I – EUV/EGV, München, Stand Oktober 2009 (40. EL) (zit.: *Bearbeiter,* in: Grabitz/Hilf, Band I)

Grabitz, Eberhard/ Hilf, Meinhard/ Nettesheim, Martin (Hrsg.) , Das Recht der Europäischen Union, Band IV - Sekundärrecht, München, Stand Oktober 2009 (40. EL) (zit.: *Bearbeiter,* in: Grabitz/Hilf, Band IV)

Graf, Helmut/ Gerz, Alexandra, Das Lastschriftenverfahren – ein Zahlungsweg in der Sackgasse?, DStR 2009, S. 1649

Graf von Westphalen, Friedrich, Verspätete Überweisung - Einige Bemerkungen zur neuen Rechtslage, BB 2000, S. 162

de Grauwe, Paul, Economics of Monetary Union, 7. Auf., Oxford 2007

Gregor, Klaus, Grundlagen und verfahrenstypische Risiken des Lastschriftverfahrens, Augsburg 1981

von der Groeben, Hans/ Schwarze, Jürgen (Hrsg.), Kommentar zum Vertrag über die Europäische Union und zur Gründung der Europäischen Gemeinschaft, Baden-Baden 2003, Band 1, Art. 1-53 EUV – Art. 1-80 EGV (zit.: von der Groeben/Schwarze/*Bearbeiter,* Band 1)

Grolimund, Pascal, Drittstaatenproblematik des europäischen Zivilverfahrensrechts, Tübingen 2000

Gröning, Jochem, Richtlinienkonforme Auslegung contra legem?, jurisPR-WettbR 1/2010 Anm. 2

Gropp, Michael, Die Rechtsfortbildung contra legem, Berlin 1974

Grosche, Nils/ Höft, Jan, Richtlinienkonforme Rechtsfortbildung ohne Grenzen? – Zugleich Besprechung von BGH, NJW 2009, S. 427 – Quelle, NJOZ 2009, S. 2294 ff.

Großfeld, Bernhard/Gersch, Hans-Georg, Zeitliche Grenzen von privaten Schuldverträgen, JZ 1988, S. 937

Grote, Hugo, Zur Insolvenzfestigkeit von Einzugsermächtigungslastschriften , ZInsO 2010, S. 1546

Gruber, Urs Peter, Methoden des internationalen Einheitsrechts, Tübingen 2004

Gundlach, Ulf/ Frenzel, Volkhard/ Jahn, Andreas, Blick ins Insolvenzrecht, DStR 2010, 1993

Grundmann, Stefan, Richtlinienkonforme Auslegung im Bereich des Privatrechts – insbesondere: der Kanon der nationalen Auslegungsmethoden als Grenze?, ZEuP 1996, S. 399

Grundmann, Stefan, Europäisches Schuldvertragsrecht - Struktur und Bestand, NJW 2000, S.14

Grundmann, Stefan, Privatautonomie im Binnenmarkt – Information als Instrument JZ 2000, S.1133

Grundmann, Stefan, Grundsatz- und Praxisprobleme des neuen deutschen Überweisungsrechts, WM 2000, S. 2269

Grundmann, Stefan/ Riesenhuber, Karl, Die Auslegung des Europäischen Privat- und Schuldvertragsrechts, JuS 2001, S. 529

Grundmann, Stefan/ Kerber, Wolfgang/ Weatherill, Stephen, Party autonomy and the role of information in the internal market, Berlin/New York 2001

Grundmann, Stefan, Das neue Recht der Zahlungsdienste – Teil I – Grundsatzüberlegungen und Überweisungsrecht, WM 2009, S. 1109

Grundmann, Stefan, Das neue Recht des Zahlungsverkehrs - Teil II - WM 2009, S. 1157

Grundmann, Systemdenken und Systembildung, in: Riesenhuber (Hrsg.), Europäische Methodenlehre, 2. Aufl., Berlin/New York 2010, S. 285 ff.

Gruner, Étienne, La transposition francaise de la directive services de paiement (1re partie), Revue Lamy Droit des Affaires 44 (2009), S. 27.

Gruner, Étienne, Transposition française de la directive services de paiement (2e partie): le nouveau statut des acteurs non bancaires (les „établissements de paiement"), Revue Lamy Droit des Affaires 45 (2010), S. 27

Gsell, Beate, Rechtzeitigkeit der Zahlung per Banküberweisung und Verzugsrichtlinie - Zugleich eine Besprechung von EuGH, Urteil vom 3.4.2008, C-306/06 - 01051 Telecom GmbH gegen deutsche Telekom AG, GPR 2008, S.165

Gündisch, Jürgen/ Mathijsen, Petrus SRF, Rechtsetzung und Interessenvertretung in der Europäischen Union. Verfahren, Mitwirkung, Qualität, Legitimation, Stuttgart u.a. 1999

Häberle, Siegfried Georg, Handbuch für Kaufrecht, Rechtsdurchsetzung und Zahlungssicherung im Außenhandel, München/Wien/Oldenbourg 2002 (zit.: *Bearbeiter,* in: *Häberle*)

Hadding, Walther, Zur zivilrechtlichen Beurteilung des Lastschriftverfahrens, in: Festschrift für Bärmann zum 70. Geburtstag, 1975, S. 375 ff.

Hadding, Walther/ Häuser, Franz, Rechtsfragen des Giroverhältnisses, ZHR 145 (1981), S. 138

Hadding, Walther, Drittschadensliquidation und „Schutzwirkungen für Dritte" im bargeldlosen Zahlungsverkehr, in: Festschrift für Winfried Werner zum 65. Geburtstag: Handelsrecht und Wirtschaftsrecht in der Bankpraxis, Berlin u.a. 1984, S. 165 ff

Hadding, Walther, Entwicklungslinien im Recht des Zahlungsverkehrs und Bundesgerichthof, in: 50 Jahre Bundesgerichtshof – Festgabe aus der Wissenschaft, Band II – Handels- und Wirtschaftsrecht, europäisches und internationales Vertragsrecht, München 2000, S. 425 ff.

Hadding, Walther, Herkömmliche Einzugsermächtigungslastschrift – Fortbestand nach Umsetzung der EU-Zahlungsdiensterichtlinie oder Wegfall nach europäischen Interbankenabkommen (SEPA-Rulebook), in: Festschrift Hüffer, München 2010, S. 274 ff.

Haertlein, Lutz/ von Ballestrem, Johannes, Zum AGB-rechtlichen Verzicht auf einen Kontonummer-Namensabgleich, EWiR 2006, S. 353

Hager, Günter, Rechtsmethoden in Europa, Tübingen 2009

Halfmeier, Alex, Beweislast der Bank bei Missbrauch von Zahlungskarten – Entscheidung der französischen Cour de Cassation vom 2. Oktober 2007, ZEuP 2009, S. 613

Hapgood, Mark, Paget's Law of Banking, 12. Aufl., London 2003

Harke, Jan Dirk, Allgemeines Schuldrecht, Heidelberg u.a. 2010

Härtel, Ines, Handbuch europäische Rechtsetzung, Berlin/Heidelberg 2009

Hartmann, Wulf, Rechtliche Aspekte des neuen SEPA-Lastschriftverfahrens, in: *Habersack/Mülbert/Nobbe/Wittig* (Hrsg.), Die zivilrechtliche Umsetzung der Zahlungsdiensterichtlinie: Finanzmarktkrise und Umsetzung der Verbraucherkreditrichtlinie. Bankrechtstag 2009, Berlin 2010

Hassemer, Michael, Zwingendes europäisches Vertragsrecht: Zivilrecht ohne Vertragsfreiheit?, in: Jahrbuch Junger Zivilrechtswissenschafter 2004 – Europäisches Vertragsrecht, Nehren 2005, S. 121 ff.

Hassemer, Winfried, Gesetzesbindung und Methodenlehre, ZRP 2007, S. 215

Hauck, Werner/ Lötscher, Andreas, Verständlichkeit von Gesetzen als Problem der Gesetzgebung, in: Gesetzgebung heute 2 (1994), S. 91.

Häuser, Franz, Zu den Pflichten der Bank beim beleglosen Überweisungsverkehr nach dem EZÜ-Abkommen, EWiR 1994, S. 553.

Häuser, Franz, Der Widerruf des "Überweisungsauftrags" im Giroverhältnis, NJW 1994, S. 3121

Häuser, Franz, Zur Umsetzung der Richtlinie über grenzüberschreitende Überweisungen (97/5/EG) in deutsches Recht, WM 1999, S.1037

Heck, Philipp, Gesetzesauslegung und Interessenjurisprudenz, AcP 112 (1914), S. 1 ff.

Heermann, Peter W., Geld und Geldgeschäfte, Tübingen 2003

Heidemann, Maren, The Methodology of Uniform Contract Law: The UNIDROIT Principles in International Legal Doctrine and Practice, Berlin u.a. 2007

Heldrich, Andreas, 50 Jahre Rechtsprechung des BGH – Auf dem Weg zu einem Präjuidzienrecht? – Festvortrag zum 50-jährigen Bestehen des BGH, ZRP 2000, S. 497

Henard, G., L'exécution d'opérations de paiement non autorisées et l'inexécution ou l'exécution incorrecte d'opérations de paiement, Droit bancaire et financier 2009, S. 3.

Herberger, Maximilian/ Martinek, Michael/ Rüßmann, Helmut/ Weth, Stephan (Gesamthrsg.), juris Praxiskommentar BGB – Band 2. Schuldrecht – Teil 3. §§ 631-853, 4. Aufl., Saarbrücken 2008 (zit.: juris PK/*Bearbeiter*)

Herdegen, Matthias, Auslegende Erklärungen von Gemeinschaftsorganen und Mitgliedstaaten zu EG-Rechtsakten, ZHR 155 (1991), 52

Herresthal, Carsten, Rechtsfortbildung im europarechtlichen Bezugsrahmen – Methoden, Kompetenzen, Grenzen dargestellt am Beispiel des Privatrechts, München 2006

Herresthal, Carsten, Die Rechtzeitigkeit der Leistungshandlung bei der Erfüllung von Geldschulden, ZGS 2007, S. 48

Herresthal, Carsten, Das Ende der Geldschuld als sog. qualifizierte Schickschuld, ZGS 2008, S. 259

Herrmann, Christoph, Richtlinienumsetzung durch die Rechtsprechung, Diss. Berlin 2003

Hirth, René A., Die Entwicklung der Rechtsprechung zum Vertrag mit Schutzwirkung zugunsten Dritter in ihrer Bedeutung für den Ausgleich von Drittschäden im Zahlungsverkehr, Berlin 1991

Hoeren, Thomas, Die neuen AGB-Banken, NJW 1992, S. 3263

Hoffmann, Uwe, Die Barleistung zwischen gesetzlichem Regelmodell und wirtschaftlicher Last, WM 1995, S. 1341

Hoffmann, Jochen, Preiskontrolle oder Wettbewerb? - Zur Verordnung über grenzüberschreitende Zahlungen in Euro EuZW 2002, S. 69

Hofmann, Christian, Wettbewerb bei VISA und MasterCard - Kartellrechtliche Beurteilung der Vereinheitlichung in den Kreditkarten-Systemen WuW 2006, S. 17.

Hofmann, Christian, Das Haftungsregime für Kartenzahlungssysteme im europäischen Rechtsvergleich – Eine Bestandsaufnahme vor dem Hintergrund des Vorschlags für eine Richtlinie über Zahlungsdienste im Binnenmarkt, ZVglRWiss 106 (2007), S.174

Honsell, Heinrich, Kommentar zum UN-Kaufrecht, 2. Aufl., Berlin/Heidelberg 2010 (zit.: Kommentar CISG/*Bearbeiter*)

Honsell, Heinrich, Römisches Recht, Heidelberg u.a. 2010

Hooley, Richard, Payment and Payment Systems, in: Encyclopedia of Banking Law, Vol.1 2005

Horn, Norbert, Die Zahlung mittels Universalkreditkarte im Ausland, in: Hadding/Schneider, Grenzüberschreitender Zahlungsverkehr im Europäischen Binnenmarkt, Köln 1997, S. 107 ff.

Huber, Ulrich, Zivilrechtliche Fahrlässigkeit, in: FS Huber, Göttingen 1973, S. 253

Huber, Christian (Hrsg.) Bankrecht – Bankensystem, Bankenaufsicht, Recht der Bankgeschäfte – Ein Handbuch für die Praxis, Baden-Baden 2001

Huber, Ulrich, Savignys Lehre von der Auslegung der Gesetze in heutiger Sicht, JZ 2003, S. 1

Hüffer, Uwe/ van Look, Frank, Rechtsfragen zum Bankkonto, 4. Aufl., Köln 2000

Hufschmied, Peter, Verbraucherinformation - kontingenztheoretische Erklärung der Informationsnutzung von Konsumenten als Ansatzpunkt der Gestaltung und Beurteilung verbraucherpolitischer Informationsstrategien, Siegen 1981.

Immenga, Ulrich, Der „more economic approach" als Wettbewerbspolitik, WuW 2006, S. 463.

Jäckel, Holger, Das Beweisrecht der ZPO – ein Praxishandbuch für Richter und Rechtsanwälte, Stuttgart 2009

Jahn, Joachim, Europarichter überziehen ihre Konsequenzen, NJW 2008, S. 1788

Jarass, Hans D., Richtlinienkonforme bzw. EG-rechtskonforme Auslegung nationalen Rechts, EuR 1991, S. 211

Jarass, Hans D., Grundfragen der innerstaatlichen Bedeutung des EG-Rechts: die Vorgaben des Rechts der Europäischen Gemeinschaft für die nationale Rechtsanwendung und die nationale Rechtsetzung nach Maastricht, Köln u.a. 1994

Jauernig, Othmar (Hrsg.), Bürgerliches Gesetzbuch - Kommentar, 13. Aufl., München 2009 (zit. : Jauernig/*Bearbeiter*)

Jeantin, Michel/ Le Cannu, Paul, Droit commercial – Instruments de paiement et de crédit, 6e édition, Paris 2003

John, Uwe, Grundsätzliches zum Wirksamwerden empfangsbedürftiger Willenserklärungen, AcP 184 (1984), 385

Johnson, Howard, The Consumer Credit Act, Bradford 1976

Joos, Klemens, Interessenvertretung deutscher Unternehmen bei den Institutionen der Europäischen Union, München 1997

Jungmann, Carsten, Am Vorabend eines Paradigmenwechsels beim Lastschriftverfahren - Von der Genehmigungstheorie zur "Erfüllungstheorie"? - Die Divergenzen zwischen Bankrechts- und Insolvenzrechtssenat im Lichte des geltenden Einzugsermächtigungsverfahrens und des künftigen SEPA-Lastschriftverfahrens, ZBB 2008, S. 409

Kämmerer, Susann, Das Stornorecht der Banken: Selbsthilferecht oder Gestaltungsrecht sui generis, Baden-Baden 1998

Keane, Adrian, The Modern law of Evidence, Oxford 2008

Kilian, Benno, Der Verbraucherbegriff in der Europäischen Union, Augsburg 1998

Kirchner, Christian, Die ökonomische Theorie, in: *Riesenhuber (Hrsg.),* Europäische Methodenlehre, 2. Aufl., Berlin/New York 2010, S. 132 ff.

Kissel, Rudolf, Grenzen der rechtsprechenden Gewalt, NJW 1982, S. 1777

Kling, Michael, Sprachrisiken im Privatrechtsverkehr, Tübingen 2008

Knetsch, Alfred, Das Verhaeltnis von Vertrags- und Deliktsrecht - eine Darstellung der französischen Doktrin zum Prinzip des non-cumul mit einem kritischen Ausblick auf das deutsche Recht, Köln 1975

Koch, Hans-Joachim/ Rüßmann, Helmut, Juristische Begründungslehre, München 1982

Kohler, Christoph, Europäische Kapital- und Zahlungsverkehrsfreiheit – Kommentar zu den Artikel 56 bis 60 EGV, der Geldwäscherichtlinie und der Überweisungsrichtlinie, Berlin u.a. 2002

Köhler, Christoph, Lastschriftverfahren in der Insolvenz des Schuldners im Lichte der neuen BGH-Rechtsprechung, Frankfurt a.M., Berlin, Bern, Bruxelles, New York, Oxford, Wien, 2010.

Konstadinides, Theodore, Division of Powers in European Union Law: the Delimination of Internal Comepetence between the EU and the Member States, 2009

Kötz, Hein, Rechtsvergleichung und gemeineuropäisches Privatrecht, in: Müller-Graff, Gemeinsames Privatrecht in der Europäischen Gemeinschaft, 2. Aufl., Baden-Baden 1999, S. 149 ff.

Kötz, Hein, Alte und neue Aufgaben der Rechtsvergleichung, JZ 2002, S. 257

Kremer, Carsten, Staatshaftung für Verstöße gegen Gemeinschaftsrecht durch letztinstanzliche Gerichte, NJW 2004, S. 480

Krepold, Hans-Michael/ Fischbeck, Sandra, Bankrecht – Konto/ Zahlungsverkehr/ Darlehensvertrag/ Kreditsicherheiten, München 2009

Köhler, Christoph, Lastschriftverfahren in der Insolvenz des Schuldners, Frankfurt a.M. 2010

Kropholler, Jan, Internationales Einheitsrecht – Allgemeine Lehren, Tübingen 1975

Kropholler, Jan, Internationales Privatrecht, 6. Aufl. Tübingen 2006

Krüger, Malte, Interbankenentgelte – ökonomisch notwendig oder wettbewerbsverzerrend, Kreditwesen 2009, S. 822

Kuder, Karen, Die einheitliche Rechtsprechung des BGH zum Lastschriftwiderspruch des vorläufigen Insolvenzverwalters und ihre Folgen für die Praxis - Zugleich Anmerkung zu BGH, Urt. v. 20.7.2010 - IX ZR 236/07, ZInsO 2010, S. 1665

Kulke, Ulrich, Die Zahlungsdiensterichtlinie und ihre Konsequenzen für den Verbraucher, VuR 2007, 364.

Kulke, Ulrich, Der Gesetzesentwurf der Bundesregierung zur Umsetzung der Verbraucherkreditrichtlinie, des zivilrechtlichen Teils der Zahlungsdiensterichtlinie sowie zur Neuordnung der Vorschriften über das Widerrufs- und Rückgaberecht - Teil 1, VuR 2009, S. 12

Kümpel, Siegfried, Bank- und Kapitalmarktrecht, 3. Aufl., Köln 2004

Laier, Matthias, BGH: Zahlung mittels SEPA-Lastschriftverfahren von Anfang an insolvenzfest – Anmerkung zum Urteil vom 20.07.2010 - XI ZR 236/07 (OLG München), GWR 2010, S. 429

Laitenberger, Angelika, Das Einzugsermächtigungslastschriftverfahren nach Umsetzung der Richtlinie über Zahlungsdienste im Binnenmarkt, NJW 2010, S. 192

Lammer, Thomas/ Pammer, Markus, SEPA- Auf dem Weg zu einem einheitlichen Euro-Zahlungsverkehrsraum, in: *Lammer,* Handbuch E-Money, E-Payment and M-Payment, Heidelberg 2006, S. 143 ff.

Lando, Ole/Beale, Hugh, Principles of European Contract Law – Parts I and II, Den Haag 2000, S. 330.

Lange, Hermann/Schiemann, Gottfried, Schadensersatz, 3. Aufl. Tübingen 2003

Lange, Markus, Zum Drittschutz im bargeldlosen Zahlungsverkehr, EWiR 2008, S. 577.

Lange, Markus, Zum Drittschutz im bargeldlosen Zahlungsverkehr, EWiR 2008, S. 577.

Langenbucher, Katja, Die Risikozuordnung im bargeldlosen Zahlungsverkehr, München 2001

Langenbucher, Katja/ Gößmann, Wolfgang/ Werner, Stefan, Zahlungsverkehr - Handbuch zum Recht der Überweisung, Lastschrift, Kreditkarte und der elektronischen Zahlungsformen, München 2004 (zit.: *Bearbeiter,* in: Zahlungsverkehr – Handbuch)

Langenbucher, Katja, Europarechtliche Methodenlehre, in: Langenbucher (Hrsg.), Europarechtliche Bezüge des Privatrechts, 2. Aufl., Baden-Baden 2008, S. 1 ff.

Langner, Julian, Mitteilung der Kommission an den Rat und das Europäische Parlament: Ein neuer Rechtsrahmen für den Zahlungsverkehr im Binnenmarkt - so genannte SEPA (Single European Payment Area)-Initiative, BKR 2004, S. 131

Larenz, Karl, Methodenlehre der Rechtswissenschaft, 6. Aufl., Berlin u.a.1991

Larenz, Karl/ Canaris, Claus-Wilhelm, Lehrbuch des Schuldrechts – Band II/2 – Besonderer Teil, 13. Aufl., München 1994

Larenz, Karl/ Canaris, Claus-Wilhelm, Methodenlehre der Rechtswissenschaft, 3. Aufl., Berlin u.a. 1995

Laumen, Hans-Willi/ Prütting, Hanns, Handbuch der Beweislast – Band 1 – Grundlagen, Köln/München 2009

Lefebvre, François, Le principe de subsidiarité et l'Union européenne, in : Hrbek (Hrsg.), Die Anwendung des Subsidiaritätsprinzips in der Europäischen Union – Erfahrungen und Perspektiven, Baden-Baden 1995, S. 35 ff

Legeais, Dominique, Observations Cour de Cassation, Ch. Commerciale du 2 octobre 2007, RTD com. 2007, S. 813

Leisner, Walter Georg, Die subjektiv-historische Auslegung des Gemeinschaftsrechts – Der „Wille des Gesetzgebers" in der Judikatur des EuGH, EuR 2007, S. 689 ff.

Lenhardt, Matthias/ Priebe, Klaus, Zur konkludenten Genehmigung von Lastschriftbuchungen, EWiR 2010, S. 539

Liebmann, Marc, Der Vertrag mit Schutzwirkung zugunsten Dritter – Eine Untersuchung zur Rechtsgrundlage und zum Anwendungsbereich des Vertrages mit Schutzwirkung zugunsten Dritter unter besonderer Berücksichtigung der Dritthaftung von Experten, Frankfurt a.M. 2006

Lieth, Oliver, Die ökonomische Analyse des Rechts im Spiegelbild klassischer Argumentationsrestriktionen des Rechts und seiner Methodenlehre, Baden-Baden 2007

Liew, Mistaken payments – the right of recovery and the defences, 7 Bond Law Review 1995, S. 116.

Lochter, Manfred/ Schindler, Werner, Missbrauch von PIN-gestützten Transaktionen mit ec- und Kreditkarten aus Gutachtersicht, MMR 2006, S. 292.

Lohmann, Mareike, Die grenzüberschreitende Lastschrift: Rechtsfragen auf dem Weg zu einem europäischen Lastschriftverfahren, Berlin 2008

Lohmann, Mareike/ Koch, Christian, Richtlinie des Europäischen Parlaments und des Rates über Zahlungsdienste im Binnenmarkt - Wesentliche Inhalte, Bewertung und mögliche Auswirkungen auf den europäischen Zahlungsverkehrsmarkt, WM 2008, S. 57

Looschelders, Dirk, Schuldrecht Allgemeiner Teil, 8. Aufl., München 2010

Lorenzmeier, Stefan, Der Rahmenbeschluss als Handlungsform der Europäischen Union und seine Rechtswirkungen. ZIS 2006, S. 576

Lunney, Mark/Oliphant, Ken, Tort Law, Text and Materials, 2. Aufl., Oxford 2003

Lutter, Marcus, Die Auslegung angeglichenen Rechts, JZ 1992, S. 593

MacCormick, Neil/ Summers, Robert S., Interpreting Statutes: A Comparative Study, Dartmouth 1991

Malaurie, Philippe/ Aynès, Laurent/ Stoffel-Munck, Philippe, Les Obligations, 3. Aufl., Paris 2007

Manger-Nestler, Cornelia, Der einheitliche europäische Zahlungsverkehrsraum vor dem Hintergrund der Payment Service Directive, EuZW 2008, S. 332

Mansel, Heinz-Peter, Rechtsvergleichung und europäische Rechtseinheit, JZ 1991, S. 529

Martin, Aspects Juridiques du virement, Revue de droit bancaire et bourse 1989, S. 149 ff.

Mathey, Nicolas, Note Cour de Cassation, 18 septembre 2007, JCP E 2007, S. 2499

Mathey, Nicolas, La réforme des services de paiement, Revue de droit bancaire et financier n°1, janvier 2010, étude 1

Margerit, Véronique, La directive sur les services de paiement, Bulletin der la Banque de France n° 164, August 2007, S. 67.

Martin, Andreas, SEPA-Voraussetzungen für eine Erfolgsgeschichte, Kreditwesen 2009, S. 838

Martinek, Michael, Unsystematische Überregulierung und kontraintentionale Effekte im europäischen Verbraucherschutzrecht oder: weniger wäre mehr, in: Grundmann (Hrsg.), Systembildung und Systemlücken in Kerngebieten des europäischen Privatrechts, Tübingen 2000, S. 518-530.

Maunz, Theodor/ Dürig, Günter, Grundgesetz Kommentar – Band V Art. 86-106a, München 2010 (58. EL) (zit.: Maunz/Dürig/*Bearbeiter,* Band V)

Maunz, Theodor/ Dürig, Günter, Grundgesetz Kommentar – Band VI Art. 86-106a, München 2010 (58. EL) (zit.: Maunz/Dürig/*Bearbeiter,* Band VI)

Mavromati, Despina, The Law of Payment Services in the EU, Alphen aan den Rijn 2007

Mecatti, Irene, Payment Services Directive – Potential Implications of the New Category of Payment Services Providers in the United KIngdom, EUREDIA, 4/2009, S. 677

Meckel, Marcus, Das neue zivile Zahlungsverkehrsrecht: Umsetzung der EU-Zahlungsdiensterichtlinie (Payment Services Directive – PSD) in das nationale deutsche Recht (Teil 1) – Hintergründe, Praxisprobleme und Ausblicke, juris PraxisReport 11/2009, Anm. 1.

Meckel, Marcus, Das neue zivile Zahlungsverkehrsrecht: Umsetzung der EU-Zahlungsdiensterichtlinie (Payment Services Directive – PSD) in das nationale deutsche Recht– Hintergründe, Praxisprobleme und Ausblicke (Teil 2), juris PraxisReport 12/2009, Anm. 1.

Meckel, Marcus, Das neue zivile Zahlungsverkehrsrecht: Umsetzung der EU-Zahlungsdiensterichtlinie (Payment Services Directive – PSD) in das nationale deutsche Recht – Hintergründe, Praxisprobleme und Ausblicke (Teil 3), juris PraxisReport 1/2010, Anm. 1.

Meckel, Marcus, Das neue zivile Zahlungsverkehrsrecht: Umsetzung der EU-Zahlungsdiensterichtlinie (Payment Services Directive – PSD) in das nationale deutsche Recht – Hintergründe, Praxisprobleme und Ausblicke (Teil 4), juris PraxisReport 2/2010, Anm. 1.

Medicus, Dieter/ Lorenz, Stephan, Schuldrecht I – Allgemeiner Teil, 18. Aufl., München 2008

Mertens, Bernd, Gesetzgebungskunst im Zeitalter der Kodifikationen, Tübingen 2004

Metzger, Jochen, Die Nutzung unbarer Zahlungsinstrumente in Deutschland, Kreditwesen 2008, S. 833 ff.

Meyer-Cording, Ulrich, Das Recht der Banküberweisung unter besonderer Berücksichtigung der steckengebliebenen Überweisungen, Tübingen 1951

Mickel, Wolfgang W./ Bergmann, Jan, Handlexikon der Europäischen Union, 3. Aufl., Baden-Baden 2005

Möllers, Thomas M J, Doppelte Rechtsfortbildung contra legem? - Zur Umgestaltung des Bürgerlichen Gesetzbuches durch den EuGH und nationale Gerichte, EuR 1998, S. 44

Mougenot, Dominique, Droit des obligations – La preuve, Brüssel 2002

Müller, Markus M., Mut zur Staatlichkeit. Volk, Demokratie und Staatlichkeit in der Verfassungsdebatte, in: Beckmann/Dieringer/Hufeld (Hrsg.), Eine Verfassung für Europa, 2. Aufl., Tübingen 2005, S. 119 ff.

Müller, Friedrich/Christensen, Ralph, Juristische Methodik, Band II – Europarecht, Berlin 2007

Müller, Gerd, Der Bereicherungsausgleich bei Fehlleistungen des Kreditinstituts im bargeldlosen Überweisungsverkehr, WM 2010, S. 1293

Müller-Graff, Peter-Christian, Das Privatrecht in der europäischen Integration, NJW 1993, S. 13

Müller-Graff, Peter-Christian, Gemeinsames Privatrecht in der Europäischen Gemeinschaft – Ansatzpunkte, Ausgangsfragen, Ausfaltungen, in: Müller-Graff (Hrsg.), Gemeinsames Privatrecht in der Europäischen Gemeinschaft, 2. Aufl., Baden-Baden 1999, S. 9 ff.

Murphy, Peter, Murphy on Evidence, 10. Aufl. Oxford 2008

Musielak, Hans-Joachim, Grundkurs ZPO, 10. Aufl., München 2010

Neau-Leduc, Philippe, Droit bancaire, 3. Aufl., Paris 2007

Nelle, Andreas, Anspruch, Titel und Vollstreckung im internationalen Rechtsverkehr, Tübingen 2000

Nobbe, Gerd, Die Rechtsprechung des Bundesgerichtshofs zum Überweisungsverkehr, WM Sonderbeilage 4/2001, S. 2

Kelsen, Hans, Reine Rechtslehre, 2. Aufl., Leipzig/Wien, 1960

Köndgen, Johannes Die Rechtsquellen des Europäischen Privatrechts, in: *Riesenhuber (Hrsg.)*, Europäische Methodenlehre, 2. Aufl., Berlin/New York 2010, S. 189 ff.

Kramer, Ernst A., Juristische Methodenlehre, 3. Aufl., München 2010.

Obermüller, Manfred/Kuder, Karen, SEPA-Lastschriften in der Insolvenz nach dem neuen Recht der Zahlungsdienste, ZIP 2010, S. 349

OECD (Hrsg.), Better Regulation in Europe – United Kingdom 2010, 2010

Odersky, Walter, Rechtsfragen zur Anwendung von Recht der Europäischen Union im Mitgliedstaat, ZEuP 1998, S. 485

O'Hare, John/ Browne, Kevin, Civil Litigation, 11. Aufl., London 2003

Öhlinger, Theo, Der Stufenbau der Rechtsordnung – rechtstheoretische und ideologische Aspekte, Wien 1975

Omlor, Sebastian/ Spies, Melanie, „Schematische Lösungen" im Bereicherungsrecht, JR 2011, S. 139

Ortmanns, Jens, Zum neuen Recht der Banküberweisung - Überweisungsvertrag und Haftung des überweisenden Kreditinstituts, Köln 2002

Osterried, Judith, Einzugsermächtigungsverfahren: Bankpraxis und juristische Einordnung, Frankfurt a.M. 2010

Palandt, Bürgerliches Gesetzbuch mit Nebengesetzen, 69. Aufl., München 2010 (zit.: Palandt/*Bearbeiter*)

Papadimitropoulos, Antonios V., Schuldverhältnisse mit Schutzwirkung zugunsten Dritter – Ein Erklärungsmodell für die Entstehung von Schutzpflichten gegenüber Dritten, Berlin 2007

Parthe, Reinhard, Zur Maßgeblichkeit von Kontonummer oder Empfängerbezeichnung im beleglosen und im beleggebundenen Überweisungsverfahren - Unwirksamkeit der BankAGB 1977 Nr 4 Abs 3 S 2 gemäß AGBG § 9, EWiR 1990, S. 37

Pauli, Frank-Christian, Wenn der Empfänger zur (Konto-)Nummer wird - Ein kleiner Fehler des AG München und ein gravierender Fehler des europäischen Gesetzgebers, NJW 2008, S. 2229

Pausch, Manfred, Die Sicherheit von Magnetstreifenkarten im automatisierten Zahlungsverkehr, CR 1997, S. 174

Pawlowski, Hans-Martin, Allgemeiner Teil des BGB – Grundlehren des bürgerlichen Rechts, 7. Aufl., Heidelberg 2003

Payan, Emmanuelle/ Farah, Marwan/ de Gracia, Julien-Pierre, Transposition de la DSP – Client gagnant!, Revue Banque 2009, Nr. 718, S. 51

Pechstein, Matthias, EU-/EG-Prozessrecht, 3. Aufl., Tübingen 2007

Peifer, Karl-Nikolaus, Schuldrecht – Gesetzliche Schuldverhältnisse, 2. Aufl., Köln 2010

Percy, R.A./ Walton, C. T., Charlesworth & Percy on Negligence, 9. Aufl., London 1997

Phipson, Sidney, Phipson on Evidence - The Law of Evidence, 16. Auflage, London 2005

Potacs, Michael, Effet utile als Auslegungsgrundsatz, EuR 2009, S. 465

Poulet-Gibot Leclerc, Nadine, Droit administratif: sources, moyens, contrôles, 3. Aufl. 2007

Prieß, Hans-Joachim, Die Haftung der EG-Mitgliedstaaten bei Verstößen gegen das Gemeinschaftsrecht, NVwZ 1993, S. 118

Priesemann, Johannes, Proposal for a Directive on Payment Services in the Internal Market. Overview and Initial Comments, EUREDIA 1/2006, S. 15

Prüm, André, Vers un espace européen des paiements, RD bancaire et financier 2004, S. 168

Prüm, André, Après l'euro, l'espace unique européen des paiements, RD bancaire et financier 2007, alerte 2

Prüm, André, Après l'euro, l'espace unique européen des paiements, Revue de droit bancaire et financier n° 3, mai 2007, alerte 5.

Prütting, Hanns/ Gehrlein, Markus, ZPO Kommentar, 1. Aufl., Köln 2010 (zit.: Prütting ZPO/ *Bearbeiter*)

Prütting, Hanns/ Wegen, Gerhard/ Weirich, Gerd, BGB Kommentar, 5. Aufl., Köln 2010 (zit.: Prütting BGB/*Bearbeiter*)

Rainer, Johannes Michael, Europäisches Privatrecht: Die Rechtsvergleichung, Frankfurt a.M. u.a. 2002.

Ranieri, Filippo, Europäisches Obligationenrecht – ein Handbuch mit Texten und Materialien, 3. Aufl., Wien 2009

Rauhut, Tilman, Fehlüberweisung wegen falscher Kontodaten, ZBB 2009, S. 32.

Rauscher, Thomas, Internationales Privatrecht mit internationalem und europäischen Verfahrensrecht, Heidelberg u.a. 2009

Rauscher, Thomas/ Wax, Peter/ Wenzel, Joachim (Hrsg.), Münchner Kommentar zur Zivilprozessordnung mit Gerichtsverfassungsgesetz und Nebengesetzen – Band 1 – §§ 1-510c, 3. Aufl., München 2008 (zit.: Münchner Kommentar ZPO/*Bearbeiter*)

Rauscher, Thomas/ Wax, Peter/ Wenzel, Joachim (Hrsg.), Münchner Kommentar zur Zivilprozessordnung mit Gerichtsverfassungsgesetz und Nebengesetzen – Band 3 – §§ 946-1086, 3. Aufl., München 2008 (zit.: Münchner Kommentar ZPO/*Bearbeiter,* Band 3)

Raymond, G., Des prélèvements bancaires autorisés par un consommateur, Revue Contrats Concurrence Consommation, April 1997

Rebmann, Kurt/ Säcker, Franz Jürgen/ Rixecker, Roland (Hrsg.), Münchner Kommentar zum BGB – Band 1/1 – Allgemeiner Teil §§ 1-240, 5. Auflage, München 2006 (zit.: Münchner Kommentar BGB/ *Bearbeiter*)

Rebmann, Kurt/ Säcker, Franz Jürgen/ Rixecker, Roland (Hrsg.), Münchner Kommentar zum BGB – Band 2 – Schuldrecht Allgemeiner Teil §§ 241-432, 5. Auflage, München 2007 (zit.: Münchner Kommentar BGB/*Bearbeiter*)

Rebmann, Kurt/ Säcker, Franz Jürgen/ Rixecker, Roland (Hrsg.), Münchner Kommentar zum BGB – Band 4 – Schuldrecht Besonderer Teil II §§ 611-704, 5. Aufl., München 2009 (zit.: Münchner Kommentar BGB/*Bearbeiter*)

Rebmann, Kurt/ Säcker, Franz Jürgen/ Rixecker, Roland (Hrsg.), Münchner Kommentar zum BGB – Band 6 – Sachenrecht §§ 854-1296, 5. Aufl., München 2009 (zit.: Münchner Kommentar BGB/*Bearbeiter*)

Rebmann, Kurt/ Säcker, Franz Jürgen/ Rixecker, Roland (Hrsg.), Münchner Kommentar zum BGB – Band 10 – Internationales Privatrecht – Rom-I-Verodnung – Rom-II-Verordnung – Einführungsgesetz zum Bürgerlichen Gesetzbuche, München 2010 (zit.: Münchner Kommentar BGB/ *Bearbeiter*)

Rebmann, Kurt/ Säcker, Franz Jürgen/ Rixecker, Roland (Hrsg.), Münchner Kommentar zum BGB – Band 11 – Internationales Privatrecht, Internationales Wirtschaftsrecht, Einführungsgesetz zum BGB (Art. 85-248), 5. Aufl., München 2010 (zit.: Münchner Kommentar BGB/*Bearbeiter*)

Recktenwald, Claus, Der Schadensfall bei EC-Karte und Netz – Anscheinsbeweis quo vadis?, AnwBl 4/2009, S. 265

Reich, Norbert/Micklitz, Hans-W., Europäisches Verbraucherecht, 4. Aufl. Baden-Baden 2003

Rengeling, Hans-Werner/ Middeke, Andreas/ Gellermann, Martin (Hrsg.), Handbuch des Rechtsschutzes in der EU, 2. Aufl., München 2003 (zit.: *Bearbeiter*, in: Handbuch des Rechtsschutzes in der EU)

Reuter, Dieter/ Martinek, Michael, Ungerechtfertigte Bereicherung, Tübingen 1983

Rheinstein, Max, Einführung in die Rechtsvergleichung, 2. Aufl. München 1987

Riehm, Thomas, Zugang zu den relevanten Materialien im Internet, in: Langenbucher (Hrsg.), Europarechtliche Bezüge des Privatrechts, 2. Auflage, Baden-Baden 2008, S. 526 ff.

Riesenhuber, Karl (Hrsg.), System und Prinzipien des europäischen Vertragsrechts, Berlin 2003

Riesenhuber, Karl/ Domröse, Ronny, Die Entlassung nach der Massenentlassungsrichtlinie - Bedeutung und Folgen des EuGH-Urteils vom 27.1.2005 - Rs. C-188/03, Junk, EWS 2005, S. 97

Riesenhuber, Karl/Domröse, Ronny, Richtlinienkonforme Rechtsfindung und nationale Methodenlehre - Zugleich eine Besprechung von EuGH, Urt. v. 5.10.2004 verb. Rs. C-397/01 bis 403/01 Pfeiffer u.a, RIW 2005, S. 47

Riesenhuber, Karl, Europäisches Vertragsrecht, 2. Aufl., Berlin 2006

Riesenhuber, Karl, Die Auslegung, in *Riesenhuber (Hrsg.),* Europäische Methodenlehre, 2. Aufl., Berlin/New York 2010, S. 315 ff.

Risse, Jörg/ Lindner, Nicola, Haftung der Banken nach dem neuen Überweisungsrecht, BB 1999, S. 2201

Rörig, Ursula, Die Direktwirkung von Richtlinien in Privatrechtsverhältnissen - eine Abgrenzung der richtlinienkonformen Auslegung vom Phänomen der Direktwirkung, Baden-Baden 2001.

Rösler, Patrick/ Werner, Stefan, Erhebliche Neuerungen im zivilen Bankrecht: Umsetzung von Verbraucherkredit- und Zahlungsdiensterichtlinie - Überblick über den Umsetzungsbedarf in der Bankpraxis anhand der vorliegenden Gesetzentwürfe, BKR 2009, S. 1.

Roth, Wulf-Henning, Die richtlinienkonforme Auslegung, in: *Riesenhuber (Hrsg.),* Europäische Methodenlehre, 2. Aufl. Berlin/New York 2010, S. 393 ff.

Rott, Peter, BB-Gesetzgebungsreport: Die Umsetzung der Richtlinie über den Fernabsatz von Finanzdienstleistungen im deutschen Recht, BB 2005, S. 53

Rotter, Klaus/ Placzek, Thomas, Beck'sches Mandats-Handbuch Bankrecht – Ansprüche, Verfahren, Strategie, München 2009

Rüffler, Friedrich, Richtlinienkonforme Auslegung nationalen Rechts, ÖJZ 1997, S. 121

Rühl, Wolfgang, Weitreichende Änderungen im Verbraucherdarlehensrecht und Recht der Zahlungsdienste, DStR 2009, S. 2256.

Rünz, Britta, Verbraucherschutz im Fernabsatz – Informationspflichten und Widerrufsrecht als Schutzinstrumente deutscher und europäischer Vorschriften, Münster 2004

Rüßmann, Helmut, Haftungsfragen und Risikoverteilung bei EC-Kartenmissbrauch, DuD 1998, S. 395

Rüthers, Bernd/ Fischer, Chrisitan, Rechtstheorie – Begriff, Geltung und Anwendung des Rechts, 5. Aufl., München 2010

Ryu, Paul K./Silving, Helen, Was bedeutet die sogenannte „Relativität der Rechtsbegriffe"?, ARSP 59 (1973) S. 57

Samuel, Geoffrey Howard/ Rinkes, Jac G.J., The English Law of Obligations, in: Müller-Graff (Hrsg.), Gemeinsames Privatrecht in der Europäischen Gemeinschaft, 2. Aufl., Baden-Baden 1999, S. 163 ff.

Sayer, Peter, Credit Cards and the Law, An Introduction, London 1988

Schäfer, Hans-Bernd, Grenzen des Verbraucherschutzes und adverse Effekte des europäischen Verbraucherrechts, in: Grundmann (Hrsg.), Systembildung und Systemlücken in Kerngebieten des europäischen Privatrechts, Tübingen 2000, S. 559.

Schäfer, Hans-Bernd/ Ott, Claus, Lehrbuch der ökonomischen Analyse des Zivilrechts, 4. Aufl., Berlin u.a. 2005

Schäfer, Frank/ Lang, Volker, Die aufsichtsrechtliche Umsetzung der Zahlungsdiensterichtlinie und die Einführung des Zahlungsinstituts, BKR 2009, S. 11.

Scheibengruber, Christian/ Breidenstein, Matthias, SEPA - Eine Zumutung für Verbraucher? - Ein Beitrag zur Analyse der Veränderung der Verteilung des Rückerlangungsrisikos bei fehlgeleiteten Überweisungen durch die Zahlungsdienstrichtlinie, WM 2009, S. 1393

Scheibengruber, Christian, Zur Zulässigkeit und Sinnhaftigkeit der Verlagerung des Missbrauchsrisikos bei Zahlungsdiensten auf die Nutzer – Ein Beitrag zur Analyse der Umsetzung der Zahlungsdiensterichtlinie in das BGB und die AGB der Banken, BKR 2010, S.15

Scheibengruber, Christian, Unzulässige AGB-Klauseln in den neuen Bedingungen für Zahlungskarten und Onlinebanking, NJW 2010, S. 2396

Scheibengruber, Christian, Unzulässige AGB-Klauseln in den neuen Bedingungen für Zahlungskarten und Onlinebanking, NJOZ 2010, S. 1366

Scheller, Hanspeter K., Von der Wechselkursfixierung zum Euro als gesetzlichem Zahlungsmittel, in: *Francke,* Europäische Währungsunion – von der Konzeption zur Gestaltung, Berlin 1998

Scherzberg, Arno, Die innerstaatlichen Wirkungen von Richtlinien, Jura 1993, S. 225

Scheuren-Brandes, Christoph, EuGH kürt Geldschuld bei Banküberweisung zur Bringschuld?! - Zugleich Besprechung EuGH v 3-4-2008 - Rs C-306/06, ZIP 2008, 732 - 01051 Telecom, ZIP 2008, 1463

Schimansky, Herbert/ Bunte, Hermann-Josef/ Lwowski, Hans-Jürgen, Bankrechts-Handbuch, Band 1, 3. Aufl., München 2007 (zit.: *Bearbeiter,* in: Bankrechts-Handbuch, Band 1)

Schinkels, Boris, Die Verteilung des Haftungsrisikos für Drittmissbrauch von Medien des bargeldlosen Zahlungsverkehrs, Berlin 2001

Schinkels, Boris, Zahlungsdienste (§§ 675c bis 676c BGB); Wertpapierübertragung (§ 675b BGB), in: Gebauer/Wiedmann (Hrsg.), Zivilrecht unter europäischem Einfluss – Die richtlinienkonforme Auslegung des BGB und anderer Gesetze – Kommentierung der wichtigsten EU-Verordnungen, 2. Aufl., Stuttgart 2010, S. 749 ff

Schlechtriem, Peter, Prinzipien und Vielfalt: Zum gegenwärtigen Stand des deutschen Bereicherungsrechts, ZHR 149 (1985), S. 327

Schleich, Thorsten/ Götz, Florian/ Nübel, Jan Patrick, Lastschrift in der Insolvenz - Rechtssicherheit durch die abgestimmten Entscheidungen des IX. und XI. Senates des BGH?, DZWIR 2010, S. 409

Schmidt, Marek, Privatrechtsangleichende EU-Richtlinien und nationale Auslegungsmethoden, RabelsZ 59 (1995), S. 569

Schmidt, Rolf, Schuldrecht Besonderer Teil II – Gesetzliche Schuldverhältnisse, 5. Aufl., Hannover 2007

Schmidt, Karsten (Hrsg.), Münchener Kommentar zum Handelsgesetzbuch, Band 5. Viertes Buch. Handelsgeschäfte. Erster Abschnitt. Allgemeine Vorschrift - §§ 343-372 - Recht des Zahlungsverkehrs, Effektengeschäft, Depotgeschäft, Ottawa Übereinkommen über Internationales Factoring, 2. Auflage, München 2009 (zit.: Münchner Kommentar HGB/*Bearbeiter*)

Schmidtchen, Dieter, Der More Economic Approach in der Wettbewerbspolitik, WuW 2006, S. 6.

Schmidt-Kessel, Martin, Zahlungszeit (§§ 269 bis 271 BGB) und Verzug (§§ 280 Abs. 1 und 2, 286, 288 BGB), in: Gebauer/Wiedmann, Zivilrecht unter europäischen Einfluss – Die richtlinienkonforme Auslegung des BGB und andere Gesetze – Kommentierung der wichtigsten EU-Verordnungen, 2. Aufl., Stuttgart 2010, S. 143 ff.

Schnorbus, York, Die richtlinienkonforme Rechtsfortbildung im nationalen Privatrecht - Eine Untersuchung zur europarechtlich bedingten Lücke im Gesetz, AcP 201 (2001), S. 860

Schoißwohl, Birgit, Staatshaftung wegen Gemeinschaftsrechtsverletzung – Anspruchsgrundlage und materielle Voraussetzungen, Wien 2002

Schön, Wolfgang, Prinzipien des bargeldlosen Zahlungsverkehrs, AcP 198 (1998), 401

Schönle, Herbert, Ort und Zeit bargeldloser Zahlung, in: Festschrift für Winfried Werner zum 65. Geburtstag, Berlin/New York 1984, S. 817 ff.

Schroeder, Werner, Auslegung des EU-Rechts, JuS 2004, S. 180

Schröder, Ole/ Würdemann, Christian, Verständlichere Gesetzessprache – Institutionalisierung der Sprachprüfung im Gesetzgebungsverfahren, ZRP 2007, S. 231

Schübel-Pfister, Isabel, Sprache und Gemeinschaftsrecht – Die Auslegung der mehrsprachig verbindlichen Rechtstexte durch den Europäischen Gerichtshof, Berlin 2004.

Schulz, Carsten, Das neue Recht der Banküberweisung, ZBB 1999, S.287

Schulze, Reiner, Vergleichende Gesetzesauslegung und Rechtsangleichung, ZfRV 1997, S. 183

Schulze, Reiner (Hrsg.), Handkommentar BGB, 6. Aufl., Baden-Baden 2009 (zit.: BGB-Handkommentar/*Bearbeiter*)

Schwartze, Andreas, Die Rechtsvergleichung, in: *Riesenhuber (Hrsg.),* Europäische Methodenlehre, 2. Aufl. Berlin/New York 2010, S. 112 ff.

Schwintowski, Hans-Peter/ Schäfer, Frank A., Bankrecht – Commercial Banking – Investment Banking, 2. Aufl., Köln u.a. 2004

Schwintowski, Hans-Peter, Juristische Methodenlehre, Frankfurt a.M. 2005

Sciarrone Alibrandi, Antonella, Contractual Regulations – Rights and Obligations of Users and Providers of Payment Services, EUREDIA 4/2009, S. 635

Selck, Torsten J., Preferences and Procedures – European Union legislative decision-making, Dordrecht 2006

Seyad, Sideek M., A critical assessment of the Payment Services Directive, Journal of International Banking Law and Regulation, 2008, S. 218

Sherf-Martin, Note Cour de Cassation, Chambre Commerciale, 18 septembre 2007, RTD 2008, S. 180.

Simitis, Spiros (Hrsg.), Bundesdatenschutzgesetz, 6. Aufl., Baden-Baden 2006 (zit.: Simitis/*Bearbeiter*)

Siol, Joachim, Zu den Aufklärungspflichten und der vertraglichen Schutzwirkung beim bargeldlosen Zahlungsverkehr, WuB I D 1

Skouris, Vassilios, Effet Utile Versus Legal. Certainty: The Case-law of the Court of Justice on the Direct Effect of Directives,17 EBLR 2006, 241.

Smismans, Stijn, Law, Legitimacy, and European Governance – Function Participation in Social Regulation, Oxford 2004

Sonnenberger, Hans Jürgen/ Autexier, Christian, Einführung in das französische Recht, Heidelberg 2000

Sousi, Blanche, La transposition en France de la directive sur les services de paiement – ce qu'on voit et ce qu'on ne voit pas, Euredia 2009, S. 653

Spindler, Gerald, Haftungsrisiken und Beweislast bei ec-Karten, BB 2004, S. 2766

Staake, Marco, Die Bestimmung des Leistenden im Überweisungsrechts - Zugleich eine Besprechung von BGH, Urteil vom 21.10.2004, WM 2005, S. 2113

J. von Staudingers Kommentar zum Bürgerlichen Gesetzbuch mit Einführungsgesetz und Nebengesetzen – Einleitung zum BGB und Allgemeiner Teil 1, Berlin 2004 (zit.: Staudinger/*Bearbeiter,* Einleitung zum BGB)

J. von Staudingers Kommentar zum Bürgerlichen Gesetzbuch mit Einführungsgesetz und Nebengesetzen – 2. Buch. Recht der Schuldverhältnisse §§ 652-704, Neubearbeitung Berlin 2006 (zit: Staudinger/ *Bearbeiter*)

Staudinger, Ansgar, Vermeidung des Schuldnerverzugs nach Gemeinschaftsrecht: Entscheidender Zeitpunkt bei Zahlung durch Banküberweisung, DNotZ 2009, S. 196

J. von Staudingers Kommentar zum Bürgerlichen Gesetzbuch mit Einführungsgesetz und Nebengesetzen – Eckpfeiler des Zivilrechts, Neubearbeitung 2011, Berlin 2010 (zit: *Bearbeiter,* in: Eckpfeiler)

Steele, Jenny, Tort Law: Text, Cases, and Materials, Oxford 2007

Steennot, Reinhard, Erroneous Execution of Payment Transactions and Unauthorised Use of Payment Instruments: The Proposal for a Directive on Payment Services in the Internal Market, EUREDIA 1/2006, S. 69

Steennot, Reinhard, The Single Euro Payments Area (SEPA) and the Payment Services Directive (PSD): What's in it for Consumers?, European Journal of Consumer Law 2010, S. 83

Steennot, Reinhard, Allocating liability in case of fraudulent use of electronic payment instruments and the Belgian mobile payment instrument pingping, Financial Law Institute Working Paper 2010-12, Gent 2010

Steinmüller, Werner, Konsolidierung im deutschen Zahlungsverkehr – Notwendigkeit oder Chance, Kreditwesen 2009, S. 845

Strömholm, Stig, Rechtsvergleichung und Rechtsangleichung – Theoretische Möglichkeiten und praktische Grenzen in der Gegenwart, RabelsZ 56 (1992), S. 611

Strube, Hartmut, Haftungsrisiken der ec-Karte, WM 1998, S.1210

Stürner, Michael, Common Law, Civil Law und Europäisches Privatrecht – zur Angleichung methodischer Ansätze in den Gemeinschaftsrechtsordnungen, in: Jahrbuch junger Zivilrechtswissenschaftler 2004 – Europäisches Privatrecht, Nehren 2005, S. 79 ff

Stuyck, J. /Wytinck, P., Comment on case C-106/89 – Marleasing, 28 CMLRev 1991, S. 205

Taupitz, Jochen, Zivilrechtliche Haftung bei Kreditkartenmissbrauch, Frankfurt a.M. 1995

Terré, François, Introduction générale au droit, 8. Aufl., Paris 2009

Tetzlaff, Christian, Befugnis des vorläufigen Verwalters/Treuhänders zur Versagung der Genehmigung für Lastschrifteinlösungen im Einziehungsermächtigungsverfahren, jurisPR-InsR 17/2010 Anm. 2

Tetzlaff, Christian, Insolvenzfestigkeit von Zahlungen mittels SEPA-Lastschriftverfahrens, jurisPR-InsR 19/2010 Anm. 3

Thalmair, Roland, Staatshaftung aufgrund nicht oder fehlerhaft umgesetzten bzw. angewandten EG–Rechts, DStR 1996, S. 1975

Theewen, Eckhard M., Zur Bankenhaftung im bargeldlosen Zahlungsverkehr, BKR 2008, S. 387

Thode, Reinhold, Richtlinienkonforme Rechtsfortbildung gegen Wortlaut des nationalen Gesetzes, jurisPR-PrivBauR 4/2009 Anm. 1

Thunis, The second European recommendation concerning payment systems: new obligations for card issuers?, Journal of International Banking Law 1992, S. 101

Tilmann, Winfried, Eine Privatrechtskodifikation für die Europäische Gemeinschaft?, in: Müller-Graff (Hrsg.), Gemeinsames Privatrecht in der Europäischen Gemeinschaft, 2. Aufl., Baden-Baden 1999, S. 579 ff.

Torck, S., L'exécution et la contestation des opérations de paiement, JCP E 2010, S. 1033

Toussaint, Guido, Das Recht des Zahlungsverkehrs im Überblick, Berlin 2009

Treude, Christoph, Elektronisches Geld, Norderstedt 2005

Tschentscher, Axel, Demokratische Legitimation der dritten Gewalt, Tübingen 2006

Turing, Dermot/ Crown, Simon, 21st Century Payments in Europe: The Payment Services Directive, Journal Payment Systems Law, 2007, S. 1

Ukrow, Jörg, Richterliche Rechtsfortbildung durch den EuGH, Baden-Baden 1995.

Ulmer, Peter/ Brandner, Horst-Diether/ Hensen, Guido, AGB-Recht – Kommentar zu den §§ 305-310 BGB und zum UKlaG, 10. Aufl., Köln 2006 (zit.: Ulmer/Brandner/Hensen/*Bearbeiter*)

Unberath, Hannes, Die richtlinienkonforme Auslegung am Beispiel der Kaufrechtsrichtlinie, ZEuP 2005, S. 5

Unruh, Peter, Die Unionstreue – Anmerkungen zu einem Rechtsgrundsatz der Europäischen Union, EuR 2002, S. 41

Usher, John, Community Law and Private Law – a view from the United Kingdom, in: Müller-Graff (Hrsg.), Gemeinsames Privatrecht in der Europäischen Gemeinschaft, 2. Aufl., Baden-Baden 1999, S. 241 ff.

Usher, John, The Law of Money and Financial Services in the European Community, Oxford 2000

Usher, John, The Commission and the Law, in: Spence/Edwards, The European Commission, 2006, S. 103 ff

Vanden Bosch, Michèle/ Mathey, Nicolas, Dossier : Le marché unique des services de paiement en Europe – La directive sur les services de paiement, Revue de Droit bancaire et financier, 2007, dossier 19.

Van Gelder, Alfons, Schutzpflichten zugunsten Dritter im bargeldlosen Zahlungsverkehr?, WM 1995, S. 1253

Vieweg, Klaus/ Werner, Almuth, Sachenrecht, 4. Aufl., Köln 2010

Vogenauer, Stefan, Eine gemeineuropäische Methodenlehre des Rechts - Plädoyer und Programm, ZEuP 2005, S. 234

Vosberg, Till, Zum Lastschriftwiderruf durch den vorläufigen Insolvenzverwalter, EWiR 2010, S. 537

Wacke, Andreas, Dolo facit qui petit quod (statim) redditurus est, JA 1982, S. 477.

Wadsley, Joan/ Penn, Graham, The law relating to domestic banking, 2. Aufl., London 2000

Wagner, Magnus, Neues aus Karlsruhe zum Einzugsermächtigungsverfahren – Steine statt Brot für Banken und Insolvenzverwalter, NZI 2008, S. 721

Wagner, Magnus, Die rechtliche Beachtlichkeit des eigenmächtig erklärten „Lastschriftwiderspruchs" des vorläufigen Insolvenzverwalters mit Zustimmungsvorbehalt, NZI 2010, S. 471

Wagner, Magnus, Der „Lastschrift-Friedensschluss" vom 20. 7. 2010 und seine Auswirkungen auf die Insolvenzverwaltungspraxis, NZI 2010, S. 785

Wahrig, Gerhard (Hrsg.), Deutsches Wörterbuch, Gütersloh u.a. 1975

Walkhoff, Henner, Perspektiven des Zahlungsverkehrs in der Währungsunion, in: *Francke*, Europäische Währungsunion – von der Konzeption zur Gestaltung, Berlin 1998

Wand, Lothar, Die grenzüberschreitende Lastschrift, in: Hadding/Schneider, Grenzüberschreitender Zahlungsverkehr im Europäischen Binnenmarkt, Köln 1997, S. 117 ff.

Wandhöfer, Ruth, The PSD - Support or challenge for SEPA?, EUREDIA 1/2009, S.21

Wank, Rolf, Objektsprache und Metasprache – Geltungsprobleme bei Verfassungen und Rechtsgeschäften, Rechtstheorie 1982, S. 465

Wank, Rolf, Die Auslegung von Gesetzen, 4. Aufl., Köln/München 2008

Weber, Beatrix, Recht des Zahlungsverkehrs - Überweisung, Lastschrift, Scheck, ec- und Kreditkarte, Internet, Insolvenz, Berlin 2004

Weihs, Antje, Zur Haftung der beteiligten Banken bei Fehlleitung eines Überweisungsbetrages, insbesondere zur Berücksichtigung eines Mitverschuldens des Kunden, WuB I D 1.

Wermke/Kunkel-Razum/Scholze-Stubenrecht (Hrsg.), Duden – Das Synonymwörterbuch, Mannheim 2007

Werner, Stefan, Anscheinsbeweis und Sicherheit des ec-PIN-Systems im Lichte der neueren Rechtsprechung, WM 1997, S. 1516

Werner, Stefan, Rechtliche Neuerungen im Lastschriftverfahren – insbesondere das SEPA-Lastschriftverfahren, BKR 2010, S. 9

Werner, Stefan, Das Weisungsrecht im Überweisungsrecht, BKR 2010, S. 353

Westermann, Harm Peter/ Bydlinski, Peter/ Weber, Ralph, BGB-Schuldrecht Allgemeiner Teil, 6. Aufl., Heidelberg u.a. 2007

Westermann, Harm Peter (Hrsg.), Erman – Bürgerliches Gesetzbuch Handkommentar, 12. Aufl., Köln 2008 (zit.: Erman/*Bearbeiter*)

Wiedemann, Herbert/Schultz, Oliver, Grenzen der Bindung bei langfristigen Kooperationen, ZIP 1999, S. 1

Wieland, Joachim, Der EuGH im Spannungsverhältnis zwischen Rechtsanwendung und Rechtsgestaltung, NJW 2009, S. 1841

Wiedmann, Thomas/ Gebauer, Marin, Entwicklung des Europäischen Privatrechts – Zuständigkeiten, Organe und Gesetzgebungsverfahren der EU – Vertrag von Lissabon – Zukunftspläne, in: Gebauer/Wiedmann (Hrsg.), Zivilrecht unter europäischen Einfluss – Die richtlinienkonforme Auslegung des BGB und anderer Gesetze – Kommentierung der wichtigsten EU-Verordnungen, 2. Aufl., Stuttgart 2010, S. 3 ff.

Wiethölter, Rudolf, Begriffs- oder Interessenjurisprudenz, in: Internationales Privatrecht und Rechtsvergleichung im Ausgang des 20. Jahrhunderts :

Bewahrung oder Wende? Festschrift für Gerhard Kegel, Frankfurt a.M. 1977, S. 213-263

Wilkens, Jochen, Das Überweisungsgesetz, MDR 1999, S.1236

Willershausen, Claudia, Anwendbarkeit des Anscheinsbeweises auf Zahlungskartentransaktionen auch nach Umsetzung der PSD – Besprechung von AG Berlin-Mitte, Urteil v. 25.11.09 – 21 C 442/08, juris PraxisReport-BKR 4/2010, Anm. 6

Wimmer-Leonhardt, Susanne, Die Haftung gegenüber den Bankkunden im mehrgliedrigen Zahlungsverkehr – Die Rechtslage in Deutschland mit rechtsvergleichenden und europarechtlichen Bezügen, Baden-Baden 1996

Winkelhaus, Jan-Dirk, Der Bereicherungsausgleich im Lichte des neuen Zahlungsdiensterechtes, BKR 2010, S. 441

Wittig, Arne, Lastschriftzahlungen in Krise und Insolvenz des Schuldners - Versuch einer Bestandsaufnahme, in: Entwicklungslinien im Bank- und Kapitalmarktrecht - Festschrift für Gerd Nobbe, Köln 2009, S. 237 ff.

Wolff, Zahlungsverkehrsabkommen im Kreditgewerbe, in: Recht und Wirtschaft in Geschichte und Gegenwart - Festschrift für Johannes Bärmann zum 70. Geburtstag, München 1975, S. 1057

Wölk, Jonas, Die Umsetzung von Richtlinien der Europäischen Gemeinschaft – Eine rechtsvergleichende Untersuchung zum Recht der Bundesrepublik Deutschland, der französischen Republik und des Vereinigten Königreichs, Baden-Baden 2002

Wolters, Martin, Geld weg bei falscher Kontonummer?, VuR 2009, S. 16

Wurmnest, Wolfgang, Grundzüge eines europäischen Haftungsrechts, Tübingen 2003

Zeno-Zencovich, Vincenzo, Le direttive sulla „Qualità redazionale della legislazione communitari“, in: Visintini (Hrsg.), Analisi di leggi-campione – Problemi di tecnica legislativa, Padova 1995, S. 690 ff.

Zimmermann, Reinhard, Historische Verbindungen zwischen civil law und common law, in: Müller-Graff (Hrsg.), Gemeinsames Privatrecht in der Europäischen Gemeinschaft, 2. Aufl., Baden-Baden 1999, S. 103 ff.

Zippelius, Reinhold, Juristische Methodenlehre, 9. Aufl., München 2005

Zschoche, Hans D., Zur dogmatischen Einordnung des Lastschriftverfahrens unter besonderer Berücksichtigung der Vertrauensstrukturen, Berlin 1981

Zuckerman, Adrian, Zuckerman on Civil Procedure, Principles of Practice, London 2006

Zwade, Christian/ Mühl, Thomas, Der Aufwendungsersatz- und Schadensersatzanspruch im Kreditkartengeschäft - unter besonderer Berücksichtigung der Beweislastverteilung und -führung, WM 2006, S. 1225

Zweigert, Konrad, Rechtsvergleichung als universale Interpretationsmethode, RabelsZ 15 (1949/50), S. 17

Verzeichnis europäischer Quellen[1211]

Empfehlung 87/598/EWG der Kommission vom 8. Dezember 1987 für einen Verhaltenskodex im Bereich des elektronischen Zahlungsverkehrs (Beziehungen zwischen Finanzinstituten, Händlern/Dienstleistungserbringern und Verbrauchern), ABl. EG L 365 vom 24.12.1987, S. 72

Empfehlung 88/590/EWG der Kommission vom 17 November 1988 zu Zahlungssystemen, insbesondere zu den Beziehungen zwischen Karteninhabern und Kartenausstellern, ABl. EG L 317 vom 24.11.1988, S. 55.

Abschlussbericht der „Beratergruppe für technische Entwicklungen im Zahlungsverkehr“ an die Kommission vom 20.2.1992

Entschließung des Rates vom 8. Juni 1993 über die redaktionelle Qualität gemeinschaftsrechtlicher Rechtsvorschriften, Abl. EG C 166 vom 17.6.1993, S. 1

Richtlinie 97/5/EG des Europäischen Parlaments und des Rates vom 27. Januar 1997 über grenzüberschreitende Überweisungen, ABl. EG Nr. L 43 S. 25

Richtlinie 97/7/EG des Europäischen Parlaments und des Rates vom 20. Mai 1997 über den Verbraucherschutz bei Vertragsschlüssen im Fernabsatz, ABl. EG Nr. L 144, S. 19

Empfehlung 97/489/EG vom 30. Juli 1997 zu den Geschäften, die mit elektronischen Zahlungsinstrumenten getätigt werden (besonders zu den Beziehungen zwischen Emittenten und Inhabern solcher Instrumente), ABl. EG Nr. L 208 vom 2.8.1997, S. 52

Entschließung des Europäischen Parlaments zu der Mitteilung der Kommission an das Europäische Parlament, den Rat, das Europäische Währungsinstitut und den Wirtschafts- und Sozialausschuß "Stärkung des Vertrauens der Kunden in elektronische Zahlungsmittel im Binnenmarkt", (KOM(97)0353 - C4-0486/97), A4-28/98

Mitteilung der Kommission vom 11. Mai 1999 „Umsetzung des Finanzmarktrahmens: Aktionsplan", KOM(1999) 232 endg.

Richtlinie 2000/46/EG des Europäischen Parlaments und des Rates vom 18. September 2000 über die Aufnahme, Ausübung und Beaufsichtigung der Tätigkeit von E-Geld-Instituten, Abl. EG Nr. L 275 vom 27/10/2000 S. 39

1211 Sämtliche Quellen sind online entweder über Eur-lex oder über die Dokumentenarchive des Rates bzw. des europäischen Parlements verfügbar. Die entsprechenden Internetadressen lauten:
http://eur-lex.europa.eu/de/index.htm
http://www.consilium.europa.eu/showPage.aspx?id=1279&lang=de
http://www.europarl.europa.eu/RegWeb/application/registre/simpleSearch.faces

Verordnung (EG) Nr. 1049/2001 vom 30.05.2001 über den Zugang der Öffentlichkeit zu Dokumenten des Europäischen Parlaments, des Rates und der Kommission, Abl. EG L 145 vom 31.05.2001, S. 43

Stellungnahme der Europäischen Zentralbank v. 26. 10. 2001 zu einem Vorschlag für eine Verordnung des Europäischen Parlaments und des Rates über grenzüberschreitende Zahlungen in Euro, COM/2001/34.

Verordnung (EG) Nr. 2560/2001 des Europäischen Parlaments und des Rates vom 19. Dezember 2001 über grenzüberschreitende Zahlungen in Euro, ABl. EG L 344 vom 28.12.2001, S. 13

Arbeitsdokuments „Ein möglicher Rechtsrahmen für einen einheitlichen Zahlungsverkehrsraum im Binnenmarkt" vom 07.05.2002, MARKT/208/2001

Stellungnahme der Deutschen Bundesbank vom 31.7.2002 zum Arbeitsdokument „Ein möglicher Rechtsrahmen für einen einheitlichen Zahlungsverkehrsraum im Binnenmarkt"

Richtlinie 2002/65/EG des Europäischen Parlaments und des Rates vom 23. September 2002 über den Fernabsatz von Finanzdienstleistungen an Verbraucher und zur Änderung der Richtlinie 90/619/EWG des Rates und der Richtlinien 97/7/EG und 98/27/EG, ABl. EG Nr. L 271, S. 16

Binnenmarktstrategie - Vorrangige Aufgaben 2003-2006, KOM/2003/238 endg.

Kommissionsmitteilung „Ein neuer Rechtsrahmen für den Zahlungsverkehr im Binnenmarkt" vom 2.12.2003, KOM/2003/718 endg.

Verordnung (EG) Nr. 920/2005 vom 12.6.2005 zur Änderung der Verordnung Nr. 1 vom 15.4.1958 zur Regelung der Sprachenfrage für die EWG und der Verordnung Nr. 1 vom 15.4.1958 zur Regelung der Sprachenfrage für die Europäische Atomgemeinschaft sowie zur Einführung befristeter Ausnahmeregelungen zu diesen Verordnungen, Abl. EG L 156 v. 18.6.2005, S. 3-4

Mitteilung der Kommission an den Rat und das Europäische Parlament - Gemeinsame Maßnahmen für Wachstum und Beschäftigung: das Lissabon-Programm der Gemeinschaft, KOM/2005/330 endg.

Vorschlag für eine Verordnung des Europäischen Parlaments und des Rates über die Übermittlung von Angaben zum Auftraggeber bei Geldtransfers, KOM(2005) 343 endg.

Weißbuch für Finanzdienstleistungspolitik 2005-2010 vom 01.12.2005, KOM(2005) 629 endg.

Vorschlag für eine Richtlinie des Europäischen Parlaments und des Rates über Zahlungsdienste im Binnenmarkt und zur Änderung der Richtlinien 97/7/EG, 2000/12/EG und 2002/65/EG (von der Kommission vorgelegt), Brüssel, den 1.12.2005, KOM(2005) 603 endg.

Entwurf einer Stellungnahme des Rechtsausschusses vom 7 Juni 2006, Vorschlag für eine Richtlinie des Europäischen Parlaments und des Rates über Zahlungsdienste im Binnenmarkt und zur Änderung der Richtlinien 97/7/EG, 2000/12/EG und 2002/65/EG, , PE 374.163v01-00

Comments of the Zentraler Kreditausschuss on the proposal by the European Commission for a "Directive of the European Parliament and of the Council on payment services in the internal market and amending Directives 97/7/EC, 2000/12/EC and 2002/65/EC" of 1 December 2005 (COM[2005] 603 final), 6.2.2006

Stellungnahme der Europäischen Zentralbank vom 26.04.2006 zu einem Vorschlag für eine Richtlinie über Zahlungsdienste im Binnenmarkt (CON/2006/21).

Single Euro Payments Area - Joint statement from the European Commission and the European Central Bank, Frankfurt a.M., 4.5.2006

Bericht über den Vorschlag für eine Richtlinie des Europäischen Parlaments und des Rates über Zahlungsdienste im Binnenmarkt, 20.09.2006, Ausschuss für Wirtschaft und Währung Berichterstatter: Jean-Paul Gauzès, A6-0298/2006 endg.

Entwurf von Schlussfolgerungen des Rates zum einheitlichen Euro-Zahlungsverkehrsraum vom 3. Oktober 2006, Dokument Nr. 13544/06

Vermerk des Vorsitzes für die Gruppe "Finanzdienstleistungen" (Attachés – Zahlungsdienste) betreffend Vorschlag für eine Richtlinie des Europäischen Parlaments und des Rates über Zahlungsdienste im Binnenmarkt und zur Änderung der Richtlinien 97/7/EG, 2000/12/EG und 2002/65/EG, 14765/06, Brüssel, 3.11.2006

Vermerk des Vorsitzes für die Gruppe "Finanzdienstleistungen" (Attachés – Zahlungsdienste) betreffend Vorschlag für eine Richtlinie des Europäischen Parlaments und des Rates über Zahlungsdienste im Binnenmarkt und zur Änderung der Richtlinien 97/7/EG, 2000/12/EG und 2002/65/EG, 15384/06, Brüssel, 16.11.2006

Stellungnahme des Europäischen Wirtschafts- und Sozialausschusses zum Thema „Umsetzung des Lissabon-Programms der Gemeinschaft: Vorschlag für eine Richtlinie des Europäischen Parlaments und des Rates über Zahlungsdienste im Binnenmarkt und zur Änderung der Richtlinien 97/7/EG, 2000/12/EG und 2002/65/EG", ABl. EG vom 23.12.2006, C 318/51

Legislative Entschließung des Europäischen Parlaments vom 24. April 2007 zu dem Vorschlag für eine Richtlinie des Europäischen Parlaments und des Rates über Zahlungsdienste im Binnenmarkt und zur Änderung der Richtlinien 97/7/EG, 2000/12/EG und 2002/65/EG (KOM(2005)0603 – C6-

0411/2005 – 2005/0245 (COD)), P6_TA-PROV(2007)0128 A6-0298/2006

Kompromissvorschlag des Rates vom 22.3.2007 (Dossier 2005/0245, Dokument 7665/07)

Grünbuch über Finanzdienstleistungen für Privatkunden im Binnenmarkt, Brüssel, 30.4.2007, KOM(2007) 226 endg.

Richtlinie 2007/64/EG des Europäischen Parlaments und des Rates vom 13. November 2007 über Zahlungsdienste im Binnenmarkt, zur Änderung der Richtlinien 97/7/EG, 2002/65/EG, 2005/60/EG und 2006/48/EG sowie zur Aufhebung der Richtlinie 97/5/EG Text von Bedeutung für den EWR, Abl. EG Nr. L 319 vom 5.12.2007 S. 1

Finanzdiensteleistungen – Euro-Zahlungsverkehrsraum – Schlussfolgerungen des Rates, Mitteilung an die Presse, 2844. Tagung des Rates Wirtschaft und Finanzen, 22.01.2008

Richtlinie 2008/48/EG des Europäischen Parlaments und des Rates vom 23.04.2008 über Verbraucherkreditverträge und zur Aufhebung der Richtlinie 87/102/EWG des Rates Verbraucherkreditrichtlinie – ABl. EG Nr. L 133 S. 66

Mitteilung der Kommission vom 28.10.2008, „Finanzdienstleistungen – Abstecken eines Aktionsrahmens“

Annual Progress Report on the State of SEPA Migration in 2008

Der einheitliche Euro-Zahlungsverkehrsraum (SEPA) – Ein integrierter Markt für Massenzahlungen, Europäische Zentralbank (Hrsg.), Frankfurt a.M. 2009

Mitteilung der Kommission - Vollendung des Einheitlichen Euro-Zahlungsverkehrsraums SEPA: Fahrplan 2009-2012, Brüssel, 10.9.2009, KOM(2009) 471 endg.

Bericht der Kommission „27. Jahresbericht über die Kontrolle der Anwendung des EU-Rechts (2009)“, Brüssel, den 1.10.2010, KOM(2010) 538 endg.

Verordnung (EG) Nr. 924/2009 des Europäischen Parlaments und des Rates vom 16. September 2009 über grenzüberschreitende Zahlungen in der Gemeinschaft und zur Aufhebung der Verordnung (EG) Nr. 2560/2001, ABl. EG L 266 vom 9.10.2009, S. 11–18

Second Annual Progress Report on the State of SEPA Migration in 2009, Brussels, 9 November 2009, MARKT/H3/ZK/GH D(2009)

Vertrag über die Europäische Union, Fassung aufgrund des am 1.12.2009 in Kraft getretenen Vertrages von Lissabon (Konsolidierte Fassung bekanntgemacht im ABl. EG Nr. C 115 vom 9.5.2008, S. 13)

Statistics concerning Judicial Activity in 2009 - The number of judgments delivered in 2009 is one of the highest in the Court of Justice’s history, Court

of Justice of the European Union, PRESS RELEASE No 29/10, Luxembourg, 15 March 2010
Working Paper on SEPA Migration End-Date, Kommissionsdokument, Brüssel 2.6.2010.

Saarbrücker Studien zum Privat- und Wirtschaftsrecht

herausgegeben von
Prof.em. Dr. Johann Paul Bauer
Prof. Dr. Dr. Dr. h.c. mult. Michael Martinek
Prof. Dr. Dr. h.c. Helmut Rüßmann

Die Schriftenreihe "Saarbrücker Studien zum Privat- und Wirtschaftsrecht" bildet in erster Linie ein Forum für rechtswissenschaftliche Doktorarbeiten der Universität des Saarlandes auf zwei juristischen Schwerpunktgebieten. Zum einen sollen Dissertationen im klassischen Privatrecht, vor allem im bürgerlichen Vermögensrecht der ersten drei Bücher des BGB und ihrer Nebengesetze vorgestellt werden. Zum anderen findet das Wirtschaftsrecht im Sinne des Wirtschaftsprivatrechts besondere Berücksichtigung, womit namentlich die Gebiete des Handelsrechts einschließlich des Bilanzrechts, des Personen- und Kapitalgesellschaftsrechts einschließlich des Konzernrechts, des Gewerblichen Rechtsschutzes sowie des Wettbewerbs- und Kartellrechts bezeichnet sind. Es versteht sich, daß nicht nur rechtsdogmatische Studien, sondern auch rechtstatsächlich, rechtspolitisch oder interdisziplinär angelegte Arbeiten in die Schriftenreihe Aufnahme finden. Denn die Rechts- und Wirtschaftswissenschaftliche Fakultät der Universität des Saarlandes vereinigt unter *einem* Dach die Fachbereiche Rechtswissenschaft und Wirtschaftswissenschaft und regt damit Studenten und Hochschullehrer in besonderer Weise zu fachübergreifender Lehre und Forschung an. Die Schriftenreihe steht aber nicht nur sehr guten und ausgezeichneten Dissertationen, sondern auch anderen "Studien" zu privat- und wirtschaftsrechtlichen Themen offen, bis hin zu Materialien und Skripten des akademischen Unterrichts. Die drei Herausgeber, die zugleich stellvertretend für ihre anderen Saarbrücker Fakultätskollegen des Privat- und Wirtschaftsrechts handeln, verbinden mit den "Saarbrücker Studien zum Privat- und Wirtschaftsrecht" den Wunsch, daß die hier veröffentlichten Arbeiten die verdiente Resonanz in der breiteren juristischen Fachöffentlichkeit finden.

Saarbrücker Studien zum Privat- und Wirtschaftsrecht

Herausgeber:
Johann Paul Bauer, Michael Martinek und Helmut Rüßmann

Band 1 Susanne Jaschinski: Die Haftung von Schwestergesellschaften im GmbH-Unterordnungskonzern. Ein Beitrag zum Konzernverfassungsrecht. 1997.

Band 2 Roman Sascha Ahnert: Die *actio individualis*. Ein Beitrag zur verfassungsrechtlichen Fundierung der Aktionärsklage bei sogenannten Aktien-Interessenverbänden. 1997.

Band 3 Torsten Peters: Der Cateringvertrag. Rechtstatsachen, Rechtsnatur und Rechtsprobleme eines modernen Dienstleistungsvertrags. 1998.

Band 4 Michael Meissner: Persönlichkeitsschutz juristischer Personen im deutschen und US-amerikanischen Recht. Eine rechtsvergleichende Untersuchung des allgemeinen Persönlichkeitsrechts juristischer Personen. 1998.

Band 5 Thomas Tegen: Joint Venture-Vertrag und Projektträgergesellschaft im amerikanischen und deutschen Recht. 1998.

Band 6 Gerhard Wolter: Treuhandrecht im Umbruch? Ein Blick nach Frankreich, Luxemburg, in die Schweiz und in den Libanon sowie auf das Haager Trust-Übereinkommen. 1999.

Band 7 Thomas Dehlfing: Das Recht der irreführenden Werbung in Deutschland, Großbritannien und Frankreich. 1999.

Band 8 Hanno Dornseifer: Börsentermingeschäfte und Börsentermingeschäftsfähigkeit. Zur börsengesetzlichen Behandlung von finanzwirtschaftlichen Festgeschäften, Options- und Optionsscheingeschäften. 1999.

Band 9 Patrick Lenz: Absatzförderung durch *zinssubventionierte* Darlehen. Eine wettbewerbs- und kartellrechtliche Studie zur Zulässigkeit von Niedrigzins-Kreditangeboten unter besonderer Berücksichtigung des Automobilmarktes. 1999.

Band 10 Mansur Pour Rafsendjani: Der Goodwill-Ausgleichsanspruch des Franchisenehmers. Ein Vergleich des deutschen, französischen und US-amerikanischen Franchiserechts. 1999.

Band 11 Jörg Hartmann: Juristische und ökonomische Regelungsprobleme des Insiderhandels. Eine rechtsvergleichende Darstellung USA – Deutschland. 1999.

Band 12 David Altmeier: Rückstellungsbilanzierung in Deutschland und Frankreich. Eine vergleichende Untersuchung der französischen Rückstellungsbilanzierung aus der Perspektive des deutschen Bilanzrechts. 1999.

Band 13 Barbara Günther: Aktivische Bilanzierungshilfen im deutschen und französischen Bilanzrecht. 1999.

Band 14 Bernhard Glasow: Vertikale Preisbindung, Wettbewerbstheorie und Wettbewerbsrecht in den USA, Deutschland und Europa. Bestandsaufnahmen, Kritik und Zukunftsperspektiven. 2000.

Band 15 Dorota Nowak-James: Der Börsenzugang für Anleger in Deutschland und Polen. Eine rechtsvergleichende Untersuchung zum deutschen Finanzkommissionsgeschäft und zum polnischen Brokerauftragsvertrag. 2000.

Band 16 Mathias Queck: Der Nießbrauch am Anteil einer offenen Handelsgesellschaft. Eine Form der (un-)mittelbaren Unternehmensbeteiligung. 2000.

Band 17 Ina Roth: Umweltbezogene Unternehmenskommunikation im deutschen und europäischen Wettbewerbsrecht. 2000.

Band 18 Jörg Preiss: Die Anwendung des markenrechtlichen Erschöpfungsgrundsatzes auf Dienstleistungsmarken. 2000.

Band 19 Kevin M. McDonald: Der Begriff der Dienstleistung im europäischen Binnenmarkt und WTO-System (GATS). 2001.

Band 20 Carolin Opgenhoff: Die europäische Fusionskontrolle zwischen Wettbewerbsrecht und Industriepolitik. 2001.

Band 21 Susanne Schäfer: Die Deliktsfähigkeit juristischer Personen. Eine rechtsvergleichende Untersuchung zur Übertragbarkeit des englischen Modells. 2001.

Band 22 Kay Diedrich: Die Interventionswirkung – Ausprägung eines einheitlichen Konzepts zivilprozessualer Bindungswirkung. 2001.

Band 23 Michael Fröhlich: Zentrale Institutionen des deutschen Urheberrechts und des französischen Droit d'auteur auf dem Prüfstand der elektronischen Netzwerke. 2001.

Band 24 Joël Benjamin Münch: Abtretungsverbote im deutschen und französischen Recht. Rechtsvergleichende Untersuchung der Übertragungshindernisse im deutschen und französischen Forderungsverkehr als Beitrag zu einer weiteren Schuldrechtsvereinheitlichung in Europa. 2001.

Band 25 Monika Prieß: Der Begriff des Sachmangels im deutschen und englischen Kaufrecht. Reformbedarf aufgrund der Verbrauchsgüterkauf-Richtlinie 1999/44/EG. 2001.

Band 26 Katharina Siegel: Produkthaftung im polnischen, tschechischen und slowenischen Recht. 2001.

Band 27 Carolin Kühne: Die gesetzliche Form der Rechtsgeschäfte im deutschen und italienischen Recht. Eine rechtsvergleichende Untersuchung. 2002.

Band 28 Nina Scherf: Die Nachschußpflicht im Gesellschaftsrecht. Eine rechtsformübergreifende Bestandsaufnahme, Analyse und Kritik. 2002.

Band 29 Marc Laukemann: Fernsehwerbung im Programm. Die zunehmende Kommerzialisierung des Fernsehprogramms im Zeitalter einer Ökonomisierung der Aufmerksamkeit als verfassungs-, wettbewerbs- und rundfunkrechtliches Problem. 2002.

Band 30 Michael Bo Jaspers: Nachträgliche Rechtswahl im internationalen Schuldvertragsrecht. Unter besonderer Berücksichtigung der Rechtspraxis in England, Frankreich, Dänemark und Deutschland. 2002.

Band 31 Christina Pernice: Die Insolvenzverschleppung durch das Geschäftsführungsorgan der kleinen Kapitalgesellschaft im deutschen, französischen und englischen Recht. Eine rechtsvergleichende Untersuchung zur Entwicklung eines europäischen Lösungsansatzes. 2002.

Band 32 Anne Christine Janert: Der sachliche und persönliche Anwendungsbereich des deutschen Verbraucherkreditrechts und des britischen Consumer Credit Act 1974. Ein Beitrag zu den Möglichkeiten und Grenzen verbraucherrechtlicher Harmonisierung in Europa. 2002.

Band 33 Annette Trost: Faktische Sitzverlegung unter Sitz- und Gründungstheorie im Vergleich. Unter besonderer Berücksichtigung ihrer gesellschafts- und zivilrechtlichen Folgewirkungen. 2003.

Band 34 Esther Cordula Hilpert: Die Gründerhaftung in der Gesellschaft mit beschränkter Haftung in Deutschland, Frankreich und England. 2003.

Band 35 Wei-ming Liao: Die Schiedsgerichtsbarkeit in Taiwan. Unter besonderer Berücksichtigung der internationalen Handelsschiedsgerichtsbarkeit und mit Hinweisen zu der Entwicklung in Deutschland. 2003.

Band 36 Stefan Stork: Sitzverlegung von Kapitalgesellschaften in der Europäischen Union. Zur Reichweite der Niederlassungsfreiheit unter Berücksichtigung der positiven und der negativen Integration. 2003.

Band 37 Marc Pfeffer: Interbrand-Kartellverbot und Intrabrand-Vereinbarungen. Die Ablösung horizontaler und vertikaler Eingriffsmerkmale im GWB zu Gunsten einer Betrachtung produktexterner und -interner Wettbewerbsfaktoren. 2003.

Band 38 Nicole Burkardt: Der arbeitsrechtliche Aufhebungsvertrag. Einvernehmliche Beendigung von Arbeitsverhältnissen unter Berücksichtigung der Rechtslage nach der Schuldrechtsreform. 2004.

Band 39 Christian Schmeling: Die Entlastung von Mitgliedern geschäftsführender Organe im Recht der Kapitalgesellschaften. Eine rechtsvergleichende Studie zum deutschen, schweizerischen und französischen Recht. 2004.

Band 40 Andreas Wolf: Wege zur virtuellen Haupt- und Gesellschafterversammlung. Eine vergleichende Untersuchung über die Einbeziehung elektronischer Medien in die Hauptversammlung einer Aktiengesellschaft und die Gesellschafterversammlung einer GmbH. 2004.

Band 41 Bianca Natalie Baldus: Der elektronisch geschlossene Vertrag mit Schiedsabrede. Zulässigkeit und anwendbares Recht in nationalen und internationalen Schiedsverfahren. 2004.

Band 42 Vania Dilek: Der Wettbewerbsschutz in Bulgarien und in der Russischen Föderation während des Übergangs vom Dirigismus zur Privatautonomie. 2004.

Band 43 Rudolf Lenders: Treuhand am Gesellschaftsanteil. Die Einbindung des Treugebers in das gesellschaftsrechtliche Organisationsgefüge. 2004.

Band 44 Weizuo Chen: Rück- und Weiterverweisung (Renvoi) in staatsvertraglichen Kollisionsnormen. 2004.

Band 45 Stefan Hahn: Neue Ansätze im Anlegerschutz durch die Ad-hoc-Publizität des § 15 WpHG. 2004.

Band 46 Pietro Graf Fringuelli: Internet TV. Filmurheberrecht im Internet. 2004.

Band 47 Caspar Frhr. v. Schnurbein: Missbrauch von Minderheitsrechten im deutschen und italienischen Aktienrecht. 2005.

Band 48 David Kereselidze: Der allgemeine Teil des Georgischen Zivilgesetzbuches von 1997. Eine rechtsvergleichende Untersuchung. 2005.

Band 49 Miguel A. García Mateos: Das neue Recht der Namensaktie. Bestandsaufnahme, Analyse und Kritik. 2005.

Band 50 Christine Eckstein-Puhl: Prozessbetrug im Schiedsverfahren. Eine Studie zu den vom erschlichenen Schiedsspruch aufgeworfenen Fragen des Aufhebungsverfahrens gemäß § 1059 ZPO. 2005.

Band 51 Steffen Paulmann: Wirksamkeit von Haftungsausschlüssen und -begrenzungen im deutsch-französischen Warengeschäftsverkehr. Unter besonderer Berücksichtigung der UNIDROIT-Principles und der Principles of European Contract Law. 2005.

Band 52 Ina Krischek: Wirtschaftsmediation als alternatives Streitbeilegungsverfahren. Gerichtsverfahren, Schiedsverfahren und Mediation im Vergleich. 2005.

Band 53 Olaf Pick: Verkehrspflichten und Handlungsfreiheit des „Schädigers“. 2005.

Band 54 Thomas Paul: Die Gesellschafterfähigkeit von Gesamthandsgemeinschaften. 2005.

Band 55 Dieter Friedrich Unger: Das Recht der Kapitalaufbringung und -erhaltung bei der Aktiengesellschaft im Rechtsvergleich Deutschland, Österreich und Schweiz. Eine Analyse des Kapitalsicherungsrechts in Deutschland, Österreich und der Schweiz. 2006.

Band 56 Nicole Schröder: Perspektiven der Europäisierung des GmbH-Rechts und der Europäischen Privatgesellschaft vor dem Hintergrund der Europäischen Aktiengesellschaft. 2007.

Band 57 Ivo du Mont: Die Kombination von Rücktritt und Schadensersatz im neuen Schuldrecht. Eine ökonomische und rechtsvergleichende Analyse am Beispiel des Kaufvertrags. 2007.

Band 58 Matthias Kühn: Umweltschutz durch Privatrecht. Eine Studie zur ökologischen Analyse der privatrechtlichen Schutzrechte und des Vertragsrechts in Deutschland und England. 2007.

Band 59 Komninos Komnios: Die elektronische Signatur im deutschen und griechischen Recht. 2007.

Band 60 Matthias Kühl: Die Gewinnzusage nach § 661a BGB. Dogmatische Einordnung und rechtsvergleichende Untersuchung. 2007.

Band 61 Barbara Jeanne Attinger: Der Mittelpunkt der hauptsächlichen Interessen nach der EuInsVO – erfolgreiches Konzept oder Quelle der Rechtsunsicherheit? Eine Auseinandersetzung mit dem Zuständigkeitskriterium der Europäischen Insolvenzverordnung unter Heranziehung der Erkenntnisse der ökonomischen Analyse des Rechts. 2008.

Band 62 Dorothee Stober: Der deutsch-schweizerische Erbfall. Eine rechtsvergleichende und international-privatrechtliche Analyse. 2009.

Band 63 Daniel Marc Protz: Das zivilrechtliche Anforderungsprofil mezzaniner Strukturen der Unternehmensfinanzierung. 2009.

Band 64 Manuela Schäfer: Die Verträge zur Durchführung des Schiedsverfahrens. Analyse und Vergleich zweier Lösungsmodelle am Beispiel des deutschen und US-amerikanischen Rechtsraums. Teil I und Teil II. 2010.

Band 65 Ionut Raduletu: Der Schutz von Minderheitsaktionären nach rumänischem und deutschem Aktienrecht unter Berücksichtigung des EU-Acquis. 2010.

Band 66 Christoph Köhler: Lastschriftverfahren in der Insolvenz des Schuldners. Im Lichte der neuen BGH-Rechtsprechung. 2010.

Band 67 Stefan Weiland: *Par condicio creditorum.* Der insolvenzrechtliche Gleichbehandlungsgrundsatz und seine Durchbrechungen zugunsten öffentlich-rechtlicher Gläubiger. 2010.

Band 68 Philipp Ehring: Die Due Diligence im Spannungsverhältnis zwischen kaufrechtlichem Haftungssystem und vertraglicher Gestaltung. 2010.

Band 69 Jochen Hell: GmbH-Mantelverwendung. Haftung und Verantwortlichkeit jenseits der „wirtschaftlichen Neugründung“. 2010.

Band 70 Ge Jiang: Das GmbH-Recht in China aus rechtsvergleichender Sicht. Analyse, Kritik und Verbesserungsvorschläge. 2011.

Band 71 Michael Helmut Wildscheck: Das Recht des Unternehmenskaufs in Deutschland und Frankreich unter besonderer Berücksichtigung von Garantieklauseln. Eine rechtsvergleichende Studie zur deutschen und französischen Kautelarpraxis. 2011.

Band 72 Britta Wagner: Haftungsrisiken aus Liquiditätszusagen und Patronatserklärungen in der Unternehmenskrise. 2011.

Band 73 Manuel Karb: Energiepreiskontrolle. Eine Untersuchung der Entgeltkontrolle auf den verschiedenen Energiemärkten nach Energiewirtschaftsrecht, deutschem und europäischem Wettbewerbsbeschränkungsrecht und allgemeinem Zivilrecht. 2011.

Band 74 Bernd Steffen Bertelmann: Das BGB-Zahlungsdiensterecht im Kontext der Single Euro Payments Area. Leitlinien zur richtlinienkonformen Auslegung unter vergleichender Berücksichtigung des britischen und französischen Rechts. 2011.